天

Borderless

下

博稽古今　融汇天下

天 Borderless 下

法学新经典

民法典总则之理论与立法研究

第2版

尹田 著

法律出版社 LAW PRESS · CHINA

作者简介

尹　田　1954年2月出生，四川宜宾人，1983年毕业于西南政法大学法律系，后留校任教，1986年被破格评为讲师，1992年被评为副教授，1992年由国家教委公派赴法国图卢兹社会科学大学留学，1993年年底回国后任西南政法大学法国法研究中心主任、硕士研究生导师，1995年被破格评为教授，同年任法律系主任，1997年任博士研究生导师。1999年6月调北京大学法学院任教授、博士研究生导师、民法研究中心主任，兼任中国法学会理事、中国法学会民法学研究会副会长、中国法学会保险法学研究会会长。现任北京理工大学珠海学院特聘教授。

从1984年起，发表学术论文170多篇，出版专著、译著、教材20多本。主要个人专著和译著有：《民事法律行为与代理制度研究》（重庆大学出版社1993年出版）、《法国现代合同法》（法律出版社1995年第一版，2009年第二版；繁体字版《法国现代契约法》由台湾五南图书出版公司于1999年出版）、《法国物权法》（法律出版社1998年第一版，2009年第二版；同名著作繁体字版由台湾五南图书出版公司于1999年出版）、《阿尔及利亚民法典》（厦门大学出版社2002年第一版，2013年第二版）、《民事主体制度理论和立法研究》（法律出版社2003年出版）、《物权法理论评析与思考》（中国人民大学出版社2004年第一版，2008年第二版）、《民法思维之展开》（北京大学出版社2008年第一版，2014年第二版）、《物权法》（北京大学出版社2013年第一版，2017年第二版）。

修订版序言

历史上,很多重大事件的发生似乎都具有突然性,尤其是在中国社会,历史进程的中断或者重启常常在人们的预料之外瞬间发生。例如,在绝望的人们心死如灰的情况下,哀鸿遍野的"文化大革命"戛然而止,炫目的阳光利剑般地突然刺破被厚重如铁的雾霾密闭的天穹,露出一片湛蓝的天空。于是,有了改革开放,也有了法律和法学。中国民法典的孕育和诞生,同样逃脱不了这种大起大落、大悲大喜、生死难卜的戏剧性情节:在1998年年初突然启动的第四次中国民法典起草工作不明不白地偃旗息鼓十多年之后,于2012年11月8~14日召开的中共十八大宣布"中国特色社会主义法律体系形成",于是,民法学界的人们就闹腾起来,说:咱们中国民法典都没有,法律体系怎么就算"形成"了?!但凭借经验,人们已经知道中国梦里面肯定不会包括某些人有关中国民法典的梦想。然而,在2014年10月23日通过的中共十八届四中全会《中共中央关于全面推进依法治国若干重大问题的决定》的长文中,奇迹般地出现了"编纂民法典"五个字,尽管有好事者觉得那五个字与前后文互不衔接,且放置的部位(市场法律制度建设)也不对头,据之断言那是临时添加的,但无论如何,起草中国民法典的车轮,突然又被第五次撬动了。

人们很快发现,此一次不同于彼四次,此一次要办的事体现出自中共中央而非全国人大的决定,故其立刻表现出异常强大的执行力:由全国人大法工委与指定的五家机构(中国法学会、国务院法制办、最高人民法院、最高人民检察院以及中国社会科学院)所组成的立法班子迅速建成,4个月以后(2015年3月),民法典总则编纂工作正式启动,14个月以后(2016年6月),民法总则草案第一次提交全国人大常委会审议,此后不到半年,第二次以及第三次审议相继进行,2017年3月15日,《民法总则》由全国人大审议通过。

一切都进展神速,没有更多的学术争端和讨论,以至于某些太具书生气的学者存有一种被立法边缘化的抱怨。但如果不去评价立法过程的优劣,凭借三十多年的理论研究、多部民法典草案学者建议稿以及数量可观的司法解释,仅用一年多时间就完成民法典总则的编纂,大体上也算不得"急就章"。

本书于2010年10月初版,此前,2007年《物权法》与2009年《侵权责任法》已经颁布,其后的4年多时间里,伴随着中国法治进程明显的衰减,民法理论研究似乎也因目标的缺失而失去了动力。因此,在这一期间,至少在民法总论的研究方面,新颖且出色的成果并不见多。由于《民法总则》的立法进程推动急速,再度激发的学术研究不可能瞬间达到相当的深度,即便学界仍然由此生发出一些新的和旧的重大理论问题的争端(如非法人组织是否为民事主体、人格权是否独立成编、以营利性法人与非营利性法人进行立法分类是否妥当,等等),但立法者并不认为有必要像1999年合同法立法和2007年物权法立法那样反复斟酌并归纳出"十大疑难问题"交由委员长会议讨论定夺,由此也导致有关学术讨论急急匆匆,举办不易的学术会议上,只能见到不超过十几分钟的发言,难以见到深入讨论和观点对峙,乃至很多重要学者的相关观点多以文字简要的微信方式公布转发。因此,本书中有关民法总则的各项制度在理论上和立法上发展演变的叙述和分析,倒有可能真正能够对我国民法总则的立法思想和制度形成的深入了解提供有用的帮助。

为此,应出版社的要求,我对本书的内容进行了全面的修订,其中增添了一些近年来的思考,《民法总则》编纂启动前后新发表的文章,也都融入了相关章节。

依照立法机关的安排,《民法总则》颁布之后,将用不到3年的时间对《物权法》《合同法》《侵权责任法》《婚姻法》《继承法》等现行法律进行修订,然后将之编纂为法典,在2020年3月提交全国人大审议通过,由此,中国民法典的制定即告完成。

我们期盼这一时刻的到来,同时真诚相信,这一次,不会像前四次那样中途发生任何意外事变。

尹 田

序　言

迄今为止，中国似乎什么法典都有了，但唯独没有民法典。这件事，对于国家和社会很糟糕，但对于以研究民法为职业的学者们来讲，肯定是一种难得的幸运。

人的生命是有存续期间的，而且不因当事人的幻想或者抱怨而发生中止、中断或者延长。因此，人们多半都希望能在有生之年为自己同时也为社会做点事情。但做事情是要有条件的，其中最重要的条件就是有事情让你去做。不同的时代，做事情的机会有所不同而且很不相同，于是就导致了人与人之间的巨大区别。曾经使我感到巨大困惑的是：据称，在红军时代，我军中 18 岁的师长有好几个。面对我周围那些早已年满 18 周岁乃至 28 周岁的“不靠谱”的年轻人，我很难相信那是真的。但那肯定是真的，因为那是在战争年代，需要小孩子去做大人的事。因此，生活在和平时代的将军是最不幸的人。而更不幸的，则是那些怀揣将军梦的士兵；即便他们具有与拿破仑一样的军事天赋，由于缺乏硝烟弥漫的战场，他们也只能天天列队操练，用粗犷的声音唱《打靶归来》。对于民法学者来说，民法典的起草正是一场真正的战争，为权利的昌明而战，为社会进步的理想而战。所以，中国民法学界的人们，无论是将军还是怀揣将军梦的士兵，都有理由为生活在中国民法典的创制时代而感到幸运。

1949 年以后，中国民法典的起草曾经三起三落。1998 年年初，第四次民法典起草拉开帷幕，但那帷幕刚热热闹闹地拉开一小半截,却又晃悠悠地似乎要停下来。物权法的制定成为当务之急。而在一种有些模糊的状态中,无论官方的还是民间的民法典草案,都有点像刚嫁进门就失宠的新娘,被悄悄送进“冷宫”闲置起来。十多年过去了,《合同法》《物权法》《侵权责任法》陆续颁布。按照一种并不太确定的预想,余下的主要工作,似乎便只是民法典总则的起草,然后,再把这些完成的各部分制度拼合起来,民法典的制定便大功告成。而在一些人看来,1986年《民法通则》已经包含了民法典总则的全部内容,只需做些修修补补,拿来即可使用。但明白人知道,以法典形式建构的民法规范系统,其体系的完整契合与逻辑贯穿,完全不能等同于用混凝土去粘合一块一块的预制板,而将一座现代大楼建立在二十多年前浇筑的房屋基础之上的想法,则不免使人有些惶惶不安。

因此,民法典总则理论和立法的深入研究应当重新提上议事日程。而较之物权、债权以及其他具体制度,民法典总则更像是一种思想、一种观念和一个纲领。总则的规范不仅是各种具体制度的渊源,而且是链接具体规则的粘合剂和协调其相互之间所存在的矛盾和冲突的平衡器。尽管众多学者多年来的研究已经使民法总则的理论似乎趋向于成熟,但面对中国的社会实际,在说完了“古罗马人、德国人以及其他外国人是怎么办的”之后,再认真地说说“我们该怎么办”,仍然有其必要。

物权立法过程中曾经发生的一件小事让我一直耿耿于怀:在一次高层立法会议上,有一个学者在发言时情绪激动地指出,空间权极为重要。但《物权法》草案对于空间权的规定仅仅只有一个条文,太原则、太粗糙,根本不能适应实际需要,云云。待其话音刚落,主持会议的立法官员一字一句地说道:我也知道空间权重要,我也想把空间权规定得具体详尽,但谁能告诉我怎么去规定空间权?你们在座的学者谁能拿出几个条文来让我们讨论讨论?听了这有些生硬的、咄咄逼人的话,我感到有一股热气隐然冲到我的脸上。但我只能故作镇定,一声不吭。我偷偷望了望四周,看到在场的其他几个学者也像我一样,沉默不语,而且把视线投向远方,装出此事与己无关的样子。不知为什么,我忽然感到极度惭愧,为我自己,也为所有的民法学者。

我想,伟大的法典可能产生于伟大的时代(如《法国民法典》),也可能产生于不伟大的时代(如《德国民法典》)。但如果没有成熟的思想和科学的理论,无论在什么样的时代,无论人们装扮出何等的自信或者狂妄,都有可能热热闹闹地生产出一部渺小的或者蹩脚的民法典。所以,尽管对于立法模式的选择和具体规则的确定,学者永远不可能拥有控制权和决策权,但提出具有理论支撑的立法方案,却是学者不可推卸的责任。而如果总是把视线投向虚幻的远方,装出此事与己无关的样子,以种种理由为借口不做好力所能及的分内的事情,则不仅有愧于民众的信赖,而且辜负和浪费了学者的人生。

提出一个有见地的观点,便是发动了一次冲锋。拿出一个有创新的立法方案,便是进行了一场战役。无论是作为冲锋的士兵还是作为指挥战役的将军,都会因此而拥有一份无比辉煌的光荣。

是为序。

尹 田

2010 年 5 月 16 日夜于台湾阿里山

目　录

第五编 代理制度

第六编　诉讼时效制度

第一编
民法典总则的意义

第一章　民法典总则的地位与功能

第一节　中国民法的法典化

一、民法法典化与反法典化的背景与现状

中国民法典是否需要一部总则？这个问题，首先与“中国是否需要一部民法典”的问题相联系。

关于古代罗马法提供的法典化基础以及近代以来成文法国家乃至某些判例法国家的法典化运动及其成因，已有卷帙浩繁的资料介绍和各种深刻见解。综观近代大陆民法法典化之比较重要的原因分别可以从思想基础、政治需求以及法律科学等各个方面进行阐述。

就思想基础而言，源于17世纪中叶并逐渐笼罩全欧的启蒙精神以及彰显人文主义精神的自然法运动，“直接对现代民法典有引路之功”。[①] 根据启蒙运动的信条，“合理、明确和全面的法律制度可以由理智的人类设计出来”。[②] 这种信念不仅导致了大批早期法典的出现，甚至产生了非常独特的1794年的《普鲁士普通邦

---

① 苏永钦：《民法典的时代意义》，载王利明等主编：《中国民法典基本理论问题研究》，人民法院出版社2004年版，第44页。

② ［美］格伦顿等：《比较法律传统》，米健等译，中国政法大学出版社1993年版，第20页。

法》。这部被称为“法律自大的纪念物”的法典,居然包含了19,000个条文,涵盖了宪法、民法、刑法、行政法以及诉讼法等各个领域,试图“预见所有的可能的偶然情况,并将人类行为的范围规定到无微不至的家庭生活琐事”。[①] 而在谈及对后世影响最大的《法国民法典》和《德国民法典》时,人们常常强调前者的革命性与后者的科学性。但在论及《法国民法典》的灵活性和平民色彩的同时,不应当忽略这部法典的起草者鉴于对欧洲早期法典曾经有过“理性过滤”的认识而对之所作的承袭和扬弃。[②] 至于被后来的《德国民法典》发挥到极致的形式理性,则更为淋漓尽致地表现了一种绝对理性主义的极度追求。

就政治现实需求而言,国家主权的宣示和法制的统一,常常被认为是近代民法法典化更为重要的实质原因。“法典以民族语言象征统一而唤起认同,加上其内容散发的共同价值,可以不带强制地轻易深入民间角落,实为极佳的统合工具。”[③]与此同时,初期资本主义个人主义的政治理念和自由经济制度通过民法典整体性的确认,也为整个社会结构的稳定性奠定了基础。

就法律科学而言,法律逻辑化与体系化的追求被认为是成文法法技术发展的必然趋势。体系化的做法,早在古罗马查士丁尼汇纂《民法大全》时便得以采用。而18世纪自然科学的兴起,则促进了同时期法律的体系化。事实就是,成文法对于抽象技术和逻辑推理的天然需求,毫无疑问会将法律规则的设计导入系统性框架,从而最终孕育出像《德国民法典》那样采用特殊语言加以表达的逻辑精品。尽管这部法典因其过于复杂和抽象的技术运用难以为以后各国的民法典所完全效仿,但其提供的基本思维方法、法技术和科学理论,对于现代社会方兴未艾的法典化运动所起的巨大支持作用,却是不容否认的。

与此同时,一种贬低甚至否认民法典基本功能与作用的思潮的兴起却成为另一类现代时尚。

法典化的民法在实现其逻辑化、科学化的同时,自然也有可能将法典自身构筑成一个相对封闭的体系。此种弊端,《法国民法典》的起草者便有所警觉并试图加以克服。该法典最重要的起草人波塔利斯指

---

① [美]格伦顿等:《比较法律传统》,米健等译,中国政法大学出版社1993年版,第20页。

② 同上。

③ 苏永钦:《民法典的时代意义》,载王利明等主编:《中国民法典基本理论问题研究》,人民法院出版社2004年版,第44页。

出:“我们同样避免了要规定和预见一切事情的危险奢望……法律的功能是要在基本原则上确定正义的一般准则,确立涵蕴丰富的原则,而不是顾及每一篇目中可能出现的问题的各种细节。”[①]为此,文字的通俗流畅、条文的灵活与简洁,成为该法典的重要特征。而《德国民法典》的精致和细腻及其为“法典万能”所提供的崇拜样本,却不能不成为20世纪以后兴起的自由法运动所攻击的主要目标。

在这里,现代社会生活的巨大变化无疑是民法典的功能和作用发挥得以受阻的基本原因,其首先可能表现为新的立法或者法律渊源对法典的某种“遗弃”。

学者指出,自20世纪以来,为适应社会发展,特别立法将许多原本属于民法范围的法律从民法中予以分离和割裂,其中包括房地产租佃法、雇用法、保险法、运输契约法、垄断和竞争法、农业债券法、城市住房法等。而以强制性条款以及对某些协议的禁止及控制、许可、特许等条件所构成的新的规范体系,则取代了民法典中无限制的契约自由。[②] 由于这些特别立法并未遵循或者并未完全遵循民法典的一般原则和价值理念,故其逐渐成为隔离于民法典体系之外的新的民法形式,有些甚至形成民法之外的新的法律领域(例如,替代雇佣合同的劳工法)。而在许多国家,由于“民法典的修订远不如政府与宪法的更迭变换更容易”,故对于法典外法规的寻求,不能不成为立法机构满足法律改革需求的首选。至于民法典的修订,则不能不注重社会的多样性并为之留有更大的余地和空间,从而与民法典形式上对于民事主体的全部行为强加一种统一模式的初衷形成反差,由此导致在许多重要领域的“非中心化”倾向。[③] 据此,一种偏激的意见甚至认为“民法典已沦为补充单行法规之不足的地位”。[④]

此外,法院的司法解释或新的判例规则已经成为另一种类似于英美法的实体法形式,这一方面,法国法系国家走得最远:由于法典结构上的松散、缺漏、含混不清,法官不得不更多地通过对立法条文的解释来适应变化中的社会条件。其中,最为典型的例子是:鉴于《法国民法典》中有关侵权行为条文的笼统和简单,现代法国侵权行为法几乎完全

① [美]格伦顿等:《比较法律传统》,米健等译,中国政法大学出版社1993年版,第23页。
② 同上书,第32页。
③ 同上书,第33页。
④ 高富平:《民法法典化的历史回顾》,载《华东政法学院学报》1999年第2期。

成为法官制定的法律。而另一方面,在德国和瑞士等国家,虽然因其通过民法典中的“一般条款”有意识地赋予法官以更大的自由裁量权,情况不至于如此严重,但其现代民法越来越堂而皇之地承认立法对司法解释的不可避免的依赖,仍然背离了否认“法官造法”的传统民法教条。①

上述现象的背后,自然隐含着对民法典理念的重估。其中,自然法理性的缺陷和怀疑,全球化进程导致的不同法律理念的交汇和法学方法的互补,以及对大陆法系民法典引以为傲的体系取向的法学方法和体系理性的诟病等,都是前述理论的重要论据。②

但是,在大陆法国家,对民法典的批评实际上主要是在该国民法典早已颁布的前提条件下进行的。其批评的目的并非要废除既存的法典,而是要动摇法典的中心地位或者统治权威,通过对法典的“解构”,借以揭示现代社会法律的多元与“非中心化”倾向。为此,有学者指出,在欧洲大陆从未形成过像样的反对进行法典编纂的理论运动,有关的讨论所针对的不过是已经存在的法典的处境和对策。③ 而事实上,民法典的编撰或者重编仍然不可遏制地成为当代各国毫不犹豫的选择。④

由此,在中国民法典起草之际,无论法典化的主张或者反法典化的主张,似乎都可以寻找到得以支持的事实和依据。

二、中国民法法典化之原因

(一)概说

1949年以后,中国民法典的起草曾经历了三起三落的命运。⑤

---

① 参见[美]格伦顿等:《比较法律传统》,米健等译,中国政法大学出版社1993年版,第32页。

② 参见苏永钦:《民法典的时代意义》,载王利明等主编:《中国民法典基本理论问题研究》,人民法院出版社2004年版,第44页。

③ 参见薛军:《“反法典化”还是“解法典化”——从一个国际研讨会的标题谈起》,载罗马法教研室:http://www.romanlaw.cn。

④ 荷兰、巴西、德国在近几年进行了法典重编。

⑤ 1954年至1956年完成我国第一部《民法典草案》的起草,该草案分为总则、所有权、债、继承四编,共525条。起草工作因1957年开始的政治运动中断,1962年至1967年完成第二部《民法典草案》,仅包括总则、财产的所有、财产的流转三编,起草工作因1964年开始的政治运动中断,1979年11月至1982年5月起草了第三部《民法草案》(共四稿)。后立法机关考虑到经济体制改革刚刚开始,社会生活处在变动之中,决定改采取分别制定民事单行法,待条件具备时再制定民法典的方针。参见梁慧星:《关于中国民法典编纂》,载《中外法学》编辑部、北京大学第22届研究生会编:《中国民法百年回顾与前瞻学术研讨会文集》,法律出版社2003年版,第413页。

1998年年初,第四次民法典起草活动拉开了帷幕。尽管此次起草活动来势很猛,全国人大法工委迅速提出了民法典草案并在2002年予以公布及征求意见,学界也很快推出多部民法典草案学者建议稿,但在随后展开的物权法起草过程中,民法典起草工作逐渐偃旗息鼓,不知所终。直至中共十八届四中全会于2014年10月23日通过的《中共中央关于全面推进依法治国若干重大问题的决定》中写入"编纂民法典"五个字以后,中国民法典的制定才真正获得了确定无疑的保障。依照安排,民法典立法工作采用分步进行的方法,即首先制定民法典总则,然后制定民法典分则。此后,民法典总则的起草工作进展顺利。2015年3月,全国人大法工委召开了民法典总则编纂工作启动会议,随后召开了多次专家讨论会,2016年6月民法典总则草案第一次提交审议并向社会公布征求意见;同年11月18日,全国人大法律委员会对草案进行了第二次审议并公布征求意见;同年12月19日,第三次审议稿被提交。经过四次审议之后,2017年3月,《民法总则》由第十二届次全国人大第五次会议审议通过。此间,民法典分则的编纂工作也紧锣密鼓地展开,预计到2020年3月,中国人将真正拥有自己的民法典。

1998年年初民法典立法程序的第四次启动,应当说并不完全在学者的预见之中。20世纪90年代初,经历了与经济法学界就民法调整对象问题的长期激烈而艰苦的论战之后,以中共十四届二中全会确定的"社会主义商品经济"模式为分界,中国民法终于获得了其所必需的经济社会的基本生存空间。此时,百废待举,民法学者担负着观念更新、知识扩充以及修订已有法律法规的繁重任务。其时,当务之急是《合同法》的重新起草,然后是物权法系统理论近乎从无到有的建构以及侵权法的深入研究等。此后的十余年中,尽管私权和自治观念急速增长,民法理论和实践突飞猛进;尽管老一辈学者不时发出"民法典标志着一个国家的民主与法制的水平"(已故谢怀栻先生语)的感慨,新一辈学者偶尔挥发出"21世纪初中国民法典的出台,必将在民法发展史上留下光辉篇章"的豪情,①但已经磨炼得相当理性的中国民法学者根本不敢奢望民法典的制定竟然指日可待。因此,在当时,民法典起草被正式列入立法工作日程,至少对于多数学者而言,是一个"突发事件"。

---

① 参见王利明:《论中国民法典的制定》,载《政法论坛》1998年第5期。

事实上,中国民法是否应当法典化的问题,似乎从来没有进行过真正深入的讨论。对这一问题的某些不同意见,主要是在1998年年初开始的第四次民法典起草过程中出现的,但并未形成任何对抗性的论战。当民法典制定的必要性被一些学者纷纷予以阐述后,①反法典化的声音微乎其微。少数受过或者没有受过英美法训练的学者反对民法法典化的主张多半仅限于在学术或者立法讨论的小范围内散发,并未形成正式公开发表的论著。② 一些年轻学者即便在其著述中更乐于介绍批评法典化的理论资料,更乐于指出法典化的种种弊端,但其最终模糊的观点,却使人无法判定其明确立场。③ 所以,有关民法典起草的宏观论争,基本上限制于民法典的立法条件(是否成熟),或者民法典编纂理念以及指导方针(是按重要性抑或逻辑性排列制度顺序,是诸个单行法规的形式整合抑或整体内容之逻辑性的重构),或者法典体系的技术安排(是采德国式的五编制体例抑或法国式的三编制体例,人格权、侵权责任是否独立成编,是否设置知识产权编等)。但所有这些激烈或者有待激烈的论战,无一不是在绝对肯认民法应当法典化的前提之下进行的。

无论是在当时还是在中国民法典的制定已成定局的现在,一个问题总是有可能被提出来的:在对于中国民法法典化的必要性似乎并未进行充分论证的情况下匆匆启动法典起草程序,这合适吗?而应当与之并列的另一个由一位非民法学者提出的问题是:"(中国)民法学家会不会贡献给我们一个昂贵的法典,而后被人们束之高阁?"④

---

① 参见梁慧星:《民法典制定的三条思路》,载王利明主编:《民商法前沿论坛》,人民法院出版社2004年版;王利明:《中国民法典的体系》,载王利明主编:《民商法前沿论坛》,人民法院出版社2004年版。另外参见刘楠:《变法模式下的中国民法法典化》,载《中外法学》2001年第5期;孙鹏:《民法法典化探究》,载《现代法学》2001年第2期;肖厚国:《民法法典化的价值、模式与学理》,载《现代法学》2001年第2期。

② 参见梁慧星:《民法典制定的三条思路》,载王利明主编:《民商法前沿论坛》,人民法院出版社2004年版。应当指出的是,江平教授有关"应当制定一部开放型的民法典,而不是封闭性的民法典"的主张,被认为隐含了崇尚英美法体例及反法典化的倾向,但此种主张是在不反对起草民法典的前提下提出的,所以不应被列入反法典化观点范围。参见江平:《制定一部开放型的民法典》,载《政法论坛》2003年第1期。

③ 参见高富平:《民法法典化的历史回顾》,载《华东政法学院学报》1999年第2期;易继明:《民法法典化及其限制》,载《中外法学》2002年第4期。

④ 贺卫方语,载《中外法学》编辑部、北京大学第22届研究生会编:《中国民法百年回顾与前瞻学术研讨会文集》,法律出版社2003年版,第493页。

对此笔者认为,批评民法典这种立法形式的观点所描述的"法典中心主义"的由盛及衰以及民法法典化导致的全部弊端,都是事实;继法国、奥地利、德国、瑞士等富有特色的民法典之后,民法法典化"已未见新的高峰",[①]这也可以说基本上是事实(假如将法、德民法典作为"高峰"的标志的话)。[②] 但问题在于,我们最有必要了解的并非其他国家是否需要制定民法典,而是现代中国是否需要制定一部民法典。为此,所有引经据典的分析,都必须回到中国社会的现实。

(二)思路及其结论

除有关法典化好处的一般阐明以及中国民法法典化必要性的已有论述之外(法典化有助于贯彻民法的价值观念于整个法律体系之中、有助于消除现行民事法律制度的混乱与冲突,从而实现我国民法的统一以及有助于准确适用民事法律规范,等等),[③]笔者认为,有关的思考还应从以下方面进行:

1. 所谓民法法典化与反法典化的差异,究竟是一个本质层面的问题还是一个技术层面的问题

就法律表现形式而言,民法典不过是成文法律规则体系化的最终成果或者最高表现形式,而法律规则的体系化,则通常被认为是大陆法的基本特征。但是,体系化的程度高低本身(是否达到法典的体系化高度)可否决定一种立法模式与另一种立法模式的实质性差异?这里,不能不首先论及大陆法与英美法的本质区别。

在不少人看来,大陆法与英美法的主要区别在于"大陆法是成文法,英美法主要是判例法","大陆法是法典化的法律制度,英美法是主要以判例为基础的非法典化制度"。但前述结论有可能是肤浅的甚至是"误述",对此,美国学者约翰·亨利·梅利曼(John Henry Merryman)精

---

① 参见苏永钦:《民法典的时代意义》,载王利明等主编:《中国民法典基本理论问题研究》,人民法院出版社2004年版,第44页。

② 有学者指出,从20世纪70年代开始至今,出现了第三次法典编撰运动(第一次是公元6世纪古罗马优士丁尼编撰的《民法大全》,第二次是18~19世纪及以后编撰的法国、德国和瑞士等国的民法典),产生了新《魁北克民法典》《荷兰民法典》《俄罗斯联邦民法典》等优秀的民法典。参见徐国栋:《两种民法典起草思路》,载王利明主编:《民商法前沿论坛》,人民法院出版社2004年版。

③ 参见王利明:《中国民法典的体系》,载王利明主编:《民商法前沿论坛》,人民出版社2004年版。

辟地指出:成文法规数量的多少及其权威的大小,不是区分大陆法系和英美法系的有效标准(美国一个典型的州所具有的生效法规不会少于一个典型的欧洲或拉丁美洲国家的法规,且美国的成文法规的权威高于司法判例),而有无法典的存在,也不是区分两大法系的依据(加利福尼亚州所有法典的数量超过任何一个大陆法系国家,而匈牙利、希腊等大陆法国家很晚才具有民法典),[①]其区分依据应当在于通过法典编纂所试图表达的不同的基本思想(法典的概念及其在法律程序中的作用)。古罗马查士丁尼编纂《民法大全》与《法国民法典》编纂者的目的相同,首先在于废除旧法,前者试图重建早期纯正的法律制度,后者试图创立一个全新的法律秩序,而立法权和司法权的严格区分,则必然要求法国的立法者编纂一部完整、协调和清晰的法典。否则,法律条文的空缺、矛盾和含混不清,将会导致法官通过裁判而创制法律,损害前述分权原则。与《法国民法典》很不同的《德国民法典》虽然不以消灭旧法而代之以新的法律制度为目的,而是依照从德国法律制度的历史研究中所得出的德国法原则加以编纂,但严格的分权原则仍被贯彻。“此外,如同法国法典一样,德国法典提供了建立整体民族国家的统一法律体系,为新近国家的统一起了推动作用。”但英美法系的成文法典则有着完全不同的思想和理论体系。如美国《加利福尼亚民法典》或者《统一商法典》,看起来同法国或者德国的法典非常相似,但在其适用地区,“人们无须对法典作完美无缺的矫饰,也不强求法官在法典内寻找判案的根据,而且,通常这些法典都不否定过去的法规”。总体来说,“普通法系保守的倾向与大陆法系法典编纂精神中所体现的革命思想形成了鲜明对照。能够把大陆法系国家用一个共同的法律传统联系在一起的,正是这种思想,而不是法典编纂的形式”。[②]

实质就是,如同大陆法系与英美法系的根本区别不在其法律表现形式,大陆法系各国民法的基本特性,也不因其是否编纂法典或者以何种方式编纂法典而有根本的不同。

其实,体系化倾向在任何大陆法系国家都不可避免。在禁止或者

---

① 匈牙利和希腊都是在第二次世界大战以后才制定民法典。

② [美]约翰·亨利·梅利曼:《大陆法系》,顾培东等译,法律出版社2004年版,第26~33页。

严格限制法官造法的原则之下，编制一个完整、协调和清晰的规则系统总是有必要的。即便是一部规制范围具体而狭小的单行法规，仍然不能不追求其内部逻辑体系的尽量完备。问题仅仅在于这种体系化是否有必要达到法典的程度，或者进一步说，法典所完成的体系化是否有必要以及有可能达到"完美无缺"的地步。

尽管在大陆法系国家，法典化与法典之批评背后隐含着对法律功能、法学方法、法官自由裁量权等重大问题之认识上的重要分歧，但前述两种思潮的较量，实质上是在追求法律效用（如何立法更能实现法律的应用目的）的基础之上展开的。正因如此，对于法典的批评并不必然导致反对法典编纂的结论。其原因在于，即使涉及决定大陆法基本特性的立法权与司法权的分离原则是否严格坚守的问题，立法形式的不同也未必能对之发生任何实质影响：采用法典形式的立法并不必然遏制适当赋予法官自由裁量权的倾向（例如，《瑞士民法典》第 4 条有关"本法指示法官自由裁量、判断情势或重要原因时，法官应公平合理地裁判"的规定）。而不采用法典形式的立法，在缺少只有法典才能予以安排的"一般条款"的情况下，显然并不能为这种倾向的努力提供更加有利的条件。与此同时，也没有任何证据表明，较之分散的立法，司法判例的作用会在一部法典的权威阴影笼罩下更难得以发挥。

诚然，法典的编纂有可能刺激高度体系化的激情和逻辑崇拜的狂热心理，法典的存在有可能强化一种过分封闭和保守的法律体系。但在理性的指导之下，这些负面影响，不一定不可以通过立法指导思想的调整与各种具体规则的技术处理而加以最大限度地遏制甚至消除。而这一问题，仍然属于技术层面的范围。

据此，在任何一个大陆法国家，是否编纂民法典只是一个时机是否成熟、技术处理能力是否具备的问题，而不是一个足以影响其立法思想、法律观念、法律适用或者动摇其司法制度的实质问题。

由此看来，在一切方面毫无疑问具有大陆法传统并且不可能从根本上改变这一传统的中国，[①]反法典化的主张难以寻找到真正具有说服力的论据，这也许正是中国民法典的第五次编纂运动决然启动并且毫

---

① 关于中国的法制传统，参见梁慧星：《中国对外国民法的继受》，载《月旦民商法杂志》2003 年第 3 期。

无阻挡、一路顺风的重要原因。而中国民法典制定的“三起三落”乃至“四起四落”,纯然是由别的原因导致的。

2. 当今中国社会是否需要一部民法典

对于中国制定民法典必要性的既有论述,从一般角度揭示了民法法典化在规范体系健全和法制统一等各方面的重要性。但当前启动民法典的制定程序,究竟是主要反映和满足了立法官员对于“政绩”的追求以及学者的抽象化、体系化偏好,还是反映和满足了中国社会的需求?当今中国社会,法官需要民法典吗?法学研究以及法律教育需要民法典吗?中国民众需要民法典吗?

长期以来,尽管中国将在21世纪初“合乎历史规律”地拥有一部“足以与19世纪初的《法国民法典》、20世纪初的《德国民法典》相媲美的民法典”的豪言壮语鼓舞人心,但仍然存在中国目前制定民法典的社会政治、经济条件并不成熟以及立法所必需之理论准备和技术处理能力并不充分的深深疑虑和担忧。[①] 此种并非毫无道理的疑虑和担忧,必然通过直接主张分散立法的观点或者主张民法典仅为对已颁布的单行法规的单纯“编纂”的观点加以体现。[②]

事实上,在法典编纂所需各种必要条件也许并不充分的情况下,如果不考虑立法运作机制方面的某些缺陷(如采部门立法而非统一立法,采官员立法而非民主立法等),则单行法规的制定并非一定不能始终贯彻民法的基本原则和基本理念,各个单行法及其相互之间也未必不能实现内部体系和外部体系上的和谐统一。同时,在法律适用上,如果单行法规则清晰、具体明确而且覆盖充分,法官“有法可依”,则分散立法也并不必然导致所谓法律适用的“不准确”。相反,在变幻多端的社会生活以及法官严重依赖法律条文的现实条件下,一部体系完备但并不成熟且包含诸多抽象乃至模糊原则的超级美观和超级稳定的法典,反而有可能无法适应发展变化中的社会需求,也不能为法官裁判案件提

---

① 参见张谷:《质疑“新人文主义”——评徐国栋“两种民法典起草思路:新人文主义对物文主义”》,载徐国栋编:《中国民法典起草思路论战——世界民法典编纂史上的第四大论战》,中国政法大学出版社2001年版,第214~216页;高富平:《民法法典化的历史回顾》,载《华东政法学院学报》1999年第2期。

② 参见梁慧星:《民法典制定的三条思路》,载王利明主编:《民商法前沿论坛》,人民法院出版社2004年版。

供更为"好用"的法律依据。而颁行制定相对简便、修改相对容易的单行法规，倒是更有可能解决法官的燃眉之急和应时之需（君不见，最受中国法官欢迎的不是颁行 20 多年未作任何修订的《民法通则》，而是指示明确、与时俱进、朝令夕发、以万变应万变的最高人民法院的司法解释）。据此，中国现时的多数法官也许并不需要一部"中看不中用"的民法典。而在法学研究和法律教育中，经过多年锤炼并早已自成一体的固有理论的生存和发展，并不必须借助于一部法典的强力支持。学生、法官和研究人员理性的培养、观念的塑造、思维的训练以及法律意识的提高，完全可以在不存在法典的条件下进行。换言之，之所以中国法律专业人员素质有待提升，法律意识和法律技术能力有待增强，其根本原因并不在于缺少一部民法典。

尽管如此，却不能忽略一个最重要的事实，即当今中国民众有可能需要一部民法典。

在民法法典化必要性的论证中，法典的体系性、科学性和逻辑性常常被强调，而这些方面恰恰正是法典批评观点攻击的主要目标，据此，有关讨论实际上主要是以《德国民法典》为范本展开的。这种讨论，完全有可能使民法典最重要的一种宣示功能被极大地忽略。

一部法典的编纂不能不负载着某种历史使命，在不同时期、不同文化传统的不同的国家，基于不同的立法动机，此种历史使命是不完全相同的。《法国民法典》与《德国民法典》最重要的区别之一，被认为是在于前者的"革命性"特征与后者的"科学性"特征。作为一部最初以《法国人民的民法典》（Code civil des français）命名的法典，《法国民法典》"代表了一种关于人、法律和政府的新的思想方式"，因其强调财产私有、契约自由以及家庭等领域私法化而"履行着可称为宪法性的功能"。[①] 该法典力求简明通俗，将私权的确定和保护以民众可以理解的表达方式交给人民，由此，其被称为"人民的圣经"。而《德国民法典》则不是一部"公民手册"，而是一种"为受过严格训练的专家所用的体系"，基于统一法制的内在需求，这部法典被认为是以一种前所未有的精湛技术成功地完成了将法律引向科学化的历史任务。但上述分析其

① ［美］格伦顿等：《比较法律传统》，米健等译，中国政法大学出版社 1993 年版，第 23 页。

实带有一种技术性特点,而应当更为强调的是:无论如何,民法典与分散的法律法规最大的不同之处,在于它总是一座宏伟威严的标志性建筑,在其尖顶上,耸立着一个金光闪闪的大写的“人”!这座大厦,无论像《德国民法典》一样内部设计精美而外观沉重保守,还是同《法国民法典》一样外观激情四射而内部“像一个杂物间,里面堆着一大串规则,没有严格的条理”,[①]但人文主义的大旗却同样迎风招展,熠熠生辉!

在法典编纂的各种复杂动机之中,规则的高度体系化和科学化需求通常被过分重视,而法典对于民众心理的巨大影响及对于社会发展的巨大推动力却往往被忽略。实际上,“法典编纂的动机也可能是社会和政治的变化,这种变化基于已经改变的价值观和秩序观要求重塑公民之间的私法关系”。[②] 而在当今中国,私权观念日益觉醒,正常的私生活秩序正在重建,私人利益间的冲突与私权利和公权力的对峙愈演愈烈,私生活领域的法律调整需要细致入微的规则,而私人与国家之间的利益平衡则更需要一部弘扬原则与精神的“大宪章”。一部全面张扬私权观念和私权保护的民法典,即使其具体内容千疮百孔,即使其外表华丽、成本昂贵且中看不中用,但其对于中国民主和法制进程将发生的巨大推动,却使法典的编纂拥有不可估量的现实意义和社会价值。

正因如此,中国民法是否需要法典化,成为一个没有必要过多讨论的问题。而《民法总则》的颁布所昭示的中国民法典即将出台的事实,当然也使这一讨论的继续进行至少在立法层面上丧失其意义。

第二节　民法典总则与民法典立法体系模式

一、问题的提出

历史上,“三起三落”的中国民法典的起草活动,基本上都是在较小的范围内进行的,在相关资料中,很难见到当时的学者对民法典体系的

① [法]雅克·盖斯旦、吉勒·古博:《法国民法总论》,陈鹏等译,法律出版社2004年版,第98页。

② [德]曼夫雷德·沃尔夫:《民法的法典化》,丁晓春译,载《现代法学》2002年第6期。

建构所曾经进行过的争论。但在第四次民法典起草过程中,学界就中国民法典形式体系的设计发生了激烈的论战,不同学者相继提出了各种不同的立法体系模式,观点交错,针锋相对,不仅在立法技术安排层面出现分歧,有关争论甚至涉及立法指导思想。而真正的两军对垒,并非产生于"人格权与侵权责任是否独立成编、是否设置债法总则以及知识产权是否纳入民法典"这样一些并不能从根本上影响法典总体体系的问题,而是产生于"民法典是否需要设置一部总则"这一似乎十分重大的问题。

由此,不同学者虽然自称或者被冠以"现实主义"与"理想主义"甚至"人文主义"与"物文主义"等各种漂亮或者丑陋的名号,但其实际上可被分为"总则派"与"反总则派"。由梁慧星和王利明两位学者分别主持提出的民法典草案建议稿,均采用了德国潘德克吞体系,设置了总则编。而在由徐国栋教授主持提出的"绿色民法典"草案建议稿中,法典主要由"人法"与"物法"两编构成,不存在严格意义上的总则。由于总则的取消,"人法"成为该法典草案的第一部分,而财产法则位居其次。据此,徐国栋教授称其法典草案为"新人文主义",而批评梁慧星教授的草案为"物文主义",认为物法前置会湮没人的主体性,表现了一种"重物轻人"的思想观念云云,并由此延展为对以《德国民法典》为代表的传统民法之"拜物教"的严厉批评。①

这种批评能够成立吗?

二、《德国民法典》设置总则的奥秘

所谓法典化,不过是规则体系化达到一定高度的必然结果,而规则体系化则必然要遵守一定的逻辑准则。因此,法典编纂的具体内容安排,显然要服从于其相互的逻辑联系。诚然,各种立法动机的展示及其展示方法完全有可能破坏此种逻辑严密性,而对逻辑演进前提的不同认识,也有可能导致不同的内容安排(例如,基于对物权与债权相互关系及其重要性的不同认识,《德国民法典》采潘德克吞体系中的巴伐利

---

① 参见徐国栋:《民法典草案的基本结构——以民法的调整对象理论为中心》,载《法学研究》2000 年第 1 期;徐国栋:《两种民法典起草思路:新人文主义对物文主义》,载徐国栋编:《中国民法典起草思路论战——世界民法典编纂史上的第四大论战》,中国政法大学出版社 2001 年版,第 137 ~ 183 页。

亚式,将债权法置于物权法之前,而《日本民法典》则采同种体系中的萨克逊式,作出相反安排)。但是,任何真实意义上的民法典都不可能不从整体上展现其体系的逻辑特性。问题仅仅在于,不同法典所实现的逻辑性程度是有所不同的,其总体体系上的重大差异,即由此而导致。

事实上,对于《法国民法典》"内部像一个杂物间"的批评是过分夸张的。[①] 尽管这种批评未触及该法典采用"人法"与"物法"之极富逻辑性的分编方式,但即使从各编的具体内容来看,其第一编"人"毫无疑问包含了有关自然人的基本地位和身份关系的全部内容,而第二编"财产及对于所有权的各种变更"则规定了所有权及其"派生权利"的基本内容。[②] 上述两编,没有任何逻辑混乱。问题主要发生在该法典的第三编"取得财产的各种方法",有关批评实际上针对的就是这一编,认为其"完全是异类题材的大杂烩",[③]"任何科学的安排方法都不会在一编之中把继承和赠与、契约和侵权行为、婚姻财产、抵押和时效等这些毫不相干的内容都放在'取得财产的不同方法'之下"。[④] 但此种批评与该法典所遵循的逻辑思路也许并不同步。与《德国民法典》完全不同,《法国民法典》中的财产权是以所有权为中心建立起来的。无论基于身份关系抑或财产关系而发生的财产所有权的变动,均可并合规定于一处,这是基本符合逻辑要求的。所谓"杂乱",其实是批评者处于一种更高抽象程度的角度所作出的观察结论。

实质上,《法国民法典》之所以显得杂乱,而《德国民法典》之所以显得清晰,其基本原因在于前者没有严格区分物权与债权,亦未设置总则。故可断言,决定法典整体结构风貌的关键在于是否设置法典的"总则",而是否设置法典的"总则"的关键,又在于立法者运用抽象技术的方法或者所达到的程度是否足以产生设置总则的动机和条件。

---

① 参见[法]雅克·盖斯旦、吉勒·古博:《法国民法总论》,陈鹏等译,法律出版社2004年版,第98页。

② 法国民法将基于所有权而产生的用益权、使用权、居住权以及役权和地役权称为"所有权的派生权利"(démembrements),而担保物权则被认为是一种"价值权利",被作为优先权的种类另行单独规定。

③ [澳]瑞安:《民法导论》,载法学教材编辑部《民法原理》资料组编:《外国民法资料选编》,楚建译,法律出版社1983年版,第33页。

④ [德]K.茨威格特、H.克茨:《比较法总论》,潘汉典等译,贵州人民出版社1992年版,第72页。

仅就技术方面而言，笔者认为，至少有三个具体原因使《德国民法典》不能不设置其总则：

(一)身份权的独立与“人法”的分裂

在《法国民法典》上，“人法”与“物法”两相分离，自成一体，凡有关伦理关系及民事身份的事项，均直接规定于自然人一编。此种情况，首先被《德国民法典》所创设的法人制度所击破。

依笔者所见，团体人格的创设对于《德国民法典》所发生的影响比想象中的更为深远。而此种影响，不能不直接通过该法典的结构安排直接加以显现。

应当指出，在罗马法上，“人法”是以“人格”为基础展开的，而“身份”(自由人、罗马市民以及家父三种身份)是构成人格的要素。其人格与身份的联系达到如此密不可分的程度，以至于可以说“人法”即“身份法”，而“身份法”即“人格法”。但在《法国民法典》编纂时期，“身份”的概念已经发生了本质性变化。基于“天赋人权”的自然法思想，人的人格与“身份”不应有任何联系，至于“身份”本身，则蜕变为仅仅与婚姻亲属之伦理关系相联系的一种民事地位。但鉴于对罗马法《法学阶梯》编纂体制的借鉴，《法国民法典》仍然保留了“人法”与“物法”的编制，只不过此时所谓的“人法”，已经不再是“人格法”，而主要是“(民事)身份法”。此一事实，极为重要。

此后，德国民法借助自然人人格中原本所包含的“权利主体资格”的部分内涵，完成了团体人格即法人的抽象。但团体人格并不包含自然人人格中的政治要素(个人在社会政治生活中的基本地位)，也不包含自然人人格中的伦理要素(个人在婚姻家庭伦理生活中的基本地位)。因此，如同团体人格绝对无法进入罗马法中“人法”(“人格法”)的体系一样，团体人格也绝对无法进入《法国民法典》中“人法”[“(民事)身份法”]的体系！

为使“法人”在法典中寻找到生存的位置，德国民法必须击破《法国民法典》所设置的“人法”的固有框架。这就决定了德国民法所必须采取的两项重要举措：

其一，特别创设单纯表现权利主体资格的“权利能力”的概念，以使法人与自然人能够在“主体”的名目下获得并列的逻辑基础；

其二，将“身份权”与自然人的主体资格予以立法体例安排上的分离,以使“主体法”获得其内容上的单纯性。

如此一来,《法国民法典》上的“人法”被分裂,其有关“一切法国人均享有民事权利”的概括规定所表现的人格平等思想,被留下来并被“吸入”《德国民法典》有关自然人权利能力的具体规则之中(其被“吸入”得如此之深,以至于几乎隐而不见)。而其有关民事身份的主要内容,则被分别单独安排为“亲属”与“继承”两编,置于债权编与物权编之后。于是,“人法”变成了与身份无关的“干干净净”的“主体法”,法人即得如真人一般昂然而入,毫无阻隔。而“主体法”与物权、债权及身份权显然不在同一逻辑位阶,前者的规则普遍适用于后者。由此,《德国民法典》获得了建构其“总则”的第一块基石。

而没有“法人”的《法国民法典》,可以毫无困难地将“身份”与“财产”切割为两大块,显然是不需要什么“总则”的。至于《瑞士民法典》或其他任何试图取消总则的法典,则无一例外地必然要把身份法恢复到原来的位置。

(二)物权与债权的区分与“物法”的分裂

权利的类型化,是大陆法立法技术的主要特点之一。而与罗马法、法国民法大不相同的是,德国民法将这一抽象技术运用到了极致,其最为辉煌的成果之一便是将物权与债权两相分立。

表面观之,物权与债权的分界早在罗马法上便初显端倪,①《法国民法典》中虽无物权概念,但理论上已将“对物权”与“对人权”(债权)完全分开。② 由此,德国民法的贡献似乎不过是“承先启后”,即全面创设物权的概念及建构其内部的完整体系,其功劳不过仅在“集大成”而已。但实际情况并非如此简单,问题在于,德国民法创设“物权”概念的目

---

①　罗马人不仅创造了所有权(*prorietas*)、役权(*servitutes*)、永佃权(*emphyteusis*)、地上权(*superficies*)、抵押权(*hypotheca*)、质权(pignus)等具体物权的概念,而且在诉讼程序上划分了“对物之诉”(*actio in rem*)与“对人之诉”(*actio in personam*),从而提供了区分物权与债权的基本材料及基本思路。

②　受罗马法的影响,早期法国学者通过对财产权中两种主要权利类型效力指向的分析,已经发现对物的支配权与对人的请求权的不同,并由此而接受了中世纪注释法学派提出的物权概念,并进一步认为物权(le droit réel)是权利在物上的一种具体体现,是人对物的权利,即“对物权”(*jus in re*)。与此相应,还存在一种一方当事人对另一方当事人的权利即“对人权”(le droit personnel),也就是债权。参见尹田:《物权法理论评析与思考》,人民大学出版社2004年版,第47页;另参见J. Pothier,*Traité du droit de dommaine*,éd. Bugnet,n° 1。

的,并不仅仅是对于所有权及其他物权所进行的单纯的抽象与归纳整合,而是通过对物权的高度类型化,使物权与债权达到一种本质的分离。而德国民法在类型化物权的同时,也全面完成了对债权的高度类型化,并进一步使债权从根本上获得与物权“平起平坐”的重要地位,亦即德国民法对于物权与债权的类型化,不仅是形式上的,而且是实质上的。①

自此,民事权利的类型化工作得以全面完成,物权、债权与身份权被固定为民事权利的三大类型,同时成为《德国民法典》构建其分则结构的基本依据。而在三种类型化权利分而自立的同时,抽象出一些可以普遍适用于三种权利的共同规则随即变得可能且成为必要。这些共同规则正是法典总则得以建立与必须建立的基本素材。

而法国民法中,不仅所有权的“派生权利”(用益权、使用权等)依附于所有权,而且债权也被视为一种依附于所有权的权利(一种取得或者实现所有权的方法),债权并无其独立存在的地位。为此,以所有权为中心的财产法当然可以自成一体,与身份法两相对应,各司其职,没有再进一步抽象出两者之共同规则即设置法典总则的必要和可能。至于《瑞士民法典》在其不设总则的同时,却不能不于物权编与债权编之上另设“财产权法总则”的做法,也证明了“物法”的分裂对于民法典总则形成的直接作用。

(三)法律关系理论的展开与法典体系的建构

法律关系理论的创设也是德国民法最具价值的成果之一。作为一种思维工具,同时也作为一种技术手段,此种理论不仅改变了过去对于民法现象的观察角度,而且成为其法典体系安排最为重要的技术支持。依据这种理论,不仅有关以权利为基点而展开的包含“主体”“客体”“内容”三要素的法律关系结构得以阐述,而且使“法律行为”(一种主要的法律事实)的抽象成为可能。

以法律关系的要素为基础材料而构建起来的德国民法体系,不可能不在安排各种具体法律关系(各种类型化权利)的同时,合乎逻辑地对法律关系的一般准则作出安排。因此,“当时德国法律学者皆认为:

① 参见尹田:《物权法理论评析与思考》,中国人民大学出版社 2004 年版,第二章。

对各种法律关系共同事项,另有谋设一般的共同规定之必要”,[①]这就形成了其设置总则的最初动机。

于是,依照一种相同的逻辑推理方法,在物权与债权相互分离以及身份权获得独立的基础之上,“物权行为”与“债权行为”以及“身份行为”被同时发现,据此而被进一步抽象而成的“法律行为”,自然被认为具有普遍适用于各种具体权利的性质,从而使《德国民法典》总则的设立获得了第二块重要的基石。

而法国民法的展开基础是“(民事)身份”与“所有权”,不存在法律关系的一般认识。这就决定其不仅不可能在所有权与其他财产权利之间发现必须表达的共同准则,而且不可能在身份与所有权之间寻找到形式上的联结点。

上述原因所生之结果,便是在《德国民法典》中,法国法式样的“人法”被分解而不复存在,有关人格的一部分规定被“融化”于自然人权利能力规则之中,其余有关自然人身份的规则独立为“身份法”列入法典分则。这里,所谓《德国民法典》中“人法”的“在先”位置被总则“取而代之”的说法其实是不确切的。这是因为,法国民法上的“人法”与“物法”处于并列之平行关系,故有其先后之谓。但德国民法上的总则与分则中的各类具体权利处于纵向之关系,仅有上下之分而无先后之别,而总则与身份法之上下,是由法典体系的逻辑性所决定的。

三、民法典总则与“物文主义”

如上所述,可以发现,《德国民法典》总则的形成,不过是一种逻辑思维方法及立法技术运用的必然结果,其本身并不必然包含任何价值判断。鉴于此,有关对潘德克吞体系“重物轻人”的批评,至少存有下列重要谬误:

(一)“人法”概念的混淆

中国民法典起草过程中,所谓“新人文主义”对“物文主义”的猛烈攻击,源自有人从民法典的形式体系中发现了制度安排顺序所蕴含的“哲学意味”(相当于从官员出场顺序中发现了国家政治新动向)。在此,罗马法与法国民法的“人法”在前与“物法”在后的两编制被认为体

---

① 陈棋炎:《亲属、继承法基本问题》,三民书局1980年版,第3页。

现了对人的尊重,而以其总则"湮没"人法的德国式体系,则被指责为"拜物教"。此种观点的思想基础,首先源于"人法"与"物法"在本质上具有对立关系的认识。对于这种认识的错误,看来并不需要特别仔细的分析。因为类似"民法的一切规则,其目的均在于对人的保护""民法并不保护物,而只是保护支配物的人"等命题的常识性和不可动摇性,足以使前述"人与物二元对立"的观点在本质上无从立足。但问题在于,所谓"人法在前物法在后"的排序本身,是否真的潜藏了某种有关"重要性"的价值判断或者价值理念呢?

如上所述,罗马法上的人法实质上是一种"人格法",其有关自然人身份的规则确定了人的一般法律地位,具有公法的性质(组织身份社会的基本法)。而财产权利不过是身份的附属物(身份的拥有为财产拥有的前提,而财产的拥有则为身份拥有的结果),只有首先确定身份,方可分配财产。因此,在罗马时代,必须"先排队,后打饭"(徐国栋语),人法在前与物法在后,不仅是一种逻辑结果(无身份即无人格,无人格即无财产),而且的确表现了两种制度之不可类比的重要程度。但在近代社会,民法不再具有组织身份社会的功能。对于自然人人格的赋予,应当交由"上天"或者宪法去完成,由此,《法国民法典》之"人法"完全不同于罗马法上之"人法",其主要是规范婚姻亲属之伦理关系的"(民事)身份法"。而此种"身份"的拥有,根本不是财产拥有的前提。所以,法国民法之所谓"人法"与"物法",不过是"(民事)身份法"与"财产法(所有权法)"的别称,与罗马法上之"人法"与"物法"毫无共通之处。此处的"身份权"与"财产权"之间,既不存在前提与结果的逻辑关系(身份的拥有非为财产拥有的前提),亦不存在孰重孰轻的重要性区别。《法国民法典》之所以采取所谓"人法"在前而"物法"在后,不外乎是基于对罗马法《法学阶梯》体系的形式借鉴而已。

倘若"人格重要还是财产重要"之类的问题尚且值得讨论的话,那么,"(婚姻家庭关系中的)身份重要还是财产重要"的问题原本就不应当提出。

结论就是,"人法"概念在不同历史时期的不同内涵被一些人混淆了,在近、现代民法典上根本就不存在、也不可能存在罗马法意义上的"人法"。因此,《法国民法典》之光彩夺目的人文主义炫耀并非来自其"人法在前"(相反,"私权神圣"、"契约自由"与"过错责任"三大原则似乎都是源于其“物法”)。而《德国民法典》即使诚心要将早已被历史废弃的罗马法上之“人法”溺死于法典总则之中,也当然不可能构成所谓“物文主义”的严重错误。

(二)“身份”概念的混淆

面对“新人文主义”的指责,令所有的人深感困惑的是:无论《德国民法典》抑或梁慧星先生的民法典草案建议稿,均无一例外地将“人”排列在最前端。既如此,“物文主义”的指控从何而来?殊不知,“新人文主义”所声讨的所谓“物文主义”的罪行,其实包括两个方面:一是“人法”不独立(被“湮没”于总则之中);二是身份权被置于物权与债权之后。但考虑到“人法”之所以被“湮没”的原因实际上是由身份权从自然人部分被抽走所引起的,所以,身份权被置后,应当是所谓“重物轻人”的实质表现。

不难发现,在这里,“人法”概念之不同含义的混淆必然导致了“身份”概念的混淆。

如前所述,在罗马时代,身份是获得人格的前提;而在近现代社会,身份是具有人格的结果,此“身份”不同于彼“身份”。所以,近现代民法之身份法并非原本意义上的“人法”,身份法在后不能等同于“人法在后”。

如作进一步观察,还可发现,德国民法将法国法式样的“人法”予以分裂,有可能具有尚未被理论界足够重视的重大意义:

1. 民法的私法化。近代以来,民法成为私人生活领域的法律规范。而自然人之平等人格的普遍认同或者赋予,关乎个人社会生存之全面,此等根本性重大任务不应由民法而应由宪法完成。就个人主义及人文主义的价值宣示,民法固然有其重要作用,但“至少到了宪治主义渐渐成形以后,19世纪民法典宣示价值的功能已有相当一部分转移到更高位阶的宪法身上”。[①] 因此,将真正意义上的“人法”(人格法)从民法上予以消除,摆正民法与宪法的位置,符合历史发展的潮流。

2. 身份的伦理化。“从身份到契约”,为古代社会进入近代社会的标志。自此,人格脱离身份,身份蜕变存在于伦理关系中。但《法国民

---

① 转引自苏永钦:《民法典的时代意义》,载王利明等主编:《中国民法典基本理论问题研究》,人民法院出版社2004年版,第44页。

法典》继续承袭《法学阶梯》上“人法”与“物法”之分编形式,将身份与人混为一体,即使不能断定其显露出一种封建法制的残留痕迹,至少也极易使人产生“身份为个人立身之本”的强烈印象。而德国民法决然将身份关系抽出另行安排,彻底斩断了身份与人格的隐隐黏连,复原其伦理性权利而非人格性权利的面貌,不能说不是一个重大的贡献。

据此,身份并非人格,身份权亦非人格权。而身份权与财产权本无轻重之分,孰先孰后,本当系于体系编排之技术安排。《德国民法典》之所以将身份权置于债权编与物权编之后,应当是基于两方面的考虑:一是法典总则中的法人、法律行为以及消灭时效等制度,只能适用或者主要适用于债权与物权,不能适用或者不能完全适用于婚姻家庭关系;[①] 二是身份关系中存在许多特别规则,且“身份法的多数规范还是和财产的权利义务有关,只不过因为身份而在发生、存续或消灭上有其特殊性,从而如果先规定身份法,会有基本财产权概念或规范都还未交待的逻辑问题”。[②] 为此,规则安排的逻辑顺序和适用上的方便,应当是身份权后置的基本原因。

综上所述,“新人文主义”对“物文主义”的批评,是一种毫无根据的批评。

结论就是,民法典总则乃至法典整个体系的设计,纯属立法技术安排,不包含任何价值判断。中国民法典要不要总则(采两编制抑或三编制或者多编制),如同法典化与反法典化的争执,纯属技术层面的问题而非实质层面的问题。

四、中国民法典是否需要总则

(一)民法典总则的得失评判

《德国民法典》总则的设计是德国民法思维方法的必然成果。

关于德国民法思维方法的科学性及其弊端以及一百多年以来对此展开的批判和讨论已经非常充分,而对其总则设计的得与失,亦褒贬不一。

---

① 如法人的规则完全不能适用于婚姻家庭关系,因欺诈、胁迫、乘人之危而意思表示不真实所导致法律行为相对无效的规则,不能完全适用于婚姻契约。

② 苏永钦:《民法典的时代意义》,载王利明等主编:《中国民法典基本理论问题研究》,人民法院出版社2004年版,第44页。

毫无疑问,法典总则的创设系“以一般而抽象之原则汇总而成”,“为法制史上大胆之创作”。[①] 就民法典总则的体系效用,存在诸多肯认的论述,但其要点不外乎是“体系精密,统摄全军”,即“民法总则通过共同事项的抽出和对它的综合,反复完成一般概念的形成,其结果,就具备了经过透彻的逻辑思考的、保持首尾一贯的体系”,而由于总则内容的抽象化“可以广泛涵盖同种事例……有可能用必要的、最少限度的规定解决问题,防止没有经过深思熟虑的规定出笼”。[②] 总则的设立,“不仅在立法技术上因避免重复而较为经济,更重要的是让使用者可以如算算术般从一般演绎到特别,乃至借此标示出足以统摄整部民法典的精神……就此而言,首创总则编的德国民法典确实代表民法体系化发展的一个新里程碑”。[③]

但德国学者对于该法典总则的优缺点有着清醒的认识。他们认为,设置总则编的主要优点反映在有关法律行为的规定方面,由此避免了立法者为每一项具体的法律行为规定其生效要件的重复。但总则条文因必须保证其普遍适用性的特点,不能不以抽象的方式加以表达,这样就难以完全反映限制这种一般规则的各种例外。此外,对一般性的规则之提取概括,不能不增加对法律规定的理解难度。由于法典的分则各部分本身各有其类似总则的内容,故法律规则由此必然发生“分裂”,“要寻找一个具体问题的法律规定,往往要瞻前顾后,同时查阅许多地方”。[④]

显而易见,对于民法典总则的价值评判,可以从宣示功能、体系效率与实用价值三方面进行。就宣示功能而言,民法典总则的优势并不见得特别明显。诚然,民法典总则在更多地寻找“一般条款”的过程中,可以更为方便地使用“诚实信用”“公平”这样一些抽象模糊的概念,使民法的某些价值观念得以更加清晰地表达。但作为民法精神集中表达的民法的基本原则条款,即使不设总则,也可以在“序编”一类的前置体

---

① 曾世雄:《民法总则之现在与未来》,中国政法大学出版社2001年版,第4页。

② [日]山本敬三:《民法讲义Ⅰ:总则》,解亘译,北京大学出版社2004年版,第17页。

③ 苏永钦:《民法典的时代意义》,载王利明等主编:《中国民法典基本理论问题研究》,人民法院出版社2004年版,第44页。

④ [德]迪特尔·梅迪库斯:《德国民法总论》,邵建东译,法律出版社2000年版,第30~34页。

例中予以安排。但就体系效率而言,总则却表现出一种别无替代的特殊作用。它不仅可以使各种具体规则相互之间借以建立其内在联系,而且可以使民法基本法理及民法的思维方式获得立法上的真实表现,提供了民法理论阐述与法学教育得以大展身手的广阔平台。不过,正是因为总则的这种高度抽象性及高度逻辑性的特点,民法规范进一步远离实际生活的直观印象。抽象程度越高的概念,越难为法学家以外的人所理解;具体法律现象被抽象的次数越多,有关规则的重复率就越高,规则"分裂"的现象就越严重,这就有可能造成因同种规则"叠床架屋"而产生法律适用上的烦琐和困难。

为此,诚如德国学者所言,民法典总则的设置能否达到立法者想要达到的目的,是一个值得怀疑的问题。① 正因如此,瑞士、意大利等深受德国法影响的国家的民法典,作出了取消总则的选择。在《瑞士民法典》中,其仅在第一编"人法"之前设置了"引言",就法律的适用、法律关系的内容、与各州法律的关系、债法的一般规定以及证据规则作出一般性规定。而《意大利民法典》则同样在第一编"人与家庭"之前,设置了"序编(一般原则)",包括法源与一般法律的适用两部分内容。

（二）中国民法典的选择

如果仔细分析《德国民法典》总则的具体内容,可以发现,其并非严格按照通过解构具体的权利义务关系并归纳抽象出一般的法律关系所获得的材料而建成。除"主体"要素被全面规定之外,有关法律关系的"客体"要素的规则是残缺不全的:依据并非确定无疑的一般客体理论,在物权、债权与身份权三大类型化权利中,唯有物权的客体为"物",而债权的客体应为"特定行为"(给付)而非为物,至于身份权的客体则肯定不是物。如此一来,该法典总则所规定的"物"并非法律关系一般、抽象之客体,本无资格进入总则。而一般法律关系"内容"之要素应为抽象、一般之"权利、义务",但各种具体权利义务之设定、变更、消灭方式及其内容差异甚远,根本不存在"共同规则"。为此,该法典总则除了从外部对权利行使的限制及其保护作出一般规定之外,对于权利本身毫无触及。而唯一值得德国人骄傲的是,该法典总则创设了法律行为制

① 参见[德]卡尔·拉伦茨:《德国民法通论》(上册),王晓晔等译,法律出版社 2003 年版,第 40 页。

度。作为一种最主要的法律事实,法律行为的规则不仅完全符合总则之“一般条款”的特性,而且以其极为丰富的实质内容为总则注入了真正的生命力和存在价值。

不容置疑的事实是,如果没有法律行为,《德国民法典》总则将成为一具空壳,将徒有其名:该总则实际上是由“主体法”(自然人与法人)和“行为法”(法律行为)两部分构成的。其中,代理规则的一般抽象是否必要殊值存疑(法定代理与委托代理性质上差异极大,将之分别规定于监护制度及委托合同也许更为实用)。“物”本应规定于物权法之中,而消灭时效的地位如同“物”,理应放入债权法。因此,去其点缀以及附加,如果没有法律行为,总则将仅剩下“主体法”。

为此,如果不考虑其他因素,仅就法典总则所需之内容安排而言,中国民法典要不要总则,实际上首先取决于其要不要设置法律行为。诚然,中国于1986年颁布的《民法通则》中早已规定了法律行为制度,法律行为的理论也一直是中国民法理论中“总论”部分的核心。但问题在于,中国民法中的法律行为与德国民法中的法律行为具有根本的不同:德国民法中的法律行为,是通过对物权行为、债权行为以及身份行为抽象而成的。由于身份行为具有不同于财产行为的诸多特征,故法律行为的规则主要适用于物权行为与债权行为。① 但在拒绝采用物权行为理论的中国民法中,其法律行为的抽象材料仅为合同行为和各种单独行为。鉴于单独行为之分散和不重要,②中国民法上之法律行为实质上不能不成为合同法总则的翻版。而基本上不能适用于物权、很少直接适用于身份权的法律行为规则,还有资格称为“一般条款”并进入民法典总则吗?

然而,尽管存在种种相反理由,如综合起来考虑,中国民法典总则编的设置仍有其必要:

首先是总则编的体系价值。在一种体系化的法律思维模式中,法典总则有可能具有特别的象征意义。中国民法已经完全采用物权与债权的严格区分方法,且通过《婚姻法》的颁布施行,身份权亦早已脱离

---

① 例如,意思表示不真实的法律行为的效果(相对无效),即不能完全适用于结婚行为。根据我国经过修改的《婚姻法》的规定,仅只因受“胁迫”而为的结婚行为方可撤销。

② 遗嘱行为除外。但如同中国《继承法》的做法,即使《民法通则》规定了法律行为制度,遗嘱行为较为特别的有效条件也必须在《继承法》中作出进一步的具体规定。

"人法"而自成一体,如此"三权分立",加之知识产权及其他无形财产权尚且"没爹没娘",倘无民法典总则的统摄,诸种权利之间将无法建立其内在逻辑联系,也无法以某种特定的形式彰显其共同的实质精神。

其次是总则编的制度整合作用。由于不采物权行为理论,中国民法中的法律行为制度的统率作用大打折扣。但作为一种民事活动中的一般行为模式,法律行为制度有助于确定和彰显民事主体应当遵循的一般行为准则,其宣示功能和引导作用远远大于合同法中的相关规定。同时,法律行为毕竟覆盖了全部表意行为,其规则在合同行为之外的其他各种单独行为中的普遍适用,仍可得简便灵活之效用。至于代理关系之于委托合同的剥离,已被理论和实践证明具有种种益处,如无总则,此项重要制度的安排将成问题。

最后是制度成本的考虑。1986 年颁布的《民法通则》事实上已经形成民法典总则的雏形,其施行历时 20 余年,而更长时期的民法理论教育已经固定了法律职业者"从一般到具体"的思维模式,法律院校编写的全部民法教材,也无不采用"总论"和"分论"的基本模式。因此,抛弃传统和习惯是容易的并且是时尚的,但如代价过大而收益甚少,则是不必要的。

中国《民法总则》的颁布,自是从立法选择上结束了前述讨论。但深入研究如何克服潘德克吞体系的弱点和弊端,结合中国的国情,使中国民法典总则编的结构和内容最大可能的科学、合理和实用,却是《民法总则》颁布后直至民法典全部立法完成之前,必须加以重视的一项工作。

第二章　民法典总则的内容结构

第一节　《德国民法典》的模式及我国立法有关草案的选择

一、《德国民法典》总则的内容结构

民法典总则为民法之一般而抽象的原则的归纳和汇总。在民法典中设置总则，为《德国民法典》所独创，并为以后很多大陆法各国民法典所借鉴。

《德国民法典》总则共240个条文，包括：第一章“人”（自然人、法人）；第二章“物”；第三章“法律行为”（行为能力、意思表示、契约、条件和期限、代理和代理权、同意和追认）；第四章“期间和期日”；第五章“消灭时效”；第六章“权利的行使、自卫和自主”；第七章“提供担保”。

《德国民法典》总则的基本内容结构，为日本和我国台湾地区“民法典”总则所仿效。《日本民法典》总则共174条，其基本结构与《德国民法典》相似，也是以“人法”、“物”、“法律行为”（包括代理）、“期间”以及“时效”为主要顺序，只是在“人法”前面加设“通则”（基本原则、解释的标准）一章，并在“时效”中并列规定取得时效与消灭时效。同时，未包含《德国民法典》第六、七章的内容。与之相似，我国台湾地区“民法典”总则亦依照“人”、“物”、“法律行为”（包括代理）、“期日及

期间”、“消灭时效”、“权利之行使”的基本顺序安排其主要内容，只是在“人”前面设置了“法例”一章；同时，未包括《德国民法典》第七章的内容。

《德国民法典》总则部分的内容结构安排，显然意欲遵循的是民事法律关系各要素解构的逻辑思路。依照民事法律关系的一般理论，民事法律关系包含“主体”、“客体”和“内容”三要素，而“法律事实”则是民事法律关系得失变动的发生根据。据此，民法典总则的第一部分内容应为“人”（主体），接下来是“物”（主要的客体），然后应当是“权利义务的一般规定”（内容）。但是，由于包括物权、债权与亲属权利在内的各种具体的民事权利，其相互之间在法律性质、法律特征和法律效力等各方面的差异是如此之大，以至于很难通过归纳的方法抽象出其一般规则。或者说，即使能够进行此种抽象，因其抽象程度过高，已达某种“观念”的高度（如“权利的强制性”以及“权利的不可侵害性”），从而将使此种关于“权利的通性”的立法阐述仅具“宣示”意义，缺乏作为裁判规则的法律规范的基本价值。因此，在这里，《德国民法典》总则的逻辑进路不得不发生断裂或者跳跃，其后的“法律行为”制度，为主要的法律事实的规定。而“法律行为”之后的规定，则离开了民事法律关系的基础，成为“其他问题”的大杂烩。

对于《德国民法典》总则的内容安排，德国学者的评价不高。但除批评其没有对权利作广泛的规定之外，其批评意见主要集中于该部分内容的“残缺不全”。主要包括：(1)权利主体：就自然人而言，没有一开始就规定婚姻或亲属相关的事项，对人格权规定过于简单；就法人而言，没有对股份公司、有限责任公司和合作社等实践意义重大的商事公司作出规定。(2)权利客体：物的问题与其归属问题紧密相连，因此，有关“物”的规定在很多情况下仅在物权法规定的背景下才能显现出其意义。而总则将“物”与“归属”人为分离，故其对“物”的专门规定“可以说是一般化尝试失败的典型”。(3)法律行为：鉴于法律行为现象形态各异，总则的规定要么非常抽象，要么并不适用于一切法律行为。比如，有关意思表示错误的规则，就不适用于婚姻或者遗嘱。但总则没有对这些一般规则的例外作出明确规定，从而导致法律适用上的困难或者冲突。(4)其他规定：虽然消灭时效因可以适用于几乎一切请求权而与民法典各编都有关系，但总则并未对所有的请求权都规定了消灭时效期间。而有关权利实现和权利形式的规定特别不完整，至于有关提供担保方面的规定,也仅仅是一个框架而已。①

二、我国民法典立法草案和学者建议稿的设计

全国人大法工委2002年提出的民法典草案以及梁慧星、王利明两位先生主持撰写的民法典草案学者建议稿,其总则的内容结构均借鉴了《德国民法典》总则的基本思路,但有所变化。

全国人大法工委的草案总则编的内容结构为:第一章“一般规定”(立法目的、调整对象和基本原则);第二章“自然人”;第三章“法人”;第四章“民事法律行为”;第五章“代理”;第六章“民事权利”;第七章“民事责任”;第八章“时效”;第九章“期间”。

梁慧星先生的建议稿总则编的内容结构为:第一章“一般规定”;第二章“自然人”;第三章“法人”;第四章“权利客体”;第五章“法律行为”;第六章“代理”;第七章“诉讼时效”;第八章“期日、期间”。

王利明先生的建议稿总则编的内容结构为:第一章“一般规定”;第二章“自然人”;第三章“法人”;第四章“合伙”;第五章“民事权利客体”;第六章“法律行为”;第七章“代理”;第八章“诉讼时效”;第九章“期日与期间”;第十章“民事权利的行使和保护”。

上述三部草案的共同点是:均按相同的逻辑顺序规定了“一般规定”“自然人”“法人”“法律行为”“代理”“时效”“期间”。但全国人大法工委草案的“时效”制度中,并列规定了“取得时效”和“诉讼时效”,而梁慧星先生和王利明先生的建议稿中仅规定了“诉讼时效”。此外,两部建议稿均增加规定了“权利客体”,王利明先生的建议稿增加规定了“合伙”与“民事权利的行使和保护”。同时,两部学者建议稿均未规定“民事权利”和“民事责任”两章。但王利明先生的建议稿在其“民事权利的行使和保护”一章中,规定了民事责任的内容。

很显然,我国2002年民法典草案及两部学者建议稿均以《德国民法典》采用的“人”(自然人与法人)、“法律行为”(包括代理)以及“时效”三个基本顺序为蓝本,但都没有采用其第七章“提供担保”。鉴于债务担保仅与债务有关,人的担保(保证)所发生的法律关系为债权关系,应规定于债权编;物的担保(抵押、质押、留置等)所发生的法律关系为

---

① 参见[德]迪特尔·梅迪库斯:《德国民法总论》,邵建东译,法律出版社2000年版,第25~28页。

担保物权关系,应规定于物权编,其并非民法中的一般问题,故不应当在总则编予以规定,所以,此种安排是没有问题的。另外,较之《德国民法典》总则,上述三部草案均在总编之首增设了关于调整对象和基本原则的"一般规定",此种做法,符合我国民法理论和立法的一贯做法。

至于王利明先生建议稿中,将"企业法人分支机构"在"法人"一章中予以规定,并将"合伙"予以单章规定的做法,显然欠妥当:法人分支机构与合伙均属非法人团体,如果需要规定入总则编,亦应像梁慧星先生的建议稿那样,将之一并在"非法人团体"一节中予以规定,分开处理,实无必要。

除上述有关问题之外,理论上引起讨论的主要问题包括:

其一,在总则编有无必要规定"权利客体"(或者"物")一章?(全国人大法工委2002年草案未作规定,两部学者建议稿均作了规定)

其二,在总则编有无必要规定"民事权利"和"民事责任"两章?(全国人大法工委2002年草案作出了规定,梁慧星先生的建议稿未作规定。王利明先生的建议稿未规定"民事权利",但将"民事责任"规定于"权利的行使和保护"一章)

其三,在总则编有无必要将诉讼时效和取得时效并列规定于"时效"一章?(全国人大法工委2002年草案作出了规定,两部学者建议稿仅规定了"诉讼时效",未规定"取得时效")

第二节　权利客体在民法典中的正确位置

一、"权利客体"辨析

权利客体的具体所指,从来都是一个在理论上未能达成共识的争议问题。

权利客体为权利义务指向的对象或者事物,对此定义,似无大的异议。[①] 但权利客体为何物?则历来中外不同学者对此见仁见智。

---

① 但苏联学者对此曾经争得一塌糊涂:有人认为法律关系的客体为法律关系"所由"发生的事物;有人认为客体是法律关系所要"达到"的事物;还有人则把法律关系的客体看作是法律关系所"作用"的事物。参见[苏]格里巴洛夫、科尔涅耶夫主编:《苏联民法》,中国社会科学院法学研究所民法经济法研究室译,法律出版社1984年版,第92页。

德国学者拉伦茨将权利客体分成两种:一种是狭义的权利客体,指支配权或利用权的标的,包括物(有体物)、精神作品和发明等(无体物),称为第一顺位的权利客体;另一种是权利主体可通过法律行为处分的标的,称为第二顺位的权利客体,包括权利和法律关系。此外,由于"人"是一切客体的对立面,而支配权的客体既不能是自己,也不能是他人,所以,人格权不是一种支配权,人格本身不能成为权利客体。具有人身性的家庭权是一种"义务权",本质上和完全的支配权是有区别的。至于企业本身则只能作为第一顺位的无体财产的权利客体。而债权和选择权等权利,则没有客体,他们的客体就是自己本身。①

拉伦茨的上述关于权利客体的观点在其他德国学者中并没有得到完全赞同。比如,大多数德国学者就仅仅把第一顺位的权利客体看作权利客体。而支配权的客体是否包括"人"本身,大多数人亦持肯定态度。②

日本学者四宫和夫认为,人格权的客体是权利人本身;亲权、债权、社员权的客体是他人;物权的客体是有形财产;无形财产权的客体是精神性产物;权利质权的客体是权利;企业担保权的客体是企业;形成权的客体是权利或法律关系。③

上述日本学者的观点,为我国早期一些学者(如史尚宽)所完全赞同。④ 我国台湾地区学者王泽鉴先生则以德国拉伦茨的观点为基础,试图就史尚宽先生的观点作出别种解释,指出"人格权的客体为人之本身,系以人之本身为存在基础,及其直接现实的表现,乃应受法律保护的对象,而非得受支配的客体"。同时,指出"亲属权(身份权)涵含人格关系,并具义务性质,亦非以立于一定亲属关系之人为支配客体"。而"所谓债权的客体为特定之人,乃指债权以特定债务人为对象,债务人负有一定作为与不作为的义务,债权人有请求给付的权利,但对债务人的人身或给付行为并无支配的权利。债务人在债之关系上乃居于主体的地位"。至于企业,则"系各种权利的总体,其本身不得作为权利的

---

① 参见[德]卡尔·拉伦茨:《德国民法通论》(下册),王晓晔等译,法律出版社2003年版,第377~404页。

② 同上书,第378~379页之注释。

③ 参见[日]四宫和夫:《日本民法总论》,唐晖、钱孟姗译,五南图书出版有限公司1995年版,第125页。

④ 参见史尚宽:《民法总论》,中国政法大学出版社2000年版,第221页。

客体”。①

权利客体是苏联民法学最有争议的问题之一。在批评传统理论的同时，有人提出将客体统一成“人的活动或行为”的观点，甚至有人还认为“法律并不调整物、行为和利益，法律关系的客体只能是法律以法律关系为媒介所调整的社会关系，否则就是资产阶级法学家的形式主义”。② 但依照权威学说，法律关系的客体包括：(1)物(财产)；(2)一个人向另一个人提供的一定的工作或劳务；(3)创作活动的产物；(4)人身非财产的利益。③

受苏联民法理论影响，上述苏联有关客体范围的观点，为我国内地过去和现在大部分教科书和著作所基本采纳。④ 只是对于债权的客体，有不少学者指出应当是特定行为(给付)。⑤ 同时，也有学者指出客体还应包括权利。⑥

比较上述理论，很显然，作为支配权的客体，物权的客体为“物”(权利质权除外)、知识产权的客体为“智力成果”，并无争议。问题仅在于：债权的客体究竟是债务人，或债务人完成的工作、提供的劳务，或债务人应为之特定行为，或债权根本没有客体？人格权的客体究竟是权利人自身或是人格利益？亲权的客体究竟是不是他人？企业能否作为权利客体？

笔者认为，民事法律关系之客体的理论，目的在于彰显权利所系之利益的载体，以助于对权利内容和特质的认识，而权利为主体所享有的受保障的利益，故主体只能是“人”(自然人和法人)。反之，“人”只能是权利主体而非客体。尽管在某些法律关系中，“人”有可能成为权利义务指向的对象或者权利的目的，如监护权为对被监护人的保护，人格权为对权利主体自身的保护，债权为对他人(特定人)的请求，甚而至

---

① 王泽鉴：《民法总则》，台湾2000年自版，第221～222页。

② 佟柔主编：《中国民法学·民法总则》，中国人民公安大学出版社1990年版，第56～57页。

③ 参见[苏]格里巴洛夫、科尔涅耶夫主编：《苏联民法》，中国社会科学院法学研究所民法经济法研究室译，法律出版社1984年版，第93页。

④ 参见佟柔主编：《中国民法学·民法总则》，中国人民公安大学出版社1990年版，第58页。

⑤ 参见佟柔主编：《中国民法学·民法总则》，中国人民公安大学出版社1990年版，第58页；梁慧星：《民法总论》，法律出版社1996年版，第50页；龙卫球：《民法总论》，中国法制出版社2001年版，第128页。

⑥ 参见梁慧星：《民法总论》，法律出版社1996年版，第50页。

于,在承运人受托运送未成年人旅客的运输合同中,承运人向托运人“交付”的标的为其承运的未成年人。但是,仅仅因为某些权利义务可以被看作指向权利人自身或者指向他人,便认定这些权利的客体为“人”,有可能混淆主体与客体的界限。如果我们说:人有时是权利主体(在一切法律关系中),有时是权利客体(在亲权、社员权以及某些债权法律关系中),有时既是权利主体又是权利客体(在人格权法律关系中),有时既是义务主体又是义务客体(在债权关系中),问题将变得异常复杂而且毫无意义。而在观念上,近代以来的人权思想不允许将“人”作为支配对象或者交易标的。如果仅仅凭借某种理论阐释的需要而将“人”认定为支配权客体或者请求权客体,此种做法与人权观念、人文精神格格不入。相反,适当转换观察角度,将有关权利的客体描述进行技术处理,亦即将监护权的客体认定为被监护人的身份利益和财产利益、将人格权的客体认定为自然人的人格利益、将债权的客体认定为债务人应为之特定行为(给付),法理上能够成立,于实践无害,何乐而不为?

至于“企业”能否成为权利客体,此本为虚假命题。“企业”一词是对以营利为目的的人合之组织体的描述,“企业”不同于企业拥有的“全部财产”。在民法上,企业或者为法人,或者为非法人团体。所谓“企业出售”,实际上是出售企业的全部财产或者投资人的全部股权;所谓“企业兼并”,实际上是企业全部股权或者全部财产的收购或者合并;所谓“企业担保”,实际上是以企业现在和将来拥有的全部财产设定的担保。故“企业”根本不可能成为权利的客体。

因此,有关人格权、债权或者选择权的客体为权利人自身的说法是不妥当的,有关亲权、社员权或者债权的客体是他人的说法也是不妥当的。同样不妥当的,是有关企业是企业担保权的客体的说法。而将债权的客体认定为债务人的给付行为指向的对象(债务人交付的标的物、完成的工作、提供的劳务或者服务),混淆了给付与给付的客体(标的)的界限,不利于揭示债权之请求权(请求债务人为特定行为)性质,也是不妥当的。

相反,将支配权(物权和知识产权)的客体认定为物或者智力成果,将人格权的客体认定为人格利益,①将身份权的客体认定为身份利益,

---

①　笔者不认为人格权为民事权利,也不认为人格权是民法上支配权之一种(参见本书第八章)。

将债权以及其他请求权的客体认定为相对方的特定行为(给付),是妥当的。

为此,民法上的权利客体应当包括:物、智力成果、人格利益和身份利益以及特定行为。

二、权利客体在民法典中的安排

基于以下理由,笔者认为,权利客体应当依照其类别,分别纳入相关权利的规范中进行规定,不应在民法典总则编中予以规定:

首先,民法上的权利类型多样,各种权利的客体并不相同,且相互之间根本不具有任何共性,故无法归纳抽象出权利客体的一般规则。即使在总则编将各种不同的权利客体以分别列举规定的方式予以安排,鉴于除"物"之外的权利客体根本不具有单独规定的价值,故此种安排既不符合"总则为提取和抽象的一般规定,普遍适用于分则各编所规定的权利"的基本要求,而且为规定而规定,徒增烦琐。如依照王利明先生的建议稿,在权利客体一章中,于"物"(包括有价证券)之后将其他权利客体一并在"其他权利客体"一节中进行规定。而对于"人格利益"与"智力成果",该建议稿则仅能对之各设计出一个毫无意义的空洞条文("民事主体依法享有的人格利益和身份利益,受法律保护。死者的人格利益,依法受法律保护。""民事主体对其智力成果依法享有的著作权、商标权、专利权及技术秘密、发现权、发明权及其他科技成果权等,受法律保护。民事主体对其经营信息享有的合法利益,受法律保护"),且均为宣示性(保护性)规定,根本非为权利客体本身的内容或者规则。与此同时,该有关权利客体的规定中,缺乏债权及其他请求权的客体,其原因在于,债权的客体完全不可能在立法上进行任何有意义的描述。

其次,如果仿照《德国民法典》的做法,在总则编仅规定"物",则不免存在两方面的弊端:一是"物"仅为物权的客体,总则编有关物的规定完全不能适用于物权之外的其他权利,不符合总则规范之一般性的特点;二是"物"本身并非法律的规范对象,如果切断其与人之间的归属、利用关系,则有关"物"的独立规定是没有多少规范意义的,故物的归属问题应属物权规范解决的问题,不应当规定于权利客体的内容之内。诚如德国学者梅迪库斯所言:《德国民法典》有关"物"的"第93条及以下条款的意义,只有在物权法规定的背景下才能显现出来……由于对物的规定作了这种人为的分离,因此总则编对权利客体的专门规定,可以说是一般化尝试失败的典型”。[①]

诚然,有学者对于单独将“物”规定于总则编的理由作了解释,认为民法典之所以专设“物”一章,“旨在维护民法体系的完备。其所以仅以‘物’为内容,一方面是因为权利的客体以权利种类之不同而异,难设概括性规定。他方面系物不仅为物权的客体,且涉及一切财产关系,如债之关系、夫妻财产关系、继承,甚至刑法上的窃盗侵占等罪的成立,亦莫不与物之概念有关,故民法特以之规定于民法总则编”。[②] 但此种解释颇为牵强:民法上与各种法律关系直接或者间接相关联的概念不计其数,被其他法律适用的概念不计其数,并不因此而有在民法典中单章规定的必要。即使从体系完备的角度出发,民法典总则虽以法律关系的解构为基础,但基于立法与理论之间的差异,不可能完全照顾理论体系的周全(比如,民事法律关系的概念就难以出现在民法典中)。再者,将物权的标的规定于物权法、债权的标的规定于债权法、知识产权的标的规定于知识产权法顺理成章,便于法条的查阅和适用,又何乐而不为?

第三节　权利之一般规定的取舍

一、概说

民事权利、义务本为民事法律关系的内容要素,其一般性规定应当放置于民法典总则。但很奇怪的是,《德国民法典》并未成功地完成这一法典之逻辑体系所要求完成的任务,仅在其总则编的末尾部分规定了所谓“权利的行使、自卫和自助”(第六章)。此一仅有6个条文的章节,仅有1个条文涉及权利的行使(第226条:“权利的行使不得专以损害他人为目的”),其余条文均规定的是正当防卫、紧急避难和私力救济

---

① [德]迪特尔·梅迪库斯:《德国民法总论》,邵建东译,法律出版社2000年版,第26页。

② 王泽鉴:《民法总论》,北京大学出版社2013年版,第223页。

问题。这一章的内容，完全不涉及民事权利或者义务本身。

对于该章规定，德国学者批评其"特别不完整"。认为其对权利的限制方面，仅规定了几乎不可能出现的"刁难行为"，而没有规定重要得多的"失权行为"。而在权利的实现方面，仅规定了只有在例外情况下才合法的自力行为，而没有规定正常情况下的通过法院实现权利（通过法院实现权利由诉讼法规定）。[①] 但实质上，《德国民法典》中的这一章内容安排是完全没有逻辑依据的。

我国台湾地区"民法典"仿《德国民法典》，在总则编第七章规定了"权利的行使"，更为清晰地规定了权利行使的各种限制以及正当防卫与紧急避险的有关问题，但仍然未对权利本身作出任何规定。相反，《日本民法典》没有规定相似章节，而是把有关权利行使的限制作为基本原则（"公共秩序"、"诚实信用"以及"权利不得滥用"）置于民法典开始之"通则"部分。此种安排，自然是非常合理的。

如前所述，民事权利的多样性及其内容的差异性，决定了从各种具体权利本身的内容归纳抽象出权利的一般性规则，在立法技术上是困难的。与此同时，离开各种具体权利特有的具体内容和富有个性的法律效力，权利将仅具空壳，毫无生命力。事实就是，各种民事权利的共同特性只在于其"不可侵害性"，而这一共同规则，无须在民法典中以专章表达。这就是包括特别强调法典的逻辑体系完备的德国在内的大陆法各国民法典中均未对民事权利的一般规则作出规定的原因。

二、对我国 2002 年民法典草案及建议稿的评价

在我国，将"民事权利"单章规定的做法，始自 1986 年《民法通则》。《民法通则》在其第五章"民事权利"中，将所有权和与所有权相关的财产权、债权、知识产权以及人身权一一列举规定。其中，有关物权和债权的规定相当详尽，已经完全不属"一般规则"而为具体规则。至于知识产权和人身权，则极为简单，点到为止。此种做法，是为了满足立法之时物权规则尚付阙如、债权（合同法）规则残缺不全之需，其规定并不具有"总则"的特点。但在全国人大法工委 2002 年公布的民法典草案

---

① 参见［德］迪特尔·梅迪库斯：《德国民法总论》，邵建东译，法律出版社 2000 年版，第 28 页。

之总则编中,却保留了此种做法,将“民事权利”单列一章。只是不再规定各种权利的具体问题,仅对各种类型的民事权利作出了概念解释性规定。其中,除第89条将知识产权的保护范围予以大量增加并列举之外(包括文学、艺术、科学等作品及其传播;专利;商标及其他有关商业标识;企业名称;原产地标记;商业秘密;集成电路布图设计;植物新品种;发现、发明以及其他科技成果;传统知识;生物多样化等),还在债权部分以专条对不当得利和无因管理所生之债权作出了简要规定。

王利明先生的建议稿则没有作此选择,而是仿《德国民法典》,在总则编末尾专章规定了“民事权利的行使和保护”。其中,在“民事权利的行使”一节规定了“权利义务的产生依据”权利的“范围”“限制”“处分”“权利不得滥用”和“环境保护”“适当的容忍”“充分的补偿”以及“权利失效”等。同时,在“权利的保护”一节中规定了自助行为。

梁慧星先生的建议稿既没有仿照《德国民法典》设专章规定“民事权利的行使”,亦未专设“民事权利”一章。

对于上列草案,笔者认为,全国人大法工委的做法最不可取。如前所述,如果要在民法典总则中规定“民事权利”,那么就必须能够归纳抽象出民事权利的一般属性并予以表达。对各种权利的列举式、定义式规定,既不符合总则的要求,亦无任何实际价值,空有其表。而各种具体民事权利的定义,即使需要立法表达,亦应置于该项权利所在的篇章。

至于王利明先生的建议稿的做法,虽未采用民事权利的简单的列举、定义式规定,但亦不值称道。理由是:其有关权利行使的规定中,依照性质,一部分应纳入民法的基本原则(包括应当将“民事权利的处分”的限制包括在内的“权利不得滥用”原则、“公序良俗”原则以及“环境保护”原则等),一部分应纳入物权法(包括土地所有人对他人行使权利的“适当容忍”以及国家征收、征用财产时的“适当补偿”),一部分应纳入民法典的一般规定(包括其他法律不得对民事权利进行限制、民事主体合法的民事权益受法律保护等)。此部分规定,与民法典总则的其他规定及分则的规定大都重合且残缺不全,毫无意义。

仅梁慧星先生建议稿的做法是可取的。

第四节　民事责任之一般规定的技术障碍

一、民事责任的特性

民法上，“民事责任”概念的运用在不同场合具有不同含义。从严格意义上讲，民事责任应指违反法律义务的民事惩罚后果（如侵权责任、违约责任），但在很多情况下，民事责任与民事义务又可相互替代（如合伙人的连带责任、债务清偿责任）。而在一些特别的场合，“责任”又可成为某种法律现象的借用性描述（如投资人的“有限责任”）。①

在传统的民法典体系中，作为义务违反之效果的民事责任并无其独立的地位。

无论是松散式的《法国民法典》还是体系化的《德国民法典》，“权利”均为法典编撰的逻辑基础。有所区别的仅仅是，《法国民法典》系以所有权为财产权之中心，将债权置于所有权的附属地位（是取得财产的方法之一种）。而《德国民法典》以抽象化的权利关系（法律关系）为中心，对物权与债权以及身份权予以完全的类型化处理，并赋予其在法典中的并列的同等地位。但无论如何，法国式或者德国式民法典乃至其他任何一种样式的民法典（如《瑞士民法典》），都不能不在权利或者法律关系的基础之上展开其逻辑体系。由此，至少以下原因决定了民事责任不可能在民法典中被予以单独规定：

其一，民事责任具有派生性。

民事责任问题，系由权利义务所派生：如无权利，则无义务；如无义务的违反，则无责任的发生。由此，民事责任为民事义务的派生物、附属物，二者相互关联、不可分割。所以，将各种民事责任规定于各种权利的体系之中，顺理成章，断无将民事责任与民事权利义务进行割裂并分别规定的理由。

---

①　公司股东对公司债务所承担的所谓“有限责任”，并非指股东对于公司债务承担债权法意义上的债务清偿责任，而是以之描述“从经济学的角度来讲，公司财产实质上为股东的利益。故当公司以其财产清偿债务时，实质上用的是股东的财产”这一事实，并以此表达“股东对公司的债务不承担任何清偿责任”的法律效果。

其二,民事责任的内容缺乏共同性。

鉴于各种类型化权利义务之具体内容和具体法律效力上的差别,其相互之间缺乏归纳抽象其共同性的具体材料,正如除“不可侵害性”之外,对各种民事权利本身的一般规则难以抽象提取一样,对于形态各异的各种民事义务本身的一般规则亦难抽象提取。而在民事权利的一般规范尚且不能在民法典总则中合乎规律地独立存在的情况下,民事义务的一般规范在民法典总则中独立存在,是不可想象的,进而使民事责任的一般规范在民法典总则中的独立存在,更是不可想象的。

其三,民事责任为法律关系运动的结果而非法律关系的要素本身。

从民法典规范得以展开的逻辑基础出发,可以发现,只有构成法律关系的要素的事物(主体、客体、内容以及法律事实),[①]才有可能在民法典总则中的体系中独立存在。而民事责任并非法律关系的构成要素。在一个静态的法律关系中,不存在民事责任。只有当法律关系的实际运行发生阻碍正常效果出现的“事故”(义务之违反)时,民事责任方可产生。

二、民事责任的独立成章与侵权责任的独立成编

我国《民法通则》将“民事责任”单列一章(第六章)予以规定,包括第一节“一般规定”、第二节“违反合同的民事责任”、第三节“侵权的民事责任”及第四节“承担民事责任的方式”。这一做法,完全突破了传统民法的逻辑体系。

从民法规范的体系化安排来看,将具有相同属性的规范集中处理,从理论上讲是可行的。因此,把违约责任和侵权责任并列规定于一处,凸显民法对于民事违法行为所具有的强制性特征,似乎并非不妥。但《民法通则》做法的缺陷首先在教科书理论体系的安排上明显地表现出来:在以《民法通则》提供的体系范本为模式所撰写的民法教科书中,由于不可能在尚未交代各种权利义务之前谈及义务违反的后果,所以民事责任不可能安排在民法总论部分。而由于民事责任必须自成一体,

---

① 有学者认为,法律事实亦为法律关系的要素。参见[葡]卡洛斯·阿尔贝托·达·莫塔·平托:《民法总论》,林炳辉等译,澳门法律翻译办公室、澳门大学法学院1999年版,第45页。

故在物权法中不能涉及侵犯物权的后果,在债权法中不能涉及违反合同的后果,在知识产权中也不能涉及侵犯知识产权的后果,有关各种权利的法律救济即民事责任,只能被安排在教科书的末尾。由此一来,民法理论的"总—分"结构被打乱。而如果说各种绝对权的侵权责任尚且可以脱离具体权利而被并合加以规定的话,那么在合同法的制度进行到合同义务之时,被忽然打住,然后在远离合同法理论的教科书末尾再去学习违约责任,那是怎么也说不过去的。

由此,《民法通则》所创设的"民事责任"单列的模式,是一次失败的尝试。而中国的民法教科书在经历了长时期的尴尬之后,终于悄悄地将合同责任重新归位到合同制度,但侵权责任的独立成章,却从此成为一种体系习惯。伴随着学者对于"侵权责任不是一种债务"不断深入的论证,侵权责任(侵权法)的系统理论终于形成,侵权责任在民法典体系中的独立成编,遂渐成定论。

笔者认为,在大陆法系民法的思维方式下讨论"侵权行为的后果是债务还是责任",其答案应当是明确的。就所发生的争议而言,导致不同结论的原因仅仅在于其对同一法律现象采用了完全不同的观察角度:如果立足于义务的观察角度,则基于侵权行为对于行为人产生惩罚性后果,其自当被视为一种责任。但是,如果立足于权利(或者更为准确地说是"法律关系")的观察角度,则侵权行为的后果即在双方之间产生请求权关系,此种关系当然是一种债。而何种观察角度谓之正确,并非取决于该种观察角度本身,而是取决其角度选择的依据。鉴于民法规范系统的设置之逻辑起点非为"责任"而为"权利",即一切民法规范原则上均以权利为其展开基础,以"权利"为中心的法律关系的解构为其体系建构的技术工具。因此,侵权行为所生之权利(请求权)被合乎逻辑地纳入债权体系予以规定。诚然,作为一种抽象成果的法律关系的理论,实际上并非无懈可击:

首先,显而易见的一种"逻辑循环"必然会使相关结论陷入逻辑困境。如果权利本身即表现为法律关系,而权利的侵害必然产生新的法律关系(权利),则该新的权利受侵害又必将产生新的权利。比如,所有权为法律关系,侵害所有权则产生新的法律关系(如损害赔偿所生之债权),而该债权的受侵害又当产生新的法律关系(新的请求权)……如此反复演进,当漫无止境。但如将权利受侵害所生之后果视为"责任"而非一种新的法律关系,则法律关系之生生不息的链条即可被拦腰斩断。

其次,有权利,斯有法律关系。此种权利,被称为“原权”。而侵权行为所生之请求权,实为原权之救济,故称为“救济权”。物权、合同权利(债权)等均为原权利,可谓“原生之法律关系”。而侵权行为所生之救济权,当谓“原生法律关系所派生的法律关系”,两者并不在同一平台,亦即侵权行为所生之“债权”,与合同所生之“债权”并非居于同一层面,将其予以并列,其实是违反逻辑规则的。进一步讲,如果侵害绝对权即发生侵权行为所生之债权,那么侵害合同权利(违反合同义务)亦应发生侵权行为所生之债权。既如此,为什么将侵害绝对权的后果视为侵权之债,而将侵害相对权(契约所生之债权)的结果视为责任(违约责任)?

事实上,有关侵权责任是否在民法典中独立成编的讨论,已经触及民法思维方法在民法典规范体系中的具体运用,而德国民法理论所使用的逻辑技术的特征,亦因此而得以显露。依笔者所见,德国民法理论对于形式逻辑方法的运用,其实是有条件的,在必要的情况下,基于法律的目的和需求,有可能适度背离或者超越严格的逻辑规则。因此,在立法可供选择的诸多方案中,最为方便适用、最为符合立法目的的方案,即为最佳。而与严格的逻辑规则之吻合程度,并非判断法律理论与立法之好坏的唯一标准。

简言之,德国民法理论在安排民法典规范体系时,将损害赔偿之请求权以及同样作为救济权的不当得利、无因管理所生之请求权作为债权之种类规定于其债权制度,而将侵害合同权利的后果作为违约责任规定于合同制度,没有严格遵守规范编撰的逻辑规则。但是,债权体系因此而得以丰满,物权与债权的区分因此而得以明晰,以权利类型化为基础的民法典体系因此而从整体上得以形成。

据此,中国民法典中侵权责任是否独立成编,不应当取决于概念分析结论的正误判断,而应当取决于能否提出一种不会严重影响民法典结构体系、不会发生规范冲突、有利于法律的正确理解和方便适用的具体方案。①

---

① 笔者有关侵权责任独立成编的看法,参见尹田:《评侵权责任的独立成编与侵权行为的类型化》,载《清华法学》2008年第8期。

而民事责任一般规则的单独规定是否得当，同样应以此为判断标准。

全国人大法工委2002年民法典草案继续沿袭《民法通则》的模式，将"民事责任"在总则编设立专章，但删除了后者有关违约责任和侵权责任的具体规定，仅就民事责任的方式、免责事由、责任竞合、民事赔偿责任优先等一般性问题作出了规定。而在王利明先生的建议稿中，虽在形式上未对民事责任设立专章，但在其总则编最后一章（第十章）"民事权利的行使和保护"之第二节"民事权利的保护"中，实际上就民事责任的一般问题进行了专门规定，其与法工委民法典草案一样，具体包括民事责任的方式、责任竞合、民事赔偿责任优先以及自助行为等。

很显然，前述草案及建议稿根本无法对民事责任的一般性规则作出具体、系统的归纳，寥寥几个互不关联的简单条文根本无法展示民事责任的基本属性、基本规则和全貌。换言之，中国现有的民法典草案总则编有关"民事责任"一般规则的设计，在《德国民法典》总则第六章的失败的基础上，未能取得任何进步。

第五节　时效制度的妥当安排

一、立法例及其评价

罗马法上，取得时效的出现先于消灭时效。① 于是，依据一种古老的传统，近代以来大陆法上的时效被区分为取得时效和消灭时效两种。取得时效以"占有"的事实状态为要件，其所生法律效果为权利的取得；消灭时效以权利人不行使权利为要件，其所生法律效果为权利的消灭。两种时效制度，其适用范围、成立要件以及法律效力迥然不同，相互之间并无牵连，故其各自具有完全独立的地位。

但是，大陆法各国在两种时效制度的立法安排上，却主要存有四种不同的做法：

---

① 关于罗马法上的取得时效和消灭时效，参见陈朝璧：《罗马法原理》（下），商务印书馆1979年版，第323页以下。

第一种是“同一并合模式”,即把取得时效和消灭时效并合为一项制度在民法典中统一加以规定。此种做法为《法国民法典》所采。该法典在其第三编“取得财产的各种方法”中,将“时效与占有”共同规定于第二十章,并对“时效”设置统一的定义:“时效系指依法律确定的条件经一定的期间而取得财产所有权或者自行免除义务的一种方法。”在这里,取得时效和消灭时效被同时纳入时效的定义。然后,该法典在该章其余部分有关时效的期间及中止、中断等规定中,尽可能把两种时效并合予以规定。

第二种是“并列并合模式”,即把取得时效和消灭时效并列规定于民法典总则编的不同章节。《日本民法典》即采此种模式。该法典在其第一编总则中设第六章“时效”,分为三节:第一节为“总则”,规定适用于两种时效的共同规则(时效效力、时效利益的放弃以及时效的中止与中断等);第二节为“取得时效”;第三节为“消灭时效”。

第三种是“相对分立模式”,即把消灭时效规定于民法典总则,把取得时效规定于物权编。采此种模式的以《德国民法典》为代表。该法典在其第一编“总则”之第六章中,仅规定“消灭时效”,另将取得时效规定于第三编“物权”的第三章“所有权”之内。《俄罗斯联邦民法典》以及我国台湾地区“民法典”亦采此种模式。

第四种是“绝对分立模式”,即把取得时效规定于物权编,把消灭时效规定于债权编。《阿尔及利亚民法典》即采此种模式。该法典将债权的消灭时效规定于第二编“债与合同”之第五题“债的消灭”所列举的债的消灭原因之内(第三章“非经履行地消灭债”之第三节),而将取得时效规定于第三编“主物权”之第一题“所有权”之内(第二章“所有权的取得方式”之第六节“占有”的第三目)。[①]《瑞士民法典》大体也采用此种模式。

比较上述各种模式,《法国民法典》的做法将两种区别甚大的时效制度混杂于一处,相互交错,规则必然混乱,尤不可取。但其他三种做法则各有优劣,需加以分析。

将消灭时效规定于民法典总则编,将取得时效规定于物权编,为典

---

① 《阿尔及利亚民法典》,尹田译,中国法制出版社、金桥文化出版(香港)有限公司2002年版。

型的德国模式,并为我国两部学者建议稿所共同采纳。对此种做法的理由,德国学者的解释是:“消灭时效适用于(几乎)所有请求权(第194条)。由于民法典各编中都有请求权的规定,因此消灭时效与民法典各编都有关系。”①但是,该学者同时抱怨:“当然,第194条及以下条款的规定也并非完美无缺,因为这里并没有给所有请求权都规定消灭时效期间。”②

由此可见,根据民法典总则的特点,如果消灭时效仅仅适用于债权(债权请求权),而不适用于物权请求权以及身份权之请求权,则缺乏进入民法典总则的当然资格。

但是,根据已有的分析,物权请求权之所以脱离债的法律关系的体系,被视作一种独立的权利规定于物权法,其重要原因之一,便在于此种请求权(包括排除妨害请求权和返还原物请求权)因取得时效的存在而不得适用消灭时效。③ 与此同时,身份权所生之请求权中,除能够产生财产性给付者(如抚养请求权等)之外,也根本不能适用消灭时效,而能够产生财产性给付的请求权又当属债权。④ 故消灭时效仅仅适用于债权,并非能够适用于民法典分则各编所规定的各种权利,因而被置于民法典总则中予以规定并非妥当。

至于《日本民法典》将取得时效和消灭时效并列规定于总则的做法,亦不足取。原因在于,两种不同时效制度本应各司其职,消灭时效与债权的行使相联系,取得时效与物的占有相联系,分置于相关权利制度中,可以彰显其与相关权利规则的相互关联,其适用范围和适用条件明晰,条文查阅方便。反之,将此两项互不相关的制度并列规定于民法典总则,与民法典总则的特性完全不符,亦不具有任何实务上的实用价值。

因此,将取得时效和消灭时效分别规定于物权编与债权编,是合适的。

但全国人大法工委2002年公布的民法典草案采用了前述“并列并

---

① [德]迪特尔·梅迪库斯:《德国民法总论》,邵建东译,法律出版社2000年版,第28页。

② 同上。

③ 参见尹田:《物权法理论评析与思考》,中国人民大学出版社2004年版,第五章。

④ 参见本书第二十四章。

合模式”,将取得时效和诉讼时效并列规定于总则编第八章(第一节“诉讼时效”;第二节“取得时效”)。而梁慧星先生和王利明先生的建议稿均采用了前述德国法的“相对分立模式”,将诉讼时效规定在总则,将取得时效规定在物权编。上述做法均不可取。

应当特别指出,在全国人大法工委匆匆提出2002年民法典草案的同时,中国物权法草案的起草正紧锣密鼓地进行。而在物权法草案的前两次审议稿中,均规定了取得时效制度。这就表明,将消灭时效和取得时效并列规定于民法典总则,并非定论。而在物权法草案第三次审议稿中,取得时效制度突然被删除,且其被删除的理由并非基于以后制定的总则编将对之予以规定,而是基于采纳了“取得时效应当被诉讼时效吸收”的观点。依照这种观点,在将诉讼时效规定于民法典总则编的同时,对取得时效根本不予规定。

对于此种观点和做法,必须予以认真的讨论。

二、取得时效规定于物权编的必要性

(一)问题的提出

在我国民事立法历史上,取得时效制度命运多舛。继1909年的《大清民律草案》将取得时效规定于第一编总则之后,1929年至1931年颁布的《中华民国民法》在物权编对之作了规定。但在1949年以后,这一制度即不见踪影,曾经“三起三落”的民法典起草中,取得时效未被考虑写入。而在1986年颁布的《民法通则》的制定过程中,民法学术界曾对之展开过讨论,但鉴于苏联民法的影响,否定意见仍占绝对优势地位,故此一法律仅规定了诉讼时效。此后,讨论仍在继续,但风向渐转,至20世纪90年代中期,伴随物权理论渐成时尚,取得时效成为几无争议的物权法制度为学者所赞同,在两部物权法学者建议稿中,均有相关的详细规定。

20世纪50年代后至今,在我国民法理论中,取得时效从绝对的否定到绝对的肯定,其变化主要源于人们对这一制度“违背我国拾金不昧、物归原主传统美德”之观点的遗弃。

但是,在全国人大法工委2004年8月形成的物权法室内稿中,取得时效制度被取消。对此,笔者在专家讨论会上首先提出质疑,所得解释是因有同志提出“取得时效应当与诉讼时效接轨,故无须规定”。

笔者和其他学者当即表达不同意见，但在同年10月正式提交全国人大常委会的审议稿中，此意见未被采纳。其后，于2005年6月再次提交全国人大常委的物权法（草案）审议稿中，取得时效制度仍未予规定。

很显然，取得时效此番被否定，不是基于观念上的原因，而纯粹是基于立法技术上的原因。

取得时效能够与诉讼时效“接轨”或者被其“吸收”吗？表面观之，取得时效似乎是消灭时效（诉讼时效）的反面表达：就占有人方面观察，物权人的财产被他人非法占有时，如果占有人对财产自主、公然、和平、持续占有至一定期间，即依法取得所有权或其他物权；而就权利人方面观之，则权利人不行使其权利（原物返还请求权）达到一定期间，即丧失其权利或者权利保护。既如此，何不取消取得时效而将原物返还请求权的保护一并纳入诉讼时效予以解决？但笔者认为，此种观察及其结论是草率、肤浅和片面的。

（二）取得时效与消灭时效两相分立的技术原因

对于取得时效和消灭时效，各国民法典无论采取何种编排方式，均承认两种时效的区别并在适用条件上予以不同规定。此种决策的基本原因显然并不在于两种时效的立法目的或者价值取向（无论取得时效或者消灭时效，其立法依据均在于为稳定财产秩序而不惜牺牲长期不行使权利的权利人的利益），而在于达此目的在规则设计上所需确定的不同条件和具体方式。

1. 两种时效所依据之“事实状态”的不同确定方式

时效为一定事实状态持续一定期间而发生一定法律效果的制度。所谓“一定事实状态”，专指权利受侵害后权利人有权利不行使所导致的某种事实状态。民事权利如遭受不法侵害，法律之救济主要表现为赋予权利人两种请求权：一为恢复权利圆满状态之请求权（排除妨害及返还原物之请求权，称为“物权请求权”。其中，排除妨害请求权因其特性而不适用时效）。[①] 二为实现利益或者填补利益之请求权（损害赔偿及其他履行给付的请求权，称为“债权请求权”）。基于时效制度的目

① 妨害必为现实存在的妨害或者妨害之虞，且呈持续状态，无从测量时效之起算点。故有妨害即有请求排除之权利，不适用时效。

的,用以确定前述两种请求权不行使所导致的事实状态的方法并不是相同的。

关于时效制度的立法理由,存有众多阐述,但其首要者在于法律对财产秩序的侧重保护。① 然而,前述两种请求权之长期不行使所导致的事实状态(秩序)之具体表现,却有所区别。

在返还原物请求权长期不行使的情形,其导致的事实状态为非法占有人因自主、公开、和平占有财产而产生的稳定的权利外观(使他人信其为权利人)并由此而与他人发生的各种法律关系。为不使此种已经巩固的事实状态被权利人突然行使权利而破坏以致造成他人损害,法律不得不舍弃对权利人的保护。在此,鉴于法律所保护的"秩序"的特定要求,权利人不行使权利之行为本身,不是导致其权利丧失保护的原因:即使权利人不要求返还财产,只要非法占有人对财产实行他主占有或者秘密占有等,即不会发生其享有权利的虚像,也不会导致第三人信赖及相应"秩序"的产生。故此种情形,无论非法占有人之占有事实持续多长时间,法律也绝对不会放弃对权利人的保护。既然如此,这种时效成立的基础,便不可能建立于权利人有权利不行使的事实,而只能建立于非法占有人占有财产的实际状态(自主占有而非他主占有、公开占有而非秘密占有、和平占有而非暴力占有等)。

而在履行给付的请求权长期不行使的情形,其所导致的事实状态(秩序)应为何物?对此理论上疏有阐述,依笔者的观点,债权人长期不行使债权所导致的事实状态,本应为债务人财产应当减少而未予减少所产生的债务人的虚假财产状态及由此而为第三人所产生的信赖,如果允许债权人突然行使其权利,将会破坏既已稳定的秩序及损害第三人利益。据此,法律不得不放弃对债权人的保护。但是,债务人的财产应当减少而未予减少的事实直接由债权人有权利不行使所造成,而债务人的恶意(明知或者应知有债务而不履行)或者善意(不知有债务而

---

① 笔者完全不赞成关于时效的目的在于"促使权利人及时行使权利、有利于法官裁判案件以及有利于物尽其用"等论述。笔者认为,权利人不行使权利为其最重要的权利之一,如果有权利不行使并不损害他人利益或公共利益,断无惩治之道理。而法官断案,举证责任在当事人,倘权利人因长期不行使权利而导致其权利无法证明,其自应承担不利后果,不仅不添法官的麻烦,反而简便了诉讼。至于"物尽其用"的主张,不过是杀富济贫的表达,断不可取。据此,时效制度的依据仅在维护秩序。参见尹田:《论不公正胜于无秩序》,载梁慧星主编:《民商法论丛》(第19卷),法律出版社2004年版,第326~327页。另参见本书第二十三章。

未履行）完全不影响其由此形成的虚假财产状况外观。由此，这种时效成立的基础，无论建立于债务人不履行债务的事实，或者建立于债权人有权利不行使的事实，其效果完全相同。而相较两者，将债权人有权利不行使之事实确定为此种时效的成立基础，更方便于诉讼中考量相关依据的技术安排。（诉讼中，涉及债权诉讼时效是否成立及届满，为便利起见，司法考量的对象不在于债务人是否不履行债务，而在于债权人是否有权利不行使。）

如上所述，取得时效立足于非法占有人的占有状态，消灭时效（诉讼时效）立足于债权人有权利不行使的事实，其立足点与关注点不同，当为两种时效分立而不能并合的重要原因。

2. 两种时效之期间的确定所考量的不同因素

各国立法上，取得时效与消灭时效完成所需法定期间是完全不同的。其中，两种时效各自的完成期间，又因财产占有的不同情形以及债权本身的不同性质而有所区别。造成此种情况的原因在于，时效完成的依据应为相关事实状态已经持续到足以形成不容破坏的法律秩序。但此种秩序的形成所需期间，却因权利性质或者特征的不同而有所不同。

就取得时效而言，应当考虑的是财产占有状态持续到何种期间即可形成得受保护的秩序。故在动产，因占有为其物权公示方法，故较易形成稳定的权利外观，时效完成所需期间应规定得较短。而在不动产，因其物权公示方法为登记，故对未经登记的不动产之单纯占有较难形成稳定的权利外观，其时效完成所需期间应相应拉长。但就消灭时效而言，应当考虑的是债权人不行使权利持续到何种期间即可形成得受保护的秩序，而债务人因财产未予减少而形成的虚假财产状况之稳定程度实际上难以确定，所以，消灭时效完成所需期间往往被规定得较长。

由此，法律确定两种时效之完成所需期间不可能采用统一标准，此亦为两种时效分立而不能并合的重要原因。

3. 两种时效之不同的法律效果

鉴于返还原物请求权虽基于物权的存在而存在，但物权的存在却并不因该项请求权的消灭而在逻辑上当然消灭。因此，在设计限制此种请求权法律保护期间的规则时，与其令时效完成仅仅导致返还原物请求权的消灭,而使占有物之权利归属不知所终(物权人丧失返还请求权但物权不消灭,占有人得拒绝返还却并不能成为权利人),毋宁直接规定占有人取得占有物之物权而权利人当然丧失其物权以及返还请求权,一了百了,不留后患。为此,各国以权利取得为取得时效完成的效果,实为当然选择。

而债权人不行使给付请求权仅仅意味着债务人应减少的利益未获减少,并不意味着债务人由此而取得了何种权利。故令时效完成仅仅导致债权人之债权归于消灭,或于债务人发生抗辩权,或债权丧失强制力,并不发生任何遗留问题。为此,各国以债权消灭或抗辩权发生以及债权人丧失胜诉权为消灭时效(诉讼时效)完成的效果,当属自然。

两种时效完成所生效果非属同一,此为其两相分立的另一重要原因。

4. 两种时效之不同的适用范围、举证责任分配以及起算点确定和中断事由

首先,时效不能完全适用于一切返还原物请求权。因不动产以及某些动产(汽车、轮船、飞机等)的物权采用登记的公示方法,经物权登记的不动产以及动产纵然被他人非法占有,断无可能形成占有人之权利外观,无论其如何长期占有,均不得发生第三人的信赖及形成某种稳定的财产秩序,故其不适用时效。而一切债权的保护,则原则上均得适用时效。

其次,在涉及时效的争讼中,取得时效完成的举证责任只能分配给主张时效利益的占有人,即双方关系中,占有人以积极的作为形成占有事实。而权利人不行使权利之消极状态本身并不成立时效,故占有人必须证明其持续占有事实及其占有形态,否则其时效主张不能成立。而消灭时效完成的举证责任只能采用"倒置"方法,即双方关系中,债务人与债权人均为消极不作为状态(债务人有义务不履行,债权人有权利不行使),因主张时效利益的债务人无法亦无须证明其如何不履行债务,故举证责任只能交由债权人承担,即债权人应通过证明其行使权利的事实(使时效发生中断)或者无法行使债权的事实(使时效发生中止)等,用于证明时效的不完成,如果债权人不能证明时效的不完成,则推定其时效完成。

最后,由于两种时效的成立基础不同,取得时效不可能以权利人不

行使权利为起算点,而只能以占有人以符合法定条件的占有事实之发生为起算点。因此,只要占有人取得占有,则无论权利人是否知道或者应当知道其权利受侵害,取得时效均应开始计算。同时,时效的中断,亦得因占有的存废或者占有状态的改变而发生。但消灭时效则并不单纯以债务人不履行债务为起算点(虽有债权但不为债权人所明知或者应知,则纵然债务人到期未予履行,亦不构成债权人有权利不行使之事实状态),而只能以权利人知道或者应当知道权利被侵害之时为起算点。同时,其时效的中断事由,与取得时效也有所不同。

上述三方面的差异,也是导致两种时效分立而不能接轨的重要原因。

(三)结论

前述两种时效之完全不同的法技术处理,决定了两者在制度设计上的分立。此种分立不仅便于立法清晰和法律适用方便(债权请求权适用诉讼时效,返还请求权适用取得时效),而且精确地设置了两种时效之不同的起算准则、中止与中断事由以及法律效果。据此,不同技术安排的两种时效根本无法进行"接轨"。如将两者强行并合即规定返还原物请求权适用诉讼时效,必然弊端丛生:

1.时效成立基础错位的后果

诉讼时效以权利人有权利不行使的事实状态为全部考察目标,毫不关注义务人不履行义务的状态。如其适用于返还原物请求权,则占有人的占有事实状态对于时效的成立和完成将不能发生任何实质性影响。如此一来,暴力占有与秘密占有亦将取得所有权,此为社会道德所不容。而在他主占有的情形,占有人尚无"据为己有"的意思,法律却主动奉送其所有权,实在荒谬。与此同时,完全忽略对占有状态的考察和分辨,也将使取得时效有关善意占有与恶意占有、动产占有与不动产占有、持续占有与间断占有等不同效果的区分以及时效因占有状态的改变而发生的中断效果无从表现。

2.时效效果错位的后果

依我国的立法模式,如果将诉讼时效适用于返还原物请求权,则时效完成后,仅发生权利人之胜诉权消灭的效果,其返还请求权本身并不消灭。如此一来,权利人仍然享有的物权将性质模糊、无法理喻:此种物权是否为所谓的"自然权利"?如为自然权利,因理论上仅存在"自然债权”而无“自然物权”,故学理上无从解释。如非为自然权利,因丧失返还请求权保护的物权根本无法实现,故学理上对其性质仍然无从解释。与此同时,权利人仍然享有物权(即便是所谓的“自然物权”)的事实绝对排斥了非法占有人因时效完成而取得占有物之物权的任何可能性(否则将违背一物一权原则)。其结果,便当然形成物权人有权利而无法行使、占有人得拒绝返还占有物却对之不享有任何合法权利的矛盾局面。延展开来,时效完成后,占有人处分占有物究竟为有权处分抑或无权处分?如为有权处分,权利来自何处?如为无权处分,则恶意受让人能否取得以及依何种根据取得所有权?……如此纷繁复杂,谲诡迷离,何苦来着?

3. 取得时效不规定于物权法的后果

取得时效效果的着眼点不在返还请求权之胜诉权的消灭而在占有人物权的取得,涉及与物权法相关规则的协调和统一。如果取消这一制度或不将这一制度规定于物权法,均难以彰显经登记的不动产或者动产物权不适用时效取得的基本法理,也无法对未经登记以及错误登记的不动产物权之时效取得作出合适的安排,且难以凸显动产时效取得与善意取得规则之间的相互关系。

为此,对于前述物权法审议稿以“接轨”为由取消取得时效制度的做法,应给予否定评价。但是,尽管存在诸多学者的质疑,于2007年颁布的《物权法》仍然未对取得时效作出规定。对此,立法机关曾在当时声称,取得时效的立法问题将考虑在制定民法典的时候一并解决。

第六节 我国《民法总则》的立法选择

一、2016年草案的立法设计及其讨论

全国人大法工委2016年6月提出的《民法总则草案(第一次审议稿)》与其2002年提出的草案在内容结构上并无区别,同样包含了“民事权利”和“民事责任”两章,但在“法人”一章后增设了“非法人组织”一章,此外,将“时效”一章的章名改为“诉讼时效和除斥期间”。

在学者对之展开的讨论中,除以往已经发表过的各种意见之外,有

两个问题比较引人注目：

(一)对非法人组织的单章规定的歧见

在既往的讨论中，尽管多数学者都承认非法人组织具有民事主体的地位，但主要学者仍谨慎地避免将非法人组织与法人并列或者等同，因此，如前所述，在梁慧星和王利明两位先生分别主持提出的建议稿中，都没有将非法人组织(非法人团体)在民法典总则中单列一章。不过，梁先生的建议稿将“非法人团体”作为法人章中的一节，而王利明先生的建议稿中则将“企业法人分支机构”在“法人”章中予以规定，但将“合伙”予以单章规定。后者的做法表明，其认为仅只非法人团体中的“合伙”可为与法人并列的民事主体，但不应包括“企业法人的分支机构”。这一做法明显表现出该建议稿在此问题上的矛盾和犹豫：究竟非法人组织算不算可以与自然人和法人相并列的民事主体？如果说，合伙与合伙人之间尚且可以在财产上划出一条看起来还算清晰的界限的话(毕竟，可以说合伙财产不能完全等同于合伙人的其他财产)，那么，要在企业法人分支机构(如分公司)与该企业法人之间划出同样的界限，则是不可能的。因此，该建议稿干脆对企业法人的分支机构与合伙进行了体系上的切割。但如此一来，非法人组织至少又被分成了两种，其性质便更为模糊。

比较令人意外的是，全国人大法工委2016年第一次提交审议稿竟然直截了当地将非法人组织在法人一章后另设一章单独加以规定，由此便将“非法人组织是否为民事主体”这一可以慢慢讨论的理论问题直接演变成为必须立刻解决的立法问题，而对这一做法的妥当与否，当然会引起争议。

对之，有学者认为前述做法“是对传统民法主体制度的突破和创新”，[①]但笔者除坚持既往的相反理论观点之外，[②]还特别从法律体系及法律适用的角度发表了意见，认为如果抛弃对有关问题在理论上的复杂分析，争议的焦点最终可以归结为对“民事主体”这个民法的基本概念的含义的确定，即“什么是民事主体?”而显而易见的逻辑推理是：如果说权利能力是民事主体资格的话；那么非法人组织不具有权利能力，

---

① 参见郭明瑞：《民法总则中非法人组织评述》，载《法学家》2016年第5期。

② 参见本书第三章第五节。

又如何能够成为民事主体？对此只可能存在以下两种解释。

一是非法人组织仅具有部分权利能力(以及部分行为能力和不独立的责任能力),故其仍为民事主体。此种解释否认权利能力(民事主体资格)的整体性和抽象性,否认了“权利能力”确定民事主体法律地位和塑造法律人格(权利主体资格)的基本功能,其明显不能成立。

二是非法人组织不具有权利能力,但权利能力并非民事主体资格,而只是某些民事主体(自然人和法人)独立享有民事权利和承担民事义务的资格,因此,不具有权利能力亦即不能独立享受民事权利和承担民事义务的非法人组织也是民事主体。如依此解释,则民事主体被分为两种:一种是有权利能力的(独立的民事主体);另一种是无权利能力的(不独立的民事主体)。但如此一来,整个民法的基本观念和基本规则在逻辑上都会发生严重的碰撞和混乱:

比如关于“平等原则”的适用,依照理论阐述,“平等”即主体的“意志独立”和“意志自由”,即一个民事主体不得将其意志强加给另一个民事主体。但任何非法人组织身后总是存在必须依法最终为其承担民事责任的法人(如设立分公司的公司法人)或者自然人(如合伙企业之合伙人)。如果分公司不是相关公司的“组成部分”而是该公司之外的另一个“民事主体”,那么,在这两个民事主体的相互关系上,根本不可能存在什么“平等”:对于分公司的一切活动,设立分公司的公司毫无疑问都有绝对的支配和控制权力。由此,《民法总则(草案)》第3条有关“民事主体的法律地位一律平等”的规定,可以休矣。同样,股东与公司之间的平等地位是可以想象的(所以,二者之间可以进行交易,股东可以诉公司,或者相反),但个人独资企业与该“个人”之间的“平等地位”却是不可想象的。(总不能让该两个“民事主体”之间进行交易或者诉讼吧?!)

又如关于“意思自治原则”的适用,鉴于非法人组织没有意思机关,也没有独立意志,其一切活动均听命于或者受制于其设立人(另一个民事主体)的意志。由此,《民法总则(草案)》第4条有关民事主体“应按照自己的意思设立、变更和终止民事关系”的规定,也可以休矣。

再如法律行为有关规则的适用,《民法总则(草案)》第121条规定:法律行为有效须“行为人具有相应的民事行为能力”,但非法人组织既无权利能力,当然也无行为能力,故前述规定便无法适用于非法人组织所实施的法律行为。

非法人组织不可能具有民事主体(权利主体)资格的定论,在权利登记制度以及强制执行程序中也有明显表现:如果非法人组织是民事权利主体,则其当然应享有债权之外的其他财产权利(物权、知识产权和股权等),但不动产物权登记和专利权、商标权登记却将其予以排斥。问题在于,如果非法人组织能够对财产享有所有权,并据此能够以自己的名义进行不动产所有权登记,则因所有权为民事主体对财产予以排他地全面支配的权利,其“排他性”不仅排除了非法人组织的设立人对之享有的处分权,也排除了其设立人的债权人对之申请强制执行的权利,还排除了其设立人的债权人在设立人破产时将之列入破产财产范围的权利,而前述种种效果,是断然不可能发生的。与此同时,分公司作为另一公司的股东并享有股权,则是完全不可想象的。

无需赘言,确认非法人组织的民事主体地位,整个民法规则将一片混乱,当“权利的归属并不等于利益的归属”之时(如法人的分支机构虽可在形式上享受债权,但债权实现的利益却被纳入另一个民事主体即设立该分支机构的法人的责任财产之内),尤其是当“义务的归属不等于责任的归属”之时(任何非法人组织的债务最终均由另一个民事主体即其设立人负责清偿),近代以来民法最为重要的基本观念即“人格独立,人格平等”(这里的“人格”指的是民事主体的法律地位)将混沌不清。

总之,民事主体的独立性(财产独立、意志独立和责任独立)是近代和现代民法不可动摇的观念基础。为适应实际生活,方便交易及方便诉讼,法律有必要承认非法人组织在形式上具有合同当事人以及诉讼当事人地位,但据此认定其具有民事主体资格,目的何在?益处何在?反之,在具体规则中承认其可以充当合同当事人和参加民事诉讼,并指明其不能独立承担民事责任,但不一般地确认其民事主体地位,有何不妥?有何坏处?如果仅凭一种似是而非的肤浅论断(非法人组织能够以自己的名义订立合同和参加民事诉讼,就应该认定其为民事主体),不考虑权利主体与权利义务和责任之间的关系,不回答非法人组织何以不能享有除债权之外的其他财产权利的问题,不在乎确定非法人组织具有民事主体资格而对整个民法的主体理论和相关规则所产生的根本性的破坏作用,此种做法,不是一种科学的做法。

据此,笔者建议在《民法总则(草案)》第1条和第2条所列民事主体中删除非法人组织,取消对非法人组织的专章规定(第四章),将非法人组织作为与法人有关的问题,在法人章中单设一节加以规定。

(二)对“民事权利”和“民法责任”单章规定的新见解

如前所述,全国人大法工委2002年草案承继《民法通则》的做法,将“民事权利”和“民事责任”单列一章,但仅对各种类型的民事权利及民事责任作出“定义性”规定。对此,学者多不赞同,认为其空洞无物,徒有其表,既无意义也不科学。但全国人大法工委2016年第一次审议稿仍然坚持了其2002年草案的做法,对自然人的人格权(一般条款和具体人格权)、法人和非法人组织的名称权、名誉权、荣誉权、自然人的身份权以及民事主体享有的物权、债权、知识产权、股权等各种权利进行列举或者定义性规定。同时,对物权的客体、债权的产生根据(合同、单方允诺、侵权行为、无因管理、不当得利以及法律的其他规定)、无因管理和不当得利返还规则等,作出了简要的规定。此外,在“民事责任”一章中,规定了违约责任和侵权责任的基本问题(连带责任和按份责任、民事责任类型、免责事由、正当防卫与紧急避险、见义勇为行为的补偿、违约责任与侵权责任的竞合、民事责任与刑事责任与行政责任的关系等)。

事实上,全国人大法工委2016年《第一次审议稿》的上述做法与其2002年的做法如出一辙,了无新意,学者自然是会继续反对的。但比较特别的是,时过境迁,这一次,很多学者竟对“民事权利”的单章规定表示了默认或者赞同。其主要原因在于:此次民法典总则起草过程中,“人格权应否在分则中独立成编”问题又被提了出来。经过反复争论,立法机关基本采纳了人格权不在民法典分则中独立成编的意见。由此,在总则“民事权利”一章中规定人格保护的一般条款并列举规定各种具体人格权(包括法人的名称权、名誉权等),可以解决人格权确认规则在民法典中的位置安排,同时,也避开了有关“法人有无人格权”的争议。此外,对于知识产权的列举规定,也可以为知识产权的“私权(民事权利)”性质定位。

不过,学者对于“民事责任”的单独成章,其评价始终是负面的,尤其是由于《侵权责任法》的颁布而使侵权责任肯定应在民法典分则中独立成编的情况下,将“民事责任”在总则中作为独立的一章,当然是不妥当的。

二、《民法总则》的选择

《民法总则草案(第二次审议稿)》在《第一次审议稿》的内容结构上未作任何改变。但在其三次审议稿中,第九章“诉讼时效与除斥期间”被改为“诉讼时效”,有关除斥期间的三个条款合并为一个条款被置于该章的末尾。其原因是,在对二次审议稿进行审议时,很多委员指出“除斥期间”的概念过于生僻,不宜采用。对此,不少学者在其后的讨论中甚为不满。但三次审议稿及最终颁布的《民法总则》对之仍未作改变。

正式颁布的《民法总则》由十一章构成,包括“基本规定”“自然人”“法人”“非法人组织”“民事权利”“民事法律行为”“代理”“民事责任”“诉讼时效”“期间计算”“附则”。鉴于计划于2020年3月颁布民法典之前,尚有机会根据民法典分则编纂的全局需要,对已经颁布的总则进行修订,因此,有关总则内容结构的既有争议,还将持续下去。

第三章　民法调整对象的理论检讨与立法表达

第一节　民法调整对象的理论价值和实际意义

一、概说

20世纪70年代后期至90年代前期，中国法学界最引人注目的一场旷日持久的论战是关于民法与经济法调整对象的界分问题。著名法学家佟柔先生之最伟大贡献，便是在这一论战中提出了"民法调整商品经济关系"的观点。而在1986年颁布的《民法通则》上，"民法调整平等主体的公民之间、法人之间、公民与法人之间的财产关系和人身关系"的表达，成为民法调整对象表述之经典，其不可动摇的权威甚至使后来的立法者不敢轻易对其明显错误的文字修饰作任何微小的更改。①

---

① 根据汉语语法，"平等主体"作为名词性词组，断不可以修饰"公民与公民……"而1999年3月颁布的《合同法》第2条规定："本法所称合同，是平等主体的自然人、法人以及其他组织相互之间设立、变更、终止民事权利义务的协议。"尽管在同年1月全国人大法工委召开的《合同法》起草专家讨论会后，笔者郑重其事地专门就该法草案中的文字问题提出了长长的书面意见。其中包括有关在前述条文中的"平等主体"之前加上"作为"二字，但此条建议，完全没有被采纳。

显而易见,在前述我国极为特殊的一段历史时期,民法调整对象问题之所以惊天动地,其动因完全不在于以此解决法律部门的科学划分,而在于以此确定民法的生存空间。在今天看来,那场狼烟四起的学术论战的价值仍然难以衡量和定夺:中国现代社会私的观念的形成、生长与巩固,究竟在多大程度上能够为一场学术讨论以及由此取得的立法成果(《民法通则》)所推动?在彻底改变中国民众物质生活与精神生活风貌的巨大社会变革进程中,"民法调整商品经济关系"的正确表述是否如同一种先知先觉的预测,提供了社会发展方向的目标和指引?或者相反,民法生存空间的获得根本不是基于其调整对象范围的准确界定,而是完全基于社会变革本身。如果社会没有发生变革,如果这种变革没有导致私人生活领域的形成,则民法调整对象及其民法自身有可能仍然只是一种理论存在;而如果社会发生了此种变革,则即使不去讨论民法"是什么",民法的生存空间也会自然获得?

没有人对于那场论战进行全面的总结,既没有人为自己的成功弹冠相庆,也没有人为自己的失败痛哭流涕。学术见解的正确和谬误,学术品格的高尚和低俗,统统被默默地覆盖在历史发展的滚滚潮流之下。那场历时十余年的刀光剑影的论战,结束得如此自然、如此平淡、如此不明不白!成堆被人遗忘的废黜的观点,成捆无人纪念的发黄的纸张,似乎在暗示或者寓意着一种社会历史发展力量的强大与骄傲和学术理论的渺小与自卑。

二、"平等主体关系说"评价

在大陆法系传统民法理论中,民法调整对象问题是被包容在有关公、私法划分的理论之内的。所以,在既有的经典民法理论著作中,我们难以见到有关民法调整对象的孤立论述。在我们的观念中,似乎民法调整对象的确定,是民法得以成为独立的法律部门的前提。或者说,民法调整对象的确定,决定了民法精神和法理念乃至全部具体规则的形成。正因如此,十几年前那场关于民法与经济法调整对象的论战,才会被赋予那么重要的意义。但现在看来,所谓"平等主体关系说"的理论发现,其实是在一个谈"私"色变的特殊历史时期,为"私的生活领域"寻找到了一种迂回曲折的表达方式。

无法回避的事实是,"平等主体关系说"并非中国学者具有新颖性或者独创性的发明或者发现。尽管在资料匮乏、信息封闭的恶劣条件制约之下,学者能够凭借对中国尚待形成的商品经济社会的实质观察和领悟而得出此种结论实属不易,但此种学说实际上只是传统理论上有关公、私法划分依据的一些主要学说的综合,而且这种学说也并非完美无缺到足以表达民法本质的全部。

将法律区分为公法与私法,起源于罗马法,[①]近代以后,成为西方法律的传统。但理论上就公、私法划分的具体标准,一直存在分歧。

在德国民法理论具有代表性的三种主要学说中,"主体说"最为重要,且一度被认为是"通说"。此说的提出者为德国法学家耶利内克(G. Jellinek,1832—1917),其认为应以法律关系的主体为公、私法的区分标准,即如果在某项法律关系中,一方(或者双方)当事人系以公权主体的性质参加者,则此项法律关系即属公法范围,不符合这一条件的其他法律关系则属私法范围。[②] 除"主体说"之外,尚存在"利益说""隶属说"等。其中,"利益说"比较古老,曾为前述罗马法学家乌尔比安所主张,认为"判断一项法律关系或一条法律规范是属于公法还是属于私法,应以涉及的是公共利益还是私人利益为准"。而"隶属说"则认为,"公法的根本特征在于调整隶属关系,私法的根本特征则在于调整平等关系"。[③] 围绕公、私法划分标准问题,日本以及我国台湾地区的很多学者都发表过各种不同或者雷同的意见。[④]

显然,我国的"平等主体关系说"基本近似于上述"隶属说",即认为民法调整的社会关系的根本特征在于主体地位平等,凡主体间的关系具有命令与服从性质,即不属民法调整范围。

但有关公、私法划分标准的任何一种学说,都没有被认为达到完全准确的程度,均受到种种批评。其中,"利益说"的最大缺陷,在于不能

---

① 罗马法学家乌尔比安(Ulpianus)在《学说汇纂》(1.1.1.2)中率先提出"公法涉及罗马帝国的政体,私法则涉及个人利益"。参见[意]彼德罗·彭梵得:《罗马法教科书》,黄风译,中国政法大学出版社1992年版,第9页。

② 参见郑玉波:《民法总则》,三民书局1979年版,第2页;[德]卡尔·拉伦茨:《德国民法通论》(上册),王晓晔等译,法律出版社2003年版,第5页。

③ [德]迪特尔·梅迪库斯:《德国民法总论》(上册),邵建东译,法律出版社2000年版,第11页。

④ 参见史尚宽:《民法总论》,正大印书馆1980年版,第2页;郑玉波:《民法总则》,三民书局1979年版,第3页。

解释何以私法在保护私人利益的同时，也对公共利益进行保护；何以公法在保护公共利益的同时，也涉及对私人利益的保护。而“隶属说”的最大缺陷在于，私法中并非不存在对命令与服从关系的调整（如监护关系，私法上的公司及社团与其成员之间的关系等），公法亦未必不调整平等主体之间的关系（“传统国际法本质上即享有平等权利的国家之间的法”，[①]而地方政府之间也可以通过公法合同平等地确定其在公法领域内的共同问题）。至于“主体说”，其着眼于主体在参加法律关系时其“身份”的性质，认为如果国家或者其他公权社团以其公权载体的性质参加法律关系，则为公法关系，如其以私法主体的身份参加法律关系，则为私法关系。此种学说避免了“利益说”和“隶属说”的缺陷，但其最大缺陷是在某些情况下无法确定主体行使的究竟是公权还是私权？由此，一些重要的德国学者提出，“任何一种旨在用一种空洞的公式来描述公法与私法之间界限的尝试，都是徒劳无益的”，[②]“在公法与私法之间，并不能用刀子把它们精确无误地切割开，就像我们用刀子把一只苹果切成两半一样”。[③] 面对公法与私法在许多领域的相互交错，这些学者提出了一个重要的观点，即“将各个具体的法律制度或者法律关系归属于这个法律领域或那个法律领域，主要是受到了历史原因的影响”。[④]而另一些持极端立场的学者则干脆否定了划分公法与私法的必要性，认为“法律应当一元化”，“国家与国民之间的关系亦为权利义务关系，而非权力服从关系”。[⑤] 至于将实体法由“两分法”改为“三分法”（分为私法、社会法和公法）的观点，则将“私法中决策受到约束的那部分内容，从整个私法中分离出来”，使之构成所谓“社会法”领域（如《劳动法》、《企业组织法》以及《反限制竞争法》等法规中有关雇主或者竞争

---

① ［德］卡尔·拉伦茨：《德国民法通论》（上册），王晓晔等译，法律出版社2003年版，第5页。

② 同上书，第13页。

③ 同上书，第7页。

④ 同上书，第13页。

⑤ 此为奥地利法学家凯尔森（Hans Kelsen）的观点，引自龙卫球：《民法总论》，中国法制出版社2001年版，第9页。

者决策自由的限制性规定等)。[①]

很明显,公法与私法的分界与民法调整对象的确定属同一问题,就前者所发生的一切理论纷争,均同样存在于后者。因此,认为中国民法理论和立法已经完全科学地解决了民法调整对象问题的看法,是不符合实际的。

三、民法调整对象之立法表达的意义

综观有关公法与私法之划分标准的讨论,可以发现其具有两个特点:

一是其讨论均为对既有立法的一种性质分析,亦即各个法律部门的形成,均有其历史渊源,其形成过程虽然自觉或者不自觉地会受到该法律部门性质的制约和影响,但各法律部门的界分,并不是完全建立于对所谓公法与私法的分界基础之上。公法与私法的分界理论,与其说是对构建具体法律部门的一种理性指导,不如说是对业已形成的各具体法律部门之性质的一种观察分析的结果。此种分析,对于以后出现的新的法律的设计当然会发生重大影响,但却不能从根本上改变原有法律体系的基本框架,甚至并不能绝对制约新的法律构建的全部活动。所以,公法与私法界分理论的价值,主要在于科学地解释法律的性质。尤其是在观念上确定和承认个人利益的独立性,个人利益与国家利益的对抗性,为私法自治原则的贯彻和在法律技术操作层面的具体适用提供条件和依据。

二是每一种观点都是立足于特定的观察角度,都从某一侧面甚至主要方面揭示了不同法律部门的本质差异。但由于作为观察分析文本的法律自身性质的"不纯"(公法规范与私法规范不同程度的混合),从而不可避免地导致了此种分析结论的局限性。因此,无论"利益说"、"隶属说"或者"主体说"以及其他各种学说,其实都从特定的角度准确地彰显了公法与私法的本质特性;各种学说相较而言,仅有所达准确程度高低之分而并无对错之分。

---

① 参见[德]迪特尔·梅迪库斯:《德国民法总论》,邵建东译,法律出版社2000年版,第11页;[德]卡尔·拉伦茨:《德国民法通论》(上册),王晓晔等译,法律出版社2003年版,第7页。

正因如此,既有公法与私法划分标准的各种理论,已经足以使人正确地把握公法与私法的本质区分,并足以在一些主要的法律部门(宪法、行政法、刑法和民法)的性质认定上达到准确的程度。为此,基于区分标准的无法精确而否定公、私法分类意义的观点是错误的,而试图提出一个绝对精确的区分标准并以此对具体法律进行实际的验证或者“分类技术鉴定”,则是没有必要和不可能的。这种不可能至少由两个因素所决定:一是前述德国学者所谈及的所谓“历史的影响”或者“历史的原因”;另一个更为重要的因素则是现代社会日益增强的国家对于私法领域的干预所导致的所谓“私法公法化”现象。

应当提及的是,公法与私法的界分理论是在法律的历史发展过程中逐渐形成的。而立法者在选择其法律表现模式及决定法律的内容设置时,除受制于历史延续下来的法律框架结构或者立法习惯之外,更重要的是必须服从当时的立法目标和立法政策。因此,法律调整对象的确定,固然可以在观念上指导立法者的行为,但过分技术化的限制却有可能束缚立法者的手脚,使其难以达成前述立法追求的实际目的。所以,除少数国家外,[①]各国民法通常不将其“调整对象”在立法上予以明确表述,而仅以“民事主体”“民事权利”等概括用语抽象且间接地表述其法律的适用对象和基本任务。

中国民法则不同。基于两个原因,1986 年颁布的《民法通则》对于民法调整对象的立法表达,具有特殊的重要意义:

1. 私法观念的挣扎求生

一般认为,中国古代法律以“诸法合一”为特点,民事规范夹杂于刑法或者行政法之内,没有其独立的地位。但这只是一种表面现象。所谓“诸法合一”,其实质并非在于公法与私法相互混杂在法律表现形式上合为一体,而在于私的观念被公的观念所湮没,个体意识被王权本位所奴役。所以,在法律价值和制度层面上,私的观念无其生存的空间。清末变法之后,西方法律之公、私法分立体制被引入,但在 1949 年以后,伴随对“旧法”的废除,私法观念又被彻底废弃。在实行几十年的高度集中的计划经济体制和独崇“大公无私”的集体主义思想观念的社会条件下,私的意识被完全否定。这一时期,法的意识荡然无存,私法观

---

① 如《俄罗斯联邦民法典》《越南民法典》《蒙古国民法典》等。参见本章第六节。

念更无立锥之地。1979年开始的经济体制改革,逐步将中国引向商品经济社会,由此导致私权意识的觉醒。而私的利益与公的利益、私的观念与公的观念的一场激烈、持久的冲突,便因此而得以展开。毫无疑问的是,在中国这片严重缺乏民主与法制意识、严重缺乏私权意识的古老土地上,法意识的生成便不得不经历一个漫长而且艰苦的过程,而私法观念的萌芽和发展,更是逃脱不了苦苦挣扎的命运。众所周知,直至20世纪90年代前期,"私法"的概念在中国法学理论中仍然被拒绝,公法与私法的划分尚不为多数人所接受。因此,民法调整对象的确定,是认识民法性质的关键,也是使民法逃离"公法"的桎梏而获得自己的生存空间的理论依据和前提。所谓"平等主体的自然人与法人",实际上正是"独立自治的私权主体"的直接表达,而民法以私人之间的关系为其规范对象,则使民法的"私法化"成为可能。为此,在一种连"民法是什么"的问题都未能获得解决的社会背景之下,以立法的形式明确表达民法的调整对象,无疑可以为私法观念的形成和巩固提供最为有利的条件。

2. 民法生存空间的争夺

商品经济是作为私法的民法赖以生存的基本空间。然而,在中国的商品经济尚未成形的转轨时期,在私权观念尚未完全树立的过渡阶段,法律理论和实践对于民法的性质和功能必然处于一种模糊的状态。尤其是在以计划经济和国家干预为特征的中国早期经济法理论甚嚣尘上的情况下,民法调整对象的"技术化"标准的确定,对于民法的学科发展和理论研究,对于私法观念在民众和权力阶层中的普及和教化,对于法院在司法裁判中正确寻找和适用法律的指引,均具有特别重大的意义。所以,《民法通则》被誉为第一部中国的"人权宣言"(更准确地讲,应当是"私权宣言")。而该部法律第2条关于民法调整对象的规定,则标志着中国民法从此理直气壮地拥有了自己的规范领域和空间,也标志着在民法与经济法理论界长达十数年关于各自调整对象的论战中,以民法理论所代表的私法观念取得了初步的重大胜利。

但是,《民法通则》的颁布并没有彻底结束民法与经济法之间就调整对象所发生的理论纷争,在此后中国长时间继续实行的计划经济和商品经济"双轨运行"的条件下,作为最重要的财产法制度之一的合同法制度,究竟是私法性质的关系还是公法性质的关系的问题,仍然争议不休。中国法院分别设置"经济庭"(受理"经济合同"纠纷)与"民庭"

(受理借款、房地产、损害赔偿、婚姻家庭等“民事纠纷”)的审判机构体系,正是此种争议和模糊认识的直接表现。由此,从立法上彻底完成民法中最重要的契约制度的“私法化”的任务,不得不交给《民法通则》颁布将近13年后制定的新《合同法》去完成。

1995年开始起草的新《合同法》,其立法进程并未遭受严重的阻碍。此前,中国采用社会主义商品经济模式的国策已经确定,计划经济的“死亡”已成事实,早期经济法理论已经崩溃。所以,依据完整的私法观念来构建一部新的合同法的立法活动,几乎是水到渠成、一帆风顺。立法机关在立法之初即提出的在新《合同法》颁布的同时废止《经济合同法》的方案,几乎没有受到任何抵抗而得以实现。至于《涉外经济合同法》与《技术合同法》的同时废止,虽受到相关行政管理部门的短暂反对或者顽强到底的拼死抵制,[①]但最终结果是全面贯彻契约自由的新《合同法》独揽全局,实现了“统一市场应有统一交易规则”的既定立法目标。而新《合同法》第2条有关合同法调整对象的明文规定(“本法所称合同是指平等主体的自然人、法人和其他组织相互间设立、变更、终止民事权利和民事义务的协议”),则完全套用了《民法通则》关于民法调整对象的表达,确定了《合同法》的私法性质。自此以后,具有公法性质的“经济合同”的概念在盛行中国18年之后,寿终正寝。法院系统也由上至下悄悄地将辉煌多年的“经济庭”改称为“民庭”。而在最具活力的合同法制度恢复其私法的本来面目之时,中国民法的私法地位,似乎也获得了最终的确定。

很显然,上述中国民法获得其生存和发展空间的特殊历史过程,正是私法观念萌生与发展的过程,同时也正是作为私法的民法挣脱公法的束缚争取其独立地位的过程,而在公法与私法划分理论的基础上提出的民法调整对象的立法表达,则是这一艰苦斗争历程的辉煌成果。无论这一表达在立法技术上如何不必要,无论其在文字表述上如何不精确或者不周延,但考虑到中国社会私法观念的成长仍然继续遭遇到各种来自公权力的压制或者来自学术偏见所形成的障碍,在中国民法

---

① 《涉外经济合同法》的废止,在新《合同法》起草初期曾受到外经贸部门的反对,而科技管理部门对于《技术合同法》的废止,自始至终持抵抗立场。直至1999年1月召开的委员长会议上,是否废止技术合同法,仍然成为最后存留的几个重大争议问题之一。

典总则中保留这一规定,仍有其重要的现实意义。

第二节　民法调整对象的具体范围

一、概说

早期的民法调整对象学说,重点在于通过解决合同关系的私人化问题而划清民法与经济法的界限。因此,“商品经济关系”(实际上指的是商品交换关系)成为民法调整范围的核心,一切论述据此而展开。与此同时,民法调整的财产关系也被确定,即“财产支配关系”“财产流转关系”“智力成果关系”“遗产继承关系”四个方面。以后,遗产继承被认为更主要的是具备身份性质,从而在理论和立法上逐渐被并入家庭法,而所谓“智力成果关系”本质上不过是一种对于专利、注册商标和作品等无形财产的支配关系,不妨可以被财产支配关系所涵盖。所以,民法调整的财产关系范围遂被集中表达为“财产支配关系”和“财产流转关系”。此种说法,与日本及我国台湾地区学者的说法基本接轨。而除财产关系之外,民法还调整平等主体之间的所谓“人身关系”,此一“人身关系”是“人格关系”和“身份关系”的合称。人格关系为基于生命、健康、名誉等产生的社会关系,身份关系为基于婚姻家庭而产生的社会关系,被民法调整之后,形成民法上的人格权与身份权。① 此种说法,与日本及我国台湾地区学者的说法便有差异。对于民法规范的非财产关系,日本及我国台湾地区学者认为仅包括“身份关系”,并不涉及所谓“人格”。

上述关于民法调整对象具体范围的理论早已成为通说,尽管对之并非不存在种种疑虑(比如,通说认为知识产权中同时存在财产权利和人身权利,但知识产权所表现的人身关系究竟属于人格关系抑或身份关系?如认为是“身份关系”,则因其与婚姻家庭无关,此种“身份”当作何种解释?),但作为一种理论,毕竟仅仅具有一种解释论上的价值,精确与否,无碍大局。故二十多年就这样下来了,论者照论,学者照学,

---

① 参见张俊浩主编:《民法学原理》,中国政法大学出版社1991年版,第5页。

相安无事。殊不知真到了要立法的时辰,便出现了问题。

首先,是人格权的性质问题。

在中国民法典中,人格权应否独立成编予以规定?此为民法典起草中的一大争议问题。笔者首先提出"人格权是一种宪法权利而非民事权利,非由民法典所创设"的观点,而被这一论断所直接颠覆的,正是有关"民法调整人格关系"的既有理论。而"人身关系"这一耳熟能详的基本概念,便因此而被炮轰得肢体横飞。很显然,一旦人格关系从民法调整对象范围中被抽走,民法调整对象的范围就会面目全非。

其次,是物权主体范围问题。

《中华人民共和国物权法草案》于 2005 年 7 月向全民公布征求意见以后,立法机关将尚待解决的问题归纳为十大疑难问题,分别于 2005 年 9 月与 10 月在全国人大法律委员会及吴邦国委员长主持召开的座谈会上进行讨论。该十大疑难问题之首即为物权主体范围问题。对此,笔者又提出了"就国家所有权而言,国家实为公权载体而非私权载体;国家所有权实为公权而非私权"的观点。这一观点的背后,同样直接涉及民法调整对象是否仅限于"平等主体之间的关系"的问题。如果这一观点能够成立且我国《物权法》仍保留国家的物权主体地位,由此而导致"平等主体"字样因此而从民法调整对象的表达中被抽走,则民法调整对象范围似乎亦会面目全非。

十分明显,民法调整对象的理论是一回事,其立法表达有可能是另一回事。理论可以适当模糊,但立法却无法照办。为此,对于中国民法典总则关于民法调整对象的立法表达,必须进行仔细而深入的研究。

二、"人身关系"流变考

在笔者思考人格关系本质的期间,发现有学者对于作为民法调整对象的"人身关系"的来龙去脉进行了考察和分析。这一认真考察分析的结果,从不同角度印证了笔者的一些观察思路。

(一)学者的研究要点

徐国栋教授在其《"人身关系"流变考》[①]以及《再论人身关系——

① 参见徐国栋:《"人身关系"流变考》,载《中外法学》编辑部、北京大学第 22 届研究生会编:《中国民法百年回顾与前瞻学术研讨会论文集》,法律出版社 2003 年版。

兼评民法总则条文建议稿第三条》[①]等文章中作出如下论述。

1. 罗马法上的“身份”被包含在“人格”之中

古代罗马法上的“人法”包含组织一个社会及组织一个家庭两部分,前者由自由人的身份、市民的身份和家父的身份构成;后者是对家父的身份的展开,它以家父权为轴心规定了具有不同身份的家庭成员之间的相互关系,由此形成“国—家”的两极社会结构:国由众多的家组成,个人被遮蔽在家中,“国”对个人的治理在很大程度上通过“家”进行。由此,家父作为一个私的团体的首脑的身份与他作为城邦的正式成员的身份重合。以现代的眼光看,前一种身份属于私法,后一种身份属于公法。许多现代作者把前一种身份理解为现代民法调整的人身关系中的身份关系,而在古罗马,它不过是家父人格的构件之一。法律更加关注的是家父人格构件的公的方面:自由人的身份和市民的身份。因此,罗马人理解的身份概念比现代人理解的要广泛得多:身份是人格的要素或基础,人格由身份构成,复数的身份构成了单一的人格,诸项身份之一的缺失将导致人格的减少,丧失殆尽的结果是人格消灭。

2. 1811年《奥地利民法典》凸显身份并将之私法化

法国人让·多马(Jean Domat,1625—1696)在其于1694年出版的《在其自然顺序中的民法》一书中,对身份的概念进行了清理,把“资格”(Qualité)当作身份的同义词。他认为,身份有自然资格与人为资格之分,前者如性别、出生、年龄、家父或家子的地位、婚生子女和非婚生子女的地位等,后者如拥有自由权的状态、受奴役的状态、诸种社会的和职业的身份等级、臣民的地位、外国人的地位等。自然资格与私法有关,人为资格与公法有关。这样的技术选择把涉及人的人为资格的规范从自然的私法中排除出去,由此完成了身份概念的私法化,并且把在罗马法中实际存在但未被归入身份范畴的男女、胎儿、未成年人等家庭法外的身份吸纳到私法性的身份中。受其理论影响,《奥地利民法典》中的人法把罗马法中的公法性的身份予以驱逐(取消自由人身份、赋予外国人以国民待遇),仅保留私法性的身

① 参见徐国栋:《再论人身关系——兼评民法总则条文建议稿第三条》,载《中国法学》2002年第4期。

份(包括:家族的身份这种我们现代最多的叫作“身份”的东西被保留下来,并按照现代人的平等观念分解为血亲和姻亲等身份。同时,凸显出精神病人、胎儿、失踪人、异教徒和法人等罗马法中隐而不宣的身份)。结论就是,在《奥地利民法典》时代,身份仍然是人格的要素,但这里的人格已不是权利能力的意思,而是行为能力的意思。在古罗马,身份是从生物学意义上的人迈进到法律意义上的人的障碍,它涉及的是主体的权利能力的减等,其价值取向在于歧视,在两种“人”之间建立屏障。而在《奥地利民法典》中,其价值取向在于追求平等,在于拆除这两种“人”之间的屏障,身份只是从有权利能力的人过渡到有行为能力的人之间的障碍。

3.“人身关系”概念来源于对《奥地利民法典》中有关“人的身份与人的关系”之表达的翻译

《奥地利民法典》中的人法部分地关系到人的身份(persönliche Eigenschaft)和人的关系;部分地建立在家庭关系的基础上,其第一编第一章的标题就是“关于人的身份和人的关系的法”。而此处的所谓“人的关系”(persönliche Verhältniss),不过是“人的身份”的延伸,是因失踪人、外国人、亲属这些身份而产生的关系,并且不排除其他身份也被理解为能引起这样的关系。因 persönliche Eigenschaft 可以简译为“人身”,而 persönliche Verhältniss 也是一个非常容易被译成“人身关系”的词汇,据此可以断定,我国民法理论中的“人身关系”的术语的西文来源是:一位俄国的或中国的不知名的前辈,在一个我们不知的时间,把奥地利民法典式的“关于人的身份和人的关系的法”概括成民法调整的“人身关系”。

4. 我国有关“人身关系”的理论是从苏联民法理论发展而来的

苏联的民法调整对象理论不区分人格关系和身份关系,明确排除了法律能力问题和亲属关系归民法调整。1964 年的《苏联民事立法纲要》第 1 条规定:“苏维埃民事立法调整在共产主义建设中由于利用商品货币形式而引起的财产关系,以及与财产关系有关的人身非财产关系。”其中,“与财产关系有关的人身非财产关系”仅指知识产权拥有者的身份关系,以及法学家通过强行解释而勉强加上去的具体人格权关系。1958 年出版的我国的第一部民法教科书继受了这一理论,指出:民法除主要调整财产关系以外,还附带调整一定的“人身非财产关系”,即

"因发明、著作发生的关系"。以后,佟柔教授在改革开放后的第一部统编民法教材《民法原理》中将人身关系定义为"没有财产内容而具有人身属性的社会关系",并将其内容描述为生命、健康、姓名、荣誉等权利,以及著作权、发现权、发明权等与人的姓名、荣誉直接联系、不可转让的权利。再以后,西北政法学院1982年出版的民法教材把身份关系解释为血缘、婚姻、亲属关系以及知识产权中的身份关系,由此第一次把亲属关系解释为身份关系。而继1986年颁布的《民法通则》第2条规定"中华人民共和国民法调整平等主体的公民之间、法人之间、公民和法人之间的财产关系和人身关系"之后,1987年出版的吉林大学的民法教材则开始把人身关系分解为人格关系和身份关系。该书作者称前者为与人们作为民事主体资格有关的社会关系,称后者主要为知识产权中的身份关系,但也包括监护关系。

(二)分析结论

徐教授的研究告诉我们如下重要信息。

1."人身关系"的概念来源不明且含义有别

事实上,徐教授没能寻找到民法上"人身关系"用语的来源。其有关"人身关系的术语有可能源于某个俄国人或者中国人将《奥地利民法典》中'关于人的身份和人的关系的法'概括翻译成为'人身关系'"的推论是缺乏根据而且没有意义的:首先,既然"人的身份"(persönliche Eigenschaft)和"人的关系"(persönliche Verhältniss)在《奥地利民法典》上都是讲的身份问题,而奥地利民法并不存在"人格"与"身份"的分离(其"身份"为"人格"的要素,而其"人格"的意思为行为能力而非权利能力),故其不存在将两者"概括"为有别于"身份关系"的所谓"人身关系"的任何必要。更何况,在汉语中,并不存在将"人格"与"身份"合称为"人身"的固定表达,而"人身"一词仅指"个人的生命、健康、行动、名誉等",①与所谓"身份"毫无关系。所以,"人身关系"的表达也缺乏语言基础。其次,弄清"人身关系"于何时被何人运用于中国民法理论,这是无关紧要的(除非有人有意主张"发明权"),重要的应是弄清这一概念被赋予的具体含义及其变化的原因。

---

① 中国社会科学院语言研究所词典编辑室编:《现代汉语词典》,商务印书馆2008年版,第637页。

根据徐教授的考证,“人身关系”的含义有三个阶段的变化:(1)无论苏联民法或者早期中国民法理论中的“人身关系”(人身非财产关系),主要指的都是知识产权拥有者的“身份”关系,并不包括婚姻家庭中的身份关系(此与苏联将家庭法从民法中予以排除相适应),也不包括所谓“人格关系”(尽管苏联一些民法学者认为,基于人身侵权的损害赔偿关系属民法调整,故民法也调整基于具体人格利益而产生的关系,但此种基于人身权利遭受侵犯而发生的财产关系与人格关系本身是并不相同的);(2)佟柔教授主编的《民法原理》中,人身关系的内容除知识产权人的“身份权”外,增加了各种具体人格权,但不包括婚姻家庭中的身份关系;(3)1982年以后,有关教材开始将婚姻家庭中的身份关系列入“身份关系”的范围。

由上可见,在我国民法理论上,所谓“人身关系”,经历了由单纯的“知识产权人的身份关系”到“知识产权人的身份关系与具体人格权”,最后到“人格关系与身份关系”(包括婚姻家庭与知识产权中的身份关系)三个发展阶段。

2.“人格关系”与“身份关系”的并列,是中国大陆民法学者的创造

在罗马法上,身份为人格的构成因素。而在奥地利民法上,公法性质的身份被剔除,而私法性质的身份包括血亲、姻亲以及精神病人、胎儿、失踪人等,这些“身份”是作为行为能力意义上的“人格”的构成因素。至于苏联,其民法调整对象仅包括知识产权人的“身份关系”。唯在我国,伴随对“人身关系”的扩展解释,不仅将“人格关系”作为民法调整对象,而且将“身份关系”与“人格关系”作为互不隶属、两相并列的关系统摄于“人身关系”名下,形成民法调整对象之“财产关系”与“人身关系”的二元体系。

三、“人格关系”的性质

依照通说,民法调整对象为受民法规范调整的社会关系,这些关系具有客观性,其一经民法调整,即形成民法上的权利义务关系(谓之“民事法律关系”)。换言之,民事权利义务为民法调整的已经客观发生并存在的某些社会关系的结果。此种有关民法调整对象与民事法律关系的基本理论,虽然并非唯一的理论(比如,德国学者便常将“法律关系”

作为法律的调整对象),[①]但在解释民法权利义务的来源和民事法律关系的性质时,此种理论更为便当和科学,所以被我国学界普遍接受。

但民法调整的“人格关系”究竟是什么？对此存在两种不同的认识:(1)通说认为,民法所调整的人格关系是基于人的生命、健康、身体、姓名、肖像、名誉、隐私等而发生的社会关系。这些关系经民法规范后,即形成各种具体的人格权利。(2)徐国栋教授提出,前述对“人格关系”的表达,实际上是将“人格”理解为“具体人格权”(姓名、生命、肖像等),而将“人格”解释为“法律能力”(“权利能力”即主体资格)才是正确的。

应当指出,由于徐教授没能将民法调整对象的性质明确定位(是“物质的”社会关系还是“思想的”法律关系即权利义务?),所以,其论述有些混乱(“人格关系”与“人格权关系”是并不能等同的,“生命”并不能等同于“生命权”。有关理论提出的“基于生命等而产生的人格关系”,其原意并没有将“生命”等同于“生命权”,而是说,由于生命而发生的人格关系受民法调整而形成了生命权。因此,这种理论在逻辑上并无不当)。同时,被推定从《奥地利民法典》中“关于人的身份与人的关系的法”翻译而来的所谓“人身关系”中的“人”与“身”究竟是一回事还是两回事？徐教授对此最终也含糊其辞:既然奥地利民法中的身份是人格的要素,则“人”与“身”就不能截然分开,“人格”与“身份”就不能两相独立,更不能两相分离。所以,徐教授关于“在早期,身份关系作为人格关系的要素存在,从奥地利民法典开始直到伊斯兰国家的‘人身法’,身份关系开始取得了与人格关系相并列的存在”的结论是没有根据的。但他确实指明了一个重要的问题,即“人格关系”中的人格,应当是而且只能是指人的法律资格。只不过他将“人格”等同于“权利能力”,这是不正确的。

很重要的是,徐教授的考证表明,身份关系(无论是公法性质的身份或者私法性质的身份,无论是以家庭亲属为内容的狭义的身份或者包括其他内容的身份)从来都是法律或者民法调整的对象。但“人格”本身,从来都没有被作为私法的民法当作调整的对象(包括法国民法、

---

① 参见[德]迪特尔·梅迪库斯:《德国民法总论》,邵建东译,法律出版社2000年版,第52页。

奥地利民法、德国民法和苏联民法等)。将“人身关系”解释为“人格关系”与“身份关系”的并合,且将“人格关系”认定为民法的调整对象,是我国民法在20世纪80年代的创造。

依笔者理解,“人格”应当指人的法律地位。而生命、健康、名誉等,为人格内含的一些具体要素(对之,笔者称为“伦理性要素”,除此而外,人格还包含“政治性要素”与“财产性要素”),并非“人格”本身。与此同时,权利能力的拥有也是人格的表现之一。因此,“人格关系”应当是指人基于其享有的基本法律地位而发生的社会关系。

但依笔者的研究,“人格”从来都不是一种自然的社会客观存在,“人格关系”也绝非有待民法去调整的社会关系。现代社会,自然人之人格由基本法赋予,民法没有资格和必要去“调整”或者确认自然人的法律人格。

因此,人格关系的性质为一种法律关系,不可能成为民法的调整对象。(具体论述参阅本书第八章)

四、“身份关系”辨析

依据史料,“身份”在罗马法和近、现代民法中的含义具有根本区别。

罗马法上的“身份”是组织社会(不平等的身份社会)的工具,凡同时具有自由人、罗马市民与家父三种身份的人,方可具备人格。故此种“身份”表现和决定人的基本法律地位,是人格的构成要素,具有公法性质(如前所述,具有私法性质的家庭成员之间的身份仅是家父身份的派生物)。而近现代大陆法系民法中的身份,主要指家庭亲属关系中的身份,具有私法性质,其决定的是家庭亲属关系中人与人的相互地位,但并不决定自然人的基本法律地位,故其非为人格的构成要素。

依照徐教授的观点,除家庭亲属之外,私法性质的身份中似乎还应包括自然人与法人、公民与外国人以及与行为能力有关的一些问题(未成年人、精神病人、禁治产人、失踪人等)。在论述民法调整的身份关系的特定语境中,这是一种不正确的观点。应当看到,“身份”一词常常在广泛意义上被运用,可以之用来作为对人(或者团体)某种区别于他人的特定地位的表达。即使在民法上,如“代理人、财产管理人、合伙人”等,也不妨被视为某种特定的“身份”。但作为民法调整对象的所谓“身份关系”,其含义并不在于表达人与人之间的某种“身份”区别,而在于表达民事生活中特定的人与人之间基于特定的非财产原因(如血缘、婚姻等)所产生的相互利益关系。因此,自然人、法人、未成年人以及失踪人等,固然可以视为私法上的某种“身份”,但这些所谓“身份”,与民法调整的身份关系中的“身份”具有完全不同的意义。在这些“身份”中,有的是用来描述民事主体的存在状态与方式(如自然人与法人),有的是用来描述特定主体的某种法律状态(如未成年人、精神病人、失踪人、禁治产人等),有的则用来描述民事主体在民事活动或者民事法律关系中的法律地位(如代理人、代表人、合伙人、股东乃至于出卖人与买受人、出租人与承租人等)。这些所谓的“身份”,均非“身份关系”中的身份。

此外,应当特别加以讨论的是:民法调整的身份关系中,是否包括“因作者、发明者等身份”而产生的关系,即所谓“知识产权中的身份关系”?

在我国早期的民法教科书中,因作者、发明者身份而产生的“身份关系”属民法调整的人身关系范围,此为通说。但此种说法,在以后的理论发展中却悄然不见。但在有关知识产权的理论中,作者享有的署名权、修改权、发表权以及保护作品完整权仍然被定性为“人身权利”,而知识产权为财产权与人身权的结合仍为通说。[①] 显而易见,如果知识产权中存在“人身权”,而人身权必然经由民法调整人身关系而产生,则所谓智力成果关系中必然存在民法调整的人身关系。鉴于“作者、发明人、商标权人”不可能成为“人格”之一种,所以,前述“人身关系”不可能是指“人格关系”而只能是指“身份关系”。

但诚如前文所言,作为民法调整对象的身份关系是特指特定人之间因某种特定事实而发生并存在的相互身份利益关系。如作进一步分析,则可以发现,此种身份关系具备三个特点:一是非财产性质;二是存在于特定人之间;三是具有相互性,即此身份与彼身份相互联结、互为条件。例如,无“丈夫”即无“妻子”,无“父母”即无“子女”,反之亦然。但主体因拥有智力成果所产生的“作者”、“发明者”以及“商标设计者”等“身份”根本不是存在于特定人之间的关系之中,亦不具有任何相互

---

① 参见龙卫球:《民法总论》,中国法制出版社2001年版,第140页。

性。因此,如同某人因系“精神病人”身份而享有某些法定权利一样,某人的“作者”身份不过是确认其所谓原始著作权归属的辨认标志而已。

与此同时,知识产权是否包含财产权和身份权之双重权利殊值存疑:如果说专利发明人享有的署名权以及商标设计人的署名权为专利权以及商标权中的身份权的话,这些权利是否包含在专利权和商标权中是很成问题的(如果专利发明人非为专利申请人、商标设计人非为商标注册申请人,则其何以成为专利权和商标权的主体?)。而著作权中作者享有的发表权是否为财产权,尚且争议不休。即便作者享有的发表权、署名权等权利不能明显看出其财产性质,但非财产性质的权利并非一定就是身份权(例如,股东的表决权非为财产权,但亦绝非身份权)。在此,有关民事权利分类的既有学说显然发生了误导作用:依照现行理论,依权利的内容为根据,民事权利被分为“财产权”与“人身权”(或者“身份权”)两种。此种分类并不能囊括一切已经出现、将来出现的民事权利,其并不具有绝对性,这一点早已为学者所发现并指出。比如,“通常属于非财产权的某些权利,纵无财产价值,亦不妨作为所有权标的。同理,通常属于非财产权的某些权利,也未必不具有财产价值……如法人名称权,当然具有财产价值。就是公民肖像权,亦可有财产价值”。[①] 既然如此,知识产权中即便包含某些非财产性质的权利,为什么又非属于“身份权”不可呢?

由此可见,民法调整的身份关系应当仅指基于亲属、家庭而产生的身份关系。

五、“平等主体”及其范围

如前所述,以“平等主体之间的关系”来描述民法调整对象的特征,基本上能够反映民事生活关系的性质。这里所谓的“平等主体”,专指民事关系的当事人具有独立财产和独立意志,其相互之间的关系不具有命令与服从,亦即“隶属”性质。但是,批评“平等主体关系说”的观点指出:一方面,在民法调整的社会关系中,亦存在一些命令与服从的关系,如监护关系中,由于被监护人(未成年人以及精神病人等)不具有或者不完全具有意思能力,故其所谓的“独立意志”客观上是不可能成

---

① 转引自梁慧星:《民法总论》,法律出版社1996年版,第64页。

立的。在有关的民事财产活动或者非财产活动中,被监护人必须听命、服从于监护人的意志。另一方面,在由公法调整的一些关系中,也不乏“平等主体”的存在,如国家之间基于平等原则而发生的经济、政治以及其他交往关系等。因此,以“平等主体之间的关系”来概括和表达民法的调整对象,仍有所遗漏或者发生歧义。

不过,鉴于真正意义上的“命令与服从”关系发生于具有行政隶属关系或者行政管理关系的双方主体之间,而行政关系完全由行政法调整,对之民法不会触及。至于所谓“社会法”或者“经济法”领域的一些关系(如劳动法、消费者保护法、反不正当竞争法、企业组织法等),虽然当事人之间不存在行政隶属或者管理关系,同时,当事人双方之间实际上具备独立意志和独立利益,并非“命令与服从”性质,但公权力对于当事人决策的强行约束十分明显,所以,这些关系从“平等主体之间的关系”范围中被排除,是不需要特别的解释的。故以“平等主体之间的关系”来表达民法的调整对象,应当不会发生重大歧义。

总而言之,正如笔者在《物权法理论评析与思考》一书中所言:“民法上许多概念的定义常常不能像数学公式般严谨,但并不影响人们对之进行正确理解,或者说,民法上许多定义只须指出事物的本质特征即可,对于定义,常常还需要作另外的解释。”①鉴于民事生活关系具体范围的广泛性和复杂性,要想在理论上和立法上找到有关民法调整对象的精确表达,既不可能,亦无必要。因此,以“平等主体之间的关系”来表达民法的调整对象范围,完全能够准确地揭示民法调整的社会关系的基本性质。

在这里,真正需要认真讨论的是“平等主体”的具体范围。

很显然,“平等主体”只是一个抽象表达,而“平等主体”具体范围的辨认,却是一个具体问题。如果立法上以“平等主体”作为辨认民法调整的社会关系的标志,则理论上就必须具体说明其具体范围。相反,如果立法者完全能够确定“平等主体”的范围,则为避免发生歧义,完全可以采用列举的方式指明“平等主体”的具体范围。对此,在有关民法调整对象的立法表述中,梁慧星先生主持撰写的《中国民法典草案建议稿附理由:总则编》中采取的方案即为后者:“本法调整自然人、法人和

---

①　转引自尹田:《物权法理论评析与思考》,中国人民大学出版社2004年版,第26页。

非法人团体之间的财产关系和人身关系。"[①]亦即该建议稿明确将"平等主体"解释为具体包括"自然人、法人及其他组织"。

很显然,自然人之间的财产关系和身份关系具有平等性,法人之间以及法人与自然人之间的财产关系也具有平等性。但非法人团体是否属于民事主体？此一问题存有争议,尚值研究。更为重要的是,平等主体之间的财产关系当然首先包括财产支配关系,而专门调整财产支配关系的物权法,自然必须对平等主体之间的财产支配关系作出具体规定。但在我国于 2007 年 3 月颁布的《物权法》上,财产所有关系的主体不仅包括自然人、法人和非法人团体,而且包括"国家"和"集体"。由此,以"自然人、法人、非法人团体"概括"平等主体"的范围,显然出现重大遗漏。而由此引发的问题就是:"国家"和"集体"是否应该包括于"平等主体"范围之内？"国家"和"集体"基于财产支配而与他人之间所发生的社会关系是否具有平等性质？"国家"和"集体"与自然人、法人和非法人团体在民法上的地位平等吗？

上述问题如不予清晰地回答,"民法调整平等主体的公民之间、法人之间、公民和法人之间的财产关系和人身关系"及其他类似立法表达,将无法立足。

第三节　"国家"在民法上的地位[②]

一、问题的由来

在我国,国家的民法地位问题是伴随物权立法而产生的。在此之前,似乎从来无人对此进行过认真讨论。

《物权法草案(第三次审议稿)》于 2005 年 7 月向全民公布之后,有关重大争议被全国人大法工委归纳为十大疑难问题,分别提交全国人大法律委员会于 2005 年 8 月组织的专家论证会以及 2005 年 9 月 26 日

---

① 梁慧星:《中国民法典草案建议稿附理由:总则编》,法律出版社 2004 年版,第 6～7 页。

② 本节内容大部分来自笔者发表的文章《物权主体论纲》,载《现代法学》2006 年第 2 期。

的委员长会议进行讨论。笔者参加了前述两次会议,其中,物权主体问题被列为十大争议问题之首。

《物权法草案(第三次审议稿)》第1条规定:“为明确物的归属,保护权利人的物权,充分发挥物的效用,维护社会主义市场经济秩序,维护国家基本经济制度,制定本法。”对此一表述立法目的的条文,很多人认为其规定的“权利人”含义不明,须予以明确。对之,有的建议改为“自然人、法人”,有的建议改为“自然人、法人和其他组织”,有的建议改为“民事主体”,有的建议改为“国家、集体和私人”,还有人认为,国家作为物权主体可以包括在“法人”之中。全国人大法工委认为,前述意见都有各自的道理,现行有关法律、行政法规的规定也不一致,考虑到目前对该问题很难达成共识,故建议能否于将来制定民法典总则时再进一步明确,而草案的规定可不再改动。① 这一建议被以后的各次审议稿所采纳。而在正式颁布的《物权法》上,物权主体仍然保留了“权利人”的抽象表达。

物权主体有哪些?这一问题的争论看起来颇具书生气息。就立法技术而言,一部规定具体民事权利的基本法,其任务主要在于确定该种权利的性质、特征、效力以及权利得失变动及其法律救济方式等,大可不必一般规定权利人的资格及其范围。这是因为,权利主体资格问题涉及当事人的基本法律地位,应由民法典总则予以统一规定。除例外情形,凡具有权利能力者,均得平等地取得和享有各种民事权利,尤其在财产权,无论物权、债权抑或知识产权,原则上民事主体均得享有。据此,物权法不必一般规定物权主体,债权法不必一般规定债权主体。与此同时,各种物权主体在物权法具体规则中已经显现,再于物权法之立法目的条文中予以归纳列举,仅为重复,殊无价值。

但问题似乎不是如此简单。首先,1999年3月颁布的《合同法》第2条规定:“本法所称合同,是平等主体的自然人、法人、其他组织之间设立、变更、终止民事权利义务关系的协议。”此条所规定的即为合同主体范围,其重大意义被认为是明确赋予了“其他组织”即非法人组织以合同主体亦即债权主体的资格。而在此之前,此种对非法人组织主体

① 参见《全国人大法律委员会关于〈中华人民共和国物权法(草案)〉修改情况的汇报》,第十届全国人大常委会第十八次会议文件(十二)。

资格的一般立法承认是并不存在的。由此自然导出一个疑问：非法人组织可以享有合同权利，但其能够当然也享有物权吗？很显然，如果物权主体与债权主体在范围上并不完全相同的话，则物权主体范围的确定就是一个必须由《物权法》加以明文规定的问题。这一重要问题必须在《物权法》颁行之时即加以解决，而不能依赖于其颁布日期尚且遥远的民法典总则。其次，有关物权主体具体范围的两种主要意见中，主张物权主体为"自然人、法人和其他组织"者，其依据的是民事主体一般理论，而主张物权主体为"国家、集体和私人"者，其依据的是《物权法》本身的具体规定。问题在于，无论从何种角度表达物权主体，该种权利主体的范围应当是确定和一致的。但该两种主张却分明难以并合，亦即如将物权主体列举规定为"自然人（私人）、法人、其他组织、国家、集体"，不仅会出现角度上的错位，而且与《物权法》具体内容所指明的物权主体并不完全吻合。这就表明，《物权法》所指明的物权主体似乎并非依照民事主体的一般理论而设立，一切矛盾和疑虑即由此而生。

物权主体范围的确定，其中心问题并不在自然人和法人，而在"国家"、"集体"以及"非法人团体"。依照简单的逻辑推论，如果国家、集体以及非法人团体为物权主体，则其当然为民事主体。而国家、集体以及非法人团体基于财产支配而发生的财产关系，当然应属民法的调整对象范围。但问题会如此简单吗？

二、既有理论及其矛盾

依据《民法通则》第 2 条的规定，"平等主体"仅只包括自然人与法人。与此相适应，我国过去及现行的民事法律关系理论也认为，民事主体仅只包括自然人和法人两类。① 但有关"特殊场合，国家也可以成为民事法律关系的主体"的声称，在各种教科书中亦为常见。尽管 1986 年《民法通则》和 1999 年《合同法》均无视此种理论，在有关平等主体以及合同主体的立法表达中竟然将"国家"遗漏了。

事实上，关于民事主体不包括国家在内的观点，对于债权法是基本适合的：在债权关系尤其是合同关系中，除发行国债等行为之外，国家

① 参见梁慧星：《民法总论》，法律出版社 1996 年版，第 50 页；龙卫球：《民法总论》，中国法制出版社 2001 年版，第 127 页。

极少以国库的名义直接涉足交易活动。而即使国家直接介入某种交易关系(如政府采购以及国有土地使用权出让),则这些关系究竟属于公法上的关系抑或私法上的关系,一直存有争论。

以国有土地使用权出让关系为例。国有土地使用权出让是一种在国有土地上设立用益物权的行为。对于此种行为的性质,民法学者和行政法学者之间一直存在争议:前者只看见此种合同关系的平等属性,故认其为民事行为;后者只强调此种行为的行政管制属性,故认其为行政行为。但事实上,国有土地使用权出让有可能具有所谓“两面性”,即在政府代表国家与土地使用权受让人之间的合同关系上,双方居于平等地位,适用民法尤其是合同法的基本规则;而在国家通过行政规范对国有土地使用权出让所规定的各种行政管制的关系中,政府作为行政主体,国有土地使用权受让人作为被管理的相对人,其相互之间的关系具有行政属性。但无论如何,在国有土地使用权出让合同中,不可否认土地所有人(国家)与用益物权人(土地使用权受让人)之相互关系上的平等性。

不过,若仔细分析即可发现,至少在民事活动流转领域,国家对其土地所有权或者其他财产权利的行使(包括在国有土地上设定他物权),总是须由政府(通常是经中央政府授权的地方政府)予以“代表”。此种“代表”的特点是,被代表的国家从不亲自出场亮相:政府不仅以自己的名义“代表”国家签订合同和履行合同,而且以自己的名义“代表”国家出庭应诉并承担法律责任。这就表明,在我国,“国家”即使在实质上参加了民事法律关系,但在形式上,其从来不具有民事主体的地位。

所以,我国《合同法》第2条在描述合同关系主体时,没有将国家列入其中,是有道理的。但物权法所面临的情况却不同。物权法上,国家是最为重要的所有权主体。尤其在我国,“国家所有权”几乎被广泛认为是“国家财产”与“社会主义公有制”的代名词,亦即在所有权领域,国家绝非仅于“特殊场合”才充当权利主体,而是一种最为主要的物权人。与此同时,有关“国家是一种法人(公法人)”的观点并未被我国民法理论所接受。所以,鉴于民法有关调整对象的理论和民事主体规则应当适用于包括物权在内的一切民事法律关系,在国家的权利主体地位问题上便不得不问:究竟是现有民法调整对象和民事主体的一般理论有误,还是物权法对于国家所有权的广泛而且具体的规定有误?

应当指出，源于德国民法的民事主体一般理论，完全是建立在“民法是私法”的判断基础之上的。尽管公法与私法的界分是一个争议不休的老问题，但“民法与私法概念的合二为一”，①却是一个不争的历史事实。正因如此，德国主流民法理论在对进入民事领域的国家进行地位界定时，将之明确认定为属于公法人的一种。② 在德国，当国家作为私法上权利义务的载体时，它在传统上被称为“国库”，包括联邦的国库和州的国库，故联邦和州均被视为地域性的公法社团。③ 为此，《德国民法典》在主体部分仅规定自然人与法人，其民法理论将自然人与法人确定为权利主体，自是可以成立。与此同时，鉴于民法的私法性质，《德国民法典》未对公有物或者公用物作出规定，亦未对国家强制征收私人财产作出规定（此种规定交由德国基本法作出），④自是顺理成章。

但是，自 1804 年《法国民法典》以来，在物权法中对于公用物或者国家所有权作出某些基本规定乃至具体规定，是包括法国、比利时、瑞士、泰国、伊朗、墨西哥、智利、意大利等很多大陆法国家普遍采用的做法。其中，《智利民法典》对于属国家所有的土地、矿藏、街道、广场、桥梁、公共道路、江河、湖泊、岛屿以及海洋的详尽规定（多达 14 个法律条文），给人以特别深刻的印象。⑤ 而上述众多国家中，仅只法国和意大利两国的民法典对于国家征收私人财产作出了规定，似乎也说明了在民法是否解决国家权力对于私人所有权的强行限制问题上，德国之外的其他各国民法典的认识和具体做法也并不统一。

---

① 参见［德］迪特尔·梅迪库斯：《德国民法总论》，邵建东译，法律出版社 2000 年版，第 16 页。

② 德国学者指出：“法人是人的总和体，可以是公法上的，如国家、乡镇、乡镇联合会、教会等；也可以是私法上的，如有权利能力的社团或股份公司等。”引自［德］卡尔·拉伦茨：《德国民法通论》（上册），王晓晔等译，法律出版社 2003 年版，第 57 页。

③ Larenz/Wolf, *Allgemeiner Teil des Bürgerlichen Recht*s, 8. Aufl., München, 1997, S. 167; Staudinger/weich(1995), § 89, Rn8. 转引自周友军：《德国民法上的公法人制度研究》，载《西南政法大学学报》2005 年第 6 期。

④ 参见梁慧星：《中国民法典草案建议稿附理由：物权编》，法律出版社 2004 年版，第 53 页。

⑤ 参见《法国民法典》第 531 ~ 541 条；《比利时民法典》第 538 ~ 541 条；《瑞士民法典》第 664 条；《泰国民法典》第 1304 ~ 1306 条；《伊朗民法典》第 24 ~ 26 条；《墨西哥民法典》第 764 ~ 770 条；《智利民法典》第 589 ~ 598 条、第 600 条、第 602 ~ 603 条、第 605 条；《意大利民法典》第 822 条。

很显然,国家在享有财产所有权时,究竟是据以其公法主体的地位还是以私法主体的地位?国家是否属于“公法人”之一种?上述两个相关联问题的答案,对于确定国家的物权法主体地位乃至民法地位都具有关键作用。

三、国家所有权的物权法地位

(一)国家所有权是公权还是私权

公权与私权的界分仍为学界存疑的基本问题,但依据主流学说(法律根据说),“凡根据公法规定的权利为公权,凡根据私法规定的权利为私权”。[①] 换言之,公权与私权的界分标志之一,为权利创设所直接依据的法律的性质。虽然此一问题又关涉公法与私法的分界争议,但其大致界限仍然是可以判明的。很显然,如果国家据以其公法主体身份享有所有权,则该种权利应为公权,反之,则为私权。

如依据前述“法律根据说”,在我国,国家对于土地和其他自然资源的所有权应属公权。我国《宪法》第10条第1款规定:“城市的土地属于国家所有。”第9条第1款规定:“矿藏、水流、森林、山岭、草原、荒地、滩涂等自然资源,都属于国家所有,即全民所有;由法律规定属于集体所有的森林和山岭、草原、荒地、滩涂除外。”依上列规定,国家对于城市土地和其他自然资源的所有权系直接依据宪法(公法)取得,而非直接依据民法(私法)取得,故其性质应为公权而非私权。据此,那种批评物权法草案有关国有土地及其他自然资源之国家所有权的规定纯系毫无意义地重复《宪法》规定的意见,是有道理的。事实上,物权法即使有必要规定对于国家所有权的保护,亦无必要规定国家所有权的取得。

至于未被《宪法》明文规定而由《物权法》加以规定的公有物(为公众服务的目的而由政府机构使用的物,如政府机关的建筑物、军事设施等)以及公用物(为一般公众所使用的物,如公共道路、桥梁、公园等),其所有权的性质又当如何?在这里,公权与私权界分的前述“法律根据说”显然难以适用:如果纯依权利创设所依据的法律,此类所有权似根据民法规定而生,故应为私权。但此类所有权所涉并非个人利益而系社会公共利益,与一般私权性质完全不同,故依有关公权与私权划分的

---

① 郑玉波:《民法总则》,三民书局1979年版,第45页。

另一种学说即"利益说"(关涉私人利益者为私权,关涉公共利益者为公权),此等所有权仍应定性为公权而非私权。

很显然,有关"凡民法规定的权利即为民事权利,即为私权"或者"一切财产所有权均为私权"的论断,如非置于特定的语境,其准确性是不太可靠的。事实就是,如果区分私法与公法、私权与公权是必要的,那么就必须承认此种区分仅仅具有相对性。换言之,私法与公法、私权与公权的划分,只是对某类法律或者权利之基本性质的揭示,亦即在公法中有可能包括私权的规则;在私法中,亦不妨包括公权的规则。而各国法律何以"将各个具体的法律制度或者法律关系归属于这个法律领域或那个法律领域",这一问题在德国学者看来,"历史原因的影响"发挥了重要作用。[①] 而如果论及中国法律制度的设计,则我们会更多地提及生产资料的社会主义公有制的巨大影响。因此,在中国《物权法》上,立法者不将国家所有权置于最为重要的地位予以规定是不可能的。即便如此,仅仅由于《物权法》草案没有重复《宪法》第 12 条第 1 款有关"社会主义公共财产神圣不可侵犯"的规定,便有一场从天而降的批判《物权法》"违宪"的风波发生。由此,重复《宪法》关于"国家所有"的规定是不科学的,重复其关于所有制的规定更是不科学的。[②] 但我国《物权法》的任务从来没有被认为是仅仅保护私人所有权及其他物权。由此,《宪法》以及其他公法的规定在中国《物权法》中的重复强调或者具体展现,具有一种反映"中国国情"的历史和现实的必然性。换言之,民法中之物权法对于国家所有权是否予以规定,对于民法的"私法"的基本性质是没有影响的。如果民法不规定国家所有权,只能说明民法的私法性质被立法者予以强调,但如果民法规定了国家所有权,只不过说明了立法者基于其立法政策在民法中更多地注入了公法的因素,但《物权法》对于国家所有权的规定并不能表明此种所有权即当然具有私权的性质。

---

① 参见[德]迪特尔·梅迪库斯:《德国民法总论》,邵建东译,法律出版社 2000 年版,第 13 页。

② 《物权法草案(第三次审议稿)》第 50 条规定:"国家维护公有制为主体、多种所有制经济共同发展的基本经济制度。"经"违宪风波"后,该草案四次审议稿将之修改为"国家维护公有制为主体、多种所有制经济共同发展的基本经济制度,发挥国有经济在国民经济中的主导作用,巩固和发展公有制经济,鼓励、支持和引导非公有制经济的发展"。这一规定的基本内容被 2007 年 3 月颁布的《物权法》所保留。

而假若抛开有关权利性质的抽象分析,从实际效果的角度考察国家所有权与私人所有权的不同特征的话,则可以进一步发现,专属国家的财产所有权不具民事上的可让与性,国家所有的财产不得被强制执行,不得被纳入破产财产。而在国家所有权与私人所有权的关系上,两者并不能居于完全平等的相互地位。这是因为,国家所有权是社会公共利益或者国家利益的载体,此种利益当然高于私人利益。据此,国家基于公共利益的需要,得强行将他人之所有权变为国家所有权(如征收集体土地),或者消灭他人之所有权(如拆迁私人房屋),或者限制他人所有权的行使,即使他人之权利的行使完全符合通常的准则(如基于军事需要限制军事设施周边的居民以正常的方式使用土地)。如果将国家所有权定性为"私权之一种",则其在权利设定变动以及权利行使等诸方面即应与私人所有权适用相同的法律准则;但整部《物权法》所规定的有关物权设定变动以及物权行使、物权保护的基本规则(如物权公示规则、善意取得、取得时效以及占有保护规则等),几乎均不适用于国家所有权。

在此必须明确的重要问题是:国家所有权仅指国家对于动产和不动产享有的直接支配的权利,既不包括国家因投资而享有的投资人(股东)权利,也不包括国家享有的物权之外的其他财产权利。换言之,国家将货币或其他资产通过投资或者拨款等方式注入一个企业(国有独资企业或者国家参股企业)或者行政机关以及事业单位的财产内之后,这些企业、机关或者事业单位的法人人格即切断了国家与这些财产之间的物权法意义上的直接支配关系,国家即丧失其所有权。而这些企业、机关以及事业单位法人所享有的财产所有权即非为国家所有权,即具有私权性质。事实上,混淆国家所有权与国有企业、国家机关以及事业单位等法人所有权的界限,是将国家所有权的性质混同于私人所有权的重要原因。

由此可见,将国家所有权定性为公权而非私权,符合其权利的性质,也符合其权利存在的实际状况。

(二)国家是否为"公法人"之一种?

如果说对于国家所有权性质本身的分析还不足以揭示此种权利的特性的话,那么国家在取得与行使其所有权时,究竟是据以其公权载体(公法主体)的身份还是以其私权载体(私法主体亦即"法人")的身份,则是确定这一问题更为重要的关键。

无论公法人抑或私法人,均为具有私法上权利主体资格的团体。私法人(如公司)仅为私权主体,而公法人(如国家机关)则仅在从事民事活动时为私权主体,在其以公权主体参加法律关系时,此一法律关系即属于公法范围。[①] 如前所述,在我国,依据一种完全没有实证分析的纯粹的理论假设,国家在特定场合可以以民事主体的资格参加民事活动。但从实证的角度来看,"国家"根本不可能成为任何一项民事法律关系的一方当事人,即使将国家发行国债或者出让国有土地使用权视为一种民事关系,我们也会发现此种确定是没有多少实质意义的,因为实践中从未发生过国家因发行国债或者出让国有土地使用权而成为原告或者被告的民事诉讼。如果一个主体被视为民事主体,则其必然具有参加民事诉讼的可能性;相反,则此种认定毫无意义。在此,必须将"国家"与"国家机关"分开:地方政府是有可能成为民事诉讼的当事人的,但如果承认地方政府是一个公法人的话,那么法人的独立人格使得地方政府即使在非公法活动的民事活动中也不能等同于国家。总而言之国家在参加民事活动时不具有公法人的地位。其原因在于,与德国不同,德国民法上的"国家"是一个可分割的概念。即联邦政府之国库可称为"国家",各州国库亦可称为"国家"。[②] 而在我国,"国家"是一个不可分割的整体概念。国务院和地方各级政府均不能等同于国家,国务院以及地方政府对于国家所有权行使之所谓"代表",并非真正的民法意义上的"代表"(所谓代表,应以国家的名义而非国家特定机关的名义)。因此,在我国,国家享有以及行使国家所有权,均表现为其作为公权载体的性质而非作为私权载体(法人)的性质。

总之,完全采用私权的观念去解释国家所有权的本质是不科学、不正确的,而完全站在私法的角度去解释国家的物权法主体地位也是不科学、不正确的。有关"国家所有权属私权之一种"的认识,未能考虑到私权(民事权利)与公权之概念成立上的对应性,所谓"公"与"私"的分界,建立于"公共利益"与"个体利益"分界基础之上。尽管公的利益未

---

① 参见[德]卡尔·拉伦茨:《德国民法通论》(上册),王晓晔等译,法律出版社 2003 年版,第 5 页。

② 参见周友军:《德国民法上的公法人制度研究》,载《西南政法大学学报》2005 年第 6 期。

必不包含私的利益,私的利益也未必不体现公的利益,但如果不作无限制的扩张解释的话,则公的利益与私的利益的区分是确定的。为此,将体现公共利益的国家所有权强行解释为一种私权,必然否定了私权之代表个体利益而非整体利益的特质,也就否定了公权与私权乃至公法与私法之区分的意义。

四、结论

鉴于国家基本上不参加财产交换关系而仅参加财产支配关系,故国家在民法上的地位主要应在物权关系中得以表现。因此,分析国家的物权法地位就是分析国家的民法地位。而国家在财产支配关系中是否与其他民事主体居于平等地位,则是确定"平等关系说"能否全面和准确地概括民法调整对象及其具体范围的关键。

如前所述,国家所有权代表了公共利益,故国家在取得、行使以及保护其财产所有权时,其不能与其他民事主体居于同等地位。而无论民法上是否规定国家所有权,鉴于私法中可以包含公法规则的原因,有关民事主体的传统理论基于民法的私法基本性质认定民事主体为"自然人和法人"而未包括"国家",这一结论是正确的。具体而言,国家既不是公法人,也不是自然人、法人之外的民事主体。在物权法上,国家所有权应不予以规定,即使对之作出概要性规定,也应视为基于特别之规定,国家作为公权(国家所有权)的主体而存在。

据此,民法调整的平等主体之间的财产关系中不包括国家对其因直接支配财产而发生的财产关系。

在我国《民法总则》起草过程中,"国家是否为民事主体"的问题从未进行过讨论,四次提交的民法总则草案审议稿在其有关民法调整对象的规定中均未将"国家"列入民事主体的范围,对此,无人提出异议。正式颁布的《民法总则》第2条有关民法调整对象的规定中,其所明文列举的民事主体种类中当然也并不包括国家在内。

第四节　“集体”在民法上的地位

一、农村“集体”的民法地位

(一)理论分析

曾几何时,农村集体土地所有权主体的寻找,令参与《物权法》起草的所有专家焦头烂额。问题在于,就所有权的主体,现行民法理论和立法仅提供了三种选择,即自然人、法人和国家(非法人组织能否为所有权主体,尚有待讨论)。在当然排除自然人与国家之后,农村集体土地所有权享有人肯定只能是“集体”,此一“集体”是否为法人暂且不论,但其显然首先必须是一个经济组织。但当今中国农村,根本不存在任何有资格成为集体土地所有权主体的所谓“集体(经济组织)”(乡政府为一级政府机关,村委会为村民自治组织,无经济职能,因而均非“经济组织”)。无奈之下,一些学者在其建议稿中干脆将集体土地所有权规定为一种特殊的财产“共有权”(梁慧星教授主持的学者建议稿第298条[集体所有土地的所有权]规定:“宪法及法律指定的国有以外的农村和城市郊区的土地属当地全体居民共同所有。其所有权由所有人选定的机关依法行使,但其所有权的行使不得违反法律和妨碍公共利益。”)①但是,“共有权”不是一种所有权类型。与此同时,“共有权”的主体为“全体村民”,而“全体村民”与以全体村民为成员并实体存在的“集体”非属同一。经过殚精竭虑的挣扎,立法者最终以“农民集体所有的不动产和动产,属于本集体的成员集体所有”②这一模糊表述,宣布放弃了寻找此种所有权主体的努力(此种规定根本没有回答“集体财产”究竟是归“集体成员共同所有”还是成员之外的“集体所有”?)。而《物权法》关于“对于集体所有的土地……属于村民集体所有的,由村集体经济组织或村民委员会代表集体行使所有权;分别属于村内两个以上农民集体所有

---

① 梁慧星:《中国民法典草案建议稿附理由:物权编》,法律出版社2004年版,第99~100页。

② 《物权法》第59条第1款。

的,由村内各该集体经济组织或者村民小组代表集体行使所有权;属于乡镇农民集体所有的,由乡镇集体经济组织代表集体行使所有权”等具体规定,[①]则不仅明确划分了“集体”与“集体经济组织”的界限(当前中国部分农村中即使存在某种集体经济组织,如农业公司等,其也只能“代表”集体行使所有权,但其并非“集体”自身),而且进一步使由集体经济组织、村民委员会等所代表的所谓“集体”抽象化、虚无化,从而使农村集体财产所有权的“主体”更深地隐入云雾山中。

笔者认为,上述结果是由三方面的原因所造成:

其一,“集体所有制”原本为政治经济学上的概念,它描述了一种生产资料的低等级公有制形态(公有制的高等级形态为全民所有),集体所有制之所谓“集体”,应当表现为所预设的某种以特定人群为成员的担负经济职能尤其是生产、分配职能的组织形式(如苏联的集体农庄、中国过去的人民公社)。但是,经过经济体制改革后的中国农村,在采用家庭联产承包制的条件下,生产单位由集体变为个体(农户),不需要也不存在负责组织生产及分配利益的经济组织体,从而使“集体所有制”之“集体”,由经济组织之实体存在形态嬗变为一种抽象存在的形态。

其二,人的结合体成为民法上的权利主体,必须具备特定性。任何纯粹抽象存在、无任何特定外在表现方式从而使之与其他同类的人的群体相区别的人的结合体,不可能成为具体权利的载体。所谓“团体人格(法人)”的拟制,正是以具备实体形态并适于成为交易主体的组织体的独立存在为前提,而“具备自己的名称”,则是团体获得法律人格的首要条件。因此,无外部标识(名称)、抽象存在且不能成为交易主体的农村“集体”,完全不具备“团体”的特征,从而无法通过适用法人制度的规则而获得权利主体资格(法律人格)。

其三,由此出现一个悖论:如果赋予“集体”以权利主体资格(法律人格),则无异于将其视为法人之一种(团体人格之一种)。而“集体”与“团体”在本质上具有根本的不同,或者说,“集体”根本不是一个法律概念,“集体所有”与“团体(法人)所有”完全不同,“团体所有”与所谓的“公有制”毫不相干。因此,赋予“集体”以法律人格,将使“集体”

---

① 《物权法》第60条。

被混同于“团体”，使其作为一种公有制形态的根本价值毁于一旦，此举断不可采。然而，如果不赋予“集体”以权利主体资格，则“集体”将无根据享有任何实体法上的权利和程序法上的权利，“集体所有权”便将因缺乏主体而成为空中楼阁，徒有虚名。

无论如何，现行民法主体理论和相关法律规则完全无法适用于“集体”。由此，对于“集体所有权”的主体问题的解决，立法者进不能进（向前一步，“集体”即成为法人“团体”，集体所有权就变为法人所有权），退不能退（退后一步，“集体所有”即成为“共有”，集体所有权就变为成员共有权）。因此，《物权法》最终不得已采用了“不进不退”的方针，以一种非法律用语的模糊表达（规定集体财产“归本集体的成员集体所有”），对于这一问题实行了“立法逃逸”。

实质上，中国农村的集体土地制度与因投资而设立的企业或者公司制度具有本质的不同。20 世纪 50 年代中国农村的集体化运动，在令农民丧失土地所有人身份而换得集体成员（人民公社社员）身份的同时，没有赋予（当初的）农民以任何类似于“投资人”的法律地位，由此彻底切断了农民与其被集体化的私有土地之间的任何权利联系。20 世纪 70 年代后转而实行的家庭承包制，则使作为土地所有人的农村“集体”成为一具抽象存在的空壳，无法成为任何财产权利的主体，而缺乏主体的所谓“集体所有权”，当然只能具有一种抽象的所有制意义上的内涵，无法成为民法上具有实体权利性质的财产所有权之一种。据此，农村“集体所有制”根本无法寻找到其法律上的权利表达形式，在政治经济学意义上的“集体所有制”与法律意义上的“集体所有权”之间，不存在任何能够达成其相互转换的法技术。在《物权法》上，所有制意义上的“农村集体”，永远不能成为物权法的主体。所以，农村集体在《物权法》上的主体地位问题，是一个没有答案的死问题。

结论就是，在农村，土地集体所有制将有可能长期存在。但由于权利主体的缺乏，农村土地的集体所有权成为空中楼阁，无从立足。由此，中国农村土地所有权只有在脱离有关所有制与所有权关系的传统观念的羁绊之后，方可寻找到其生存的空间。其具体解决方案有可能是：尊重科学，实事求是，在观念上切断所有制（一种经济制度）与所有权（一种法律制度）之间的所谓“必然联系”，否定“有什么样的所有制就有什么样的所有权"的错误结论,在农村土地集体所有(公有)继续存在的条件之下,抛弃与"集体所有制"严格对应的"集体所有权"概念,将农村土地所有权设计为一种区别于一般财产共有权的、与集体所有制相适应的、具有某种"身份"性质的特殊共有权(集体成员身份之有无与权利之有无直接相联系,不得分割、退出、转让、继承,等等)。

(二)《民法总则》的立法选择

2016年《民法总则草案(第一次审议稿)》上,有关民事主体的条文中未出现有关农村集体的任何规定,但在《第二次审议稿》中,"法人"章的"一般规定"中增设了"农村集体经济组织具备法人条件的,依法取得法人资格"的条款。在对该审议稿进行讨论的过程中,全国人大法工委又在其中增设了"农村集体经济组织依法代表农民集体行使财产所有权,有独立进行经济活动的自主权,实行民主管理、民主决策、民主选举、民主监督"以及"法律、行政法规对农村集体经济组织法人有规定的,依照其规定"两个条款。不过,其后的审议稿及正式颁布的《民法总则》在"法人"章的"营利法人"与"非营利法人"之外,增设了"特别法人"一节,明确赋予农村集体经济组织以法人地位。

鉴于"集体"的民事主体地位的讨论主要集中于农村集体土地,而目前我国农村并无具有支配集体土地之经济职能的集体经济组织,故立法上赋予农村集体经济组织以法人地位,并没有解决以农村土地为其支配的财产的"集体"的民事主体地位问题。

二、城镇"集体"的民法地位

同样的立法逃逸,似乎也在城镇集体所有权主体问题上发生。在《物权法草案(第三次审议稿)》第60条规定"城镇集体所有的不动产和动产,属于劳动群众集体所有"之后,众多批评者均指出此一规定纯属抄袭《宪法》规定,主张具体规定城镇集体财产的归属。然而就如何规定,却形成两种主要意见:或建议改为"属于本集体成员所有",或建议改为"属于出资人所有"。前文提及的委员长会议上,有浙江等省的人大领导则指出,城镇集体企业经过改制后基本上已不存在,可以不作规定。而全国人大法律委员会经过研究后认为,城镇集体所有的财产的形成背景和资金构成相当复杂,目前很难对其归属作出统一的具体规定,故此问题尚需通过深化改革,待实践经验比较成熟时再作规定。[①]据此,物权法草案四次审议稿将该条文修改为:"城镇集体所有的不动产和动产的归属,适用有关法律、行政法规的规定。"

同一历史时期,与中国农村土地集体化运动同步的城镇集体化运动,其结果是一批集体所有制企业的诞生。但与农村集体命运不同,城镇集体企业始终保持其经济组织体的形态,且不因实行企业内部承包制等改革有所破坏。因此,立法者的逃逸,不是基于城镇"集体经济组织"的缺位,而是基于无法确定城镇集体企业的"出资人":城镇集体化过程中,集体企业的初始财产来源十分复杂,有的为成员出资,有的为政府扶持,有的二者兼有。而在集体企业的长期发展中,政府的资金支持或者政策优惠具有重大作用。鉴于此,重新寻找数十年前的"出资人"并确定其为权利人,殊无可能且并不公平。如此一来,城镇集体企业财产既不能归属于当初的"出资人",亦不能归属于现存之"集体成员"。所以,不仅前述"属于出资人所有"的意见不能采纳,而且连效仿"农民集体所有的财产属于本集体的成员集体所有"的做法,照葫芦画瓢模糊规定"城镇集体所有的财产属于本集体的成员集体所有"的意见,亦无法采纳。所以,立法者只能一逃到底,对这一问题根本不作任何规定。

但是,诚如笔者在前述委员长会议上发言所指出的:城镇集体财产的归属问题,是一个并不存在的假问题!笔者认为,迄今为止有关这一问题的讨论,均建立于不当混淆"城镇集体企业财产的归属"与"城镇集体企业的归属"两个完全不同性质的问题之基础上。两个问题中,前者属于财产所有权问题,后者则为集体企业"投资人"(股东)的确定,属于公司法或者企业法应当解决的问题。事实就是如此简单:城镇集体企业一般具有法人资格,其财产所有权自应归该企业法人享有。而该种企业自身所谓的"归属"问题,不外乎是指该种企业的投资人的确定(按照一种并非法律专业的"外行"说法:公司的"所有人"是股东)。这一问题根本不应由《物权法》加以规定,亦即《物权法》上根本不存在所谓的"城镇集体财产所有权"。

---

① 参见《全国人大法律委员会关于〈中华人民共和国物权法(草案)〉修改情况的汇报》,第十届全国人大常委会第十八次会议文件(十二)。

但无论如何,“集体所有制”在中国城镇的逐渐消灭是必然的。而在民法上,城镇“集体”要么属于法人,要么属于非法人组织,并无其特殊的主体地位。对此,2007年3月颁布的《物权法》第61条规定:“城镇集体所有的动产和不动产,依照法律、行政法规的规定由本集体享有占有、使用、收益和处分的权利。”这一规定与该法第68条第1款有关“企业法人对其不动产和动产依照法律、行政法规以及章程享有占有、使用、收益和处分的权利”的规定如出一辙。由此,《物权法》的立法者便犯了无视社会现实生活的两个错误:一是拒不承认城镇集体企具有法人资格,二是拒不承认企业法人对其有形财产享有所有权。[①]

我国《民法总则》第96条仅将“城镇的合作社经济组织”列入“特别法人”的范围,但并无其他相关具体规定。

第五节 非法人组织在民法上的地位[②]

一、概说

在基本建立我国法人制度之后,非法人组织的民法地位问题便成为我国民法学界争议颇大的重要问题之一。就整体而言,赞成在自然人和法人之外还实际存在所谓“第三民事主体”,即承认非法人组织具备民事主体资格的主张逐渐占据上风。其最为直接的表现便是在1999年3月颁布的《合同法》上,非法人组织首次被立法一般地承认为合同关系的主体。在此之前,包括《担保法》《民事诉讼法》在内的一些民事单行法规以及最高人民法院的司法解释,早已局部地或者有条件地确认了非法人组织的实体法或者程序法的主体地位。据此,学者提出的民法典草案学者建议稿均将非法人组织参与的财产关系包括于民法调

---

① 关于法人财产所有权问题,参见尹田:《物权主体论纲》,载《现代法学》2006年第2期。

② 本节部分内容来自笔者发表的《论非法人团体的法律地位》,载《现代法学》2003年第5期。

整的平等主体之间的关系之中。[①] 此种做法,也被全国人大法工委2002年草案所采用。

在我国民法上,不具有法人资格的团体被称为"非法人团体"或者"非法人组织",相当于德国法上的"无权利能力社团"以及日本的"非法人社团"和"非法人财团"。依照我国原有的民法理论,民事主体仅包括自然人、法人以及特殊场合下的国家。1986年的《民法通则》根本未对非法人组织作出任何规定。一方面,是受此种理论的影响;另一方面,也是基于当时的社会生活并未提出确认非法人组织主体地位的客观要求。因此,在长时期内,团体是否具备法人资格,是法院裁判合同纠纷案件时首先进行审查的基本事项:如果签订合同的名义人不具有经过工商登记所取得的法人资格,则其签订的合同将无一例外地被认定为无效。但此种做法很快就被两种原因所否定:一种原因涉及企业经过工商登记所取得的合法经营资格与其无法充当合同当事人之间的矛盾和冲突。在我国经济发展过程中,涌现出许多不具有法人资格的经营性组织,如根据《乡村集体所有制企业条例》第10条、第14条之规定建立的不具备法人条件但经核准领取营业执照的乡村集体企业,根据《私营企业暂行条例》第7条、第8条设立并经核准领取营业执照的个体企业和私营企业,根据《中外合作经营企业法》和其他法规设立的不具备法人条件的中外合作企业、外资企业,以及领取营业执照的个人合伙或者法人合伙、企业法人分支机构等。这些经营性组织依照法定程序,经注册登记领取了营业执照,即表明其取得了在经营范围内从事工商业经营活动的权利。如果在承认其有经营权利的同时否定其合同当事人资格,则客观上使其根本无法开展经营活动,对促进经济发展不利。另一种原因涉及不具有法人资格的社会团体、体制上不独立或不完全独立的某些机关、事业单位等非营利性组织,这些组织虽不以经济活动为其宗旨,亦无法律所要求的法人组织应具备的独立财产(独立的行政拨款或者达到法定数额的财产),但为实现其目的,有必要参加一些交易活动即签订合同。但这些合同履行过程中发生纠纷时,如果以其无法人资格为由一律认定为无效,既脱离社会实际,又毫无法律

---

① 参见梁慧星:《中国民法典草案建议稿附理由:总则编》,法律出版社2004年版,第6页。

价值。

为此,早就有学者呼吁我国民法承认非法人组织为自然人、法人之外的第三民事主体。[①] 而司法实践则通过越来越多的判例,也从事实上认定了非法人组织签订的合同的法律效力。于是,非法人组织的主体地位的确认,似乎逐渐成为不争的理论共识。此种观点,甚至出现过分的偏激,以至于将非法人组织几近等同于法人组织。如有学者认为,非法人组织必须是由多数人组成的人合组织体,设有代表人或管理人,有自己的名称、组织机构和组织规则,有进行业务活动的场所,并以团体的名义实施法律行为;同时,非法人组织与法人一样,应具有自己的目的即活动宗旨;此外,非法人组织还应有自己的财产或经费,只不过其财产或经费仅需团体可以独立支配即可,不要求必须与其成员的财产截然分开而由团体享有所有权。[②] 还有学者进一步认为,应当承认非法人组织在一定范围内具有权利能力和行为能力。非法人组织之享有人格权,与法人无异,亦即在权利能力和行为能力上,非法人组织与法人并无实质性的区别。而非法人组织与法人的实质差别,仅在于前者不具有完全的民事责任能力,即非法人组织不能清偿债务时,应由该非法人组织的设立人或开办单位或上级承担连带责任。[③]

事实上,非法人组织的地位认定在我国合同立法上已经成为定论,其实际操作的效果亦十分清晰。即依法设立的非营利性组织和依法领取营业执照的营利性组织,虽然不具有法人资格,但具有合同当事人的地位,得以自己的名义订立合同和履行合同。但与法人不同,非法人组织不能独立承担财产责任,在无支付能力的情况下,其财产责任须由设立非法人组织的法人组织或者个人承担。问题仅仅在于如何在理论上对于非法人组织的此种法律地位予以正确的阐述。具体而言,理论上必须回答的问题是:非法人组织能够以自己的名义订立合同,是否就意味着其具有民事主体资格?(合同主体资格是否等同于民事主体资格?)非法人组织能够以自己的名义订立合同,是否意味着其具有权利能力和行为能力?如果认定非法人组织具备合同主体资格即具备权利

---

① 参见贾桂茹等:《市场交易的第三主体》,贵州人民出版社1995年版。

② 梁慧星:《民法总论》,法律出版社1996年版,第137~138页。

③ 同上书,第141页。

能力和行为能力，则民法有关团体人格的基础理论又当作出何种回应或者调整？

二、大陆法系各主要国家及地区的相关理论和立法

非法人组织的法律地位问题，历来为各国民法理论所重视，而有关理论及其争议的发生及其立法解决方案，又受制于各国社会经济生活的发展。

（一）德国民法

德国普通法时代，非法人团体被学说和判例认定为合伙之一种。后来，德国学者基尔克（Gierke）力倡团体法理论，理论上遂认为非法人团体与合伙有本质差异。此一时期，如何界定非法人团体的活动范围、如何排除对于合伙之规定的法律适用等问题，成为讨论热点。[①] 但1900年《德国民法典》仍规定："对于无权利能力的社团，适用关于合伙的规定。以这种社团的名义向第三人采取的法律行为，由行为人负个人责任；行为人为数人时，全体行为人作为连带债务人负其责任。"虽然，《德国民事诉讼法》第50条第2款规定非法人团体具有消极的当事人能力，但因其仅赋予原告向非法人团体主张请求权的诉权，却不给予非法人团体主张其请求权的任何便利，故仍使其陷入不利境地。

德国学者指出，《德国民法典》对非法人团体作出如此不妥当、不利的规定，并非出于立法者的疏忽，而是蓄意为之，其目的在于促使社团进行登记而取得权利能力。这一政策与立法者在19世纪末对追求政治、宗教或社会宗旨的社团所持不信任态度有关。在立法者看来，这些社团是"有害于公共利益的组织"。为此，《德国民法典》原第61条第2款及第72条规定，行政机构有权对追求此类宗旨的社团的登记提出异议，而应法院的请求，任何社团均须提交其成员目录清单。很显然，如果承认这些团体的团体地位，无异于为这些团体规避法律的监控措施（拒绝登记）提供了方便。但是，立法者的这种意图未能实现。现实中，那些追求政治宗旨的政党以及追求社会政策宗旨的雇主联合会、工会等社团宁愿放弃法人资格也不愿接受当局的监控。而它们采用非法人团体的方式也完全可以"丰衣足食"：由于法律有关合伙的规定属于任

---

① 参见史尚宽：《民法总论》，中国政法大学出版社2000年版，第148页。

意性规范,故这些社团得以其章程取代合伙的有关规定,为社团设置一个法人性质的规范基础。而到1919年,即使在《德国民法典》有关对社团监控的第61条第2款被废止后,各政党、雇主联合会以及工会依然不屑于在社团登记簿上登记,不屑于取得法人资格。这就说明,承认非法人团体的法律地位,并不会产生不能接受的不利后果,而现代有关社团的立法(如德国于1967年7月24日颁布的《政党法》赋予政党及其最高一级的区域组织以无限制的当事人能力;德国《劳动诉讼法》第10条则规定,工会、雇主联合会及其协会,在劳动法领域具有完全的当事人能力)和德国联邦最高法院的判例也加强了此种认识。但是,迄今为止,德国民法仍不承认非法人团体具有权利能力。①

(二)日本民法

《日本民法典》没有对非法人团体作出规定。但第二次世界大战以后,对非法人团体的地位的学说研究以及判例所作出的各种回应,却使对这一问题的认识有所深化。日本学者指出,实际生活中,客观上具备法人条件却未予登记的团体有之,持续存在并有固定代表的合伙组织有之。在这些团体中,有的是因为公益目的而不打算取得官方认可,有的则是正在筹备之中,尚待经过认可。对于这些非法人团体,应从两方面考虑其地位:一方面,在何等条件下认可法人之成立属国家政策问题,只要不损害公益,就不应该抑制法人的成立。因此,对于非法人团体,如同对于非正式婚姻应尽量适用正式婚姻的处理一样,亦应尽量类推适用社团法人之规定。但另一方面,非法人团体是否具备法人条件尚未受法律裁决,即使其以公益为目的,其毕竟不服从官方的监督,未为法人登记。此外,还应考虑交易安全,故也不能将之与法人完全等同看待。但对于非法人团体究竟应当适用何种法律规定,日本学者之间意见极不统一。有人认为,其应适用合伙的规定;也有人认为其内部关系应适用关于社团之规定,而其对外关系则应准用关于合伙之规定;还有人认为对外关系即财产关系、代表关系,均应准用关于社团之规定,不过为社团财产之登记或为管理之形式,应依信托于个人之形式为之,其得享有权利,得为行为之范围、代表机关之权限、代表机关侵权行为

① 参见[德]迪特尔·梅迪库斯:《德国民法总论》,邵建东译,法律出版社2000年版,第855~857页。

之赔偿责任,均因适用关于社团法人之规定。①

而日本的判例则对上述理论作出了相当的回应,确定了以下原则:首先,非法人团体的财产属全体成员“共同共有”。以此为根据,倘无特别协议,个别成员无持分权,退出时亦无财产分割请求权。其次,非法人团体代表人以团体名义进行交易所生之债务由全体成员共同承担,并仅以社团共同共有之财产负责,个别之成员(包括代表人)不直接承担债务和责任。再次,允许非法人团体之代表人以团体的名义行使权利,履行义务。最后,在财产权的登记方面,不允许非法人团体以社团名义或以附有该社团头衔的代表人名义进行登记,只允许代表人以其个人名义为其信托登记,等等。②

(三)意大利民法

《意大利民法典》对于非法人社团作了明确规定。首先,非法人社团的组织和管理活动受社团协议的调整,其主席或领导人得代表社团参加诉讼。(第 36 条)其次,社团成员上缴的会费和使用会费购置的物品是社团的共同基金。在社团存续期间,社团成员不得请求分割共同基金,要求退社的会员也不得请求退还自己上缴的份额。(第 37 条)最后,对于社团代表人向第三人承担的债务,第三人得请求用共同基金偿还。以社团名义或为社团利益承担上述债务人得负连带责任。(第 38 条)此外,该法典还对各种“委员会”(救援会或救济会、公共事业促进委员会、纪念委员会、展览会等)作了规定。

(四)我国台湾地区“民法典”

我国台湾地区“民法典”未对非法人团体作出规定。台湾学者认为,由于我国台湾地区“民法典”承认所谓“中间团体”(中间社团、中间财团)之存在,而关于工会、工商同业会等,俱已另定特别法,故法律承认此种团体之存在,远不如日本之急迫(因日本民法不承认公益法人以外的非营利法人)。但我国台湾地区“民事诉讼法”第 40 条第 3 项规定:“非法人团体,设有代表人或管理人者,有当事人能力。”即得被诉或起诉,其财产亦得为强制执行或破产执行之客体。而对于非法人团体

① 参见史尚宽:《民法总论》,中国政法大学出版社 2000 年版,第 149 页。

② 参见[日]四宫和夫:《日本民法总则》,唐晖、钱孟姗译,五南图书出版有限公司 1995 年版,第 91 ~ 92 页。

的性质,我国台湾地区民法理论非常强调其与合伙的区别。认为:其一,非法人团体有其独立于社员个人目的之目的,构成独立单一体,构成员之个性甚为薄弱;而合伙则为合伙人个人目的依相互之契约关系而结合,合伙人之个性甚为显著。其二,非法人团体团体性甚强,不因社员变更而受影响;而合伙人的入伙与退伙,均有严格限制。其三,社团性质上得设董事或其他机关,而合伙则只能选任合伙代理人。其四,非法人团体的社员对于社团财产不得有直接或间接之经济的参与,在其内部关系,以社员总会为最高意思机关。在其外部关系,得由代表人以社团名义实施法律行为。①

由上可见,承认非法人组织具有某种性质的民事主体地位,似乎为大陆法国家和地区理论和立法的发展趋势。但应注意的是,前述德国民法上的所谓非法人团体,指的是非营利性的社团,对此种社团的限制和不限制,受制于德国社会政策的变化。而日本和我国台湾地区的理论显然侧重于在非法人组织与合伙之间划分界限,以使非法人组织在合伙与法人之间更为“靠近”法人组织,以证明其应具有不同于合伙而类似于法人的主体地位。

三、结论

笔者认为,团体人格在法律上的确定,其所欲达到的目的有两个:其一,赋予需要作为交易主体并且适于作为交易主体的组织以交易主体(合同当事人)资格,使其得以自己的名义独立订立合同、行使合同权利及履行合同义务;其二,赋予作为社会经济生活之实体存在的团体以完全的法律人格,使其能够成为财产的所有人并独立承担财产上所生之一切义务,由此使团体的财产即责任与团体设立人(成员)的个人财产与责任相分离。如果否定团体人格这一理论基础(团体人格建立于团体之客观存在的“实体性”),则法人的理论和制度即会发生崩溃。从这个意义上讲,法人人格不妨可以分为两个不同侧面:一为“形式人格”,即法人得以自己的名义实施法律行为;二为“实质人格”,即法人得独立享有财产权利,独立承担财产责任。而正因如此,非法人组织绝对不可能当然具备法人人格,甚至不可能被“视为”具备法律人格。从表

---

① 参见史尚宽:《民法总论》,中国政法大学出版社2000年版,第149页。

面看来,非法人组织似乎也像法人一样,能够以自己的名义“独立”对外订立合同。但是,由于其既不能独立享有财产权利,也不能独立承担财产责任,故其仅具有团体人格之形式而无团体人格之实质。

至于非法人组织是否为民事主体,是否具有权利能力和行为能力以及责任能力的问题,关键在于对有关几个概念的理解。如果将权利能力理解为“自己享有权利和承担义务”的资格,将行为能力理解为“以自己的行为实施法律行为从而为自己设定权利义务”的资格,将责任能力理解为“自己承担民事责任”的资格,将民事主体理解为具有权利能力和行为能力的人即具有人格的人,则非法人组织既不具有权利能力和行为能力,也不具有任何责任能力,不能成为民事主体。

从表面观之,非法人组织能够以自己的名义实施法律行为,似乎也能够行使财产权利和履行财产义务。但从实质考察,非法人组织根本不能自己享受任何权利及承担任何责任。

首先,非法人组织尽管拥有一定财产,但其不能成为财产的所有人。原因在于,权利能力是享有所有权的前提,如无权利能力,则所有权必将无从归属。就《物权法》的角度而言,依据一物一权原则,一物之上仅得设定一个所有权。故非法人组织的财产只能有一个所有人(或为法人分支机构,或为设立分支机构的法人;或为合伙,或为合伙人)。但法人分支机构的财产既为法人财产之一部分,亦即其财产所有权属于法人,则法人分支机构便不可能对同一财产享有所有权;而合伙财产既为合伙人所共有,则不可能在确认合伙人对合伙财产享有共有权的同时,承认合伙对同一财产享有所有权。据此,非法人组织不得享有财产所有权,进而言之,亦不得在实质上享有任何他物权。(现实中,非法人组织不能以自己名义登记设定于不动产的用益物权或者担保物权。虽其可能得以自己名义设定无须登记的动产担保物权,但因担保物权亦为“财产”之一种,而非法人组织不能独立拥有任何财产,故其仍非该种他物权之真正主体。)因此,非法人组织虽以自己的名义行使权利或者取得权利,但并不能“享有”权利,故其不具备权利能力。

其次,非法人组织能以自己的名义实施法律行为,但不能承受法律行为的后果(法律行为所创设权利义务并不归属于非法人组织),因此,其不具有真正意义上的行为能力。这里可以对照分析一下关于代理的理论:尽管与法人团体不同,代理人是以被代理人名义而非以自己的名义进行代理活动,但正因为代理人实施的法律行为之后果不能归属于代理人自己,所以,依照很多国家的理论和立法,尽管实施法律行为的是代理人而非被代理人,但在委托代理中,对行为人行为能力的考察,应当以被代理人的情形而非代理人的情形为准。为此,德国、日本以及我国台湾地区“民法典”均明文规定,代理人无须具备行为能力或者完全行为能力。[①] 也就是说,能够实施行为的人未必有行为能力。因此,除非能够证明非法人组织得“自己”享有权利承担义务;否则,仅仅以非法人组织得以自己的名义订立合同、履行合同这一表面现象为理由,认定其具有行为能力的观点是难以成立的。

最后,从表面看来,非法人组织的财产得被强制执行,而且对其设立的债务应首先用其财产予以清偿。但是,由于非法人组织本身并不享有财产所有权,故与其说非法人组织是用“自己”的财产清偿债务,不如说是以“他人”(法人、合伙人、开办人或社团成员)的财产清偿“他人”的债务。为此,认为非法人组织具有部分责任能力的观点也是难以成立的。而在此意义上,所谓非法人组织的债务由法人、合伙人等承担“连带责任”的说法其实也是不准确的。如果把“连带责任”解释为“对他人之债务所承担的清偿责任”的话,那么法人对其分支机构、合伙人对合伙所承担的责任等,均非对“他人”债务的清偿责任,而实质上就是一种“自己责任”。简言之,非法人组织得以自己名义履行义务,但因其并未在实质上“承担义务”,故其履行的并非“自己的义务”,而是他人(分支机构所属法人、合伙人、开办人或者社团成员)的义务。

以上分析表明,现代民法承认非法人组织的“主体资格”(包括民事诉讼法承认其诉讼当事人资格),反映了经济生活发展的需要。但非法人组织的这种所谓的“主体资格”,仅仅具有一种形式上的意义。承认非法人组织之形式上的“主体”地位,不等于承认其独立人格,不等于承认其权利能力、行为能力和责任能力。因此,笔者认为,对于非法人组织的法律地位可作如下表述:非法人组织为不具有团体人格但具有“形式上的民事主体资格”的组织。

---

① 《德国民法典》第 165 条规定:“代理人所为或者所受的意思表示的效力,不因代理人为限制行为能力人而受影响。”《日本民法典》第 102 条规定:“代理人无须为能力人。”我国台湾地区“民法典”第 104 条规定:“代理人所为或所受意思表示之效力,不因其为限制行为能力人而受影响。”当然,对此规定的合理性存在不同观点,此处仅仅作为论证问题的一种说明。

显然，非法人组织的民法主体地位问题的模糊性，源自对民法上"权利主体"之实质内涵的一种广泛误解。而有关非法人组织是否具备民事主体资格的讨论，并没有完全触及问题的根本，未能由表及里地看透非法人组织之地位的本质。同时，有关理论不惜采用曲解民事主体基本原理的方法去迎合确定非法人组织主体地位的论证需要，此种做法将使民法有关权利能力和行为能力的基本规则模糊不清，对于实践活动亦有害无益。

结论就是，非法人组织非为实质意义上的民事主体，在其以自己名义参与的民事关系中，仅具有形式上的主体资格。而民法调整的财产关系中，"平等主体"须为该财产关系权利义务的实际承受者，故非法人组织不应包括在"平等主体"范围之内。

第六节　民法调整对象的立法表达

一、各国立法例

如前所述，在法律发展的历史长河中，各个法律部门的形成及其内容结构有其深刻而且复杂的原因。尽管立法者在设计法律时不能不受到特定法律部门的性质、对象和任务的影响，其对具体规则的安排不能不遵循一定的逻辑约束和特定部门法基本理念即基本原则的制约，因此，各部门法的调整对象范围和调整方法在主要方面必然是确定的。但是，习惯的力量和"历史的影响"以及社会政策的需要在一定程度上完全可以冲破这些约束，从而使一部法律包容一些逻辑结构之外的规则，这一现象在其调整对象范围的边界本身即具有某种模糊性的民法，有可能更为突出。所以，在特定的规范系统已经能够凸显民法的主要调整对象范围的情况下，从立法上对之予以明确表达不仅多余，且反而有可能不恰当地限制民法发挥某些超越其基本功能范围之外的效用，束缚立法者。为此，包括法国、德国、瑞士、日本等大陆法各主要国家均未在其民法典上明文规定其调整对象。

但是，除苏联以及前德意志民主共和国等东欧国家的民法对其调整对象有明文规定之外,[①]受立法传统的影响,包括俄罗斯等国家的民法典仍然采用不同方式规定了民法的调整对象。

《乌克兰民法典》规定:“民事关系包括调整基于其参与者平等、意思自治和财产自主而产生的其他财产关系和与之相联系的人身非财产关系。其中也包括与企业发生的关系。”(第1条第1款)“民事关系的当事人是自然人和法人。”(第2条第1项)“民事关系的当事人可以是:乌克兰国、克里米亚自治共和国、行政和地方组织、外国。”(第2条第2项)

《蒙古国民法典》规定:“本法旨在确定民事流转中当事人的法律身份,调整及与其参与者平等、意思自治和财产自主而产生的其他财产关系和与之相联系的人身非财产关系。”(第1条第1项)“本法不适用于有行政隶属关系的当事人之间的财产关系和非财产关系。”(第2条第2款)

《越南民法典》规定:“民法典规定公民、法人和其他主体的法律地位,各主体在民事交流中的财产、人身方面的权利、义务,建立各主体参加民事关系的规范。”(第1条第2款)

《俄罗斯民法典》规定:“民事立法规定民事流转参加者的法律地位,使用权和其他物权、智力活动成果的专属权(知识产权)产生的根据和实现的程序,调整合同债和其他债,以及调整基于其参与者平等、意思自治和财产自主而产生的其他财产关系和与之相联系的人身非财产关系。”(第2条第1项第1款)“民事立法所调整的关系的参加者是公民和法人。俄罗斯联邦、俄罗斯联邦各主体和地方自治组织也可以参与民事立法所调整的关系。”(第2条第1项第2款)“民事立法调整从事经营活动的人之间的关系或者他们参加的关系,民事立法调整所依据的出发点是:经营活动是依照法定程序对其经营资格进行注册的人实施的,旨在通过使用财产出租商品、完成工作和提供服务而不断取得利润,并由自己承担风险的独立自主的活动。”(第2条第1项第3款)

---

① 《苏联和各加盟共和国民事立法纲要》第1条规定:“苏联民法调整两类社会关系:财产社会关系和人身非财产社会关系。”《德意志民主共和国民法典》第1条第2款规定:“民法详细规定了公民受宪法保障的基本权利与义务。民法调整公民与企业之间及公民相互之间为满足物质和文化需要而发生的关系,保护社会主义财产,保护公民的人身权利和个人财产。”

“人的不可转让的权利和自由及其他非物质利益，除非从这些非物质利益的实质中得出不同结论，均受民事立法的保护。”（第2条第2项）“民事立法不适用于基于一方对另一方的行政从属关系或权力从属关系而产生的财产关系，其中包括不适用于税收关系及其他财政和行政关系，但立法有不同规定的除外。”（第2条第3项）

上述有关民法调整对象的规定中，除《越南民法典》之外，“平等”、“意思自治”和“财产自主”均被用来具体说明民事关系的基本特征。

二、我国民法典草案及建议稿的设计

全国人大法工委2002年公布的《中华人民共和国民法（草案）》规定：“中华人民共和国民法调整平等主体的自然人之间、法人之间、自然人和法人之间的财产关系和人身关系。”（第2条）

梁慧星先生主持撰写的《中国民法典草案建议稿》规定：“本法调整自然人、法人和非法人团体之间的财产关系和人身关系。”（第3条）①

王利明先生主持撰写的《中国民法典草案建议稿及说明》规定：“中华人民共和国民法调整平等主体的自然人、法人和其他组织之间的人身关系和财产关系。”（第2条）②

徐国栋先生主持撰写的《绿色民法典》规定：“民法调整主体之间的人身关系和财产关系。民事主体享有的民事权利，是政治国家权力的界限。”（第3条）③

上述全国人大法工委的草案原封不动地套用了《民法通则》第2条规定的原文，未作任何变动。而梁慧星先生的建议稿则在《民法通则》规定的基础上，删去了“平等主体”字样，并在自然人和法人之后添加了“非法人团体”。对此，其立法理由所作解释是：(1)根据该草案第4条有关民法平等原则的规定，“平等”应是民事主体的“题中应有之义”，无须特别指明，故删去《民法通则》第2条有关民法调整对象条文中的“平等”一语。(2)基于改革开放以来各种非法人团体在社会经济生活中的地位越来越重要，现行若干民事单行法已有规定，且民事诉讼法的

---

① 参见梁慧星主编：《中国民法草案建议稿附理由：总则编》，法律出版社2004年版，第6页。

② 参见王利明主编：《中国民法典草案建议稿及说明》，中国法制出版社2004年版。

③ 参见徐国栋主编：《绿色民法典草案》，社会科学文献出版社2004年版，第3页。

司法解释以及民事诉讼的司法实践已经认可非法人团体具有诉讼主体资格。为此,有必要明文规定“非法人团体”为民事法律关系的主体。此外,就民法调整的财产关系和人身关系的具体范围作出了重要说明:“按照现代法律思想,法人、非法人团体属于社会组织体,法律赋予其权利主体资格,是为了适应经济生活的需要。法人、非法人团体,只参加经济生活,只发生财产关系,不参加家庭生活,不发生人身关系;法人、非法人团体,只能成为财产关系的主体,不能成为人身关系的主体……本条规定的中国民法的调整对象,包括自然人、法人、非法人团体之间的财产关系和自然人之间的人身关系。”而“所谓‘人身关系’,亦即‘身份关系’。民法上所谓‘身份’,特指夫妻、亲子、家庭成员和近亲属的身份。所谓‘人身关系’,不涉及‘人格权’……人格权是存在于主体自身的权利,不是存在于人与人之间的关系上的权利。只在人格权受侵害时才涉及主体与他人之间的关系,但这种关系是侵权责任关系,性质上属于债权关系。故无所谓‘人格权关系’。”①

三、评价及立法建议

依照一种无须过分严格的标准,《民法通则》将“平等主体”作为确定民法调整的社会关系的基本特征是比较准确的。但其规定存在三个缺陷:一是“平等主体的公民之间……”的表述存在语法错误,不可不纠正。二是所谓“公民”为公法对于“个人”的表达,民法上的“个人”应当表达为“自然人”。三是所谓“人身关系”概念的错误且并未局限于自然人之间,将法人亦包括在内,这是错误的。首先,现代民法上的身份关系仅指自然人之间基于婚姻、亲属而产生的身份关系,法人不可能成为身份关系的参与者;其次,根据笔者的观点,团体人格的塑造,纯粹是为了满足社会组织参加经济活动、限制投资风险、促进经济发展的需要,故法人只能享有财产权利而不能享有人格权;最后,人格为自然人的基本法律地位,人格关系本身即为法律关系,故不能成为民法的调整对象。② 因此,“人身关系”的正确表达应为“身份关系”,且只能适用于自然人之间而不能适用于自然人与法人以及法人之间。

---

① 梁慧星:《中国民法草案建议稿附理由:总则编》,法律出版社2004年版,第6~7页。

② 参见本书第八章。

梁先生建议稿删去“平等主体”字样,认为“‘平等’应是民事主体的‘题中应有之义’,无须特别指明”。这一做法是有道理的。首先,与“公民”不同,“自然人”为民法特有的概念,特指相对于“法人”的单个个人。因此,“自然人”专用于表达民事生活领域中的单个个人,亦即“自然人”特指作为单个个人的民事主体。其次,“法人”亦为民法的专有概念,用于表达在民事生活中具备团体人格的社会组织。当具备团体人格的社会组织参与民事关系时,其被称为“法人”,而当社会组织参与民事活动之外的其他社会活动时,“法人”资格毫无意义。所以,“法人”即为民事主体。而民事主体又是民事关系当事人的别称。所以,民事主体之间的关系当然具有平等性质。鉴于此,除非能够说明自然人之间、法人之间以及自然人与法人之间可以发生不平等的社会关系,否则,在“自然人之间、法人之间以及自然人和法人之间的关系”前面加上“平等主体”字样纯属多余。

但是,除非法人组织不应当列入民事主体范围之外,梁先生建议稿在认为法人不能参加身份关系的同时,又在其有关表述中不排除“法人之间的……人身关系”,这是不妥的。此外,该建议稿一方面不同意“人格关系”为民法的调整对象,另一方面又采用了“人身关系”的表达,同样是不妥的。

至于俄罗斯等国的民法典在表述民法调整对象时,刻意强调民事关系的“平等、意思自治和财产自主”,其用意不错。但民法调整对象仅需对民法调整的社会关系的基本性质作出描述即可,“意思自治”乃至“诚实信用”等实为民法调整特定社会关系时所应遵循的基本原则,而非该种社会关系本身的特征。所以,不宜借鉴。

据此,笔者建议我国民法典将民法调整对象的条文作如下表述:

“中华人民共和国民法调整民事主体之间的财产关系和基于婚姻、亲属产生的身份关系。”

上述表达中,以“民事主体”这一包容性强且具开放性的整体概念替代“自然人、法人”,可以避开就“非法人组织是否为民事主体”以及“国家、集体是否为民事主体”的争论,将这些问题留待学术界继续讨论,并且毫不影响民法规范的具体使用。而对“身份关系”加以“基于婚姻、亲属而产生”的明确限定,可以避免对于民法上的“身份”概念有可能出现的各种误解。

四、我国《民法总则》的立法表述

《民法总则草案(第一次审议稿)》第2条规定:“民事法律调整作为平等民事主体的自然人、法人和非法人组织之间的人身关系和财产关系。”这一规定对《民法通则》的表述进行了语句调整,同时在民事主体范围中增设了“非法人组织”,并置换了财产关系和人身关系的先后顺序,即改为人身关系在前,财产关系被置后,此种改变,源于徐国栋教授在2000年初对近代以来民法的“重物轻人”即“物文主义”所展开的批评。[①] 尽管在大陆和台湾地区一些学者看来,此种批评毫无根据,[②]但很多人在对之持否定态度的同时,仍毫无理由地以一种默默的暧昧方式予以接受,于是,一些学者在提出其民法典草案建议稿时,在相关规定中将财产关系和人身关系进行了置换,尽管此种置换并未辅之以任何必要的理论阐述或者理论赞同,从而显得不明不白,缺乏理直气壮。

在全国人大法工委组织的专家讨论中,对于前述条文,笔者除对非法人组织的民事主体地位提出质疑之外,认为该条文将“人身关系”置于“财产关系”之前实属不当,并提出了四条理由:

其一,1986年《民法通则》是一块丰碑,后人应予以尊重,对其作出的规定,错误的、不当的、过时的、缺漏的,当然要进行纠正、调整、删减或者弥补,但必须要充分说明理由。而将“财产关系”和“人身关系”在民法调整对象表达顺序上予以置换,应当是基于原有表达发生重要错误,不换不足以矫正。但应看到,在“重物轻人”的指控中,民法调整对象之“先物后人”表述的“错误”只能算是鸡毛蒜皮,其最为重要的实质内容是“民法典不应设总则”“身份权不能置于物权、债权等财产权之后”,因此,“民法典必须取消总则编,应当把有关人的规定全部前置”,

---

① 参见徐国栋:《民法典草案的基本结构——以民法的调整对象理论为中心》,载《法学研究》2000年第1期;徐国栋:《两种民法典起草思路:新人文主义对物文主义》,载徐国栋编:《中国民法典起草思路论战——世界民法典编纂史上的第四大论战》,中国政法大学出版社2001年版,第137~183页。

② 参见张谷:《质疑“新人文主义”——评徐国栋“两种民法典起草思路:新人文主义对物文主义”》,载徐国栋编:《中国民法典起草思路论战——世界民法典编纂史上的第四大论战》,中国政法大学出版社2001年版,第214~216页;苏永钦:《民法典的时代意义》,载王利明等主编:《中国民法典基本理论问题研究》,人民法院出版社2004年版,第44页。

"身份权应当置于财产权之前",等等。换言之,《民法通则》敢于作为民法典总则的"雏形"并在民法调整对象的表述中"前物后人",其做法如果构成"重物轻人"的严重错误,自当予以纠正。但奇怪的是,学者们完全赞同民法典设置总则,也完全赞同在民法典分则中将身份权置于物权、债权之后,显然是对有关"物文主义"的批评不予理睬的,然而,却又悄然将"财产关系"和"人身关系"予以置换,似乎又对其不予理睬的立场有些理亏和心虚。

究竟《民法通则》的表述是不是错了?究竟"物文主义"的批评是不是对了?究竟是做贼心虚还是根本没有贼?对此,民法学者应当有一个坦荡的态度。

其二,"物文主义"批评是建立在"民法应先保护人,然后保护财产"的理论基础之上的,即"人的保护比物的保护更为重要",因此,应将"人身关系"置于"财产关系"之前。已有批评意见早已指出:(1)民法并不保护财产而仅仅是保护对财产享有权利的人,因此,"重物轻人"的指控没有根据;(2)在物质利益与精神利益中,物质(财产)利益决定人的基本生存条件,故"无财产即无人格",为此,任何民法典均以主要篇幅规定对财产权的保护。民法应当理直气壮地将财产权的保护置于首位。

其三,民法典的制度安排必须遵循相关规则的逻辑顺序,鉴于人身权问题(人格侵权责任、身份关系)的处理须以财产权的定位为前提,故在民法典体系安排中,只能先规定财产权,再规定其他。

其四,"民法调整平等主体之间的财产关系和人身关系"的表达,几十年下来,已成习惯,此种表达与财产关系和人身关系孰重孰轻毫无关系(如同"男女老少"的表达与"重男轻女、重老轻少"毫无关系),如果不是做贼心虚,改它做啥?

但《民法总则草案(第二次审议稿)》对第一次审议稿中有关民法调整对象的表述未作任何改动,第三次审议稿仅将该条文中在"平等主体"之前增加的"作为"二字删掉,而正式颁布的《民法总则》第 2 条则原文保留了第三次审议稿的表述。

第四章　民法基本原则及其立法表达

第一节　民法基本原则的意义及其立法表达形式

一、民法基本原则的意义

"原则"一词在民法理论上被广泛使用,也有被滥用之嫌。日本民法学者星野英一曾对法律原则作了以下分类:(1)关系法律全体的原则,如特别法优于普通法原则;(2)作为制度的根据并在学术理论中主张的原则,如私法自治原则;(3)表明民法典内在的基本价值的原则,如权利能力平等、契约自由、所有权绝对及过错责任原则,为近代民法的基本原则;(4)比较纯粹的法技术的原则,如合同相对效力原则。[①] 所谓民法的基本原则,既不是指法律的一般原则,也不是指用于指导民法上某种法技术的指导性原则,而是用于揭示整个民法的实质精神和指导民事立法、司法以及作为解释法律的依据和补充法律漏洞之基础的根本原则。

---

① 参见[日]星野英一:《未有条文的民法"原则"》,载《法学教室》1993年第5期。转引自梁慧星:《民法总论》,法律出版社1996年版,第39~40页。

民法的基本原则是民法价值观念和价值取向之高度抽象的表达。

拉伦茨指出："整个法秩序(或其大部分)都受特定指导性法律思想、原则或一般价值标准的支配。"①事实上，法律判断是一种价值判断，故每一条法律规范都蕴含着一定的价值观念。而这些存在于具体规范之背后的价值观念之上，又存在其必须服从和贯彻的某种更为抽象、位阶更高的价值观念，直至法律的终极价值目标，即法律所追求的社会公平正义。正是在一些总体的、根本的价值目标的指导和制约之下，整个法律体系才能实现其和谐，法律的功能方可真正实现。而在宪法或者基本法设定的总体价值观念的指导之下，以实现民法既定任务和特定功能为目的的基本法律思想即为民法的基本原则。

民法的基本原则是指导民法各项具体制度的法律价值坐标，具体制度的任务是将这些抽象的思想观念通过具体的法律规则予以表现，进而通过具体规则的适用完成和实现民法的整体目的。因此，民法的各项具体规则必须服从和贯彻基本原则。与此同时，民法各项具体制度常常又会形成其相对更为具体的基本原则。例如，合同法之"契约自由"原则，正是民法之"意思自治原则"在合同制度中的具体表现。

有学者将民法基本原则的意义总结为四个方面：(1)民事立法的指导方针；(2)一切民事主体均应遵循的行为准则；(3)解释民事法律、法规的依据；(4)补充法律漏洞、发展学说判例的基础。②

民法基本原则是民法思想的集中反映，而民法思想亦即民法的价值观念从近代发展到现代经历了一个重大的变化过程。

二、民法基本理念的历史发展

(一)近代民法的基本理念

19世纪形成的近代民法构成了民法的基本传统，它包含了民法的基本理念、基本价值取向、基本制度设计和立法模式，反映了这一时期的法学思潮。民法在此之后的发展变化，都是在这一基础之上进行的。

民法以法律的公平正义为其终极价值目标。而实现这一目标的总

① [德]卡尔·拉伦茨：《法学方法论》，陈爱娥译，五南图书出版有限公司1999年版，第255页。

② 参见梁慧星：《民法总论》，法律出版社1996年版，第40页。

体要求,则通过民法的基本原则加以体现。依据通说,近代民法存有三项基本原则,即"所有权绝对"、"契约自由"和"过错责任"。其中,所有权绝对和契约自由被认为具有最为重要的意义。而日本现代学者北川善太郎则认为,近代民法的理念,系通过"自由平等的人格"、"私的所有"、"私法自治"以及"自己责任"四个方面来表现。

确定人格之自由平等,为近代民法最为重要的一个特点,其具体包括"抽象人格"与"平等人格"两层含义。

所谓抽象人格,是指民法对于权利义务主体,无论其具有何种性别、年龄、国籍、种族、宗教信仰、财产状况、职业、政治地位等,均将之抽象为"民事主体"并予以抽象之规定。具体而言,单个的个人被抽象为"自然人",而作为自然人法律人格象征的权利能力一律平等。于是,人的法律地位遂从中世纪封建法制下以等级身份确定人的法律地位并由此形成的具体的人格,走向抽象人格,展示了社会文明的重大进步,体现了"天赋人权""人人生而平等"的政治理念。而人的组织体(团体)经过《德国民法典》的设计,也被抽象为一个个毫无差别的法律人格即"法人"。

所谓平等人格,则指民法对人格抽象的目的在于实现人与人之间的相互平等。这不仅包括人们在伦理生活中的平等,更重要的是包括人们在经济生活中的平等。事实上,近代民法强调所谓"法的安定性",即要求对同一类法律事实适用同一法律规则,得出同一判决结果,不考虑个别人、个别案件的特殊性,也和这种人格平等的思想有关。

而"私的所有"则为对私权的确认,倡导私权神圣并以之作为近代民法的观念基础。一部民法典,即为一部私权宣言。在这里,近代民法所规定的以所有权为中心的物权制度,将私人与财产的结合法律化,同样表达了"天赋人权"的思想。近代民法将所有权赋予绝对的效力,试图杜绝身份对于财产的任何影响,并在财产支配问题上最大限度地杜绝国家权力的干预和侵夺。

"私法自治"则使民事主体得以在民事生活领域,完全依照自己的意思,自由地创设民事权利义务。私法自治在私人生活领域和国家权力之间划分了清晰的界限:在不违背公序良俗的范围内,一切私人事务由当事人自己决定,任何他人乃至公权力均不得非法干预。

"自己责任"是指个人对自己的行为负责,不由他人负责,且个人也仅对自己的行为负责,不对他人行为负责。个人根据其过错而承担责任,仅对其过错行为负责,由此保障个人享有的行动自由。

近代民法实行个人本位或者“权利本位”,个人主义和自由主义,是其基本的法律理念。

(二)民法理念的现代发展

现代民法,指20世纪初以来的民法。19世纪末20世纪初以来,尤其是第二次世界大战以后,资本主义社会在政治、经济等各方面发生了重大的变化,其民法的基本观念和指导思想也发生了新的重大的发展。不过,这种变化是在近代民法的基础之上产生的,或者说,是近代民法的思想观念在20世纪的延续和发展。因此,现代民法和近代民法并不存在历史进程的断裂。

有学者总结了现代民法的几个主要特征:

首先,“从抽象人格到具体人格”。抽象人格的确定前提,是假设每个人在民事生活中都具有同等的经济地位,都是理性的经济人。但在现代社会,这种平等自由的人格受到严重的挑战。其典型表现是现代社会所谓“人与人的分裂”(穷人与富人、企业主与劳动者、经营者与消费者、大公司与小企业),亦即强势群体与弱势群体的两极分化。在此情况下,人格的平等和自由在很多时候都不复存在。为此,现代民法不得不采用新的方式来平衡利益。即在一定范围内,从抽象的人格中分化出一些具体的人格,如通过劳动法的规定,形成劳动者的具体人格,使雇佣契约关系的主体成为服从劳动法的主体。又如通过特别法(消费者保护法、反垄断法、交通事故法以及环境保护法等),使消费者、小企业、公害事故的受害者成为某种特定的法律人格类型。总之,从对一切人施以相同对待,衍变成对特定的人予以特别对待,从而形成现代民法从抽象人格到具体人格的演进。此现象被日本学者四宫和夫称为“人类形象的修正”,即“市民法把人格设想为具有理性、利己的‘经济人’,认为所有的人系适合于商品交易之主体,具有自由而平等的人格,惟不久之后,即被清楚地看到,这只是个假象而已。处于修正市民法地位的社会法、经济法,对于人格并不是以之为‘自由人’来界定,而是作为诸如资本家、工人等‘阶级人’,或者说与国民经济整体结构中的‘整体人’。现代民法对于应设定的人类形象也必须根据生活相互及当事人的情况来把握”。[①] 与此相对应,民法之观念上的形式正义也被实质正义所替代,而法的安定性也被法的所谓妥当性所替代,即要求考虑每个具体案件的特殊性,以达到实质公平的效果。

其次,“从私的所有到私的所有的社会制约”。此即所谓“所有权绝对的限制”。20世纪以来,所有权应当受其内在的社会性的制约的思想逐渐萌生,如法国社会连带主义法学派首创人狄骥(Duguit)就认为,在所有权中存在一种社会职责,一种符合社会需要的法律职责(所有权的享有和行使不仅为个人利益,而且包含了一种社会义务)。甚至有人认为所有权不过是社会对个人的一种信托。

再次,“从私法自治到受规制的竞争”。高度发达的资本主义社会产生了垄断企业,随着人群的分化,平等自由地创设权利义务的可能性丧失,单凭企业单方面加以决定的定型化契约(格式合同)条款的使用越来越普及,发生经济势力强大的企业将对自己有利的契约内容强加于对方的不公平现象。因此,国家不能不对强者加以压制,限制契约自由原则的适用。

最后,“从自己责任到社会责任”。随着资本主义的高度发展,具有特殊危险的企业及用品大量出现。尽管企业经营者及危险物品的支配者十分注意,但是也难免造成危害。于是,自己对自己的行为负责、自己仅对自己的过错行为负责,在很多情况下被改变。这表现为:无过错责任大量兴起,其适用范围不断扩张,从开初的高度危险作业到高速交通运输工具,再到环境污染以及消费者权利保护、产品责任等领域。由此,侵权法发生了根本性的变化。

而总结现代民法所发生的种种改变,很多学者将之归结为:民法从权利本位到社会本位。

(三)简要评说

民法之“权利本位”亦即以私权为中心,被认为是19世纪自由主义法律思想和自由放任的经济政策的产物,其对于人类文明的贡献,在于极力保护个人权利,刺激自由竞争,促进了资本主义市场经济的发展和民主政治的建成。所谓“社会本位”,则是指在民法思想由极端尊重个

---

① [日]四宫和夫:《日本民法总则》,唐晖、钱孟姗译,五南图书出版有限公司1995年版,第22页。

人自由变为重视社会公共福利的情况下，法律的任务不再完全是保护私人之权利，而要考虑社会整体利益之维护。为增进社会共同生活，法律应强制民事主体负担特定义务，限制或剥夺其某些权利。不过，尽管现代民法较之近代民法的确发生了重大变化，但学界对于此种变化及其作用的评估却有可能是过于偏激和片面的。

就"从抽象人格到具体人格"的观察结论而言，现代民法对于不同的人予以不同对待的现象的确是存在的，但不应夸大此种变化。客观地讲，此种变化仅有限地发生于某些特定领域，表现为一些尽管其适用范围越来越大的例外，但并非民法观念的常态和一般。质言之，只要作为近代民法观念基础和来源的民主政治制度以及商品经济制度没有本质的改变，则近代民法确立的基本思想和价值观念仍然是现代民法的基础。为此，指出现代民法中某些具体人格从抽象人格中分化而出是正确的，但断言具体人格已经或者必将替代抽象人格则是错误的；指出在现代民法中的某些规范在某些情况下以实质正义代替形式正义是正确的，但断言形式正义已经或者必将被实质正义所替代则是错误的。

就"从私的所有到私的所有的社会制约"的观察结论而言，对所有权的限制，确实是现代社会的重要特征，但此种限制，通常是基于社会整体利益的考虑，包括基于资源的有效利用、通过城市规划而对土地所有权的限制，基于环境保护、生态平衡的保护而对所有物使用的限制，基于航空航天事业的发展需要而对土地空间使用的限制，基于资源的有效开发而对土地地下利用权的限制，以及基于公共利益的需要而对各种私人财产的征收、征购等。但是，对私的所有的社会制约是局部的、有限制的，而抵御公权力就"公共利益"享有的几乎无限制的解释权以及对私的利益的过度强征暴敛，恰恰是现代民法的重要任务之一。

就"从私法自治到受规制的竞争"的观察结论而言，现代社会对于弱势群体的确进行了特殊保护。但其保护的根本目的在于矫正强者与弱者之间相互地位的失衡，以此实现双方之间真正的平等，并非在两者之间塑造新的不平等。因此，强制是手段而非目的，其强制手段运用的范围是有限制的。在民事生活中，强者与弱者的对立与冲突，为一种特别现象而非普遍现象；民法在某些情况下对于契约自由的限制，并非完全由国家干预替代当事人的意思自治。换言之，公权力在现代社会对于私法的浸润，与公权力对于私权利的全面替代，绝非同一概念。在现代社会,民事生活关系通常仍然是平等者之间的关系,自由竞争仍然是现代商品经济社会的主旋律,民法,仍然是私法。

就“从自己责任到社会责任”的观察结论而言,无过错责任适用范围的扩张,的确是现代侵权法的重要特征。但无过错责任仅适用于某些特殊领域,自己责任与过错责任仍然是现代侵权法的一般归责原则。而从根本上讲,过错责任原本表达的是对于个人的人道主义关怀,而无过错责任的介入,针对的主要是非为个人的团体(企业)。为此,只要存在个人之独立与自由,则过错责任的生命力便不会消亡。

总之,认为现代民法存在一种从个人本位或者权利本位向社会本位发展的“趋势”是可以的,但断言在现代民法上权利本位被社会本位所取代则是不可以的。诚如梁慧星先生所言:“所谓社会本位之法制,仅权利本位法制之调整,绝非义务本位法制之复活。”“拿破仑法典中之三大原则,谓其已有修正则可,谓其已非原则则不可。实则20世纪以来所谓社会化之法制,在于矫正19世纪立法过分强调个人权利而忽视社会利益之偏颇,其基本出发点,仍未能脱离个人及权利观念。观之将来民法之趋向,惟有在个人与社会之间,谋求其调和。法律一日为人类社会之规范,则可以断言个人观念、权利观念必有其一日之存在!”①尤其在现代中国,私权意识尚且淡薄,私权力量尚且孱弱,更有必要昌明私权,鼓吹自治,方可推进中国的法治与民主。

三、民法基本原则的立法表达形式

(一)外国立法例

近代民法的基本观念与宪治思想相互融合,且作为一种高度抽象的观念表达,民法基本原则非为裁判规范,故《法国民法典》和《德国民法典》在立法上均未对之进行集中或者系统的直接表达,有关的思想主要是通过某些具体规则而加以体现。因此,在该两部法典上,民法的基本原则没有完全采用“一般条款”的立法表达形式,其一部或者大部被隐含于具体规则之中。

《法国民法典》第8条关于“一切法国人均享有民事权利”的宣称,以及该法典第6条有关“不得以特别约定违反有关公共秩序和善良风

① 梁慧星:《民法总论》,法律出版社1996年版,第41~42页。

俗”的规定,系对民法之“人格平等”“公序良俗”原则的直接表达。但“所有权绝对”原则与“过错责任”原则,则是通过第544条有关“所有权是对于物完全按个人意愿使用、收益及处分的权利,但法律及法规所禁止使用不在此限”以及第1384条有关“任何行为使他人受损害时,因自己的过失而致行为发生之人,对该他人负赔偿的责任”的规定来加以表现。至于“契约自由”原则,则完全分散“埋藏”于有关契约之债的各种具体规则之中。而在法典中没有设置“序编”的《德国民法典》,则通篇不存在可以被称为“一般条款”的关于民法基本原则的直接表达。至于我国台湾地区“民法典”则仿德国法,虽在其总则编中设置“法例”一章,但未对基本原则作出任何一般规定。①

但是,《瑞士民法典》及以后的各国民法典,则逐渐重视在法典的“一般规定”中对于民法基本原则的明确宣示。

《瑞士民法典》在其第11条规定:“(一)人都有权利能力;(二)在法律范围内,人都有平等的权利能力及义务能力。”同时,其第2条规定,“任何人都必须诚实、信用地行使权利并履行其义务”(第1项),“明显地滥用权利,不受法律保护”(第2项)。上述一般条款,对于人格平等、诚实信用以及禁止滥用权利诸基本原则,予以明确表达。

《日本民法典》更为典型,其总则编之第一章“通则”的全部内容,即为对民法基本原则的列举。其第1条(基本原则)规定:“(1)私权必须适合公共福祉。(2)权利行使及义务履行必须遵守信义,以诚实为之。”此条文系对“公序良俗”原则以及“诚实信用”原则的表达。其第2条(解释的标准)规定:“本法须以个人的尊严及男女两性本质性平等为宗旨解释。”此条文系对“人格平等”原则的表达。

而《俄罗斯联邦民法典》则在其总则编之第一分编中,以专条(第1条)明确规定了“民法的基本原则”,但该法典对于基本原则的表述十分混乱而且残缺不全。

至于《越南民法典》,则进一步将民法的基本原则以“一揽子”方式予以全面、系统、规范的表达。在其第一编“总则”的第一章“基本原则”中,一共列举规定了12项基本原则,包括:“尊重国家利益、公共利

---

① 该章中有关“民事所适用之习惯,以不背于公共秩序或善良风俗者为限”(第2条)的规定,仅仅针对作为法源之一的习惯的判断标准,并非关于公序良俗的一般条款。

益、公民合法权益原则”(第2条),“遵守法律原则”(第3条),“尊重公德、优良传统的原则”(第4条),“尊重、保护人身权原则”(第5条),“尊重、保护所有权和其他财产权原则”(第6条),“自由、自愿订立合同原则”(第7条),“平等原则”(第8条),“善意、诚实原则”(第9条),“承担民事责任原则”(第10条),“和解原则”(第11条),“保护民事权利的原则”(第12条)以及“适用习惯、适用法律类推原则”(第13条)。

(二)我国《民法通则》及民法草案立法例

受苏联民法理论和立法的影响,民法基本原则的系统表达,是我国民法教科书的一贯做法。经过长期以来的发展变化,近代民法的基本理念以及现代民法的思想逐渐为我国民法理论所接受,并形成“平等”“公平”“等价有偿”“意思自治”“诚实信用”“公序良俗”“民事权利保护”“禁止权利滥用”等基本原则的理论归纳和立法表达。

1986年颁布的《民法通则》在其第一章“基本原则”中规定了“平等”(第3条),“自愿”“公平、等价有偿、诚实信用”(第4条),“民事权利保护”(第5条)以及“遵守法律及不得破坏公共秩序”(第6条至第7条)等基本原则。

全国人大法工委2002年草案基本沿袭《民法通则》的方法,在总则编第一章“一般规定”中,规定了“平等”“自愿”“公平”“诚实信用”“民事权利保护”“公序良俗”等原则。与《民法通则》相比,此草案取消了“等价有偿”原则。

梁慧星先生的建议稿在总则编第一章“一般规定”中,规定了“平等”“意思自治”“诚实信用”“公序良俗”“禁止权利滥用”等基本原则。虽同时规定“民事权利受法律保护”,但未将之列入基本原则范围。

王利明先生的建议稿在总则编第一章“一般规定”中,规定了“平等”“自愿”“公平”“诚实信用”“公序良俗”等基本原则。

徐国栋先生的《绿色民法典》在其“序编”的第二章“基本原则”中,规定了“平等”“意思自治”“绿色”①“诚实信用”“公序良俗”“法律补充”等基本原则。

上述草案及学者建议稿的共同之处,在于均规定了“平等”“意思自

---

①　“绿色原则”是指“当事人进行民事活动,应遵循节约资源、保护环境、尊重其他动物之权利的原则”。(《绿色民法典》第9条)

治”“诚实信用”“公序良俗”的基本原则,但全国人大法工委2002年草案及王利明先生的建议稿将“民事权利保护”及“公平”作为基本原则予以规定,但此不为梁慧星先生的建议稿所采。而梁慧星先生的建议稿中所规定的“禁止权利滥用”原则,则不为前者所采。

四、立法选择

(一)确定基本原则的依据

民法基本原则是民法蕴含的基本价值之最高程度的抽象归纳,其既有别于民法具体制度中作为基本理念的原则(如合同法上的契约自由),亦区别于具体制度中作为法技术的指导原则(如物权法上的物权法定原则,合同法上的合同相对效力原则)。依此标准,被传统民法理论通过对《法国民法典》的分析而总结归纳的“所有权绝对”、“契约自由”以及“过错责任”三项原则,其实均非民法的基本原则:“所有权绝对”仅为财产法的指导思想,“契约自由”仅为契约法的指导思想;“过错责任”仅为损害赔偿规则的指导思想。除非将“所有权绝对”上升为“私权神圣”,将“契约自由”上升为“意思自治”或者“私法自治”,否则,其不能成为指导整个民法典的价值理念。但是,在该法典基本不存在有关基本原则一般条款的情况下,学说对于其基本原则的具体揭示仍然具有深刻的理论价值。

可以发现,以后一些大陆法系国家的民法典对于基本原则的表达超越了学说就《法国民法典》总结出来的三大原则,使之到达抽象程度更强、概括范围更大的高度。其中,“契约自由”原则被“意思自治”原则所覆盖,且成为近代民法之至高无上的核心原则。而现代民法思想的引入,则使“所有权绝对”原则不再被强调。至于“过错责任”原则,亦被更为恰当地作为损害赔偿的一般归责原则被安排于侵权法中。与此同时,“诚实信用”以及“禁止权利滥用”等原则,则作为现代民法予以重视的价值目标进入基本原则的序列,表现出现代民法对于“意思自治”原则的进一步限制和修正。

中国民法典应当在坚持近代民法所确立的基本观念的基础之上,充分反映中国现代社会的实际需求。因此,《民法通则》所规定的“等价有偿”、民事活动“不得破坏国家经济计划”以及“遵守国家政策”等原则被1999年3月颁布的《合同法》淘汰出局当然是正确的。

(二)笔者的观点

对于中国民法典总则应当作为基本原则来加以规定的事项范围,比较各个现有草案,笔者赞同梁慧星先生的建议稿的方案,应将之确定为五项,即“平等原则”“意思自治原则”“诚实信用原则”“公序良俗原则”“权利不得滥用原则”。

1.“平等”以及“公平”原则之存废

笔者认为,民法的基本原则应当表现民法之特有的基本价值。“平等”虽为法律的一般价值,但在民法中,“平等”一词作为“人格平等”以及民事主体在民事关系中“意志独立”的内容表达有其特定的内涵,民法的全部基本思想和观念都是建立在这一原则的基础之上,亦即“平等原则”是民法其他多数基本原则成立的基础而为其所派生(“意思自治”所表达的“意志自由”,实为“意志独立”的必然结果;“诚实信用”与“权利不得滥用”两项原则,实为实现当事人之间的真正平等的工具)。因此,“平等原则”应为民法之最上位、最基本的首要原则并在立法上予以明确表达。

而“公平(正义)”为法的最终目标,具有最高程度的抽象性及模糊性的特征。可以说,基本法和一切部门法均以“公平”为指导思想。而民法对于公平观念,必须通过民法“自己的”基本原则加以具体表达,并进一步通过具体规范对于民法基本原则的贯彻使之得以实现。换言之,民法上的公平正是通过“平等”“意思自治”等基本原则加以表现的。由此,没有必要在民法上通过“公平”原则的表达来重复宣示法的一般价值。

2.“禁止滥用权利”原则与“民事权利保护”原则之存废

关于“禁止滥用权利”原则的存废,理论上存在两种不同意见:一种意见认为,民法对于权利行使的限制是通过诚实信用原则的适用来进行的。即权利滥用为权利行使违背诚实信用原则的后果,故在规定诚实信用原则的情况下,不必重复规定。另一种意见认为,诚实信用原则与禁止权利滥用原则各有其适用范围。有人认为前者适用于债权法领域,后者适用于物权法领域;也有人认为前者适用于契约当事人之间、夫妻之间及父母子女之间等特别权利义务关系,后者适用于上述特别关系以外的当事人之间的关系;还有人主张将诚实信用原则适用范围的特别关系扩张至社会接触关系。就学说发展趋势而言,最初是前者占据支配地位,但后来后者却逐渐占据上风。[1]

"禁止权利滥用"的思想,肇始于罗马法,系法律对于民事权利之行使超出正当范围的一种限制。在此自由和权利与彼自由与权利之间往往存在冲突,某人对其所有权的行使,可能会妨害他人所有权的行使(如相邻关系中的利益冲突),由此,法律必须界定权利与权力在范围上的临界点。而近代民法之"所有权绝对"的观念,则与现代社会之整体利益的维护(尤其是在环境保护、生态平衡等领域),常有可能发生矛盾。为此,禁止权利滥用的规则,即非为对个别权利的限制性规则,而是对一切民事权利行使之限制的一般条款,反映了人类生存及人类社会可持续性发展之根本利益高于个人自由的现代民法思想,在民法的基本价值体系中具有越来越重要的地位。继《德国民法典》规定"权利人不能仅仅以损害他人为目的行使权利"(第226条)之后,包括瑞士、日本、韩国等国家以及我国台湾地区"民法典",均对禁止滥用权利作出了一般性规定。(《瑞士民法典》第2条第2款规定:"显系滥用权利时,不受法律保护。"《日本民法典》第1条第3项规定:"权利不许滥用。"《韩国民法典》第2条第2款规定:"权利不得滥用。")诚然,在适用范围上,诚实信用原则与禁止权利滥用原则存在某些交叉重叠,甚至不妨将禁止权利滥用视为诚实信用原则在民事权利行使领域的具体表现。但鉴于二者规制的侧重点不同,诚实信用原则具有更大的模糊性。禁止权利滥用则具有极强的针对性,且将禁止滥用权利作为民法之一般条款予以宣示更为符合现代法的精神。为此,将禁止滥用权利作为民法的基本原则并予以立法表达,利大于弊。

至于"民事权利保护"之一般条款,应当在民法典总则中予以规定,但因其非为民法本身之特有价值观念的体现,所以,不将之视为基本原则为妥。

---

① 参见梁慧星:《中国民法典草案建议稿附理由:总则编》,法律出版社2004年版,第16页。

第二节　平等原则的理解和适用

一、平等原则的含义

平等原则“最集中地反映了民事法律所调整的社会关系的本质特征,是民事法律区别其他部门法的主要标志,也是市场经济条件下合同关系当事人的必要前提条件”。[①]

对于民法上的平等原则,应当从“人格平等”的角度去理解,亦即民法上的平等所表现的主要是私人活动(民事活动)领域中当事人之间的一种相互关系即相互地位。当事人在这种关系中,相互保持其独立意志和自由,任何一方不得把自己的意志强加于对方。质言之,平等是当事人双方具有独立人格的表现和必然结果。为此,“人的权利能力一律平等”成为近代民法之平等思想的基本表达。与此同时,民法上的人格平等同样适用于法人之间的相互关系,作为一种法律上拟制的团体人格,法人之间、法人与其他民事主体之间在民事活动中的相互地位也适用平等原则。这一结论,是由商品经济关系的基本特征所决定的。

而对于民法上的“人格平等”,又必须从“身份平等”与“财产平等”的角度去理解。

基于血缘、婚姻而产生的家庭亲属之身份关系具有平等性质,夫妻、父母子女相互之间在家庭伦理生活中的依存关系,其相互间不同身份的差别丝毫不能否定其个人的人格独立,这正是近代民法废除封建特权和身份依附、倡导人人生而独立、生而自由观念的重要结果。为此,是否实行男女平等、夫妻平等,通常是用以判别一部民法典之亲属法的进步与落后的主要标志。在这一方面,《法国民法典》在制定时,于家庭法、继承法领域保留了某些家长特权,未能平等对待未成年人及妇女,遭受非议,其以后的多次修订,逐步解决了亲属法中的不平等问题。而《日本民法典》在1947年删除该法典的亲属编(第四编)之第二章“户主与家族”(共计33个条文)以及继承编(第五编)之第一章“家业

---

① 梁慧星:《民法总论》,法律出版社2007年版,第42页。

继承人继承制度”(共计28个条文)全部条款;同时在其法典第2条特别规定“本法须以个人的尊严及男女两性本质性平等为宗旨解释”,从而使日本固有的家族制度得以废除,实现了男女平等。

应当指出,对于身份关系的性质,有德国学者认为其不具有平等性,理由是在亲权关系中存在命令与服从。但是,这种看法并不正确。亲权关系中,鉴于未成年子女缺乏意思能力,其需服从于父母的意志,但其目的仅在于维护未成年子女的利益,此与身份依附以及未成年人人格之不独立,毫不相干。其表现为,未成年子女之于父母的服从,并非无条件的绝对服从,一旦父母的“命令”与维护未成年人利益之目的相悖,则构成亲权的滥用。

至于财产平等,是指民事主体的财产地位不受其社会身份地位的任何影响,民法有关财产权的法律效力和法律救济方法平等地适用于一切民事主体。财产是人的物质生存条件,是人格的构成要素。在经济生活中,人格平等主要通过财产平等加以表现,无财产平等即无人格平等。因此,民法上之财产法必须实行民事主体的财产一律平等保护的基本原则。

但恰恰在这一问题上,中国民法的平等原则遭受了一场前所未有的挑战和亵渎。

二、平等原则在财产法中的适用

(一)概说

民法之财产法主要由物权法、债权法以及知识产权法构成。

民法之平等原则在合同法上具体表现为合同双方当事人地位平等的原则,同时,也表现为合同当事人依据合同所取得的债权受到法律的同等保护。对此,从1986年的《民法通则》到1999年的《合同法》,均予全面贯彻。在《民法通则》所规定的“债权”制度中,不存在债权人之间的任何身份差别,即一切“依法成立的合同”均毫无区别地“受法律保护”(第85条)。而在《合同法》上,平等原则即“合同当事人的法律地位平等,一方不得将自己的意志强加给另一方”(第3条)被予以明确宣示。在此部法律中,同样不存在对合同当事人之间的身份差别的确认,更不存在当事人的财产(债权)因不同的身份而遭受不同对待的问题。

民法之平等原则在知识产权法上具体表现为知识产权人所取得的

知识产权受到法律的同等保护。无论是1990年的《著作权法》、1984年的《专利法》抑或1982年的《商标法》以及其他任何有关法律、法规，均对知识产权人的财产(知识产权)予以一体化同等保护。

据此，我国《物权法》的起草也遵循了民法的平等原则，以对民事主体的财产予以一体化平等保护为其指导思想。但在《物权法》起草过程中，却由此引起了一场巨大的风波。2005年年末，在全国人大常委会对《物权法》草案进行第四次审议期间，有人以在网络上发表公开信的方式，指责《物权法》草案"违宪"，其攻击目标直指《物权法》"对国家、集体和公民个人财产一体化平等保护"的基本原则。一时群情激愤，满城风雨。《物权法》的立法进程被阻断，原计划于2006年3月提交全国人大表决的草案被暂时搁置。

指责《物权法》草案"违宪"的主要论据包括两个：一是依《宪法》第12条第1款所规定的"社会主义的公共财产神圣不可侵犯"的原则，国家财产的地位应当高于集体财产和私人财产；二是在当今中国社会"贫富悬殊"的情况下，对穷人和富人的财产的平等保护，实际上是保护了富人而没有保护穷人。由此，在私人财产的相互关系中，穷人的财产的地位应当高于富人的财产。前述论断似是而非，在中国改革开放面临国有资产大量流失以及贫富悬殊过分加大两项难题的当今，极能蛊惑人心，以至于一些人对物权法乃至整个民法的基本观念产生误读，甚至导致《物权法》在普通民众心目中被妖魔化。

十分明显，民法上的平等原则只有在其具体权利制度中被彻底贯彻之时，民法之平等精神才能真正实现。如果民法一方面宣称其抽象的"平等"，另一方面在其最为重要的财产法即《物权法》中实行不平等，则民法上的平等原则必将成为一纸空文。

(二)国家财产、集体财产、个人财产在物权法上的地位是否应当平等

1.所有制与财产

有关批评意见的一个重要的论据，便是既然我国《宪法》规定我国实行以公有制为主体、多种所有制经济共同发展的基本经济制度，那么公有经济的地位当然高于私有经济。而公有财产是公有制的表现，所以，公有财产的地位当然高于私有财产。于是，在国家财产、集体财产和个人财产之间，便当然存在由高及低的位阶，即国家财产的地位高于集体财产，而国家财产和集体财产的地位高于个人财产。因此，《物权

法》不应对前述三种财产予以平等保护。这种认识混淆了财产的经济地位与财产的法律地位之间的区别,从而错误地推导出不同所有制的经济地位的不平等必然导致各种财产的民法地位的不平等的结论。

在我国实行以公有制为主体的基本经济制度的条件下,国家重点发展和保护公有制经济是毫无疑问的。这不仅表现在国家对于土地和其他自然资源实行公有(国家所有和集体所有,禁止私人享有土地和其他自然资源所有权),而且表现为在国民经济的总体结构中,公有制经济始终处于主导地位。因此,在经济地位上,公有制经济的地位高于其他所有制经济。但是,所有制是一个政治经济学上的概念,是一个用来描述生产资料归谁所有的整体性的抽象概念。因此,一项具体的财产(所有权)不能等同于一种抽象的所有制。

而“财产”则是一个含义广泛、内涵多变的概念。有时指一种抽象的、整体性的物质利益(如一般意义上的“国有资产”“集体财产”),有时则指一项具体的物质资料(某人享有所有权的一间房屋),有时单纯指“物”,有时则指包括物、无形资产以及债权、股权等其他财产权利在内的一切经济利益,有时指积极财产(狭义上的财产,包括物及财产权利),有时则指积极财产和消极财产(债务)的总和(广义上的财产),等等。与此同时,当“财产”被用来表达其被所有制所赋予的某种特定“身份”时,“财产”一词有时被赋予某种超出法律权利范围之外的更为宽泛的含义。例如,当言及“国有资产流失”时,国有企业的财产被称为“国家财产”“全民所有的财产”。但这里的“国家财产”非为由国家享有法律上直接支配权的财产,而是基于“国有企业属于国家,故国有企业的财产当然属于国家”这样一种社会一般观念但绝非法律观念所作的一种描述。而正确的法律表达应当是:国有企业法人的财产所有权属于企业法人享有,国家作为国有企业的投资人享有投资人权益(股权)。在这里,国家对于国有企业享有的“股权”才是法律意义上的“国家财产”,而国有企业的财产是法人财产,非为“国家财产”。但经过技术处理的法律意义上的所有权关系与宽泛意义上的“财产”之间的差别,以及独立财产对于法人独立人格所发生的基本作用,难以为一般人所直观理解。所以,“财产”一词在非法律领域的运用,通常具有不确定性和模糊性的特点。

诚然,公有制经济以整体意义上的国家财产和集体财产为其主要表现形式,因此,在经济地位上,公有财产的地位高于私人财产。但是,在法律的领域,更为确切地说,在不同法律所调整和反映的不同领域,不同“身份”的财产是否具有平等地位,却是由该种法律的特定属性亦即由该种法律所调整的财产关系的不同性质所决定的。

具体而言,在公法领域,由于其调整的财产关系中,一方主体以公权力代表的身份出现并由此具有对他方主体意志的控制、支配权力(如税收关系、财政管理关系、财产征用及征收关系等),双方主体是命令与服从的关系,故双方主体的地位(当然也包括财产的地位)不平等。由此,在财产分配的公共领域,国家有权根据公共利益的需要而提高或者降低征税标准;在财产利用的公共领域,国家有权基于公共利益而限制甚至强行“夺取”或者消灭集体或者私人的财产所有权(如通过征地命令将农民集体所有的土地强行变为国家所有,通过拆迁命令强行消灭房屋所有人依法享有的房屋所有权)。但在私法(民法)领域,任何财产(无论国家的或者集体的财产)只要进入民事领域,即与其他任何民事主体的财产居于平等地位。这一特点,是由民事生活的特性、民法所调整的财产关系的性质所决定的。

2. 公法上的国家财产与私法上的国家财产

依据法律的不同性质、目的和功能以及法律所调整的社会关系的不同特征,法律被划分为公法与私法:公法关系需置于国家权力的约束之下,而私法关系则实行主体的意思自治。从权利的角度,权利亦被划分为公权与私权:公权涉及公共利益,私权涉及个人利益。言及财产,依据同样的道理,也可将国家财产区分为“公法上的国家财产”与“私法上的国家财产”。

凡属存在于公法领域的国家财产,被视为公共利益的载体,如国家享有所有权的土地和其他自然资源以及公有物(如军事设施、政府机关的建筑物等)与公用物(如公共道路、桥梁、公园等)以及国库的财产等。这些财产为“公法上的国家财产”,受公法的特别保护。在公法领域,依据《宪法》所规定的“国家财产神圣不可侵犯”的原则,国家财产被作为社会整体利益而为包括宪法、行政法、刑法、经济法在内的公法所重点保护,亦为民法运用私法的原则和手段予以保护。而我国所实行的社会主义公有制为主体的基本经济制度,正是在公法亦即国家权力直接约束的范围内得以确定和巩固的。

凡属存在于私法领域的国家财产,则被视为个别利益的载体,如国家通过设立国有企业而交由该种企业经营的财产以及国家由此而对国有企业(国有独资公司)享有的投资人权益(股权)。又如国家通过投资而与他人共同设立有限责任公司或股份有限公司而由此享有的股权。再如国家通过拨款交由国家机关以及事业单位使用的财产。这些财产一旦进入民事流转领域,即成为“私法上的国家财产”,由此而产生的财产关系受私法的调整。在这一领域,财产关系具有商品交换的性质。而“商品是天生的平等派”(马克思语),因此,在这里,国家财产或者依据民法的法人制度在法律形式上转换为国有企业法人的独立财产或者机关、事业法人的独立财产,或者依据公司法的规则表现为国家所享有的投资人权益,等等。但无论国家以“国库”的名义参加民事活动,或者以政府以及政府机关的名义参加民事活动,在这些民事关系中,国库或者政府机关均不能具有或者表现其公权力载体的身份,不得在其参加的法律关系中行使其依据公法而获得的公权力,而只能依照商品交换的规则,以民事主体(“公法人”)的身份参加活动并遵循民法的平等、意思自治和诚实信用原则。至于国有企业的民法地位则为纯粹的“私法人”(依据民法的规则而设立的法人),其财产与自然人以及其他法人组织的财产具有完全平等的民法地位。

质言之,在私法关系上,只存在双方主体的个别利益即“私”的利益,以各种方式进入私法领域的国家财产不能再被视为公共利益的载体。而民事关系中,无论公法人或者私法人、国有企业法人或者其他法人,均具有完全平等的法律地位。如不这样,社会经济生活的基本规则即被破坏,商品交换将根本无法进行:商品交换必须建立于双方财产地位平等的基础之上。如果交易双方因为身份不同,其财产所有权因姓“公”姓“私”而地位不同,从而使双方的财产及其利益在交易中受法律保护的程度不同,则商品交换所需要的平等协商就无法进行。没有财产的平等,就没有商品交换和市场经济,更没有对外开放和与国际接轨,中国和谐的商品经济社会就无法形成。很显然,如果将国有企业的财产视为国家利益或者公共利益的载体,从而赋予国有企业以优越于其他民事主体的特权地位,表面上看起来是保护了国有企业的利益,实质上则是将国有企业放逐于市场领地之外,此举无异于置国有企业于死地。公有制经济在国民经济中的优势地位,要靠公有制经济自身的良性发展来维持。在商品经济条件下,公有制经济必须以平等的地位参与和其他所有制经济之间的市场竞争,而不可能置身于市场竞争之外。在市场交易中,赋予国有企业任何优越地位的做法,只能从根本上摧毁其自我生存、自我发展的能力。只有实行民事主体财产平等,才有可能真正将国有企业推向市场,才能真正形成公有制经济与其他所有制经济之间的平等竞争,才能从根本上壮大和发展公有制经济。

进入民事领域的国家财产,无论表现为国有企业的独立财产或者国家持有的股权,其主体不再是公法意义上的国家或者国家机关,而是私法意义上的企业法人或者公法人。由此,这些由法人享有的财产利益为"私"的利益而非"公"的利益。在这里,将民法上的"私权""私的利益"狭隘地理解或者别有用心地解释为"个人的权利、利益",以及将民法上的"私权主体"狭隘地理解或者别有用心地解释为"私人",是造成一些不理解法律的人们之诸多重大误解的根本原因,也是被一些应当懂得法律但故意歪曲解释法律的人们用以混淆视听、蛊惑人心的基本工具。

3. 集体所有制与集体所有权①

作为一种低等级的公有制形式,集体所有制历来被认为是我国社会主义公有制的重要组成部分。历史上,其存有两种主要表现形式:一是农村土地和其他生产资料的集体所有;二是城镇劳动群众集体所有。但前述两种集体所有制经济发展到现在,其存在方式及现状已经发生了重大的或者根本性的变化。

(1)城镇集体所有制经济的逐步消亡

就城镇集体所有制经济而言,在我国经济较发达地区,大部分集体企业已经随着企业改制而归于消灭(或者成为私营企业,或者成为有限责任公司)。余下的集体企业,无论其最初的投资人是谁,伴随企业法人制度的确立,其财产归属问题已经解决,即集体企业的财产所有权归企业法人享有。而由于城镇集体企业的投资人情况极为复杂,其股东究竟如何确定,成为一个难以解决的问题。实际上,现存的任何一个集体企业,其现有成员均非该企业最初的投资人,所以,现存的所谓"城镇集体企业"早已丧失其"集体所有制经济"的任何特征。为此,城镇集体

① 参见本书第三章第四节。

所有制企业及其所代表的集体所有制经济终将逐步消亡,无疾而终。

(2)农村集体所有制经济的法律现状

鉴于国家坚持农村土地的集体所有,故农村土地的集体所有制形式继续存在。但随着农村家庭联产承包制度的确立,农村的集体生产方式变成了个体(农户)的单独生产方式,作为农村集体经济组织的原有形式(人民公社)不复存在,而能够成为农村土地所有人的新的集体经济组织形式尚未产生。由于法律上的任何权利必须由能够成为权利义务载体的个人或者组织体承受,所以,虽然农村集体财产(主要是集体土地)可以继续保持其经济学意义上的"集体所有制",但因其权利主体(集体经济组织)的缺位,却无法达成向所谓"集体财产所有权"的转换,亦即在"集体所有制"与"集体所有权"之间,不存在相互转换和表达的法律技术。为此,集体财产的权利性质,在将来有可能通过将之塑造为一种特殊的"共有权"的方法来加以解决。

但无论如何,农村集体土地所有权和其他自然资源所有权是不能转让的,土地和其他自然资源的使用价值和交换价值只能通过他物权(农村集体土地承包经营权等)的设定而进入民事流转。尽管农村集体土地承包关系带有强烈的"身份"特点(承包人主要是本村村民),但承包合同以及因承包土地的转包、出租、抵押、投资、继承等发生的法律关系在立法上和司法上均被确认为一种平等主体之间的民事关系。因此,农村集体所有制经济的公有制经济地位毫不影响农村土地及其承包经营权作为一种民事流转的标的物,与其他民法上的财产居于平等的相互地位。

4. 结论

综上所述,国家财产和集体财产一旦进入民事领域(商品交换关系),依据商品经济的特性,即成为私法上的民事主体(法人)所享有的财产权利,成为一种"私"的利益,与自然人和其他法人财产具有同等的民法地位。由此,在物权法上,除对于国家和集体专属的财产所有权以及公有物、公用物的所有权等作出特别规定之外,有关物权变动、物权公示与公信规则、物权请求权、物权保护以及动产善意取得、取得时效、占有保护、担保物权和用益物权等种种具体规则,均同等适用于自然人和各种法人享有的物权。在合同法上,无论自然人、法人(公法人与私法人)以及非法人组织之间或其相互之间发生的任何交易关系,均平等地适用《合同法》的相关规则;在公司法、票据法等商事法律上,公司投资人的身份、票据权利及其他商事权利享有者的身份完全不影响其有关规则的同等适用。概言之,民事主体地位平等原则贯穿于包括物权法、债权法、侵权法、知识产权法在内的一切有关财产权利的民商事实体法律,也贯穿于民事诉讼法、强制执行法等民事诉讼程序法律。

实质上,对于《物权法》平等保护国家、集体、个人财产的原则"违宪"的指责,其目的在于否定私权保护的合理性;而混淆作为基本经济制度的所有制与作为民事法律制度的财产权之间的界限和性质,混淆公法与私法的界限和功能,混淆"国家财产"在不同领域、不同场合的不同含义和不同地位,是其采用的基本方法。与此相适应,这些指责意见在否定《物权法》的财产平等保护原则的同时,当然也确定了与此"违宪"原则之相反的原则,即物权法应当赋予不同的财产以不同的地位并予以不同的保护,亦即"国家财产的地位高于集体财产,公有制财产的地位高于私有财产"。但这些指责意见表现出的以一种打棍子、戴帽子、上纲上线的抽象方式抨击《物权法》草案及其起草者的"险恶用心"的同时,却无法提出"改革"《物权法》的具体方案。事实上,如果《物权法》对于不同财产予以不同对待,则《物权法》的基本规则和制度几乎均不可能成立。例如,《物权法》不可能对国家财产实行"一物二权";不可能规定国有企业的不动产物权未经登记也可发生变动或者发生对抗力;不可能规定国有企业的抵押权即使设定在后也比设定在先的抵押权更具有优先性;不可能规定国家财产在被侵犯的时候,原物损毁也必须返还原物;不可能规定在不动产相邻关系中,即使国家财产的使用妨害了个人财产的使用,也不得请求排除妨害;等等。据此,即使抛开一切理论论证,《物权法》平等保护民事生活领域的一切财产的原则自然而成,无可非议。有所非议,不过借题发挥,醉翁之意不在酒而已。

(三)"穷人"与"富人"的财产在物权法上的地位应否平等

1. 财产与身份

近代资本主义社会的进步,便在于摧毁了封建社会的身份等级制度,实行法律面前人人平等。较之资本主义社会更为进步的社会主义社会,也必须建立在否定身份特权、实行民主政治和平等保护公民的人格和财产的基础之上。马克思所设想的经典社会主义社会,是在社会生产力极大提高、人民的集体主义思想觉悟到达相当高度的条件下建立起来的。在这样的一个社会中,人们的积极性和创造性的原动力不再是私利的追求,公有制经济获得高度发展,并可以满足人们的基本需求。在“按劳分配”的原则之下,不再有剥削和压迫,不再有贫富悬殊。在这样一个社会中,资源的配置和生产的组织由国家统一进行,生产的目的不在于交换而在于满足人民生产和生活的需要。在这样一个社会中,人们非以个体方式而是以整体方式存在,私的利益被公的利益所吸收,“财产”将是一个整体概念而非个别概念。在这样一个社会中,不存在商品和商品交换,不存在私的利益和私的生活领域,自然也不需要《物权法》去确认和保护私的财产。但是,中国当今社会不是这种经典的社会主义社会,而是社会主义初级阶段。这一阶段中,低下的社会生产力需要获得快速发展,匮乏的社会财富需要大力创造,而私利的追求仍然是大多数人的积极性和创造性的原动力,人们的集体主义观念还需要长期培养。由此,中国不可不进行经济体制改革,不可不搞社会主义商品经济,不可不搞包产到户、搞市场竞争,不可不“先让一部分人富起来,然后带动大家共同富裕”(邓小平语)。

于是,中国社会出现了贫富差异。当国家和政府不能很好地控制这种差异的张力时,便出现了贫富悬殊。于是,便出现了“穷人”和“富人”。

如同“男人”与“女人”是一种社会“身份”,同样,“穷人”与“富人”也是一种社会身份,尽管其划分界限比前者要困难得多。问题在于,身份与人格的关系如何?如果将身份与人格(人的基本法律地位以及法律资格)相联系,则不同身份的人具有不同的法律地位,这正是古代社会(奴隶社会和封建社会)的共同特征。如果将身份与人格相剥离,则不同身份的人具有完全平等的法律地位,人的人格不因财产的多寡、性别以及年龄、种族、信仰等的差异而受任何影响,这正是近代文明社会的共同特征。

在当今中国社会,不仅存在富人与穷人,而且存在更多的中产阶层。如果将财产的多寡与某种身份相联系,同时,赋予不同身份的人以不同的法律地位,赋予不同身份的财产以不同的法律地位,则中国社会将变成一个由重重叠叠、千变万化的身份构成的等级社会。这种社会,不要也罢。

2. 穷人的法律保护

当今中国社会,贫富差异的现象首先来源于商品经济制度。作为一种竞争经济,商品经济的必然结果是优胜劣汰,而优胜劣汰的必然结果,正是贫富差异。因此,除非否认中国搞商品经济的合理性,否认中国改革开放的合理性,否则,就不可能否认贫富差异的合理性。但是,法律显然应当承担适当平衡贫富差异的任务。

更大的问题在于,由于权力腐败以及其他更为复杂的原因,中国国有资产的大量流失造就了一批不法富人。同时,由于社会财产分配制度的不合理,造就了一大批包括下岗工人和失地农民在内的穷人。在这种情况下,关于法律应当侧重保护穷人的呼吁无疑具有合理性。

但是,物权法不可以侧重保护穷人。

(1)物权法是财产保护法而非财产分配法

社会财产的分配,为国家权力运用的基本的和重要的领域。因此,财产分配制度的建立及其实施,主要由税法、劳动法、财政法以及社会保障法等公法来进行。就税法等财产分配法而言,必须考虑整体利益与个人利益的平衡,通过高收入高税收、低收入低税收或者免税收等方法合理控制贫富差距;就劳动法、社会保障法等财产分配法而言,必须注重对劳动者、残疾人、孤寡老人等弱势群体的特殊保护,保证他们具有基本的物质生存条件。而物权法的主要任务,是对财产依法分配的结果予以民法的确认和保护。诚然,民法在财产分配中,并非完全处于消极状态,某些民法制度的建立和发展的确表现了民法从事后调整的角度参与社会经济利益和风险分配的积极功能。例如,侵权法上的无过失责任和惩罚性赔偿,合同法对消费者、劳动者和其他弱势群体利益的特殊保护,便可以视为民法限制甚至剥夺"富人"(经营者)的财产救济"穷人"(弱者)的一种方法。只不过这种"杀富济贫",仅为"负财产"即风险和损失的分配方式,这种分配,恰恰是建立在保障实现强者与弱者财产地位真正平等的基础之上的:由于经营者从高度危险业务经营活动中获得巨大利益,故应当为因此而造成的风险和损害无条件承担赔偿责任;由于经营者和消费者以及劳动者之间的地位因信息不对称、经济实力悬殊而严重不对等,故有必要赋予消费者和劳动者以某些特权而赋予经营者以某些特别义务,以通过扶弱抑强的方法使经营者与消费者、劳动者之间的关系达到实质的平衡。但是,物权法的既定任务是解决财产归属和利用问题,是建立一种相安无事的财产秩序和交易秩序。因此,在物权法的眼中,仅有财产的合法与非法之分,并无财产主体地位的高低贵贱之分。

(2)一切合法财产均应受到物权法的平等保护

对于各种财产之不同来源的合法性,公法与私法依据各自的标准和方法作出判断。但任何法律判断标准必须具有同一性,不应因主体身份的不同而有任何不同,此即为“法律面前人人平等”题中应有之义。与某些指责《物权法》“保护侵吞国有资产的富人”的说法相反,《物权法》对任何财产权利的确认和保护均以其合法性为前提。据此,富人的合法财产应受保护,不因其为富人而有所歧视;穷人的非法财产不受保护,不因其为穷人而有所豁免。唯有如此,正常的财产归属秩序方可得以建立。如若相反,物权法对于财产之合法性的判断标准以及对于合法财产的保护程度依权利主体为“富人”或者“穷人”而有所不同,则必然秩序大乱。

(3)物权法不具有矫正不合理分配的功能

社会财产分配的不合理,只能通过调整分配制度去解决,却不可以通过物权法对既有分配结果的再次干预(再次分配)去解决,否则就会否定和破坏既存的社会秩序,酿成混乱无序与激烈冲突。质言之,即使现存法律框架范围内的分配制度存在某种不合理性,也只能通过改变分配法律的方式进行调整,但对于已经形成的分配结果,却必须予以法律保护,这是法制社会的基本要求,也是建立法律秩序的基本条件。正如法院判决一经生效,即使该判决所依据的法律规则本身即不合理,但生效判决亦须强制执行;或者即使该判决因未遵守法律规定而不合法,但非经法定程序予以撤销仍需强制执行。据此,即使因既存之不合理的分配制度而形成不合理的贫富悬殊,物权法对于一切依当前或者当时法律为合法取得的财产仍应予以同等保护。事实就是,物权法对于私人合法财产的确认和保护,既不能缩小贫富悬殊,也不能加大贫富悬殊,但物权法对于财产合法取得途径的规定,却可以遏制侵夺国有资产和他人合法财产的非法行为,由此促进社会财产秩序的安定与和谐。

3. 结论

权力腐败及由此导致的国有资产流失,是部分富人不法致富的重要原因;社会保障机制的不健全及“二次分配”的不合理,是部分穷人过于贫穷的重要原因。由此,引发了经济学界关于中国经济体制改革走向的争论。一些人认为,问题的根源在于体制改革的不深透,必须进一步实现真正的市场化;另一些人则认为,问题的根源在于体制改革的走向错误,市场及其自由多了,计划及政府权力控制少了。在此背景之下,以《物权法》的制定为契机,法学界一些人通过指责《物权法》"违宪",表达其对"体制改革基本走向错误"之观点的支持,并试图借此重新恢复一种早已被抛弃的所谓"社会主义法律思想"。此种思想,主张法律的阶级性,主张法律是一个阶级压迫另一阶级的专政工具。所谓"乞丐的打狗棍与富人的宝马车应不应该平等保护"的命题,首先描绘的是中国现实社会中并不典型或者普遍存在的一种阶级压迫场景,这里的"乞丐"何以成为乞丐,"富人"何以成为富人,并不考虑其原因,只需要这一结果和事实便足以证明富人的不正当性。而所谓"物权法应当保护穷人而非富人",其表达的根本不是一种完善法律的要求,而是一种颠覆和推翻现存秩序的革命愿望。质言之,一些人对于《物权法》的批判,实际上是对中国现存的一切法律的批判:当对《物权法》的批判全部采用的是马克思主义批判资本主义社会法律的论据时,中国现存社会便已经被描述成为19世纪的资本主义社会。在这种社会中,穷人(无产阶级)与富人(资产阶级)的形成本身,便具有根本的不合理性。因此,"法律面前人人平等"的实行结果,巩固了现存不合理秩序,法律本身的合理性便不能成立。由此可见,"物权法应当保护穷人而非富人"的论调背后,不仅是一种对不法富人的仇视,而且是对一切因中国改革开放而获利较多的人们的仇视;不仅是对作为政府权力不当行使乃至权力腐败的牺牲品的穷人的同情,而且是对一切在改革开放成果分配中获利甚少的人们的同情。此种论调,是基于对中国当今社会已经不是社会主义而是资本主义的基本判断而提出的。其否定的不仅仅是贫富悬殊的合理性,而且是贫富差异的合理性;其否定的不仅仅是中国当今社会的某些现象的不合理性,而且是整个社会基本经济结构亦即实行经济体制改革、建立社会主义市场经济政策的合理性;其否定的不仅仅是物权法或者民法的基本原则,而且是整个法律包括宪法的基本原则。当法律所确定和保护的现存社会秩序本身即存在根本的而不是非根本的、全面的而不是局部的、整体的而不是个别的不合理性时,法律自身便不复具有任何合理性。

由此,对《物权法》草案违宪的指责并由此而牵扯出来的与"违宪"

毫无关系的“穷人、富人”问题的提出，实质上是法学界极“左”思潮的沉渣泛起，对此必须予以必要反击。

总之，平等原则是民法理念的精髓。而民事主体的财产平等，则是平等原则的内在要求和最为重要的具体表现。无财产平等，即无人格平等；无人格平等，即无民法。

第三节　意思自治原则的地位

一、概说

民法的自治理念源于罗马法，这一理念与作为近代民法之里程碑的《法国民法典》编撰时期所奉行的个人本位思想相一致，从而成为法国民法上最为重要的基本原则，也成为自由资本主义时期各国民法制度赖以建立的最为重要的基石。在18世纪末到20世纪初之长达百余年的时期内，被奉为神圣的、不可动摇的法律准则，对包括民法在内的全部私法规则产生了根本性的影响。

与后来的学说归纳所不同的是，在法国民法上，所谓“所有权绝对”、“契约自由”以及“过错责任”三大原则其实并不是其最为基本的原则，在此三大原则之上，还存在一个包揽全局的根本性原则即“意思自治”。

就“所有权绝对”而言，这一原则在表彰“私权神圣”理念的同时，实际上具有塑造市民社会法律人格的功能：“无财产即无自由”，“无财产即无人格”。为此，具有绝对效力的所有权不仅可以对抗其他人，而且更重要的是可以对抗作为公共权力代表的国家。如此一来，个人的自治、个人的人格才能得以确认和发展，人的自由才能得以扩张和延续。法国学者指出，《法国民法典》第544条所确定的财产所有权的绝对性，是“自由个人主义的胜利”。[①] 由此，自由的、绝对不受限制而行使的所有权实际上反映了意思自治的本质要求。

---

① [法]雅克·盖斯旦等：《法国民法总论》，陈鹏等译，法律出版社2004年版，第99～100页。

就“契约自由”而言,在法国人看来,这一原则“使当事人有权摆脱法律为他们提供的一切固定模式而自由地设置其相互间的权利义务关系”。[①] 其虽为意思自治原则的核心,但也“不过是由意思自治派生出来的、建立在意思自治基础之上的一个原则”,[②]是意思自治原则在民法上寻找到的最为恰当和集中的表现形式。[③]

就“过错责任”而言,这一原则仍然是建立在个人自由的基础之上的。因为“道德意志只承认对出于它的意向或故意的行为负责任”,故唯具有过错的加害人才应受道德的非难和法律的制裁。而“行动只有作为意志的过错才能归责于我”,“毕竟我只是与我的自由相关,而我的意志仅以我知道自己所作的事为限,才对所为负责”。[④]

但是,自20世纪以后,伴随社会的急剧发展,意思自治原则受到诸多批判,并逐渐丧失其在民法上的至高无上的地位。这一原则在民法从近代到现代发展过程中的兴衰史,极好地表现了传统民法走向现代民法的步履。而在我国20世纪90年代初以前,意思自治原则是民法理论研究的一块“禁地”。由此,这一原则在我国不同时期中的民法理论和民事立法上的地位也充分表现了我国民法的发展与进步。

二、意思自治原则在近代民法上的地位

(一)意思自治的本质

与民法的其他基本原则一样,意思自治原则不是一种具体规则或者制度,而是一种观念,或者说,是一种法哲学理论。这种理论认为:人的意志可以依照其自身的法则去创设自己的权利义务。

法国学者认为,意思自治原则最为重要的价值在于揭示了民事主体之权利义务的来源:一方面,当事人的意志是其权利义务的“渊源”,亦即权利义务发生与否纯然取决于当事人的意志而非社会意志或者国

---

① Jean Carbonnier, *Droit civil*, *t. VI*, *Les obligations*, 17e éd. par Press Universitaires de France, Paris, 1993, PUF p. 47.

② Jacques Flour et Jean-luc Aubert, *Driot civil*, *Les obligations*, t. I, 5e édition par Armand Colin Editeur, Paris, 1991, p. 71.

③ 参见尹田:《契约自由与社会公正的冲突与平衡》,载梁慧星主编:《民商法论丛》(第2卷),法律出版社1994年版,第252页。

④ 黑格尔语。转引自王卫国:《过错责任原则:第三次勃兴》,中国法制出版社2000年版,第99页。

家意志。当事人欲生权利义务,则有权利义务;其欲不生权利义务,则无权利义务。个人意志得决定权利义务的存废。另一方面,当事人的意志是其权利义务的"根据",亦即权利义务如何发生也纯然取决于当事人的意志。当事人欲生何种权利义务,则有何种权利义务。尤其是在合同的范围内,一切债权债务只有依当事人的意志而成立时,才具有合理性,否则便是法律上的"专横暴虐"。[①] 而在理解意思自治所表达的个人自由时,指出此种自由所包含的双重含义是十分重要的,即意思自治不仅意味着当事人有为自己创设权利义务的自由,而且意味着当事人有不为自己创设权利义务的自由。[②] 总之,意思自治把权利义务的产生完全依托于当事人自由意志的"创设",在个人意志与权利义务之间画了等号。

在法国民法上,意思自治的观念在契约制度中被认为是通过以下具体原则表现的:

1. 同意主义原则

同意主义是指合同原则上只需当事人双方一致的意思表示即可成立,无需其他因素,特别是无须有特定形式的要求,特定形式的要求只是例外。根据意思自治的观念,当事人的意志在法律关系的建立中具有绝对的支配力量。如果不对当事人订立合同的意志所采取的外部形式实行放任,强行要求当事人完成某种"仪式"(撰写书面文件或者是实施某种行为),亦即把某种形式强加给当事人,那就等于把某种超越于当事人意志的意志并先于当事人意志的意志,强加给了当事人。

2. 契约自由原则

契约自由包括当事人选择交易对象(合同相对方)的自由、选择合同形式的自由、创设合同类型的自由以及确定合同内容的自由。即使在法国民法上,意思自治原则也从未被绝对化,当事人也并非可以排斥法律的一切规则;但《法国民法典》第6条有关"不得以特别约定违反有关公共秩序和善良风俗的法律"的规定,便是对契约自由的限制。但是,在法国早期的民法学者看来,违反公共秩序恰恰就表现为违反契约

---

① Jean Carbonnier, *Droit civil*, *t. VI*, *Les obligations*, p. 45.

② V. gounot, *Les praincipe de l' autonomie de la volonté en droit privé*, th. Dijon, 1912, p. 61.

自由,因此,“公共秩序不过是契约自由的反命题”。①

3.“探究当事人真实意思”的契约解释原则

《法国民法典》第1156条规定:“解释契约时,应探究缔约当事人的意思,而不拘泥于文字的字面意思。”根据这一原则,对合同内容的解释的目的是探求当事人的真实意思。在合同条款晦涩、模糊或不完整的情形下,法官不能根据本人的公正观念去解释合同,而只能采用使合同产生最可能符合当事人意志的解释。这一原则把当事人意志置于至高无上的地位,表达了意思自治的要求。

4.契约的强制力原则

《法国民法典》第1134条非常有名,其中规定:“依法订立的合同在当事人之间具有相当于法律的效力。”即合同是当事人之间的法律,完全依当事人的意愿、按当事人自愿接受的条件对其产生约束力。合同具有强制力就等于当事人的意志具有强制力,可以排斥和拒绝公权力(包括司法权力)的干预,即使由于情势变更,合同双方相互的给付出现严重的不平衡,法官也无权变更合同内容。与此同时,立法上的变化也不能对合同效力产生任何影响,合同可以不受“新颁布的法律即刻生效”原则的约束,继续按照合同成立时所依据的法律发生效力。因为,如果将合同制置于新法律的支配之下,亦即让合同转而按照新法律发生效果,则无异于对合同的间接修改。②

5.契约的相对效力原则

合同成立所产生的法律效力具有相对性,即合同只能约束合同当事人。合同既不能被第三人所利用,也不能为第三人造成损失(《法国民法典》第1165条)。这一原则被称为“契约的相对效力原则”,它同样反映了意思自治原则的要求。因为,既然当事人的意志是合同权利义务的“原动力”,那么只有表达这种意志的人才能受该合同的约束。

总之,意思自治原则将当事人的自由意志置于“相当于法律”的地位,形成统治西方国家一百多年的契约法上的“唯意志论”,它把契约法描绘成一套关于私人意志的纯粹的理论体系。而意思自治的观念不仅在契约制度中得以集中反映,而且几乎被视作设计整个私法制度之最

---

① Farihat, *L' ordre public économique*, p. 32, cité par Flour et Aubert, p. 73.

② Jacques Flour et Jean-luc Aubert, *Driot civil*, *Les obligations*, p. 73.

为重要的观念基础。

(二)意思自治原则的理论基础

意思自治原则的理论基础主要包括两个方面:一是政治哲学的理论;二是经济学的理论。

就政治哲学理论而言,欧洲18世纪的哲学思想非常活跃,流派甚多,但其共同目标均在反对封建时代的神学世界观,其哲学思想可以归结为"个人权利对国家的抗衡"。根据天赋人权理论,人生而平等,社会应当最大限度地承认个人的权利,应当承认个人所具有的自由与生俱来。这些思想在法国1789年《人权宣言》中得到鲜明体现,该宣言第5条宣布:"人们有权实施法律所不禁止的一切行为。"而民事生活中的意思自治,则是上述思想的直接表现。所以,意思自治首先是建立在人生而自由的信念基础之上的。与此同时,意思自治与18世纪末在欧洲广泛传播的社会契约论之间也存在极为密切的联系,从某种意义上讲,社会契约论被认为是意思自治理论的另一种表达而已。法国学者指出:"如果说意思自治是一种历史事实的话,那么,社会契约则对个人施加以社会的约束力的合理的证明;如果说社会契约是针对公共权力而言的话,那么,意思自治则是针对私人权力而言,即个人依自己的意愿而被束缚,只能通过社会契约的方式。实质上,意思自治与社会契约是平行、并列的理论。"①所谓"契约对缔约当事人具有相当于法律的效力",其实是社会契约论的一种极好的表达(按照卢梭的观点,法律不过是社会契约的一个条款)。②

就经济学的理论而言,在欧洲各国,自由主义经济理论是近代资本主义社会得以建立的基础。而自由经济的基本观念,就是允许个人依照其意愿交换相互的财产或者服务。这种理论认为,独立主体之间的自由竞争可以自发性地保护个人所有权和社会经济之间的平衡。而建立在自由竞争基础上的经济上的供求关系的规律,不仅使商品的价格与其价值相适应,而且使生产与需求相适应。因此,在自由选择基础上建立的人们相互之间的关系最为公正、对社会最为有利,而意思自治则直接反映了自由经济的要求。

---

① Gounot, *Le principe de l' autounomie de volonté en droit privé*, cite par Flour et Aubert.

② Jacques Flour et Jean-luc Aubert, *Droit civil*, *Les obligations*, pp. 75 – 77.

三、意思自治原则在现代民法上的地位

(一)意思自治原则的批判

在几乎整个19世纪,意思自治原则在民法上的神圣地位是不可动摇的。但进入20世纪以后,随着社会变革,这一原则开始受到越来越多的批判。此种批判,首先围绕其理论基础进行。

就有关政治哲学思想而言,个人主义哲学思想是意思自治的基础。但在现代社会,近代法律上的个人主义还能不能原封不动地保留?西方学者对此作了非常谨慎的分析。他们认为,法律上的个人主义或自由主义有两方面的含义:

一是个人为法律的目的,即法律应当有助于实现个人的价值,社会应当为个人服务而不是相反。现代学者认为,这一观点是民主社会的基本精神实质,如果予以否认,社会就有可能被导向一种极权政治制度。但此种含义上的个人主义与意思自治并无直接联系:因为法律应当有助于个人利益,并不等于个人必须自由地创设自己的利益;法律应当服务于个人,也不等于个人有自己行动的必要性。因此,个人主义的这层含义不应被批判。

二是个人意志是其主观实体权利的唯一根据。个人主义的此种含义便与意思自治具有直接联系。个人意志之所以是权利的唯一根据,原因在于个人在享有社会赋予的权利之前,被假定其本来就享有一种自然的权利,其中最主要的便是自由权利。按照社会契约论的主要观点,社会是通过一种契约行为而建立的。在此之前,人都是孤立存在的,社会赋予个人的权利不过是对个人本来就享有的权利的认可而已。但此种观点已经遭受现代各种政治哲学理论的严厉批评。这些理论认为:"社会契约"作为一种历史事实根本不能成立,因为单个的、客观存在的人总是生活在一定的社会之中,个人利益只有在社会之中并通过社会才能实现,社会整体的权利,其地位从来都是高于个人。因此,个人自由不可能无限制,尤其是不可能不受社会利益的限制。法律的目的不仅保障个人的自由,而且更重要的是保障个人利益与社会利益的和谐、个人利益与个人利益的协调。所以,个人以其意志而为的行为必须审查其是否符合公共利益,是否能使私人之间的个别利益得到平衡;否则,其不能具有效力。据此,绝对的意思自治不可行。

就有关经济学的理论而言,意思自治原则是建立在自由主义经济理论基础之上的。但在20世纪以后,这种经济理论在西方逐渐被一种注重国家干预的理论所代替。按照自由主义经济理论,国家对经济生活完全持放任态度,此种极端的自由竞争的合理性首先是建立在人们相互间存在一种天生的平等的基础之上。但有学者认为,现代社会出现的经济垄断完全破坏了这一基础。由于垄断,各种企业以及各种合同当事人之间的经济实力出现越来越大的悬殊;而所谓的自由竞争,常常有可能因大企业之间的价格协议或各种极为复杂的经济同盟或协定形式而名存实亡。总之,在现代社会,完全意义上的经济自由已经不能保证生产和交换的协调发展,经济实力的悬殊导致当事人间地位不可能平等。为此,“意思自治等于公正”“契约等于公正”的公式在很多情况下再也难以成立。

由于意思自治原则理论基础的坍塌,这一原则在现代民法上的地位不能不出现明显的衰落。

(二)意思自治原则在现代民法上地位的衰落

意思自治原则在现代民法上地位的衰落,主要表现为对契约自由的越来越多的限制。

1.强制性合同的大量出现

“自由合意”是近代契约法的基础,“任何人都不可能被一项不符合其意愿的合同关系所约束,这是意思自治最基本的特征”。[①] 因此,当事人订立合同的任意性以及选择合同相对方的任意性,是契约自由的基本表现。但现代民法通过各种特别规定,把合同关系强加给当事人。所谓“强制性合同”,即当事人必须依照法律直接规定所订立的合同。而法律在一定条件下剥夺当事人选择自由的目的在于保护社会利益。在此,法律对各种合同的强制性程度有所不同:有时,法律会剥夺当事人决定是否订立合同的自由或者选择合同相对方的自由(如强制保险合同的订立);有时,法律会剥夺当事人确定合同权利义务的自由,即由法律直接“代替”当事人起草合同(如规定租金的限额标准、规定雇用合同中受雇人的最长工作时间及最低工资标准等)。

---

① Jean Carbonnier, *Droit civil*, *t. VI*, *Les obligations*, p. 64.

2. 形式主义的悄然复兴

近代资本主义为了促进商品流通的迅速、敏捷,在合同形式上力倡“重实质,轻形式”,主张当事人的合意为合同成立的充分条件。因此,法律上实行同意主义原则。但在现代社会,为了保护社会利益、弱者利益和商品流通秩序,要式合同越来越多。可以说,凡是涉及不动产交易(房屋买卖、土地转让、建筑工程施工合同以及不动产担保等)、知识产权以及身份权利的变动行为,在法律上都有可能被要求采用特定形式。总之,当事人的意志对于民事权利义务的产生,不再完全具有支配的地位。

3. 附合合同的法律限制

现代社会大量出现的附合合同,是一方当事人对于另一方当事人事先已经确定的合同条款只能表示全部同意或不同意的合同,故又称“格式合同”。由于附合合同中,另一方当事人常常具有法律上或者事实上的垄断地位或者经济上的强势地位,故一方当事人所谓“不订立合同”的选择在客观上根本不存在。现代理论认为,在实力不对等的合同当事人之间,无限制的契约自由会导致强者对弱者的剥削,从而导致不公正的出现。因此,法律必须对之予以强制干预。由此,对格式合同的法律限制即成为现代契约法的重要特征。

4. 消费者权益保护的特殊立法

自20世纪70年代初起,由于经营者和消费者两大社会群体在现代社会的对抗越来越激烈,而弱者保护被认为是实现真正平等和公正的社会的一个重要的条件,故以美国为代表的西方发达国家掀起了一场保护消费者利益的立法运动。这些立法完全改变了传统民法的基本观念,把消费者和经营者区分为两种不同的法律身份,公开予以不同等对待,以实现所谓“实质公平”。有关法律对合同的传统订立过程进行干预,以消除消费者与商品经营者之间关系上的各种不平衡。这些新颁布的法律在其适用的范围内,以其强制性规范不容置疑地改变了合同的传统观念。不再遵守意思自治所要求的一些基本规则,限制了契约自由的适用范围,是对意思自治原则在一定范围内的根本否定。

5. 合同解释原则的重大变化

合同解释原则是给予法官在当事人对合同条款发生歧义时的判断标准。在现代社会,由于当事人的意志对于合同关系不再具有一种绝对的支配地位,故合同解释的目的也发生了变化,从“探询当事人真实意思"实际上变为尽可能让合同产生法官认为比较公平的结果。

总之,意思自治原则的绝对地位在现代民法上的丧失是一个不可否认的事实。

四、意思自治原则在中国民法上的价值及其立法表达

在西方现代经济社会,由于国家干预的日渐增强,其包括契约法和其他制度下的民法与19世纪将意思自治原则作为无可争议的信条的时代的民法,已经大不相同。而就意思自治原则在现代契约法上的地位问题,尽管一些学者主张将合同制度完全建立于社会利益和公正两种思想的基础之上,认为"作为对这两种思想的反映,社会利益意味着对社会整体利益的保障,而公正则作为原则去平衡合同当事人相互之间的权利"。① 依照这种观点,社会利益与公正的价值将不再仅仅是对意思自治的规则起指导作用,而是成为合同的法律强制力的依据。但是,大多数学者认为,在民事主体(自然人、法人尤其是公司)之间的关系中,意思自治虽已遭受某些限制,合同的强制力虽已受到某些改变,但这种限制和改变只是表现为一般原则的例外。作为一般原则的意思自治原则仍然存在,并在一切依然遵循这一原则的范围内发挥作用。因此,社会利益和公正不是合同强制力的依据,它们的作用只是限定合同的内容范围,确定作为一般原则的意思自治在使用上的具体条件。②

在中国民法上,意思自治原则应当居于何种地位呢?

非常重要的是,与西方国家完全不同,中国社会从来没有实行过19世纪西方国家所实行的那种极端放任的自由经济。恰恰相反,在1949年以后,中国在长时期内采用的是高度集权和高度管制的计划经济模式,只是在20世纪70年代后期实行经济体制改革之后,才逐步转而采用以自由竞争为基本特征的市场经济模式。由此,就社会经济模式的变化走向而言,西方国家经历了一个从"极端的自由主义"向"一定程度的国家干预"转变的历史发展过程,而与此相反,中国社会则经历了一个从"极端的国家强制"向"一定程度的自由主义"转变的历史发展过程。如果说,现代西方国家由于经济上的自由太多而不得不予以限制

① Ghestin, *L' utile et le juste dans les contrat*, 1982, Chr. 1, cite par Flour et Aubert, p. 89.

② Jacques Flour et Jean-luc Aubert, *Driot civil*, *Les obligations*, p. 89.

的话,那么,现代中国则由于经济上的自由太少(政府干预太多)而必须赋予市场主体以更多的自由权利。诚然,即使在经济自由不足的现代中国社会,极端的个人主义与自由主义也不可采取,故不可将意思自治原则作为中国民法唯一重要的基本原则。但在民法的诸多基本原则之中,意思自治原则具有特别重要和基础性的地位,由此,中国民法对于意思自治原则的大力推崇、倡导和贯彻正是推动社会进步之必需。为此,中国民法典总则应当明确地将意思自治原则作为最为重要的基本原则加以明确规定。

在我国过去的民事立法中,意思自治的精神是通过"自愿原则"加以表达的。我国1986年《民法通则》第4条规定:"民事活动应当遵循自愿、公平、等价有偿、诚实信用的原则。"1999年《合同法》第4条规定:"当事人依法享有自愿订立合同的权利,任何单位和个人不得非法干预。"但"自愿"与"自治"具有重大区别,自愿原则仅能表达当事人享有订立合同及参加其他民事活动的自由,但无法表达意思自治原则最为重要的核心思想,即当事人的自由意志是其权利义务的创设根据。鉴于"意思自治"的概念难以为一般人所理解和接受,笔者认为,在我国民法典总则中,对这一原则可以采用叙说的方式予以表达。为此,笔者提出的建议稿采用了如下表达:"民事主体有权依法为自己设立、变更或者消灭民事权利义务,任何组织或个人不得非法干预。"

第四节 诚实信用原则的意义

一、历史沿革

民法的基本原则中,诚实信用原则具有特殊的地位,被称为"帝王规则"。而诚实信用原则在现代民法上之地位的不断上升,则是民法发展历史中值得研究的重要现象。

诚实信用作为法律用语,最早出现在罗马法。一般认为,罗马法中的"一般恶意抗辩"(*exceptio doli generalis*)是诚实信用原则的历史渊源。所谓"一般恶意抗辩",系指在民事活动中,无论双方之间的权利义务关系如何，只要一方具有恶意，则另一方得据此抗辩。也有人认为，罗马法后期出现的“诚信契约”是现代诚实信用原则的渊源。[①] 在相对于“严正契约”而存在的所谓“诚信契约”中，债务人不仅要承担契约规定的义务，还必须承担诚实、善意的补充义务。而就诚信契约所发生的纠纷，应按诚信诉讼处理。在诚信诉讼中，法官不受契约字面含义的约束，可根据当事人的真实意思对契约进行解释，并可根据公平原则对当事人的契约进行干预。可见，无论诚实信用原则的来源如何，现代诚实信用原则所包含的内容已经萌发于罗马法的相关制度之中。

“诚实信用”具有极强的道德色彩，以至于有人认为，由于罗马法时期奉行古希腊思想家亚里士多德的契约哲学，故源于道德的善的诚实信用在罗马私法的实体法和程序法中无所不在。[②]

但是，诚实信用原则在近代民法上几无地位。《法国民法典》第1134 条第 3 款规定：“前项契约应依善意履行之。”这里的“善意”是法律在契约之外提出的要求，故被认为含有诚信之意。但 19 世纪法国的注释法学派在对《法国民法典》进行解释时，基于绝对的意思自治观念对这一规定完全置之不理。其实，在意思自治原则的神圣光环笼罩下，前述条款很难发生任何实际作用。1900 年《德国民法典》首次在立法上使用了“诚实信用”的词语。其第 42 条规定：“债务人应依诚实与信用的原则，并参照交易上的习惯，履行给付。”第 157 条规定：“契约解释，应遵守诚实与信用的原则，并考虑交易上的习惯。”但德国民法对于这一原则的确认，也仅限于契约的解释和履行，并未使之成为具有普遍适用效力的基本原则。直到 1911 年《瑞士民法典》，诚实信用原则的地位才得以大幅度提升。该法典第 2 条规定：“任何人都必须依诚实信用行使其权利和履行其义务。明显地滥用权利，不受法律保护。”自此，诚信原则成为民法典的一般条款及整个民法的基本原则，并为后来各国的立法纷纷仿效。而当诚实信用原则由一般的契约法的原则上升为整个一切民事法律关系的基本原则之时，这一原则便充当了近代民法改革的先驱。

---

① 参见徐国栋：《民法基本原则解释》，中国政法大学出版社 1992 年版，第 79 ~ 80 页。

② 参见傅静坤：《二十世纪契约法》，法律出版社 1997 年版，第 38 页。

对于诚实信用原则由衰及盛的发展历史,有学者认为其原因在于,诚实信用原则以“善”为准则表达的是一种外在的道德要求,而正是这一点,使之与近代民法的基本思想有所冲突。近代民法对人仅有“经济人”(合理的、理性的利己主义者)的标准,并不更多地要求人具备利他主义的善良,故诚实信用并不与19世纪西方国家占统治地位的自由主义的经济理论相吻合。另外,古典自然法学在19世纪以后逐渐衰落,实证主义法学逐渐占据上风。实证法学反对形而上学的思辨方式和寻求终极原理的做法,强调法学作独立科学的性质,认为只有实在法才是法律。[①] 这样一来,自然法的道德法理论就被自由主义法理学完全抛弃,源于道德的“善”的诚实信用观念在私法中难以受到重视,意思自治被认为是民法上唯一重要的基本原则。按照意思自治原则,“自愿等于公正”,不存在其他有关公正的评判标准,更不可能将“利益平衡”置于公正之判断的首位。所以,诚实信用虽然在近代民法中也发生某种影响,但其不可能成为统率民法的基本原则,也不是民事主体的根本行为准则。

而20世纪以来的民法则不一样:绝对的个人主义开始被限制,人们对社会公正的寻求逐渐加强,意思自治原则的统治地位发生了动摇。而所谓“实质公平”,其实正是利益平衡的结果。由此,诚实信用原则地位逐渐上升,从最初的一种交易道德的要求渐次扩张于全部民事活动。与此同时,诚实信用原则在现代民法中的运用,实际是授予法官自由裁量权,使其获得一纸“白纸委任状”,其以诚信原则为依据,在法无明文规定或无规定时,阐明法律的本旨,对法律进行补充。同时,在法律规定的适用不合法律的目的,有违正义时,避免机械地执行法律,而实现个别正义。由此,诚信原则成为克服成文法局限性的重要工具。

二、诚实信用原则的本质和作用

很多学者认为,诚实信用原则的思想渊源于自然法。相对于所谓“实在法”的“自然法”,是指自然界和人类社会的普遍法则。英国古典自然法学派的代表人物霍布斯把自然法的本质和内涵概括为道德的哲学。洛克则认为自然法渊源于人类生命的本质,“而理性,也就是自然

---

① 参见[美]E.博登海默:《法理学:法律哲学与法律方法》,邓正来译,中国政法大学出版社1999年版,第116页。

法”,他认为“实在法只有以自然法为基础时,才是公正的”。而法国的孟德斯鸠认为自然法来源于自然,永恒不变,也就是所谓正义、公平、自由、和平、善意等道德规律是绝对的。诚信原则思想渊源于自然法的善意与公平的理念,亦即诚信原则是道德的法律化,或者法律的道德化。如果排除政治因素,则道德的目的从来就是法律的目的,法律由道德演进而来。所以,美国的庞德把法的演进程式概括为“最初仅为一部道德律,继而演变为衡平原理,再变为法律条款”。由此,诚实信用原则被认为是自然法的公平、善意的道德规律在实在法上的表现。[①]

而就诚实信用原则的实质,不同学者基于不同的角度和立场进行了各种不同的阐释。有的认为是社会理想或者法律伦理,有的认为是市场交易中人人可得期待的交易道德的基础,有的认为是利益平衡,有的认为是法官手中的衡平法(白纸委任状),有的则认为是交易道德与利益平衡的结合。[②] 但无论如何表述,诚实信用原则所表达的显然是一种公平正义理念,它是一种具体化的道德准则,同时又以利益平衡来体现公平的要求。由此,一般认为,诚实信用原则是道德化的强行法,其判断标准就是社会伦理观念,因此是道德的法律技术化,是道德化的法。同时,诚实信用原则是观念法:该原则是抽象的、概括的,无具体内容,属白纸规定,其内容为民事行为的善意要求和利益平衡的观念,这种观念随时代的变化而变化。

毫无疑问,诚实信用原则的勃兴不仅反映了一种社会道德更为直接和充分地介入民法规则的强烈需求,而且在由于成文法的过分技术化而导致某些司法裁判结果与社会一般公平观念不相吻合的背景之下,满足了人们急于摆脱僵硬法条的束缚以能主动驾驭司法活动走向的强烈愿望。由此,诚实信用原则不仅具有“软化”基于意思自治信条而在当事人之间因合意形成的法律锁链,而且为承认或者扩张司法自由裁量权提供了理论支持。因此,如果说公序良俗原则是对意思自治原则的一种外部限制的话,那么诚实信用原则对于同一原则则表现为一种直接的内部限制。

---

① 参见何孝元:《诚实信用原则与衡平法》,三民书局 1986 年版,第 27 ~ 32 页。

② 参见史尚宽:《债法总论》,台湾 1978 年自版,第 319 页;彭万林主编:《民法学》,中国政法大学出版社 1994 年版,第 38 页。

在我国,1986年《民法通则》第4条即有关于“民事活动应当遵循诚实信用原则”的规定,1999年《合同法》除在第6条作出关于“当事人行使权利、履行义务应当遵循诚实信用原则”的一般规定之外,还在各种具体制度中全面、忠实地贯彻了这一原则。十分明显的是,在我国民法理论和立法的发展过程中,诚实信用原则几乎从一开始就受到特别的重视,就这一原则的理论价值和应用价值,从未受到过任何质疑。笔者认为,诚实信用原则之所以能够产生此种独特的魅力,一方面,源于中国社会根深蒂固的崇尚道德的历史传统,在这种观念形态基础之上,市场经济的残酷的自由竞争所导致的过分的唯利是图的倾向,必然会本能地遭到排斥,而诚实信用原则所具有的润滑功能,则使商业竞争的冷酷与社会道德的温情之间得以某种糅合;另一方面,从西方移植而来的司法制度严谨而且具有高度技术化特点,而法律与情理之间的冲突常常基于法官冷冰冰的裁判结果而最为生动和尖锐地发生。而诚实信用原则恰恰是在刻板的法律条文之外树立了另外一种抽象的裁判标准,这一标准的功能与其说是对立法的解释或者立法漏洞的补充,不如说被认为是赋予了法官和当事人在立法之外去寻找其效力大于具体的法律条文的权力。不过,有所区别的是,在诉讼中,对于当事人而言,诚实信用原则是表达公平信念和合理感情的重要武器,是从道德的角度用于攻击对方的常用武器。但对法官而言,如果缺少具体法条或者司法解释的支持,则单纯以诚实信用原则的违反作为认定行为无效或者分配损失的依据常常是极难做到的。就实际状况而言,由于我国立法的不完善和司法体制的既存缺陷,在诚实信用原则对立法漏洞填充的需求与对法官滥用司法裁量权的普遍担忧之间,自然存在严重的冲突和犹豫。然而,诚实信用原则理论研究的成熟以及合同立法的推动,毕竟已经使这一原则在我国理论界和实务界深入人心。因此,无论真正全面实践这一原则的路途还有多远,这一原则在我国民法上的重要地位是不容否定的。

第五节　公序良俗原则的法律适用

一、各国家或地区立法例及理论分歧

即使在意思自治原则具有至高无上地位的近代资本主义社会,当事人的自由意志亦并非毫无限制,而公序良俗原则正是对当事人意志自由之边界的标示。

"公序良俗"为公共秩序和善良风俗的合并简称。如作简略理解,至少在中国的语境之下,公共秩序是公共利益的另一种表达方式,而善良风俗则是社会道德的另一种表达方式。理论上,公共秩序被认为与国家和社会整体秩序亦即整体利益有关。较之法秩序,公共秩序概念的外延更宽,公共秩序未必是法律规定的秩序,除现行法秩序外,还应包括现行法秩序的基础的根本原则和根本理念的内容。而善良风俗则被认为只是与居社会主流或者叫作"占统治地位"的道德准则有关,二者泾渭分明。①

但在其他国家的立法和理论上,如何看待公共秩序和善良风俗的相互关系,却有完全不同的认识。

在法国,对于《法国民法典》上两次提及的"公序良俗"存在基本一致的理解。该法典第 6 条规定:"当事人不得以特别约定违反有关公共秩序和善良风俗的法律。"第 1135 条规定:"如原因为法律所禁止,或原因违反善良风俗或公共秩序时,此种原因为不法原因。"在这里,公共秩序和善良风俗被予以区分。但韦尔(Weill)等法国学者指出,作为对契约自由的限制,公共秩序与善良风俗表现了社会对于个人的一种"至高无上"的地位,即社会强迫个人遵守构成该社会基础的一些规则。正因如此,对公共秩序和善良风俗的区分表现出一种人为的特点:由于法律的目的并非直接地对人进行道德教育,所以,某些基本的道德规范之所以应当被强制性地遵守,其原因并不在于为了实现该种道德本身,而在

① 参见梁慧星:《市场经济与公序良俗原则》,载梁慧星主编:《民商法论丛》(第 1 卷),法律出版社 1994 年版,第 50 ~ 51 页。

于为了实现该种道德所具有的社会价值,以及它所带给社会的某种秩序。(例如,法国审判历史上许多判例对违反性道德的协议所采取的严厉制裁,只不过是婚姻这一公共秩序的组成部分的法律保护方法之一。)因此,在法国人看来,善良风俗与公共秩序并无本质的不同,善良风俗是公共秩序的特殊组成部分。①

而在德国,由于《德国民法典》仅在两处提及"善良风俗",故对之所作理解成为德国学者之间争议颇大的问题。该法典第138条第1项规定:"违反善良风俗的法律行为,无效。"第826条规定:"以违反善良风俗的方法对他人故意施加损害的人,对受害人负有赔偿损害的义务。"在这里,仅有善良风俗的表达而无公共秩序的表达。帝国最高法院将"善良风俗"解释为"所有善良和合理思想的理智感觉"并为联邦最高法院所沿用,但并未指出一种具体的定义和判别标准。德国过去的学说就存在两种不同的观点,一种认为第138条的规定只是对现存外部法律秩序的沿用,即这一规定只要求沿用"风俗习惯(道德)法",只不过这里的"道德"不是指严格意义上的(社会)伦理或者基督教义上的伦理道德,而是现存社会中"占统治地位的道德";而另一种观点则认为,这一规定是为了保证人们有秩序的共同生活而必须达到的"最低道德规范"。因此,违反了"善良风俗"就是违反了"公共秩序"。② 在这一框架之下,有关讨论在德国当代学者之间继续进行。其中,迪特尔·梅迪库斯认为,"第138条并非旨在将法律秩序与道德秩序进行完全的协调……'善良风俗'只是从道德秩序中剪裁下来的、在很大程度上被烙上了法律印记的那部分"。③ 而卡尔·拉伦茨也站在同一立场,认为善良风俗"既包括了法制本身内在的伦理道德价值和原则,也包括了先进社会占'统治地位的道德'的行为准则",反对使用公共秩序来代替原来意义上的"善良风俗"。④

在《日本民法典》及我国台湾地区"民法典"上,公共秩序和善良风

---

① 参见尹田:《法国现代合同法》,法律出版社1995年版,第165~167页。

② 参见[德]卡尔·拉伦茨:《德国民法通论》(下册),王晓晔等译,法律出版社2003年版,第596~597页。

③ [德]迪特尔·梅迪库斯:《德国民法总论》,邵建东译,法律出版社2000年版,第510~511页。

④ [德]卡尔·拉伦茨:《德国民法通论》(下册),王晓晔等译,法律出版社2003年版,第599页。

俗均被并列规定。[①] 但依日本理论通说，公共秩序和善良风俗都是指社会妥当性，仅前者着眼于社会秩序，后者着眼于道德观念，故无法完全明确区分，应予统括。[②] 而我国台湾地区学者也多认为公共秩序和善良风俗在范围上难以截然区分，只是其范围并不完全一致，公共秩序为社会的一般公共利益，指外部的社会秩序，兼括整个法秩序的规范原则及价值体系，而善良风俗则指道德观念，违反善良风俗者不一定违反公共秩序，反之亦然。[③]

观察上述理论分歧，可以发现，无论何种观点，其实都不反对在形式上将公共秩序与善良风俗加以区分。同时，善良风俗与伦理道德之间的直接联系，也是不容置疑的。理论分歧主要在于善良风俗在实质上是否应当被视为一种公共秩序？

笔者认为，就公序良俗原则的宗旨而言，其不外乎是对个人自由施加的一种外部限制，亦即在个人利益与社会整体利益有可能发生冲突的部位，设置了一种抽象的分界标志。因此，理论上最为重要的任务是尽可能具体指明这一分界点或者为这一分界点的辨认提出可供参照的指导性意见。而公共秩序与善良风俗本身的明确区分，并无更为重要的意义。事实上，对于善良风俗表现的是社会道德的要求这一点并无分歧。而善良风俗所保护的对象在实质上构成社会公共秩序的一部分的说法，也是完全可以接受的。但鉴于善良风俗具有负载社会伦理道德的特殊作用，所以，将之与公共秩序分开表达也不是不可以接受的。基于这一考虑，我国民法上的公序良俗原则在《民法通则》等过去的立法上表达为“公共秩序”与“社会道德”，不使用“善良风俗”这一在现代中国社会并不通行的古旧词语，应该具有合理性。但随着民法知识在我国社会大众中的逐渐普及，“公序良俗”的用语逐渐为民众所熟悉和理解，故在民法典中直接采用“公序良俗”的立法表达，其时机已经

---

① 《日本民法典》第 90 条规定：“以违反公共秩序或善良风俗事项为目的的法律行为，无效。”我国台湾地区“民法典”第 2 条规定：“民事所适用之习惯，以不背于公共秩序或善良风俗者为限。”第 72 条规定：“法律行为，有背于公共秩序或善良风俗者，无效。”

② 参见[日]山本敬三：《民法讲义Ⅰ：总则》，解亘译，北京大学出版社 2004 年版，第 179～180 页。

③ 参见史尚宽：《民法总论》，正大印书馆 1980 年版，第 300 页；郑玉波：《民法总则》，中国政法大学出版社 2003 年版，第 467 页；王泽鉴：《民法总则》，中国政法大学出版社 2001 年版，第 291 页。

成熟。

真正需要重点指出的问题是:公序良俗原则中的“善良风俗”不是一种道德规范。

应当承认,善良风俗的渊源在于道德秩序而非法律秩序,但是,由于以下两个原因,公序良俗中的善良风俗得以发生保护法律秩序的作用:

其一,善良风俗只是对部分道德秩序的“裁剪”。如前所述,迪特尔·梅迪库斯将这部分道德秩序称为“烙上了法律印记的那部分”,其他一些德国学者则更为具体地将之称为“最低的道德规范”,而卡尔·拉伦茨则将之称为“法律本身内在的伦理原则和价值标准”。[①] 但无论作何理解,善良风俗的目的都不可能是一般性地赋予社会道德以法律强制力,亦即并非整个道德秩序都通过善良风俗的适用而被纳入法律秩序之中。因此,善良风俗来源于道德秩序,但其目的不在于直接保护道德秩序。

其二,善良风俗原则的效果仅仅是阻止违反道德的行为获得强制力,而不是直接实现道德本身的要求。对于善良风俗原则的目的,如前所述,在法国学者看来,在于实现某些基本道德“所具有的社会价值”。而在迪特尔·梅迪库斯等德国学者看来,是为了“阻止法律行为为实施不道德行为提供服务”。[②] 换言之,民法上善良风俗原则的效果不是赋予道德规范以法律强制实行力,也不是对违反道德的行为予以法律制裁,而是不为违反道德的行为提供法律行为强制履行的效力。

由此,违背善良风俗(社会道德)的行为的违法性,不是表现为对道德规范本身的违反(否则道德就被法律所吞并),而是表现为对法律不允许违背道德的行为破坏法律秩序的规定的违反。

二、公共秩序的渊源及其法律适用

(一)公共秩序的渊源和分类

法国学者认为,公共秩序是指某种居于统治地位的集团强加于个

---

① [德]卡尔·拉伦茨:《德国民法通论》(下册),王晓晔等译,法律出版社2003年版,第601页。

② [德]迪特尔·梅迪库斯:《德国民法总论》,邵建东译,法律出版社2000年版,第511页。

人的一种压制,属于强制性规范,是当事人自由意志的对立物,其本质在于反映和保护国家的根本利益,其不仅来源于宪法、刑法以及行政法等公法,而且来源于私法。①

在法国民法理论有关公共秩序的各种分类中,政治公共秩序与经济公共秩序的分类最为重要。

所谓"政治公共秩序"(ordre public politique)是指原本意义上的或者说是"经典"的公共秩序,其目的在于保护社会的基本结构,使之不受当事人个人意志的侵犯,故其实质为对个人自由的限制。因此,政治公共秩序的目的不是直接调整财产交换关系,而是保护文明社会的基本原则,亦即保护国家、家庭和社会秩序。正是在这个意义上,善良风俗被视为政治公共秩序的组成部分。除公法的规定之外,在私法上,政治公共秩序主要表现为法律的禁止性规定,即禁止当事人实施某些行为,但并不强迫当事人按一定的标准去具体设置双方的财产关系或者身份关系。而由于民法典上的禁止性规范很少且通常具有一般性和抽象性的特点,故这种公共秩序的具体内容或者其判断的具体标准,常常必须通过法院的司法诉讼活动才能加以确定,亦即在某些情形,即使立法上未明确规定某些规范是否属于禁止性规范,但法官认为该种规范对于维护社会秩序具有重要意义时,其有权将之赋予强制性的特征;而在另一种更为普遍的情形,尽管法律对于当事人的某一具体行为无明文禁止性规定,但如果该行为被认为是直接违背了"社会活动的基本准则",法官也有权将之确认为无效。由此,政治上的公共秩序主要表现为一种"司法上的公共秩序"(ordre publicjudiciare)。

所谓"经济的公共秩序"(ordre public économique)是国家对社会经济生活进行干预的结果,即国家通过一些强制性规范对当事人之间的财产交换直接进行干预,其目的或者是使双方的交换关系更为平等,或者是更好地维护社会整体利益。而从方法上看,这种干预不仅表现为在立法上设置一些禁止性规范,而且更重要的是通过颁布具体的实体性法律直接对法律关系的效果予以支配。正因为经济公共秩序具有直接通过法律规定来具体确定其内容的特点,亦即法律条文是其主要渊源,所以,其又被称为"立法上的公共秩序"(ordre public législative)或者"法

---

① Jean Carbonnier, *Droit civil*, *t. VI*, *Les obligations*, pp. 143 – 144.

律条文上的公共秩序”(ordre public testuel)。

从特征上看,政治公共秩序总是试图维护文明社会某些“永恒”的原则,故其具有保守和相对稳定的特点,但经济公共秩序的具体内容则因为社会经济条件和国家经济政策的变化处于不断变化发展之中,具有强烈的革命性和创新性,是社会改革的武器。因此,现代民法中的公共秩序规范被着重适用于社会经济关系的调整过程,而这一领域恰恰是传统立法所不感兴趣的。[①]

(二)公共秩序的法律适用

公共秩序的保护对象是国家利益和社会公共利益。对国家机构和公共服务机构以及社会一般秩序的保护是政治公共秩序的主要任务,而对经济秩序的保护,则是经济公共秩序的主要任务。

1. 政治公共秩序的法律适用

具体而言,法律行为对国家利益和社会公共利益的违反,常常表现为对有关公法上禁止性规定的违反。如对宪法的违反(如公民出卖选票或者贿选而签订的合同无效)、对刑法的违反(如投保人为避免因犯罪行为而被判处没收财产所造成的损失而与保险人所签订的保险合同无效)、对税法的违反(如以逃税为目的签订的掩盖房屋买卖真实价格而达成的协议无效)、对其他各种行政管理法规的违反(如违反我国《土地管理法》的规定“炒卖”国有土地使用权而签订的合同无效),等等。

不过应当指出,当事人就有关放弃或者限制宪法以及其他法律赋予的基本权利(如选举权与被选举权、受教育权、劳动者休息权等)原则上均应属无效。但在某些情况下,如果当事人非以规避法律为目的而放弃或者限制某些公法赋予的基本权利,在法律允许的条件下,并不构成对公共秩序的违反。如当事人在合同中约定发生纠纷时双方只能提交仲裁而不能诉诸法院,此种排除诉权行使的约定为有效。

2. 经济公共秩序的法律适用

从本质上讲,所谓经济公共秩序是国家直接干预社会经济生活的表现。因此,在西方国家,经济公共秩序的概念是伴随契约自由原则的衰落而逐渐出现的。法国学者法尔雅(Farjat)在其《经济私法》(*Droit privé de l' économie*)一书中对经济公共秩序限制契约自由的方式进行

---

① 参见尹田:《法国现代合同法》,法律出版社 1995 年版,第 170 ~ 174 页。

了分析。他指出，经济公共秩序实现其目标的方式主要有两种：一是将大量的合同关系置于强制性规范的控制之下，从而在许多情况下毫不留情地、直接地使契约自由归于消灭；二是在某些情况下，仅要求当事人订立的合同必须经过行政机关的审核批准，以保证合同的适当性。①

在我国，经济公共秩序的违反主要表现为对有关《劳动法》《反不正当竞争法》《消费者权益保护法》以及其他行政管理法律、法规中禁止性规范的违反（如违反《劳动法》有关劳动者工作时间和劳动保障的规定而签订的合同、以不正当竞争为目的而签订的合同、违反招投标法的规定而签订的合同，等等）。

三、善良风俗的渊源及其法律适用

（一）善良风俗的渊源

与公共秩序不同，善良风俗的判断标准来自道德规范。因此，在立法上，通常只存在对善良风俗的一般性规定而无具体规定，故其具体内容只能由法官在司法诉讼过程中加以具体确定。而由于社会道德的多元化以及不稳定性，如何确定善良风俗的具体标准，便不可避免地成为一个争论不休的难题。我国数年前引起广泛关注和争论的所谓“二奶告大奶”的遗产纠纷案件，便是其典型。在这一由四川省泸州市中级人民法院二审判决的案件中，死者将其个人财产遗赠给与其同居的女友，其妻子诉请法院确定该遗赠无效，该法院以该遗赠违反社会道德为由支持了原告的主张。对此判决，社会公众形成两种截然相反的评价意见，而民法学者则几乎无一例外地持否定态度。

非常值得注意的是，在总结各种判例所提供的材料的基础之上，长期以来，法国的学者们就一直试图确定善良风俗的一般标准，并由此形成学说上的两种对立观点。

一种观点具有所谓“经验主义”的特点，其主张应当根据具体的时间和场合考察某一行为是否正常和符合习惯。因此，对善良风俗标准的确定，不应根据宗教的或哲学的思想，而只能根据事实和公众舆论。另一种观点则具有“主观主义”的特点，其主张应由法官根据社会生活中居主导地位的道德准则去判断行为是否违反道德。因此，对行为是

---

① Farjat, *Driot privé de l' économie*, *Vol.* 2, *Théorie des obligations*, 1975.

否合乎道德无须作具体考察,而只需作出判断即可。这种观点认为,经验主义的观点实际上只会使善良风俗成为空洞的概念,因为“法官不应当‘服从’与公众舆论,而应当在必要时‘抵制’这种舆论”。[①] 但这并不是说法官有可能确立一种关于善良风俗的一般原则,因为对某一国家的法律产生支配性影响的道德本来就具有自身的某种特点。如在法国,具有支配地位的是基督教道德(这一点与法律的非宗教化并不矛盾,因为“来源于宗教的道德规范,完全可以采取一种现代文明的表达方式而继续存在”)。[②] 而善良风俗的标准不过就是这种道德在善与恶之间所划出的一条界线。

上述“主观主义”的观点得到很多法学家的支持,但他们同时强调:在法国,所谓“占支配地位”的道德规范的指导作用并非一成不变。事实上,法国现代社会已不再谴责婚姻之外的性关系。对于这种关系,立法者甚至赋予某些他们原来是坚决否认的法律效果。如 1972 年 1 月 3 日颁布的法律便允许“自然家庭”(指无合法婚姻关系而组成的家庭)像合法家庭一样存在,且两种家庭中的子女在法律上具有同等地位。这些法学家认为,事实上,法国现代社会生活中,非婚同居再也难以被认为是不道德的行为。在这种情况下,假如将来的某一天,审判实践不加区别地确定“姘居者”之间的一切赠与行为均为有效,便一点儿也不会使人感到吃惊了。而在一个不再“过分严格”的社会中,“善良风俗的逐渐消亡,应当说是社会的一种进步”。[③]

很显然,就善良风俗的判断标准,究竟应当依据公众舆论还是法官所确信的“居主导地位的社会道德”,是一个很难说清的问题。原因在于,所谓“居主导地位的社会道德”与公众舆论所倡导的道德准则之间,本来就没有清楚的界限。姑且不论由于表达观点的途径的局限性,所谓“公众舆论”究竟是不是反映了社会上多数人的意见常常令人怀疑。即便社会舆论真的哗然而且大体一致,其常常也有可能是恰恰表现了一种落后、保守甚至愚昧的观念。(君不见,中国历史上曾经发生过多少舆论杀人的事件!)然而,如果说“居主导地位的社会道德”可以完全

---

① Ripert, *La règle moral*, n°. 39, cité par Flour et Aubert.

② 同上。

③ Jacques Flour et Jean-luc Aubert, *Driot civil*, *Les obligations*, p. 229.

背离公众舆论，则其“主导”的地位又不得不令人生疑。因此，极端的经验主义或者极端的主观主义可能都不具有合理性。尤其是在处于快速发展变化的中国特有的社会环境之中（地域辽阔、人口众多以及经济发展严重不平衡等），不同地域以及不同社会阶层的道德观念的变动情况极为复杂。因此，笔者认为，对于善良风俗的判断，理论上只能指明一些大致的标准，在其引导下，法官得基于具体情势（不同生活区域人们的传统习俗、价值观念等）对个案作出具体判断。在此，包括法官在内的所谓“社会精英阶层”的价值判断和社会公众的舆论，同样应当予以重视。总之，对于善良风俗的判断标准问题，与其他法律判断不同，折中的方法也许是最妥当的方法。

（二）善良风俗的引导性判断标准

尽管确定善良风俗的具体判断标准几乎是不可能的，但各国学者仍然试图在总结判例的基础之上归纳出一些典型的行为类型，用以指导相关的司法实践。

在法国司法实践中，合同因违背善良风俗而被认定无效的主要事由包括：

1. 违反性道德

合同原因（目的）违反性道德的类型主要有两种：一是房屋买卖合同或者房屋租赁合同以开设妓院或卖淫为目的；二是合同目的为支持违反性道德的行为，包括姘居者之间签订的某些赠与合同，以及当事人之间签订的有利于建立或者继续婚外性关系的合同，如同意借款给某已婚妇女以使其可与其情人逃亡国外。在这一方面，有关判例并不一概认定赠与行为因赠与人与受赠人之间存在不正当的性关系而无效，故姘居者之间的生前赠与或者死后赠与并非当然无效。然而，如果姘居者之间以建立、维持或者重新继续双方的性关系为目的的赠与合同则为无效。与此相反，以结束双方的性关系为目的的赠与为有效。而基于男方向女方赔偿的意愿，为了保证女方日后前途或者为了感谢女方对赠与人（或遗赠人）的照顾而对之赠与，应为有效。

2. 赌博

对于以赌博为内容的合同，《法国民法典》第 1965 条规定其应属无效（“法律对于赌博的债务或打赌的偿付，不赋予任何诉权”）。而在司法实践中，这一规定被扩张适用于以支持赌博为目的的合同（如在双方知情的情况下,以赌博为目的的借贷合同无效)。

3. 获取其他不道德利益

以当事人履行法定的作为或者不作为义务作为给付报酬的对价的合同无效。如当事人承诺不实施犯罪行为而签订的合同,国家公务员或者职员因完成职务内行为而接受第三人报酬所签订的合同,自由职业者(商人或医生等)之间就"客户转让"而签订的合同等。

4. 限制人身自由

在法国,对于限制当事人选择婚姻或者不选择婚姻的自由的合同的合法性,尚无一般的客观评价标准,但当事人是否具有合理的或者可理解的动机,常常是确定限制结婚或者再婚的合同是否有效的基本根据。例如,根据巴黎法院1963年4月30日判决,法国国营航空公司(Air France)在有关合同中限定空中小姐必须为未婚者的条款就被确认为无效。但是,对于限制当事人从事职业的自由的合同的合法性评价,其标准则比较具体。这主要视限制的时间和空间而定:如果同时在时间上和空间上限制当事人从事某种职业(如当事人约定,某营业资产的出卖人不得在任何地区再行安置同类资产从事经营,此种合同条款应为无效);如果仅在时间上或者仅在空间上进行同类限制(如为避免与买受人发生竞争,双方约定营业资产的出卖人不得在某一地区再行设置资产从事经营),此种条款应为有效。

5. 违背家庭伦理道德

当事人不得违背法律规定,以法定条件之外的其他条件建立其家庭关系,也不得通过约定使家庭关系产生法定效果之外的其他效果,如配偶之间达成的"分居协议"无效,"子宫出借合同"或者"幼儿赠与合同"无效(这类合同中,作为"运载母亲"的当事人与因女方的原因不能生育的夫妻或同居者达成协议,当事人接受该夫妻或同居者中男方提供的精液所作的人工授精,在怀孕及分娩后,小孩归属于对方),等等。

6. 违背一般人类道德

其内容对于人的生命、身体未予必要尊重的合同无效。如提取并出售自己皮肤上的刺花纹(纹身)(巴黎大审法庭1969年6月3日判决),跳脱衣舞的合同(同前,1973年10月8日判决),等等。总之,不道德地利用自己的肉体或将之毫无意义地置于危险状态的行为被认定为违反道德。但如果当事人为取得合法利益而使用自己的肉体,如接受某些外科整容手术等,则是合法的。[①]

在德国,学者认为有关《德国民法典》第 138 条的规定主要难题在于如何查明"善良风俗"所指的内容,而"在一个'多元化社会'中,人们对道德价值及其位阶的共同看法越少,这一任务也就越难"。[②] 但学者仍然试图通过对一些特别重要的判例的归纳和分析,列举出一些具体的典型,如"对信贷设定过度担保""违反职业道德规则""有偿从事性交行为的合同""借腹生子合同"等,在一些有关环境保护的相关领域,也涉及善良风俗的适用问题。[③]

在日本,学者也对"反人伦"(如母子部同居的协议)、"违反正义观念"(如劝诱犯罪的契约)、"极度限制个人自由"(如艺娼妓包身契约)、"营业自由的限制"、"处分作为生存基础的财产"、"显著射幸者"等典型违反善良风俗行为,进行了深入的分析。[④]

第六节　《民法总则》对基本原则的立法确认

一、《民法总则草案(第一次审议稿)》的相关规定及其讨论

全国人大法工委 2016 年第一次审议稿第一章所规定的民法的基本原则包括:平等原则(第 3 条)、意思自治原则(第 4 条)、公平原则(第 5 条)、诚实信用原则及自觉维护交易安全原则(第 6 条)、环境资源保护原则(第 7 条)、公序良俗原则(第 8 条)、权利受保护及不得滥用权利原则(第 9 条)。

详加审视,该审议稿的规定实际上囊括了各个学者建议稿中所提出的有关民法基本原则的全部内容,且其最为重要的创新,是突破了我国有关民法基本原则的主流民法理论的框架,增设了"自觉维护交易安

① 参见尹田:《法国现代合同法》,法律出版社 1995 年版,第 166 ~ 168 页。

② [德]迪特尔·梅迪库斯:《德国民法总论》,邵建东译,法律出版社 2000 年版,第 511 页。

③ 参见[德]迪特尔·梅迪库斯:《德国民法总论》,邵建东译,法律出版社 2000 年版,第 511 页。

④ 参见[日]我妻荣:《新订民法总则》,于敏译,中国法制出版社 2008 年版,第 253 ~ 267 页。

全”和“环境资源保护”两项新的基本原则。

(一)“维护交易安全原则”增设之评价

前述《第一次审议稿》第6条在规定“诚实信用原则”(第1款)之后,另设第2款规定“民事主体从事民事活动,应当自觉维护交易安全”。

讨论中,有学者对此项基本原则的设定提出了异议,其认为:(1)民法的基本原则不仅适用于民法典的财产关系法(物权法和合同法),而且适用于其人身关系法(婚姻家庭法和继承法),条文所谓“民事活动”绝不限于市场交易活动,还包括其他民事活动,因此,不能要求从事与市场交易无关的民事活动的民事主体“自觉维护交易安全”;(2)所谓“交易安全”,是民法理论用来进行立法政策考量的一项“判断基准”(价值取向),是立法机关创设相关法律制度(如不动产登记公信力、善意取得等)的立法目的和政策依据。“交易安全”属不确定概念,没有明确的内涵和外延,故不宜作为基本原则。①

笔者在讨论中指出,民法理论上,交易安全是专指财产之“动”的安全。法律对交易安全的保护主要表现为对善意交易者之“信赖利益”的保护(如善意取得、表见代理等典型制度)。强化对交易安全的保护为现代民法的重要特征,其本质为对交易秩序之整体利益的侧重维护,由此,法律甚至不惜牺牲个别当事人的权利或者正当利益(如善意取得制度对于其财产被无权处分的真正权利人的利益的牺牲、表见代理制度对于无权代理之本人的利益的牺牲)。实质上,法律基于交易安全保护而设置的各项具体制度,都是以某种个别利益在社会整体利益(交易秩序)面前的让步为其基点的。交易安全保护相关制度的实质效果,是对当事人之间的有关利益和损失风险的强制分配,因此,交易安全的法律保护必须直接借助于法律的强制性规范方可实现。换言之,交易安全的维护者只能是法律而不能够是行为人自身。因此,维护交易安全不可能具体表现为民事主体的行为规范。

应当指出,民法总则草案是从民事主体的行为规范的角度对民法的基本原则作出规定的(“民事主体从事民事活动,应当遵循……原则”),而任何基本原则均须在民法典中具体化为民事主体的特定行为

① 参见梁慧星:《对〈中华人民共和国民法总则(草案)〉的修改建议》(2016年7月10日)。

规则。例如,意思自治原则在合同规则中表现为当事人有通过合意确定合同条款的权利等,诚实信用原则表现为当事人应承担法定的缔约过失责任等,公序良俗原则表现为当事人不得恶意串通、损害他人合法利益等各种禁止性规定等。但维护交易安全是法律应为之事项而非当事人必为之事项,故其无法也不可通过民事主体的具体行为规范(命令性规范)而加以表现:交易安全必须在交易中方可存在,故如果行为人是善意交易者,则对其交易安全只能由法律设置各种制度来加以维护,其自身无法“自觉”维护;如果行为人是恶意交易者,则其恶意交易行为违反的是诚实信用原则或者公序良俗原则,并依照相关规则产生相应法律效果,而非违反“自觉维护交易安全”原则。至于在交易安全保护规则的实行之中未参加交易却被“牺牲”掉的真正权利人或其他民事主体,令其“自觉维护交易安全”则无从说起。

据此,《民法总则草案(第一次审议稿)》第 6 条第 2 款有关民事主体应当“自觉维护交易安全”的规定即使具有某种道德引导作用,但离开民法的具体制度,其内容的不确定性和空泛性使其无法产生任何实际的作用。同时,民法的基本原则不是道德规范,所以,民法总则草案有关民事主体应“自觉维护交易安全”的规定,既不能作为民法的基本原则,也不能作为民事主体的一般性义务条款。故笔者建议将该条款删去。

(二)“环境资源保护原则”增设之评价

前述有关“维护交易安全原则”的分析,几乎可以直接适用于“环境资源保护原则”。

《民法总则草案(第一次审议稿)》第 7 条规定:“民事主体从事民事活动,应当保护环境、节约资源,促进人与自然和谐发展。”此即“环境资源保护原则”。

在现代社会,环境保护和生态平衡是最重要的公共利益,人人均应保护环境和节约资源。环境资源保护需要同时借重于法律和社会道德两种规范。在法律层面,环境资源保护主要是通过法律的强制性规范(包括命令性规范和禁止性规范)所实现的,即一方面通过行政监督、行政审批、行政处罚以及刑事制裁等公法规范预防和惩治破坏环境资源的不法行为;另一方面通过民法上的公序良俗原则以及环境侵权民事责任等制度安排,从私法的角度对环境资源进行法律保护。质言之,在民法典中,环境资源保护的立法目标主要是通过公序良俗原则而加以表现的。根据民法的性质,包括环境资源保护在内的一切公共利益的保护,在民法中只能设置为一种民事主体依法必须履行的消极的不作为法定义务,但不可能设置为民事主体应当履行的积极作为的法定义务(否则,便将个人的道德义务混同于法律义务)。

因此,《民法总则草案(第一次审议稿)》增设"环境资源保护原则",与公序良俗原则相重复,其纯粹只能具有一种道德指引作用。此项规定,没有任何法律的适用价值和实际意义,故笔者建议删去。

二、《民法总则》的立法选择

《民法总则草案(第二次审议稿)》删去了"自觉维护交易安全"原则,立法机关的理由是,维护交易安全是从事商事活动应当遵循的基本准则,故将该项规定移到有关营利法人一节中予以规定。但该审议稿仍然保留了有关"环境资源保护"的基本原则。而第三次审议稿则将有关"环境资源保护"的规定移到了"民事权利"一章,以第133条规定:"民事主体行使民事权利,应当节约资源、保护生态环境,弘扬中华优秀文化,践行社会主义核心价值观。"[①]与此同时,该审议稿删去了"不得滥用权利损害他人合法权益"的字句。

在正式颁布的《民法总则》中,"环境资源保护"原则被予以保留,由此,其所规定的基本原则包括:权利保护原则(第3条)、平等原则(第4条)、意思自治原则(第5条)、公平原则(第6条)、诚实信用原则(第7条)、公序良俗原则(第8条)、环境资源保护原则(第9条)。

应当承认,《民法总则》以立法形式正式废止了1986年《民法通则》所规定的"等价有偿"以及民事活动"不得破坏国家经济计划"和"遵守国家政策"等早已过时的基本原则,标志着中国民法在基本立法观念上的重大进步。而前述学者(包括笔者)就中国民法典总则中基本原则的立法安排所进行的讨论,目的仅在于使有关民法基本原则的规定更为科学,其不同意见均发生于立法技术层面而非实质层面,故其本身并不存在"对"与"错"之分。

---

① 对此规定,学界议论纷纷,认为"弘扬中华文化、践行社会主体价值观"不属民法规定的法定义务,且民事主体应包括外国自然人和外国法人,故明显不妥。

第二编
自然人的民法地位

第五章　自然人的人格与权利能力

第一节　自然人的权利能力的本质

一、从“人格”到“权利能力”的历史演进

(一)权利能力的含义

有关资料证实,“权利能力”(Rechtsf-ähigkeit)的概念,为学者泽勒(Franzvon Zeiller)在其所起草的《奥地利民法典》中第一次在立法上使用。①

对于权利能力是什么,德国学者便有不同看法:基尔克认为权利能力为人格权(一种权利),霍尔德认为权利能力为享有权利之资格。② 而法比尤斯和吉特则认为权利能力由行为能力所派生,为从事法律上有效行为的能力,拉伦茨和梅迪库斯则主张坚持对权利能力的传统定义,即权利能力指“成为权利和义务载体的能力”。③ 后来的理论认为,前述有关权利能力为享有权利的资格或者能力的观点更为正确,遂使其逐渐成为主流学说,其主要论据在于,权利能力在观念上应与权利

---

① 参见梁慧星:《民法总论》,法律出版社1996年版,第57页。

② 参见胡长清:《中国民法总论》,商务印书馆1933年版,第58页。

③ [德]迪特尔·梅迪库斯:《德国民法总论》,邵建东译,法律出版社2000年版,第781页。

各别存在,如以之为人格权,则无法解释取得人格权的基础。笔者认为,权利能力是人格所包含的内容,人格权则是人格中有关“非财产性要素”即“伦理性要素”和“社会政治性要素”的权利表达,故人格不是取得人格权的基础,权利能力更不是取得人格权的基础或者资格。但将权利能力等同于人格权的观点,显然已经注意到二者之间的联系(参见后文)。根据通说,由于近代民法承认一切自然人均具有平等的法律人格,均得独立地享有民事权利,承担民事义务,故由此而赋予自然人以民事主体资格,此种资格即权利能力。

但在对于权利能力的具体理解上,却存在一些不同的看法。

就权利能力的表达而言,有不少学者就断言,权利能力不仅指享有权利之能力,而且应当包括承担义务之能力,因而主张将权利能力改称为“权义能力”或者“权利义务能力”。① 而有可能受此影响,在1995年颁布的《越南民法典》上,权利能力被改称“民事法律能力”。

就权利能力的内容而言,很多学者认为,其内容或者是指“法律对公民能够享有的民事权利所规定的范围”,②或者是指“自然人可依法享有的民事权利和承担的民事义务的总和”。③

但上述理解均非妥当。

首先,民法以权利为本位,同时认定有权利(实体权利)必有其相对应的义务,故有关法律概念的创设或者表达,通常以权利为主题予以简略表达。所以,当言之“权利”时,有时其实便包含了“义务”的内容。如言及“债权关系”或者“物权关系”时,如不以权利必伴随相对应的义务来理解,就无法对其概念予以正确解释。因此,自然人有享受权利之资格,则当然有承担义务之资格,反之亦然,故无须赘述。

其次,将权利能力的“内容”理解为自然人得享有的权利的具体范围或者得享有的权利的总和,来源于《苏俄民法典》第10条关于“公民权利能力的内容”之规定:“公民可以依法拥有归个人所有的财产,享有使用住宅和其他财产的权利,继承和遗赠财产的权利,选择职业和居住地点的权利,享有科学、文学和艺术作品的著作权,发现、发明权和提出

---

① 参见胡长清:《中国民法总论》,商务印书馆1933年版,第58页;史尚宽:《民法总论》,中国政法大学出版社2000年版,第85页。

② 佟柔主编:《中国民法》,中国政法大学出版社2000年版,第68页。

③ 张俊浩主编:《民法学原理》,中国政法大学出版社1991年版,第10~13页。

合理化建议权以及其他财产权利和人身非财产权利。”但此种认识也是不正确的。

自然人的权利能力是一个抽象的概念，专用于描述自然人所具有的一种法律地位亦即拥有民事主体资格的法律状态。因此，权利能力的“内容”只能被理解为一种特定的“资格”，即自然人“得”（有资格）独立地享有民事权利和承担民事义务。而自然人得享有的权利义务的具体范围或其总和，则完全不是“权利能力”概念所要表达的内容范围。简言之，权利能力作为自然人平等地位或者平等人格的民法表达，其目的在于揭示和确定自然人的相互关系及相互地位，故权利能力仅存在有无之分，而绝无高低及大小之分。如果将自然人得具体享有的权利及承担的义务的范围或者其总和视为权利能力的内容，则不同的自然人实际“得”享有的民事权利的具体范围或者构成其“总和”的数量上的差异，便会导致权利能力内容的差异，此种差异便当然会决定权利能力之间的差异。事实上，在民事生活中，不同的自然人所“得”享有的具体民事权利总是存在差异的。例如，商人得享有因从事经营活动而享有的某些权利（商标权、商业名称权等），非商人则不能享有；一般人能够享有的某些财产权利（如因投资而享有的股权），依照我国有关党政干部不得经商的规定，党政干部们就不得享有。实际上，自然人能够享有的民事权利的具体范围，往往决定于特定国家的经济制度（如对于土地实行私有制或者公有制，便决定了自然人是否得享有土地所有权）、经济政策以及社会政策，决定于该国的经济发展水平。但无论自然人可以享有或者实际享有的民事权利的具体范围及具体数量如何，与“权利能力”所表现的抽象意义上的主体资格之间均无任何关系。

应当指出，依照我国过去的理论“通说”，我国自然人的权利能力被总结出四大特点，即“平等性”“统一性”“广泛性”“真实性”。其中，所谓“广泛性”系指我国自然人享有广泛的民事权利，并随着经济的发展，其能够享有的民事权利越来越多。而所谓“真实性”，则指我国社会为自然人真正取得并享受各种民事权利提供了坚实的物质基础。上述分析，被试图用来证明我国社会主义制度的优越性及民法制度的进步性。但其效果恰恰相反：我国是一个发展中国家，人民能够享有的财产权利以及所实际拥有的财产数量远远不及某些发达国家。依照前述理论，我国自然人的权利能力显然应当“小于”某些发达国家。由此可见，将自然人能够享有的民事权利作为权利能力的具体内容,并以所谓“广泛性”“真实性”作为我国自然人权利能力的特点,不仅不能论证我国自然人权利能力的社会主义性质及其优越性,反而会得出相反的结论。

因此,那种认为人们能够享有的权利范围越大,能够实际取得的财产权利越多,则其法律就越进步,其权利能力就越真实的观点,均不符合权利能力制度的本质。

如果说上述问题尚仅涉及对自然人权利能力的一种“延伸”解释的话,那么如何理解自然人的权利能力与自然人之人格的关系,则涉及对自然人权利能力之本质的解释。

极为重要的是,根据通行理论,权利能力是当事人据以充当民事主体、享受民事权利和承担民事义务的法律地位或者资格,是“人格”的另一种表达。如梁慧星先生认为:权利能力“又称法人格,或人格”;①梅仲协先生认为“权利能力为人格之别称”;②施启扬先生认为“权利主体、权利能力或人格三者的含义相同”。③ 日本学者四宫和夫也认为“法律人格即权利能力”。④ 但是,仔细分析前述德国学者有关权利能力的各种不同解释,可以发现,就德国学者而言,无论其对权利能力作何种理解,权利能力都没有被直接解释为“人格”的同义语。而在目前能够全文看到的由卡尔·拉伦茨和迪特尔·梅迪库斯两位德国著名学者有关民法总论的著作的中译本中,我们也没有能够找到任何有关“权利能力等同于人格”的论述。

常令人迷惑的是,在《德国民法典》上,不仅没有关于自然人“人格平等”的直接或者间接的宣称,而且该法典采用极端技术化的“权利能力”(Rechtsfähigkeit)概念取代了“人格”。而此后的瑞士、日本以及旧中国民法以及我国《民法通则》等纷纷跟进,“人格”的概念不仅在立法上隐而不见,且在理论学说中几近被“权利能力”所替代。由此引起的争论是:“权利能力”是“人格”的替代品吗?对之,尽管众多的回答都持肯定或者基本肯定的态度,但答者均无法回避内心深处的犹豫,因为

① 梁慧星:《民法总论》,法律出版社1996年版,第56页。

② 梅仲协:《民法要义》,中国政法大学出版社1998年版,第53页。

③ 施启扬:《民法总则》,台湾大地印刷厂1993年版,第65页。

④ [日]四宫和夫:《日本民法总则》,唐晖、钱孟姗译,五南图书出版有限公司1995年版,第45页。

他们根本无法回答接踵而来的另一个问题：为什么必须用含义并不清晰的“权利能力”去替代“人格”？

自然人的权利能力为自然人人格的“同义语”吗？如果答案是肯定的，那为什么德国民法理论不去使用古已有之的“现存”的“人格”概念，而要采用“权利能力”（Rechtsfähigkeit）的概念？为什么德国主流民法理论对此关涉权利能力本质的关键问题避而不谈？

（二）罗马法上的“人格”及其在近代的命运

自然人的“人格”（*personalita*）是一个源自罗马法的古老概念。

对于法律上的“人格”概念，有学者认为其具有三种不同含义：其一，人格指具有法律地位的权利主体，即人格为“主体”的同义语；其二，人格为作为权利主体法律资格的民事权利能力，即人格为“权利能力”的同义语；其三，人格为一种受法律保护的利益，如自然人的生命、身体、健康、自由、尊严、名誉等，即人格为“人格利益”的同义语。[①] 但就其原本意义而言，法律上的人格既不是指权利主体本身，也不是指权利能力，更不是指人格利益。

依通说，“人格”理论肇始于罗马法。过去的理论多将罗马法上的“人格”依现代观念理解为纯指自然人的民事主体资格（私法上的主体资格），但新近有学者指出，罗马法上的“人格”，首先是一个公法上的概念：在罗马法有关人的三个用语中，“*homo*”指生物意义上的人，“*caput*”指权利义务主体，“*persona*”指权利义务主体的各种身份。[②] 一个人必须同时具备自由人、家父和市民三种身份才能拥有 *caput*，即在市民名册中拥有一章的资格才是罗马共同体的正式成员。否则，就是奴隶，或是从属者，或者外邦人。[③] 由此，*caput* 被解释为罗马市民社会的主体资格即法律人格。所谓罗马法上的“人法”，首先要解决的是自由人的身份、市民的身份和家父的身份所构成的城邦正式成员的身份问题，亦即人格的拥有问题（公法领域）。其次解决“作为一个私的团体”（家庭）首脑的家父身份即家父权的问题，亦即家庭内部关系问题（私法领域）。而由于此种“人格”实质上是关于社会阶层或者阶级的划分，是作为组

---

① 参见王利明主编：《人格权法新论》，吉林人民出版社 1994 年版，第 4 ~ 6 页。

② 参见周枏：《罗马法原论》（上册），商务印书馆 1994 年版，第 97 页。

③ 参见徐国栋：《“人身关系”流变考》，载《中外法学》编辑部、北京大学第 22 届研究生会编：《中国民法百年回顾与前瞻学术研讨会文集》，法律出版社 2003 年版。

织社会身份制度的一种工具,所以,在罗马法上,“人格”具有公法性质。[①] 当然,考虑到“人格”在罗马市民内部(私法领域)确定交易主体资格所具有的意义,将之认定为“公私法兼容、人格与身份并列、财产关系和人身关系合为一体”的概念,[②]也是基本正确的。

总体来说,由古代罗马人创造的人格理论,其最重要的特点就在于人与人格的分离。在古罗马时代,“人格”是人的一般法律地位,何人有人格,何人无人格,表达了立法者对人的一种基本看法。而罗马法之人与人格的分离,则从根本上反映了古代罗马身份社会的基本特征。很显然,如果古罗马时代不存在人与人的不平等,不存在将人群分成三六九等的必要性,也就不存在将“人格”这一溅满奴隶鲜血的“面具”分配给同时具备自由人、家长及罗马市民三种身份的某些人的必要性,也就不会出现“人格”的概念和人格理论本身。故从其原本意义上讲,“人格”是一种一些人压迫另一些人的法律技术工具。当欧洲进入中世纪以后,另具特色的封建身份等级制度得以建立,罗马法的人格理论和制度寿终正寝。

罗马法上与人格有关的“*persona*”一词,后来成为近现代法理论上“人格”(personality,personalité)的词源。[③]

自中世纪后半期以来,尽管“人格”被视作一个哲学或者伦理学上解释“人”的本质属性时常用的重要概念,[④]但其并未被引入法学领域而成为一个法律术语。而经过资产阶级革命建立起来的欧洲资本主义

---

① 参见徐国栋:《“人身关系”流变考》,载《中外法学》编辑部、北京大学第22届研究生会编:《中国民法百年回顾与前瞻学术研讨会文集》,法律出版社2003年版。

② 参见姚辉:《人格权的研究》,载杨与龄主编:《民法总则争议问题研究》,五南图书出版有限公司1998年版。

③ 拉丁文“人”(*persona*)的词源 *personare*(声音)。“*persona*”表示演员演出时为掩饰声音而戴在脸上的面具。对于罗马法来说,面具只能赐予某些人,不赐予奴隶,奴隶被剥夺了人格(参见[葡]平托:《民法总论》,林炳辉等译,澳门法律翻译办公室、澳门大学法学院1999年版,第41页)。而据科恩的考察,拉丁语中的 *personalitas*(人格)一词产生于中世纪早期,是“*persona*”的派生词。参见姚辉:《人格权的研究》,载杨与龄主编:《民法总则争议问题研究》,五南图书出版有限公司1998年版。

④ 在康德(Kant)创立的“伦理人格主义”哲学(ethischer personalismus)中,“人”是理性的,不仅有认识可感知世界的事物及其规律性的能力,而且有识别道德要求并根据道德要求处世行事的能力。人依其本质即为目的本身,而非其他人达到目的的手段。参见[德]卡尔·拉伦茨:《德国民法通论》(上册),王晓晔等译,法律出版社2003年版,第46页。

国家,倡导天赋人权、人人平等,根本不需要制作任何表示某种身份或者地位的面具配发给每一个生而自由的人。因此,在《法国民法典》以及早期各国民法理论中不存在“人格”的概念。在法国《人权宣言》上,人权的主体是人(Homme)和市民(Citoyen),而非具有所谓“人格”(personnalité)的人。事实就是,当近代各国以其宪法、法律宣称人人平等之后,毫无必要运用一种徒增烦琐的法律技术再将“人格”赋予每一个人。质言之,作为身份区分工具的“法律人格”在人人平等的社会中,应当毫无使用价值。这正是迄今为止,没有一个近代或者现代国家的宪法或者民法曾将所谓“人格”明文赋予其国民的根本原因。但这并不妨碍近代或者现代的哲学家或者法学家继续沿用传统的“人格”概念来表达自然人所具有的一般社会地位或者法律地位,也不妨碍 20 世纪以后个别国家的民法典在对自然人人格的概括保护之规定中使用“人格”一词。①

应当指出,虽然作为近代民法开先河者的《法国民法典》上并没有关于“人格”(personalité)的表达,但因该法典第 8 条规定了“一切法国人均享有民事权利”,故其被认为系对法国 1789 年《人权宣言》在民法上的具体重申,②以保证平等、自由、安全这样一些进步社会的理想目标之实现。而在以后不断创新的学术阐述中,前述《法国民法典》第 8 条的规定被认为确定了自然人之“平等抽象的人格”。但学说上所作的此种阐释,不能否定《法国民法典》并未使用“人格”这一身份区分之法技术工具的事实。而新近已有学者指出,《法国民法典》的此条规定虽然确定了法国人之平等的民法地位,但其另外的目的却在于排除非法国人(外国人及无国籍人)对于私权的当然享有。(一个非常重要的事实是,奴隶制度存在于法国殖民地,直至 1848 年方始废止。)而在法国学者的论著中,“人格”(personnalité)之有无通常被用来描述自然人是否适用法国民法,甚至用来直接代替民法典上对此采用的有无法国国籍

---

① 《瑞士民法典》第 28 条第 1 项规定:“任何人在其人格受到不法侵害时,可诉请排除侵害。”

② 1789 年法国《人权宣言》规定:“在权利方面,人们生来是而且始终是自由平等的。”自由、财产、安全和反抗压迫是“人的自然的不可动摇的权利”。

之区分的标准。[①] 由此可见,至少在《法国民法典》颁布时期,如果说该法典对于"平等人格"作了某种宣称的话,那么其仍然具有某种社会身份的认定作用。所谓"平等抽象的人格"的宣称,并非针对一切自然人,故其仍然具有局限性。

既然纯粹作为一种法的基本理念(而非法技术工具),"人格平等"在近代法中已经被宪法或者基本法所确定,无须民法或者其他部门法予以重复宣称,那么,《德国民法典》为什么要创设及在立法上运用"权利能力"的概念？为什么"权利能力"在以后的民法理论中竟被几乎一致地认为是"人格"的替代品呢？

(三)德国民法创制"权利能力"的奥秘

对于德国民法为什么要刻意创制权利能力制度,以及为什么这一制度被后来各国的立法几乎无一例外地承继的问题,如果不从德国民法独特的形式理性思维方式去理解,那将是难以理喻的。与此同时,根据笔者的分析,权利能力制度的创设与法人制度的创设亦具有必然的因果关系。

1.权利能力与法律关系的一般理论

众所周知,以《德国民法典》为蓝本制定的民法典以及受潘德克吞(Pandectae)法学影响而建立的民法理论及立法体系,都是以法律关系这一概念作为基础而编排的。民法典之总则为法律关系的共同要素(主体、客体、法律事实以及权利义务的共同准则),分则则是对三类法律关系的具体规定(债权、物权、亲属及继承)。在这种系统编排法中,由于法律关系的概念在表现法律体系所适用的社会现实上被认为是合适的框架,因而其被用作整理法律及展示法律的技术工具。

法律产生的先决条件是它必须将生活在群体中的人的行为作为其规范对象,而民法之作用于一定的人际关系,必须展示其表现方式,这种表现方式被德国理论称为"法律关系"。法律关系之不同于原本意义上的人际关系(财产关系及伦理关系),是基于在此种关系中人的行为被予以强制性评价,其因此而与权利义务直接相联系。"一切权利均因

---

① Weill-Teeré, *droit civil*, *les personnes-la famille*, *les incapacité*, *éd*, 1983, p. 4 et s. 转引自曾世雄:《民法总则之现在与未来》,中国政法大学出版社2001年版,第75页。

人而设立”(*hominum causa omne ius constitutum est*)。[①] 因此,权利义务得以成为法律关系的核心。而民法在确认权利义务亦即“生产”法律关系时,依据一种对法律关系的解构所得出的结论(法律关系的三要素),必须合乎逻辑地首先确认权利义务承受人(法律关系的参加者)的资格。此种资格或者地位,被德国理论称为“权利能力”或者“主体资格”。在此意义上,权利能力担负着完成法律关系形式结构的任务,并不当然具有表彰或者替代“人格”的功能。为此,《德国民法典》在采用权利能力的概念时,并未对之加诸定义。

后来的学说逐渐将“权利能力”所隐含的平等观念与“人格”所隐含的平等观念相关联的重要原因,与《瑞士民法典》的有关规定有关。在《瑞士民法典》上,立法者对权利能力作出了进一步解释,除规定“自然人享有权利能力”(第 11 条第 1 款)之外,还更为明确地规定“在法律之范围内,人人均有同等之能力,有其权利与义务”(第 2 款),强调主体资格的平等性。据此,权利能力所隐含的“人格”价值便得以彰显,以至于为理论上进一步扩张权利能力的功能使之与“人格”几近等同提供了重要的契机。

2. 权利能力与法人制度

如果说,在单个个人的生活领域中,近代法律早已根深蒂固的“人人平等”的基本观念无须通过“权利能力”对一切自然人的平等赋予而得以实现的话,那么,除法律关系的解构所形成的逻辑力量的自然推动之外,德国民法理论创制“权利能力”的另一个富有实际意义的重要动机,便在于法人制度的创立。

经济发展的需求产生了将团体塑造成为具有独立财产及承担独立责任的权利义务载体之必要,但将团体拟制成为如同自然人一样的权利义务主体,需借助于充分的理论设想和法技术的巧妙运用。

于是,为使团体能够“像自然人一样”成为民事权利义务的承受者,德国人无比聪明地借助于罗马法上的人格理论,完成了这一德国民法理论和立法上最富有想象力和高度技术创造力的任务。

事实就是,作为罗马法创制“法律人格”制度基本条件的人与人格

---

① 转引自[意]彼德罗·彭梵得:《罗马法教科书》,黄风译,中国政法大学出版社 1992 年版,第 29 页。

的分离现象,为团体人格的塑造提供了逻辑技术支持:依照一种其可靠性令人怀疑且有可能纯属牵强附会的逻辑推论,即"既然自然人不一定具有人格,则具有人格的就不限于自然人",德国人应当获得了最初的灵感和启发,亦即只要以抽象的方法赋予团体以"人格",则团体即可如自然人一样成为私权的载体。

但是,近代法理论中表现自然人基本法律地位的"人格"包含了极为丰富的内容。它不仅标示了自然人在法律上的主体资格,而且更重要的是包含了有关自由、安全以及人类尊严等基本伦理价值。而所谓"团体人格"所需要确定的,仅仅是团体的民事法律关系主体之地位。为此,在创设团体人格时,德国人必须抛开自然人法律人格的实质,仅攫取其"私法上的主体资格"之部分内涵,通过将此种其含义已经改变的"法律人格"的赋予,使团体能够像自然人一样成为私法上的"人",并进而使法人和自然人能够在德国式民法典总则中"权利主体"之框架下并列和并存。

于是,我们看到德国人创设了"权利能力"即私法上的"主体资格"之概念。

原来,德国民法创制"权利能力"的根本目的还在于为团体准备一顶"民事主体"的桂冠啊!如此一来,主体化(私法上人格化)的团体与自然人便在"权利能力"即"民事主体资格"的屋檐下找到了共同栖身、和谐相处的家园,德国式民法典总则的主体制度以及民事法律关系的理论也因此而得以完满架构。

由此观之,团体人格不过是对自然人人格在私法主体资格意义上的模仿,是一种纯粹法律抽象技术的产物。

二、关于权利能力本质的结论

上述分析表明,德国民法对于权利能力的创制,其原本目的并不重在以此彰显"抽象平等的人格"之法律宗旨,而主要在于满足法人制度的创设以及完备民事主体制度之体系的需要。为此,《德国民法典》没有宣称"权利能力平等"并不是偶然的。

而民法理论将权利能力与"人格"予以等同,其结论实际上是在改变"人格"原有内涵的条件下形成的。尽管自然人的权利能力毫无疑问是自然人人格的表现,但权利能力作为私法主体资格意义上的"人格",

描述的仅仅是人作为民事法律关系主体的法律能力和地位(故不仅自然人有此“人格”,团体亦得有此“人格”),但其与全面表达和彰显自然人的一般法律地位亦即法律人格所记载的“人之成其为人”所包含的人类尊严和社会进步等宏大而深刻的人权思想,相去甚远。

究其本质而言,现代民法上的权利能力仅为自然人(和法人)承受民事权利义务的主体资格。就自然人而言,权利能力是其法律人格在私法领域的具体表现,权利能力可以被称为自然人(和法人)在私法上的一种“人格”。但此一表现民事主体私法地位的“人格”(私法上的人格),与表现自然人一般法律地位的“人格”(基本法上的人格),不是同一“人格”。①

既有民法理论将权利能力与表现自然人一般法律地位的人格相等同,必然引起一些完全不必要的理论谬误。如有学者就认为,古代法中自然人与人格的分离,在现代民法中已不复存在。自然人人格平等即人与人之法律地位的无差别,导致自然人的权利能力的概念与其人格的概念发生重合。故可断言,对现代民法中的自然人而言,不存在人格的概念,而只存在权利能力的概念,②亦即权利能力完全可以代替和覆盖人格。而此种认识,便当然成为对于某些国家或者地区的民法典未规定“权利能力平等”的一种确定的解释。如我国台湾地区“民法典”未规定自然人权利能力平等。对此,学者解释为:凡人皆有权利能力,为《瑞士民法》第 11 条第 1 项、《奥地利民法》第 16 项、《日本旧民法》人事编第 1 条所规定,其原因在于当时距奴隶制度之废止未远,故有此规定之必要。而我国台湾地区“民法典”则以实属当然,而不予规定。③

而将权利能力不作为一种抽象的资格来理解,则必然进一步增加理论混乱。

例如,一个历来存在的理论难题是:如果说权利能力等于人格,则由于自然人的人格一律平等,自然人的权利能力就应当一律平等(得享有同等范围之权利)。但是,自然人的权利能力范围实际上有大有小,如结婚权利能力,并非人皆有之。而法人的权利能力范围则根本不一

---

① 参见本书第六章。

② 参见江平主编:《法人制度论》,中国政法大学出版社 1994 年版,第 3 ~ 4 页。

③ 参见胡长清:《中国民法总论》,商务印书馆 1933 年版,第 59 页。

致(法人权利能力范围依目的范围而定)。如此一来,一方面,说“权利能力(即人格)平等”;另一方面,又说不同自然人或法人之间“权利能力(即人格)有差异”,岂不自相矛盾?为解决这一问题,有学者便将权利能力分为一般权利能力与特别权利能力。前者为就一般权利得为其主体之资格,后者为就特定之权利得为其主体之资格。“一般权利能力,对于各人,平等地赋予,任何人皆有得为权利主体之抽象的适格(权利能力平等之原则)……然基于各个制度,享有各个权利之能力,依其权利内在之目的或为权利主体者方面之特别情事,不必就各人为同一。自然人与法人基于性质上之差异,对外国人基于政策上考虑,得认有特别权利能力上之差异。例如法人不得有亲属法及继承法上权利之享有。对于外国人禁止其一定权利之取得,即为特别权利能力之限制。”[①]但是,此种学说并未解决权利能力(即便是所谓特别权利能力)的差异与人格之无差异之间的矛盾。而另有学者对权利能力所作的更为具体的分类(首先,依权利能力是否完整,将“正常自然人”、“罪犯自然人”、“胎儿”以及“死亡自然人”的权利能力分门别类;其次,依权利能力所对应的权利之不同性质,将享有“物权”、“债权”、“知识产权”以及“人身权”的权利能力分门别类),[②]则更将前述矛盾推向极端。事实上,如果权利能力等于人格,而权利能力有一般与特别之分,则人格便有一般人格与特别人格之分。由此得出的结论就是:一般人格人人平等,特别人格各有差异。如照此办理,人格理论将落入不能自拔的逻辑陷阱。

对此,有外国学者持相反意见,认为权利能力和人格根本不是一回事。他们认为,权利能力是法律人格不可缺少的。承认人有权利能力,使我们在严格的技术意义上得将人视为可拥有权利和承担义务的实体。但人格表示人的法律资格或法律条件,权利能力则指成为法律关系拥有人的能力,根据一定条件或状况,权利能力可大可小(法人的权利能力比自然人小;在自然人,未成年人虽然缺少的基本上是行为能力而非权利能力,但在某些情况下或对于某些行为,未成年人是无权利能力的)。但不论权利能力之大小,人总是人,亦即权利能力有大小之分,

---

① 史尚宽:《民法总论》,中国政法大学出版社2000年版,第86~87页。持同一观点的还有彭万林主编:《民法学》,中国政法大学出版社1994年版,第56页;魏振瀛主编:《民法》,北京大学出版社、高等教育出版社2000年版,第52~53页;等等。

② 参见罗玉珍主编:《民事主体论》,中国政法大学出版社1992年版,第54页。

而人格则仅存在有无之分。[1] 同时也有国内学者指出："人格学说并不能等同于权利能力学说，虽然二者有密切联系。人格和权利能力不是一个概念，虽然在自然人的人格和权利能力上，其概念已经近乎重叠。""现代民法学也把权利能力视为一种'资格'，但它和人格概念中的资格，其内在含义是大不相同的。人格是指可以成为民事权利主体的资格，而权利能力则是指可以享有民事权利并承担民事义务的资格。前者是主体的资格，后者是享受权利的资格。前者指条件，即具备了什么条件才能成为主体，后者指范围，即民事主体可以享受的权利范围。前者指前提，是主体可以享受权利的前提，没有主体资格，一切权利义务无从谈起，后者指内涵，是主体可以享受权利的内涵。"[2]

如此种种议论，或者自相矛盾，或者不知所云。

事实上，表现自然人私法上主体地位的权利能力，为一种抽象而单一的主体资格，不因自然人的性别、年龄、种族、宗教信仰、职业等而有任何差别，它是人类摆脱封建束缚、人类尊严获得应有尊重的标志，是自然人在社会经济生活中有权拥有财产、参加商品交易的法律地位。在实际生活中，人们根据自己的需要、能力和条件依法律规定参加各种不同的民事法律关系，但人们拥有财产的多寡即享有财产权利的多寡，并不意味着其权利能力有大小之分。权利能力为对自然人主体资格的确定，并非对社会财富的一种分配，故平等的权利能力并不意味着实际享有财产权利的均等。就结婚等身份权而言，其享有须具备法定条件。然而，自然人在享有某些具体的、特定的人身权利资格上的差异，并不意味着其抽象意义上的权利能力（私法地位）的差异，更不意味着人与人之间的不平等。

我国《民法总则》第 14 条规定："自然人的民事权利能力一律平等。"这一宣称，对于确定权利能力的正确性质，具有重要价值。

---

① [葡]平托：《民法总论》，林炳辉等译，澳门法律翻译办公室、澳门大学法学院 1999 年版，第 100 页。

② 江平主编：《法人制度论》，中国政法大学出版社 1994 年版，第 3 页。

第二节　自然人权利能力的取得

一、自然人出生的法律意义

(一)出生的成立要件

我国《民法总则》沿袭了《民法通则》第9条的规定,在其第13条规定:“自然人从出生时起到死亡时止,具有民事权利能力,依法享有民事权利,承担民事义务。”根据这一规定,自然人自出生时起取得权利能力。因此,确定自然人是否“出生”的目的,仅在于确认其是否取得民事主体资格,故自然人的出生须具备法定要件。

古代罗马法有关自然人出生的规定常被后人嘲笑其愚昧。在罗马法上,自然人要想成为现存的和具有人格的主体,其出生必须具备四个条件:(1)完全同母体分离;(2)存活;(3)分娩应当是完好的,即并非产生于流产;(4)新生儿须具有人的形态。① 而近代各国民法所规定的自然人出生要件则摒弃了在这一问题上的所有落后的和不人道的因素,使之简单而明了。如《德国民法典》第1条规定,自然人的权利能力“始于出生完成之时”;《瑞士民法典》第31条规定,自然人“出生时尚生存”而取得权利能力。此种仅以生命现象的独立存在亦即以新生儿具有生理上的独立生存能力为要件的做法,为现代各国民法所无一例外地遵循。据此,自然人的出生便以“生命现象”与“独立存在”两个要件所构成。

1. 须胎儿与母体完全分离

胎儿在未与母体完全分离之前,虽已具有生命,但生理上尚未自成一体,故不得谓之出生。胎儿一旦完全脱离母体,即使脐带尚未切断,其出生事实即已成立。

2. 须胎儿与母体完全分离时为活体

自然人的人格,只能赋予生存的人。如胎儿脱离母体时已经死亡,

---

① 参见[意]彼德罗·彭梵得:《罗马法教科书》,黄风译,中国政法大学出版社1992年版,第30页。

自是不能取得法律人格。至于活着出生之婴儿存活时间之长短,或已活着出生之婴儿是否具有残疾(包括畸形儿等),或分娩是否在正常时期(足月产或者小产)等,均不影响其权利能力的享有。诚如学者指出,法律赋予自然人的权利能力,其中心意义"旨在重视此一人格,此一人也,已因出生而享有权利能力,又因死亡而终止其权利能力,一生一死之间,已享有其人格。此一人格之生命,虽既渺小而短暂,但在法律上之价值,与任何伟大而成长之人格,并无以异,决不容漠然视之也"。[①]

(二)出生时间的确定

自然人权利能力的取得具有重要的法律意义。出生时间的确定,涉及如何确定自然人的年龄、是否达到成年时间以及出生登记之申报等各种法律效果。

对于自然人出生的时间,过去存在"阵痛说""一部产出说""全部产出说""断带说""泣声说""独立呼吸说"等各种复杂的学说。后来的通说为"全部产出说",[②]即胎儿全部脱离母体之时,为其出生时间。

对此,我国最高人民法院《关于贯彻执行〈民法通则〉若干问题的意见(试行)》(以下简称《民通意见》)第1条规定:"公民的民事权利能力自出生时开始。出生的时间以户籍证明为准;没有户籍证明的以医院出具的出生证明为准。没有医院证明的,参照其他证明认定。"笔者认为这一规定明显有误:在我国,户籍簿所登记的出生时间,通常依据的是医院出具的出生证明,因此,医院出具的出生证明的证据效力,原则上应当高于户籍簿所的有关登记,如果出生证明与登记簿的记载不一致时,应以出生证明为准,但有确切证据证明相反事实的除外。与此同时,如果没有户籍证明和医院出具的出生证明的,应参照其他证据予以认定。据此,笔者在提出的建议稿中规定:"自然人出生或者死亡的时间应以户籍证明为准,户籍证明所记载的出生或者死亡时间与医院出具的出生或者死亡证明不一致时,以医院出具的证明为准,但有相反证据的除外。""没有户籍证明和医院出具的证明的,应参照其他证据予以确定自然人出生或者死亡的时间。"

---

① 王伯琦编著:《民法总则》,正中书局1988年版,第44页。转引自王泽鉴:《民法总则》,台湾2000年自版,第112页。

② 参见梁慧星:《民法总论》,法律出版社1996年版,第90页。

我国《民法总则》第15条规定:“自然人的出生时间和死亡时间,以出生证明、死亡证明记载的时间为准;没有出生证明、死亡证明的,以户籍登记或者其他有效身份登记记载的时间为准。有其他证据足以推翻以上记载时间的,以该证据证明的时间为准。”这一规定,与笔者的建议吻合。

二、胎儿利益的保护

(一)各国立法模式

自然人的权利能力始于出生,胎儿尚未出生,尚系母体之一部分,当然不能取得权利能力,不能成为民事主体。但是,任何人均有从母体受孕到出生之过程(即便是试管婴儿,也须经母体孕育而后出生),此间,不仅其未来的利益需要保护。某些现实的利益也需要保护,对于胎儿,“只因出生时间的纯粹偶然性而否定其权利是不公平的”。[①] 因此,自罗马法以来,各国民法均对胎儿的利益设有特殊保护。

在罗马法的某些文献中,与民间俗语“胎儿或即将出生的婴儿被视为已出生儿”(*Conceptuso nasciturus pro iam nato habetur*)相吻合,胎儿被视为与新生儿处于完全相同的地位。但罗马人同时又宣布了另外一些相反的准则,否认即将出生的婴儿具有人格。对此,彼德罗·彭梵得认为:罗马法上真正的原则是,胎儿从现实角度上讲不是人,但由于他仍然是一个潜在的(in fieri)人,人们为他保存并维护自出生之时起即归其所有的那些权利。而且为对其有利,权利能力自受孕之时起而不是从出生之时起计算。正如保罗所说:“当涉及胎儿利益时,母体中的胎儿像活人一样被看待,尽管在他出生以前这对他人毫无裨益。”[②]亦即在罗马法上,当涉及胎儿利益保护时,胎儿被视为自母体受孕时起具有权利能力。

近代民法关于胎儿利益保护之立法模式主要有三种:

1. 总括的保护主义(概括主义)

此种模式又称“概括主义”。依照这一模式,凡涉及胎儿利益之保护时,视为其已经出生。如《瑞士民法典》第31条第2项规定:“子女,

---

① [日]四宫和夫:《日本民法总则》,唐晖、钱孟姗译,五南图书出版有限公司1995年版,第47页。

② [意]彼德罗·彭梵得:《罗马法教科书》,黄风译,中国政法大学出版社1992年版,第30~31页。

只要其出生时尚生存,出生前即具有权利能力。”我国台湾地区“民法典”第7条规定:“胎儿以将来非死产者为限,关于其个人利益之保护,视为既已出生。”

2. 个别的保护主义

此种模式又称“个别规定主义”。依照这一模式,胎儿原则上无权利能力,但于若干例外情形视为有权利能力。如《法国民法典》第906条第1项规定:“为有受生前赠与能力,以于赠与时已受胎为已足。”第725条规定:“尚未受胎者,不得为继承人。”第1923条规定:“在继承开始时尚未出生,但已怀孕的胎儿,视为在继承开始前出生。”《德国民法典》第1923条第2项规定:“在继承开始时尚未出生但是已经受孕者,视为在继承开始之前已出生。”第2108条第1项规定:第1923条关于胎儿继承权的规定“对后位继承相应适用”。第2178条规定:“如果应得馈赠者在继承开始之时尚未受孕或者其身份要通过在继承开始之后方才发生的事件确定,则遗赠归属在前一情形随出生、在后一情形随事件的发生而发生。”第844条第2项之后段规定:“抚养人被杀时,其应受抚养之第三人,虽于其时尚为胎儿,对于加害人亦有赔偿请求权。”《日本民法典》分别就损害赔偿请求(第721条)、遗产相续(第886条、第965条)、受遗赠能力(第1065条)以及父亲认领胎儿(第783条)等,规定胎儿有权利能力。

3. 绝对不保护主义

依照此种模式,胎儿的权利能力被绝对否定。1964年《苏俄民法典》(第418条)即采用此种立法模式。

我国《民法通则》未承认胎儿具有权利能力。我国《继承法》第28条规定:“遗产分割时,应保留胎儿的应继承的份额。胎儿出生时是死体的,保留的份额按照法定继承办理。”依照这一规定,遗产分割时,胎儿的继承份额应当予以“保留”,即遗产之权利并非由胎儿即时取得。很显然,我国《继承法》虽然规定了胎儿的特留份,但胎儿享有遗产权利却必须从出生时开始,特留份显属“留而不给”。故在《民法总则》颁布之前,我国民法既未实行总括的保护主义,也未实行个别的保护主义,而是根本不承认胎儿的民事主体资格。[①]

---

① 参见梁慧星:《民法总论》,法律出版社1996年版,第91页。

就我国民法就胎儿利益保护应采何种立法例的问题,早期有学者持不同意见。有人担忧:赋予胎儿以权利能力,将产生许多需要研究的问题,如“胎儿能否成为侵权行为受害人的问题,为计划和优化生育而堕胎的伦理价值问题”等。[①] 故有人便认为,胎儿之未来利益,只需用法律加以明文规定即可,无须赋予其权利能力。并且,“一旦赋予胎儿以权利能力,则流产无异于杀人,将对妇女保护和中国社会发展极大不利”。[②] 后来的学者多认为,在三种立法主义中,绝对不保护主义最不可取。由于不承认胎儿具有权利能力,我国司法实践中屡屡发生胎儿遭受损害而在其出生后无法对加害人请求赔偿的事例。有学者指出:“观之德日等国,学者尚且以个别保护主义对胎儿保护不力,主张改变立法主义,采总括的保护主义,可见我国民法通则所采绝对主义之不合时宜,乃毋庸置疑。因此,建议制定民法典时采总括的保护主义,以强化对胎儿的保护,顺乎人情及民法进步之潮流。”[③]

分析前述三种立法主义,笔者认为,绝对不保护主义的确最不可取:胎儿利益的保护方式纯为立法技术问题,并不涉及违背民法基本原则的问题。在此,涉及胎儿合法利益时“视为”胎儿已经出生,与一般地承认胎儿具有权利能力并不相同,其并不会与“自然人权利能力始于出生”之原则发生矛盾,也不等于承认胎儿在任何情况下均具有法律人格。而堕胎之是否构成违法行为乃至犯罪行为,各国依其社会政策自有不同选择,与是否承认胎儿在特定情况下视为具有权利能力毫不相干。如果认为承认胎儿的权利能力就意味着确认堕胎行为违法,从而使“流产无异于杀人”,那么,只要涉及对胎儿利益的保护,即使采绝对主义,也难免逃脱同样的结论:法律既然承认胎儿有财产利益,那么就当然意味着承认胎儿有人身利益,因此,堕胎同样难逃“谋财害命”之罪孽。此外,涉及自然人的出生及胎儿利益保护问题,民法与刑法自有不同的原则。如德国民法规定自然人的权利能力始于胎儿完全脱离母体之时,但其刑法典则将对“出生之时”的婴儿的杀害行为,作为杀人行为予以处罚(《德国刑法典》第217条),而不适用《德国刑法典》第218条

---

① 参见张俊浩主编:《民法学原理》,中国政法大学出版社1991年版,第101页。

② 刘心稳主编:《中国民法学研究述评》,中国政法大学出版社1996年版,第91~92页。

③ 梁慧星:《民法总论》,法律出版社1996年版,第91页。

及以下条款有关堕胎行为的规定。与此同时，德国虽然对堕胎行为施以刑事制裁，但其《德国民法典》却并未承认胎儿具有权利能力，而是实行个别的保护主义，仅对胎儿之损害赔偿请求权、继承权等予以保护。至于其民法理论，则认为即使承认自然人的权利能力产生于某种"自然法"(naturrecht)，也不能据此得出自然人的权利能力必须始于其出生完成之前(如自受孕之时起)，由此而断定《德国民法典》第1条之规定是违反自然法的。"因为即使是某种自然法(不论人们对该自然法是如何具体设想的)，也很难说明，一个尚未出生的人为何就必须能够成为权利义务的载体。毋宁说，民法典在一定程度上考虑到对胎儿的保护，这是一种合理的解决方案。与民法相比，《德国刑法典》第218条及以下条款(引者注：指有关'堕胎罪'的规定)才真正涉及保护胎儿的法律问题。"[①]可见，刑法上规定堕胎罪，并不意味着民法上必须承认胎儿具有权利能力；而民法上承认胎儿在特定情形具有权利能力，也并不意味着刑法上必须规定堕胎罪。所以，认为我国民法承认胎儿具有权利能力会影响中国妇女保护及社会发展，实在言过其实。

至于个别的保护主义，采用者认为其具有适用范围明确的优点。[②]但就胎儿利益保护问题，立法者完全有可能挂一漏万，而随着社会的发展，涉及胎儿利益保护之事项必然趋于复杂，难以为立法者所事先预见，由此，笔者赞同总括的保护主义实为最佳选择的观点。

对此，全国人大法工委2016年《民法总则草案(第一次审议稿)》第16条规定："涉及遗产继承、接受赠与等胎儿利益的保护，胎儿视为具有民事权利能力。但是，胎儿出生时未存活的，其民事权利能力自始不存在。"对前述规定，笔者在讨论中指出，前述规定似乎兼采了"总括的保护主义"与"特别的保护主义"两种立法模式，其既列举了具体保护事项，又以"等"字将其保护范围不予封闭。但问题在于，该条文所列举的"遗产继承、接受赠与"之外尚存在于胎儿利益保护最为紧要的"侵权损害赔偿"，如不予以明确列举，即使条文中的"等"有可能被解释为具有开放性，在法律适用上也难免引起分歧，明显不利于胎儿利益的切实保护。

---

① [德]迪特尔·梅迪库斯：《德国民法总论》，邵建东译，法律出版社2000年版，第784页。

② 参见[日]四宫和夫：《日本民法总则》，唐晖、钱孟姗译，五南图书出版有限公司1995年版，第47页。

为此,笔者建议在该条文所列举的具体保护事项中增加规定"侵权损害赔偿"。

《民法总则草案(第二次审议稿)》及其后的审议稿未对上述条文作出改动。于2017年3月颁布的《民法总则》第16条规定:"涉及遗产继承、接受赠与等胎儿利益保护的,胎儿视为具有民事权利能力。但是胎儿娩出时为死体的,其民事权利能力自始不存在。"

(二)胎儿权利能力的特征

对于胎儿权利能力的特征亦即胎儿实际上的法律地位,学者持有不同观点,形成两大对立的学说。

1. 法定停止条件说或人格溯及说

依照此种学说,胎儿于怀孕期间实际上并无权利能力,当胎儿系活产时,再追溯至继承开始或损害赔偿请求权成立之时取得权利能力。亦即胎儿的权利能力之取得附有停止条件。

此种学说系日本民法之通说,为日本判例所采用。①

2. 法定解除条件说或限制人格说

依照此种学说,即使在怀孕期间,胎儿也被视为具有与已出生的人之同样的法律地位,具有权利能力(或"有限"的权利能力),只是以后胎儿为死产时,其已经取得的权利能力才溯及地取消。亦即胎儿的权利能力之取得附有解除条件。

此种学说为我国台湾地区"民法典"所采用。我国台湾地区"民法典"第7条规定:"胎儿以将来非死产者为限,关于其个人利益之保护,视为既已出生。"不过,对于此条规定究竟应解释为"法定停止条件说"或"法定解除条件说",我国台湾地区学者中存在争议。但多数学者认为,胎儿于出生前已享有权利能力,即可主张其个人利益,保护较为周全,故法定解除条件说为我国台湾地区民法理论的通说。②

比较前述两种学说,可以发现,法定停止条件说实际上在承认保护胎儿利益时,并不承认胎儿在涉及其利益的当时具有权利能力(其权利

① 参见[日]四宫和夫:《日本民法总则》,唐晖、钱孟姗译,五南图书出版有限公司1995年版,第47页。

② 参见王泽鉴:《民法总则》,台湾2000年自版,第115页。另见史尚宽:《民法总论》,中国政法大学出版社2000年版,第89页;胡长清:《中国民法总论》,商务印书馆1933年版,第63页。

能力只有在其活着出生时方可取得),但为解决遗产继承时的“特留份”以及在胎儿于怀孕期间遭受损害时损害赔偿请求权的“权利主体虚位”问题,故采用赋予活着出生婴儿取得之权利能力以溯及力的方式。有学者认为,此种做法可以解决一个理论上的问题:当胎儿于怀孕期间遭受损害时,胎儿是否“遭受损害”,只能在其活着出生时方可判定。这是因为,即使胎儿遭受损害,如其在出生时为死婴,则胎儿无权要求任何赔偿。因此,在此种情形下,虽然侵害行为早于出生,但胎儿的赔偿请求权只能在其出生时取得,即损害于出生时方真正完成。[①] 但是,法定停止条件说的最大缺陷是不承认胎儿的权利可在出生前获得。因此,必定发生权利主体虚位之弊端:在继承、受遗赠的情形下,当法律关系开始时,胎儿利益由谁保护不明;在赠与(生前赠与)时,无法判定法律关系是否成立;而在胎儿遭受损害时,不能立即行使请求权,有可能使索赔时机丧失。

而依法定解除条件说,当发生涉及胎儿利益之事项时,胎儿视为已经出生,即取得权利能力,可即时取得权利,胎儿之母亲或父母亲即可成为其法定代理人,代其行使权利(参加继承、接受遗赠或赠与以及提出索赔请求)。对此,《德国民法典》第 1912 条规定为胎儿将来之利益,特设管理人,其于出生时在亲权以下者,由父母为其管理。我国台湾地区“民法典”第 1166 条第 2 项规定:“遗产之分割,以其母为代理人。”我国台湾地区“民事诉讼法”第 40 条规定:“胎儿关于其可享受之利益,有当事人能力。”我国台湾地区“户籍法”第 49 条规定:“继承人为胎儿时,以其母或监护人为继承登记之申请义务人。”[②]总之,承认胎儿在怀孕期间有权利能力,以胎儿的父母为其法定代理人,显然更加有利于胎儿利益的保护。至于胎儿之法定代理人的代理权限,可限于胎儿可享受利益之范围,除遗产之分割外,胎儿之法定代理人就胎儿财产无处分权。[③] 对此,日本有关判例在侵权赔偿案中持否定态度而不采此种主张。有关案件的情况是:A、B 一夜风流使 A 怀孕 X。在阪神电力铁道事件中,B 被电车轧死,B 并不知道 X 之存在,故未及时做亲子认领。

---

① [葡]平托:《民法总论》,林炳辉等译,澳门法律翻译办公室、澳门大学法学院 1999 年版,第 105 页。

② 史尚宽:《民法总论》,中国政法大学出版社 2000 年版,第 91 页。

③ 同上。

事件发生后,A代理X与电力铁道公司交涉,并就赔偿事宜与之达成协议。X成年后起诉要求确认该协议无效,法院判决X胜诉,对其赔偿请求权予以重新确认。对此,有日本学者认为法定停止条件说更有利于保护胎儿利益(因承认胎儿母亲为其法定代理人,即承认其有权处分胎儿利益的权利,此对胎儿不利)。但四宫和夫认为,承认胎儿之权利能力看来更有利于保护胎儿之利益,故主张采修正的法定解除条件说,即承认胎儿具有有限的权利能力,承认胎儿母亲的法定代理人地位,但其代理权限仅限于保存胎儿的权利,不得处分其权利,并建议在立法上设立由家庭法院监督的"胎儿财产管理人"之制度。①

鉴于此,我国民法在采总括的保护主义之同时,就胎儿权利能力的性质,应采法定解除条件说,即凡涉及胎儿利益保护者,视其具有权利能力,就胎儿所受不法侵害的损害赔偿,或其父亲被害致死的损害赔偿,或基于利他契约(如指定胎儿为受益人的人身保险合同)而对债务人的给付请求权等,均得经由胎儿的法定代理人代为行使。如胎儿以后未能活着出生,其权利能力视为溯及地消灭或自始不存在,其由法定代理人代为受领之给付,应按不当得利之规定予以返还。②

据此,笔者在提出的建议稿中规定:"凡涉及胎儿利益保护的事项,视胎儿已经出生。""如胎儿未能活着出生,其权利能力视为自始不存在。"

我国《民法总则》第16条有关"涉及遗产继承、接受赠与等胎儿利益保护的,胎儿视为具有民事权利能力。但是,胎儿娩出时为死体的,其民事权利能力自始不存在"的规定,与笔者的建议完全吻合。

(三)尚未受孕之胎儿利益的保护

无论赠与、遗赠或侵权损害,均有可能涉及尚未受孕的胎儿。德国民法理论认为,损害行为与损害结果发生之间存在时间上的距离("有时间距离的侵权行为"),对于赔偿责任的确定无关紧要。因此,"受害人在损害行为发生之时是否已经出生或者孕育,从侵权法方面来说是

---

① 参见[日]四宫和夫:《日本民法总则》,唐晖、钱孟姗译,五南图书出版有限公司1995年版,第48页。

② 参见王泽鉴:《民法总则》,台湾2000年自版,第118页。

毫无意义的”。[①] 也有一些国家的民法典明确规定，允许对未受孕的胎儿作赠与及允许其参加继承。[②] 因此，尽管未受孕胎儿不能被视为具有权利能力，但在涉及其利益保护时，不妨参照已受孕胎儿的规则处理。

第三节　自然人权利能力的消灭

一、自然人死亡的法律效果

自然人的权利能力因死亡而消灭。（《民法总则》第 13 条）

自然人的权利能力，为其具有法律人格的象征。在人与人格相分离的古代社会，人格的消灭并不纯然因自然人死亡而发生。如在罗马法上便存在所谓“人格减等”（*capitis deminutio*）制度：当人失去自由地位时，为“最大人格减等”（*capitis deminutio maxima*）；当人丧失市民身份时，为“中人格减等”（*capitis deminutio media*）；前述两种情形均被等同于“市民法上的死亡”（*iure civili morti coaequatur*），即构成所谓“人格大减等”（*capitis deminutio magna*）。[③] 在古代日耳曼法上，也存在剥夺民事权利的所谓“放逐宣告”（Aechtung）制度。此外，德国寺院法及德国普通法规定，发誓为僧尼者，均视同为死亡。[④] 甚而至于，1804 年《法国民法典》也规定了所谓“民事死亡”（mort civil）制度（后被取消）：根据该法典原第 22 条至第 33 条之规定，受死刑宣告者，受刑法的宣告而其效果为剥夺受刑人享有所规定的民事权利者，以及其他终身身体刑而法律规定有民事死亡的效果者，均发生民事死亡。受民事死亡宣告之人，依法丧失其对于全部财产的所有权，其财产继承为其继承人的

---

① 参见［德］迪特尔·梅迪库斯：《德国民法总论》，邵建东译，法律出版社 2000 年版，第 786 页。

② 如依《葡萄牙民法典》第 952 条及第 2033 条第 2 款之规定，受孕或未受孕的胎儿均得接受赠与或遗产继承，只是未受孕胎儿只能参加遗嘱继承或者合同继承。参见［葡］平托：《民法总论》，林炳辉等译，澳门法律翻译办公室、澳门大学法学院 1999 年版，第 105 页。

③ 参见［意］彼德罗·彭梵得：《罗马法教科书》，黄风译，中国政法大学出版社 1992 年版，第 41 页。

④ 梅仲协：《民法要义》，中国政法大学出版社 1998 年版，第 53 页。

利益而开始,其婚姻关系就一切民事效果而言,视为消灭。① 但现代民法严格实行自然人与人格绝对同一的原则,故无一例外地规定,死亡为自然人权利能力消灭之唯一根据。②

国内学界对于自然人之死亡是否导致其权利能力的绝对消灭的问题存有争议。

有学者认为,已故自然人在某些民事领域为法律拟制的特殊主体,故其在死后仍享有一定的权利能力。其理由是:(1)著作权中的精神权利,作者永久享有,著作权中的财产权利,可于其死后享有50年,由其继承人行使;(2)经判例确认,死者仍享有名誉权。③

但另有学者认为:“自然人的权利能力终于死亡,没有例外,对于某些民事领域存在的已故自然人的所谓‘民事权利’的现象,应解释为是维护社会秩序、社会利益和已故自然人的生存亲属及相关人员利益的需要。”④

对此,我国台湾地区有学者持后一观点,认为自然人的权利能力应于死亡时同时丧失,“就名誉亦失其权利能力。然对于死者之名誉毁损,往往侵害遗族之名誉,应得以为对于遗族名誉之侵害,请求损害赔偿,但此与死者之权利能力无关”。⑤ 一些国外学者也不赞成法律有关“人格权在权利人死后同样受到保护”的规定偏离了人格随自然人死亡而终止之原则的观点,认为此种规定“旨在保护活人的利益和权利,他们因死者形象(精神完整性)受损而受害”。⑥

笔者认为,著作权中的财产权于权利人死后存续50年属实,但享有此财产权利的应为死者之继承人而非死者。至于死者的精神权利于

① 参见《拿破仑法典》(中译本),李浩培译,商务印书馆1978年版,第4~5页。

② 对此,有在民法典中明确规定者,也有虽未明文规定,但依基本法及民法典中的具体规定而体现者。如《德国民法典》未明文规定自然人得权利能力仅仅终于死亡,但是该原则产生于基本法对权利能力的援引以及该民法典第1922条第1款之规定。根据该条文之所以规定自然人一旦死亡,其财产就应移转于继承人,正是因为死亡即导致该自然人作为财产载体的权利能力的终结。参见[德]迪特尔·梅迪库斯:《德国民法总论》,邵建东译,法律出版社2000年版,第788页。

③ 参见彭万林主编:《民法学》,中国政法大学出版社1994年版,第58页。

④ 刘心稳:《中国民法学研究述评》,中国政法大学出版社1996年版,第93页。

⑤ 史尚宽:《民法总论》,中国政法大学出版社2000年版,第93页。

⑥ [葡]平托:《民法总论》,林炳辉等译,澳门法律翻译办公室、澳门大学法学院1999年版,第105页。

其死后仍受保护,与其说是对死者权利的保护,毋宁说是对生者利益或者社会利益的保护。以此证明死者仍具有权利能力,不足为取,也毫无意义。

二、死亡的判断标准及死亡证明

死亡为自然人生命的绝对消灭,在法律上将产生重大效果。由于死者生前必然参加各种财产及身份法律关系,其死亡将主要涉及以下四方面的问题:(1)继承上的各种问题(继承开始的时间、继承人范围、遗产范围、遗嘱生效的条件及时间等);(2)生存配偶再婚之权利及得再婚之时间;(3)人身保险金给付请求权的发生及行使时间;(4)抚恤金的领取等。[①] 故自然人死亡与否以及死亡之时间的确定,较之自然人的出生与否以及出生时间的确定,具有更为重要的法律意义。

自然人生命的消灭为死亡。但何为生命的消灭,学说上存在诸多争议,计有"心跳停止说""呼吸停止说""脑死亡说"等。[②] 前两者为传统的死亡判断标准,后者为现代医学发达、器官移植普遍运用的产物:自然人发生"脑死亡"(gehirntod)后,常可通过人工方法维持其较长时间的呼吸和血液循环,且有时尚有复生之可能,此时确认其死亡,甚有不妥。但器官移植,救人如救火,岂可因万分之一之微弱希望而耽误?而"由尚未死去之人身移去脏器,则有构成过失杀人罪之危险"。[③] 由此,医学与法律免不了发生冲突。对此矛盾的解决,有德国学者认为,当涉及器官移植时,由于器官超过一定时间即不可用于移植,故医学上不妨采用"脑死亡"之标准。相反,对于权利能力问题(以及由此相关联的继承的发生问题),通常可以等待一段时间而不会发生什么损害,所以,为避免出现某个意料之外的"死而复生者"的财产因被视为已经死亡而被他人继承因而丧失了自己财产的现象,应当在几种可能考虑的时间中选择最后那个时间。[④] 前述德国学者的观点,殊值考虑。但民法对自然人死亡之确定,不仅涉及死者所涉之民事权利义务关系的稳定,

---

① 参见史尚宽:《民法总论》,中国政法大学出版社 2000 年版,第 90 ~ 91 页。

② 参见刘心稳主编:《中国民法学研究述评》,中国政法大学出版社 1996 年版,第 92 页。

③ 史尚宽:《民法总论》,中国政法大学出版社 2000 年版,第 90 页。

④ 参见[德]迪特尔·梅迪库斯:《德国民法总论》,邵建东译,法律出版社 2000 年版,第 789 页。

涉及保护死者和生者的合法利益,而且事关对自然人之基本人权即生存权利的维护。一生一死,事关重大,岂可轻易定夺?为此,我国司法实践将自然人心跳及呼吸之两相停止,作为判定自然人死亡的标准当属合理。

我国过去的法律未作明文规定。对此,笔者建议应参照认定自然人出生的时间,规定在证明自然人出生时间或者死亡时间的证据中,医院出具的出生证明或者死亡证明的证明力应当高于户籍的记载。

我国《民法总则》第15条的有关规定,采纳了学者的建议。

三、同时遇难之死亡时间推定

相互之间存有继承关系的二人以上遭遇同一危难而死亡时,如能够确定其死亡时间之先后,当然应以其实际死亡时间为准予以确定。但该数人死亡之先后时间无法确定时,法律上就必须予以定夺,以解决继承方面的有关问题。对此,自罗马法以来,各国民法均设有死亡时间之推定制度。

罗马法及德国普通法所采用的推定方法是:父或祖父与子或孙同时遇难者,未成年之子或孙先于父或祖父而死亡;成年之子或孙后于父或祖父而死亡。[①] 而法国法的规定较为复杂:根据《法国民法典》第721条及第722条规定,人的生命被分为三个时期:未满15岁的为第一时期,15岁以上未满60岁者为第二时期,年满60岁者为第三时期。同时遇难者如果均未满15岁,推定年长者后死亡;均超过60岁的,推定年长者先死亡;如其中有人不满15岁,其他人超过60岁,推定后者先死亡。同时遇难的人中,如有男有女且均年满15岁不满60岁,而且年龄相同或者相差不超过1年的,推定男子后死亡;超过1年的,无论男女,均推定年长者先死亡;同性地,推定年长者先死亡。对于列入同一死亡顺序的人中,如果有二人以上分属第一时期或第二时期以及第三时期时如何处理,法国民法未作规定。判例认为属于第二时期的人,应推定后于属于第一时期以及第三时期的人死亡。[②]

在德国,根据其《失踪法》第11条之规定,对多人死亡而无法证明

---

① 参见梅仲协:《民法要义》,中国政法大学出版社1998年版,第54页之注释。

② 参见史尚宽:《民法总论》,中国政法大学出版社2000年版,第91页。

其死亡时间先后的情形下，实行“同时死亡推定”（Kommorientenvermutung），死者之间互不继承对方的遗产。[①] 实行同时死亡推定的还有《瑞士民法典》、[②]《日本民法典》、[③]《意大利民法典》[④]以及我国台湾地区“民法典”。[⑤]

究其实质，同时遇难之死亡时间推定，根本不是一个客观事实认定问题（因同时遇难的人之死亡先后时间无法确定），而纯为法律选择问题，其选择目的主要在于对继承关系的确定。选择何种方式，须与继承法之规定及有利于家庭稳定之目的相吻合。在我国，根据最高人民法院《关于贯彻执行〈中华人民共和国继承法〉若干问题的规定》之规定，相互有继承关系的数人在同一意外事故中死亡，如果不能确定死亡先后时间的，推定没有继承人的人先死亡。各自都有继承人的，如辈分不同，推定长辈先死亡；辈分相同的，推定为同时死亡，互不继承遗产。依此规定，相互有继承关系的数人同时遇难时，无论辈分如何，首先推定无继承人的人先死亡，其可使无继承人者的遗产保留于家庭内部，而不至于成为“无人继承的遗产”而收归国有，当属合理。又死亡之数人均有其他继承人时，推定长辈先死亡，使该长辈的财产为后死亡的晚辈继承后，得为相应的继承人继承，此与正常情况下继承关系的发生相符（通常为长辈先死亡），使遗产尽可能为死者之关系最为密切的亲属所继承（如父子同时遇难，推定父亲先死亡，则父亲的遗产由后死亡的儿子继承后，得转由其孙子继承。但如果推定该父子同时死亡，互不继承，则由于我国《继承法》未规定被继承人的孙子为其法定继承人，而此种情形又不能适用代位继承，孙子便无法继承其遗产，甚不合理）。再者，如死亡之数人为同辈，推定其同时死亡，互不继承对方的遗产，此也

---

① 参见［德］迪特尔·梅迪库斯：《德国民法总论》，邵建东译，法律出版社2000年版，第789～790页。

② 《瑞士民法典》第32条第2项规定：“如不能证明数人死亡的先后顺序时，得推定其为同时死亡。”

③ 《日本民法典》第32－3条规定：“死亡的数人中，某一人是否于他人死亡后尚生存事实不明时，推定该数人同时死亡。”

④ 《意大利民法典》第4条规定：“当某一法律后果的产生取决于某人是否于他人死亡后尚生存的事实时，如果无法确定谁先死亡，则推定二人同时死亡。”

⑤ 我国台湾地区“民法典”第11条规定：“二人以上同时遇难，不能证明其死亡之先后时，推定其为同时死亡。”

合理。这是因为,同辈之间即兄弟姐妹相互之间本为第二顺序继承人,正常情况下继承对方遗产的机会较小。既然其各自均有继承人,则其遗产分别由各自之继承人继承而互不继承。这样处理,符合常理且有助于简化继承关系,减少继承纠纷。

法律关于同时遇难之死亡推定原则,适用于数人因同时遇难而失踪后被宣告死亡的情形。

鉴于前述问题主要涉及遗产继承,故我国《民法总则》未对前述问题作出规定,立法者准备将之在民法分则的继承编中予以规定。

第六章　自然人的行为能力

第一节　自然人行为能力的性质与特征

一、自然人行为能力的性质

（一）行为能力的意义

通常认为，行为能力是指民事主体据以独立参加民事法律关系，以自己的行为取得民事权利或承担民事义务的法律资格。[1] 但是，对此应作分析。

一切法律资格都具有抽象性。权利能力是法律赋予自然人的民事主体资格，旨在确定其在民法上的地位。从严格意义上讲，享受权利以及承担义务的资格只是对于民事主体所具有的一种法律地位的抽象描述，其与具体权利及义务的享有或者承担并不是一回事。由此，具有权利能力的自然人能够真正享有具体的民事权利还必须借助于一定的条件，这些条件被称为“法律事实”。

民法理论上的法律事实是能够引起民事效果的客观情况，是使一定的民事权利义务与特定的民事主体相联系或者相结合的桥梁。民事权利可分为“法定权利”

---

① 参见梁慧星：《民法总论》，法律出版社1996年版，第58页。

与“非法定权利”两类。法定权利虽由法律直接赋予当事人,但某种法律事实的出现仍然是法定权利与特定当事人相结合的依据;法定权利之外的民事权利,则通常由当事人的行为所产生。就自然人享有的各种身份权而言,某些身份权(如父母子女之间的权利义务)基于自然人的出生(事件)而直接产生,但另一些身份权(如配偶之间的权利义务)则基于当事人的行为(如结婚行为)而依法产生。至于纯粹具有财产性质的权利义务(如物权、债权以及无形财产权利等),[①]则通常都是基于自然人实施的行为而发生。这些行为中,有合法行为和不法行为,有表意行为和非表意行为;但无论何种行为,自然人一旦实施,似乎总是存在其有无“资格”实施该种行为的问题。因此,我国台湾地区有学者认为,自然人的行为能力有广义与狭义之分。所谓“广义的行为能力”,指自然人实施一切行为的资格,既包括实施法律行为及法律行为之外的适法行为的资格,也包括实施侵权行为及侵权行为之外的违法行为的资格;所谓“狭义的行为能力”,则是自然人实施包括法律行为在内的一切适法行为的资格。而如从最狭义的含义上理解,行为能力则仅指自然人实施法律行为的资格,并不包括实施法律行为之外的其他行为的能力。只是鉴于德国、日本学者多认为行为能力仅指自然人实施法律行为的能力,故应予从之。[②]

笔者认为,对于行为能力的理解,应当从此项制度设置之目的着手。

就民事权利义务的创设而言,近代民法奉行意思自治原则,即承认个人得以自己的行为在不违背公序良俗的范围内自由地创设其权利义务。但自然人的行为须基于其正常的意思实施方可产生其预期的法律效果,故意思表示真实为法律行为的有效条件,即法律行为须以具有足

---

① 依照一种“广义财产”(民事主体拥有的积极财产和消极财产的总和)的理论,自然人拥有的广义财产与其人格相联系。因此,一切民事主体均具有广义财产,即使当事人一无所有也如此。例如初生之婴儿,虽有可能一无所有,但其即享有要求其父母抚养的权利。而一无所有之“无产者”(le prolétaire),由于缺乏劳动能力,其要求生活费的债权也可构成其不可减少的财产即一项“对抗社会的债权”。(参见 Jean Carbonnier, *Droit civil*, *Tome* 3, *Les biens*;尹田:《法国物权法》,法律出版社1998年版,第4~5页。)但此处的所谓“财产”(抚养请求权或生活费请求权),其或者基于身份产生(身份性质的权利),或者为一种社会(政治)权利,并非纯粹意义上的财产权。

② 参见史尚宽:《民法总论》,中国政法大学出版社2000年版,第108页。

够辨认行为后果之能力的人所实施才能有效。而行为人对其行为后果的判断,决定于其智力发达水平。由此,民法依据不同的标准和条件对自然人的行为资格予以确认或者限制,此即设置行为能力制度的立法理由。至于行为能力制度之要旨,全在于确认自然人是否具备以自己的意志独立实施发生权利义务之行为的资格,即可否独立从事民事活动。而自然人对违法行为的实施,其后果为单纯义务(责任)的发生,根本不存在能否实施或能否独立实施的问题,仅涉及责任能力问题。至于自然人所实施的法律行为之外的事实行为,因其均非以意思表示为要素,不涉及行为人的判断能力之有无,故也不存在其有无独立行为的资格的问题。事实上,任何自然人均可实施事实行为,如未成年人可实施不当得利或者无因管理行为,亦自可吟诗绘画而创作作品,并由此引起民事权利义务的产生,无须赋予其任何独立行为的资格。

据此,自然人的行为能力仅为自然人独立为法律行为的资格,当属无疑。

(二)行为能力的抽象性

在这里,应当强调行为能力与实施具体的法律行为的资格的区分。

行为能力为法律赋予自然人以独立实施法律行为的一种抽象、概括的资格,是对自然人在民事活动中的一种"独立行动"地位的确认。对此,法国学者特别指出,行为能力不同于"授权证书"(pouvoir)。授权证书(如经许可而从事商业活动的权利等),是当事人实施某种具体的法律行为的资格。授权证书的有无取决于当事人是否享有某种行动资格,其可使当事人的行为能力得以实现,对财产拥有授权证书的当事人可根据自己的选择,通过订立处理自己财产的合同而实现其行为能力。但授权证书有可能被法律所限制(如《法国民法典》第215条第3款规定:夫妻中任何一人不得单独对家庭住宅进行处分),也可以依法律规定或当事人的授权而为第三人享有(如法定代理人依法律规定而享有代理权,委托代理人依委托授权而享有代理权)。[①] 因此,自然人所具有的行为能力如属于相同等级(如完全行为能力),则并不因其实际可以实施的法律行为的范围差异而有大小之分。

---

① Jacques Fluor et Jean-luc Aubert, *Droit civil*, *Les obligations*, p. 176.

二、行为能力与其他法律资格的关系

(一)行为能力与权利能力

自然人的行为能力与其权利能力有所联系但又有所区别。所谓联系,表现为具备权利能力是具备行为能力的前提:如无主体资格,没有以自己的行为独立参与法律关系的资格(行为能力)即成为无本之木,毫无意义。但是,行为能力与权利能力在法律上的意义和价值不能等同,更不能混淆:自然人权利能力之有无表现其民法地位之有无,而行为能力之有无则与自然人民法地位之有无毫无关系。鉴于欠缺行为能力的人既不能通过自己的行为取得权利,也不能通过自己的行为行使权利,似乎赋予其权利能力并无意义。德国一些学者(法比尤斯和吉特等)提出了所谓"权利能力相对化"的理论,认为应从积极的方面来理解权利能力,即权利能力是从行为能力中"派生"出来的,为此,权利能力应当是指从事法律上有效的行为的能力。此种理论遭到其他学者的批评。德国学者拉伦茨指出,法律上确定某人具有权利主体资格,意味着将通过行使权利所获得的利益归属于该权利主体。事实上,有些人即使具有完全的行为能力,他们也是由其他人来行使其权利的。重要的是,这种行使权利的行为是为谁的利益而为。因此,将权利能力赋予未成年人而并非将之赋予其父母,自有其合理的意义,故应坚持对权利能力的传统定义。① 事实就是,行为能力之有无有可能影响自然人对某些权利义务的取得和行使,但并不影响自然人对权利的享有和对义务的承担。所以,权利能力和行为能力虽为民事主体根据民法规定而取得的法律资格,但两者的功能和作用具有本质的差异。

(二)行为能力与意思能力

意思能力,为自然人认识自己行为的动机与结果,并根据此认识决定其正常的意思之能力。对此,瑞士民法称为判断能力,我国台湾地区"民法典"称为识别能力。②

我国台湾地区有学者指出,自然人的行为能力是否必须以其具备

---

① 参见[德]卡尔·拉伦茨:《德国民法通论》,王晓晔等译,法律出版社2003年版,第90页以下。转引自[德]迪特尔·梅迪库斯:《德国民法总论》,邵建东译,法律出版社2000年版,第780页。

② 梁慧星:《民法总论》,法律出版社1996年版,第59页。

意思能力为要件，民法学说及立法上所采不同。法国学者认为行为能力应包括“天然能力”与“法定能力”，天然能力即意思能力，同时具备前述两项者，方可具备行为能力；瑞士民法也采此理论。（《瑞士民法典》第13条规定：“成年且有判断能力的人有行为能力。”）但德国民法则将意思能力视为意思表示有效之要件而非行为能力取得之要件，欠缺意思能力的人只是意思表示不发生效力，但与其有无行为能力无关。[①] 我国台湾地区“民法典”（第13条、第15条及第75条）与德国民法相同。[②] 至于日本民法，虽然法律尚无明文规定，但实务与学者通说认为，缺乏意思能力的人（无意思能力人）即使有行为能力，其法律行为亦应认定为无效，[③]显然也是将意思能力与行为能力分而视之。

上述学说及立法例的差异之发生其实在于对意思能力的理解角度不同：如果将意思能力理解为一般的、抽象的辨认行为后果的能力，则意思能力是行为能力的基础，只有具备意思能力的人，才能赋予其行为能力。故意思能力自然是行为能力的要件，其表现为：年龄为判断自然人有无识别行为后果之能力的基本标准。但成年人如不具有意思能力（精神病人等），则仍然不具有行为能力，此即所谓“法定条件”（年龄）与“天然条件”（意思能力）共同作为行为能力条件的理由。如果将意思能力理解为实施具体的法律行为时之辨认行为后果的能力，则被一般认定为有行为能力即有意思能力的人完全有可能因酗酒、吸毒等原因而于实施行为时不具有意思能力。这就是认为欠缺意思能力不等于无行为能力的理由（如前所述，依《德国民法典》规定，暂时精神错乱不能自由决定其意志者，并非无行为能力。同时，暂时精神错乱者作出的意思表示无效）。

就其本来之义，意思能力应当是指行为人实施法律行为时对其行为后果的认识能力。意思能力的有无，当为客观存在之事实。根据意思自治原则，自然人得以其行为创设自己的权利以及约束，但须以其行为系基于其正常的意思活动而发生，即法律行为须由能够预见其行为

---

① 《德国民法典》第104条规定：“无行为能力人为：1. 未满七周岁者；2. 因精神错乱不能自由决定其意志者，但按其性质此种状态仅为暂时性的除外。”第105条规定：“1. 无行为能力人的意思表示无效；2. 在无意识或者暂时性精神错乱状态时作出的意思表示无效。”

② 参见胡长清：《中国民法总论》，商务印书馆1939年版，第78页。

③ 参见［日］四宫和夫：《日本民法总则》，唐晖、钱孟姗译，五南图书出版有限公司1995年版，第52页。

后果的人实施,方可具有法律效力。德国民法及日本民法实务认定缺乏意思能力的人实施的法律行为无效,正是基于此种思想。但是,不同的人于不同的情形,其意思能力均有所不同,而意思能力之有无,于事后证明十分困难,倘若能够证明,对于相对方又会带来始料不及的损失,严重损害交易安全。此种做法,与法律交往要求的简便性和安全性格格不入。诚因"一个人在从事每一项法律行为之前,不可能对行为相对人或行为对方进行某种形式的'成熟测试'"。[①] 有鉴于此,法律必须通过行为能力制度将意思能力"定型化":[②]对于客观上经常处于无意思能力状态的人(如未成年人及精神病人),确定其在法律上无意思能力(无行为能力),不问其实施具体行为时有无意思能力,统统确认其行为无效。[③] 由此,无意思能力就从一种客观状态转为一种法律上确定的状态(无行为能力)。可见,事实上的无意思能力是一种个别的、具体的、相对可变的状态(同一人于不同的行为、不同的情形,其意思能力之有无有所不同),而法律上的无意思能力则为一种概括的、抽象的、相对稳定的状态(同一人于不同的行为、不同的情形,其意思能力之有无完全相同)。正是在此意义上,法律上的意思能力与行为能力发生同步:无行为能力的人确定地无意思能力。由此,无意思能力的人的利益之保护与交易安全之保护得以协调。

但是,意思能力的"定型化"是否应当包括对有意思能力之定型?亦即应否确定有行为能力的人即有意思能力?如肯定之,则法律上认定其为有行为能力(有意思能力)之人,即使其因自己的行为而使其客观上陷入无意思能力状态,也认定其行为有效;如否定之,则有行为能力之人亦得因无意思能力而主张其行为无效(如同德国民法的规定及日本民法实务的做法)。

比较而言,法律上将意思能力以行为能力制度全面定型化似更有利于交易秩序的维护。在我国,对意思能力应采一般、抽象之理解,即意思能力为赋予自然人行为能力的前提,有意思能力,始有行为能力;

---

① [德]迪特尔·梅迪库斯:《德国民法总论》,邵建东译,法律出版社2000年版,第410页。

② 参见[日]四宫和夫:《日本民法总则》,唐晖、钱孟姗译,五南图书出版有限公司1995年版,第53页。

③ 参见史尚宽:《民法总论》,中国政法大学出版社2000年版,第108~109页。

无意思能力，即无行为能力。[①] 从立法上看，我国《民法通则》在规定年满18周岁的自然人具有完全行为能力的同时，将不能辨认自己行为的精神病人（成年人）规定为无行为能力人，将不能完全辨认自己行为的精神病人（成年人）规定为限制行为能力人，实际上采用的就是此种模式。而从我国司法实务上看，意思能力亦并未被理解为脱离行为能力而独立存在的一个概念，即意思能力并非当事人实施具体的法律行为时辨认行为后果的能力。在处理自然人于酗酒、吸毒等情况下所实施的法律行为的效力认定时，与德国民法的规定不同，我国民法不承认前述情形中当事人实施的法律行为无效。而其理由与其说是基于"当事人使自己陷入无意思能力之状况有过错"，不如说是基于"有行为能力的当事人当然具有意思能力"之推定，故而责令其承担所实施的行为的后果。采用此种做法可以避免有行为能力之当事人借口实施法律行为时"无意思能力"而主张行为无效，徒增诉讼之烦。

（三）行为能力与责任能力

责任能力，指民事主体据以独立承担民事责任的法律地位或法律资格，又称"侵权行为能力"。[②]

通说认为，自然人的行为能力中当然包含责任能力，[③]即有行为能力者，有责任能力；无行为能力者，无责任能力，其所实施的违法行为所造成的损害赔偿责任由其监护人承担。但仔细分析，此通说甚有不妥。

问题在于，行为能力与责任能力究竟为一种资格抑或两种有联系但又相互独立存在的资格？

首先，责任能力为主体承担民事责任的资格。而有行为能力的人既然能够判断其行为后果，则依法应当对其违法行为的后果承担民事责任，其承担责任的根本原因显然在其"过错"。至于无行为能力人对其损害结果不承担民事责任而由其监护人承担，固然是因为无行为能力人对行为后果无判断能力即无构成"过错"的条件，但更重要的原因，乃在于无行为能力人（尤其是未成年人）通常无经济赔偿能力，此种责任责令由无行为能力

---

① 参见梁慧星：《民法总论》，法律出版社1996年版，第59页。

② 同上。

③ 参见刘心稳：《中国民法学研究述评》，中国政法大学出版社1996年版，第95页。

人之监护人承担,是为了保护受害人利益之必需,[①]其因而构成特殊侵权责任之一种。从表面看,行为能力之有无与责任能力之有无存在同步。但是,已有学者指出:责任能力与行为能力虽然相互联系,但毕竟是两种不同的资格,不能混淆:(1)两者目的不同。法律设行为能力之目的,在于使主体得以自己的意思追求自身利益;设责任能力之目的,在于对主体的违法行为追究民事责任,保护他人和社会利益。(2)两者效力不同。行为能力为决定行为是否有效的根据,责任能力为决定主体是否自己承担民事责任的根据。[②] 由此可见,行为能力为自然人为有效法律行为的资格,责任能力为其对违法行为承担责任的资格,二者具有完全不同的性质。如果因为二者在多数情况下发生同步,便认为行为能力"包含"责任能力,反言之,则也可认定责任能力"包含"行为能力,岂不违背立法之本意?况且在事实上,依多数立法例,无行为能力人在特定情形也有责任能力。[③] 而更重要的是,依我国民法之规定,自然人行为能力被分为三种,即完全行为能力、限制行为能力和无行为能力。就限制行为能力人而言,其并非全无行为能力,而是在法定范围内有完全之行为能力,在法定范围之外行为能力有缺陷,须由其监护人的意思加以弥补。如果认为行为能力包含责任能力,则限制行为能力人既然有部分行为能力,其便应当具有部分责任能力。但此与监护人责任之理论和立法显有矛盾,于实务中也根本无法操作。

其次,所谓责任能力,主要指承担财产责任的资格。而财产责任的负担,当以财产上的支出为必要,亦即谁承担财产责任,谁就应当为财产上的支出。反言之,谁支出财产,谁就是责任承担者。而我国《民法通则》第 133 条第 2 款规定:"有财产的无行为能力人、限制行为能力人

---

① 监护人承担被监护人致人损害的民事责任之基础,究竟为监护人未尽注意之义务,抑或纯为保护受害人利益计(及监护人之责任为过错责任抑或无过错责任),学说上存有争议。但我国民法规定监护人能够证明其尽到监护责任的,得减轻或免除其责任,显然是以监护人未尽监护职责之过失作为其承担责任的基础。

② 参见梁慧星:《民法总论》,法律出版社 1996 年版,第 60 页。

③ 依我国台湾地区"民法典"第 187 条之规定,无行为能力人或限制行为能力人,于行为时有识别能力者,具有侵权行为能力即责任能力(称为"附条件的侵权行为能力")。又依《德国民法典》第 827 条之规定,在例外情况下,无行为能力人也可能具备侵权能力,如因酗酒或服用毒品而处于迷醉状态的人,应承担损害赔偿责任。可见,责任能力之有无与行为能力之有无非属同一。

造成他人损害的,从本人财产中支付赔偿费用。不足部分,由监护人适当赔偿,但单位担任监护人的除外。”亦即在被监护人致人损害时,被监护人有财产的,首先以被监护人的财产赔偿,不足部分,由监护人适当赔偿。这就是说,无行为能力人或限制行为能力人并非根本不承担民事责任,如其有财产,则照样承担民事责任不误。此种规定比较公平合理,尤其在被监护人为精神病人的情形下,有利于促使其亲属积极承担监护职责,减轻社会负担。对此,学说上似无异议。但如果认定无行为能力即无责任能力,则不免与前述规定发生冲突。

综上所述,行为能力与责任能力为两种性质不同的资格,应分而视之。在多数情形下,二者相互并合,但在特别情形下,二者相互独立。

第二节　自然人行为能力的限制

一、大陆法系国家和地区立法概况

(一)概说

对于自然人行为能力的样态,大陆法系各国均以年龄和精神状态作为划分标准,以成年和精神健全作为具有行为能力的基本条件。但其具体做法有所不同,大体可分为两种:一种是“二分法”,即仅将自然人的行为能力分为“有行为能力”与“无行为能力”两种(为法国、日本所采)。其特点是,将意思能力之完全者与不完全者相区别,对于不完全意思能力者均以之为限制行为能力人(称为“无行为能力人”),但并不认为其绝对无行为能力。另一种是“三分法”,即将行为能力分为“有行为能力”、“限制行为能力”及“无行为能力”三种(为德国、瑞士所采)。其特点是,无行为能力人绝对无行为能力,限制行为能力人有限定之行为能力,对其行为的效力设有差异。我国台湾地区“民法典”从德国。

(二)主要立法模式

1. 法国

法国民法规定的成年年龄为 18 岁。《法国民法典》第 488 条第 2 款规定:“年满 18 岁未成年;达此年龄者,有能力为一切民事生活上的行为。"即未成年人为无行为能力人。但是,未成年人可以通过"解除监护"而取得与成年人同等地处理一切民事行为之能力(《法国民法典》第481条第1款),亦即解除监护是赋予未成年人以行为能力的一项法定制度。未成年人解除监护可通过两种方式:一是根据1974年7月5日法律第476条之规定,通过结婚而取得行为能力。二是年满16周岁时,根据前述同一法律,在具有合法理由的情况下,由监护法官应父母双方或其中一方的请求而宣布解除监护权。但未成年人取得的行为能力在两个方面要受到限制:一是时间上的限制。根据《法国民法典》第481条第2款之规定,"在结婚或被他人收养时,应遵守如同其未解除监护时同样的规定";二是根据《法国民法典》第487条之规定,"不得经营商业"。

依《法国民法典》规定,成年人中,"其个人官能衰退以致无法独立保障其利益者,得或在某一特别行为时,或以持续的方式,受法律保护"。(第488条第2款)此外,"成年人,如其挥霍、浪费或游手好闲,以致陷于贫困或影响履行家庭义务者,亦同样得受法律保护";(第488条第3款)"如精神官能由于疾病、残废、年老体弱而失常时……本人的利益应受保护"。(第490条)前述法律规定的成年人,为丧失行为能力的成年人。

法国民法确认当事人无行为能力的目的,是维护没有经验或缺少意思能力而无法自我保护其利益或无法单独进行自我保护的人的利益,其具体保护方法是"推定"无行为能力人实施的行为不合格即意思表示有瑕疵,得被主张撤销(相对无效)。但只有无行为能力人或其法定代理人才有权提出撤销请求,而有行为能力的合同相对方当事人,"不得以与其订立合同的相对方无行为能力而主张合同无效"(第1125条)。但当无行为能力人有欺诈性隐瞒时,[①]合同为有效。

就被监护的成年人和未成年人能够实施的法律行为的范围,法国民法分别作了不同规定。

对于被监护的成年人,法官有权根据《法国民法典》第509条之规定,决定哪些行为可由其自行独立实施,哪些行为须经其监护人同意后

① 《法国民法典》第1307条规定:"未成年人在订立合同时以一般方式声明其已成年者,不妨碍其撤销合同。"反过来说也就是,未成年人如果以"特殊方式"亦即以比一般的撒谎更为严重的欺诈手段使相对方误认为其具有行为能力(如出示伪造的出生证明文件的),则其不得主张合同无效。

方可实施。为使这种决定与无行为能力人的丧失正常智力的程度相适应,1968 年 1 月 3 日颁布的法律还特别作出规定,要求对被监护的成年人的保护方法应根据其具体情况予以确定。法国学者认为,这一规定着重强调对被监护的成年人缺乏表达真实意志的情形个别地进行分析,显然更为符合行为能力制度的基本原则。

对于被监护的未成年人,其可以实施的行为范围由法律直接加以规定。法律规定的方法有两种:

(1)通过概括的规定,允许未成年人实施习惯上允许他们自行实施的一切行为,即未成年人日常生活所需的、细小的、无须加以特别保护的行为(第 150 条第 1 款)。

(2)通过特别的法律条文对当事人的某些行为加以限定。例如,根据《法国民法典》第 904 条之规定:“年满 16 岁但未解除监护的未成年人可以设立遗嘱处分其财产,但其处分财产的限度仅为法律准许成年人处分财产的半数。”此外,上述未成年人还可以实施银行储蓄的存款或取款行为(1952 年 1 月 27 日命令第 13 条及第 15 条)以及开设房屋储蓄账户(1965 年 7 月 10 日法律)。①

2. 日本

日本民法以成年人为有行为能力人,以未成年人、禁治产人、准禁治产人为无行为能力人。

(1)未成年人

《日本民法典》第 3 条规定:“满 20 岁为成年。”但如同法国,实行“拟制成年制度”,即“未成年人结婚后,视为成年”(《日本民法典》第 753 条)。但对于拟制成年的效果,理论上有争议。一说认为,因婚姻而拟制成年的主旨及效果为以婚姻表示精神能力之成熟,此效果一旦确认,即及于私法上之一切行为,即使婚姻解除,成年拟制的效果也不能随之消灭。另一说则认为,未成年人结婚后又解除婚姻的,其拟制成年的效果应随之而消灭。同时,成年拟制的效果不及于其成为监护人、辅佐人等需要实质上的能力成熟的资格。②

---

①　参见尹田:《法国现代合同法》,法律出版社 1995 年版,第 138 ~ 142 页。

②　参见[日]四宫和夫:《日本民法总则》,唐晖、钱孟姗译,五南图书出版有限公司 1995 年版,第 56 页。

《日本民法典》规定,未成年人实施法律行为须经其法定代理人同意(包括事前同意和事后追认)(第4条第1款),违反此规定,构成可撤销行为(第4条第2款)。同时,规定下列行为未成年人得独立实施:

第一,纯法律上利益的行为,即单纯取得权利而不承担任何义务的行为,包括受让无负担之赠与、接受债务免除等(第4条第1项附加部分)。

第二,处分"自由财产"的行为。对于"法定代理人确定目的、许可处分的财产",未成年人可以在其目的的范围内处分;对于"法定代理人不确定目的、许可处分的财产"(如零用钱),未成年人得任意处分。学说上认为,自由财产一旦被允许处分,则用该财产负担应予偿还的债务亦属有效。此外,负担债务后,以被允许处分的财产来清偿债务时,则其承担债务一事亦应认定为自始有效。[①]

第三,被许可从事营业之未成年人所实施的有关该营业的行为。所谓"有关营业的行为",指直接或间接经营所需的一切行为。但"未成年人有不胜任其营业的事实时",其法定代理人"得以亲属编的规定,撤销其许可,或予以限制"(第6条第2款)。在未成年人被撤销或限制商业许可时,其营业登记必须涂销(《日本商法》第15条、第12条)。

(2)禁治产人

《日本民法典》所规定的禁治产人,是指因"经常处于心神丧失状态之人"而被家事法院宣告为禁治产人的自然人。禁治产人的宣告须经"本人、配偶、四亲等内之亲属、监护人、保护人或检察官的请求"(第7条),已被宣告为准禁治产人的人及未成年人也可被宣告。但当禁治产的原因消灭时,家事法院因前述人的请求,"应撤销其宣告"(第10条)。

对于被宣告为禁治产人的人,即为其设置监护人(第8条),监护人除应尽力对禁治产人予以治疗、看护(第858条)外,对其财产具有排他性的管理权(第559条)。监护人是禁治产人的法定代理人,禁治产人实施的法律行为属于得撤销行为(第9条)。由于禁治产人对于一切财产行为均无行为能力,故不仅其单独实施的行为可以撤销,甚至于经监

① 参见[日]四宫和夫:《日本民法总则》,唐晖、钱孟姗译,五南图书出版有限公司1995年版,第58页。

护人同意实施的行为亦得撤销(但如果在其进行交易之后,其监护人为承认之表示,则其行为有效)。

(3)准禁治产人

准禁治产人是指因"心神耗弱及浪费"而被家事法院宣告为准禁治产的人。所谓"心神耗弱",指虽有意思能力,但精神力量薄弱,缺乏判断利害关系能力;所谓"浪费",指持续有浪费之癖好。

准禁治产人的宣告须经"本人、配偶、四亲等家属、监护人或检察官"的请求(第 13 条、第 7 条)。准禁治产原因消灭后,家事法院应因前述人员的请求而撤销宣告(第 13 条、第 10 条)。

对于被宣告为准禁治产的人,应为其设置"辅佐人"(第 11 条)。准禁治产人在实施重要的法律行为时,应经其辅佐人的同意,以补充其不完全的意思能力。按传统理论,辅佐人与监护人不同,其非法定代理人,而其同意也必须事先进行。辅佐人无承认权、撤销权。但近期学说开始承认辅佐人有承认权和撤销权(判例也确定了其承认权)。

准禁治产人未经辅佐人同意而单独实施重要的财产行为时,辅佐人有权撤销其行为(第 12 条)。准禁治产人须经辅佐人同意的行为包括法律规定的行为(第 12 条第 1 款)以及审判所斟酌决定的行为(第 12 条第 2 款)。主要有:领取和使用本金的行为;借贷或作保的行为;以不动产和重要动产为权利取得、丧失为标的的行为;诉讼行为;缔结赠与、和解及仲裁契约之行为;承认或抛弃继承的行为;赠与或遗赠之拒绝,或附有负担之赠与乃至于遗赠之承诺;进行新建、改建、增建及大修缮的行为;逾越第 602 条所定期间的租赁行为等。[①]

3. 德国

德国民法以成年人为有行为能力人,满 7 岁以上之未成年人及因精神耗弱、酗酒、浪费而被宣告禁治产之人为限制行为能力人,以未满 7 岁之未成年人、精神病人及因精神病而被宣告禁治产之人为无行为能力人。

(1)完全行为能力人

成年人为完全行为能力人。关于成年年龄,原《德国民法典》第 2

---

① 参见[日]四宫和夫:《日本民法总则》,唐晖、钱孟姗译,五南图书出版有限公司 1995 年版,第 64 ~65 页。

条规定为年满21岁,此规定于1974年12月31日被修改为18岁。[①] 对此,持批评意见的德国学者认为,原规定自然人21岁为成年,就许多行为而言,此年龄定得太高,但至少可以通过父母之授予"概括准许"而予以弥补。但现在规定18岁为成年则对某些重要行为(如高额保证行为、以承担长期分期付款义务的方式购买昂贵商品的行为等)显得过低,且父母无法对法律无限制地赋予其子女的自由加以理性的管制。[②]

(2)限制行为能力人

《德国民法典》规定,7岁以上不满18岁的人为限制行为能力人(第106条)。限制行为能力也可因"允许保留"而发生(第1903条)。

限制行为能力人需要实施的法律行为由其法定代理人代理,其单独实施的行为也可经法定代理人事先允许(第107条)或事后追认(第108~111条)而为有效。法定代理人的事先允许包括以下两种情形:

第一,个别允许。即对某项特定行为的允许,如允许购买一辆自行车或租用一套住房。但涉及该行为的辅助行为(如解除自行车买卖合同)以及后续行为(如将购得的自行车予以出卖)时,学说上认为,应视具体情况而定。如果此行为对限制行为能力人产生了根本的、其他的义务,则应认为个别允许并不扩及至此类行为。[③]

第二,概括允许。即对有关之一系列行为的同意,如同意限制行为能力人实施一次与旅行有关的行为。《德国民法典》第110条(零用钱条款)规定:"如果未成年人以金钱履行合同中的给付义务,而其金钱系法定代理人为此目的或者为未成年人的自由处分而给予,或者系第三人经法定代理人同意而给予的,未成年人未经法定代理人同意而订立的合同自始有效。"同时,依该法典第12条之规定,如果法定代理人取

① 原《德国民法典》第3条第1项规定了"宣告成年"制度,已满20岁之未成年人,得以监护法院之决定,宣告为成年。在降低成年年龄后,此条文被废止。

② 参见[德]迪特尔·梅迪库斯:《德国民法总论》,邵建东译,法律出版社2000年版,第410页。

③ 参见[德]迪特尔·梅迪库斯:《德国民法总论》,邵建东译,法律出版社2000年版,第434页。另参见德国《帝国法院民事裁判集》第74卷,第234页(1910年)所载判例:一个未成年人用3马克购买了一张彩票,中彩得了4000马克,并用这笔钱买了一辆汽车。法院判决,该奖金虽然属于"零用钱"的替代物,但其价值远远超过允许未成年人处分的财产范围时,应认定其不为法定代理人允许处分之财产所涵盖,须经法定代理人许可方为有效。参见[德]迪特尔·梅迪库斯:《德国民法总论》,邵建东译,法律出版社2000年版,第434页之注释及王泽鉴:《民法总则》,台湾2000年自版,第351页。

得监护法院的许可，授权未成年人独立从事经营，则未成年人对于其经营范围内的法律行为的行为能力不受限制。但法定代理人须取得监护法院许可始得采取的法律行为除外。不过，在取得监护法院许可的情况下，法定代理人得收回上述规定的授权。此外，对于劳务关系或者劳动关系，除法定代理人须取得监护法院许可始得订立的合同之外，法定代理人如授权未成年人从事劳务或者劳动，未成年人对于缔结或者废除获得许可的该种劳务或者劳动关系，或者为履行由此种关系产生的义务的法律行为，具有完全的行为能力。但法定代理人同样得收回或者限制上述授权。与此同时，在为监护人的法定代理人拒绝授权时，经未成年人申请，如果此项授权有利于被监护人，则监护法院得代为授权。

限制行为能力人应当经法定代理人同意而未经同意所单独实施的行为，为效力未定行为(《德国民法典》第 107 条及以下条款)。

但限制行为能力人得不经同意或追认而单独实施纯法律上利益的行为(第 1903 条第 3 款)。此外，由于德国民法允许限制行为能力人充当委托代理人(《德国民法典》第 165 条规定："代理人所谓或者所受的意思表示的效力，不因代理人为限制行为能力人而受影响。")，故德国学者还认为，凡属所谓"中性行为"(指与行为人的财产毫无关系，既不给行为人产生法律上的利益，也不产生不利益的行为，如在征得权利人同意的情况下，处分不属于其自己所有的财产等)，限制行为能力人均得有效实施。①

对于精神耗弱、酗酒或浪费的成年人，原《德国民法典》规定可采用一种特别的法律程序宣告其为禁治产人(Entmündigung)。这种宣告或使被宣告人丧失行为能力(原《德国民法典》第 104 条第 3 项)，或使其仅仅具有限制行为能力(原《德国民法典》第 114 条)。被宣告为禁治产的人，由法院任命的监护人担任其代理人。(原《德国民法典》第 1896 条及以下条款)此种规定受到强烈批评，人们认为宣告某人为禁治产人的做法具有歧视性的效果；同时，宣告其完全丧失行为能力也超过了目的所需的程度，而监护人的设置亦存在种种弊端。因此，德国于 1992

---

① 参见[德]迪特尔·梅迪库斯：《德国民法总论》，邵建东译，法律出版社 2000 年版，第 428～429 页。

年 1 月 1 日颁布的《关于修订监护法和保佐法的法律》对《德国民法典》的规定作了根本的修订,废除了该法典原第 104 条第 3 项及第 114 条之规定,亦即废除了宣告禁治产人的制度。而在《德国民法典》第 1896 条及以下条款中,修订后的规定以“照管人”(Betreuer)代替了监护人。[①] 1998 年 6 月 25 日《修改照管法及其他规定的法律》则明确规定对受照管的成年人并不一概视为无行为能力人,以更多地考虑当事人(尤其是其行为能力并非因精神或智力因素而受限制的成年人)的意愿。[②]

依《德国民法典》第 105 条第 2 项之规定,成年人“在无意识或者暂时性精神错乱状态时作出的意思表示无效”。对于此种精神耗弱者,根据该法典第 1903 条之规定,在“危及人身或者财产”的情形,监护法院可以作出“允许保留”(Einwilligungsvorbehalt)的决定(这种决定在内容上类似于过去的禁治产宣告),故准用有关限制行为能力的未成年人的规定。对于被决定“允许保留”的人,应为其设置照管人,照管人为法定代理人。但照管人亦得为某些因“心理上的疾病或身体的、精神上或心灵上的残疾而全部或部分不能处理其事务”但具有行为能力的人(如残疾人)设置(第 1896 条第 1 款)。

(3)无行为能力人

按《德国民法典》第 104 条的规定,未满 7 周岁的人和非暂时性的因精神错乱不能自由决定其意志的人,为无行为能力人。

无行为能力人所作意思表示无效(第 105 条第 1 款),其所需实施的法律行为由法定代理人代理。

4. 我国台湾地区

我国台湾地区“民法典”大体仿德国民法,以成年人为有行为能力人,未满 7 岁之未成年人及禁治产人为无行为能力人,满 7 岁以上之未成年人为限制行为能力人。

(1)有行为能力人

我国台湾地区“民法典”第 12 条规定:“满 20 岁为成年。”同时规

---

① 参见[德]迪特尔·梅迪库斯:《德国民法总论》,邵建东译,法律出版社 2000 年版,第 411 页。

② 参见《德国民法典》,郑冲、贾红梅译,法律出版社 1991 年版,“译者的话”。

定:“未成年人已结婚者,有行为能力。”(第13条第3项)可见,我国台湾地区实行“结婚成年制”(拟制成年制)。

(2)限制行为能力人

我国台湾地区“民法典”规定,满7岁之未成年人有限制行为能力(第13条第1项)。非经法定代理人之允许或承认,限制行为能力人单独实施的行为不生效力(第77～85条)。但法律另有规定的除外(第77条但书)。

依我国台湾地区“民法典”规定,限制行为能力人得单独实施下列行为:

第一,订立劳动契约。我国台湾地区“劳动契约法”第3条规定:“法定代理人允许未成年人为他人劳动时,其未成年人关于该种劳动契约之成立、变更、消灭及其履行,视为有行为能力。”

第二,营业行为。法定代理人允许限制行为能力人独立营业时,限制行为能力人有关其营业具有行为能力(我国台湾地区“民法典”第85条第1项)。

第三,财产处分行为。法定代理人允许限制行为能力人处分之财产,限制行为能力人就该财产具有处分能力(我国台湾地区“民法典”第84条)。

第四,纯法律上利益或依其年龄及身份,生活所必须者,限制行为能力人得不经法定代理人允许而单独为之(我国台湾地区“民法典”第77条但书)。

(3)无行为能力人

我国台湾地区“民法典”规定,未满7岁之未成年人及禁治产人为无行为能力人。无行为能力人实施的行为无效,其实施的行为即使经法定代理人同意,亦属无效。无行为能力人需要实施的法律行为,由其法定代理人代为意思表示并代受意思表示(第76条)。

我国台湾地区“民法典”设禁治产宣告制度。心神丧失、精神耗弱之人得经本人、配偶、近亲属的请求,由法院宣告为禁治产人。与法国、瑞士以及日本等国民法不同,我国台湾地区“民法典”不分禁治产宣告与准禁治产宣告,也不作行为能力上的任何区别,仅采禁治产宣告,且被宣告为禁治产的人,即均无行为能力。对于被宣告禁治产的人,应设置监护人(第1110条)。

二、我国《民法总则》有关自然人行为能力的规定之评价

(一)概说

1. 行为能力的分类

我国《民法总则》沿袭了《民法通则》的做法,将自然人的行为能力分为三类:完全行为能力、限制行为能力与无行为能力。

如前所述,各国民法就自然人行为能力的区分模式主要有两种:一是法国、日本等采用的“二分法”,将自然人分为有行为能力和无行为能力。但其所谓无行为能力者,并非全无意思能力,实为限制行为能力。二是德国及我国台湾地区等采用的“三分法”,将自然人分为有行为能力、限制行为能力及无行为能力。两种模式之主要差异是是否承认低年龄段的未成年人以及精神错乱不能自由决定其意志的人(严重的精神病人)是否完全不具备行为能力。

比较两种立法模式,可以看出,“二分法”的优点是简洁明了,且在某些方面更符合生活事实:就未成年人而言,依其年龄不同,意思能力有所差异。但未成年人的意思能力随年龄而增长,7岁以下或者10岁以下的未成年人并非全无意思能力,如定其为绝对无行为能力,依解释,则不得为任何法律行为。但事实上,此种未成年人在生活中也需要独立实施某些细小的法律行为,包括纯法律上利益的行为以及处分自由财产(零用钱)的行为。如绝对否认其行为能力,则不免脱离生活实践;如承认其行为效力,则又在逻辑上不能自圆其说(绝对无行为能力人既不能单独实施任何法律行为,也不能经法定代理人事先允许或事后追认而实施)。采“二分法”,自可避免此种矛盾。但“二分法”的缺点是,就完全丧失意思能力的精神病人而言,承认其有部分行为能力,当属不妥,且一概认定低年龄段未成年人具有部分意思能力,也可能使实务上认定未成年人实施的行为的效力发生困难。由此,根据我国的社会生活实际情况和生活习惯,我国《民法总则》采“三分法”,规定未满6周岁的未成年人和不能辨认自己行为的精神病人为绝对无行为能力。至于无行为能力的未成年人在生活中实际实施的行为,由于其所涉利益极小,通常不会发生纠纷,其作为一种生活事实任其生成,法律无须过多关注。而规定此种未成年人无行为能力,反而有助其利益的保护。

2. 关于禁治产宣告制度

多数大陆法系国家均规定(如日本)或曾经规定(如德国)有禁治产制度(日本民法尚规定了准禁治产制度)。此制度的目的,除限制精神病人(精神错乱者)的行为能力之外,还对"精神耗弱以及赌博、浪费"之成年人的行为能力进行了限制。我国《民法通则》未设禁治产宣告制度,而是根据精神病人丧失意思能力的不同程度(不能完全辨认其行为后果与完全不能辨认其行为后果),设置限制行为能力之宣告与无行为能力之宣告制度。应当说,对于精神耗弱以及嗜赌如命、长期吸毒、挥霍无度的成年人设置禁治产宣告制度,于利害关系人利益的保护及社会秩序的稳定是有其积极意义的。为此,也有人力呈种种理由,呼吁在我国建立禁治产宣告制度。[①] 但我国从未设置此项制度,且社会各方面也未对此提出强烈要求,而如何确定有关标准及建立相应的监护制度或者"辅助人"及"照管人"制度,亦待社会实践总结经验。因此,笔者认为,我国民法以暂不设置此项制度为宜。而在我国《民法总则》上,没有对"禁治产"制度作出任何规定。

(二) 完全行为能力

我国《民法总则》沿袭了《民法通则》第 11 条的规定,其第 17 条规定:"十八周岁以上的自然人是成年人。不满十八周岁的自然人为未成年人。"第 18 条规定:"成年人为完全民事行为能力人,可以独立实施民事法律行为。十六周岁以上的未成年人,以自己的劳动收入为主要生活来源的,视为完全民事行为能力人。"

我国《民法总则》将 16 岁以上的未成年人中以自己的劳动收入为主要生活来源的人视为有行为能力,其理由在于根据我国于 1995 年 1 月 1 日施行的《劳动法》第 15 条之规定,16 岁以上的自然人享有劳动权,得成为学徒工并获得稳定的工资收入。而此类未成年人一旦就业,其将全面介入社会生活,由此而取得独立生活之地位。因此,解除此类未成年人的监护,赋予其完全行为能力,有利于他们从事生产活动和生活活动,也符合我国社会客观存在的现实。此种做法,与法国、日本及我国台湾地区"民法典"所规定的因结婚而取得行为能力(拟制成年

---

① 参见李建华:《我国应建立禁治产人制度》,载《人大复印资料・民商法学》2000 年第 2 期。

制)具有相同的实质和立法理由。

自《民法通则》作出有关16岁以上的未成年人的上述规定时起,司法实务中就如何认定"视为完全行为能力人的未成年人"的问题,主要涉及对两个标准的确定:

第一,构成"劳动收入"的标准。劳动收入非同于一般的"财产"或者"收入"。我国民法规定有劳动收入并达一定程度的未成年人具有完全行为能力,其着眼点并非在"经济状况",而在因"劳动"即就业而与社会所发生的广泛联系。因此,由于财产继承或接受遗赠、赠与或奖励等而拥有较多财产的16岁以上之未成年人,不属于视为完全行为能力人之列。而基于同样的原因,此处的"劳动"应解释为从事某种相对稳定的职业,并在其职业活动中有完全脱离其监护人管束之独立地位,而其收入则同样应为连续的、固定的。如果年满16岁的未成年人经监护人同意而从事某种营业行为(如个体商人同意其子女参与经营个体商业活动),则在其与该营业活动有关的范围之内所实施的行为应当视为具有行为能力,但其并不能从整体意义上具备完全行为能力。质言之,因劳动而获得独立之社会地位,是未成年人被视为具有完全行为能力的根本原因。

第二,构成"主要生活来源"的标准。未成年人被视为具备完全行为能力,除有劳动收入之外,其劳动收入还须达到能够成为其主要生活来源的程度。对此,《民通意见》第2条明确规定:"十六周岁以下不满十八周岁的公民,能够以自己的劳动取得收入,并能维持当地群众一般生活水平的,可以认定为以自己的劳动收入为主要生活来源的完全行为能力人。"

《民法总则》颁布以后,对其第18条第2款的规定,仍可作出两种不同的理解:一种理解是,凡16岁以上,有固定、连续地达到一般生活水平之劳动收入的未成年人,即视为具有完全行为能力;另一种理解是,16岁以上,有固定、连续地达到一般生活水平之劳动收入的未成年人,只有在其劳动收入为其主要生活来源时,方可视为具有完全行为能力,亦即如果其劳动收入并非其主要生活来源(如某一维持较高生活水平的未成年人,其生活费的大部分来源于父母的供给),则其不能被视为具有完全行为能力。笔者认为,鉴于此种立法的根本理由在于已就业的未成年人参与社会生活之独立地位的实际获得,而不在其生活水平之高低或者经济负担能力之强弱。其有相对固定之职业，即说明其有全面介入社会生活之意思能力。而其劳动收入达到能够维持一般生活水平之程度，即说明其具备独立生活、独立承担民事责任的经济实力。故无论其实际生活费用是否有他人补贴或者补贴程度之高低，均应赋予其完全的行为能力。

（三）限制行为能力

我国《民法通则》第12条第1款规定："10周岁以上的未成年人是限制行为能力人。"第13条第2款规定："不能完全辨认自己行为的精神病人是限制行为能力人。"此外，有关司法解释还将不能完全辨认自己行为的"痴呆症患者"列入限制行为能力人的范围。① 民法总则草案各次审议稿则将限制行为能力的未成年人的年龄下限调低至"6周岁以上"，这一调整，被认为符合我国当代社会未成年人生理和心理的成熟程度和认知能力，也与我国义务教育法关于年满6周岁的儿童须接受义务教育的规定相呼应，②更切合我国的实际情况。但在提交全国人大审议时，这一年龄被提升至8周岁。同时，《民法总则》在其第22条中规定："不能完全辨认自己行为的成年人为限制民事行为能力人"，这一规定对成年人中"不能辨认自己行为"的原因（精神病或者其他）未做限制，甚是合理。

理论上和实务中对于限制行为能力之含义理解上的误区，是将其解释为"只能独立实施法律限定的法律行为的资格"。③ 即行为人在法定范围内有完全之行为能力，而于法定范围之外无行为能力。但事实上，与无行为能力人不同，限制行为能力人具有意思能力，只是其意思能力未达必要之发达程度，故于实施重要行为时，不能正确辨认其行为后果，但经法定代理人协助或者补充，即可臻完善。由此，限制行为能力应理解为在法定范围之内有完全之行为能力，对法律限定的行为，行为人得不经法定代理人同意而单独实施。而在法定范围之外，行为人仍有意思能力，只是其意思能力有欠缺，故于法定范围之外的行为，限制行为能力人得经法定代理人允许后实施，或经法定代理人事后追认

---

① 参见最高人民法院《民通意见》第5条。

② 参见全国人大法工委主任李适时2016年6月27日在十二届全国人大常委会第21次会议上所作的《关于〈中华人民共和国民法总则（草案）〉的说明》。

③ 张俊浩主编：《民法学原理》，中国政法大学出版社1991年版，第115页。

而为有效。

关于限制行为能力人得单独实施的行为,我国《民法通则》作了概括的规定,即其能够进行与其年龄、智力、精神健康状态相适应的民事法律行为;其他比较复杂或者重大的法律行为,应由其法定代理人代为实施,或经法定代理人的同意后实施(第12条第1款)。对此,学说上认为,限制行为能力人得不经法定代理人事先同意而单独实施的行为还应包括以下几类:

1. 纯法律上利益的行为

纯法律上利益的行为,即限制行为能力人纯获利益而不负担任何义务的行为。如接受无负担的赠与、接受奖励及报酬的行为。① 纯法律上利益的行为仅为限制行为能力人增加利益,其实施此类行为通常仅为单纯接受之意思表示。法律设置行为能力之限制的目的,系为保护意思能力欠缺之人免受不测之损害,故对此类行为之实施,自无限制之必要。但"纯法律上利益"之要点在其"纯"字,故凡设有任何义务(无论财产义务或人身义务)者,无论其义务之大小或义务之内容(作为或不作为)如何,均不属此列。例如,未成年人无偿借用他人贵重物品,虽系无偿,但未成年人因此应负返还义务,故其不得为纯法律上利益之行为。

至于德国民法及我国台湾地区"民法典"允许未成年人单独实施的所谓"中性行为"(于未成年人无利益也无不利益之行为,又称"无损益行为"),如代理行为、经权利人许可而对他人财产的处分行为等,我国民法理论不承认其可由未成年人单独实施。这是因为,代理行为须由代理人为独立意思表示,而限制行为能力人无为重大行为的意思能力,如允许其充当代理人,则代理行为的效力(代理人意思表示之真实性)难以认定,于交易安全的保护多有不利。而就代理行为中无过错之善意相对人利益的保护,得准用表见代理制度予以解决,此与完全承认限制行为能力人得成为代理人并不相同。为此,我国《民法通则》未承认代理人得由限制行为能力人充当。至于其他"中性行为"之处理,亦应适用同一规则。对此,笔者认为,既然法律承认限制行为能力人有独立实施部分法律行为及经监护人同意而实施其法律行为的资格,则一概否定限制行为能力人得在一定范围的条件下充当委托代理人,是不妥

① 参见我国《合同法》第47条,最高人民法院《民通意见》第6条。

当的(参见本书第二十一章第二节)。

2. 未成年人对其“自由财产”的处分行为

自由财产是指由法定代理人预定使用目的的财产(如学费、旅费等)以及零用钱等未预定使用目的的财产。[①] 法定代理人预定使用目的的财产,其实质为对限制行为能力人单独为特定行为之“个别允许”,限制行为能力人实施此种行为,与经法定代理人事先同意而实施的行为无异。因此,限制行为能力人仅得在预定之目的范围内处分财产,一旦超越,则其行为不能当然有效(如擅自以学费购买其他物品)。至于“零用钱”,限制行为能力人自可任意处分,但应辨析“零用钱”与其他为限制行为能力人控制的财产的区别:零用钱虽无法精确确定其金额之大小,但依生活习惯,零用钱仅为日常生活之琐碎开支,非为重大事项之开支。同时,何为零用钱,何为非零用钱,法定代理人常有限定或依生活习惯而确定之。因此,父母以未成年子女名义所为之存款、未成年子女在节日期间从父母、亲属或他人处获得并积攒的较大金额的“压岁钱”,不得一概视为零用钱。质言之,零用钱虽未确定具体使用目的,但零用钱之性质非决定于金额之数量,而决定于其“零用”之概括目的。故零用钱的给予,应视为法定代理人对限制行为能力人单独实施之行为的“概括允许”。但其概括允许的范围仍应限于一定范围,否则,则违背监护人之法定职责(如监护人概括允许被监护人单独从事“一切行为”,其许可绝对无效)。由此,是否构成对“零用钱”的处分,仍应根据使用之目的予以确定,超出“零用”范围的(如某未成年人节日期间所获“压岁钱”高达数千元,遂以此款向他人购买某件昂贵物品),其行为不能当然有效。以上分析表明,所谓“自由财产”中,法定代理人预定使用目的的财产,限制行为能力人之处分权一般不受金额的限制;而对于法定代理人未预定具体使用目的的财产(包括零用钱),限制行为能力人之处分权仍然要受法定代理人可推知或者依生活习惯可予确定的“概括目的”所限制。亦即其处分行为仍需与其意思能力相适应,故其实为与限制行为能力人法定之单独实施的行为范围的重合。

3. 被许可参加营业活动的未成年人的营业行为

如前所述,日本民法和我国台湾地区“民法典”均将未成年人经许

---

① 参见梁慧星:《民法总论》,法律出版社1996年版,第94页。

可“营业”的情况下实施的有关营业的行为规定为其得单独实施的行为。在此首先应辨析的是,日本及我国台湾地区“民法典”就此所指之所谓“营业”,不仅指“凡以取得利益为目的之职业,无论其为农工商及其他事业,均属之”,而且更重要的是指未成年人经法定代理人许可而“进入劳动力市场”,受他人雇用而为职业上之活动,故“营业”等同于“就业”。[①] 而在我国,根据《民法通则》的规定,年满16岁的未成年人如已“就业”,获得固定的劳动收入并得以其为主要生活来源者,应视为具有完全之行为能力,不存在其从事有关职业的行为能否单独为之的问题。

但在我国生活实践中,既存在年满16周岁的未成年人被他人临时雇用的情形,也存在未成年人经监护人同意而参与监护人本人或他人之营业活动的情形(如作为个体商人的父母让其未成年子女参与其经营活动或为他人照看店铺及销售商品等)。笔者认为,前述行为在不违反我国《劳动法》以及涉及对未成年人保护之法律规定的前提下,应认定未成年人在经法定代理人同意而参与的营业活动中所实施的有关行为(包括订立雇佣合同和请求劳动报酬等)具有法律效力。

4. 日常生活中的定型化行为

如利用自动售货机(买卖)、利用公共交通工具(旅客运送)、进入游园场所(接受服务)等。[②] 此类行为采定型化合同(格式合同)形式,系针对消费者大众日常消费需要而设,无论男女老幼均以相同条件进行。故于意思能力欠缺之人,通常不会产生利益损害。依生活习惯,此类行为限制行为能力人得单独实施。

《民法总则》第19条和第22条在《民法通则》前述概括性规定的基础之上,就限制行为能力人可独立实施的行为增设了“纯获利益的民事法律行为”。考虑到未成年人对其“自由财产”的处分行为、被许可实施的营业行为以及日常生活中的定型化行为可以包括于“与限制行为能力人年龄、智力、精神健康状态相适应的行为”之中,故《民法总则》的规定具有合理性。

限制行为能力人未经法定代理人事先同意而单独实施的依法不能

---

① 参见王泽鉴:《民法总则》,台湾2000年自版,第351页。

② 参见梁慧星:《民法总论》,法律出版社1996年版,第95页。

独立实施的行为,依我国《合同法》第 47 条之规定为效力未定行为。

(四)无行为能力

我国《民法通则》第 12 条第 2 款规定:未满 10 周岁的未成年人是无行为能力人,由其法定代理人代理实施法律行为。第 13 条第 1 款规定:不能辨认自己行为的精神病人也属无行为能力人。此外,有关司法解释还将不能辨认自己行为的痴呆症患者列为无行为能力人。[①]《民法总则》第 20 条将无行为能力的未成年人的年龄调低至"未满 8 周岁";同时,其第 21 条"将不能辨认自己的行为"作为成年人之无行为能力的确定标准。

(五)限制行为能力及无行为能力之宣告

1986 年《民法通则》颁布之后,我国有关司法解释中规定:"当事人是否患有精神病,人民法院应当根据司法精神病学鉴定或者参照医院的诊断、鉴定确认。在不具备诊断、鉴定条件的情况下,也可以参照群众公认的当事人的精神状态认定,但应以利害关系人没有异议为限。""在诉讼中,当事人及利害关系人提出一方当事人患有精神病(包括痴呆症),人民法院认为确有必要认定的,应当按照民事诉讼法(试行)规定的特别程序,先作出当事人有无行为能力的判决。""确认精神病人(包括痴呆症人)为限制行为能力人的,应当比照民事诉讼法(试行)规定的特别程序进行审理。"[②]

上述规定虽然从原则上确定了对精神病人以及痴呆症患者之宣告无行为能力人或限制行为能力的制度,但不甚周全:首先,"精神病"为医学概念而非法律概念,对是否患有精神病的确认不等于对其行为能力欠缺的确认;其次,如不涉及诉讼,确认当事人患有精神病是否应当经利害关系人申请,其规定模糊;最后,无行为能力或限制行为能力之宣告涉及本人之重大人身利益,某些情况下仅凭"群众公认"及"利害关系人无异议"即可确认本人为精神病,实在过于草率。因此,笔者在提出的建议稿中所设计的条文是:"宣告精神病人或痴呆症患者为无行为能力人或者限制行为能力人,应由人民法院经利害关系人申请并依司

---

① 参见最高人民法院《关于贯彻执行〈中华人民共和国民法通则〉若干问题的意见(试行)》第 5 条。

② 最高人民法院《民通意见》第 5 条、第 7 条、第 8 条。

法程序进行。”“被宣告为无行为能力或者限制行为能力的人恢复或者部分恢复其行为能力时,经本人或利害关系人申请,人民法院应当判决撤销对其无行为能力或者限制行为能力的宣告,以恢复其行为能力或另行宣告其为限制行为能力人。”“如果无利害关系人或者利害关系人不提出宣告申请的,或者本人及利害关系人不提出撤销宣告的申请的,为保护本人或者他人的合法利益,本条第一款以及第一款所规定的申请可以由人民检察院提出。”

对此,《民法总则》第24条在《民法通则》的基础上增设规定:“不能辨认或者不能完全辨认自己行为的成年人,其利害关系人或者有关组织,可以向人民法院申请认定该成年人为无民事行为能力人或者限制民事行为能力人。”(第1款)“被人民法院认定为无民事行为能力人或者限制民事行为能力人的,经本人、利害关系人或者有关组织申请,人民法院可以根据其智力、精神健康恢复的状况,认定该成年人恢复为限制民事行为能力人或者完全民事行为能力人。”(第2款)“本条规定的有关组织包括:本居民委员会、村民委员会,学校、医疗机构、妇女联合会、残疾人联合会、依法设立的老年人组织、民政部门等。”(第3款)其前两款的规定与笔者的建议相同,但对于笔者所提出的在必要情况下由检察院提出无行为能力或者限制行为能力的宣告申请或者恢复行为能力的申请的建议,未予采纳。

(六)监护制度的立法安排

各大陆法系主要国家和地区均将监护制度纳入亲属法中予以规定。如《德国民法典》将“监护”规定于“亲属法”(第四编),列为该编的第三章;《日本民法典》将此制度规定于第四编“亲属”,列为该编的第五章。

我国1986年《民法通则》在“公民(自然人)”一章中专节规定了“监护”制度(第二章第二节)。事实上,将未成年和无行为能力人的监护制度置于民法总论中有关自然人行为能力问题中予以阐述,一直是我国民法教科书的惯例。但随着民法理论研究的深入,不少学者认为包括监护和遗产继承等问题,因其主要涉及亲属关系,故应借鉴各主要大陆法系国家和地区的民法典编纂体系,将监护制度纳入婚姻亲属法予以规定。因此,后来的一些民法总论的教科书便在其自然人章节中删除了“监护”一节。[1] 在第四次民法典编纂活动中，应否在民法典总则中规定这一制度，在学界存在不同意见。在王利明教授主持提出的民法典草案学者建议稿中，监护制度被规定于自然人一章，而在梁慧星教授主持提出的民法典草案学者建议稿中（该建议稿中的“自然人”“法人”两章系由笔者撰写），自然人一章即不存在这一制度。

我国《民法总则》沿袭了《民法通则》的做法，仍将“监护”制度规定于自然人一章（第二节）。

---

① 参见马俊驹、余延满：《民法原论》（第2版），法律出版社2005年版，第76～111页。

第七章　宣告失踪与宣告死亡

第一节　立法模式及其选择

一、各国主要立法模式

（一）概说

自然人离开其住所或者居所，下落不明，而难有返回之预期者，谓之失踪。失踪也可因灾难事故、战争等而发生。失踪会导致与失踪人有关的财产关系和身份关系的不稳定，失踪时间越长，此种不稳定越是加剧，不仅涉及失踪人自身的财产利益保护，而且涉及失踪人之利害关系人的财产利益与人身利益之保护。为此，法律有必要采取一定措施，遂在民法上设置宣告失踪与宣告死亡制度。其中，宣告失踪涉及失踪人的财产管理，宣告死亡则涉及失踪人权利能力即人格的消灭。故此两项制度，在民法中的地位尤为重要。

据学者考证，罗马法上无宣告死亡之规定。以宣告死亡为研究对象，始于中世纪注释法学派，但在法律上对之予以明文规定肇始于德国普通法。依德国普通法规定，凡失踪人年满70岁者，推定为死亡。而根据德国西里西亚地区（Schlesien）特别法之规定，自失踪时起，超过一定期间者，亦得为死亡之宣告。[①]

---

① 参见梅仲协：《民法要义》，中国政法大学出版社1998年版，第55页。

自1804年《法国民法典》起，近代各国民法莫不就失踪人之失踪宣告或死亡宣告作出详细规定。但各国基于其立法政策所选择的立法例有所不同，主要有“法国式”和“德国式”两种。

(二)“法国式”失踪宣告制度

法国的失踪宣告制度前后有较大的变化：

1804年《法国民法典》将自然人的失踪按失踪时间分为两个阶段：一为“失踪推定”。失踪推定由利害关系人申请法院为之。失踪人受失踪之推定后，如其无任何授权的代理人而其财产的全部或一部有任命管理人的必要时，法院得指定代理人即管理人(原第112条)。二为“失踪宣告”。自然人失踪4年后，利害关系人得诉请法院宣告其失踪(原第115条)。宣告失踪的法律效果又分为两个阶段：其一，“财产假占有”。财产的“假占有”(prossession provisoir)即对财产的暂时占有。在失踪人未委托代理人管理其财产时，其继承人得依据宣告失踪的判决暂时占有失踪人的财产，但为保证管理的妥善，有提供担保的义务；在失踪人有委托代理人时，其继承人仅从其下落不明时起诉请宣告失踪并暂时占有财产(原第120条至第121条)。其二，“财产确定占有”。财产的“确定占有”(prossession definitif)即对财产的最终占有。自假占有之时起经过30年或者失踪人自出生时起已满100岁时，继承人解除其担保并申请法院分割失踪人的财产及宣告对失踪人财产的确定占有(原第129条)。

上述规定的特点是，在自然人下落不明或被推定失踪达一定期间后，法院仅得经利害关系人申请对失踪人宣告失踪。虽其财产得为继承人分割并确定占有，其配偶亦得再婚(原第139条)，但法律上留有余地，并不发生失踪人权利能力丧失的确切后果。亦即法国民法对于失踪宣告采取逐步演进方式，随着失踪时间推移，逐渐强化死亡推定，增加生存者的权利，虽然其最后的宣告失踪实际上等同于宣告死亡，但立法上并不宣告失踪人死亡。这样规定，显然表现了《法国民法典》编撰时期强烈的人权保护思想(失踪人生死不明，何以认定其死亡)。

但是，前述规定被1977年12月28日颁布的第77－1447号法律所修改。虽然该法律仍然维持了将失踪人之失踪宣告分为“推定失踪”和“宣告失踪”两个阶段的做法，但在以下几方面作了重大修改或完善：

1. 对“推定失踪”予以充实，规定自然人停止在其住所地或居所地出现且他人无其音信时,监护法官得应利害关系人或检察院的请求,确定其为推定失踪(修改后《法国民法典》的第112条,下同),并增加了有关法官应对家庭生活费用的开支或用于婚姻负担的款项、子女安置费用的负担及代理人的报酬等费用予以确定等规定(第114条)。

2. 规定推定失踪的判决作出10年或虽无推定失踪但当事人下落不明满20年,法院得应利害关系人或检察院的请求,宣告失踪人失踪(第122条),并规定了宣告失踪的具体程序(第123条至第125条、第127条)。至关重要的是,修改后的法律明确规定"宣告失踪的判决自其登录之日起,即具有确认失踪人已经死亡的全部效力"(第128条第1款),对失踪人的财产管理即告终止(第128条第2款),且失踪人的配偶得缔结再婚(第128条第3款)以及宣告失踪的判决已被撤销时,失踪人的婚姻仍然解除(第132条)。

(三)"德国式"宣告死亡制度

1900年《德国民法典》第13条至第20条规定了宣告死亡制度,规定自然人下落不明达一定期间,得经利害关系人申请,由法院宣告其死亡。后来,德国于1939年7月4日颁布关于失踪、死亡宣告及确定死亡期间的《失踪法》,同时以其第46条废止了《德国民法典》原第13条至第20条之规定。1951年1月15日德意志联邦共和国制定了新的《失踪法》(Verschollenheitsgesetz),并于1957年7月26日加以修正。[①] 根据《失踪法》的规定,法定宣告失踪人死亡的期间有3个月至10年长短不等(第3条第1款、第6条),以导致失踪发生的危险事件程度而定。因此,在所谓的空难失踪中,其所需期间最短(第6条)。[②]

"德国式"宣告死亡制度的特点是明确推定失踪达一定期间的人已经死亡,令其直接发生权利能力消灭的法定效果。这一做法为《瑞士民法典》(第35条至第38条)、《日本民法典》(第30条至第32条)、《意大利民法典》(第58条、第60条)、《葡萄牙民法典》(第114条)、《苏俄民法典》(第21条)以及我国台湾地区"民法典"(第8条至第11条)所采用。尽管在前述国家或地区中,有些国家立法上仅仅存在"宣告失

---

① 参见[德]迪特尔·梅迪库斯:《德国民法总论》,邵建东译,法律出版社2000年版,第38页;史尚宽:《民法总论》,中国政法大学出版社2000年版,第95页之注释。

② 参见[德]迪特尔·梅迪库斯:《德国民法总论》,邵建东译,法律出版社2000年版,第789页。

踪”(如日本)。但如法国法一样,其所谓“宣告失踪”的效果完全等同于宣告死亡,二者之间并无实质性区别。

二、各国立法模式之比较及选择

如上所述,当修改后的《法国民法典》已经明确规定“宣告失踪具有确认死亡的全部效力”之后,上述“法国式”宣告失踪与“德国式”宣告死亡之间的本质区别便已经不复存在。除一些细节问题之外(如宣告死亡的法定期限等),各国立法所存在的主要区别,仅仅是在规定“宣告死亡”的同时,是否规定与之并行的“宣告失踪”制度。由此,形成两种不同的做法。

一种是仅规定对失踪人受死亡宣告前的财产管理制度而不规定“宣告失踪”制度。如《日本民法典》规定,自然人下落不明时,如果未设置财产管理人的,家庭法院因利害关系人或检察官的请求,得命令就该财产的管理实行必要处分(第25条)。相同之规定,我国台湾地区“民法典”安排于总则(第10条),德国民法、瑞士民法安排于“亲属编”(《德国民法典》第1911条、《瑞士民法典》第392条、第393条)。

另一种是在规定宣告死亡的同时,规定宣告失踪制度。除《法国民法典》之与“宣告失踪”相对应的所谓“推定失踪”外,《意大利民法典》规定,自然人下落不明,得为其指定保佐人(第48条);下落不明经过2年的,得被申请宣告失踪(第49条),继承人等得临时占有失踪人之财产(第50条)。《葡萄牙民法典》规定,自然人失踪,得申请设置临时保佐人(第91条);失踪人2年无音讯,或在委托有法定代理人的情况下5年无音讯,得申请宣告其失踪(第99条),在失踪人最后音讯日起满10年或其间已满80岁的失踪人失踪满5年或未成年失踪者自在生时之成年日起满5年,得申请宣告其死亡(第114条)。另《苏俄民法典》也规定,自然人下落不明满1年的,得依照审判程序宣告其失踪(第18条)。

由此,各主要国家关于自然人失踪宣告之立法模式便大体可归纳为三种:

1. 对下落不明者规定财产管理(无失踪期限要求)+宣告死亡(德国、瑞士、日本、我国台湾地区)

2. 宣告失踪(有失踪期限要求)+宣告死亡(苏联)

3. 对下落不明者规定财产管理(无失踪期限要求)+宣告失踪(有失踪期限要求)+宣告死亡(意大利、葡萄牙)①

我国《民法通则》以及于2017年3月颁布的《民法总则》采用的是上述第二种模式,即将宣告失踪与宣告死亡作为两个完全不同的制度来加以规定。首先,自然人下落不明满2年的,利害关系人得向法院申请宣告其为失踪人(《民法通则》第20条,《民法总则》第40条)。被宣告失踪的人的财产应由其配偶、父母、成年子女或者其他有关人员代管,或由法院指定代管人(《民法通则》第21条,《民法总则》第42条),其次,自然人下落不明满4年,或在意外事故中下落不明满2年,利害关系人得向法院申请宣告其死亡(《民法通则》第23条,《民法总则》第46条)。宣告死亡产生与自然死亡相同的法律效力,即被宣告死亡的人丧失权利能力,其婚姻关系消灭,其财产成为遗产,由继承人继承。

比较上述三种立法模式,可以看出,其共同点有二:其一,均将宣告死亡规定为一种与失踪人财产管理或者宣告失踪相分离的独立制度(尽管一些国家规定受有失踪宣告的人与未受有失踪宣告的人在被申请宣告死亡的期限上有某些区别),亦即是否确定有财产管理人或者是否受有宣告失踪,不影响宣告死亡之申请。其二,失踪立即引起或在较短时间内得引起财产管理人的确定,而失踪导致宣告死亡的效果,则需经历较长的时间。但宣告死亡,无一例外地引起与自然死亡相同或者几近相同的法律效果。

而三种立法模式的主要区别在于:

其一,就意大利、葡萄牙(包括法国)等将失踪宣告分为三个阶段(确定财产代管人、宣告失踪与宣告死亡)的国家而言,其在设置财产代管人和宣告死亡之间设置了一个中间阶段即“宣告失踪”。在此阶段,财产代管终止,财产由继承人“临时占有”。实际上已经发生了死亡宣告的初期效果,只是留有余地,让此效果最终于死亡宣告时确定发生,而其他国家或地区则无此中间阶段。

其二,是否有必要对下落不明者作失踪宣告?

---

① 法国虽然形式上规定了“推定失踪”和“宣告失踪”两个阶段,但其“推定失踪”的效果为财产管理人的确定。而其“宣告失踪”实际上被分为“财产的假占有”与“财产的确定占有”两个阶段,前者之效果相当于意大利、葡萄牙之宣告失踪,后者之效果则相当于宣告死亡。故其实质上应属于此种三阶段模式。

当自然人下落不明时，只要有必要，利害关系人即可申请确定财产管理人，而无必要以特别的诉讼程序严格审查当事人是否真正失踪，此为一种选择。其理由显然是，失踪人财产代管人的确定主要系为失踪人本人的利益，以防止财产因无人管理而陷于损失以及维护失踪人之家庭的正常生活秩序。而只要失踪人一旦返回，即可恢复其对自己财产的支配地位，对其利益并无妨害。同时，为避免财产代管人滥用权利损害失踪人的利益，法律还责令财产代管人就其代管权的行使提供担保。这样一来，失踪人的利益便足以获得可靠的保护（为此，对下落不明者财产的管理申请，多不设置过于严格的司法程序，甚至明文规定按非诉讼事件处理）。[①] 如果设置宣告失踪制度，则在自然人下落不明之后，利害关系人仅得在法定期间届满之后依法定程序申请宣告失踪及指定财产代管人。而在自然人下落不明至被宣告失踪这一段时间，失踪人的财产便有可能处于无人有权管理的状态，此于失踪人及其利害关系人均有不利。

当自然人下落不明时，利害关系人仅得在一定期间之后，依法定程序宣告其失踪并确定失踪人财产的代管人。此为第二种选择。其理由应当是：自然人之“下落不明”为一模糊概念，一时之下落不明尚不足以构成真正意义上的“失踪”。因此，下落不明是否构成失踪，应当具备一定条件，而下落不明达一定期间为确认其失踪的基本条件。同时，自然人之下落不明，必须是离开其住所或居所，杳无音讯，或者在意外事故中下落不明，难有返回之预期。为此，自然人之失踪事实必须经过特设之司法程序予以审查确定，不得轻易妄断。唯有如此，下落不明者的利益才能得到切实的保护。

对于是否规定失踪人失踪事实之司法宣告程序，上述两种立法模式显然有其各自优劣。我国《民法通则》采前述第二种模式即“宣告失踪”。此举曾有人予以批评，认为此制度的设置弊大于利，不如废而代之以为无配偶之完全行为能力失踪人径行设立财产代管人的制度。其所持理由有二：其一，宣告失踪并非强制性规范，如利害关系人不申请，

---

① 我国台湾地区“民法典”第 10 条规定：“失踪人失踪后，未受死亡宣告前，其财产之管理，依非讼事件法之规定。”瑞士民法、土耳其民法亦同。参见胡长清：《中国民法总论》，商务印书馆 1939 年版，第 77 页。

则无法设立财产代管人;其二,即使成功地宣告失踪,在设立财产代管人之前的至少两年又三个月时间内,失踪人的财产也处于无人管理的状态。[①] 但笔者认为,就采用径行设立失踪人财产代管人的国家来看,其通常规定有限制性条件,即必须是失踪人无法定代理人或委托代理人而其财产有管理之必要。同时,设立失踪人财产管理人也需利害关系人申请(特定情形由检察官申请),其亦非强制性规范。而就实际情况而言,我国土地辽阔,人口众多,随着经济的振兴发展,城乡人口流动激增,虽交通、通信日益发达,但由于各种原因与家人一时中断联系者实为常见。同时,依生活习惯,家庭成员偶有下落不明时,其财产通常即由亲属代为管理,短期内影响不大。如法律不规定自然人下落不明需经一定期间方可申请宣告其失踪,则一旦有人"下落不明",利害关系人即可申请对其财产实行代管,恐易滋生事端及为恶意当事人所利用。为此,规定失踪宣告需下落不明达一定期间并经法定程序进行,比较符合我国国情。对此,2017年3月颁布的《民法总则》承继《民法通则》的做法,是正确的。

第二节 宣告失踪

一、宣告失踪的条件

宣告失踪为对自然人失踪事实之司法确定。与死亡宣告不同,死亡宣告的目的纯粹在于维护与失踪人有关的民事法律关系的稳定,维护生者(失踪人的配偶及其亲属以及债权人、债务人等利害关系人)的合法利益。而失踪宣告具有双重目的:首先,维护失踪人自身的合法利益,使其不因财产无人管理而遭受不测之损害;其次,维护与失踪人有利害关系的当事人的合法利益,使其不受失踪人失踪之事实而导致的财产损害。而此两项目的之实现,系于失踪人财产代管制度之设立。

宣告自然人失踪,须具备以下条件:

---

① 参见罗玉珍主编:《民事主体论》,中国政法大学出版社1992年版,第89页。

（一）须自然人下落不明达法定期间

我国《民法通则》规定，自然人下落不明为一持续进行的事实状态，其持续期间应不少于 2 年。依照相关司法解释，该 2 年期间从失踪人最后离开住所或居所而下落不明的次日开始计算；战争期间下落不明的，其失踪时间自战争结束之日起开始计算。①《民法总则》综合采纳了前述立法和司法解释的规定，在其第 40 条规定："自然人下落不明满二年的，利害关系人可以向人民法院申请宣告其为失踪人。"在其第 41 条规定："自然人下落不明的时间从其失去音讯之日起计算。战争期间下落不明的，下落不明的时间自战争结束之日或者有关机关确定的下落不明之日起计算。"

上述 2 年期间得因当事人获得下落不明之人的确切音讯而发生中断。如中断后重又处于下落不明状态时，应从该下落不明发生时重新开始计算。

（二）须失踪人的财产有设置或重新设置管理人之必要

我国法律仅规定自然人失踪达一定期间即可申请宣告其为失踪人，但未明文规定是否以失踪人之财产有管理之必要为条件。查其他国家或地区的立法例，其多以失踪人无财产管理人为申请宣告其失踪的条件。《意大利民法典》规定：在失踪人有法定代理人的情况下，不得请求为之设定保佐人（第 48 条）。《日本民法典》规定：失踪人如果未设置财产管理人时，家庭法院得因利害关系人或检察官的请求，命令就该财产的管理实行必要处分（第 25 条）；但于失踪人已设置管理人的情形，得申请改任管理人（第 26 条）。《德国民法典》明文规定失踪人有财产管理之必要者，得申请设置管理人（第 1911 条）。我国台湾地区"民法典"也以失踪人未设置有财产管理人且无法定顺序之管理人，或此等管理人之权限因死亡、受禁治产宣告或其他原因而消灭，为申请设置管理人的条件。②

考虑到失踪宣告之目的系为失踪人的财产设置代管人，如失踪人下落不明前已自行设定了财产管理人，或失踪人已经具有法定代理人（如失踪人为未成年人或者精神病人的情形），则失踪人的利益自应由

---

① 参见最高人民法院《民通意见》第 28 条。

② 参见史尚宽：《民法总论》，中国政法大学出版社 2000 年版，第 104 ~ 105 页。

管理人加以保护,有关利害关系人的利益也无损害之虞,而单纯申请宣告其失踪便不具有任何实质意义。因此,除非失踪人的全部或者部分财产无管理人,或者原有财产管理人之管理权限已经消灭,或者有改任原有财产管理人之必要,否则,利害关系人不得提出宣告失踪之申请。为此,笔者提出的建议稿中规定:“自然人下落不明满二年的,利害关系人可以向人民法院申请宣告他为失踪人。但下落不明的自然人有法定代理人或者财产管理人的除外。”但这一意见未被《民法总则》采纳。如此一来,如出现当事人提起申请宣告失踪的诉讼而不以请求设置财产代管为目的的情形,或者出现当事人试图以失踪宣告而否认既存的合法财产代管关系的情形,法院应否驳回申请人的起诉或者驳回其诉讼请求,便成为在司法实务中有待进一步确定的问题。

(三)须利害关系人之申请

失踪宣告系为保护失踪人及其利害关系人利益而设。自然人下落不明,如无涉任何人的利益,即无必要宣告其失踪。故是否申请宣告失踪,由利害关系人定夺,法院无权主动干预,即法院不得依职权主动宣告自然人失踪。

失踪人的利害关系人是指与失踪人存在法律上权利义务关系的人,亦即对失踪人财产之保全具有法律上正当利益之人,包括失踪人的近亲属以及债权人、债务人等。依我国有关司法解释,有权申请宣告自然人失踪的近亲属包括配偶、父母、子女、兄弟姐妹、祖父母、外祖父母、孙子女、外孙子女,还包括其他与被申请人有民事权利义务关系的人。[①]该因失踪宣告之性质为对自然人失踪之客观事实予以司法确认,于失踪人所涉及之身份关系和财产关系均不发生实质性的影响,故前述近亲属以及其他利害关系人申请失踪宣告,不受先后顺序的限制,也无须征得其他利害关系人的同意,对此,理论上并无任何争议。[②] 但申请失踪宣告为司法上的诉讼行为,申请者应当具备完全行为能力,限制行为能力人及无行为能力人无申请资格。

(四)须法院依法定程序予以失踪宣告

宣告失踪只能由法院以判决进行。为此,我国《民事诉讼法》作了

---

① 参见最高人民法院《民通意见》第24条。

② 但宣告死亡则涉及被宣告死亡之人的人身关系和财产关系的实质性改变(继承开始、婚姻关系消灭等),故宣告死亡申请人是否受一定顺序的限制,则存有争议。(参见下文)

具体规定：首先，利害关系人应到下落不明人住所地的基层人民法院提出失踪宣告之申请（第183条）；其次，法院依法受理宣告自然人失踪申请案件后，应发出寻找失踪人的公告，公告期为3个月。公告期满，失踪人仍无音讯的，法院应作出宣告失踪的判决（第185条）。

二、宣告失踪的效果

宣告失踪的效果为失踪人财产管理人的设置。我国《民法总则》第42条第1款规定："失踪人的财产由其配偶、父母、成年子女或者其他愿意担任财产代管人的人代管。"第2款规定："代管有争议，没有前款规定的人，或者前款规定的人无代管能力的，由人民法院指定的人代管。"第43条第1款规定："财产代管人应当妥善管理失踪人的财产，维护其财产权益。"第2款规定："失踪人所欠税款、债务和应付的其他费用，由财产代管人从失踪人的财产中支付。"第3款规定："财产代管人因故意或者重大过失造成失踪人财产损失的，应当承担赔偿责任。"

失踪人之财产代管人具有与法定代理人之同等的法律地位，财产代管人有权依其代管权对失踪人财产的全部或者一部进行管理。其管理的权限，依《日本民法典》的规定，应依法院的命令内容而定。当法院确定的管理权限不明时，对于失踪人的财产，管理人具有实施《日本民法典》第103条所规定的"管理行为"的权限；管理人需要实施超越此权限的行为（如给予失踪人之子教育资金和结婚资金的行为）时，须经法院许可（第28条）。依我国台湾地区"非讼法"第57条之规定，失踪人之财产管理人应以善良管理人之注意，保存财产，并得为有利于失踪人之利用或改良行为，但其利用改良致变更财产之性质者，非经法院许可不得为之。很显然，对于失踪人财产管理人的行为，前述法律均采取了比较严格的限制立场。但日本及我国台湾地区"民法典"仅设对失踪人的财产管理人制度，并未设置失踪宣告制度，故其对财产管理人权限的限制自有其合理之处。而依我国《民法通则》之宣告失踪制度而确定的财产管理人，其确定程序更为复杂，被宣告失踪的人的下落不明之状态更为稳定，因此，赋予失踪人财产管理人以更大的管理权限，似有必要。故学者认为，失踪人之财产代管人的管理权限除保存行为（包括对财产的维护、收益等）及改良行为外，还应包括必要的经营行为和处分行为。但财产代管人在对财产进行保管、维护、收益时，应尽与管理自己财产之同一注意,而在对财产进行必要的经营行为和处分行为时,应尽善良管理人之注意。失踪人之财产代管人因自己的过错而导致失踪人财产损害时,应当承担赔偿责任。①

自然人被宣告失踪后,其权利能力并不丧失,只是其权利义务由财产管理人代为行使和履行。因此,财产管理人的法律地位与无行为能力人之法定代理人实质上并无区别。就失踪人财产管理方面之事项,法律有规定的,适用其规定;法律无规定的,应当参照适用法律有关法定代理人的规定(参见本书第二十章第二节)。

就失踪人财产管理人的诉讼地位而言,有关司法解释规定,在失踪期间,失踪人的财产代管人向失踪人的债务人要求偿还债务的,可以作为原告提起诉讼;失踪人的财产代管人拒绝支付失踪人所欠的税款、债务和其他费用,债权人提起诉讼的,法院应当将代管人列为被告。

三、失踪宣告的撤销

宣告失踪为对失踪人之失踪事实的确认,如果此事实不复存在,失踪宣告自应撤销。故我国《民法总则》第45条第1款规定:“被宣告失踪的人重新出现,经本人或者利害关系人申请,人民法院应当撤销失踪宣告。”第2款规定:“被宣告失踪的人重新出现,有权要求财产代管人及时向其移交有关财产并报告财产代管情况。”此处所谓“重新出现”,指的是失踪人返回其原住所地或者居所地,或失踪人以通信、电话等方式向其亲属或他人表明其存在之事实;所谓“确知下落”,指的是失踪人的亲属或他人通过某种途径获知失踪人的确切下落。

被宣告失踪的人后来又被宣告死亡的,其失踪宣告当然被撤销。

一旦失踪宣告因失踪人重新出现或确切知道其下落而被撤销,失踪人财产的代管即告终止,财产代管人即应停止一切管理活动,并向本人移交有关财产及财务账目。

利害关系人明知本人并未失踪,基于恶意而致本人被宣告失踪的,对由此而导致的本人的损失应当承担赔偿责任。

---

① 参见梁慧星:《民法总论》,法律出版社1996年版,第100页。

第三节 宣告死亡

一、宣告死亡的意义和效果

(一)概说

在自然人失踪的最初阶段,其失踪所导致的法律关系之不稳定,主要表现为失踪人财产的无人管理,故宣告失踪制度的效果主要在于确定失踪人的财产管理人。宣告失踪制度,实质是法律应利害关系人的请求,对失踪人财产管理的一种强行介入。但宣告失踪并未解决失踪人之相关法律关系(特别是身份关系以及与之有关的财产关系即继承关系)的最终稳定问题。随着自然人失踪时间的延长,依科学测定和生活习惯,失踪人已经死亡的可能日渐增大,此时,生存者利益保护便日渐突出。为此,各国立法设置了宣告死亡或与之效果相同的宣告失踪制度。

宣告死亡制度的目的显然在于较为彻底地了结长期失踪者遗留下来的某些重要的法律关系悬而未决的状态。但是,就宣告死亡是否导致自然人法律人格的消灭以及其具体效果,各国立法和理论基于不同的出发点却有不同的立场。

法院有关宣告死亡之判决具有绝对性,即不仅对申请宣告死亡的当事人具有效力,而且对一切人皆发生效力,任何人均得援引之。[①] 对此,理论上并无异议。但就死亡宣告之效力所涉及的具体范围,则有不同看法。有的人认为其仅限于财产关系(此为德国普通法时代之通说)。[②] 也有人认为,宣告死亡为法律对失踪人已经死亡的"暂且拟制",其目的仅在于确定以自然人失踪前之住所为中心的法律关系。[③] 因此,宣告死亡就失踪人住所或居所为中心之当时的法律关系,产生与自然死亡相同的法律效果,即遗产继承开始,婚姻关系当然消灭(此说

---

① 参见史尚宽:《民法总论》,中国政法大学出版社 2000 年版,第 97 页。

② 同上。

③ 参见[日]四宫和夫:《日本民法总则》,唐晖、钱孟姗译,五南图书出版有限公司 1995 年版,第 75 页。

为日本、我国台湾地区所采)。还有人认为,宣告死亡应对于一切法律关系产生效力,但对于婚姻关系应特设例外(如《德国民法典》第1348条规定,被宣告死亡之人的婚姻关系因配偶之再婚始归于消灭)。由此,关于被宣告死亡的自然人之权利能力是否丧失,便有不同的结论:凡认为宣告死亡应对被宣告死亡的自然人之一切法律关系均发生效力者,如德国民法,当然认定其权利能力全面地发生终止(虽然其可因被宣告死亡的人之生还而得以自始推翻)。[①] 凡认为宣告死亡仅以失踪者失踪前的住所或居所为中心的法律关系发生效力者,则当然认定宣告死亡仅在该"中心"之范围内发生与自然死亡相同的法律效果,但并不意味着失踪者本人的权利能力发生消灭。[②]

此外,就被宣告死亡的人究竟在法律上是被"视为死亡"还是被"推定死亡",也有不同做法。

1. 拟制主义

将被宣告死亡的失踪人"视为死亡",系采"拟制主义",即虽然不能判明失踪人是否确已死亡,但或对其以失踪前住所或居所为中心的法律关系,或对其所涉及的全部法律关系,拟制其已经死亡的事实,使其发生与自然死亡相同的法律效果。亦即"视为死亡"实质是对失踪人"已经死亡"之拟制事实的认定。因此,死亡宣告之判决一经作出,失踪人即被视为已经死亡。而"要阻止死亡所带来的效果,就必须撤销死亡宣告,仅仅提出反证不能追溯否定死亡所带来的效果"。[③] 依此"拟制主义",在宣告死亡之后,即使有确切证据证明失踪人并未死亡,甚至于被宣告死亡之本人已经出现,在未经法定程序撤销死亡宣告之前,有关死亡宣告所导致的一切法律效果,并不因此而发生任何影响。例如在基于宣告死亡而请求保险公司支付人寿保险金而发生诉讼时,即使保险公司持有该失踪人并未死亡的确切证据,保险公司在此项诉讼中也不能仅仅通过提出反证而拒绝支付保险金,而只能首先另行诉请撤销

---

① 参见[德]迪特尔·梅迪库斯:《德国民法总论》,邵建东译,法律出版社2000年版,第789页。作者指出:宣告死亡因被宣告死亡者的重新出现所推翻的,其"权利能力并未终结过"。反过来理解则是,如果宣告死亡未被推翻,则发生被宣告死亡人权利能力终结的效力。

② 参见[日]四宫和夫:《日本民法总则》,唐晖、钱孟姗译,五南图书出版有限公司1995年版,第76页。

③ 同上。

死亡宣告。采此“拟制主义”的,有《日本民法典》(第31条至第32条)、《苏俄民法典》(第21条至第22条)、《泰国民法典》(第75条)等。

2. 推定主义

对于被宣告死亡的失踪人“推定”其死亡,系采“推定主义”,即虽然不能判明失踪人是否确已死亡,但或对其以失踪前住所或居所为中心的法律关系,或对其所涉及的全部法律关系,推定其已经死亡,使其发生与自然死亡相同的法律效果。亦即与“视为死亡”不同,“推定死亡”仅仅是对失踪人已经死亡的一种假定,此种推定为得被相反证据所推翻的推定。因此,只要出现反证,宣告死亡所作出的失踪人已经死亡的推定即被否定;即使宣告死亡的判决尚未被撤销,有关死亡宣告所导致的法律效果也有可能受到影响。例如在基于宣告死亡而请求支付人寿保险金的诉讼中,只要保险公司能够举出失踪人(被保险人)确实并未死亡的证据,则原告即应败诉。采此“推定主义”的,有《德国民法典》(原第18条)、《瑞士民法典》(第38条)、《土耳其民法典》(第34条)、我国台湾地区“民法典”(第9条第1项)等。

(二)立法选择

我国《民法通则》和2017年3月颁布的《民法总则》均未明确规定宣告死亡所生之具体效力,但过去居于主流的观点认为,宣告死亡应发生与自然死亡相同的效力,即被宣告死亡的人丧失民事主体资格,其权利能力和行为能力终止,其婚姻关系自然解除,其个人合法财产成为遗产并开始继承。① 不过,此种观点后来受到批评。有学者虽然承认宣告死亡得发生与真实死亡同样的法律效力,即一切享有以失踪人死亡为条件的财产权利的人即可因此获得权利(继承人开始继承,受遗赠人取得遗赠,失踪人的婚姻关系终结等),被宣告死亡人所涉及的一切民事法律关系全部消灭,但认为其仅仅限于“以失踪人原住所地为中心”之范围。② 另有学者更为明确地指出宣告死亡与自然死亡之区别,认为宣告死亡仅发生与自然死亡相似而不相同的法律效果。其一,二者规范意旨不同。在自然死亡中,自然人的权利能力消灭;而宣告死亡制度的目的,却不在剥夺失踪人的民事权利能力,而仅在结束以原住所地为中

---

① 参见魏振瀛主编:《民法》,北京大学出版社、高等教育出版社2000年版,第61页。

② 参见梁慧星:《民法总论》,法律出版社1996年版,第101页。

心的民事法律关系,效力并不及于公法上的关系。其二,一为事实,一为拟制。在自然死亡中,死亡是真实的;而宣告死亡,则是拟制,未必确已死亡。其三,二者要件不同。自然死亡是当然死亡;而宣告死亡却要充分满足其法律要件才可。其四,二者效力不同。自然死亡的效力是绝对的;而宣告死亡的效力是相对的,可以撤销而溯及地被消灭。其五,死亡日期不同。自然死亡中的死亡日期一般是真实的;宣告死亡中的死亡日期则是法律拟制,为判决宣告日。①

很显然,对于宣告死亡的法律效果,理论上确有探讨之必要。

笔者认为,民法上设置宣告死亡制度的目的,在于结束长期失踪人所涉及之法律关系的不稳定状态,使利害关系人的利益及社会生活秩序得以保障。但失踪的自然人生死不明,法律何以将其视为死亡或者推定其死亡?事实上,如果失踪人并未死亡,宣告其死亡对其人身及财产不可避免将发生重大损害(虽然失踪人重新出现后其财产得请求返还,但对已经丧失的利益却无法得以补偿或者全部补偿;而其婚姻关系则有可能在宣告死亡期间发生变化而无法复原,其子女也有可能被他人收养而无法恢复原有关系,等等),而如果对于长期失踪的人遗留的法律关系不予以法律上的了结,则利害关系人及社会生活秩序又将遭受损害。由此,失踪人的利益与利害关系人的利益发生了冲突。两相权衡,民法不得不牺牲失踪人的利益而保全利害关系人的利益,尤其是当利害关系人的利益被认为实质上涉及社会生活秩序时,民法所作选择之合理性更加毋庸置疑。此外,法律推定失踪人已经死亡具有科学依据及符合生活常识:长期失踪,尤其在意外事故中失踪,纵经反复寻找仍无下落,失踪人死亡的可能性极大(通常情况下已经死亡)。为此,法律设置宣告死亡制度,并非基于对失踪人利益的保护,而系基于对生存者利益和社会利益的保护。所以,宣告死亡实质上应当是法律对失踪人已经死亡之推定事实的终结性确认,其目的就是要消灭失踪人的人格,使其退出所涉之法律关系。而被宣告死亡的失踪人绝大多数情况下确已死亡,被宣告死亡而实际并未死亡者极少。因此,自然人一旦被宣告死亡,在此项宣告未经相反证据的出现而予以撤销之前,失踪人应当被视为已经死亡。故宣告死亡应当发生与自然死亡完全相同的法

---

① 参见张俊浩主编:《民法学原理》,中国政法大学出版社1991年版,第112页。

律效果，其不同之处仅仅在于，宣告死亡的效果具有某种不稳定性，一旦失踪人生还，其权利能力消灭之效果即溯及地不发生。至于强调宣告死亡的效果完全不同于自然死亡（不能导致失踪人权利能力的消灭），强调宣告死亡之效果仅仅及于失踪人原住所地或居所地为中心的法律关系（不能及于失踪人生存地所涉之法律关系），甚至主张根本不宣告"死亡"而仅仅宣告"失踪"（虽然又令其"失踪"发生与宣告死亡完全之相同效果），这些观点或者做法，实质上都是站在失踪人利益保护的角度，将被宣告死亡的人的"重新出现"作为一种"常态"即可能性极大的事实来对待，其所生之矛盾是显而易见的。

1. 既然宣告失踪人死亡，则其应有之义为认定失踪人有极大可能已经死亡，而非认定其有极大可能并未死亡，故法律的着眼点应在生存者利益以及社会利益的保护而不在失踪人利益的保护，应力求宣告死亡所达之效果具有最大程度的稳定性和确定性。如果一方面有意通过宣告死亡而将失踪人"推出"有关法律关系之外；另一方面又故作姿态、羞羞答答，不承认被宣告死亡的人通常情况下已经死亡，进而不承认被宣告死亡的人之权利能力归于消灭，则遗产继承依何根据发生？婚姻关系依何根据消灭？

2. 宣告失踪人死亡的事实依据，是失踪人长期下落不明。为判定失踪人是否真正下落不明，是否真正极有可能已经死亡，法律不仅规定了较长的失踪期限，而且设置了包括由法院发出寻找失踪人公告在内的一系列严格程序。如果失踪人之下落不明尚存疑问，如果失踪人生还之可能性大于死亡之可能性，那么宣告死亡均不可能进行。由此，就被宣告死亡的人而言，其已经死亡为"常态"，其尚未死亡为"非常态"。如果说"被宣告死亡的人其实已经死亡"是一种并非绝对可靠的推定的话，那么，"被宣告死亡的人其实并未死亡"则是一种更为不可靠的推定（否则，就不应当宣告死亡）。很显然，强调宣告死亡的效果"仅仅及于失踪人原住所地或居所地为中心"之范围的观点，实际上是以被宣告死亡的人事实上并未死亡为前提的：正因为被宣告死亡的人有可能并未死亡，故应为其留出一个"生存空间"，以免其生存因其在住所地或居所地为中心的范围内已经被宣告死亡而有所影响。但问题是：

（1）既言宣告死亡的效果仅仅及于失踪人原住所或居所为中心的法律关系，那就是说在此"中心"范围之外，尚存在有宣告死亡之效力不

及的另一“范围”,此即失踪人实际生存之所在地。然而,法律宣告失踪人死亡,当然是以推定或者视为失踪人已经死亡(而不是以推定其尚未死亡)为根据的,即法律不可能承认被宣告死亡的人尚且存在于另一活动之空间。故无论如何解释立法之本意,也不能得出宣告死亡之效力仅仅及于某一“中心”范围之结论。

(2)所谓“失踪人原住所或居所为中心”之表达,根本不具有确切的含义。何为“中心”?倘失踪人于失踪前在距其原住所万里之遥的地方实施了法律行为,是否仍为“中心”之所及?很显然,宣告死亡的效力及于其失踪前所涉之一切法律关系,其并无范围之任何限制。而所谓“原住所为中心”之外的“范围”,在被宣告死亡的人生还之前,纯属虚构。

(3)被宣告死亡的人有可能并未死亡,但在其生还之前,其“并未死亡”仅为假定而并非事实。对此种现实性极小的假定,法律应当予以重视并设置特殊情形下的补救措施(被宣告死亡的人生还的法律效果),但其根本不应成为法律考虑宣告死亡之效力或其效力范围的基点。事实就是,如果被宣告死亡的人一旦生还,该种假定成为现实,则死亡宣告即可被撤销,失踪人的权利能力即“自始”未丧失。而在此种情形下,便不仅仅是宣告死亡的效力不能及于失踪人“实际生存”之范围的问题,而是其效力有可能自始根本不发生!

由上所述,宣告死亡制度系为了结长期失踪人遗留之法律关系、重点保护生存者利益及社会秩序所设,故立法应采决然之立场,即确定宣告死亡发生与自然死亡相同之民事法律效果,失踪人之权利能力和行为能力归于消灭,宣告死亡的法律效力及于失踪人所涉之一切民事法律关系。至于宣告死亡之效果是否于失踪人所涉之公法上的关系发生影响或者发生何种影响,自应由公法决定,不在民法的考虑范围。

涉及宣告死亡究竟为“推定死亡”抑或“视为死亡”之问题,笔者认为,二者均为对失踪人已经死亡之法律推定,其实质性差异仅在于当被宣告死亡人生还或有确切证据证明其并未死亡时,是否必须以死亡宣告之撤销为否定死亡宣告法律效力的唯一根据。当发生前述情况时,死亡宣告之撤销为必然发生之事实。而利害关系人一旦知道被宣告死亡的人并未死亡,依诚实信用原则,即应停止基于宣告死亡所生之一切行为(如尚未分割遗产的继承人即应停止继承活动、正待再婚之配偶即

应停止再婚行为,等等),第三人亦得以此作为义务履行之抗辩(如保险公司得拒绝支付人寿保险金),而不必等待死亡宣告之正式撤销。否则,易为恶意当事人所利用,徒生纷争,并有损生还者合法利益。至于被宣告死亡的人确实生存之证据是否充分,自应由法院予以审查定夺;无端以被宣告死亡的人尚系生存为由拒绝履行义务或者妨害利害关系人行使权利者,对由此造成的损失应予赔偿,自不待言。

二、宣告死亡的条件

各国立法均规定宣告死亡须具备以下三个条件(前一条件为实质要件,后两个条件为形式要件)。

(一)须有自然人之失踪达法定期间

失踪为自然人下落不明之状态。但下落不明与"生死不明",尚有一定区别。故有的国家规定,只有在自然人遭受极大生命危险之后失踪或长期无音讯,因而"极有可能已经死亡"的情况下,才能宣告其死亡(《瑞士民法典》第35条),亦即"下落不明"必须达到推测其极有可能死亡的程度("生死不明"),方可构成失踪。但德国、日本等多数国家并不强调下落不明者之情形是否达到足以推测其死亡的程度,而是单纯以失踪时间作为推定失踪人死亡的根据。

对于得宣告失踪人死亡之失踪时间,各国立法规定不同:

《法国民法典》原规定的对失踪人财产的所谓"确定占有"(类似宣告死亡)所需时间很长。自然人失踪4年后,得诉请法院宣告其失踪并对其财产实行"假占有"(原第115条)。自假占有之时起经过30年或者失踪人自出生时起已满100岁时,方可申请宣告对失踪人财产的确定占有(原第129条)。但经修订后的条文大大缩减了该项时间,其规定:推定失踪的判决作出10年或虽未推定失踪但当事人下落不明满20年,法院得应利害关系人或检察院的请求,宣告失踪人失踪(第122条),即产生宣告死亡的效果。

在德国,根据其《失踪法》的规定,得申请宣告失踪人死亡的失踪期间为10年至3个月(第3条第1款、第6条),依导致失踪发生的危险事件程度而定。

《瑞士民法典》将有关失踪期限分为两种:在遭遇生命危险情况下的失踪,其期限为1年;一般情形的失踪,其期限为5年(第36条)。

《意大利民法典》也将有关期限分为两种:一般情形的失踪,其期限为10年(第58条);意外事故失踪,其期间为2年(第60条第3项);在战争期间失踪的军人或者辅助人员,以及被敌方俘虏、被关进集中营或被带往国外的上述人员,其期间为自和平条约生效时起2年;在未缔结和平条约的情形,自停止敌对状态之日起经过3年(第60条第1项、第3项)。

《日本民法典》也规定了两种期限:一般情形的失踪,其期限为7年;临战场者、在沉没的船舶中及遭遇其他之死亡危难者,于战争停止、船舶沉没或危难消失后经过1年(第30条)。

《苏俄民法典》规定:一般情形的失踪,其期限应为3年,但在有死亡威胁或有根据推断其死于某种不幸事故的情况下失踪的,其期限为6个月;因军事行动而失踪的军人或其他公民,应在军事行动结束之日起经过2年(第21条)。

我国台湾地区"民法典"规定:一般情形的失踪,其期限为10年,但失踪人满70岁以上者,为5年;因战争、海上危难或其他特别灾难而失踪者,其期限为3年(第8条)。

但各国立法均将宣告死亡程序独立于宣告失踪程序,即宣告失踪之申请,非为宣告死亡申请之前置条件。

我国《民法通则》同于其他国家之立法例,规定自然人失踪达一定期间后,其利害关系人得仅申请宣告其失踪而不申请宣告其死亡,亦得在申请宣告失踪后又申请宣告死亡,亦得不申请宣告失踪而直接申请宣告死亡。同时,将宣告死亡所需之失踪期限规定为两种:

1. 普通期间

自然人于一般情况下的失踪,须经过4年,其利害关系人方可申请宣告其死亡(第23条第1款第1项)。此期间为普通期间,自自然人最后离开其住所或者居所(下落不明之事实出现)之次日起开始计算。此外,我国《民法通则》将战争期间发生的失踪人之宣告死亡也规定适用普通期间,[①]系因战争结束后至恢复正常秩序之间,常常需要相当的时间,故对战争中失踪者的死亡宣告持谨慎态度。战争期间下落不明的,

---

① 我国最高人民法院《民通意见》第27条规定:"战争期间下落不明的,申请宣告死亡的期间适用民法通则第二十三条第一款第一项的规定。"

从战争结束之日起开始计算。

2. 特别期间

自然人于意外事故中下落不明，须经过 2 年时间方可申请宣告死亡（第 23 条第 1 款第 2 项）。所谓意外事故，指地震、海难、空难、火灾等危及生命的重大灾变。因意外事故下落不明的，其失踪时间应自事故发生之日起开始计算。

此外，对于自然人在危险事故中失踪，而根据现实情况可以确认其绝无生存可能时，一些国家或地区的民法规定得确认其死亡或宣告其死亡而不受民法规定的一般期限的限制。如《瑞士民法典》第 34 条规定："失踪的人，只要是在使他人对其死亡确信无疑的情况下失踪的，即使未发现其尸体，亦视其死亡已得证实。"我国台湾地区"民用航空法"第 98 条规定："因航空器失事，致其所载人员失踪，其失踪人于失踪满 6 个月后，法院的因利害关系人或检察官之声请，为死亡之宣告。"另学者认为，失踪为生死不明，若死亡通常可认定时（如飞机高空爆炸），纵未发现尸体，仍得为死亡的认定。[①] 我国《民法通则》未设此项规定，但依我国《民事诉讼法》第 185 条之规定，因意外事故下落不明，经有关机关证明该自然人不可能生存，公告期间为三个月。

笔者认为，自然死亡为对自然人生命绝对消灭之事实的确认，不必拘泥于"心跳停止、呼吸停止"之一般的判断标准。而宣告死亡是民法为失踪人特设的一项制度，其基点在于失踪人生死不明但有极大可能已经死亡。因此，"生死不明"应为构成民法上"失踪"的基本条件。如果自然人在危险事故中"消失"，但依当时情形完全可以确定其已经死亡的（如飞机高空爆炸）或经特别寻找而由官方确定其不可能生存的（如我战斗机被他国非法侵入的侦察机撞落大海，虽经政府全力寻找，我飞行员仍下落不明），虽生不见人，死不见尸，亦应根据有关机关的证明确认其已经死亡（自然死亡），而不必另设宣告死亡所需失踪期限的例外规定。否则，有可能徒增纠纷，不利于空难、海难、矿井爆炸等危险事故遇难者善后问题的处理。[②]

---

① 参见王泽鉴：《民法总则》，台湾 2000 年自版，第 120 页。

② 美国入侵我国领空之侦察机撞落我战斗机事件发生后，我飞行员王伟被我国政府追认为烈士。依我国民法的规定，王伟同志之牺牲必须在经法定程序宣告死亡后才能确定。法学界为此议论纷纷，其实毫无必要。

于2017年3月颁布的《民法总则》基本上沿袭了《民法通则》的相关规定,其第46条仍将申请宣告死亡的普通期间规定4年,将特殊期间(因意外事件失踪)规定为2年,同时规定"因意外事件下落不明,经有关机关证明该自然人不可能生存的,申请宣告死亡不受二年时间的限制。"下落不明期间的计算,仍适用其第41条有关宣告失踪的相同规定,即一般的失踪,"从失去该自然人音讯之日起计算";战争期间下落不明的,"自战争结束之日或者有关机关确定的下落不明之日起计算"。上述规定中,没有采纳笔者有关直接确认危险事故中下落不明的人自然死亡的观点。

(二)须利害关系人申请

就其实质而言,民法设置死亡宣告制度,其目的非在确认失踪人之死亡,而在保护利害关系人之利益。而失踪人之利害关系人有无利益需要保护,以何种方式获得保护,应由其自行考虑。所以,死亡宣告以利害关系人主动申请为程序启动条件,法院不得主动介入,此为各国立法之通例。我国《民法通则》第23条亦明文规定,宣告死亡应由利害关系人向法院提出申请。

失踪人的利害关系人为与死亡宣告存有法律上之利害关系的人,包括失踪人的近亲属及受遗赠人、因失踪人之死亡而有权获得人寿保险金的受益人、不动产共有人以及失踪人的债权人、债务人等。但依日本有关判例,不包括需要以死亡宣告之结果为其他诉讼事件作证据之人。①

关于失踪人的利害关系人,存有两个需要讨论的问题:

1. 法律应否规定宣告死亡之申请权行使的顺序

我国《民法通则》第23条未规定利害关系人的范围,更未规定其宣告死亡申请权行使的顺序。但我国最高人民法院有关司法解释不仅具体指出利害关系人的范围,而且还将其列为四个顺序:(1)配偶;(2)父母、子女;(3)兄弟姐妹、祖父母、外祖父母、孙子女、外孙子女;(4)其他有民事权利义务关系的人。并规定"申请撤销宣告死亡不受上列顺序

---

① 参见1932年7月26日日本大审法院判决,载《大审院民事判例集》11－1685。转引自[日]四宫和夫:《日本民法总则》,唐晖、钱孟姗译,五南图书出版有限公司1995年版,第75页。

限制”。[①] 由此，当然的解释就是申请宣告死亡“要受”上列之顺序的限制。

对于失踪人之利害关系人，申请或者不申请宣告失踪人死亡涉及其重大利益，而不同之利害关系人，就其利益的权衡有所不同。因此，就是否申请宣告失踪人死亡的问题，实践中常发生不同利害关系人之间的意见冲突。例如，涉及情感问题，失踪人之配偶有可能较之其他人更不愿意申请宣告失踪人死亡；涉及财产问题，则实际控制财产的人较之其他人当然有可能不愿意申请宣告死亡。如某些利害关系人要求申请宣告死亡，而其他利害关系人表示反对；或某些利害关系人要求申请宣告死亡，另一些利害关系人仅同意申请宣告失踪，则法律上应当如何决策？对此，我国民法学界曾存有两种不同主张：一为“有顺序说”，即利害关系人申请权之行使应设有一定顺序，前一顺序人未申请宣告死亡的，后一顺序人不得申请，但同一顺序不受影响；[②]二为“无顺序说”，即利害关系人均享有同等的申请权，不受前顺序人是否申请或反对申请或申请宣告失踪的影响。[③] 而我国最高人民法院之司法解释采用了“有顺序说”，认定其所列之利害关系人顺序具有优先性和排他性，即如果第一顺序利害关系人（配偶）不提出死亡宣告申请，则其他利害关系人无权提出申请；如果近亲属不提出申请，则其他利害关系人无权提出申请。此项规定遭到学者强烈批评。有学者认为，宣告死亡制度之目的不在于保护失踪人利益而在于保护失踪人之利害关系人的利益，而利害关系人在地位上一律平等，不因其为配偶、子女、父母抑或债权人、债务人而有先后之分。“在法院宣告失踪人死亡之后，其遗产之继承、债务之清偿，均有法律规定，而与由何人提出宣告死亡之申请无关。”“实际案件中，有的配偶基于感情或由其他不正当目的，不提出申请，致不能宣告失踪人为死亡人，使其他利害关系人合法利益遭受损害，这显然违背民法设立宣告死亡制度之立法目的。故最高人民法院的意见不得谓为正确之解释。”[④]

应当承认，在失踪人的利害关系人中，其配偶最为特殊，是否宣告

---

① 参见我国最高人民法院《民通意见》第 25 条。

② 参见马原主编：《中国民法教程》，人民法院出版社 1989 年版，第 64 ~ 65 页。

③ 参见余能斌、马俊驹主编：《现代民法学》，武汉大学出版社 1997 年版，第 94 页。

④ 梁慧星：《民法总论》，法律出版社 1996 年版，第 102 页。

失踪人死亡,与其具有更重要的关系。而依我国传统的生活习惯,配偶双方中一方死亡或者失踪,通常不会导致家庭财产的分割。如果配偶不愿意申请宣告死亡,而子女为继承失踪人遗产而坚持申请宣告死亡,似乎与我国家庭伦理道德观念有所违背。至于失踪人之债权人或者债务人,其财产关系自可与失踪人之配偶或其他财产管理人清结,无须非得要申请宣告失踪人死亡。故规定配偶在申请宣告失踪人死亡问题上享有“一票否决权”,似乎更有利于家庭关系的稳定,此应为我国最高人民法院作出前述司法解释之理由。但是,应当看到,随着我国经济生活的发展,家庭成员结构以及家庭财产结构日益复杂,如将宣告失踪人死亡之权利实际操纵于配偶一人之手,则不免有可能损害其他利害关系人的合法利益。而传统的家庭伦理观念已经逐渐被淘汰,依法主张权利(包括继承权利)非为不道德之事。为此,将失踪人之全体利害关系人视为具有同等地位,均得自行提出宣告死亡之申请,不受其他利害关系人不同意见的阻碍(包括其不同意宣告死亡,也包括仅同意宣告失踪而不同意宣告死亡等),较为妥当。

我国《民法总则》没有规定失踪人的利害关系人的具体范围,与此同时,其第47条明确规定:“对同一自然人,有的利害关系人申请宣告其死亡,有的利害关系人申请宣告失踪,符合本法规定的宣告死亡条件的,人民法院应当宣告死亡。”这一规定,确认了失踪人的全部利害关系人在死亡宣告中地位平等的原则。

2. 检察院应否具有死亡宣告申请权

包括我国在内的多数国家民法均将有权申请宣告失踪人死亡的人限于失踪人之利害关系人,而未考虑国家之直接介入,其原因在于宣告死亡制度之目的主要在于保护失踪人利害关系人的利益。故依民法之私法自治原则,申请宣告死亡与否任由利害关系人定夺。但已有我国学者注意到,如果失踪人无利害关系人或者虽有利害关系人而利害关系人不申请宣告死亡,即会使设立死亡宣告制度的立法目的落空。因此,建议参考我国台湾地区的“立法”经验,增设有关在失踪人无利害关系人或虽有利害关系人而不提出死亡宣告申请的,由人民检察院提出申请之规定。[①] 而据我国台湾地区学者介绍,我国台湾地区“民法典”

---

① 参见梁慧星:《民法总论》,法律出版社1996年版,第103页。

第8条在经20世纪80年代初之修正之前,规定死亡宣告申请人仅限于失踪人之利害关系人。但考虑到“死亡宣告制度旨在结束失踪人法律关系长期不确定的状态,为维护社会公益,民法修正特增设检察官为申请人。检察官系代表国家行使职权,不论有无利害关系人,均得单独申请。唯于有利害关系人(尤其是有父母、配偶、子女)时,宜征询其意见,衡酌情况,审慎加以决定”。作为论证,同一学者还以一个案例为例:甲失踪,丁愿与甲之妻乙女结婚,并收养其幼女,遂力促乙对甲申请死亡宣告,乙为守旧女子,不欲为之。其认为本案中,“失踪人虽有配偶子女,但基于保守观念,不愿为死亡宣告之申请,为避免使失踪人的法律关系久悬不决,并斟酌其妻儿的特殊情况,检察官应为死亡宣告的申请”。[①] 不过,就应否增设检察官为申请人,在我国台湾地区学者中仍颇有争议。支持者认为,检察官正可为国库之代表人为公益而申请;反对者则认为,失踪人家属在盼望其安然归来之际,由检察官申请其以死亡之宣告,似不通人情而有欠妥当。[②] 而就国库是否为利害关系人,也存有争议。肯定者认为,国库在失踪人全无继承人并遗产继承权利人之时,亦得为利害关系人;否定者认为,无人继承遗产在清偿死者生前债务及交付遗赠物后,如有剩余,归属于国库,为法律就无人继承财产所规定的处理办法并非承认国库为继承人,故认定国库为利害关系人似无根据。[③]

笔者认为,增设检察院享有失踪人死亡宣告申请权,实为国家权力对民事生活领域的强行干预,故需有充足之理由。根据民法的基本原则,国家干预民事生活须基于社会利益或他人利益之特别保护。而宣告死亡之宗旨在保护利害关系人利益,所谓“稳定法律关系”,也是在此意义上谓之,亦即法律关系因自然人失踪而“不稳定”,必须是在于利害关系人有所损害的前提下才有为法律所关注之必要。因此,单纯以“稳定法律关系”为由确认检察院有权申请宣告死亡,无异于强行规定只要失踪达法定期限,就必须宣告失踪人死亡,故此不足为凭。而利害关系人是否申请宣告死亡,其应当享有选择权,即使不申请对其利益有所损

---

① 王泽鉴:《民法总则》,台湾2000年自版,第121页。

② 参见陈元雄:《民法总则新论》,三民书局1982年版,第108页。

③ 参见胡长清:《中国民法总论》,商务印书馆1933年版,第72页之注释。

害,或者其不申请纯系出于所谓"旧观念",只要未损及他人利益,法律也无任何干预之必要。(例如,长期失踪固然使婚姻关系"不稳定",但失踪人之配偶坚信失踪人未死亡或者出于旧观念不愿再婚而拒不申请宣告死亡。此时,由检察院"见义勇为",强行申请,此举如同由国家强令因"旧观念"而拒不再婚的寡妇必须再婚一样荒唐!)所以,国家之介入,其理由只能在于如果不申请宣告死亡,则国家利益或他人合法利益即会遭受损害。而于不宣告失踪人死亡存有利益损害之"他人",显然均可归入利害关系人之列。所以,国家利益之损害,为国家介入之唯一理由。鉴于宣告死亡即引起遗产继承之效果,而在我国,遗产继承至少在两个方面有可能关涉国家利益:其一,在有继承人的情况下,国家对于遗产税的征收;[①]其二,在遗产无人继承的情况下,遗产依法应归属于国家或者集体。为此,由检察院在特定情况下代表国家申请宣告死亡仍有必要。例如,拥有大量资产但无利害关系人的自然人失踪已达法定期限,如不申请宣告其死亡,则其资产即会被他人非法侵吞等。前述情形,已导致国家利益或者集体利益之损害,国家应予干预。但如果失踪人并无财产或财产数量较小,其虽无利害关系人或利害关系人不申请宣告死亡,均不应成为国家干预的理由。为此,笔者在提出的建议稿中规定:"下落不明的自然人无利害关系人,或虽有利害关系人但利害关系人不提出死亡宣告申请,如果不申请宣告死亡会造成国家或者集体利益损害的,人民检察院可以提出死亡宣告申请。"但这一建议未被《民法总则》采纳。

(三)须法院依法定程序作出死亡宣告判决

宣告失踪人死亡事关失踪人之人格及财产,事关失踪人之亲属及其他利害关系人的切身利益,不可谓不重要。故各国立法均严格规定了宣告失踪的司法程序。

根据我国《民事诉讼法》规定,人民法院受理利害关系人申请宣告失踪人死亡的书面申请后,应发出寻找失踪人的公告,一般情形的失踪,其公告期为1年;因意外事故失踪,其公告期为3个月。公告期满仍不能确定下落不明的人尚生存的,人民法院即应作出宣告死亡的判决。宣告死亡的判决应确定被宣告死亡人的死亡日期,判决中未确定

---

① 很多国家对遗产税征收都作出了规定,但我国立法目前尚未对此作出规定。

死亡日期的,应以判决宣告之日为被宣告死亡人的死亡日期。有关司法解释规定:"被宣告死亡的人,判决宣告之日为其死亡的日期。"①

在宣告死亡时,被宣告死亡人的死亡日期涉及遗产继承有关重大事项,如遗产的具体范围(死亡人具有的遗产范围,依其死亡之时的情势予以确定)、继承人以及受遗赠人的具体范围(依照《继承法》上"同时存在"之原则,仅于被继承人或者遗赠人死亡时尚且生存之人,方可享有继承权或者受遗赠权)、遗嘱效力之发生时间(遗嘱自遗嘱人死亡时生效)以及代位继承之是否发生(代位继承须被继承人的子女先于被继承人死亡)等,具有极为重要的法律意义。

对此,各国立法之规定有所不同。

《日本民法典》规定,一般情形的失踪,失踪人之死亡时间应确定为法定宣告死亡所需失踪期间(7 年)届满之时;在战争或意外事故中失踪的人,其死亡时间应确定为战争停止、船舶沉没或危难消失之时(第 31 条)。

《意大利民法典》规定,在战争或意外事故中失踪的人,应将失踪人在战争中或意外事故时失踪的日期确定为死亡的日期,但在可能的情况下,应根据失踪的具体时间确定死亡的时间;属于战争中被敌方俘虏、被关进集中营或者被带往国外的人,应以其失去最后消息的日期为死亡日期。而在无法确定死亡的具体时间的情况下,以推定的死亡日结束的时间为死亡时间(如同时遇难之死亡推定)(第 61 条)。

《瑞士民法典》规定,宣告失踪(宣告死亡)的效力,追溯至遭遇生命危险之时或最后一次音讯之时(第 38 条第 2 项)。

我国台湾地区"民法典"规定,受死亡宣告者,以判决内所确定死亡之时,推定其为死亡。如无相反证据,则法定宣告死亡所需之失踪期间届满之时,即为失踪人死亡之时(第 9 条)。

倘对以上立法例作一评价,可以认为:

首先,就一般情形的失踪之人死亡时间的确定,较之以最后一次音讯之时为准(瑞士),以法定宣告死亡所需之失踪时间之届满为准(日本、我国台湾地区)更为正确。理由是,自然人一般情形的失踪,其有可能发生死亡的时间根本无法判定(其失踪之时有可能正是其死亡之时,

---

① 最高人民法院《民通意见》第 36 条第 1 款。

也有可能不是)。因此,确定失踪人死亡时间与其说是根据大致可供判断的客观事实,不如说是根据立法者的选择。而一般情形的失踪,法定宣告死亡所需失踪期间较长,客观上,失踪人“已经死亡”之推定是随着失踪时间的持续进行而逐步形成的。实际生活中,有关当事人对于失踪人“已经死亡”的认识,只能形成并强化于失踪事实状态之长期延续而非失踪事实之发生。此种认识,于有关法律关系不可能不发生影响。故将一般情况下的失踪人的死亡时间确定为法定期间届满之时,更为符合有关当事人的“预期”,即有利于有关法律关系的稳定。

其次,就战争及意外事故中的失踪人之死亡时间的确定,较之以法定失踪期间届满之时(我国台湾地区)或失踪人与战争或意外事故中失踪之时为准(瑞士、意大利),以战争停止或意外事故结束之时为准(日本)更为正确。理由是:与一般情形的失踪不同,一般情形的失踪,致失踪人可能死亡的原因无法判定,故法律推定其死亡的事实根据只能是“长期失踪”本身;而在战争或意外事故中失踪的人,致其可能死亡的原因当然是战争及意外事故,亦即法律推定失踪人死亡的事实根据为于生命有极大危险的战争及意外事故本身。质言之,一般情形的失踪,失踪人之死亡有可能发生于失踪期间之任何阶段;而战争或意外事故中的失踪,失踪人之死亡通常是发生于战争或意外事故之中而非战争或意外事故结束之后即法定期间届满之时。因此,对于战争或意外事故中失踪之人的“已经死亡”,其认识应当产生于战争或意外事故结束之时,①故应将此种失踪人死亡的时间推定为战争或意外事故结束之时。

据此,笔者认为,法院之宣告失踪人死亡的判决必须确定失踪人死亡的具体时间。我国《民法通则》未将之予以强行规定,同时,有关司法解释规定法院作出死亡宣告之日为失踪人死亡的时间,此种内容应予修订。在全国人大法工委于召开的民法总则草案第一次审议稿的专家讨论会上,针对草案中关于“法院判决生效之日视为失踪人死亡的日期”的规定,笔者重申了前述观点,并特别指出:在人身保险合同(死亡保险)中,因存在保险期间,如被保险人在空难、矿难等危险事故或者其

---

① 倘有人离家出走,下落不明,在相当一段时期,任何人都不会认为其已经死亡。而倘有人在空难、海难、洪灾、火灾中失踪,任何人即会想到此人极有可能已经死亡。如果此人居然还活着,人们会说其“大难不死”,言下之意,即大难不死,纯属偶然。

他意外事故中“死不见尸”，而其死亡事实必须经过死亡宣告而确定，在经过相应诉讼程序后，将法院作出死亡宣告生效判决之日确定为被保险人死亡之日，则其保险事故之发生完全有可能超过保险合同约定的保险期间，此一结果背离实际，显属不公。

笔者的上述观点为立法者所采纳，由此形成《民法总则草案（第二次审议稿）》第 46 条的规定：“被宣告死亡的人，人民法院判决确定的日期视为其死亡的日期；判决未确定死亡日期的，判决作出之日视为其死亡的日期。”对此，在全国人大法工委于 2016 年 11 月 23 日召开的专家讨论会上，笔者仍指出，确定被宣告死亡的人的死亡日期事关重大，有关法院应当在判决中确定其死亡期日的规定应属强制性规定，故前述条文有所不妥。但其后的审议稿仍保留了第二次审议稿的前述规定。不过，正式颁布的《民法总则》对此条文进行了修改，最终将其表述为：“被宣告死亡的人，人民法院宣告死亡的判决作出之日视为其死亡的日期；因意外事件下落不明宣告死亡的，意外事件发生之日视为其死亡的日期。”

三、被宣告死亡的人重新出现的法律效果

宣告死亡为法律对失踪人已经死亡即其死亡时间的推定。此种推定或其推定的内容，有可能被以后出现的事实所推翻。其中，被宣告死亡的人之重新出现，将从根本上否定死亡宣告，并由此而导致一系列法律效果。

（一）死亡宣告的撤销

死亡宣告判决推定确认的事实，有可能从根本上不符合客观事实，即被宣告死亡的失踪人并未死亡。一旦其并未死亡的事实因其本人的原因（本人返回其住所或居所，或者主动与其亲属或其他人取得联系等）或本人之外的原因（本人之生存为其亲属或其他人所确切知晓）而被证实，对其所作的死亡宣告即应予以撤销。我国《民法通则》第 24 条第 1 款规定，被宣告死亡的人重新出现或者确知其没有死亡的，经本人或者利害关系人申请，人民法院应当撤销对他的死亡宣告。

一些国家的民法还规定，除被宣告死亡的人生还之外，死亡宣告的撤销还可因死亡宣告所确定的死亡时间与失踪人真实死亡的时间不相符合而引起。

如《日本民法典》第32条规定:有失踪人在不同于宣告失踪所确定的时间而死亡的证明时,家庭法院因利害关系人的请求,应撤销失踪宣告。对于"如果能够查明被宣告死亡之人于宣告之后死亡的确切日期"的情形,《意大利民法典》第66条虽然未规定利害关系人的申请撤销死亡宣告,但规定"继承人或受遗赠人有权请求履行那些在被宣告死亡之人尚生存期间根据本法第63条第2款的规定认为已经消灭了的债务",以及失踪人自然死亡日期的确定得否定宣告死亡所产生的某些法律效果。我国台湾地区的学者认为,如果在法院作出死亡宣告之后,有证据表明失踪人确已死亡,但其死亡时间与宣告死亡确定的时间不一致(或者早于该时间死亡,或者晚于该时间死亡),因死亡宣告系适用于生死不明之失踪人,如有失踪人死于一定时间之确切证明,则其已非生死不明,故应依利害关系人的申请而撤销死亡宣告。此外,如果利害关系人于已被宣告死亡的人于推定死亡的事件之后尚系生存之确切证据而请求撤销死亡宣告的,依应准许,如以其最后音讯之时起失踪时间符合法定条件的,自可再为死亡之宣告。[①]

对此,我国《民法通则》未作明确规定。但有关司法解释规定:宣告死亡确定的死亡日期和自然死亡日期不同的,被宣告死亡所引起的法律后果仍然有效,当事人自然死亡前实施的民事法律行为于被宣告死亡引起的法律后果相抵触的,以实施的民事法律行为为准。[②] 这一规定显然是有缺陷的:死亡日期的不同,常涉及利害关系人的重大利益,如已经确定失踪人真实死亡的时间而仍然维持宣告死亡的法律后果,则有可能导致利害关系人的损害。例如,失踪人的继承人如死亡于失踪人自然死亡之后宣告死亡之前,依此规定,其不能享有遗产继承权。因此,当宣告死亡确定的死亡日期与自然死亡日期不同时,应允许利害关系人申请撤销死亡宣告。撤销后就有关身份关系和财产关系的处理,参照被宣告死亡人生还的有关规定执行。

但我国《民法总则》第50条仍沿袭了《民法通则》第24条,规定"被宣告死亡的人重新出现,经本人或者利害关系人申请,人民法院应当撤销死亡宣告",未将失踪人实际死亡时间与宣告死亡确定的死亡时

---

① 参见史尚宽:《民法总论》,中国政法大学出版社2000年版,第98页之注释。

② 参见我国最高人民法院《民通意见》第36条第2款。

间不同明定为死亡宣告的撤销事由。

（二）死亡宣告撤销之法律效力

死亡宣告之撤销，其效力当然应溯及至死亡宣告之时，即死亡宣告自始无效，被宣告死亡的人的权利能力和行为能力自始不丧失。但是，死亡宣告为法律上之裁判，自死亡宣告之后，被宣告死亡人的有关身份关系和财产关系有可能已依法发生变化，如果强令其绝对恢复原状，则对利害关系人的合法利益及社会经济关系之动的安全有可能发生损害。因此，各国立法莫不对撤销死亡宣告判决之溯及力予以必要限制。

1. 被宣告死亡人重新出现后有关财产的处理原则

失踪人被宣告死亡后，其财产通常即被继承人继承，当死亡宣告被撤销时，取得其财产的人应当向其返还财产。但是，对于此种返还，各国立法设定了一些限制措施。

《法国民法典》第130条规定："如经法院确认，失踪人仍然活着，该人得按照财产现有状况收回其财产亦即收回在其失踪期间本应受领的财产，同时还可收回已被转让的财产或用属于其所有的资本或收入所取得的财产。"第131条规定："以欺诈方式挑起宣告某人失踪的任何利害关系人，应将其享有失踪人的财产所取得的收入归还给法院宣告仍然活着的失踪人，并且应归还自其得到收入之日起计算的法定利息，且不妨碍在相应场合应当给予的补充损害赔偿。""如欺诈行为的责任在被宣告失踪的人的配偶一方，被宣告失踪的人得诉请法院对经宣告其失踪的判决所终止的夫妻财产制进行清算。"依前述规定，对于善意利害关系人，请求返还的财产仅限于"财产之现有状态"。

《德国民法典》第2031条第1项规定："如果被宣告死亡或其死亡时间依照《失踪法》的规定予以确认的人，在被确认为其死亡时间的时间之后仍然生存，则该人可以依照关于遗产请求权的规定要求返还其财产。在其生存期间，在其得知死亡宣告或对死亡时间的确认后一年届满之前，其请求权的时效不终止。"第2370条第1项规定："如果被宣告死亡或其死亡时间依照《失踪法》的规定被确认的人，在其被确认为死亡的时间仍然生存或在该时间之前死亡，则根据上述死亡宣告或死亡时间确认而应当成为继承人的人，对于本法第2366条（引者注：系关于继承证书之公信力的规定）、第2367条（引者注：系关于向继承证书上的继承人为给付的规定）中所称的法律行为，为有利于第三人，即使未颁发继承证书也视为继承人,但是如果该第三人明知死亡宣告或死亡时间确认不正确或者知道它们已被撤销者除外。”同条第2项规定:“如果继承证书已经颁发,则已被宣告死亡或其死亡时间依照《失踪法》的规定被确认的人——倘若该人仍然生存——享有本法第2362条规定的权利。未经死亡宣告或确认死亡时间而被错误地推定为已死亡的人,享有同样权利。”依前述规定,被宣告死亡的人生还后,享有遗产回复请求权。但其受到两方面限制:第一,如果其知道自己已被宣告死亡,从知道时起超过1年不提出请求的,其请求权因时效届满而丧失;第二,基于死亡宣告之公信力,如遗产已被转让给善意第三人,则不得请求返还。

《瑞士民法典》第547条第1项规定:“失踪人返回或优先权利人行使权利时,假继承人应依占有的规定交回继承财产。”第2款规定:“假继承人为善意人的,仅在提起回复财产之诉的时效内,对优先权利人负返还责任。”

《苏俄民法典》第22条第2款规定:“不论何时出现,公民都可以请求在宣告他死亡后无偿取得其财产的任何人退还尚存的财产。”第3款规定:“根据有偿的法律行为取得被宣告死亡的公民的财产的人,如果查明其在取得财产时知道被宣告死亡的公民尚健在,则必须把该财产归还原主。”第4款规定:“如果被宣告死亡的公民的财产已经依照继承权转归国家并且已经变卖,则在宣告公民死亡的判决撤销后,应当将变卖该财产所得之价款退还原主。”

《意大利民法典》第66条第1款规定:“如果被宣告死亡之人重新出现或有被宣告死亡之人尚生存的证明,则该人不能重新取得财产,除非能按照财产的现状接受它。对于被转让的财产,尚未收取价款的,可以请求返还应当收取的价款;已经收取价款的,可以请求返还使用该款项购置的财产。”第2款规定:“此外,该人还有权请求履行那些根据本法第63条第2款的规定认为已经消灭了的债务。”

《日本民法典》第32条第1项规定:“有失踪人尚生存的证明……家庭法院应本人或利害关系人的请求,应撤销失踪宣告。但是,于失踪宣告后失踪宣告撤销前所实施的善意行为,其效力不变。”第2项规定:“因失踪宣告而得财产者,虽因失踪宣告撤销而丧失权利,但只于现受利益限度内,负返还财产的义务。”(第2项)

我国台湾地区"民事诉讼法"第 640 条第 1 项规定,撤销死亡宣告之判决"确定前之善意行为,不受影响"。第 2 项规定:"因宣告死亡取得财产者,如因前项判决失其权利,仅于现受利益之限度内,负归还财产之责。"

比较上述规定,可以发现,这些规定对于被宣告死亡的人生还后要求返还财产的权利均予以认可。但同时予以某些限制,虽其限制方式有所区别,但比较一致的主要有以下两个方面:

(1)利害关系人为善意的,其仅在财产之现存状态范围内承担返还义务。

利害关系人的善意,是指其不知道被宣告死亡的人尚属生存的事实。法律保护善意利害关系人的原有利益不因死亡宣告而遭受损失,因此,规定其返还财产的责任仅限于财产之"现存状态"。即如果财产已被消耗或损毁,利害关系人不负返还之责。如果财产被转让,利害关系人应返还以该项价款所购置的财产(替代物之返还),但该价款已经被消耗的,仍可不予返还。

(2)受让财产的善意第三人不负返还之责。

在取得失踪人财产的人将财产让与第三人的情形,基于死亡宣告的公信力,其与善意第三人实施的法律行为的效力不因死亡宣告撤销的影响,故第三人有权不予返还已经取得的财产。

对于死亡宣告被撤销后有关财产的返还问题,我国《民法通则》规定,撤销死亡宣告后,本人可请求返还财产,但原物已经由第三人合法取得的,第三人可不予退还。因继承法而取得财产的自然人或组织,应当返还原物或者给予适当补偿(第 25 条)。有关司法解释进一步规定,利害关系人隐瞒真实情况致使他人被宣告死亡而取得财产的,除应返还原物和孳息以外,还应对给他人造成的损失予以赔偿。[①]

我国民法的上述规定与其他国家或地区的规定基本一致。但仍有以下问题值得研究:

第一,死亡宣告撤销之前利害关系人所实施的法律行为的效力。

死亡宣告撤销前,利害关系人基于死亡宣告而实施的法律行为(如处分遗产的行为),如其为善意而相对人亦为善意,则其行为效力当然

---

① 参见最高人民法院《民通意见》第 39 条。

不受影响,如被宣告死亡人的继承人出卖、出租所取得的财产而订立的合同,已经履行的,不得要求返还或解除合同;尚未履行的,不得要求终止履行;又如继承人或第三人所为之免除债务的单方行为,也不因宣告死亡的撤销而受影响;再如继承人或第三人所为之债务履行或债务履行催告通知等行为的效力,也不受影响。

但在继承人为恶意而第三人为善意的情形,其实施的行为效力是否受影响,则不无疑问。对此,依德国民法,应保护善意第三人,但依日本民法和我国台湾地区"民法典",则应保护受死亡宣告人的利益,故前述行为之效力应受影响。然而有学者指出,在不动产处分行为,虽继承人为恶意,但在该不动产已因继承而作变动登记的情况下,善意受让人受不动产登记之公信力的保护。而在动产处分行为,虽继承人为恶意,但善意受让人可依动产善意取得而受保护。至于恶意继承人为债务清偿或受领债务清偿之行为,为无损或有利于遗产之行为,前者视为对债权之准占有人之清偿而为有效,后者应为死亡宣告人所承认。[①] 笔者认为,保护善意第三人意在保护交易安全,即使在死亡宣告撤销的情形下,也应坚持此项原则。故死亡宣告撤销前利害关系人所为法律行为如涉及善意第三人利益,则其行为效力不应受到影响。但恶意继承人实施的无偿行为或单方行为,如有损死亡宣告人的利益(如赠与行为、债务之免除、代理权之授予等),则其应有权予以撤销。

第二,财产返还之范围。

宣告死亡撤销后,取得财产的人限于财产之"现状"或"现受利益"的范围内负返还之责,为各国立法通例。所谓"财产之现状",包括原物之存在,也包括原物价值的存在(原物之变形存在,如出卖原物所获之价款,或以出卖原物之价款购置的财产)。对此,我国《民法通则》第25条规定:原物存在,应返还原物;原物不存在,应给予适当补偿。此规定有所含糊:原物可因消耗、损毁而不存在,也可因出让而不存在。如果原物被有偿转让,"给予适当补偿"可解释为酌情返还其价款,自是合理。但如果原物被消耗或者损毁,则令善意取得人予以补偿甚不合理:宣告死亡之后,继承人依法取得失踪人财产,在失踪人生还之前,此财产被继承人视为自己的财产,因而对财产予以正常的消费,即使财产损

---

① 参见史尚宽:《民法总论》,中国政法大学出版社2000年版,第102页。

毁,也非基于恶意。此时,继承人固然因宣告死亡而获得利益,但此种利益之获得全因失踪人之原因(失踪)而发生,故当原物消耗或损毁时令其补偿,实际上为其增加了负担,此举甚无道理。有鉴于此,规定取得财产的人仅返还财产之尚存利益,比较合理。至于财产所生之孳息,因孳息被视为保存财产一般所需之支出,故应不在返还之列。

对于恶意取得财产的人,各国多规定其应负全部返还之责,即除返还原物之外,还应返还原无所生孳息;原物不存在的,应予赔偿。但《日本民法典》在规定返还尚存利益时,并未区分财产取得人之恶意与善意(第32条第2项)。对此,日本学者有两种观点:一种是权威观点,认为《日本民法典》第32条第2项的适用只限于受益人是善意时。如受益人为恶意,应根据该法典第704条之规定,返还所受的全部利益。另一种观点则认为,应将该前述条文解释为不分善意与恶意。理由是:首先,失踪宣告是统一清算不确定的法律关系之制度;其次,在这种情况下,善意与恶意的区别不是很大(所谓恶意也只是知道有撤销失踪宣告的可能性,而善意时也潜伏着失踪宣告撤销的可能性);最后,失踪宣告是由失踪人方面的事端而引起的,因此而令获得财产的人全部归还所得利益应属过于苛刻。① 笔者认为,后一种观点难以成立。这是因为,死亡宣告撤销之效力具有溯及力,故已宣告死亡而取得失踪人财产应视为不当得利,返还时,应适用不当得利之同样返还原则。失踪固然有时为失踪人之原因而引起,但死亡宣告则纯系由恶意利害关系人之恶意行为而引起,故对恶意申请宣告死亡之当事人,法律上不应予以任何保护。

第三,返还请求权之行使。

对于死亡宣告撤销前继承人对所取得的财产之占有的效力,殊值讨论。学说认为,此种占有不得适用取得时效的规定。否则,当继承人占有遗产时,得因取得时效而取得其所有权,而当其将原物让与他人时,其所取得的对价则为现存利益而应予返还,亦即同为因宣告死亡而取得财产,因其处分与否,而于返还义务发生消长,不免奇异。② 故被宣

---

① 参见[日]四宫和夫:《日本民法总则》,唐晖、钱孟姗译,五南图书出版有限公司1995年版,第77~78页之注释。

② 参见史尚宽:《民法总论》,中国政法大学出版社2000年版,第103页。

告死亡而后重新出现的人,其所享有的返还请求权不因取得时效而消灭。

但此项请求权生于何时?其可否因或如何因消灭时效而消灭?则疑窦又生。依多数立法例,被宣告死亡人请求返还财产之权利,应自死亡宣告之判决生效时始得享有。但依《德国民法典》规定,此项请求权之时效期间为1年,自权利人知悉死亡宣告或死亡确定之时起算(第2031条)。故问题之分辨焦点,在于宣告死亡之撤销,是否为行使返还财产请求权之前提。笔者认为,宣告死亡之撤销请求权与返还财产之请求权应为两相各自独立存在的权利。理由是:

首先,当失踪人被宣告死亡而其尚属生存时,依宣告死亡而发生的法律关系即处于不稳定状态。尽早结束此种不稳定状态,当为法律所注重。而对于死亡宣告之撤销,法律无法设置其请求权期限。所以,当被宣告死亡人生还或者确知其真实死亡日期时,本人或利害关系人不及时申请撤销死亡宣告,致其返还财产之请求权一直得受保护,此与法律维护法律关系稳定之意旨不相吻合。

其次,本人明知其被宣告死亡即明知其财产已被他人取得,但故意维持其"失踪"状态或不及时申请撤销死亡宣告,完全构成"有权利不行使"之事实状态,故即使其死亡宣告尚未撤销,其返还财产请求权之时效期间仍得开始计算。

因此,本人之返还财产请求权应自本人知道死亡宣告时开始计算;利害关系人因死亡宣告之撤销而得享受之财产返还请求权,自其知道本人确切下落或者本人自然死亡事实及时间时开始计算。此请求权时效应适用一般时效期间,并适用有关时效之中止、中断和延长之规定。而本人或利害关系人申请撤销死亡宣告,为中断时效之法定事由。

基于上述分析,笔者在提出的建议稿中设计了以下条文:"被撤销死亡宣告的人有权请求返还财产。依照继承法取得他的财产的自然人或者组织,应当返还财产的尚存利益。但合法取得财产的善意第三人可不予返还。""前款规定的请求返还财产的权利,被撤销死亡宣告的人应在知道死亡宣告后一年内行使。""前款规定的请求权行使期间为诉讼时效期间。""被宣告死亡的人的利害关系人在死亡宣告被撤销之前基于善意而实施的行为,其效力不受死亡宣告撤销的影响。""利害关系人隐瞒真实情况使他人被宣告死亡而取得财产的，除应当返还原物及孳息外，还应当赔偿因此而造成的损失。”

我国《民法总则》第 53 条第 1 款对此作出的规定是：“被撤销死亡宣告的人有权请求依照继承法取得其财产的民事主体返还财产。无法返还的，应当给予适当补偿。”第 2 款规定：“利害关系人隐瞒真实情况，致使他人被宣告死亡取得其财产的，除应当返还财产外，还应当对由此造成的损失承担赔偿责任。”这一规定，综合了《民法通则》和相关司法解释的规定，但未对当事人返还请求权的期间作出限制，也未对死亡宣告之撤销不得对抗善意第三人的问题作出规定。

2. 被宣告死亡人重新出现时其婚姻关系的处理原则

婚姻关系是否因死亡宣告而当然消灭，各国立法有所不同。而规定婚姻关系因死亡宣告而当然消灭的，对于在死亡宣告被撤销的情况下，婚姻关系之消灭是否受到影响也有不同对待。

《法国民法典》规定，失踪人因失踪宣告而被确认为已经死亡时，“失踪人的配偶得缔结再婚”（第 128 条第 3 款）。而“即使宣告失踪的判决已被撤销，失踪人的婚姻仍然解除”（第 132 条）。依此规定，被宣告失踪的人的婚姻关系为绝对消灭，不因其生还而受任何影响。

《德国婚姻法》第 38 条第 1 款规定：“配偶一方受死亡宣告后，他方配偶再婚者，其受死亡宣告之配偶虽属尚生存，其婚姻不因而无效。但双方于婚姻时均知其于死亡宣告时尚生存者，不在此限。”第 2 款规定：“于新婚姻之缔结同时，旧婚姻因而废止。死亡宣告虽经废止时亦同。”同一法律第 39 条第 1 款规定：“受死亡宣告者尚生存时，前婚配偶得请求撤销新婚姻，但于婚姻订立时知受死亡宣告者尚生存时，不在此限。”第 2 款规定：“前婚配偶行使第 1 项权利而其新婚姻被废止者，与前婚姻之配偶生存期内，惟得与之缔结新婚姻，其余依第 7 条所定婚姻废止之结果。”依此规定，生存一方配偶在宣告死亡后缔结的婚姻，除双方均为恶意之外，仍为有效。但法律允许善意之前婚配偶撤销新婚姻，而与其旧配偶重新缔结婚姻。[1]

《瑞士民法典》第 102 条第 1 项规定：“配偶一方被宣告为失踪，并经法院解除其前婚关系的，他方始得再婚。”故不发生失踪人生还时原

---

[1] 参见史尚宽：《民法总论》，中国政法大学出版社 2000 年版，第 100 页。

婚姻关系是否复活的问题。

《意大利民法典》第65条规定:"当宣告死亡的判决进入可以执行的阶段时,配偶一方可以再婚。"第68条规定:"如果被宣告死亡的人重新出现或有被宣告死亡之人尚生存的证明,则根据本法第65条缔结的婚姻无效。"依此规定,死亡宣告的撤销对于生存一方配偶与死亡宣告后缔结的婚姻丧失其效力,亦即原婚姻视为自始不发生解除。

《日本民法典》第32条仅概括规定失踪宣告撤销时,"与失踪宣告后失踪宣告撤销前所实施的善意行为,其效力不变"。据近来日本的权威学说解释,此条规定应适用于保护被宣告失踪人之配偶的再婚,即只承认新婚姻,不恢复旧婚姻。①

我国台湾地区"民事诉讼法"第640条之规定,系仿《日本民法典》第32条之规定,即概括规定保护失踪宣告撤销前所实施的善意行为,故学理上的解释也与之相同。②

分析上述立法例,可以看出,对于宣告死亡与婚姻关系的影响,有两种做法:一为其导致婚姻关系当然消灭(法国、意大利、日本及我国台湾地区);二为婚姻关系自生存配偶再婚时消灭(德国、瑞士)。而对于宣告死亡撤销后于婚姻关系的影响,也有两种做法:一为新缔结的婚姻无效,恢复原婚姻(意大利);二为新缔结的婚姻有效(其他国家或地区)。而就生存配偶未缔结新婚姻时的处理,自然也有两种做法:一为如果未缔结新婚姻,原婚姻自始有效(德国);二为即使未缔结新婚姻,原婚姻也绝对消灭而不能复活(法国)。前述方案中,对生存配偶之新婚姻施以保护,为多数国家及地区所采,故以宣告死亡之撤销消灭生存配偶新缔结的婚姻的做法不足为取。而以生存配偶之再婚为原婚姻消灭的依据也有问题:依"一夫一妻"之原则,同一人不得同时存在两项以上的婚姻关系,旧婚姻不灭,新婚姻无从发生。故原婚姻的消灭应为新婚姻发生之前提,以新婚姻之发生为原婚姻消灭的原因,实为因果不分、本末倒置。所以,应采宣告死亡使婚姻关系消灭之说。但如认为此

---

① 参见[日]四宫和夫:《日本民法总则》,唐晖、钱孟姗译,五南图书出版有限公司1995年版,第79页。

② 参见史尚宽:《民法总论》,中国政法大学出版社2000年版,第101页。

种消灭为绝对消灭,则当死亡宣告被撤销而生存配偶未予再婚时,其婚姻关系不能自动恢复,须重新办理结婚。此举显无必要。

我国《民法通则》颁布后,有关司法解释规定:“被宣告死亡的人与配偶的婚姻关系,自死亡宣告之日起消灭。死亡宣告被人民法院撤销,如果其配偶尚未再婚的,夫妻关系从撤销死亡宣告之日起自行恢复;如果其配偶再婚后又离婚或再婚后配偶又死亡的,则不得认定夫妻关系自行恢复。”[①]此项规定为我国《民法总则》第 51 条所采纳,其规定:“被宣告死亡的人的婚姻关系,自死亡宣告之日起消灭。死亡宣告被撤销,婚姻关系自撤销死亡宣告之日起自行恢复,但是其配偶未再婚或者向婚姻登记机关书面声明不愿意恢复的除外。”此项规定全面周到,殊值推崇。

至于失踪人配偶明知失踪人并未死亡而与他人恶意串通,恶意申请宣告死亡并缔结新婚姻的,其新缔结的婚姻关系不应当受法律保护。对之,本人有权申请撤销。但在失踪人的配偶为恶意而与之结婚的另一方为善意,或者失踪人的配偶为善意而与之结婚的另一方为恶意的情形,如果允许本人对该项婚姻关系予以撤销,对善意方当事人不甚公平,也不符合婚姻关系的基本性质。因此,对此种情况,应规定本人对该项婚姻关系不享有撤销请求权,但本人因此而遭受的精神损害,得请求恶意方当事人予以赔偿。

3. 被宣告死亡的人重新出现时收养关系的处理原则

失踪人被宣告死亡后,其未成年子女被他人收养,在本人生还之后,能否请求撤销该收养关系?此问题与宣告死亡撤销后所涉及的婚姻关系的不同之处在于,收养之效力如何,涉及被收养人的切身利益,因而一概认定收养行为无效或一概认定其有效,均非妥当。为此,我国有关《民法通则》的司法解释作了极富弹性的规定:“被宣告死亡人在被宣告死亡期间,其子女被他人依法收养,被宣告死亡的人在死亡宣告被撤销后,仅以未经本人同意而主张收养关系无效的,一般不应准许,但收养人和被收养人同意的除外。”[②]这一规定为《民法总则》所采纳,其第 52 条规定:“被宣告死亡的人在被宣告死亡期间,其子女被他人依法

---

① 最高人民法院《民通意见》第 37 条。

② 同上,第 38 条。

收养的,在死亡宣告被撤销后,不得以未经本人同意为由主张收养关系无效。”依此规定,除非收养人为恶意,否则宣告死亡后成立的收养关系原则上应受法律保护。但是,除经收养人与被收养人同意即可解除收养关系之外,本人持有正当理由的,收养关系亦得被撤销。这样,在能够表达自己意志的被收养人同意撤销收养关系而收养人不同意的情形,或在收养人不能表达自己意志的情形,法院得依具体情势酌情裁判,有利于保护被收养人利益。

第八章　人格权的本质及其民法保护

第一节　人格权民法保护概况

一、近现代民法中的人格权保护

（一）近代民法中的人格权保护

通说认为，在近代民法上，自然人人格权的保护并未取得其应有的特殊地位。其表现为，近代各国民法多将人格权保护规定于民法债编之中，作为侵权行为的标的之一。而将之规定于民法典总则，则是晚近之事。对此，有学者评论，因1804年《法国民法典》"多注重个人契约之形式的自由，而漠视人格之保护"，[①]以致对后来包括日本在内的许多国家产生影响，致其未在民法典总则中对自然人之人格权保护予以足够的重视。至1900年《德国民法典》，在其总则中也仅就姓名权保护设有明文规定（第12条），而将自然人生命、身体、健康、自由等具体人格利益的侵害行为，作为侵权行为于分则中加以个别规定（第823条至第833条）。

通说认为，立法上将自然人人格权在民法典总则中加以规定的做法，肇始于1907年《瑞士民法典》。该法

---

① 史尚宽：《民法总论》，中国政法大学出版社2000年版，第123页。

典第28条就人格权的一般保护作了规定:“人格受到不法侵害时,为了寻求保护,可以向法官起诉任何加害人。”(第1项)“除受害人允许的,或因重要的私利益或公利益或依法律规定能提供正当理由的情形外,其他侵害行为均为不法的。”(第2项)该法典还对自然人之权利能力及行为能力放弃之禁止、自由让与之禁止及限制行使自由时损害法律及道德之禁止(第27条)、姓名权的保护(第29条至第30条)作了规定。同时,1911年《瑞士债法典》更进一步地规定了人格权遭受侵害时得请求一般性的精神损害赔偿(第41条、第47条以及第49条)。

受瑞士民法影响,《土耳其民法典》(第23条至第26条)、《意大利民法典》以及我国台湾地区“民法典”在其总则中也设有关于人格权保护之规定,但其详尽程度远不及《瑞士民法典》。如《意大利民法典》的规定仅涉及对在可能对身体的完整性造成永久性破坏或者在与法律、公序良俗相抵触的情况下提供自己身体的器官或肢体的行为之禁止(第5条),以及姓名权、姓名权的保护和家族姓名以及笔名的保护、肖像权的保护(第6条至第10条)。而我国台湾地区“民法典”则仅对自由放弃之禁止以及自由限制不得违背公序良俗、人格权侵害之去除及防止以及损害赔偿或慰抚金之请求、姓名权之保护等作出了规定(第17条至第19条)。

(二)现代民法中的人格权保护

毫无疑问,自然人人格保护问题在现代社会受到越来越广泛的重视。“人格被视为人的最高价值,人格利益被视为人的最高利益,人格之尊重为现代人权运动的目标和基本理念”,以至于“对人格权的保护,成为衡量一国民法先进与否之标志”。[①] 为此,一些国家或者地区纷纷修订其民法典,加强对自然人人格权的法律保护,以致成为第二次世界大战以后民法领域出现的一个重要现象。

日本于1947年经其第222号法律在《日本民法典》总则第1条追加了一条重要规定,即“对于本法,应以个人尊严及两性实质的平等为主旨而予以解释”(第1条之二)。

至于德国,则于第二次世界大战以后颁布的《德国基本法》(宪法)

---

① 梁慧星:《民法总论》,法律出版社1996年版,第106页。

中明文规定:“人类尊严不得侵犯。尊重并保护人类尊严,系所有国家权力(机关)的义务。”(第1条)“在不侵害他人权利及违反宪法秩序或公序良俗规定的范围内,任何人均有自由发展其人格的权利。”(第2条)而德国联邦法院则直接根据这些规定,以裁判方式发展出“一般人格权”的概念。对于抚慰金的请求,法院也不再受《德国民法典》第253条规定的约束,普遍判令给付。①

《瑞士民法典》经过修订,在其第28条以后增设了7个条文,极其详尽地在实体和程序两方面加强对人格权的法律保护,其涉及人格侵害之具体诉讼请求(第28a条),保护人格之诉之诉讼管辖(第28b条),法官得对人格侵权采取的措施(第28c条),人格权诉讼之审理程序以及法官得采取的紧急措施(第28d条),预防措施命令之强制执行(第28e条)及其申请不当之损害赔偿(第28f条),在媒体侵犯人格权时受害人的“反报道权”(第28g条),“反报道”之方式(第28h条),“反报道”之范围及其发表(第28j条),“反报道权”行使时受阻的法律救济(第281条)等。

我国台湾地区“民法典”债编在20世纪80年代经“立法院”修正,扩大了非财产上损害赔偿的范围,将“法律特别规定的人格权”之种类由原定的六种再增加信用、隐私、贞操三种(第195条),并接受“一般人格权”的非财产上的损害赔偿制度,以概括条款明文规定“不法侵害他人人格法益”而“情节重大”时,被害人得请求相当金额的赔偿。

而在这一方面,较之其他国家,法国走得更远。

法国于1970年7月17日通过第70-643号法律对《法国民法典》第9条予以修订,增设了关于“任何人均享有私生活受到尊重的权利”的规定,并详尽规定了法官阻止或制止妨害私生活隐私的救济措施。其后,法国又于1993年1月4日通过第93-2号法律第47条增设民法典第9-1条,规定“任何人均享有对其无罪推定的权利”,并于同年8月24日通过第93-1013条法律第44条详尽规定了法官制止对无罪推定妨害的具体措施(第9-1条第2款)。除此而外,法国还于1994年7月29日通过其颁布的第94-653号法律,对《法国民法典》第一卷(人)第一编(民法权利)进行了大规模的修订,对“尊重人之身体”及“对人

① 参见施启扬:《民法总则》,三民书局2000年版,第101页。

之特征的遗传学研究以及通过遗传特征对人进行鉴别”设专章规定(第二章及第三章)。前述条文极其详尽地对于自然人的“生命权”[①]“身体受到尊重权”[②]“保持人种之完整权”[③]“子宫租借协议之无效”[④]“可鉴别捐赠其身体之一部分或身体所生之物的人的信息之扩散的禁止”[⑤]“对人之特征进行遗传学研究之限制”“通过遗传特征对人进行鉴别之限制”作了具体规定,[⑥]充分表现了法国现代民法“确保人的首要地位,禁止任何侵犯人之尊严的行为,并且保证每一个人自生命一开始即受到尊重”之根本宗旨(第 16 条)。

---

① 该法典第 16 条规定:“法律确保人的首要地位,禁止任何侵犯人之尊严的行为,并且保证每一个人自生命一开始即受到尊重。”

② 该法典第 16－1 条规定:“任何人均享有其身体受到尊重的权利。”(第 1 款)“人之身体不可侵犯。”(第 2 款)“人体、人体各部分以及人体所生之物,不得作为财产权利之标的。”(第 3 款)第 16－2 条规定:“法官得规定适于阻止或制止对人体非法侵害的任何措施,或者规定任何相应措施,以阻止或制止对人体之部分或人体所生之物的非法行为。”第 16－3 条规定:“损害人之身体的完整性,仅以对该人的治疗有必要的情形为限。”(第 1 款)“除因当事人的健康状况有进行手术治疗之必要并且本人不能表示同意意见之情形外,事先均应征得当事人本人的同意。”(第 2 款)第 16－5 条规定:“任何赋予人体、人体各部分以及人体所生之物以财产价值的协议,均无效。”第 16－6 条规定:“对同意在其身体上进行试验,同意摘取其身体之一部分或者采集其身体所生之物的人,不得给予任何报酬。”

③ 该法典第 16－4 条规定:“任何人均不得侵害人种之完整性。”(第 1 款)“旨在组织对人进行选择的任何优生学实践活动,均予禁止。”(第 2 款)“除为预防与治疗遗传性疾病之目的进行研究外,旨在改变人的后代,对人的遗传特征进行任何改造,均予禁止。”(第 3 款)

④ 该法典第 16－7 条规定:“为他人之利益生育或怀孕的任何协定,均无效。”

⑤ 该法典第 16－8 条规定:“可以鉴别捐献其身体之一部分或身体所生之物的人的任何信息,以及可以鉴别接受此种捐献的人的任何信息,均不得扩散之。捐献人不得了解受捐赠人的身份,受捐赠人亦不得了解捐赠人的身份。”(第 1 款)“在治疗需要的情况下,只有捐赠人与受捐赠人的医生才能接触可以鉴别捐赠人与受捐赠人身份的信息。”(第 2 款)

⑥ 该法典第 16－10 条规定:“对人之特征进行遗传学研究,仅限于医疗与科学研究目的。”(第 1 款)“在进行此种研究之前,应当征得当事人的同意。”(第 2 款)第 16－11 条规定:“通过遗传特征对人进行鉴别,仅一司法程序中规定进行的调查或预审范围为限,或者仅限于医疗与科学研究之目的。”(第 1 款)“民事案件中,仅有法官受理旨在确立亲子关系或对亲子关系提出异议的诉讼时,或者在其受理有关取得或者放弃抚养费的诉讼时,始能进行此种鉴别。进行鉴别之前,应征得当事人的同意。”(第 2 款)“在为医疗或科学研究目的进行前述鉴别时,事先应征得当事人同意。”(第 3 款)第 16－12 条规定:“只有按照最高行政法院提出资政意见后颁布的法令规定的条件得到认可的人,才有资格通过遗传特征对人进行鉴别;在司法程序中,前述之人还应当是在司法专家名册上登记的人。”

二、中国的立法实践与立法争论

（一）立法实践

我国《民法通则》根据我国《宪法》第38条关于“中华人民共和国公民的人格尊严不受侵犯”之规定，对于自然人的人格权作了具体规定，保护自然人的生命健康权（第98条）、姓名权（第99条）、肖像权（第100条）、名誉权及人格尊严（第101条）、荣誉权（第102条）以及婚姻自主权（第103条），并对侵犯自然人人格权的法律救济方法作了明确规定（第119条至第120条）。我国《民通意见》第140条第1款、[①]《关于审理名誉权案件若干问题的解答》（1993年8月7日）、《关于审理名誉权案件若干问题的解释》（1998年9月15日起施行）以及《关于确定民事侵权精神损害赔偿责任若干问题的解释》（2001年3月10日起施行）等，通过对法律条文的目的性扩张解释，扩大了对自然人具体人格权的保护范围，从司法审判角度加大了人格权保护的力度。

在中国民法理论研究领域，人格权保护问题已成为多年来我国民法理论研究的热点，强化对自然人人格权的保护，成为学者普遍的呼吁。

但在第四次民法典起草过程中，是否应将人格权在民法典中独立成编予以规定，成为涉及民法典体系安排的重大争议问题之一。由此，学者提出的民法典建议稿和全国人大法工委2002年公布的草案对于人格权的规定，采取了不同的安排方式。

梁慧星先生的建议稿将“人格权”规定于民法典总则第二章“自然人”之第二节，分别对“一般人格权”“人格权的保护”“生命权”“健康权”“姓名权”“肖像权”“名誉权”“隐私权”“对遗体的保护”“对死者姓名、肖像和名誉的保护”等作出了规定。

王利明先生的建议稿则没有在总则中规定人格权问题，将之作为民法典分则的第一编予以单独规定，规定了“一般人格权”“生命权”“健康权”“身体权”“姓名权”“肖像权”“名誉权”“信用权”“荣誉权”

---

① 此条款规定的全文是：“以书面、口头等形式宣扬他人的隐私，或者捏造事实公然丑化他人人格，以及用侮辱、诽谤等方式损害他人名誉，造成一定影响的，应当认定为侵害公民名誉权的行为。”

“自由权”“隐私权”“婚姻自主权”等。

全国人大法工委2002年草案采纳了王利明先生的建议稿的体系模式,将“人格权”在分则中单列一编(第四编)。

(二)立法争论

主张人格权独立成编的学者的基本理由是:(1)人格权独立成编符合民法典体系结构的内在逻辑。民法本质上是权利法,民法分则体系完全是按照民事权利体系构建起来的。从民法权利体系的角度来看,人格权应该在其中占有重要的位置。传统民法过分注重财产权制度,未将人格权作为一项独立的制度,甚至对人格权规定得极为“简略”,这本身反映了传统民法存在一种“重物轻人”的不合理现象。人格权不单独成编,不能突出其作为民事基本权利的属性。由于在民法体系中,是以权利性质的不同来作为区分各编的基本标准的,所以人格权单独成编是法典逻辑性和体系性的要求。(2)人格权独立成编是我国民事立法宝贵经验的总结。《民法通则》关于民事权利一章的规定为我国未来民法典整个分则体系的构建奠定了基础,其将人身权与物权、债权、知识产权相并列地作出规定,这在各国民事立法中是前所未有的,此种体系本身意味着我国民事立法已将人格权制度与其他法律制度相并列,从而为人格权法在民法典中的独立成编提供了足够的立法根据。《民法通则》所确立的体系,是其他国家的民法典难以比拟的立法成果,是已经被实践所证明了的先进的立法经验,也是为民法学者所普遍认可的科学体系。①

反对者的主要理由是:(1)作为人格权客体的人的生命、身体、健康等,是人格权的载体。人格权与人格相终始,不可须臾分离。(2)人格权是存在于主体自身的权利,不是存在于人与人之间的关系上的权利。人格权就像权利能力、行为能力、出生、死亡一样,属于主体自身的事项。只有人格权受侵害时才涉及与他人的关系,但这种关系属于侵权责任关系,为债权关系之一种。(3)人格权不能依权利人的意思、行为而取得或处分,不适用总则编关于法律行为、代理、时效和期日期间的规定。如人格权单独设编而与物权、债权、亲属、继承并列,不仅割裂了人格权与人格的本质联系,混淆了人格权与其他民事权利的区别,而且

① 参见王利明:《试论我国民法典体系》,载《政法论坛》2003年第1期。

破坏了民法典内部的逻辑关系。[①]

上述争论,其共同点都是承认民法典应当重视对于人格权的规定,都承认人格权是民事权利的一种类型。其区别在于,主张人格权独立设编的观点认为,人格权与其他民事权利具有相同属性,故应与之在分则中并列规定。但反对人格权独立设编的观点则认为,人格权为主体自身的事项,与人格紧密,具有与一般民事权利不同的特征,故应规定于自然人一章。

第二节　人格权的本质及其立法模式

一、人格的本质及其与人格权的关系

人格权与人格的联系如何？此为有关人格权问题论争的第一个焦点。反对在民法典中将人格权独立成编的观点强调二者的联系,指出"人格权是自然人作为民事主体资格的题中应有之义",[②]故无须单独规定。相反的观点则试图疏远这一联系,指出主体意义上的人格与人格权所谓之人格非属同一范畴,[③]并由此而将人格权视为一种与物权、债权以及亲属权得相提并论的民事权利,成立其支持人格权独立成编的基本理由。

事实上,尽管财产与人格的关系并非一般人想象的那么遥远,[④]但人格权与人格之更为紧密的联系却不容置疑。为此,论证人格权的本质,须从论证人格的本质开始。

如前所述,"人格"理论肇始于罗马法。在罗马法上,"人格"是罗马市民社会的主体资格即法律人格,其首先是一个公法上的概念。罗

---

①　参见梁慧星:《中国民法典草案建议稿附理由:总则编》,法律出版社 2004 年版,第 15 页。

②　梁慧星:《当前关于民法典编撰的三条思路》,载《中外法学》2001 年第 1 期。

③　参见王利明:《中国民法典的体系》,载《现代法学》2001 年第 4 期。

④　根据法国早期民法理论,人所拥有的全部财产(包括积极财产和消极财产,称为"广义财产")是人格的表现,体现了人格与外部事物的联系,与人格共生共灭。由此,"无财产即无自由""无财产即无人格"。参见尹田:《法国物权法》,法律出版社 1998 年版,第一章第一节。

马法上的所谓“人法”,首先要解决的是人格的拥有问题(由自由人、市民和家父三种身份所构成的城邦正式成员的身份),然后解决作为家庭首脑的“家父”身份。因此,罗马法上的“人格”,实质上是划分社会阶层或者阶级的标识,是作为组织社会身份制度的一种工具。所以,在罗马法上,“人格”主要具有公法性质。[①] 究其实质而言,“人格”作为一个历史范畴,表现的是人的一般法律地位(用现代观念来讲,应称为“人的宪法地位”)。在罗马法上,“人格”被直接用于不平等之阶级的区分。

近代以来,由于普遍平等之自然人人格的确立,罗马法上之“人格”的阶级区分功能遂完全丧失殆尽。在法国法上,人的法律地位由1789年法国《人权宣言》直接加以规定(“在权利方面,人们生来是而且始终是自由平等的”。自由、财产、安全和反抗压迫是“人的自然的不可动摇的权利”),《法国民法典》第8条之“所有法国人均享有民事权利”的宣称,不过是前述规定在私权领域内必要的具体重申。而此后的学说对法国民法所确立之“平等抽象之人格”(实际上仅限于法国人之间)的评述中,其“人格”的含义被渐渐抽换为“民事主体资格”。至《德国民法典》编撰时期,公、私法划分日显清晰,德国人无意再用民法去代替宪法宣称“人格平等”。为此,该法典彻底实行了“私法从公法的逃离”,并且基于法律形式逻辑结构的需要,创制了权利能力即民事主体资格制度,并由此实现了宪法意义上的“人格”与私法意义上的“人格”(法律关系主体资格)的分离。

由此可见,近代以来,作为自然人一般法律地位的法律人格是由宪法加以确认的。而现代民法上的权利能力,是承受民事权利义务的主体资格。就自然人而言,是其法律人格在私法领域的具体表现,甚至可以被说成是自然人在私法上的一种“人格”。但此“人格”非彼“人格”,权利能力作为私法主体资格的“人格”,描述的仅仅是人作为民事法律关系主体的法律能力和地位(故不仅自然人有此“人格”,团体亦得有此“人格”),但其根本无法全面表达和彰显人的一般法律地位,亦即法律人格所记载的“人之成其为人”所包含的人类尊严和社会进步等宏大而深刻的人权思想。

根据学者考察,“术语意义上的人格权,换言之,被理解成人作为人

---

① 参见徐国栋:《“人身关系”流变考》(上),载《法学》2002年第6期。

的自由实现的人格权，是19世纪的成果，最早产生于德国”。[①] 在一些重要学者看来，“从对所有的人的完全平等的法律人格的承认到承认人格权”，是近代民法到现代民法的主要变迁之一。[②] 既然如此，如果将人格权理解为“人之成其为人”所获得的法律基本保障，则人格权之“人格”当然指的是人的一般法律地位而非“权利能力”（民事法律关系主体资格或者私法上之主体资格）。而由于自然人由宪法所赋予的法律人格本身即具有法律强制力，故整体意义上的人格权不过是从权利角度对“人格”的另一表达。有人格，即有人格权，无人格，即无人格权。在此，有关“人格权为人格题中应有之义”的观察，一定程度上正确地揭示了人格权与人格的内在联系。而认为“人格权所指之人格与作为法律地位的人格非属同类”的观点，甚至进而认为“人格权的标的为一种‘事实人格’”的观点，[③]毫无根据地杜撰出另一种并不存在的“等待”人格权去保护的“人格”，其均因缺乏对“人格”来源及其本质的正确了解而不得谓之正确。

二、人格权的本质

作为自然人一般法律地位的人格，具有极其丰富的内涵，其蕴含的基本价值（平等、自由、安全与人的尊严）成为近、现代人权观念的核心内容。人格由“被认识的人之为人的那些属性或性质，例如，生命、健康、身体、名誉等”构成，[④]当法律确认或者赋予自然人的人格时，此种地位以及构成此种地位的全部要素即获得法律保障力，人格权即由此产生。

《法国民法典》和《德国民法典》招致抨击的一个共同要害，在其缺乏对“人”的关怀，而人格权或者具体人格权确认规则（而非保护规则）的阙如，则是其重要标志。同样的抨击也完全可以适用于《瑞士民法典》。虽然这部法典被誉为“20世纪大陆法里程碑”，对人格权的保护

---

① 转引自徐国栋：《“人身关系”流变考》（上），载《法学》2002年第6期。

② 参见［日］星野英一：《私法中的人——以民法财产法为中心》，王闯译，载梁慧星主编：《民商法论丛》（第8卷），法律出版社1997年版，第174页。

③ 参见姚辉：《人格权的研究》，载杨与龄主编：《民法总则争议问题研究》，五南图书出版公司1998年版。

④ Savatier, *Métamorphoses économique et socials du droit privé d' aujourdui*, III, n°. 335. 转引自［日］星野英一：《私法中的人——以民法财产法为中心》，王闯译，载梁慧星主编：《民商法论丛》（第8卷），法律出版社1997年版，第176页。

最完备,但其仍仿法国民法,未对人格权作出分解式的、具体的或者说是正面的规定。由此,“忽略”对人格权的规定,实际上被很多人认为是传统民法的共同特征。

但上述具有代表性的民法典尤其是着力张扬人文主义精神的《法国民法典》,为什么在人格权问题上态度如此暧昧和保守?

对此,有学者依据充分的资料进行了有力的辩解。其指出:《法国民法典》并非忽略自然人人格保护,而只是否定从法定权利的角度规定人格权而已。在个人主义激增的19世纪的法国人看来,人格与生俱来,先于法律,不能作为法律或然规定的权利而存在,而是作为法律中当然的权利而存在。因此,人格权是为法国《人权宣言》明确彰示的一种自然权利,无须在民法典中规定。而《法国民法典》在规定“法国人均享有民事权利”的同时,规定“任何行为使人受损害时,因自己的过失而致损害发生的人,对该他人负赔偿的责任”(第1382条),将法定权利以及法定权利以外的受法律保护的一切利益(包括人格利益)囊括于侵权损害赔偿之中。其表明,法国民法虽非以权利的观念看待人格,但从更高的自然地位看待人格,其虽不在法定权利意义上规定人格权,但比保护法定权利还更高地维护人格。①

上述分析说明,至少在《法国民法典》编撰时代,人格权是被视为一种“天赋权利”(自然权利)而非一种法定权利,更非一种法定私权(民事权利)而存在。这一结论,同样可以用来解释该部法典中不曾出现“人格”以及“人格权”用语的根本原因。

《德国民法典》承继了罗马法的传统,②奉行权利法定,成为人格权法定和具体化体例的典型代表。如前所述,“人格权”(Personelichkeitsrechte)概念由德国民法创造并使用。但德国民法虽然“从法律技术上将人格分割成一个个要素,择其主要者予以维护”,③却并没有正面采取例举方式规定具体人格权之类型,而是“倒过来”在损害赔偿制度中具体规定得

---

① 参见龙卫球:《论自然人人格权及其当代进路——兼论宪法秩序与民法实证主义》,载《清华法学》2002年第2期。

② 罗马法通过诉权制度,确立了身体、生命、名誉、贞操等法定人格权利。参见[意]彼德罗·彭梵得:《罗马法教科书》,黄风译,中国政法大学出版社1992年版,第49页。

③ 龙卫球:《论自然人人格权及其当代进路——兼论宪法秩序与民法实证主义》,载《清华法学》2002年第2期。

受救济的受侵害的某些人格要素即所谓具体人格权类型(生命、身体、健康、自由、信用、妇女贞操等)。上述现象表明,《德国民法典》编撰者并未将"人格权"真正视为民事权利类型之一种。否则,在存在充分的抽象材料(人格要素的具体分解)的条件下,具有"抽象化偏好"的德国人没有理由不去建构其内容如此丰富的"人格权"的权利体系。依笔者所见,德国民法之所以回避对人格权作出赋权性规范而仅作出保护性规范,原因便在于人格权是一种应当由基本法(宪法)直接规定的权利。民法可以"分解"这种权利并加以具体保护,但民法不是"创设"这种权利的上帝。

前述结论同样适用于《瑞士民法典》。尽管该法典因在其第 28 条第 1 项规定"任何人在其人格受到不法侵害时,可诉请排除侵害"而备受赞赏。但与法国民法一样,瑞士民法将人格视为统一不可分。并且,其以损害赔偿加以法律保护的"人格"不仅包括权利能力,还包括行为能力和自由。[①]

总之,早期各国民法典未对人格及人格权作出正面的赋权性规定而仅仅作出概括的或者具体的保护性规定,并非源于其对人格保护的"忽略",故对其"重物轻人"的指控是不能成立的。[②] 恰恰相反,在这些民法典的编撰者看来,自然人人格的普遍确认是整个近代法律制度的基础和起点。而人格权,或者为一种自然权利,或者为一种法定权利,其根本不是来源于民法的授予;人格权的地位高于民事权利,民法的任务仅在于用产生损害赔偿之债权的方式对之予以私法领域的法律保护。

人格权的此种性质和地位,也为人格权在现代社会的发展所证明。

应当指出,早期民法对人格权所采取的是颇有些"敬而远之"的态度。固然与立法者限制私法规范向宪法领域扩张以致弱化人的根本权利所持谨慎有关,但也是因为人格权在私法领域保护需求之不足所致(众所周知,世界范围内"人权运动"所引发的人的"人格地位"的强力提升,发生于第二次世界大战以后)。在当代社会,人格权

---

① 《瑞士民法典》旧法例第 27 条规定:"1. 任何人不得全部或部分地放弃权利能力及行为能力。2. 任何人不得让与其自由,对其自由的限制不得损害法律及善良习俗。"

② 很多学者认为,《法国民法典》和《德国民法典》均注重财产保护而轻视对人的保护。

优先地位逐步确立,[①]人格权及其保护范围急剧扩张,以至于发生了“人格性正在向财产夺回桂冠”的趋势。[②] 有关资料表明,人格权现代发展的主要标志是:(1)人格权的保护在私法领域中的扩张,具体表现为各国在其民法典中大量增加人格保护条款;(2)一般人格权的创制。

但我们看到,人格权民法保护的加强,不仅没有导致人格权根本属性的改变,反而强化了人格权的宪法权利性质。在将人格权视为自然权利的法国,受德国法定人格学说的影响,学术界曾支持提出了民法典修正草案。试图将人格权作为不可分的法定权利加以规定,但未获成功,原有的人格权体系仍得以维护。[③] 更重要的是在德国,其人格权直接由“二战”以后颁布的《基本法》(宪法)明文规定,[④]而德国联邦法院则直接根据这些规定,以裁判方式发展出“一般人格权”(das allgemeine Persoenlichkeitsrecht)的概念。同时,法院在判决支付抚慰金的问题上,也完全不考虑《德国民法典》第253条在范围上设置的限制。[⑤] 而德国联邦法院在援引《基本法》的有关规定时,明确将一般人格权阐述为“由宪法保障的基本权利”。[⑥] 对此,有学者认为其表现了“人格权观念的根本性革命”,即人格权类型及其内容不再是狭隘地以民法典规范为基础,而是可以直接援引宪法规范为支持。由此,人格权由以前的所谓“民法典权利”一跃而成为“宪法权利”。[⑦] 但事实有可能恰恰相反,人格权从来就不是一种由民法典创制的权利:当构成人格的各具体要素(自由、安全、人格尊严以及更为具体的生命、健康、名誉、隐私等)被部

---

① 美国于沃伦法院时期采纳了“人身权优先地位说”,扩大具体人格权的实体内容,并将人权法案保障的权利约束力扩及各州。参见[美]伯纳德·施瓦茨:《美国法律史》,王军等译,法律出版社1989年版,第245页。

② 参见[日]星野英一:《私法中的人——以民法财产法为中心》,王闯译,载梁慧星主编:《民商法论丛》(第8卷),法律出版社1997年版,第182页。

③ 同上书,第177页。

④ “人类尊严不得侵犯。尊重并保护人类尊严,系所有国家权力(机关)的义务”(第1条),“在不侵害他人权利及违反宪法秩序或公序良俗规定的范围内,任何人均有自由发展其人格的权利”(第2条)。

⑤ 参见施启扬:《民法总则》,台湾大地印刷厂1993年版,第101页。

⑥ [德]迪特尔·梅迪库斯:《德国民法总论》,邵建东译,法律出版社2000年版,第806页。

⑦ 参见龙卫球:《论自然人人格权及其当代进路——兼论宪法秩序与民法实证主义》,载《清华法学》2002年第2期。

分及分别地纳入民法的保护领域时,依据一种狭隘的民法实证主义观念(凡为民法所保护的权利或者利益,即为民事权利),人格权的性质有可能发生模糊。但当具体人格要素(生命、名誉、隐私等)向较为概括的人格要素(安全、自由、人格尊严)"归位"时,人格权的宪法性质即表露无遗。人格权在当代社会的发展尤其是一般人格权的确立,是人格权之基本权利属性的最好证据。而当德国联邦法院判定"否认屠杀犹太人历史,便是侵害了犹太人的一般人格权","因性别而拒绝向应聘者提供工作岗位,便是侵害了应聘者的一般人格权",并责令侵权人依《德国民法典》第823条第1项之规定向受害人予以损害赔偿时,①我们还能说德国法上的人格权是一种纯粹的民法权利吗?

然而,长期以来,无论在观念上或者立法、司法实践中,人格权都被视为一种基本的、典型的民事权利,这是一个必须承认的历史事实。

三、人格权的私权化与人格权向宪法权利的回归

(一)人格权的私权化

自德国学者创制人格权概念之后,尽管也存在"人格权否定"之学说(认为若以作为民事主体的人格为权利客体而成立人格权,理论上是一谬误,实务中不利于维护人的主体资格),②但主流理论仍逐渐将生命、健康、名誉等具体人格权视为私权即民事权利,进而从整体上将人格权视为私权之一种。并在此基础上,形成了有关人格权的一整套民法理论。无论民法调整对象及法律关系的理论抑或民事权利体系结构的分析等,均受此影响。而我国民法草案将人格权独立成编加以规定,则意味着在世界民法发展史上首次对人格权的私权性质作出法典意义上的"盖棺论定"。

人格权分明是宪法赋予一切人的基本权利,怎么不容分说地变成了由民法确认的私权之一种?这是一个谜。而众多民法学者在断言"人格权是因民法调整人格关系而产生"之时,居然会忽略这样一个显

① 参见《联邦最高法院民事裁判集》(第75卷),第160页;《联邦劳动法院·新法学周报》,1990年,第67页。转引自[德]迪特尔·梅迪库斯:《德国民法总论》,邵建东译,法律出版社2000年版,第811页。

② 参见陈民:《论人格权(续)》,载台湾《法律评论》第2卷第9期,转引自姚辉:《人格权的研究》,载杨与龄主编:《民法总则争议问题研究》,五南图书出版公司1998年版。

而易见的事实:人格权是人格的表现,无人格权,即无人格;如无人格,则无法律主体资格;如无主体资格,则根本无法参加与他人之间的法律关系。因此,在“人格”是作为一种“法律状态”存在而非一种“事实状态”存在的条件下,所谓“人格关系”本身,即为一种法律关系。而法律关系是不能成为法律的调整对象的,这也很难令人理解。诚然,在关于人格权应否在我国民法典中独立成编的论战中,一些学者已经敏锐地发现了人格权具有而其他任何一种民事权利均不具有的那些重要属性,其指出:作为人格权客体的人的生命、健康、自由等是人格的载体。人格权与人格相终始,不可须臾分离,人格不消灭,人格权不消灭(而其他任何民事权利之得失变动,均不影响人格的存在)。人格权是存在于主体自身的权利,不是存在于人与人之间的关系上的权利(人格权非因民法调整所谓“人格关系”而产生);人格权仅因出生而当然发生,仅因死亡而当然消灭(其他任何民事权利均得根据权利人自己的意思,依法律行为而取得,原则上亦均得根据自己的意思,依法律行为而处分)等,并据此反对人格权在民法典中之独立成编。[①] 但是,此种论证仍立足于人格权为民事权利之观念基础,故其尚不足以强大到置相反观点于死地的程度。

现在看来,人格权在观念上之私权化,有其深刻而复杂的原因:

其一,人格权之私权化首先源于一种狭隘的法律实证主义观念。依此种观念,作为根本法的宪法仅为民法等部门法的立法基础和原则规定,宪法所规定的公民的基本权利仅是一种原则宣示,不得直接引用来裁判具体民事案件。[②] 亦即唯有民法将宪法规定的原则宣示“转化”为具体的民事权利加以确认之后,权利方可实际产生并获得切实保护。而经民法确认的权利,当属民事权利。为此,有关理论将各国民法典中有关生命、健康、名誉等人格保护条款视为“赋权条款”,自是顺理成章。

其二,人格要素的可分解性,从技术上支持了某些具体人格权的私权化。人格权作为一个整体性的权利概念,其保护的是整体意义上的人格。但人格的要素(指决定“人之成其为人”的各个具体属性)却是可以分解的,因此,人格权也可以被分解成各个具体的人格权。在这些

① 参见梁慧星:《松散式、汇编式的民法典不适合中国国情》,载《政法论坛》2003年第1期。

② 参见龙卫球:《论自然人人格权及其当代进路——兼论宪法秩序与民法实证主义》,载《清华法学》2002年第2期。

人格要素中,某些要素直接涉及民事生活领域(如姓名、生命、健康、名誉等),对由这些要素所生成的具体人格权的侵犯,将直接导致民事后果(损害赔偿)的发生。为此,自《德国民法典》始,各国民法中开始出现有关侵害生命、身体、健康以及自由等损害赔偿的具体规定。这些直接受到民法救济的具体权利,自然被认为是私法上的权利。

其三,宪法规定的概括性必然产生民法"创设"某些具体人格权的必要性。作为基本法,宪法只能就自然人的基本人格权(生命、自由、人格尊严等)作出规定,即在确认自然人一般法律地位(人格)的同时,具体赋予其一些概括性的人格权利。伴随社会文明的进步,人格之构成要素不断发生变化,尤其是民事生活中的某些人格利益(如隐私等),必然随经济生活的发展和人权意识的高涨而日显其获得民法保护之必要。为此,各国民法典顺应潮流,不断增加得受民法保护之人格利益的种类。这些"新生"的具体人格权(如肖像权、隐私权)的彰显和确认系由民法完成,民法不予确认,即难以获得保护。既如此,人格权之私权化自然得到进一步巩固。

其四,人格的私法化提供了人格权之私权化的理论基础。如前所述,德国民法所创设之"权利能力"(法律关系主体资格),后来被解释为主体在私法上的"人格"。由此,宪法上的人格被置换为一种私法上的人格,人格在观念上遂被私法化。既然"人格"为私法上的概念,则人格权当然亦为私法上的权利。据此,人格权的私权化之理论基础得以奠定,随之照例一拥而上、不断深入和重申的民法学说注释(人格权是支配权、绝对权、专属权等),[①]则使人格权的私权化在理论上得以全面完成。

对于人格权私权化的上述成因,尚需深入揭示和检讨。例如,前述狭隘的法律实证主义观念显然忽略了一个重要的事实,即宪法所规定的公民的基本权利中,某些规定的确属"宣示性"规范,如关于公民之财产权及身份权之规定,倘无自然人依民法的具体规定实施一定的行为即参加一定的民事法律关系,有关财产权(物权、债权等)或者身份权(亲属权等)自是无从实际产生。但宪法关于公民的生命、自由、人的尊严等基本权利的规定,却为直接的"赋权性"规范,此等基本权利,自然

① 参见王利明等编著:《人格权法》,法律出版社 1997 年版,第 7 ~ 8 页;杨立新:《人格权法论》,中国检察出版社 1996 年版,第 21 页。

人依宪法生而有之,无须借助于任何民事活动的参与。为此,人格权非依民法而产生,实难否认。而宪法赋予自然人的人格权整体上为同一性质,虽人格权得被分解(如根据我国《宪法》第35、36、37、39、40、47条之规定,我国公民享有的"自由权"得分解为"言论、出版、集会、结社、游行、示威自由权""宗教信仰自由权""人身自由权""住宅自由权""通信自由权""文化活动自由权"等),其中,有些具体人格权(如人身自由权、住宅及通信自由权等)得为民法所保护救济,有些具体人格权(如宗教自由权、言论自由权)得为其他法律(公法)所保护救济,但救济方式显然不能决定权利性质。此外,即使是由民法直接"创设"的肖像权、隐私权等具体人格权,其究竟是民法根据宪法的原则而"创设",还是宪法所赋予自然人的自由和人格尊严权利在民法上的一种"延伸"或者"解释",实在值得斟酌。至于通过对"权利能力"的解释而形成的所谓"私法上的人格"根本不能替代宪法赋予自然人的人格问题,前文已有分析。这些分析表明,人格权私权化的理论基础根本不存在。

但无论如何,人格权的私权化过程在理论上确实已经完成。然而异常重要的是,人格权在理论上的私权化却并没有导致人格权在各国民法典中获得与物权、债权以及亲属权之相同的独立地位(在民法典分则中独立成编)。对此现象,无论以"立法者不重视对人格的保护"或以"人格权与主体密不可分,故在主体制度中予以规定更为科学"来加以解释都是很难有说服力的。因为在《德国民法典》及受其影响的民法典中,权利的类型划分是法典编撰的技术基础。既然德国民法已创制了"人格权"概念且确认了多种具体人格权,立法者就没有理由不将之抽象归纳为一种与物权、债权等并列的权利类型予以规定。而被认为是"人格保护最完备"并提出"一般人格权"观念的《瑞士民法典》,则更没有理由犯此等逻辑错误。事实上,在奉行权利法定主义的国家,就人格权在民法典中的安排问题,立法者不得不面临两个无法逾越的障碍:一个是技术上的障碍,即整体意义的人格权在性质上等同于自然人的法律人格本身,而人格的享有是自然人取得民法上之财产权和身份权的前提,作为前提性的权利与作为结果性的权利显然非属同类,岂可并列?另一个是常识性观念上的障碍,即生命权、自由权等人格权利,涉及自然人全面社会生存之根本,岂可由仅仅规范私人生活关系的民法赋予?归根结底,可以断言,正是人格权固有的宪法性质,阻却了各国民法典编撰者对人格权作出正面的赋权性规定并将之独立成编的任何企图。

(二)人格权向宪法权利的回归

事实上,现代社会的人权运动所导致的人格权之民法保护浪潮,不仅没有继续强化人格权的私权性质,反而引发了私权化的人格权从观念上向宪法性权利的回归。这一回归,是由“一般人格权”的创制所引起的。

前已述及,一般人格权是由德国联邦法院为满足人格权保护需要,通过一系列判例而创制的。至关重要的是,这一创制过程不是以民法典规范为基础,即不是通过运用民法的基本原则对有关规定的扩张解释而完成,而是通过直接援引宪法规范而完成:在 1954 年 BGHZ13、334、337f 案件,1958 年“骑士案”以及 1961 年“人参案”等判决中,[①]在无法从民法典寻找相应规范的情况下,德国联邦法院直接引用《基本法》第 1 条(“人类尊严不得侵犯。尊重及保护人类尊严,系所有国家权力(机关)的义务”)及第 2 条(“在不侵害他人权利及违反宪法秩序或公共秩序范围内,任何人均有自由发展其人格的权利”)之规定,推导出一般人格权,并将之称为“由宪法保障的权利”,据此对案件作出损害赔偿之判决。尽管这一做法受到包括拉伦茨在内的一些学者的批评,认为《基本法》第 1 条和第 2 条的规定是公法的规定,不具有私法性质,不能直接创设权利义务关系。[②] 尽管前述判例不可避免地引起了宪法控告,但其最终仍得到德国宪法法院的支持。[③]

上述资料表明,一般人格权的“创制”(毋宁说是“寻找”),非为对民法典规定的具体人格权的抽象归纳而成,甚至根本不是以民法典规范作为基础,而是直接依据宪法之规定,这就使原本被私权化的人格权的本质不得不在人们原有的观念上发生了根本性的转变:如果人格权是一种根据民法规范而产生的权利,那么,就没有必要在民法之外去根据宪法而创制所谓“受宪法保障的”“一般人格权”;如果生命权等各种具体人格权是根据民法的基本原则而创设的民事权利,那么,就一定可

---

① 具体案情及判决参见[德]迪特尔·梅迪库斯:《德国民法总论》,邵建东译,法律出版社 2000 年版,第 805 ~ 806 页。

② Larenz, *Das allgemeine Peroenlichkeitsrecht im Recht der unerlaubten Handlungen*, NJW 1955,521. 转引自王泽鉴:《人格权之保护与非财产损害赔偿》,载王泽鉴:《民法学说与判例研究》(第 1 辑),中国政法大学出版社 1998 年版,第 46 页。

③ 参见[德]迪特尔·梅迪库斯:《德国民法总论》,邵建东译,法律出版社 2000 年版,第 806 页。

以根据同样的民法原则而创设符合需要的新的具体人格权。而在民法不能为司法实务提供保护人格利益的直接依据,甚至成为此种保护的障碍时,人格权与民法规范之间的关系便发生了断裂,人格权与宪法之间的关系也就发生了复合。

更为重要的是,伴随人格权向宪法权利的回归,现代法律思想也将因之而引发一场根本性的革命。"德国实务对此做出的精彩解释是,司法虽然应受法律(Gesetz)和权利(Recht)的拘束,但是应排除狭隘的法律实证主义,不能将宪法与具体实体法规范截然分离,法的存在系以宪法秩序为内容,具有补充实体法不备的功能。司法的任务在于从完整的法律体系,而不是只从被称为民法的形式渊源中发现司法规范"。[①]而当人格权的民法保护不再囿于民法规范本身之时,当人格权不再被错误地视为一种由民法调整所谓"平等主体之间的人格关系"而产生的权利之时,[②]人权保障将出现何等广阔辉煌之前景!

据此,将人格权在民法典中独立设编,将之与物权、债权、亲属权加以并列,表面上突出了对人格权的保护,实质上使人格权降格减等,使

---

① 龙卫球:《论自然人人格权及其当代进路——兼论宪法秩序与民法实证主义》,载《清华法学》2002年第7期。

② 前述人格权私权化的结果,还导致我国民法关于调整对象的理论进入误区。既有理论认为,民法调整对象为"平等主体之间的财产关系和人身关系",而人身关系中包括人格关系和身份关系,人格关系被民法调整的结果,即产生人格权。但就"人身关系"一词的来源,近有学者作了深入考证,指出:罗马法上并不存在人格与身份的分离,"人格"由自由人身份、市民身份以及家长身份共同构成。前两种身份属于公法,后一种身份属于私法。直至1811年《奥地利民法典》,私法性的身份(家族身份以及性别、胎儿、未成年人等家庭法外的身份)才得以凸显并完全私法化,而"罗马法中的公法性身份则被驱逐于民法之外"。由于《奥地利民法典》第一编第一章标题为"关于人的身份(persönliche Eigenschaft)和人的关系(persönliche Verhältniss)的法"。而"persönliche Eigenschaft"可以简译为"人身",且所谓"人的关系"在该法典中系指因失踪产生的关系(第24~25条)、因公民权产生的关系(第28条)及家庭关系、亲属与血亲和姻亲(第40~42条),实为"人的身份"的延伸。据此,该学者断言,我国民法理论中"人身关系"术语的西文来源,为"一位俄国的或中国的不知名的前辈,在一个我们不知的时间,把奥地利民法典式的'关于人的身份和人的关系的法'概括成民法调整的'人身关系'"。(参见徐国栋:《"人身关系"流变考》,载《中外法学》编辑部、北京大学第22届研究生会编:《中国民法百年回顾与前瞻学术研讨会文集》,法律出版社2003年版。)前述考据如果确实,则我国民法理论所言之"人身关系",原本仅指"身份关系",后来的人将之理解为包含所谓"人格关系"实为误读。事实上,根本不存在所谓"平等主体之间的人格关系":当自然人被赋予法律人格之后,人格权即已产生,自然人相互间根本就不可能存在需要民法去规范的所谓"人格关系"。

其从宪法权利彻底沦落成为由民法创设的民事权利。这种做法完全截断了在自然人基本权利的保护领域,民事司法直接向宪法寻找裁判规范之依据的进路,完全否定了被我国宪法直接赋予自然人的许多被视为“公法权利”的人格权(如宗教信仰自由权、劳动权和劳动者休息权、受教育权等)获得民法保护的可能。此等“创新”,实为历史倒退。

四、人格权独立成编的理论漏洞①

既有人格权理论将人格权描述成为一种与物权、债权、知识产权以及身份权具有相同性质的权利,是其主张将人格权在民法典上独立成编的基本理论依据。为此,既有人格权理论全面套用了民法有关民事权利以及法律关系的基本原理,对人格权进行了理论阐述,由此必然产生诸多无法自圆其说的理论漏洞。

(一)关于人格权来源之理论的漏洞

依据民法调整对象理论,民事权利(民事法律关系)是民法调整平等主体之间的财产关系和人身关系而产生的,即先有民法调整对象的存在(即客观发生和存在的民事生活关系),经民法规范之后,方有民事权利义务(民事法律关系)的产生。换言之,相对于每一种具体的民事权利(民法调整的结果),总是存在某种与之相对应的具体的民事生活关系(民法调整的对象)。据此,有关理论断定:“人格权是民法调整人格关系而产生的。”②但是,作为自然人法律地位或者法律资格的“人格”,是一种法律现象而非一种自然的社会客观存在,基于人格而产生的“人格关系”,当然应属法律关系,而法律是不可能去调整法律关系的,故人格权并非源于民法调整所谓人格关系所生之结果。

如果从制度设计的角度来看,自然人的法律人格先于人格权产生(“人格”的概念最早产生于古代罗马法,而“人格权”的概念产生于19世纪德国民法理论),但如果从事物本质的角度来看,则近代意义上的法律人格与实质意义上的人格权同时产生。虽然由于历史的原因,人

---

① 本节主要内容来自笔者的同标题文章(载《法学杂志》2007年第5期)。

② 王利明:《我国民法典重大疑难问题之研究》,法律出版社2006年版,第172页;杨立新:《人格权法专论》,高等教育出版社2005年版,第10页。

格权概念在产生之时仅仅是对近代意义上的法律人格[①]之诸多构成要素(亦可称为“人格利益”)中伦理性要素(包括生命、健康等人格利益)的表现,并未包含人格要素中的政治要素与财产要素,即使在“一般人格权”出现之后,人格权保护范围被扩张至财产以及民事身份之外的一切利益,我们仍然不能说“人格和人格权是一枚钱币的两面”。但人格与人格权存有密不可分的本质联系,表现为:无人格者绝对无人格权,有人格者必定有人格权,在人格与其当然生成的人格权之间,并不需要借助其他任何法律媒介,即人格权的产生并不依赖于民法或者其他任何法律规范的“调整”。因此,人格权是自然人人格(法律地位)的一种权利表达。

由此可见,运用民法调整对象的理论,可以正确地解释物权、债权、知识产权以及身份权等民事权利的来源,但根本无法解释人格权的来源。事实上,依据自然法理论,自然人的人格和人格权当然存在;依据实证法理论,则自然人的人格和人格权系由基本法(宪法)赋予。而根据笔者所提出的且迄今为止尚未遭到任何反驳的学说,自然人的人格不仅在罗马法上是一个公法概念,[②]而且在近代法上也是一个公法概念,[③]。据此,表现自然人人格的人格权,亦应为一种宪法性质的权利而非民事权利,此种权利的发生根据与民事权利的发生根据完全不同,不可能用民法调整对象的理论予以说明。

前述理论障碍在既有理论阐述一般人格权的概念和来源时,显得更为巨大和无法克服。对于同类事项的归纳与抽象并以此形成上位概念,是民法技术所采用的最基本的逻辑方法。据此,民事权利的基本类型均是通过对各种同类权利的概括抽象而形成的。正因如此,既有人格权理论在引入“一般人格权”概念的同时,将之解释为“自然人和法人享有的,概括人格独立、人格自由、人格尊严全部内容的一般人格利益,并由此产生和规定具体人格权的基本权利”,[④]亦即一般人格权是法律

---

① 罗马法上的人格为同时具备“自由人、罗马市民和家父”三种身份而赋予的法律地位,是一种区分身份等级的工具,而近代的人格,是基于天赋人权的思想而为一切自然人平等具有的法律地位。

② 参见徐国栋:《“人身关系”流变考》,载《中外法学》编辑部、北京大学第22届研究生会编:《中国民法百年回顾与前瞻学术研讨会文集》,法律出版社2003年版。

③ 参见尹田:《论人格权的本质》,载《法学研究》2003年第3期。

④ 杨立新:《人格权法专论》,高等教育出版社2005年版,第122页。

列举的生命权等具体人格权和其他应受保护的人格权利的“产生根据”或者是对各种具体人格权的“归纳抽象”。但此种理论最为明显的漏洞在于：如果一般人格权是各种具体人格权的产生依据，则一般人格权作为一种权利类型必定创设在先，但我们知道，“一般人格权”概念的出现在时间上大大晚于“人格权”概念的出现。[①] 而如果一般人格权为对各种具体人格权的归纳抽象，那么，此种抽象而成的概念应为“人格权”而非“一般人格权”（如同对所有权和他物权的归纳抽象，其产生的概念是“物权”而非“一般物权”）据此，一般人格权究竟是各种具体人格权的创设依据抑或系对各种类型化以及尚未类型化的具体人格权的归纳抽象，既有理论同时存在相互矛盾的两种说法，且两种说法都不符合一般人格权的产生历史。有关资料表明，由德国司法实务于第二次世界大战以后创制出来的“一般人格权”，根本不是对既存的各种具体人格权的概括抽象，其创设目的亦非为各种具体人格权的创设提供基础和依据。一般人格权所要保护的，是《德国民法典》列举保护的生命、健康等人格利益之外的其他全部人格利益。[②] 因此，一般人格权与该民法典列举保护的各种具体人格权，是两种互不包容、互不隶属的权利类型，两者之间既不存在归纳抽象关系，亦不存在创设依据关系。

再者，德国司法实务创制一般人格权所依据的法律并非民法而是其《基本法》（宪法），这一事实充分表明人格权并非民法调整私法生活关系的结果，否则，此种权利完全可以依据民法理念和基本原则加以创设。概言之，生命权、健康权等类型化的人格权是对个别人格利益的保护，一般人格权则是直接依据基本法的规定，对此部分由民法典列举的人格利益之外的全部人格利益的概括保护，其不仅保护自然人在民事生活中的人格利益（如未被《德国民法典》予以列举保护的“隐私”），而且保护自然人在社会生活的任何一个领域的人格利益（如男女性别平等、民族感情和自尊、劳动就业、接受教育以及公民在宗教信仰、文化活动、新闻出版等方面享有的自由等）。

可是，既有理论在阐述一般人格权时，不仅无视此种权利表达的历

---

① “人格权”概念产生于19世纪，“一般人格权”概念产生于“二战”以后。

② 参见［德］迪特尔·梅迪库斯：《德国民法总论》，邵建东译，法律出版社2000年版，第806页。

史来源,而且在错误理解此种权利与类型化的各种具体人格权之间关系的基础之上,对一般人格权的基本功能进行了错误的阐述。在其使用的"人格权"、"一般人格权"和"具体人格权"三个概念之间,并不存在概括抽象的递进关系:如果"一般人格权"是对各种"具体人格权"的概括抽象,则"人格权"便不可能是对"一般人格权"和各种"具体人格权"的概括抽象,"一般人格权"与"人格权"应属同义,毫无存在的必要。

(二)关于人格权基本权能之理论的漏洞

如果将人格权定性为一种民事权利,则其必然应当具备民事权利的一般特性。以往的理论研究已经发现,民事权利无论因当事人的行为或法律直接规定而取得,原则上均可根据权利人的意思,依法律行为而予以处分,但人格权仅因自然人出生而当然取得,仅因其死亡而当然消灭,当事人的意志对于人格权之得失变动无任何决定余地。[①] 除了对人格权的此种外部特征的分析之外,就民事实体权利[②]而言,无论财产权或是身份权,其基本权能总是表现为权利人得实施一定的行为(或为对财产及其他利益的支配,或为对特定人的请求)以实现某种利益,不作为的民事权利是不可能存在的。但既有人格权理论在将人格权定性为一种"支配权"的同时,却无法对之予以正确的阐明。

1. 生命权的客体与"支配性"

生命权位居已被命名的各种具体人格权序列之首,是最基本的人格权。但因自然人本身即为一种生命现象,生命与"人"实为同一,而权利主体不可以其自身作为客体,故生命在逻辑上不可能作为生命权的客体。此外,民事权利的本质特征在其法律保障力,亦即在权利主体丧失权利所载之利益时,可以获得法律救济,故早已有人指出,当生命权遭受侵害时,权利主体已不复存在,亦不存在任何法律救济之途径,故生命非为权利。[③] 对于上述质疑,既有理论根本不能回答。而就生命权的基本权能而言,基于民法理论对民事权利的基本分类,既有理论在不

---

① 参见梁慧星:《松散式、汇编式的民法典不适合中国国情》,载《政法论坛》2003年第1期。

② 笔者认为,物权、债权、知识产权以及身份权为"实体性"权利,形成权、抗辩权等为"程序性"权利,代理权、代表权等为"资格性"权利。

③ 参见龙显铭:《私法上人格权之保护》,中华书局1948年版,第42页。

得不将生命权归于“支配权”的同时，却无法正确说明其支配权能的具体表现：鉴于自然人对生命的所谓“支配”只能表现为允许他人剥夺其生命或者自杀，而此两种对生命的“处分”均不可能为法律所保护，故既有理论不得不寻出“为正义而慷慨赴死”以及“安乐死”或者“因见义勇为而牺牲生命”等情形作为例证。[①] 但我们知道，生命权的意义在于保护人们的安全和生存，而绝对不在鼓励或者保护人们的“献身”，故“慷慨赴死”可以被理解为生命权遭受不法侵害，但不可以被理解为主体在主动放弃生命；“见义勇为”的目的也绝对不在抛弃生命，故亦非主体之生命支配权的行使。至于允许他人对自己实施“安乐死”，姑且不论多数国家尚不将之视为合法，即便法律允许，其固可视为一种对自己生命的“处分”，但以此特例作为生命权的一项基本权能，亦与生命权的立法宗旨背道而驰。

2. 健康权、名誉权、荣誉权、隐私权、身体权的“支配性”

首先，如果将“健康”、“名誉”以及“荣誉”视为此三种权利的客体的话，那么，除非将健康权、名誉权以及荣誉权的“支配权能”描述成对有权允许他人损害自己的健康以及名誉或者荣誉，或者自己有权损害自己的健康以及名誉或者荣誉（如吸毒、拒绝治疗、允许他人对自己造谣诽谤等），否则，对于自然人如何“支配”其“健康”和“名誉”，如何以民事权利行使方式行使这些人格权，任何理论阐释都是强词夺理、无法成立的。在这里，既有理论将健康权的支配性描述为“健康维护权、对劳动能力的支配权”[②]或者“体育运动员参加竞赛就是处分自己的生命、健康”；[③]将名誉权和荣誉权的支配性描述为“利用其良好名誉或者荣誉称号获得财产和其他利益”，[④]姑且不论这些阐述如何文不对题，其至少忽略了一个重要的问题，那就是如果自然人的这些对其劳动能力、健康损害风险、良好名誉或者荣誉的“利用行为”遭受他人妨害，绝对不可能构成对其健康权、名誉权以及荣誉权本身的侵害！

其次，隐私权的支配权能被描述为允许他人或者权利人自己公开

---

① 参见杨立新：《人格权法专论》，高等教育出版社 2005 年版，第 143 页。

② 同上书，第 161 页。

③ 赵秉志等：《中国刑法的运用与完善》，法律出版社 1989 年版，第 377 页。转引自杨立新：《人格权法专论》，第 146 页。

④ 杨立新：《人格权法专论》，高等教育出版社 2005 年版，第 254 页。

其隐私,[1]而捐献血液或器官、出卖头发等行为,则被认为是自然人对其身体支配权的行使。[2] 但鉴于法律规定隐私权的目的在于保护自然人的隐私不被他人非法公开,而绝非保护权利人不受妨害地公开其隐私;法律规定身体权的目的在于保护自然人的身体不被他人非法侵害,而绝非在于保护权利人不受妨害地自行或者允许他人取除其身体某些组成部分,且妨害主体公开隐私、捐献血液等行为亦绝对不构成对其隐私权或者身体权本身的不法侵害,故前述理论,同样是不能成立的。

3. 姓名权和肖像权的"支配性"

有关人格权之"支配权"性质的理论阐述,在涉及姓名权和肖像权时,似乎找到了某些更具有说服力的论据:自然人自己使用或者允许他人使用其姓名或者肖像,为姓名及肖像支配权的行使。然而,此种理论殊值存疑。

首先,姓名权究竟是一种人格权还是身份权,理论上存有争议。一个重要事实是,在法国、德国、瑞士、日本等典型大陆法国家以及地区的民法典上,均设置了有关自然人姓名或者姓名权的相关条文,此种规定,一直被认为是这些民法典对作为人格权之一种的姓名权进行了具体规定。但笔者认为,鉴于以下理由,在多数国家或者地区的民法典上,姓名权实际上是作为一种身份权而非人格权加以规定的:(1)在法国、德国、日本以及我国台湾地区的"民法典中,自然人姓名的相关条文均被设置于有关自然人民事身份之部分,亦即自然人姓名被视为与自然人的出生或者民事身份相关的问题予以规定;(2)在《德国民法典》有关自然人人格利益保护的侵权责任相关条文中,其所列举的事项并不包括自然人姓名(该法典第823条及第824条所列举保护的事项为"生命、身体、健康、自由、信用以及妇女贞操");(3)前述民法典在未对生命、健康等最为重要的人格权予以赋权性规定的情况下,单独将姓名权作为人格权之一种类型加以规定,是不可理喻的。

从实质上看,自然人的姓名直接体现了自然人的人格尊严,故其应当具有人格利益的性质,但姓名的选择、使用以及更改又与自然人的身份直接相关,为婚姻、亲属关系中所包含的重要事项,故其同时亦具有

---

① 杨立新:《人格权法专论》,高等教育出版社2005年版,339页。

② 同上书,第180页、第307页。

身份利益的性质。因此,笔者认为,自然人对其姓名的选择、使用以及更改,通常情况下涉及其身份利益,但有时则同时涉及其人格尊严。但法律将姓名作为人格利益加以保护,其主要目的在于保障自然人的姓名不被歪曲、冒用、篡改或者污损,而非保障自然人得不受妨害地使用其姓名或基于商业目的许可他人使用其姓名。据此,以姓名权所具有的某种支配属性作为支配权能为姓名权基本权能的论据,仍然不足为信。

其次,与其他人格权不同,肖像权似乎具有强烈的支配属性,表现为自然人对其肖像享有制作、使用以及许可他人使用等权利。但须看到,正是基于肖像权在现代社会所具有的此种越来越广泛的“支配性”,使此种人格权具有了“财产权化”之倾向,亦即自然人的肖像一旦被用作商业使用的标的,立即蜕变为一种无形财产,不复成为人格利益的载体。鉴于法律将自然人的肖像作为人格利益保护的主要目的不在于保护自然人对其肖像的使用,而在于使其肖像不被他人损害,且妨害主体自己制作、使用或者允许他人使用其肖像并不构成对肖像权本身的侵害,故以“财产化”之肖像权所具有的强烈的支配性质作为支配权能为肖像权的基本权能的论据,同样不足为信。

4. 一般人格权的“支配性”

民法上的支配权所支配的利益总是具有特定性质。由于一般人格权所保护的人格利益具有概括、抽象之特点,故既有理论完全不能用“支配性”解释其基本权能。依照既有理论,“一般人格权”的客体为“人格独立、人格自由和人格尊严”,但对于自然人以何种概括的或者具体的方式“支配”其“独立”、“自由”和“人格尊严”,既有理论只能避而不谈,讳莫如深。事实就是,如果说在某些具体人格权中尚且可以找出一些“支配”内容的话,那么,自然人对其“独立、自由和尊严”完全不能使用,更不能转让和放弃,一般人格权根本不具备任何“支配权能”。

五、人格权独立成编在法律适用上的弊端

强化对人格权的民法保护,是民法现代发展的重要特征。但综观现代各国立法例,除《乌克兰民法典》之外,绝大多数国家的民法主要是从保护的角度而非权利确认(赋权)的角度对人格权作出规定。很显然,即使不考虑人格权的基本性质,仅从法律适用的层面上看,各国立

法模式的选择显然与人格权的开放性及其边界的模糊性密切相关。

就民事权利的保护对象而言,财产权和身份权所保护的对象分别为物质利益与身份利益,此两种利益的边界十分清晰:首先,就利益产生和存在的社会生活领域而言,民法有关财产权和身份权的规定主要适用于私生活领域(民事领域),故该两类权利的"民事权利"的属性毋庸置疑;其次,从利益的内容而言,尽管财产利益的表现形式在现代社会呈现多样化特点(如各种无形财产尤其是网络"虚拟财产"的出现),但其最终均可还原为可用货币予以衡量的经济利益。而身份权所保护的对象为婚姻家庭及亲属关系中的身份利益,此种利益具有传统型、民族性和保守性的特点,其内容更不具有开放性。因此,对财产权和身份权不仅可以进行类型化处理,而且,以此种权利类型化为基础而建立的财产权体系(无论是以所有权为中心而一体建立的法国民法的财产权制度,抑或是以物权和债权的区分为基础而建立的德国民法的二元化财产权体制)和身份权体系,尽管必然具有某种封闭性,但通过在侵权责任制度中设置开放性保护的一般条款的方法,将未被权利类型化的财产利益和身份利益纳入保护范围,则前述封闭性的弊端即可得以补救。

但人格权则不同。人格权的保护对象为人的自由、安全和人格尊严,此种所谓"人格利益"的边界是模糊的:

其一,人格利益的范围具有不确定性。

自德国民法理论创制"人格权"概念之后,从未有人试图指出人格权保护的"人格利益"的具体边界。理论上有关人格利益系由"被认识的人之为人的那些属性或性质,例如生命、健康、身体、名誉等"构成,①以及人格权是"人作为人的自由实现"的权利等种种论述,②无一例外地指出了人格权是"人之成其为人"的法律保障。而"人之成其为人"的范围,则当然不仅涉及私的生活领域(所谓"市民社会"),更要涉及公的生活领域(所谓"政治国家")。因此,人格权所保护的并不仅限于

---

① Savatier, Metamorphoses économique et socials du droit privé d' aujourdui, III, n. 335,转引自[日]星野英一:《私法中的人——以民法财产法为中心》,王闯译,载梁慧星主编:《民商法论丛》(第8卷),法律出版社1997年版,第176页。

② 转引自徐国栋:《"人身关系"流变考》,载《中外法学》编辑部、北京大学第22届研究生会编:《中国民法百年回顾与前瞻学术研讨会文集》,法律出版社2003年版。

人们在民事生活领域内的人格尊严,而是要保护人们在其社会生活中的全部领域范围内的人格尊严。而人的"自由、安全和人格尊严"是一种最为宏大和深刻的命题,指出其具体范围或者边界,殊无可能。

其二,人格利益的范围具有持续的扩张性。

法律对公平正义的追求,其终极目的实际上是保护人实现其社会存在价值,而社会的发展和进步,则以人类社会向"自由王国"的接近而得以表现。因此,人们追求自由的渴望和激情是无穷无尽的,人格尊严的表现形式也会伴随社会经济、政治、道德、文化和教育的进步而不断扩张和发展。由此,人格利益呈现出一种开放性的特征。

上述分析表明,在以私生活领域为规范对象的民法典中,如果以与物权、债权、身份权等民事权利相同的构造方法设置人格权制度,显然会背离人格利益的本质属性,限缩和封闭人格权的保护范围。而以权利保护的角度对人格权作出救济性的规定(无论采用《法国民法典》设置禁止性规范的方法,或者采用德国以直接依据《基本法》而创制"一般人格权"以弥补《德国民法典》对侵权客体列举规定之不足的方法),以达成"凡是人格尊严遭受私权主体不法侵害的,即可发生损害赔偿及其他侵权责任"的效果,则可以使人格权的民法保护具备开放性的特点和功能。

根据我国民事立法的实际情况,与物权、债权、身份权以及侵权责任等编并列规定的人格权编只能由一系列赋权性规范而非救济性规范所构成,因此,如果人格权独立成编,其实质效果无疑是对"人格权仅仅是一种依据民法而取得的民事权利"的结论的盖棺论定。须知,依照法典编撰的逻辑体系,在设置人格权编的条件下,人格权编就是人格权侵权责任规范适用的依据和基础,而人格权编对人格权种类及范围的封闭性构造,当然限制了侵权责任法的适用范围。换言之,即使在人格权编中设置人格权保护的一般条款,侵权责任的适用范围也无法及于民事生活领域之外,也就是说,人们在私生活领域之外所普遍享有的、由宪法和其他公法所直接赋予的人格权即使遭受私主体的不法侵害,仍然无法获得民法保护。在此,我国于 20 世纪 90 年代末发生的轰动一时的"中国宪法司法化第一案"(山东齐玉苓案),便是极好的范例。

在该案中,齐玉苓经考试合格被某中等专科学校录取,但被他人冒名顶替上了学,由此前程尽毁。尽管该案加害人的行为具备侵权责任的全部构成要件,但由于无法在民法上找到受害人被侵害的权利的具体种类,最高人民法院在有关批复中直接根据《宪法》第46条的规定,认定加害人以侵犯受害人姓名权的手段侵犯了受害人的"受教育权",基层法院据此判令加害人承担侵权赔偿责任。[①] 此案判决引起学界有关"宪法应否司法化"的激烈争论。时至今日,最高人民法院就齐玉苓案所作出的司法解释于2008年12月18日被公告废止,而鉴于齐玉苓所遭受侵害的人格利益(无论将之称为"受教育权"或者其他什么权利)明显不在民事领域的范围之内,故学者提出的人格权编草案建议稿中,也自然不会出现"受教育权"之类的人格权种类。这就意味着,时至今日,其在"公法领域内的人格利益"遭受私主体不法侵犯的"齐玉苓们"既不可能依据宪法的规定获得保护,也不可能依据民法的《人格权编》以及《侵权责任编》获得保护。

由此可见,如果将人格权在民法典中独立成编,齐玉苓及其他公民因其宪法赋予的各种人格权利遭受他人侵害所面临的法律适用问题,依然无法依据民法规范得到解决。事实就是,人格权的独立成编完全排除了民事领域之外的社会生活领域中人格尊严的民法保护:假如有作家在其出版的著作中否认南京大屠杀的历史事实,主张其人格尊严受到侵害的该大屠杀的幸存者或者相关组织肯定无法通过民事诉讼而追究该作家的侵权责任;假如有企业以合格的应聘者为女性为由拒绝录用,则受害人有关其人格权遭受侵害的索赔请求,也断然不会被民事法庭所支持。这是因为,前述侵权行为的客体均明显不在民事生活领域之内,独立成编的人格权无法提供与之相吻合的人格权类型,而其人格权保护的一般条款为人格权类型化的基础和来源,其"民事"属性也排除了将之适用于民事生活领域范围之外的其他领域的可能性。但在德国,其司法实践根据基本法所创制的所谓"一般人格权"之最为重要的价值,便在于将人格权的民法保护扩张至民事生活领域之外的广阔空间。因此,只有从保护和救济的角度规定人格权,拆除人格权编为人格权保护范围所设置的栅栏,将人格权保护的一般条款和具体条款移入侵权责任制度,使其对人格尊严的保护范围扩大到人们社会生活的

---

① 参见最高人民法院《关于以侵害姓名权的手段侵犯宪法保护的公民受教育的基本权利是否应承担民事责任的批复》(法释〔2001〕25号)(现已废止)。

全部领域，才有可能达到强化和全面保护人格权的立法目的。[①]

六、人格权独立成编的技术障碍

从立法技术的角度而言，鉴于人格权的特点，人格权编的内容在很大程度上将无法具有行为规范性质，不能成为司法裁判的依据。

如果将须经主体的积极行为才能取得并实现其利益的权利称为"积极权利"，而将其利益实现仅仅表现为抵御他人之不法侵害的权利称为"消极权利"的话，财产权和身份权应属前者，而由民法典上的人格权编所规定的人格权应属后者。

作为一种"积极权利"的财产权和身份权，其权利的取得和行使，必须借助于人们的积极行为，为此，财产法和身份法具有行为规范的性质，亦即财产法和身份法必须具体标明权利主体的行为内容、范围和方式，必须对各种财产权和身份权的具体种类和变动依据等事项作出规定。由此，民法典中的物权编、债权编和身份权编的规范多为行为规范，尤其是在将物权与身份权（所谓"绝对权"）遭受侵害所生之侵权责任独立成编的情况下，物权编与身份权编的规范自然主要是行为规范。也就是说，物权编和身份权编的具体内容，主要是确认权利的具体权能（权利的内容）、权利的得丧变更以及权利行使的方式及其限制，这些规范，具有"定分止争"从而引导人们在民事活动中实施各种可为法律所保障的行为的功能，可以成为法院裁判权属争议、强制义务履行的法律依据。诚然，物权编和身份权编也有可能规定一些保护性规范，但这些原则性的少量规范，仅具指引作用。其权利救济的具体规范，系由侵权责任法加以规定。[②]

然而，由人格权编所规定的人格权为一种"消极权利"，是人们与生俱有、终生相伴的法定权利，其取得无需主体的积极行为，也不能发生任何变更、转让和放弃，且此种权利仅存在不受侵害的问题，其本身并

---

① 应当指出，我国现行《侵权责任法》第 2 条第 1 款规定："侵害民事权益，应当依照本法承担侵权责任。"第 2 款规定："本法所称民事权益，包括生命权、健康权、姓名权、名誉权、荣誉权、肖像权、隐私权、婚姻自主权、监护权、所有权、用益物权、担保物权、著作权、专利权、商标专用权、发现权、股权、继承权等人身、财产权益。"前述规定将侵权责任法的保护范围限制于"民事权益"，实属错误。

② 例如，我国《物权法》设置了"物权的保护"一章（第三章），但在其 7 个条文中，仅两个条文涉及侵权责任。

不存在需要权利人以积极行为“行使权利”的问题。[①] 事实上,有民法所规定的人格权的实现,是以人格尊严之不受侵害而加以表现的。因此,将人格权救济方法(侵权责任)排除之后,人格权编的内容,原则上只能是对人格权的单纯确认,而不可能去规定人格权之权利变动和权利行使的任何内容,亦即人格权编的规范不具有行为规范的性质。

问题在于,由于由人格权编所规定的人格权纯属“防卫型”权利,被类型化的几种具体人格权只有在其被侵害时方可展示其权利内容,故立法者无法以通常的方式对其作出定义性规定,例如,对于生命权,只能规定“人的生命受法律保护”,或者“自然人享有生命权”,[②]但此种表述并未揭示生命权自身的内容,因此,人格权编所能完成的工作,只能主要是对人格权的类型化确定即固定具体人格权的种类,但其难以指明各种人格权的具体内容。从一些学者所提出的“人格权法编专家建议稿”的内容来看,其所列举规定的各种人格权大都缺乏实质性的定义,对具体人格权的辨认,基本上只能通过对该种人格权的救济性规范的描述来完成。例如,对于生命权,系通过“非依人民法院生效的死刑判决,不得剥夺自然人的生命”的禁止性规定来加以辨认;对于肖像权,系通过“制作他人的肖像,应当征得本人同意,未征得本人同意,本人可以请求停止侵害,但公益性拍摄等合理使用除外”等禁止性规定来加以辨认;对于名誉权,系通过“禁止任何人利用网络或其他即时通讯工具散布侮辱、诽谤他人的言论,毁损他人名誉”等禁止性规定来加以辨认;[③]等等。但是,同样依据民法典体系的编撰逻辑,在侵权责任独立成编的条件下,作为人格权侵权责任的构成要件,对人格权主体的加害行为(即禁止性规定指向的行为)应由侵权责任法加以规定。

由此一来,在剔除禁止性或者救济性规范之后,人格权编中所规定的多数具体人格权,便只能仅仅剩下为数甚少的几条乃至一条关于“某种权利受法律保护”的“宣示性”规范了。此种规范,无法直接作为人格

---

① 由此可见,既有人格权理论将人格权定性为“支配权”而无法自圆其说,系因忽略了此种权利的消极性质。与此同时,自然人对其姓名或者肖像的某种利用(如有偿许可他人使用其姓名或者肖像),是某些人格权“商品化”的结果,不能以之证明人格权的“积极权利”性质。

② 参见中国法学会民法学研究会起草的《人格权法编专家建议稿(征求意见稿)》第7条第1款。

③ 同上,第7条第2款、第34条、第39条。

权侵权纠纷的裁判依据。

应当指出，在既有被类型化的几种人格权之中，因人的生命健康涉及人自身的物质存在，文明社会对之予以法律保护不言而喻，故无论有无生命权、健康权、身体权的称谓，其从来就是包括侵权责任法在内的一切法律部门所保护的主要对象，民法赋予其权利种类的称谓，仅具形式上的意义而无实质意义，[①]而姓名权的主要内容（姓名的选择和变更等），纯为家庭亲属关系中的事项，故其更具备身份权属性，并非一种典型的人格权，其存在早已有之，本来就应当在亲属法中加以规定。因此，民法就人格权类型化所做出的贡献，主要在于创制了"名誉权"、"肖像权"和"隐私权"三种人格权类型。[②] 其中，名誉权和肖像权纯属"防卫型"权利，但肖像权却因肖像在现代社会的商品化（肖像许可使用等）而具有了某种"积极权利"的因素，从而使肖像权所涉及的某些规范具有了行为规范的性质。不过，前述肖像权的特殊性不能成为否认独立的人格权编内容空泛、对于司法裁判毫无实用价值的理由。

鉴于独立的人格权编基本不具有裁判规范的内容，其对于人格权所作出的类型化处理可以通过在自然人篇章中以对各种具体人格权列举规定的方式加以安排（包括对肖像使用许可规则的安排），也可以在侵权责任编中以救济规范的方式得以安排，故人格权的独立成编，并无应用价值。

最后应当指出，独立的人格权编必然要纳入法人人格权的内容，姑且不论法人人格权与自然人人格权具有本质的不同，仅从法律适用的角度而言，对法人名称权、名誉权简单的宣示性规定，[③]同样是毫无应用价值的。

---

① 《人格权法编专家建议稿（征求意见稿）》将"器官捐献""遗体处置"等纳入"身体权"范围（第13～18条），其做法殊值存疑：作为一种公益行为，器官捐献应不属民事行为，不应由民法调整。而无论遗体处置方法是基于生者的意愿抑或死者的遗愿，生者对死者遗体的处置只能发生于死者死亡之后，况且死者生前有关其遗体处置方法的意愿是否能够产生一项具有法律强制力的"权利"，殊值存疑，故将之在"身体权"中予以规定，未必妥当。

② 《人格权法编专家建议稿（征求意见稿）》还创制了荣誉权、信用权、个人信息权、人身自由权以及贞操权等几种人格权，但荣誉权可包含于名誉权之内，个人信息权可包含于隐私权之内，信用权则因主要具备财产因素而不大符合人格权特征，人身自由权明显具有公法因素，而贞操权的观念未免过于陈旧，因此，前述人格权种类能否成立，尚不可知。

③ 《人格权法编专家建议稿（征求意见稿）》在法人名称权的章节中纳入了有关法人名称的登记、变更、转让程序的规定等，明显不妥。

七、《民法总则》的立法选择

民法典总则编纂工作于2015年3月启动之后,人格权在民法典中应否独立成编的问题自然引起了讨论,原因在于,民法典总则的起草必须在确定民法典的总体结构的前提之下进行,如人格权不独立成编,则人格权的规定应在总则中予以安排,反之,则总则中不应对人格权作出具体规定。对这一问题,在全国大人法工委召开的专家讨论会上,不同意见的学者之间发生了激烈的观点冲突。但立法机关最终采纳了不将人格权独立成编的观点,其具体做法是:在民法典总则中设"民事权利"一章,其中规定人格权保护的一般条款和列举规定各种具体的人格权,而有关人格权保护的一些具体规则,将纳入侵权责任编予以规定。

据此,《民法总则》在其第五章"民事权利"中,规定了"自然人的人身自由、人格尊严受法律保护"(第109条),并规定"自然人享有生命权、健康权、身体权、姓名权、肖像权、名誉权、荣誉权、隐私权、婚姻自主权等权利"(第110条第1款)。"法人、非法人组织享有名称权、名誉权、荣誉权等权利。"(第110条第2款)"自然人因婚姻、家庭关系产生的人身权利受法律保护。"(第112条)与此同时,还设专条对个人信息进行了保护:"自然人的个人信息受法律保护。任何组织和个人需要获取他人个人信息的,应当依法取得并确保信息安全,不得非法收集、使用、加工、传输他人个人信息,不得非法买卖、提供或者公开他人个人信息。"(第111条)

第三节　人格权概括保护的立法模式:"一般人格权"概念的废除

一、概说

在我国有关人格权保护的各种立法设计中,人格权均被区分为两种,即"一般人格权"与"特别人格权"。但"一般人格权"究竟是什么或者应当是什么?这一问题并无清晰的界定。事实上,我国学者常将一般人格权简单理解为各种具体的人格权的"上位概念",如同物权是所有权、他物权的上位概念。但此种理解显然是有问题的：即便忽略一般人格权产生的特殊背景和原因，单纯从法律概念设定本身来看，各种具体的人格权的上位概念也应当是“人格权”而非“一般人格权”。由此，“一般人格权”与生命、健康等由民法典明文规定的“特别人格权”之间究竟是何关系？是并列关系（两种标的不同的权利类型）还是包容关系（一般人格权是特别人格权的上位权利）？而“一般人格权”与“人格权”又是何种关系？是包容关系（一般人格权是人格权的一种）还是等同关系（一般人格权就是人格权的另一种表达）？对此，各种解释似是而非。

毫无疑问，中国民法典应当规定对于自然人人格权的概括性保护，但采用确定“一般人格权”的方式予以规定是否妥当？对此应当认真加以研究。

二、“一般人格权”的由来及有关其性质的学说

（一）“一般人人格权”的由来

近代民法关于自然人人格权的保护制度，经历了一个比较漫长的发展过程。此种发展，首先与近代法制更为注重人格保护的观念变化有关；同时，司法裁判为顺应时代潮流而对立法的超越和突破，也是重要原因之一。早期制定的民法中，直接规定的具体的人格权（称为“特别人格权”）较少，同时，为限制非财产上损害赔偿的范围，法律还特别规定此种赔偿以“法律有特别规定者为限”（《德国民法典》第 253 条、我国台湾地区“民法典”第 18 条第 2 项）。如此一来，必然造成实务中捉襟见肘：自然人基于人格所生之利益极其广泛，随着人权保护意识的强化，各种人格利益遭受侵害而寻求法律救济者增多，传统立法所规定的一些人格权完全不足以涵盖应受保护的各种人格利益。无论立法者如何努力，也不可能以法条予以穷尽，如此一来，法官在实务中便常常无所适从。为此，法官不得不对法律明定的人格权予以扩张解释（如我国台湾地区的法官将侵害贞操权解释为侵害身体或健康权，[①]又如我国最高人民法院《民通意见》第 140 条将“以书面、口头等形式宣扬他人隐私，或者捏造事实公然丑化他人人格”的行为，认定为“侵害公民名誉

① 参见施启扬：《民法总则》，三民书局 2000 年版，第 103 页。

权”的行为),或者采用类推的方式将法律有关特别人格权的规定适用于其他人格利益遭受侵害的情形(如我国司法实践中将《民法通则》第120条关于名誉权保护的规定,类推适用于与受害人名誉权乃至名誉感相联系的侵权案件)。[①] 而德国司法实务所创制的所谓“一般人格权”,则是在特定的立法情势之下,对人格权予以概括保护的一种最佳方式。

根据德国学者的介绍,在1954年,出于一个相对而言属于微不足道的契机,德国联邦最高法院承认了一般人格权。在有关案件中,被告是一家出版社,它在其出版的周刊上刊登了一篇有关前任帝国银行行长和经济部长雅尔玛·沙赫特博士(Dr. Hjalmar Schacht)近期正在从事的行为的批判性文章。后者即提起诉讼,要求对该文章进行修正。但被告断章取义,仅发表了这封信的片段,而且把这些片断放在“读者来信”栏目下发表。原审法院驳回了要求撤回的诉讼,理由是:虽然发表的方式可以使人产生原告写了一封读者来信的不正确印象,但这样做既未损害原告的信用,也未损害原告的名誉。联邦最高法院援引了《德国基本法》第1条(人的尊严)及第2条(发展人格)的规定,将一般人格权称为“由宪法保障的基本权利”,认为在本案中,原告的这一权利受到了损害。因为将原告表达的内容加以变更后予以发表,可以给人产生“一种不正确的人格形象”。这一判例在后来得以迅速蔓延,而且在法律后果方面得到了实质性的扩大。其首先表现为“骑士案”:本案中,被告是一家制造壮阳药的企业,它在为其名为“Okasa”的壮阳药做广告时,擅自使用了原告的照片。在本案中,撤回的救济方法是无济于事的,其只会产生更大范围的不利影响。因此,联邦最高法院违背了《德国民法典》第253条之规定,认为对于非财产损害也可判决金钱赔偿,并以《德国基本法》之异于民法典有关规定的评价排除了《德国民法典》第53条的适用为理由,赋予原告要求赔偿金钱的权利。联邦最高法院的这一法律发展,得到了联邦宪法法院的认可。[②]

上述资料表明,在德国,“一般人格权”(das allgemeine

---

① 对于一般人格权与类推方式的比较,参见王利明、杨立新等:《人格权法》,法律出版社1997年版,第41~42页。

② 上述资料引自[德]迪特尔·梅迪库斯:《德国民法总论》,邵建东译,法律出版社2000年版,第805~807页。

Persönlichkeitsrecht）的概念为德国联邦法院于第二次世界大战后根据《德国基本法》第2条关于保障人格的规定，通过裁判方式而创制的。

（二）关于“一般人格权”性质的不同学说

正因为“一般人格权”并非产生于民法典体系的内部，所以，德国学者就如何定位“一般人格权”的性质和内涵，学说上便存在不同表达。有人认为，一般人格权即为一般的人格关系（人格关系说）；有的人认为，一般人格权为概括性的权利（概括权利说）；有的认为，一般人格权是创设各种具体人格权的渊源（权利渊源说）；也有人认为，一般人格权不同于人格权本身，亦不同于各项具体人格权，而是一种个人的基本权利（个人基本权利说）。①

上述学说对于一般人格权性质的揭示所立足的角度不尽相同，但其共同特点在于，都没有将一般人格权认定为是民法上所规定的各种具体人格权的总和，而且没有把一般人格权完全视为一种民事领域的特有现象。

三、以人格权保护的一般条款取代“一般人格权”的理由

（一）“一般人格权”与“人格权”究竟有无区别

所谓“一般人格权”究竟是一种什么样的人格权？对这一问题的回答，应当从对此种权利标的的分析着手，亦即一般人格权所保护的对象，究竟是部分人格利益还是全部人格利益？如其标的为部分人格利益，则其应为人格权之一种；如其标的为全部人格利益，则其应等同于整体意义上的人格权。

德国法上“一般人格权”创制的过程表明，一般人格权不是通过对各种特别人格权的概括而成。如果将由立法明文规定的亦即被立法类型化了的各种具体人格权称为“特别人格权”的话，则一般人格权既非特别人格权的总和，亦非包括特别人格权在内的全部人格权利和权益的总和。由此看来，一般人格权的创制目的似乎并不在于将基于人格而发生的全部利益（人格利益）从整体上予以保护，而是在立法所规定的特别人格权之外，将应受法律保护的其他全部人格利益予以整体性的概括保护，以弥补特别人格权难以穷尽人格利益

① 参见王利明等编著：《人格权法》，法律出版社1997年版，第25～26页。

之不足。据此,人格利益似乎应当被分为两部分:(1)由特别人格权保护的人格利益;(2)由一般人格权保护的其他人格利益。但是,这种划分是正确的吗?

对此,我们不妨仍然从德国联邦法院创制“一般人格权”的过程来作分析。“一般人格权”系该德国联邦法院直接引用《德国基本法》第1条、第2条所创设。而该两个法律条文所规定的内容,是对“人类尊严”以及“自由发展人格的权利”的保护。由此可见,一般人格权所保护的对象并非人格利益的某一部分而是其全部。正因如此,我国学者在阐述一般人格权的标的时,无一例外地将之抽象地包括了全部人格利益,只是表达不同:有人认为,一般人格权的标的是人之存在价值及尊严,包括生命、身体、健康、名誉、自由、姓名、贞操、肖像、隐私等全部人格利益;[①]有人认为,一般人格权的标的应当是“人身自由”和“人格尊严”;[②]有人认为,一般人格权的标的应为“人格独立”、“人格自由”与“人格尊严”;[③]有的人认为,一般人格权的标的为“人格独立”、“人格自由”、“人格平等”和“人格尊严”;[④]而笔者也曾认为,一般人格权的标的为抽象存在的一般“人格利益”,包括“自由”、“安全”和“人的尊严”。[⑤]

正因为一般人格权的标的实际上包含了各种具体人格权(既有的和将有的全部特别人格权)的标的,那么,一般人格权与特别人格权之间便应当存在包容性,即一般人格权应当是各种特别人格权的上位概念。与此同时,一般人格权当然便是特别人格权的渊源,并具有被学者所反复强调和阐述的对特别人格权的解释功能、创设功能以及补充功能等。[⑥]

但依如上分析,我们实际上已经进入了一个逻辑上的死胡同:如果说一般人格权仅仅保护特别人格权之外的人格利益,则完全不符合其创制根据,“一般”人格权难当其谓;但如果说一般人格权保护的是包括特别人格权保护的人格利益在内的全部人格利益,则其便应当是特别

---

① 参见梁慧星:《民法总论》,法律出版社1996年版,第105页。

② 参见王利明等编著:《人格权法》,法律出版社1997年版,第35页。

③ 参见王利明、杨立新:《侵权行为法》,法律出版社1996年版,第161页。

④ 参见魏振瀛主编:《民法》,北京大学出版社、高等教育出版社2000年版,第640～641页。

⑤ 参见尹田:《论一般人格权》,载《法律科学》2002年第4期。

⑥ 王利明、杨立新:《侵权行为法》,法律出版社1996年版,第161～162页。

人格权的上位权利（包容关系）。但如此一来，“一般人格权”其实就是“人格权”，其“一般”之称谓，纯属多余。

（二）事实真相：“一般人格权”就是“人格权”

人们在关注德国司法实践在民法典之外依据基本法创制“一般人格权”的事实时，有可能忽略了一个重要的事实，那就是《德国民法典》没有设置自然人人格保护的一般条款。

如前所述，人格权的理论虽形成于19世纪的德国，但《德国民法典》并未将人格权作为一种民法权利的类型予以规定，甚至于根本没有对具体的人格权作出任何规定，《德国民法典》第12条有关自然人“姓名权”的规定，实际上可以视为自然人民事身份中的事项。该法典第823条仅仅对“生命、身体、健康、自由、信用、妇女贞操”等诸项人格利益作出了保护性规定，而且，由于该法典第253条对有关非财产损害赔偿明文作出了限制性的规定，从而导致人格利益的民法保护被锁定在一个极其狭小的范围。因此，鉴于人格权的基本权利（宪法权利）之属性，德国司法实践无法在民法典中寻找到创制新的具体人格权的根据，也无法在民法典中寻找到保护民法典所列举规定的几种人格利益之外的人格利益的根据，故其只能到基本法中去寻找。因其寻找的目的仅仅是解决民法典所规定的所谓“特别人格权”保护范围之外的人格利益的保护根据，而这一根据又是存在于民法典之外的基本法之中，因此，德国司法实务将此种直接根据基本法而产生的基础性的、抽象性的人格权利，命名为“一般”人格权。此处的所谓“一般”（allgemeine），应当具有“基础的、根本的、抽象的、整体的”等复杂含义。

事实就是，只有在将“人格权”认定为一种由民法创制的民事权利的条件下，根据基本法而直接创制的所谓“一般人格权”，才有可能被认为是区别于“人格权”的另一种权利（尽管两者具有完全相同的内容，但毕竟其来源不同），并对之予以特别的命名。进一步而言，只有在民法典未对自然人的人格保护设置一般条款的条件下，才有必要从民法典之外的法律渊源（基本法）中去寻找“一般人格权”。因此，如果将人格权本身即视为由基本法赋予自然人的法定基本权利，同时，在民法典中设置自然人人格权保护的一般条款，则“一般人格权”的创制和命名，便丧失其必要性。

据此，德国法上的“一般人格权”概念有其特殊的含义、来源和目的,并非可以适用于一切立法体系之中。在民法典设置人格权保护一般条款的情况下,司法实务自可直接引用此种条款对特别人格权范围之外的人格利益予以保护,而无须再去民法典之外寻找法律依据并创制"一般人格权"。

结论就是,我国民法典应当设置人格权保护的一般条款,并从理论上和立法上取消从德国盲目引进的"一般人格权"的概念。

四、人格权保护一般条款的价值

人格权保护之一般条款以抽象的方式将全部人格利益置于其保护范围,此种边缘模糊的一般条款在司法裁判中具有特别的功能。

事实上,如同"财产"的观念和范围随社会发展而不断发展一样,"人格利益"也是一种处于运动发展状态的事物。而与"财产"所不同的是,"人格利益"更具主观性:不同社会制度以及同一社会制度的不同历史发展阶段,人们对"人格"的理解总是有所不同(例如在中国,个人"隐私"之成为一种人格利益,完全是中国社会政治生活和经济生活发生巨大的发展变化、个体意识和权利意识觉醒的结果。在一种封闭的、传统的、贫穷的生活方式之中,人们对个人隐私的强烈需求是根本不可能产生的,即便能够产生,也不可能成为一种受保护的人格利益)。如果说财产利益存在一种客观的判别标准的话,人格利益则与生存于一定社会生活结构之内的人们之特定的价值观念直接相联系。因此,何种利益构成人格利益,不可能由立法者在事先予以完全的确定。而人格权保护一般条款的意义,便在其非以实定法具体确定的人格利益作为保护对象(因为这是不需要的),而是以实质确定但边缘模糊的整体性的"人格利益"为标的。这就使其如同"诚实信用"原则,具有一种赋予法官以司法裁量权的功能。只不过诚信原则通常难以作为裁判规则被直接引用,而人格权保护之一般条款则以其概括性、模糊性以及可直接适用性,令法官得依一般之社会价值观念对具体案件作出裁判,直接达到保护全部人格利益之目的。

我国《民法总则》在其第109条设置了自然人人格权保护的一般条款("自然人的人身自由、人格尊严受法律保护"),没有采用"一般人格权"的用语。

第四节　各种具体人格权的民法保护

一、生命权、身体权、健康权的民法保护

（一）生命权

生命之存在为自然人生存的基本条件，是自然人具有其他一切利益的基础。故生命能否得以保护，是“人之所以成其为人”的基本标志。生命权是自然人人格权中最为重要的一种。

生命权的具体内容应为生命安全之维护。凡侵害自然人生命或者有可能导致生命丧失的非法行为，均构成侵害生命权的行为。

此外，有人认为生命权还应包括自然人对其生命利益的支配权，如“特殊情况下的献身行为（包括以其生命履行职责、自愿从事高风险竞技项目而死亡等）”以及“安乐死”。[①] 应当承认，随着社会的发展及对于生命之价值观念的变化，自然人对其生命是否享有一定限度的“支配”权利，成为一个可以讨论并且有时候是必须讨论的问题（如对垂危病人实施“安乐死”）。但抛弃生命的行为（自杀）或者将自己的生命毫无意义地置于危险境地的行为，在法律上仍不属合法。同时，我国与世界上大多数国家一样，目前也不承认对垂危病人实行“安乐死”之合法性。至于前述之所谓“献身行为”中，自愿从事高风险竞技项目是否构成对生命利益的支配，殊值讨论。因高风险竞技项目与驾驶高速运输工具一样，就特定自然人而言，生命丧失仅存在可能性，而参与或者从事之目的显然不在“处置”其生命，所以，难以构成对生命之支配。而以生命履行职责，当属道义之举，固可推崇，但应否解释为法律允许或者承认的一种“生命支配权”，不无疑问。

（二）身体权

自然人的身体为其生命的载体，对生命的侵害，当然表现为对身体以及健康的侵害，故我国以往的学说和立法将身体和健康权并入生命

---

① 参见魏振瀛主编：《民法》，北京大学出版社、高等教育出版社 2000 年版，第 643 ~ 644 页。

权(称为“生命健康权”)。事实上,虽身体遭受侵害有时可以通过生命权或者健康权加以保护,但如果侵害身体而未损及生命或者健康者,则难施以法律救济(如偷偷剪人长发、强行在他人肢体上刺青等),而对健康的侵害则不一定危及生命。所以,近期理论倾向于将生命权、身体权和健康权单独列出。

身体权是自然人维护其身体完整而不受非法侵害的权利。此外,与生命不同,生命为“不可分”,身体的某体构成部分却可以与身体分离而不至于影响健康或者危及生命,因此,对与身体分离而不损及身体之完整性的部分,自然人得自由支配(如毛发、指甲);对于其他某些身体器官或者组织成分,在法律允许的条件下,亦得予以支配(如捐献甚至有偿转让血液、皮肤、某些器官等)。

近有学说对自然人死后的尸体是否为身体权标的问题进行了讨论,学者均从各个角度对之作了否定的评说。计有五种观点:①

1. 身体所有权说。此说为日本学者之主张,认为身体权本身就是自然人对其身体的所有权。自然人死后,由其所有的身体变为尸体,其所有权应由其继承人继承并转而由其继承人所有。因此,侵害尸体即侵害了继承人的尸体所有权(对死者的身体所有权)。②

2. 尸体所有权说。此说认为,自然人死亡后,主体资格不复存在,遗留的人体即回归为自然物。对于这种物,所有权最初为死者生前享有,死后即为其最亲近的亲属取得。③

3. 管理权说。此说认为,死者遗体固然是物,但不是财产所有权的标的,而是火化、埋葬、祭祀的标的。死者的近亲属对尸体的权利为管理权,即负责进行火化、埋葬,并保持其人格尊严不受侵犯。④

4. 非身体权说。此说认为,自然人死亡,其躯体即不再成其为身体而只是尸体,不再是身体权的客体,因而对自然人尸体的处分不属于对身体权的侵害。⑤

---

① 以下五种观点以及阐述引自王利明等编著:《人格权法》,法律出版社1997年版,第81~83页。

② 参见龙显铭:《私法上人格权的保护》,中华书局1948年版,第59页。

③ 参见张良:《浅谈对尸体的法律保护》,载《中外法学》1994年第3期。

④ 参见刘春茂主编:《中国民法学·财产继承》,中国人民公安大学出版社1990年版,第107~108页。

⑤ 参见王利明主编:《人格权法新论》,吉林人民出版社1994年版,第306页。

5. 身体法益说。此说认为，尸体作为丧失生命的人体物质形态，其本质在民法上表现为身体权客体在权利主体死亡后的延续利益。如同人在出生之前对其胎儿的形体所享有的先于身体权的身体利益（先期身体利益）一样，应予保护。但因主体尚未出生或已经死亡，故不能确认其为权利客体，而认其为法益的客体。①

笔者认为，认有生命之身体为所有权之标的，不符合所有权的本质（物权之标的为身体之外的有体物）。故"身体所有权说"之"身体权本身即自然人对其身体的所有权"的观点，以及"尸体所有权说"之"尸体所有权最初为死者生前享有"的观点有失妥当。至于无生命之尸体，其实际上具有双重属性：一方面，尸体为一种特殊的物，得成为所有权的标的。但所有权的行使受严格限制，即只能以埋葬、祭祀、管理为内容，不得进行使用、收益或者其他处分（包括抛弃等）；另一方面，尸体上存在人格利益（即死者生前一般人格权的延续）。故对尸体归属之纷争，为尸体所有权纠纷，对尸体之残害、侮辱，构成对死者人格权的侵害。但尸体非为身体权之标的，亦非身体权之延续（身体之延续利益）。

（三）健康权

健康权是自然人维护其机体生理机能正常运行和功能正常发挥的权利。

有学者认为，健康权除包括"健康维护权"（使健康保持完好状态并排除他人对健康的非法损害）以及"劳动能力保持权"（保持从事体力劳动和脑力劳动的能力并排除他人非法侵害）之外，还应包括"健康利益支配权"，即自然人的健康利益归本人支配，甚至包括放弃健康。放弃健康行为并不违法，但为其权益的维护，从人道主义立场出发，可以进行强制治疗（强制戒毒）。② 也有人认为，自愿从事高风险的竞技活动也属自然人对其健康利益的支配。③

笔者认为，民法上以自然人之身体、健康乃至生命为标的而设置的人格权，其目的仅在对自然人作为"人"所应当获得的生存安全之保护，亦即上述几种人格权之标的，均得包含于一般人格权标的之"安全"之

---

① 参见王利明等编著：《人格权法》，法律出版社1997年版，第82页。

② 同上书，第65页。

③ 参见魏振瀛主编：《民法》，北京大学出版社、高等教育出版社2000年版，第646页。

中。如同对于自然人毫无意义地将其生命置于危险状态之行为,对于自然人自行损害其健康的行为,法律不可能禁止,但也不可能确定其为合法。这是因为,法律并不必须对社会生活中的一切行为作出评价,有很多行为仅仅属于而且只能属于伦理道德规范评价的范围并不由法律调整,所以,诸如"自杀行为是否违法?""无理解除婚约是否违法?"一类问题根本上是属于命题不当,无讨论余地。同理,对于自然人可否自由支配其生命、身体或者健康问题,其确定界限是,如果其支配违反公序良俗(如以自杀为合同生效条件、出卖其皮肤上刺绣的花纹即刺青、出卖肢体或者身体器官、订立"子宫出租合同"等),则其行为构成违法,法律一律予以禁止。反之,如果其支配行为虽不违反法律之禁止性规定,但不符合道德准则(如吸毒、酗酒、自杀、自残以及自愿放弃健康之一切行为),则其行为应受道德规范调整。其行为非为违法,不受法律制裁或者矫正,但并不等于其行为为合法行为而应受法律保护,更不能因此而认定其构成某种"权利"(放弃健康的权利)。

由此,自然人对包括其生命、身体以及健康在内的某些人格利益的"支配"是一种客观事实,但人格权之目的在于确定自然人生存发展所必需的基本条件(自由、安全和人的尊严)应当获得的法律保障,而非在于确定自然人得"支配"其人格利益。因此,人格权中"支配"的成分是极少的,仅仅限于"姓名""肖像"等可以"财产权化"的几种人格权。而如果将"支配权"观念引入生命、身体、健康、名誉、隐私等人格利益,则严重混淆了法律与道德的界限,产生法律基本价值观的扭曲(试问:难道应该认定存在"自杀权""吸毒权""喜新厌旧权""通奸权"吗)。

二、姓名权、肖像权、名誉权、隐私权的民法保护

(一)姓名权

姓名权是自然人决定、使用以及变更其姓名并排除他人干涉、盗用、假冒的权利。

姓名为自然人借以相互区分的文字符号,同时也是自然人在社会生活中的代表标志。如无姓名或不能使用其姓名,则自然人的独立主体资格无从表现。因此,姓名权被认为是最为基本的人格权,为各国民事立法所重视。对于姓名权之法律保护,《法国民法典》第60条至第60-4条、《德国民法典》第12条、《瑞士民法典》第29条、《土耳其民法典》第

25 条、《葡萄牙民法典》第 72 条、第 74 条、我国台湾地区“民法典”第 19 条均作出了明文规定。

我国《民法总则》第 110 条规定了对自然人姓名权的保护。

根据我国的生活习惯，自然人的姓名包括正式姓名、曾用名、笔名、艺名以及“字”“号”等（不包括乳名、绰号）。但正式姓名（身份证记载的现用名）之外的笔名等是否受姓名权的保护，取决于其是否能够成为识别特定自然人的代表符号。

自然人的姓名权由以下权利组成：

1. 姓名决定权。在不违背公序良俗的条件下，完全行为能力人得自行决定其姓名，未成年人的姓名由其监护人决定。新生婴儿之姓名，应根据我国《户口登记条例》第 7 条之规定，在其出生后 1 个月之内，由户主、亲属、抚养人或邻居向婴儿常驻地户口登记机关申报出生登记，并将其姓名登录于户籍登记簿，由此取得正式姓名。

2. 姓名变更权。自然人得变更其姓名。正式姓名的变更，应履行法定程序。根据我国《户口登记条例》第 18 条之规定，未满 18 周岁的人需要变更姓名时，由其父母、收养人向户口登记机关申请变更登记，18 周岁以上的人需要变更姓名时，由其本人向户口登记机关申请变更登记。

3. 姓名使用权。自然人得使用其姓名从事法律行为或者其他各种社会活动。自然人对其姓名的使用，应当符合法律规定。法律规定必须使用其正式姓名的（如办理身份证明、开设银行账户、起诉或者应诉等），不得使用其他姓名。

姓名使用权包括使用姓名的权利，也包括不使用姓名的权利。如文学、艺术及其他作品的署名，作者可署正式姓名或者笔名，也可以不署名。

（二）肖像权

肖像为自然人的外部形象，通过摄影、绘画、雕塑、录像、摄像等各种方式加以表现。依一般解释，肖像是以自然人正面或者侧面之面部（五官）为中心的人体形象。但纵然为面部之部分、背面或者面部以外的其他人体部分，只要足以判断其所表现的特定的自然人是谁，也不妨扩大解释为构成特定人之肖像。

自然人的肖像为其人格尊严的重要构成部分，自然人得对其肖像享有利用权利,有权排除他人对其肖像的丑化、侮辱和非法使用。但应区别的是,对于肖像之物质载体(照片、图画、录像带等)的损毁,如果不涉及对权利人人格的侵害,则不构成侵害肖像权的行为(如撕毁照片、遗失录像带等,仅构成对财产的侵害)。

学说上认为,自然人的肖像权由以下权利组成:[①]

1. 肖像制作专有权。自然人得自行制作或者授权他人制作其肖像,非经本人同意,他人不得以任何方式制作本人之肖像。

2. 肖像使用专有权。自然人得以合法方式自行使用其肖像或者许可他人使用其肖像,以满足其精神需要或者以此获得财产利益。

3. 肖像利益维护权。自然人得对损害其肖像的一切行为予以制止并追究加害人的法律责任。

肖像权作为一种自然人对其外部形象的权利,本质上为人格权,不具有可处分性。对于肖像权,自然人不得转让,也不得放弃(将自己的肖像权利全部转让他人而自己不再享有肖像权,或者允许他人对其外部形象作任何处分,均为法律所禁止),但自然人得将其肖像许可他人为合法之利用,本人并不丧失其肖像权。因此,与其他人格权不同,肖像权中的肖像利用权得具有财产权的性质。

此外,自然人之肖像权的行使,要受法律的某些特别限制(称为肖像权的"合理限制"),如因新闻报道、国家机关执行公务、为进行科学研究或者文化教育,以及为维护自然人本人的利益或者社会公共利益而使用自然人的肖像等,原则上不构成侵犯肖像权的行为。对此,我国《民法通则》第100条规定:"公民享有肖像权,未经本人同意,不得以营利为目的使用公民的肖像。"其立法之用意,便在于将侵害肖像权的行为限制于"以营利为目的"之范围。应当看到,基于商业目的而擅自使用他人肖像是典型的侵害肖像权的行为之一。但非以营利为目的而擅自使用或者丑化、歪曲、侮辱他人肖像,也应构成侵害肖像权的行为,故《民法通则》的上述规定应予修订。我国《民法总则》第110条第1款列举规定的自然人人格权中,包括肖像权。

(三)名誉权

自然人的名誉为对自然人之社会评价、名誉之维护,为自然人人格

---

① 参见王利明等编著:《人格权法》,法律出版社1997年版,第105页。

尊严应受保护的主要内容之一。为此,名誉权被列入《民法总则》第110条所规定的人格权范围之中。

自然人生活于社会群体之中,必然发生对其有关一切方面的社会评价,但名誉所涉及的社会评价是否有范围之限制,存有不同观点:有人认为,凡涉及自然人的品行、思想、道德、作风、能力、才干等素质和品格者,均具有人格价值,均得构成名誉之社会评价的部分;①也有人认为,自然人之名誉仅指有关自然人道德品质和生活作风方面的社会评价,而不涉及阶级出生、财产状况、政治立场、文化程度、工作能力等。②事实上,“名誉”首先是一种个人内心的感受,不同的人自有不同的名誉感或者名誉观,何为名誉,何为不名誉,因人而异。所以,名誉所涉及的评价只能是一种社会评价(客观评价)。但社会之对个人的评价涉及面极大,并非凡对人之社会评价即必然涉及其名誉。因此,作为人格权一种之名誉权,作为其保护对象的“名誉”只能解释为与自然人人格尊严有关的社会评价。至于何种社会评价与个人之人格尊严有所联系,应以评价之内容和效果予以判定,而不在于评价之对象。简言之,凡涉及个人品质优劣之社会评价,即具有名誉之价值,反之亦然。例如,对于有钱之人,攻击其财产主要来源于遗产继承而非自己经营所得,以至于使一定范围的人相信该人经商能力不强。此种攻击,虽然客观上影响对该人的社会评价,但不涉及该人之个人品质,不构成对其名誉的侵害;反之,如公然散布该人财产来路不明之谣言,以至于使一定范围的人认为该人违法乱纪,则涉及该人个人品质,即构成对其名誉权的侵害。由此可见,前述认为名誉侵害仅限于个人之道德品质和生活作风的观点,未免失之过窄;而认为凡涉及自然人素质和品格的任何事项均得构成名誉之侵害,又未免失之过宽。

名誉权之受侵害,表现为对个人品质之正常的社会评价的降低,故对自然人名誉权的侵害行为可以表现为各种形式,如以语言、文字、行动贬低或侮辱他人人格,毁损他人名誉;以语言或文字散布谣言,对他人进行诬蔑诽谤;新闻报道严重失实,造成他人名誉受损;等等。此外,名誉权之受侵害,有时可能与姓名权、身体权、健康权、肖像权、隐私权

---

① 参见王利明等编著:《人格权法》,法律出版社1997年版,第113页。

② 参见梁慧星:《民法总论》,法律出版社1996年版,第108页。

等其他人格权受侵害发生竞合,如假冒他人姓名从事赌博、嫖娼行为,即既侵害他人姓名权,又侵害他人名誉权;非法公布他人隐私,也可能同时损害他人名誉。此种情形,当事人得在数种请求权中选择一种,提起诉讼。

(四)隐私权

隐私权是自然人保有其个人私生活秘密并排除他人非法侵犯的权利。

隐私权为各种具体人格权中较晚出现的一种人格权类型,但在现代民法上,隐私权的保护却成为最令人瞩目的重要问题。

近代民法以个人为本位,认个人为社会之目的,对私权采取极端的尊重和保护。但如前所述,此种保护更为注重私人财产而漠视自然人的人格利益。这种情形的出现与其说是由于立法者的"疏忽",不如说是由于社会文明发达程度所限制的结果。而"隐私"观念较之其他人格利益,其产生更加决定于一定社会之物质条件与文化环境:从主观上讲,倘无将个人空间与公众空间相分离的强烈愿望和必要,倘此种分离不被认为具有支配个人生活之安宁和幸福之重要价值,则"隐私"的观念大概是不会产生的;从客观上讲,倘一定的物质生活方式和条件基本不能形成破坏个人秘密空间的重大威胁,或即使有所破坏,也不至于造成对个人自由、安全和尊严的严重损害,则"隐私"也大概不至于成为一项权利而需要法律的特别保护。因此,"隐私是一个受时间和文化制约的概念",是"'生活的紧张和复杂度'以及'文明演进'的必然产物"。[①]

隐私权的确立大大晚于其他人格权的形成。在美国,尽管隐私权的概念和理论早在19世纪末便有人提出,也曾经为少数几个州的立法所接受,但"直到20世纪60年代,随着民权运动的兴起,电脑应用和通讯传播的发达,隐私权概念才在几乎各个州取得宪法和私法上的地位。20世纪70年代以后,美国几个州相继出现专门的隐私权立法"。[②] 在大陆法国家或者地区,虽然于第二次世界大战后普遍通过加强对人格权的保护而使隐私权得以保护,但对隐私权的真正重视也发生于同一

---

① 美国学者布兰戴斯(Luois D. Brandeis)和沃伦(Samuel D. Warren)语。转引自王利明等编著:《人格权法》,法律出版社1997年版,第144页。

② 王利明等编著:《人格权法》,法律出版社1997年版,第144页。

时期:法国直到1970年,才通过其第70-643号法律对《法国民法典》第9条予以修订,增设了关于“任何人均享有私生活受到尊重的权利”的规定,并详尽规定了法官阻止或制止妨害私生活隐私的救济措施;德国则于1977年才颁布《资料保护法》等涉及隐私权保护的单行法规;我国台湾地区则在20世纪80年代修正“民法典”债编时,才将隐私权列为“法律特别规定的人格权”之一种(第195条)。

由此可见,只有在现代社会,当个人生活空间的保有成为现代人过分“紧张的生活”的必需,个人秘密之保留成为个人自由之最重要部分时,“隐私”才真正有必要成为人格权之独立标的。而在此之前,“隐私”多半被包含于“名誉”之中,认为只有侵害他人隐私而导致其名誉损害的行为,才能构成侵害人格权的行为。我国的情形正是如此。我国立法至今未规定隐私权为人格权之一种,而在过去有关司法解释中,隐私的保护被混同于名誉权的保护。[①] 但个人应受保护的隐私中,除涉及个人名誉之部分外,还包括大量涉及个人生活安宁的个人秘密。随着我国物质生活水平和精神生活水平的迅速提高,随着我国现代生活方式的形成,对个人隐私的法律保护的呼声越来越高,理论上的研究越来越深入。在此背景之下,我国最高人民法院于2001年3月8日公布的《关于确定民事侵权精神损害赔偿责任若干问题的解释》第1条第2款明确将“侵害他人隐私”列为请求精神损害赔偿之法定事由。这无疑是法律的进步,但推动此种法律进步的原因,实际上是我国社会的进步。在我国《民法总则》第110条规定的自然人享有的各种人格权中,隐私权被明确列入。

个人隐私为个人私生活中不愿公开的秘密空间,其具体内容涉及个人私生活的各个方面,因而侵害隐私的行为可表现为各种形式,其中,非法窃取或公布涉及个人生活的秘密信息最为典型(窃听私人电话,偷录私人谈话,偷拍私人相片,偷看私人日记、信件、病历、个人或者家庭财务账目,偷窥私人卧室,秘密调查私人银行存款,公布他人不愿

---

① 我国最高人民法院《民通意见》第140条规定:“以书面、口头等形式宣扬他人的隐私,或者捏造事实公然丑化他人人格,以及用侮辱、诽谤等方式损害他人名誉,造成一定影响的,应当认定为侵害公民的名誉权的行为。”最高人民法院于1993年8月7日公布的《关于审理名誉权案件若干问题的解答》第七点中规定:“对未经他人同意,擅自公布他人的隐私致人名誉受到损害的,应认定为侵害他人名誉权。”

为人所知的疾病、个人历史档案、身体特征及其缺陷、婚恋、嗜好、心理特征、社会关系,等等)。除此而外,擅入他人住宅或者对他人进行跟踪等,也可构成对隐私的侵犯。

关于隐私权所保护的个人私生活秘密的范围和强度,是理论和实务上必须研究的问题。

首先,个人私生活秘密并非都要受隐私权的保护,当此种秘密与公共利益的维护发生冲突时,即不存在隐私权。例如,向有关机关揭露他人之违法或犯罪事实,司法机关对当事人财产状况、健康状况的调查,公安机关依法对犯罪嫌疑人住宅的搜查,等等。

其次,个人私生活秘密与公众知情权发生冲突时,即不存在隐私权。"公众知情权"为公法上的概念,指社会公众有权利知晓与政府行为或者社会事务有关的信息,其中包括对政府官员的财产、履历、家庭等个人资料的了解,也包括对公众人物(如社会活动家、著名影星等)有关行踪及其他个人信息的了解。政府官员以及公众人物之隐私范围的限制,原因在于他们"是社会公共利益的代表者和社会公共事务的主持者和参与者,他们的个人情况不可避免地会对其执行的公共事务产生影响"。[①] 但是,如何界定"公众知情权"的范围,却是现代法律尚待深入研究的问题。不过,在我国,基于社会公益的维护而公布政府官员、人大代表个人生活的某些信息资料肯定不构成对其隐私权的侵犯。

最后,受隐私权保护之个人私生活秘密的具体范围,要受社会经济、教育、文化发展程度和民族生活习惯等的影响。因此,何种个人私生活秘密构成隐私权保护的隐私,应以当时社会上之一般观念予以确定。同时,即使构成侵害隐私的行为,是否追究、如何追究其民事责任也应根据一般侵权责任的构成条件以及是否存在损害后果、损害后果的大小予以判定。

三、其他人格权的立法安排

除上述七种具体人格权之外,一些学者还分别主张具体人格权中

---

① 王利明等编著:《人格权法》,法律出版社1997年版,第151页。

还应包括“劳动能力权”“荣誉权”[①]“自由权”[②]“贞操权”[③]“精神纯正权”[④]“信用权”[⑤]“婚姻自主权”等。

在讨论中，笔者认为，前述人格权中，“劳动能力权”应为“健康权”所包括；“荣誉权”可为“名誉权”所包括；“自由权”是一个边缘模糊的概念，应当为具体人格利益的上位概念，与“人格尊严”以及“安全”等价值为同一位阶，应适用人格权保护一般条款予以保护；“贞操权”涉及性的不可侵犯，应为一种受保护的独立的人格利益。但在我国历史上，“贞操”之用语有其特定含义（专指女性之性的纯洁，原本具有封建色彩），即便重新赋予其新的含义，也难以为社会一般公众所正确理解和接受，所以，立法上不宜规定。实践中，有关性侵犯的案件，得适用人格权保护一般条款予以保护；又所谓“精神纯正权”，系指“善良操行和作风的养成权，即在操行作风养成中不受不正当教唆的人格权”，对此种人格权，理论上尚无更多研究，其含义并不确切；至于“信用权”，其被认为是就社会一般人对特定人经济能力的评价和信赖之维护。但涉及自然人之信用的贬低，常常与对其个人品质的损毁相联系，故似可纳入名誉权之范围予以保护。最后，“婚姻自主权”为我国《民法通则》第 103 条作为人格权之一种予以规定。事实上，婚姻自由为人身自由之一种，应受法律保护。但婚姻自由权与婚姻、家庭相联系，似可由婚姻家庭法加以规定，而不宜规定于民法典总则之中。

我国《民法总则》第 110 条所列举规定的自然人的人格权中，未包括上述“荣誉权”和“婚姻自主权”之外的人格权类型。但其在第 111 条对于自然人个人信息保护作出了专条规定：“自然人的个人信息受法律保护。任何组织和个人需要获取他人个人信息的，应当依法取得并确保信息安全，不得非法收集、使用、加工、传输他人个人信息，不得非法买卖、提供或者公开他人个人信息。”这一规定未将所谓“个人信息权”列入自然人具体人格权的范围，对其是否应为区别于自然人隐私权的另一种独立的人格权类型，尚待讨论。

---

① 张俊浩：《民法学原理》，中国政法大学出版社 1991 年版，第 145 页。

② 梁慧星：《民法总论》，法律出版社 1996 年版，第 112 页。

③ 王利明等编著：《人格权法》，法律出版社 1997 年版，第 156 页。

④ 张俊浩：《民法学原理》，中国政法大学出版社 1991 年版，第 157 ~ 158 页。

⑤ 苏号朋等：《论信用权》，载《法律科学》1995 年第 2 期。

第九章　自然人的住所

第一节　自然人住所的确定

一、住所的意义

自然人的住所指自然人发生法律关系之中心地域。[①]

就一般情形而言，自然人多有其相对固定的居住地点，“居无定所”的人极少。所谓住所，即自然人生活的主要地点，自然人之财产关系、人身关系即以其住所为中心展开。关于住所，存在诸多看似不同的定义。[②] 但其所需揭示之要点，不外就是依生活习惯而认定的自然人主要居住之地点而已。

住所与居所不同。居所为自然人因暂时之目的而居住之处所。一个人可以有数个居所，但依多数国家的

---

① 参见梁慧星：《民法总论》，法律出版社1996年版，第115页。

② 有谓“住所是公民长期居住生活的地点”（罗玉珍主编：《民事主体论》，中国政法大学出版社1992年版，第89页）；有谓“住所是法律确认的自然人的中心生活场所”（张俊浩主编：《民法学原理》，中国政法大学出版社1991年版，第129页）；有谓“住所是一人以久居的意思而经常居住的某一处所，是个人的生活中心地”（彭万林主编：《民法学》，中国政法大学出版社1994年版，第67页）；有谓“住所是公民生活和进行民事活动的主要基地和中心场所”（佟柔主编：《中国民法》，法律出版社1990年版，第79页）。转引自刘心稳主编：《中国民法学研究述评》，中国政法大学出版社1996年版，第103～104页。

法律规定,仅得有一个住所。

住所具有重要的法律意义,就自然人而言,住所得为确定其权利之享有地和义务之承担地的依据。如根据我国《合同法》第 61 条第 3 项之规定:"履行地点不明确,给付货币的,在接受货币一方所在地履行;交付不动产的,在不动产所在地履行;其他标的,在履行义务一方所在地履行。"其中,接受货币一方"所在地"以及履行义务一方"所在地"均为当事人的住所地。此外,有关自然人监护关系的决定(如对监护人的指定,依法应由未成年人或精神病人的住所地的居民委员会、村民委员会在近亲属中指定)、宣告失踪和宣告死亡地的决定(有关宣告失踪或者宣告死亡的案件,依法应由失踪人住所地基层法院受理)、遗产继承地的决定(被继承人生前最后住所地,一般应为继承人继承权之主张地)、诉讼管辖地的决定(一般债务纠纷得由被告所在地法院管辖)、涉外法律适用之准据法的决定(涉外遗产继承诉讼纠纷,对于遗产的法定继承,动产适用被继承人死亡时住所地法律)等,均与自然人的住所之确定有关。为此,各个国家或地区的民法均对自然人的住所予以明确规定。

二、住所的确定方法

法律上如何确定自然人的住所,历来有形式主义和实质主义之分。

所谓形式主义,指以形式要件作为确定住所之要件。如罗马法即以设家神之祭坛及置财产之大部分为住所之要件。日本旧民法原则上以本籍地为住所。[①] 形式主义以纯粹客观、单一的标准决定自然人的住所地,法律关系的确定上明确简便,但完全不符合近代以来日益纷繁复杂的社会生活,故为近代各国民法所抛弃。

所谓实质主义,指根据生活之实质关系,依具体情况确定自然人的住所。实质主义为近代各国民法所采,但其在解释上又分为"主观主义"和"客观主义"两种。"主观主义"以自然人固定居住与某一地点的主观意思为确定其住所的要件(或谓"生活之中心为住所",或谓"法律上活动之中心为住所");"客观主义"则以形成生活中心之场所之客观事实为确定自然人住所的要件,并不考虑其是否具有"定住"的意思(或

---

① 参见史尚宽:《民法总论》,中国政法大学出版社 2000 年版,第 131 页。

谓“主要住宅之所在地为住所”,或谓“以常住地为住所”)。[①] 学说上认为,《德国民法典》第7条第1项规定:“定住于一定地域者,即为设定住所于该地。”[②]《瑞士民法典》第23条第1项规定:“以有永久居住意思的居住地为其住所。”我国台湾地区“民法”第21条规定:“依一定事项,足认以久住之意思,住于一定之地域者,即为设定其住所于该地。”以上国家或地区的规定显有主观主义之倾向;而其他国家或地区,则多倾向于“客观主义”。如《法国民法典》第102条规定以自然人之“主要定居地”为其住所地;《日本民法典》第21条规定“以各人生活的住地为其住所”;《意大利民法典》第43条规定“住所是人的事务以及利益的主要所在地”。

笔者认为,以自然人“定居”之意思确定其住所抑或以“定居”之客观事实确定其住所,其实难分其本质差异:法律上确定自然人之住所,目的在“使人人之法律生活,务能集中于一地点,民法及其他法律,对于住所使生种种之法律效力”。[③] 而自然人住所之设定为其享有的基本权利,当然需有久住之意思。但是,此种主观意志并非通过法律行为而表达,只能通过客观事实(久住之事实或以生活习惯可推知的久住之意思)而予以判定。因此,法律在确定自然人住所时,并不过问其是否有将某一地点设定为住所的意思,而只能以某种客观标准予以定夺。所以,以“定居”之意思确定其住所之“主观主义”,实际上仍是以定居的客观事实为准;而以“定居”之事实确定其住所之“客观主义”,实际上仍然考虑到了定居者可推断的意思。所以,符合生活习惯,便于法律适用,应当是确定自然人住所应考虑的基本因素。

对此,我国《民法通则》第15条规定:“公民以他的户籍所在地的居住地为住所,经常居住地与住所不一致的,经常居住地视为住所。”有关司法解释进一步规定:经常居住地是指自然人离开住所后连续居住1年以上的地方,但住医院治病的除外。自然人由户籍所在地迁出后至

---

① 参见胡长清:《中国民法总论》,商务印书馆1993年版,第94页。

② 此译文引自史尚宽:《民法总论》,中国政法大学2000年版,第131页。但按郑冲、贾红梅所译之文本(《德国民法典》,法律出版社1999年版),此条规定为:“持续居住于一地的人,即在该地设定其住所。”很显然,前述两种翻译,其意思有所区别。

③ 史尚宽:《民法总论》,中国政法大学出版社2000年版,第133页。

迁入前,无经常居住地的,仍以其原户籍所在地为住所。[①] 这些规定,充分考虑到了我国户籍管理制度以及改革开放以来人口流动频繁、户籍所在地与经常居住地常发生不一致的实际情况,符合我国国情。

此外,关于自然人之一人可否同时拥有两个以上住所,有不同立法例。《瑞士民法典》第 23 条第 2 款明文规定“一人不能同时有几个住所”,称为“单一主义”;《德国民法典》第 7 条第 2 项则规定“住所可同时存在于数地”,称为“复数主义”。我国台湾地区“民法典”虽采“单一主义”,但鉴于某些情况下法院管辖上的不便,其修正“民事诉讼法”第 1 条后段遂增加规定“被告住所地之法院,不能行使职权时,由其居所地之法院管辖”。[②] 很显然,承认一人有两个以上住所,难以确定有关住所决定之法律效果。但通常确定住所之方式如与实际情况有所不符,则完全不考虑给予选择余地也有不妥。因此,虽然我国民法不承认一人得拥有两个以上的住所,但考虑到我国实际生活中自然人户籍变动存在的某些困难,因而常有长期居住地与户籍所在地不相吻合之实际情况。我国民法原则上以户籍所在地为住所,将经常居住地视为住所,实为合理之选择。

第二节　自然人住所的分类

依自然人之住所确定根据的不同,传统民法将自然人的住所分为“法定住所”与“任意住所”。

所谓法定住所,为法律不问本人之意思如何而直接规定之住所。如《德国民法典》第 9 条第 1 项规定:“军人以其驻地为住所。”第 11 条规定:“未成年的儿童以其父母的住所为其住所;儿童不与无权照顾儿童本人的父亲或者母亲共其住所。父亲和母亲均无权照顾儿童本人的,该儿童与享有此项权力的人共其住所。”对于未成年人即被监护人以监护人的住所为其住所,各国民法均直接作了规定。[③]

---

① 参见最高人民法院《民通意见》第 9 条。

② 史尚宽:《民法总论》,中国政法大学出版社 2000 年版,第 132 页。

③ 参见《瑞士民法典》第 25 条;《意大利民法典》第 45 条;《土耳其民法典》第 20 条;《苏俄民法典》第 11 条;我国台湾地区“民法典”第 21 条、第 1060 条、第 1086 条等。

所谓任意住所，为以久住之意思而住于一定地域，其住所之设定，系基于本人之意思者。[①]

我国学者中也有人将自然人的住所分为“原始住所”(自然人出生时的住所及父母的住所)、“选择住所”(自然人出生后因各种原因取得的住所)以及“法定住所”(由法律直接规定的住所，如丈夫的住所是妻子的法定住所，母亲的住所是非婚生子女的法定住所，无行为能力人或限制行为能力人以其代理人或监护人的住所为法定住所)。[②]

笔者认为，我国民法依自然人户籍所在地为确定其住所的基本依据，故不分法定住所与任意住所(或所谓选择住所)。而对于被监护人之住所的确定，在通常情形下，被监护人与监护人的户籍所在地为同一，即使非属同一，因监护人应与被监护人一同居住，而在户籍所在地与经常居住地非属同一时，经常居住地依法被视为住所，故无单独规定之必要。但另有学者提出应将自然人住所分为“法定住所”和“拟制住所”。如果将前者解释为自然人之户籍所在地，将后者解释为法律规定在特殊情况下将自然人的居所视为住所，则并无不妥。依此观点，拟制住所除了包括《民法通则》第15条所规定的“户籍所在地与经常居住地不一致时，将经常居住地视为住所”，以及有关司法解释所规定的“自然人由户籍所在地迁出后至迁入另一地点前，无经常居住地的，仍以其户籍所在地为住所”两种情形之外，还应包括另外两种情形：一是当事人户籍所在地不明或者不能确定其户籍所在地的，将其经常居住地视为住所；二是当事人户籍所在地不明，同时无法确定其经常居住地的，将其与产生纠纷的民事法律关系有最密切关系的居所视为其住所。[③]

我国《民法总则》第25条规定：“自然人以户籍登记或者其他有效身份登记记载的居所为住所；经常居所与住所不一致的，经常居所视为住所。”

---

① 参见史尚宽：《民法总论》，中国政法大学出版社2000年版，第133页。

② 参见罗玉珍：《民事主体论》，中国政法大学出版社1992年版，第91页。

③ 参见魏振瀛主编：《民法》，北京大学出版社、高等教育出版社2000年版，第69页。

第三编
法人的民法地位

第十章 团体人格的本质

第一节 团体人格的法律基础

一、法人制度的产生

(一)法人与人格理论

法人为具有私法上主体资格的团体。

团体之法律人格的赋予,是民法理论研究和制度设计中最富想象力和技术性的创造。关于法人制度的起源,资料浩繁,学说众多,笼罩着一层高深莫测的迷雾。有人说,法人制度为德国人所创造,由《德国民法典》第一次在立法上予以确定;也有人说,早在古代罗马法上,团体之法律人格的观念即已有之。[①] 但无论如何,团体人格的出现首先必须借助于人格理论的支持。

始于罗马法的人格学说,表现了人与社会、人与法律的相互联系,是早期法律对自然人相互存有差别之确认的结果(具有自由人、家父和罗马市民三种身份的人拥有人格,而其他人则无人格)。由此,罗马法之人格理论最重要的特征就是人与人格的分离,这种人与人格的分离是人与人之间不平等的根本表现。至近代社会,

---

① 罗马法上,国库(*ficus*)、团体(*corporazione*)已被赋予人的资格。参见[意]彼德罗·彭梵得:《罗马法教科书》,黄风译,中国政法大学出版社1992年版,第50页。

倡导人人生而自由平等,人与人格之分离遂为人与人格之绝对同一所替代,此为人类文明的重大进步。但是,罗马法上这种人与人格分离的理论,却为团体人格观念的形成提供了至关重要的技术支持:如果人类社会一开始便“人人平等”,法律赋予一些人有人格而否定另外一些人拥有人格,即毫无意义。而当“人”与“人格”自始即为同义语时,“法律人格”本身便绝无出现的可能。正因为人与人格之分离,所以,生物意义上的人与法律主体不具有一致性。由此,从逻辑上便似乎可以推出了以下当然的结论:既然生物意义上的人不一定是法律意义上的人,那么,法律意义上的人也就有可能不一定是生物意义上的人。换言之,当法律人格的赋予纯粹成为法律技术运用的产物,其与法律主体是否为生命现象并无必然联系时,赋予无生命的团体以法律人格的可能性在法技术上便得以出现。因此,罗马时代便出现过一些用来表示团体人格的术语,①个别罗马法学家对于团体得独立享有权利、承担义务即成为法律意义上的人的论述,②便不足为奇。

但人与人格分离之学说本身,是不会当然导致团体人格即法人制度的产生的。否则,我们就无法解释为什么在《法国民法典》上根本不存在“团体人格”的观念,更无法解释为什么法人这一制度恰好是由德国民法理论而不是其他国家的民法理论所创设。很显然,法人制度的产生,需要一些被称为“契机”的基本条件。

(二)法人制度产生的契机

依照日本学者的分析,法人制度之形成,须取决于以下三个契机的同时出现:

1. 实体性契机

自然人的人格基础是作为生命存在体的自然人本身。但与自然人的人格基础完全不同,团体人格的基础是能够在商品经济生活中成为权利义务之统一归属点的实体,亦即人以及财产的有机集合体。由于法人制度纯粹为社会经济发展需要的产物,故从社会经济的角度来看,法律赋予团体以人格,必须是出现了适于成为交易主体的人以及财产

---

① 罗马人把由数人组成的“社团”(*associazione*)等同于人,赋予其人的资格(如“市镇人”——*persona municipii*)、“移民区人”(*persona coloniae*)。参见[意]彼德罗·彭梵得:《罗马法教科书》,黄风译,中国政法大学出版社1992年版,第50页。

② 参见江平主编:《法人制度论》,中国政法大学出版社1994年版,第3页。

的集合体。

团体首先为人的集合，但此种集合如为简单组合，则其不足以形成独立于各个成员之外的实体。“只有当每个成员的意志形成共同意志，而共同意志又有机地形成团体意志时”，当“团体独立的性质，虽然由于它的成员组成全部改换，也不影响其独立存在”（罗马法学家乌尔比安语）时，[①]才算是形成了实体意义上的团体。

对于团体的具体形态，有学者将之分为三种：[②]

（1）成员显现型。在此种团体，人与财产两个要素中，人（成员）具有决定性作用。其成员与团体结合纽带之不同，决定了团体之“实体性”程度的不同。其中，以血缘、家庭为基础形成的经营共同体（如罗马法上的“全产合伙”）以及以契约为纽带形成的经营共同体（罗马时代及中世纪以后广泛存在的普通合伙及后来出现的隐名合伙），其实体性程度较低；而以“章程”为纽带形成的经营共同体（公司），其实体性程度最高，从而成为团体人格的典型。

（2）成员隐现型。在此种团体，人与财产两个要素中，财产具有决定性作用。罗马法中，被称为“物的集合体”（*universitastrerum*）的此类团体有寺院、慈善团体乃至于尚待继承的遗产等。[③] 而在中世纪，此种团体的表现形式则是教会团体。近代社会以来，此种团体的表现形式是在为一定目的而捐助的财产的基础上成立的各种基金会等财团。

（3）成员不现型。此种团体为一种特殊意义上的团体。罗马法中，自然人以外最早具有私法独立人格的是国库（国家）和市府（地方自治团体），即公法上的主体具有私法上的人格。国库和市府具有独立财产且得独立享受权利承担义务，但其成员却并不显现。近代以来，除国家和地方自治团体外，由国家设立的公共机构（如法国的邮政局等公共服务机构），也属此类团体。

---

① 参见江平主编：《法人制度论》，中国政法大学出版社 1994 年版，第 7 页。

② 同上书，第 8 ~ 10 页。

③ 尚待继承的遗产（*hereditas iacens*）是死者尚未被继承人继承的遗产。在罗马法中，未出现接受继承的程序（*aditio*），一般就不发生遗产取得，因而在此间隙中，罗马人说遗产“不是任何人的财产”（*nullius in bonis sunt*）或者说“不被视为任何人的财产”（*nullius in bonis esse cerduntur*）。但是，财产权利不可一时无其主人，因此，法律便行使其强制力，以便使财产保持增加或避免减少，为此，该遗产在必要时也被视为“个人”或“主人”。参见[意]彼德罗·彭梵得：《罗马法教科书》，黄风译，中国政法大学出版社 1992 年版，第 54 页。

具有“实体性”的团体的存在,是赋予团体之人格的前提,但法律赋予团体以人格的目的,是使其成为民法上权利义务的独立载体即交易主体。而团体之是否适于成为交易主体,又取决于其是否拥有“实体性”的财产亦即独立的财产。无论团体的财产来源于团体成员的共同出资,或者来源于捐助,或者来源于国库(国有资产),该财产必须与团体发生归属上的关系,亦即财产必须脱离一个“实体”(个人人格或者其他人格)而归属于作为另一个“实体”的团体。否则,即使是人的集合,也不足以形成实体性的团体,不足以形成集民事权利义务为己身的“交易者”。

2. 价值性契机

团体人格是社会经济发展需求的产物,但经济需求本身并不能直接产生法人制度。作为一种法律制度,团体人格只能产生于立法者的选择,而立法者的选择又决定于实定法从法律政策的角度所给予的价值判断。即在一定社会发展的历史背景之下,对于何种团体在何种条件之下能够被赋予、应当被赋予权利主体资格即法律人格的判断。

历史上,团体的出现与团体人格的出现并不同步,其原因首先是与一定社会历史发展阶段的商品经济发达水平相关。例如,在以简单商品经济为特征的古罗马时代,尽管从帝国时代以后,团体在同外界关系中的法律人格逐渐被承认,但在这一时期,团体于社会经济生活的作用是不重要的,所以,前述所谓团体的人格“从来都是不完全的”。① 而在欧洲中世纪以自给自足的自然经济(农业经济)为特征的封建社会中,财产与身份相结合,某些团体(教会及其他宗教组织)固然拥有一种类似于人格的独立地位,这种地位与财产的归属固然有密切关系,但其主要并非作为经济活动的主体出现,故法律人格的赋予并无价值。只有当资本主义社会建立之后,当以自由竞争为特征的商品经济制度建立之后,当资本的集合和运作成为谋取更大利润和发展社会经济之必需之后,实体性团体之被赋予法律人格才能具有真正的价值。

然而,法人制度并没有伴随资本主义自由经济的确立而立刻出现。在这一点上,法国是最典型的例子:基于对作为一种“天赋权利”的私人

---

① [意]彼德罗·彭梵得:《罗马法教科书》,黄风译,中国政法大学出版社1992年版,第52页。

所有权之神圣的狂热，同时也是基于对封建团体之“所有权”的憎恶，1804 年《拿破仑法典》故意赋予团体性财产的所有权以一种不确定的状态。在这种情况下，“法人制度当然只能沉默不语”。[①] 法国大革命之后，个人自由主义思潮达到顶峰，团体人格的承认被认为会造成对个人自由的压制，妨碍社会进步并有可能导致封建复辟。所以，《法国民法典》对于法人制度毫无触及。尽管该法典某些条文（第 537 条、第 619 条、第 910 条等）实际上于特殊事项下间接承认了团体人格的存在，但也采取了严格的特许主义以作限制。

众所周知，在大陆法系国家，由普通合伙演变为无限公司，由地中海沿岸出现的康孟达契约演变为两合公司，再发展到股份公司以及有限责任公司，是法人制度从萌芽到完善所经历过的历史进程。而 1900 年《德国民法典》关于法人制度的规定，则标志着近代民法上法人制度的最终确立。对于《德国民法典》赋予团体以法律人格的原因，有德国学者指出，其主要是源于两个方面的价值判断：

（1）赋予团体以人格，有助于交易的推动。无论法律是否赋予团体以人格，团体也可为自己设定一个名称，并以此名称参与交易（如无限公司或者两合公司）。但由于缺乏一个权利载体，交易所产生的法律后果只能归属于作为团体成员的自然人。而在通常情形下，相对人总是难以弄清与之进行交易的当事人是谁（如果说商事登记簿可以提供有关无限公司或两合公司股东的情况的话，那么，在欠缺这种明确的登记簿记载事项的情况下，仅仅使用团体的名称便无法从事某些重要的法律行为）；同时，根据德国《民事诉讼法》（第 253 条第 2 款第 1 项）及《不动产登记条例》（第 47 条）之规定，在提起诉讼及登记不动产时，团体之成员必须分别提供其具体情况，而一个大规模的社团就极难实施这些行为。因此，法律有必要使团体（人合组织）独立于其成员，赋予其法人人格，以方便其进行交易和诉讼。

（2）赋予团体以人格有助于责任限制。当团体成为权利义务的载体时，团体也就可以成为财产责任的载体。而团体财产的独立，则是团体具有法律人格的基础。由此，团体之法律人格的赋予使团体脱离团体各个成员的人格而独立存在，成员的变动不影响团体的独立主体地

---

① 尹田：《法国物权法》，法律出版社 1998 年版，第 120 页。

位。团体的行为由团体以其独立财产承担责任而不及于团体成员的其他个人财产,如此一来,个人的投资风险被限定在一个有限的范围(有限责任),从而可以鼓励私人资本投资的积极性,推动资本主义经济的发展。“正是这种通过使财产独立化而产生的限制责任效果,构成了设立法人的本质动机。”①

3. 技术性契机

法人是一种使自然人之集合体乃至于财产的集合体成为权利义务统一归属点的法律技术。“正是由于此一技术性契机,才在交易的平面上,确立了法人的本质。”②如前所述,罗马法关于人与人格分离之学说,为团体人格的理论奠定了基础。但是,要想真正建立法人制度,必须解决一系列法律技术问题并予以理论上的说明。而在这个方面,以法律理性思维见长的德国人无疑具有得天独厚的优势。早在 16 ~ 17 世纪,注释法学家便在继受罗马法有关团体人格思想的基础上提出了关于法人本质的学说,而德国历史法学派首倡者萨维尼则为集其大成,提出了完整的“法人拟制说”。③ 以后,法人本质的学说成为德国学者和其他各国学者长期研究和争论的课题,由此形成了有关法人理论最为丰富的理论材料。而《德国民法典》编撰者基于法律形式理性而采用的极端抽象的立法技巧,恰巧为抽象之极的法人制度提供了有力的技术支持。由此,团体人格应运而生,法人制度应运而生。④

二、有关法人本质的各种学说及其评价

(一)主要学说

团体何以具有法律人格?团体之人格与自然人之人格有无差别?此为法人的本质问题。对法人的本质的认识,不仅是法人制度所必需的理论基础,而且对于立法及实务中解决有关法律问题可以提供重要的帮助。在较长时期内,法人的本质是民法理论上众说纷纭、争执不休

---

① [德]迪特尔·梅迪库斯:《德国民法总论》,邵建东译,法律出版社 2000 年版,第 814 ~ 815 页。

② [日]四宫和夫:《日本民法总则》,唐晖、钱孟姗译,五南图书出版有限公司 1995 年版,第 82 页。

③ 参见梁慧星:《民法总论》,法律出版社 1996 年版,第 118 页。

④ 以上关于法人形成之三个契机,为日本四宫和夫在前引《日本民法总则》一书中(第 82 页)提出,但其未作具体阐述。以上阐述为笔者之观点。

的老问题之一，以至于20世纪以后，不再为学者所关注。① 但是，对法人本质的不同认识可以决定法人制度立法之不同选择，而中国民法上的法人制度尚待立法上的完善，实务中提出的问题也并未获得认识上的统一。例如，关于法人是否适用精神损害赔偿的问题，争议颇大。肯定者认为，法人虽为团体，也与自然人一样有其思想情感，故存在精神利益；否定者则认为，法人既为团体，即非等同于自然人，不可能有精神之损伤，故不适用精神损害赔偿。此番争论，如果完全采用实证方法，即论证现实中的各种团体客观上是否存在"精神"，是不可能得出任何有益的结论的，必须从团体人格的本质着手，方有可能达成理论共识。因此，对法人的本质问题投以关注，仍有其必要。

依学者归纳，有关法人本质的不同学说主要有三种，即"法人拟制说"、"法人否认说"和"法人实在说"。

1. 法人拟制说

"法人拟制说"(Fiktionstheorie)是关于法人本质的学说中最早出现、其影响力也最大的一种学说。

早在罗马法上，其有关团体人格的思想就为此种学说奠定了理论基础。根据罗马法的法律思想，法律之存在或为国家，或为个人。前者赋予国家以唯一的最高人格，其他地域性团体不过是受国家权限所委托而存在，并无独立人格，故团体人格观念仅存在于私法关系之中。而私法关系纯粹为个人与个人之间的关系，只有个人才能成为权利主体，团体乃法律将其拟制成为个人。此说为16～17世纪注释法学家所采，并由德国学者萨维尼所倡。萨维尼在其所著《现行罗马法论》第二卷中指出："法人为人工的单纯拟制之主体，即仅因法律上之目的而被承认之人格者。"②此种学说对《德国民法典》影响甚大。此说认为，能够成为权利主体的本来仅有自然人，团体之所以成为权利主体，完全是由于法律的拟制。即所谓法人，实为法律拟制之人。有现代学者认为，从前述法人形成的三个契机来看，此说完全着眼于法人之技术性契机，其功绩是明确指出了法人是设定权利义务归属点的技术性虚拟。但其强调本来只有自然人才是权利主体，而忽略了自然人的人格与团体的人格

① 参见梁慧星：《民法总论》，法律出版社1996年版，第120页。

② 胡长清：《中国民法总论》，商务印书馆1993年版，第105页之注释。

一样,也是法律虚拟的。亦即在事实上,除了自然人为社会中存在的实体之外,法人也是社会中存在的一种实体。而之所以这一观点能够成为长时期内占有统治地位的学说,其背后的实质性原因是个人主义的法律思想以及严禁成立团体的特许主义之历史背景之存在。① 亦即近代民法以个人为本位,把个人、家庭以及国家视为构成社会肌体之基本因素,对于封建制度下的社会群体(团体)持憎恶和防范态度。故不承认团体为存在于社会之中的实体,个别团体的存在须经法律特许。质言之,在19世纪初的法学理论中,个人为社会群体的组成部分,但所谓社会群体仅仅包括两类,即国家和家庭。在当时的法律上,职业性团体是毫无地位的,即法律根本不打算承认这种在古代法中曾经出现过的处于家庭和国家之间的"中间性主体"。② 由此,认为团体之所以具有人格并非基于其为一种社会实体,而纯属法律的拟制,即"法人不过是一种法律虚拟的自然人"的观点,反映了自由主义时期的民法的基本思想。

"法人拟制说"的要点在于强调团体人格与自然人人格之不同,认为自然人被赋予人格在于其具有自由意思(意思能力),而团体本因自然人之集合而抽象存在,并无意思能力,纯粹因法律上的技术处理(拟制)而获得人格。所以,在受此种学说影响的《德国民法典》和《日本民法典》中,法人的意思能力均未得到承认。《德国民法典》第26条规定:董事会在诉讼及非诉讼事件中代表社团,具有"法定代理人"身份;第30条规定:法人章程得规定,于董事会之外任命特别代理人以处理一定的事务。《日本民法典》虽在第53条规定"董事就法人一切事务,代表法人",但其第44条第1款又规定"法人就董事、其他代理人执行其职务加于他人的损害,负赔偿责任"。其《民事诉讼法》第58条更明文规定:本法关于法定代理及法定代理人的规定,于法人之代表人准用之。也就是说,法人为无生命、无意思能力之虚拟人格,故其法律行为只能由董事等代理人代理。③

---

① 参见[日]四宫和夫:《日本民法总则》,唐晖、钱孟姗译,五南图书出版有限公司1995年版,第82~83页。

② Jacques Flour et Jeqn – luc Aubert, *Driot civil*, *Les obligations*, p. 223.

③ 参见梁慧星:《民法总论》,法律出版社1996年版,第119页。

2. 法人否认说

“法人否认说”(Negationstheorie)为一些德国学者后来所倡。

“法人拟制说”最重要的观点在于认定自然人因有意思能力故其能为权利主体,而法人因无意思能力故其只能因法律拟制而抽象存在。但其似乎并不能真正说明法人之成为权利主体的根据:实际上,自然人的权利能力也是由法律赋予,与其有无意思能力并无直接关系(否则,全无意思能力的婴儿及精神病人就不能成为权利主体)。而如果将法人拟制为自然人,则无异于通过拟制而使法人也有“意思”,但法人哪能有什么意思?故批评此种学说的德国学者布林兹(Brinz)将之讥讽为“挂衣于无钉之壁”。① 而“法人否认说”则纯以实证的方法论证法人客观上之不可能存在,认为法人纯系法律的拟制,社会中仅有个人与财产之实体存在,故法人的实质不过在于个人与财产。但如何解释法人这一法律现象呢?对此,该种学说又形成三种观点:

一是德国学者布林兹所提出的“无主体财产说”(Theorie der Subjektlosen Vermärgen),认为法人的本质不过是为一定目的而存在的一种无主体财产。在社团法人,其财产为特定自然人而存在,称为“属人财产”(Personenvermögen);在财团法人,其财产为特定目的而存在,称为“目的财产”(Zweckvermögen)。

二是德国学者耶林(Jhering)等提出的“受益人主体说”(Theorie der Destinatärs),认为法人的财产非属于法人本身,而是属于因法人而受益之个人。即法人实质上的主体是享受法人财产利益的多数个人。

三是德国学者霍达(Hölder)等提出的“管理人主体说”(Amtstheorie),认为法人的财产非属于法人本身,而是属于管理法人财产的自然人。②

以上三种学说均从实证的角度考察法人现象,或者认为法人以某种目的财产表现其存在,或者认为法人以其财产受益人或管理人等自然人而表现其存在。有学者认为,此种学说已经注意到了法人形成的技术性契机背后的实体性契机,并从各种角度予以表达,但其对实体性契机的把握具有片面性和局限性,而且此种学说过分强调法人资格的

---

① 胡长清:《中国民法总论》,商务印书馆1993年版,第105页。

② 参见胡长清:《中国民法总论》,商务印书馆1993年版,第106页。

非现实性,与各国立法承认法人之实体存在不相吻合。故其不像其他学说那样具有权威性,[①]其价值仅仅是在法人学说研究的历史上提供了一种独特的思考角度。

3. 法人实在说

"法人实在说"(Realitätstheorie)将法人认定为一种独立存在的实体,为对抗"法人拟制说"之最为有力的学说。其又分为两种观点:

一为由德国学者基尔克(Gierke)所完善的"有机体说"(Organischetheorie),认为人类社会存在两种生活:一是个人意思;二是共同意思,共同意思相结合成为团体意思。故团体也有其独立的意思及生活,有其固有的生命。自然人为自然人的有机体,团体则为社会的有机体,法律赋予此社会有机体即团体以法律人格,使之成为权利义务之主体,即所谓法人。[②]

二为法国学者米休(Michoud)、撒莱(Saleilles)等提出的"组织体说"(Théorie de organisations),认为法人的基础不在于其为社会的有机体,而在于其有适于为权利主体之组织,此种组织即具有一定目的之社团或财团。依照这种观点,在社会现实中所实际存在的、具备一定组织机构的、具有一定利益并为实现其利益的组织体,依法律的价值判断而被赋予人格,此种组织体即为法人。

上述两种观点中,"有机体说"受到较多的批评。批评者认为,此种学说认为团体是具有其固有意思(团体意思)和行为的有机体,特别强调法人之实体性契机,指明了法人的实体性结构是团体,其反映了法人作为一种社会活动单位的真实事实,反映了团体(特别是公司)随着资本主义高度发展而不断增加,以及现代社会对自由设立团体之强烈要求,这是有贡献的。但是,此种观点容易使人将社会实体与法人相混同。同时,把法人实体看作有机体,这对于日耳曼法上的团体是十分合适的,但对于现代社团和财团则不一定恰当。实质上,将团体看作有机体,等于将团体视为与自然人同一。就此而言,"有机体说"实际上也是

---

① 参见[日]四宫和夫:《日本民法总则》,唐晖、钱孟姗译,五南图书出版有限公司1995年版,第83页。

② 参见梁慧星:《民法总论》,法律出版社1996年版,第118~119页。

一种“拟制说”。[①]

而“组织体说”则为多数学者所青睐,认为其在承认法人为实体之存在这一点上,较“法人否认说”有进步,同时,其不以意思能力作为法人具备权利能力之根据,可免除“拟制说”及“有机体说”所遭遇之非难,其重视社会实体以法人资格为媒介这一价值性契机,修正和完善了“有机体说”,与现代社会团体设立之准则主义观点正相对应,故其更为可取。但也有人认为,此种学说的缺点是对法人之技术性契机认识不足。[②] 此外,近来还有德国学者称,在当今德国,人们大多认为关于法人本质的前述争论为“无益之争”,而人们更倾向于采纳所谓“中性”的表达,即“法人就其宗旨而言被视为归属载体”。对此,德国学者维德曼(Wiedermann)称之为“特别财产说”(Theorie des Sondervermögens)。换言之,理论研究的重点并非法人本质本身,而在于如何将“适用于自然人的规范,应以某种‘有限度的类推’方式转适用于法人”。[③]

但无论如何,在现代民法理论中,“组织体说”较之“拟制说”,明显具有优势地位。我国1986年《民法通则》将法人认定为“具有民事权利能力和民事行为能力,依法独立享有民事权利和承担民事义务的组织”(第36条第1款),学者一般认为其系采“组织体”说。[④] 我国于2017年3月颁布的《民法总则》第57条原文采纳了前述《民法通则》的规定。

(二)简要评价

关于法人本质的学说争论,固然具有形而上的特点,但其对于法人制度的建设,仍具有不可忽略的重要意义。关于法人代表人的地位问题、关于法人是否具有行为能力及侵权能力的问题、对于非法人组织的法律地位问题等,人们所持态度之差异,莫不与对法人本质的不同认识相关。更为重要的是,有关“法人是否享有人格权”及与此相联系的“法人是否得请求精神损害赔偿”的问题、“一人公司为何具有团体人格”的问题,等等,更是使我们有必要重温和重新审视历史上有关法人本质的

---

① 参见[日]四宫和夫:《日本民法总则》,唐晖、钱孟姗译,五南图书出版有限公司1995年版,第83页。

② 同上书,第84页。

③ [德]迪特尔·梅迪库斯:《德国民法总论》,邵建东译,法律出版社2000年版,第823页。

④ 参见梁慧星:《民法总论》,法律出版社1996年版,第120页。

各种学说。

被中国的民法理论认为较之“法人拟制说”和“法人否认说”更为科学的“法人有机体说”,其主要特点便在于强调法人的“实在性”。其分化出的两种观点的不同之处仅在于:“有机体说”将法人与自然人完全等同,甚至认为“团体也有其独立的意思及生活,有其固有的生命”,而“组织体说”则减弱了此种法人与自然人的“同一”,认为不能将法人看成是社会的有机体,而只能将之看成是“组织体”(一种不同于自然人的实体性组织)。所以,法人有无意思能力,非为其具有团体人格的基础。

依照我国的通行理论,我国民法理论似乎一致赞同采用“法人实在说”中的“组织体说”。但实际上并非如此,如仔细分析,我国多数学者其实都是“有机体说”的支持者。

其一,我国理论一般均认为法人具有“行为能力”(具有“意思能力”),但依“组织体说”,法人是不一定具有意思能力亦即无所谓行为能力的。恰恰相反,依照“有机体说”,法人才与自然人一样具有意思能力。

其二,我国理论一般均认为法人具有与自然人“人格权”之基本性质完全相同的“人格权”,而这些理论又都承认“人格权”为非财产之伦理性权利。因此,其显然完全是将法人视为一种“有其独立的意思与生活,有其固有的生命”的社会有机体而非单纯的组织体。

其三,很多人主张法人应适用精神损害赔偿,其所采取的实质上正是“有机体说”的观点,将法人与自然人视为同一(自然人有其人格,法人也有其人格;自然人有精神利益,法人当然也有精神利益)。

上述分析表明,我国既有理论对于法人的本质问题,存在自相矛盾、含混不清的立场。而此种立场,对于阐述我国经过修改的《公司法》赋予“一人公司”以法人资格的规定,当然捉襟见肘,无法自圆其说:如果说法人有“意思能力”,即法人的意思表现为法人成员的共同意思,那么,“一人公司”仅有一个成员,其“共同意思”不复存在,法人的意思从何而来?

事实上,法律之所以赋予法人以人格,既不单纯基于法律之抽象技术(技术性契机),也不单纯基于团体之实体存在(实体性契机),而更为重要的是基于法律的价值判断(价值性契机)。为此,无论单一强调法律之技术(拟制说),或者纯然对法人现象予以实证分析(否认说),或者将法人的实体存在以法律抽象之技术“拟制”为与自然人等同(有机体说),均忽略了法律赋予团体以人格的价值取向之所在。

对此,德国学者拉伦茨的观点值得重视。

拉伦茨认为:“拟制说”把法人看作是一种法律技术的产物,但没有回答法人的本质是什么以及从这种本质出发它在哪些方面和多大程度上同自然人是相同的;“有机体说”理论避而不谈作为自然界生命体的和在伦理意义上的自然人与那些由法律所规范的社会世界的产物之间所存在的差别。后者的权利能力仅是被赋予的。这种理论不是把法人与人同等看待,看作人为的技术手段,相反,却将法人与人认为是一种事实真相。法人不是从“人”这个字的原始意义和伦理意义说的人,只是在法人的形式化意义上说的,它只是意味着权利能力。所以,法人虽然有某些人格权,如姓名权、名誉权,但它自身没有人的尊严。同时由于它不是伦理意义上的主体,从而也没有应受保护的私生活,没有“一般人格权”。法人的权利能力充其量不过是部分权利能力,即具有财产法上的能力。①

依照拉伦茨的观点,法人是一个与其成员或者职能机关的个人相分离的法律实体,但绝非自然的机体,没有自己的意识,也没有生理意义上的意思。法人只是一种社会产物,由于法律使它可能形成独立于各个成员的意思的“总意思”,也可能通过未设置的个人(“机关”)而活动。②

显然,拉伦茨的观点与“组织体说”相似,但其承认法人因法律所设而可能形成“团体意思”。

笔者认为,将法人视为一种“实体”是有必要的,否则就无法解释团体人格的拟制。但关键在于不能无限扩大此种“实体”的意义。就现代意义而言,“团体人格”与自然人的人格除了“民事主体资格”(更为准确地说是“财产主体资格”)这一点相同之外,两者之间毫无共通之处。就“意思能力”而言,法人的所谓“意思”也不过是法律的一种拟制,其

---

① 参见[德]卡尔·拉伦茨:《德国民法通论》(上册),王晓晔等译,法律出版社2003年版,第182页。

② 同上书,第183页。

并非如同自然人的意思能力一样,是一种客观存在。因此,法人的"意思能力"即使存在,也不是基于某种"精神、意识"而产生。据此,拉伦茨认为法人是一种与自然人在财产活动范围之外并不相同的"法律主体"的观点,是正确的,但其同时又认为法人具有某些人格权的观点,却是自相矛盾的。

为此,法人(团体人格)的本质,不过就是法律基于社会经济生活的需要,而对适于成为交易主体的团体赋予其民事权利能力(财产权利能力)而形成的一种法律实体。

而从根本上看,法人制度在现代社会的发展现实表明,作为一种似乎已经被淘汰的最为经典也最为古旧的学说,"法人拟制说"强调法人与自然人不同、法人纯为法技术的拟制因而其本无意思能力的观点,在最为重要的方面最为深刻地揭示了法人的本质,因而具有特别重大的意义。

第二节 法人分类的立法选择

一、传统民法对法人的分类

(一)公法人与私法人

一般认为,依法人设立之目的及设立所依据的法律为标准,法人被分为公法人与私法人。凡以执行属国家性质之公共事务为目的,依据公法而设立的法人,称为公法人(如国家、行政区域单位、国家机关、公共团体等);与此相反,凡以完成根据个人自由意思决定的任务,依据私法而设立的法人,称为私法人(如公司、私立学校等)。[①]

公法与私法的区分,对于法律的调整对象和调整方法的确定具有重要意义。而不同法人基于不同目的而依公法设立或者依私法设立,对于法人组织的性质及其活动方式具有决定性作用,故公法人与私法人之区分从来都为人所重视。但是,关于其区分标准,却存在多种不同

① 参见[日]四宫和夫:《日本民法总则》,唐晖、钱孟姗译,五南图书出版有限公司1995年版,第85页。

认识。有认定应依法人设立依据的法律为标准者,也有认定应依法人的设立人是否为国家和公共团体为标准者,还有认定应依法人与国家之间是否存有特别利害关系并受其特别保护为标准者,甚至有认定应依法人是否行使或分担国家权力或政府职能为标准者。[①] 由于区分标准之不一,而随着社会发展,公法与私法的区分标准本身就日趋模糊,故某些法人组织如工会、社会福利法人以及其他担负公共服务职能的商业性法人究竟应属公法人或者私法人的问题难以解决。为此,有人认为,应认定在公法人和私法人之间的领域存在所谓"社会法人",[②]亦即公法人与私法人之混合体;也有人认为对于那些以私人目的而设立但又与公众服务有密切联系,并且被赋予某些公共职能的法人(如航空公司、煤气公司),应将其认定为"准公法人";甚至还有人认为,公法人与私法人的分类更多的是具有理论上的意义,对于实践似乎无关紧要,尤其在民事活动中,无论何种法人均适用同样的法律准则,故无须作此种划分。[③]

但是,公法人与私法人的划分事实上有其重要的实际价值。由于公法人直接担负政府职能或者经授权而担负某种公共职能,所以,其法律地位与私法人存在某种区别(在这方面,西方某些发达国家尤其是法国,其国有企业中所谓"公用企业"的法律地位尤其值得参考)。

由于公法人的活动目的,其权限中直接或者间接有公权力(行政权力)的介入,故其在某些方面有可能不适用或者不完全适用包括民法在内的私法的规则。

1. 就法人设立、变更和撤销而言,公法人根据的是国家权力机关或者其他行政机关的决定,对此,法人成员不享有任何决定权。

2. 公法人的设立目的主要在于实现政府职能或者提供公共服务,因此,公法人的活动要受国家或者有关公共机构的制约。例如,在法国,某些属于公共机构的国有企业根据公法而设立,具有公法人资格(如法国电力公司、法国煤气公司、法国国家铁路公司等),其法律章程不同程度地保留着公法的一些特征。政府得通过颁布有关组织管理的

---

① 参见江平主编:《法人制度论》,中国政法大学出版社 1994 年版,第 41 页。

② 参见[日]四宫和夫:《日本民法总则》,唐晖、钱孟姗译,五南图书出版有限公司 1995 年版,第 85 页。

③ 参见王利明等:《民法新论》,中国政法大学出版社 1988 年版,第 234 页。

法律、任免其主要领导人以及通过与之签订计划合同对之进行管理。而依私法设立的国有企业(即便是公共企业),则一般拥有完全的经营自主权,国家很少进行干预,它们以和私人企业一样的身份从事生产经营活动,参与市场竞争。

3. 公法人的财产完全来源于国库或者公共机构的投资(公共基金)。公法人为公共利益目的而使用的财产(公用设施或为公用事业之利用为目的的设施),在法国等国家,得由地方行政机关依强制收回条款而收回,且属于公法人的财产依法不得扣押。而具有工业和商业特征的公共机构或其他公法人的债权人,仅得依法提起行政诉讼以强制公法人清偿其债务或由地方行政机关及国家予以清偿。同时,公法人不适用破产程序。

4. 公法人享有征用权(为公共目的而有偿征用私人财产)以及公共管理权(对于市容、道路、供水、照明、建筑等公共设施的建设和管理)等,上述权力非经特别授予,私法人不得享有。①

总之,公法人与私法人的划分是法人的一种基本分类。此种分类在某些情形具有确定性,如国家、地方政府机关、公共机构等,显然为公法人;工业或者商业性公司,显然是私法人。但在某些情形下,此种划分便有局限性。而对于公法人在司法领域的行为及其责任,随着社会的发展,特别是"二战"以后西方国家的民主化和法律控制的加强,法律上也有某些变化。如在日本,根据其旧宪法的规定,关于具有财产性质的法律关系,公法人只要是行使公权力,不受民法中关于侵权行为责任的约束,也不受民事诉讼法规定的强制执行程序的管制。但在战后,行政法院为司法法院所合并,对于公务员之侵权行为,国家、公共团体也要根据国家赔偿法承担赔偿责任。私法原理的贯彻,使公法人的特殊性减少了许多。而由于公法人的某些行为适用公法之规定,所以,民法上有关法人制度的许多规定,原则上只考虑私法人。②

---

① 参见[法]R. M. 奥比:《行政体制》(法文版第6版),DALLOZ出版社1991年版,第535页;秦醒民主编:《国有资产法律保护》,法律出版社1994年版;王天义:《国有企业制度模式比较》,中国经济出版社1994年版。

② 参见[日]四宫和夫:《日本民法总则》,唐晖、钱孟姗译,五南图书出版有限公司1995年版,第85页。

(二)社团法人与财团法人

依法人成立的基础为标准,法人被分为社团法人与财团法人。但此种分类仅适用于私法人。

社团法人设立的目的可为营利(营利社团法人),也可为公益(公益社团法人),但社团法人的主要特征在于其是一种人的集合体,即以自然人为成立的基础,如各种公司、合作社、协会、学会等。其中,公司有其股东,合作社有其社员,协会或学会有其会员。社团法人即是根据其成员的共同协议行为,包括在此基础之上实施的共同出资行为而设立。前述股东、社员以及会员在社团法人设立之后便具有法人成员(称为"社员")资格,并有权以此资格参与法人事务,享受有关权利并承担有关义务。当然,构成社团法人的基本因素仍然为人与财产两项,亦即社团法人也是人与财产的集合。但是社团法人以人为其基础,由人构成其团体之成员,由团体成员构成其意思机关,由意思机关产生其法人意思,由法人的意思决定团体的行动。在此,社团法人在设立时虽然也确定有章程,但章程所确定的团体成立的目的、组织机构等可因意思机关的决定而发生变化。正因如此,社团法人被认为具有所谓"弹力性",其存在与否、存在目的以及存在方式等取决于团体之成员所构成的意思机关即全体成员之意思。故有学者称:"社团是追求本身利益的自我性的组织。"①

财团法人为财产的集合体,即以财产为其成立的基础。如各种基金会组织、私立学校及医院、图书馆、博物馆、科研机构以及孤儿院、救济院等慈善机构等。财团法人的设立只能以公益为目的,即其只能是公益法人。财团法人虽然也有人的参与,需由人进行管理并代表法人对外参与民事活动,但是,代表财团法人进行活动的人并非其成员即法人之社员而是管理人员。这些人员不能直接参与决定法人的事务,也无权修改财团法人的章程,只能为财团设立人所定的宗旨服务。财团法人成立的目的、活动宗旨及其组织机构由捐助行为决定,以章程予以确定,别无所谓的意思机关。其设立人在财团法人成立后与之并无直接关系,其既非法人成员,也不直接参与法人事务或者分享法人所产生

---

① [葡]平托:《民法总论》,林炳辉等译,澳门法律翻译办公室、澳门大学法学院 1999 年版,第 151 页。

的财产利益。财团设立人的意思当然可以通过捐助行为而支配财团的活动,但这一意思一经在财团的创立文件即章程中得以确立,便无须反复表示。故设立人的死亡,并不影响财团法人的存在(有些财团法人本身就是根据设立人的遗嘱而设立的)。由于财团法人的设立目的及活动宗旨一旦确定,除非经过公共当局依严格的法定程序对财团法人的章程进行必要的修改,否则其不发生变化。故财权法人具有所谓“固定性”,是一种“追求他人利益的非我性的组织”。①

在历史上,社团即人的集合体是最早出现的团体形式,但其最初并非出现于经济领域(如古罗马时代的社团主要是指国家和地方政府、宗教组织和公共团体以及政治团体等)。社团之法律人格赋予之需要,以及社团法人制度的确立和完善,应当说完全是源于社会经济生活的发展。在所有社团中最具有“实体性”的公司出现之前,人们从事工商业活动的主要形式是独资企业和合伙企业。合伙为二人以上共同出资、共同经营的组织体,具有团体性质。但合伙以合伙契约使合伙人相互之间发生连接,合伙的信用建立于各个合伙人之个人的信用,合伙与其成员在财产和责任两个方面均未形成分离状态,故合伙不足以形成合伙人人格之外的新的人格即团体人格。伴随着资本主义生产方式的进一步发展,伴随着资本集合需求的扩张,经济生活必然要自发地寻求和创造各种新的经营方式和经营组织,而股份有限公司的出现,则使经济领域中社团人格的形成寻找到了最为完备的条件。就前述法人形成的三个契机(实体性契机、价值性契机以及技术性契机)来看,民法上法人制度的根本价值在于使适于成为交易主体的团体获得其法律人格,以满足经济生活的需求及推动经济生活的发展。因此,以股份有限公司为核心的营利性社团的存在,不仅是法人制度产生的根本原因,而且是法人制度规范的重点。

至于财团法人,其发生和发展也有其特有的历史线索。特定财产因特定目的而存在,古已有之。现代之各种基金会,其最初纯属宗教的产物,是对“仁慈”的一种表达。如罗马时代出现的基金会便是基督教的产物,表现为养育院、医院、孤儿院以及向教会和宗教活动的遗赠或

---

①　[葡]平托:《民法总论》,林炳辉等译,澳门法律翻译办公室、澳门大学法学院1999年版,第151页。

者捐赠的财产。[①] 日耳曼法上被赋予抽象人格的捐助财产,开始也是由教会所有,后来才被教会予以单独设置。[②] 以后,随着宗教势力的衰退、个人意识的觉醒,财产捐助人逐渐取得对捐助财产特定用途和管理方式的决定权,捐助财产的用途也逐渐从单纯的慈善事业扩展到教育、文化、科学研究等其他领域,并由此而形成财团法人之人格。当今,财团法人的广泛存在成为西方国家一个显著的社会现象。在西方国家,很多医院、学校、图书馆、博物馆、科学研究院、慈善机构等都属于财团法人。财团法人制度使捐助财产成为脱离捐助人而独立存在的法律实体,财团法人的独立人格使其具有存续上的永久性、管理上的独立性,对于社会的进步和稳定具有重要意义。

社团法人和财团法人的区分,为德国、瑞士、意大利等很多国家的民法典所采,作为其法人制度相关规则安排的基本依据。

(三)公益法人与营利法人

依法人设立的不同目的,可将私法人分为公益法人与营利法人。公益法人是以社会公益为目的而设立的法人,如学校、医院、慈善机构等;营利法人是以取得经济利益并分配给其成员为目的而设立的法人,如各种公司。

《日本民法典》第34条将公益法人之"公益"解释为"有关祭祀、宗教、学术、技艺及其他公益"。依学说解释,此处的公益是指不特定多数人之利益即社会一般利益,并且通常是一种非经济利益。如目的在于发展科学、学术、文化、艺术、教育、卫生、宗教和慈善事业的各种机构或团体,均属公益法人。公益法人的成员或其创立人旨在满足一种利他性的利益,而这些利益的满足尽管有可能仅及于社会成员中某一部分人(如一个学校的学生、在一个医院就诊的病人),但这些利益的满足对于社会来说极为重要,实质上构成社会整体利益的一部分。所有的财团法人都是属于公益法人。

以营利为目的而设立的法人为营利法人,但如何解释"营利",却存有争议。有人认为法人是否为营利,应视其目的事业而定,如其目的事

---

① 参见[意]彼德罗·彭梵得:《罗马法教科书》,黄风译,中国政法大学出版社1992年版,第53页。

② 参见江平主编:《法人制度论》,中国政法大学出版社1994年版,第48页。

业性质上为经济行为,即为营利法人。有人则认为营利法人不仅需其目的事业性质上为经济行为,而且需分配其所得之利益于法人成员,才能算是营利。[①] 一般认为应以后说为妥。这是因为,是否从事经营活动并谋取经济利益与法人成立的目的并不完全吻合,某些公益法人为达到其公益之目的,也须从事经济活动。如基金会为了维持其财产的价值或使其增值,以便完成其扶助公益事业的任务,需将其资金用于投资;救济院等慈善机构为了维持和扩大慈善救济范围而兴办各种企业或从事其他营利事业等,并不影响其公益之性质。显然,关键问题不在法人是否从事营利活动,而在其营利活动所得之归属。如果营利所得完全归属于法人即用于实现法人目的,则不构成营利法人;如果营利所得被分配给法人成员,亦即法人成员投资于法人的目的即为获得赢利(如公司股东投资于公司的目的纯粹是在于分红),则其才能属于营利法人。所以,所谓营利法人并非指法人本身之营利,而是指法人营利的目的是为其成员营利。

社团法人可以是营利法人,也可以是公益法人。但在此两种法人之间,还存在一些既非以公益为目的,也非以营利为目的的社团法人。如社交俱乐部、同学会、体育协会以及各种学会等,这些团体设立的目的不在于社会之一般利益(系为特定人群的利益),但亦非在于营利。对于这些团体,有的人将之称为"中间法人"。[②] 而根据一种更为激进的观点,这些团体应当被划入公益法人的范围。理由是:这些团体虽以满足成员本身的利己性利益为宗旨,但同时也能满足社会性的利益。其中,有些团体的利己宗旨本身就是一种非经济性的利益,如娱乐、运动、教育、体育或智育等(各种俱乐部及协会);有些团体的宗旨虽然是为其成员谋取某些经济利益,如残疾时可获得的金钱补贴、获得条件优惠的贷款等,但这些经济性的宗旨又是非牟利的,因为其宗旨并不在于为团体成员获取利润(各种互助团体、工会、雇主团体以及消费、信用、建筑以及住房领域的合作社等)。[③] 但依《德国民法典》以及《瑞士民法典》的规定,其未作公益法人与营利法人之分,而将之分为营利法人和

① 参见胡长清:《中国民法总论》,商务印书馆1993年版,第111页。

② 参见史尚宽:《民法总论》,中国政法大学出版社2000年版,第144页。

③ [葡]平托:《民法总论》,林炳辉等译,澳门法律翻译办公室、澳门大学法学院1999年版,第154页。

非营利法人(德国民法上叫“经营性社团”与“非经营性社团”;瑞士民法上叫“以经济为目的的社团”与“非以经济为目的的社团”)。此种区分,将公益法人的框架予以开放,不在“公益”的定位上作更多的纠缠,解决了所谓“中间法人”之无所皈依的问题,被认为是一种比较妥当的立法模式。

由于公益法人与营利法人设立目的不同,因而在其设立原则、设立程序以及权利能力方面有所区别:营利法人的设立一般应依据特别法的规定(如公司须依公司法的规定而设立),公益法人则除有特别规定之外,得依民法的规定而设立;营利法人的设立一般不需主管机关的许可,公益法人的设立通常应经过许可;营利法人在法律形式上只能采社团法人形式,而公益法人既可以采社团法人形式,也可采财团法人形式;营利法人可从事各种经营性活动,而公益法人不得以向其成员分配利益为目的而从事经营性活动。

(四)本国法人与外国法人

依法人的国籍为标准,可将法人分为本国法人与外国法人。具有本国国籍的法人为本国法人,具有外国国籍的法人为外国法人。

法人国籍的确定是民法尤其是国际私法上的一个比较复杂的问题。特别是在现代社会,全球经济一体化,法人所从事的经济活动不再受地域或空间的限制。在甲国登记设立的法人,其业务活动有可能主要在乙国,其成员有可能主要来自丙国,这就为确定法人的国籍带来极大困难。由此,就法人国籍确定问题,理论上不免形成各种学说,实务上则不免形成多种做法。

就理论上而言,存在“设立法人国籍说”(依法人设立人的国籍为法人的国籍)、“资本控制说”或“成员国籍说”(依法人的资本为某一国家之成员所控制而确定法人之国籍)、“准据法说”(依法人设立所依据的是何国家的法律确定其国籍)、“住所地说”(依法人住所地在哪个国家确定其国籍)等。但实务上各国多采准据法说和住所地法说,即无论其资本拥有者为哪一个国家的人,只要法人依照甲国法律而设立,即为甲国法人。

区分本国法人与外国法人有助于确定法人的法律地位及其应当适用的法律规定:本国法人应当适用本国法律,但外国法人是否适用或者完全适用本国法律,则依本国法律的规定或者本国所参加的国际条约而定。此外,在依据本国法律而设立的外国法人是否在外国具有法律人格或能否从事经济活动,各国有所不同。有采“特别认许制”者(外国法人的活动必须经他国政府特别许可,其原为苏联及一些东欧国家所采),有采“一般认许制”者(外国法人根据他国国内法一般规定,办理必要的登记和注册手续,即可在他国从事活动,其为英、美等国家所采),有采“分别认许制”者(根据外国法人的性质,分别采取不同的认许办法。对商业性法人采取一般认许制,对非商业性法人则采取特别认许制,其为法国所采),也有采“相互认许制”者(通过国家间的条约相互承认对方的法人在本国活动)。但无论何种认许制,均以外国组织在本国具有法人资格为前提。与此同时,经认许的外国法人虽然一般享有本国法人之基本相同的民事权利能力,但在军事工业、航空工业、通讯交通、酒类生产等有关国家安全和国计民生的领域,常被限制或者禁止经营。而由于历史条件、国际关系等诸多因素,不同国家的外国法人在本国所享有的待遇(国民待遇、最惠国待遇等)也有所不同。①

二、我国《民法通则》对法人的分类及其评价

(一)我国《民法通则》对法人所作的分类

我国1986年《民法通则》将法人分为企业法人与非企业法人两类。

1. 企业法人

“企业法人”之称谓为我国民法的新创。② “企业”本为经济学上的用语,指以营利为目的而从事经营性活动的经济组织。“企业”与“社团”非为同一概念,社团为人的集合体,需有不少于2人以上的成员,但企业得为一人所设(如独资企业或“一人公司”);同时,社团设立之目的可为营利,也可非为营利,但企业必须是以营利为目的。企业法人是指符合法人条件因而被赋予法律人格的营利性组织。因此,我国民法中的企业法人相当于传统民法之法人分类中的营利性社团法人。

对于企业法人,我国《民法通则》第48条又将之具体区分为以下几种:

(1)全民所有制企业法人。全民所有制企业法人即国有独资企业

① 参见江平主编:《法人制度论》,中国政法大学出版社1999年版,第58~60页。

② 参见梁慧星:《民法总论》,法律出版社1996年版,第123页。

法人,是指完全由国家投资所设立的企业法人。《民法通则》第 48 条规定:"全民所有制企业法人以国家授予它经营管理的财产承担民事责任。"

(2)集体所有制企业法人。集体所有制为公有制的一种形态,集体所有制企业法人是指劳动群众以谋求集体成员的共同利益为目的而设立的企业法人。《民法通则》第 48 条规定:"集体所有制企业法人以企业所有的财产承担民事责任。"

(3)中外合资经营企业法人。指根据我国《中外合资经营企业法》之规定,由外国投资者与中国投资者按一定比例联合投资,在我国境内设立的企业法人。中外合资经营企业必须采用有限责任公司的形式。

(4)中外合作经营企业法人。指根据我国《中外合作经营企业法》之规定,由外国投资者和中国投资者在中国境内设立的、以合同约定其合作条件所设立的企业法人。

(5)外资企业法人。指外国投资者根据中国法律在中国境内设立的企业法人。

2. 非企业法人

非企业法人为不以营利为目的而设立的法人。具体包括以下几种:

(1)机关法人。机关法人是指享有国家行政权力,以国家预算拨款作为其独立的活动经费,具有法人资格的中央和地方各级国家机关。

(2)事业单位法人。在我国,"事业单位"不是一个十分清晰的概念。一般而言,是指以社会公益事业为目的,从事文化、教育、卫生、体育、新闻等各种非营利性活动的单位。如学校、研究机构、医院、文艺团体等,其通常是由国家机关或其他组织利用国有资产举办。[①] 具有独立经费或者财产的事业单位,得依法取得法人资格。

(3)社会团体法人。社会团体是指自然人或法人自愿组成,为实现会员共同意愿,按照其章程开展活动的非营利性社会组织。[②] 如各种学会、协会等。根据我国《社会团体登记管理条例》第 10 条之规定,社会

---

① 参见 1998 年 10 月 25 日国务院颁布的《事业单位登记管理暂行条例》第 2 条。但实践中,由团体或者个人出资兴办的学校、医院、文艺团体等已经大量出现。

② 参见我国《社会团体登记管理条例》第 2 条第 1 款。

团体必须有50人以上的个人会员,或者30个以上的单位会员,或者有50个以上个人会员和单位会员。我国之"社会团体"与传统民法中的"社团"非为同一概念,社会团体法人性质上属于"公益性社团法人"。

(二)对我国《民法通则》之法人分类的评价

我国《民法通则》未采用大陆法一些国家对法人所作的基本分类(公法人与私法人、社团法人与财团法人以及公益法人与营利法人等),而是将法人一分为二,分为企业法人与非企业法人,并且对企业法人作了重点规定(第41条至第49条),而对所谓非企业法人,仅专设一个条文(第50条)。很显然,其更多的是立足于团体人格在经济活动中的重要价值。

关于法人人格的意义,存有不同看法。有人认为,与自然人的人格不同,法人人格只限于市民社会的生活而不能及于政治国家的生活,在公法的领域,法人人格不具有任何意义。① 但也有人认为,在现代,法人制度扩张成为一种基本的法律制度,法人在行政法、经济法、刑法等非私法领域中也成为法律关系的主体。因此,法人的能力(资格)就不仅限于市民社会的生活了。② 应当承认,所谓"私的领域"与"公的领域"之划分原本就仅具相对性,而现代法律"公法之私法化"以及"私法之公法化"趋势,显然使前述两大法律领域的界限在某些情形下更为模糊。因此,团体人格之于公法领域中某些问题有可能发生的影响当属必然(如法人犯罪问题等)。但是,法人制度的根本价值,仍在于确定经济活动中团体之作为交易主体的法律地位,解决财产权利之归属与财产义务之负担。因此,我国《民法通则》着重于法人作为经济实体的特性,将法人分为"经济型的"(以营利为目的)与"非经济型"(非以营利为目的)两种,并重点规范前者,有其合理之处。

《民法通则》按企业法人的不同所有制性质将之区分为全民所有制企业法人、集体所有制企业法人以及中外合资企业法人、中外合作经营企业法人、外资企业法人等,此种做法,一直遭到学者的批评。

首先,在民法上依所有制形态来区分企业法人的性质,是计划经济的产物。计划经济特别强调所有制性质在经济关系中所起的作用,而

---

① 参见江平主编:《法人制度论》,中国政法大学出版社1994年版,第22页。

② 参见刘心稳:《中国民法学研究述评》,中国政法大学出版社1996年版,第134页。

不同的所有制经济组织被给予完全不同的对待。所有制性质不同,企业的法律地位和权利义务也就不同。全民所有制企业由国家创设,并被视为实现国家经济职能的工具,故其一切活动均受国家制约,行政权力得直接干预和控制企业的经营;集体经济被视为全民所有制经济的"补充",故集体所有制企业名义上具有独立的地位,但实质上仍然无法避免行政权力的干预和控制,甚至出现集体所有制企业实质上"全民化"的现象。随着经济体制改革的深入,我国确定了社会主义商品经济的经济运行模式,全民所有制企业逐渐脱离行政权力的控制成为独立的市场主体;集体所有制企业和私营企业迅速发展,成为我国国民经济生活中的重要力量。而现代企业制度的建立导致各种不同所有制经济成分的相互融合,企业结构发生了根本性的变化。由此,企业的所有制色彩逐渐淡化,按所有制对企业进行分类的方法也越来越不适应经济生活的发展,而依所有制性质对企业进行分类的主要价值即对不同所有制性质的企业予以区别对待,在商品经济时代早已丧失其意义。今天,"传统的企业分类标准正在被投资资本构成、出资人地位、责任形态等现代企业的分类标准所取代。我国的企业也将逐渐以独资企业、合伙企业、公司企业及合作社为基本类型"。[①] 由此可见,在民法上再以所有制性质作为法人种类的划分标准,已不妥当。

不过,我国是社会主义公有制国家,全民所有制企业在国民经济中具有不可替代的重要地位。国家作为全民所有制企业的投资人,对其仍享有监督、管理的权利,这些权利应当通过制定各种行政法规予以确认。特别是全民所有制企业中具有公法人性质的公共机构,其地位与一般企业法人有所不同,其有关法律问题也应通过各种专门法规加以具体规定。

其次,《民法通则》对法人的分类根本不能概括中国社会中现实存在的各种形式的企业法人。《民法通则》除了对大量存在的各种所有制混合的企业法人、私营企业法人未作规定之外,对于财团法人亦未予充分重视。根据我国国务院颁布的《基金会管理条例》第 2 条及《社会团体登记管理条例》第 2 条,各种基金会应当被视为一种特殊的社会团体法人。而基金会及其他财团组织以财产为基础,与一般的社会团体有

---

① 江平主编:《法人制度论》,中国政法大学出版社 1994 年版,第 81 页。

本质的区别。

三、立法模式选择

(一)学术观点

对于我国民法典中法人分类的立法模式选择,笔者认为存在以下重点问题:

1. 区分公法人与私法人的必要性

笔者过去认为,就传统民法对法人所作分类来看,将法人分为公法人与私法人,其意在揭示根据不同法律设立的法人之不同地位,有其十分重要的理论意义和实际价值。但是,这种价值更多的是表现为对于设置公法人有关特别制度(如公法人设立之特别程序、国家对包括公共机构在内的公法人的财产及其活动进行监督控制的特别措施等)提供理论依据,而这些特别措施与制度通常由行政法规加以规定。而在民事活动中,无论公法人抑或私法人,其法律地位一律平等,均同等适用民法有关法人制度的基本准则。因此,就民法之立法的角度而言,不予明示公法人与私法人之种类区分,无碍大局。(事实上,在民法典中明示"公法人"之用语的《德国民法典》,仅对公法人专设一条"准用"之规定;[①]而《瑞士民法典》则仅在涉及法人登记以及法律适用时,对公法人予以专门规定。[②])此外,应当考虑到我国法学理论关于如何区分公法与私法尚未完全达成共识,立法上从未出现过公法与私法之用语,故公法人与私法人的划分,应当成为民法理论探讨的课题。但在将来的民法典中,不应对此作出明确划分,如果涉及公法人之设立等方面的特别问题,可以代之以"根据宪法、行政法设立的法人"等类似用语。[③] 但通过对中国《民法典》尤其是《物权法》的起草过程的观察,笔者强烈感到公法人与私法人在立法上明确予以划分的重要性。

(1)在国有企业的法律地位问题上,我国某些理论和立法均一直存

---

① 《德国民法典》第89条第1项规定:"对国库以及公法上的社团、基金会和机构,准用第31条的规定。"第2项规定:"同样,对允许破产的公法上的社团、基金会和机构,准用第42条第2款的规定。"

② 《瑞士民法典》第52条第2项规定:"公法上的团体组织即机构,非经济目的的社团、宗教财团、家庭财团,不许经上述登记。"第59条第1项规定:"公法的以及教会的团体及机构,适用联邦及各州公法的规定。"

③ 参见尹田:《民事主体理论与立法研究》,法律出版社2003年版,第175~176页。

在将国有企业“公法人化”的倾向。其表现为：拒不承认国有企业的财产与其他私法人具有同等地位（否认国有企业法人对其财产享有所有权）；拒不承认国有企业的投资人（国家）与其他投资人具有同等地位。同时，非为公共机构的国有企业的财产是否得如其他私法人的全部财产一样得全部属于强制执行范围，对此含糊其词。

（2）国家是否为公法人之一种，在理论上和立法上没有明确答案。为此，笔者认为有必要在我国的民法典之法人制度中，设置“公法人”的相应规则，故笔者在提出的建议稿有关“法人的独立责任”的第 62 条第 2 款专设但书规定：“根据宪法、法律和行政法规设立并担负公共职能的法人，法律、行政法规对其民事责任另有规定的，依照其规定。”

2. 采营利法人与非营利法人之分类的科学性

传统民法将法人分为“公益法人”与“营利法人”，意在揭示法人设立之不同目的，并导致法人设立方式和法律适用上的重大区别，是法人的一种最为重要的基本分类。但如前所述，此种分类的缺陷在于无法包括一些既非公益、亦非营利的法人组织（中间法人），从而留下法律漏洞。我国《民法通则》所规定的企业法人实际上就是营利法人，而所谓国家机关法人、事业单位法人以及社会团体法人则基本上应属于公益法人。考虑到我国民法更为注重法人在经济生活中的地位和作用，可以保留《民法通则》关于企业法人与非企业法人之分类的基本思路。但应依学者的建议，借鉴德国法和瑞士法的做法，采用“营利法人”与“非营利法人”的分类。[①] 而在营利法人中，则不再区分全民所有制法人、集体所有制法人等。

3. 增加设定“捐助法人”的合理性

传统民法将“社团法人”与“财团法人”作为法人的基本分类，其意在揭示法人设立所依赖之基础（或为人或为财产），具有极为重要的价值。但我国立法从未采用“社团”及“财权”的概念，而已经被广泛使用的“社会团体”之概念与“社团”之概念极易混淆，至于“财团”，则难以为一般人所理解。因此，社团法人与财团法人的概念和分类可为民法理论所运用，但立法上不宜采用。不过，我国民法应当对财团性质的法人作出明确规定。

---

① 参见梁慧星：《民法总论》，法律出版社 1996 年版，第 123 页。

财团法人通常由捐助财产设立,其典型形式是各种基金会。我国实行改革开放以来,由海外侨胞以及国内人士捐资设立的儿童福利、残疾人福利以及教育科研方面的基金会大量增加。除此之外,由个人捐资设立的学校、医院、福利院、文化馆等也不断涌现。对于基金会一类的法人组织,如前所述,我国有关条例将之划入"社会团体"范围,此举也曾得到一些学者的支持。[①] 但基金会等与明显具有社团特征的社会团体具有本质区别,如加以混淆,则有可能将基金会等福利机构中的管理人员误认为法人成员,从而导致其设立宗旨和财产用途被非法改变。为此,有不少学者主张将基金会等组织划入"事业单位"的范围。[②] 但在我国的非营利法人中,虽然所谓"事业单位"通常是指国家机关和社会团体之外的组织,而由于历史的原因,我国的事业单位主要由国家兴办(少量由集体兴办),多数事业单位事实上代表国家从事社会各项事业,其成立程序与国家机关基本相同。前述有关事业单位的登记条例中的有关规定,也说明了这一点。因此,"事业单位"与"企业单位"实际上是相对应而存在。两者的区别主要在于,前者为非营利性组织,后者为营利性组织,但两者均为人的集合体(社团)。也就是说,如果将基金会等捐助法人划入事业单位的范围,将完全不能显示其"财团"性质。所以,把团体或者个人捐资兴办的基金会等公益组织统称为"捐助法人"在立法上单独加以规定,明确其性质与特征,是有必要的。

(二)《民法总则》的立法选择

《民法总则草案》(第一次审议稿)第三章"法人"中,包括"一般规定"(第一节)、"营利性法人"(第二节)和"非营利性法人"(第三节)。其规定"营利性法人包括有限责任公司、股份有限公司和其他企业法人等"。在"非营利性法人"一节中,分别对"事业单位法人""社会团体法人""捐助法人""机关法人"的相关事项作出了具体规定。

上述审议稿公布之后,其对法人所采用的"营利性法人"与"非营利性法人"的分类方法引起了很大的争论。有人认为,按照这种分类,农村三类组织(农民专业合作社、农村集体经济组织和村民委员会)难找

① 参见江平主编:《民法教程》,中国政法大学出版社1988年版,第120页。

② 参见马俊驹:《法人制度通论》,武汉大学出版社1988年版,第76~78页;江平主编:《法人制度论》,中国政法大学出版社1994年版,第53页。

到对应的法人类型,此外,股权投资基金等金融领域的新型法人,其法律地位也不明确;也有人担心,这种分类恐伤及民办教育,不符合民办教育机构的实际情况(此种机构有营利的,也有不营利的)。在民法学界,也有一些人对于此种分类方法表示了反对,认为采用“社团法人”与“财团法人”的分类方法才是科学的。但笔者在相关文章中指出,民法总则草案所采用的这种法人分类方法,不仅是一种立法上的重要进步,而且较为符合中国的实际情况:

首先,这种分类消除了按照所有制区分法人种类所具有的消极影响,有助于在民事领域弘扬和贯彻平等观念,促进市场经济发展,促进司法公正。

1986 年颁布的《民法通则》是最早、也是迄今为止唯一对法人制度作出基本规定的法律。该法将法人分为企业法人与非企业法人两类,其第 48 条又将企业法人按照“全民所有制、集体所有制、中外合资经营、中外合作经营以及外资”的标准进行具体区分,不仅使私营企业、各种经济成分混合而成的企业不具有民法上的主体地位,而且使各种企业法人因所有制的不同而具有不同的法律“身份”,导致其法律地位的不平等。民法总则草案废弃了这种分类,按法人是否具有营利性进行分类,符合市场经济主体在民事法律地位上一律平等的基本原则,有利于消除民事活动中的特权观念,有利于在司法诉讼中实现对民事主体的平等保护。

其次,这种分类是我国民法上唯一能够选择的科学和合理的分类方法。

依照不同的角度,理论上可以对法人进行各种分类,但立法上可以采用的基本分类仅只两种:一种是“社团法人与财团法人”,另一种是“营利性法人与非营利性法人”。很多大陆法系国家民法典采用前一种分类的其主要原因是,以法人设立的基础(是基于法人成员的共同意志而设立,或是基于捐助人的意志而设立)为标准对法人进行分类,可以十分清晰地表现两类法人的不同特征(社团法人是人的集合体,如各种公司、合作社、协会、学会等,而财团法人是财产的集合体,如各种基金会组织、慈善机构等),从而使某些不同的规则能够分别适用于该两类不同的法人组织。但这种做法很难为我国民法所采用,其原因主要在于:(1)社团法人与财团法人的分类,主要针对的是所谓“私法人”(根据民法而设立的法人,如公司、民办事业单位等、基金会等),并不包括所谓“公法人”(根据公法而设立的、以执行属国家性质的公共事务为目的法人,如国家机关、公共团体等)。由于德国等大陆法系国家民法的法人制度主要是对私法人作出规定,故其可以采用此种分类。但在我国,具有法人资格的国家机关、工会、共青团、妇联等社会团体,是重要的一类法人,但难以纳入社团法人的范围。(2)财团法人所涉及的特殊规定较少,如采用前述分类,则法人章节的内容将会严重失衡。因此,采用营利性法人与非营利性法人的分类,可以避免这些问题的出现。

笔者还指出,鉴于社会生活的复杂性及社会组织的多样性,理论上对法人采用的任何一种分类方法,都有可能存在缺陷。例如,根据我国有关法律的规定,民办教育机构可以具有营利性,也可以纯粹具有公益性,难以将之全部纳入“事业单位法人”(非营利法人)的范围。但通过在法人一般规则中作出特别规定的方式(如同我国《民法总则草案(第一次审议稿)》在法人一般规定中对“合作社法人”单独作出规定),则其缺陷即可得以弥补。至于股权投资基金等金融领域的新型组织形式,其很难被纳入企业法人的范围,但其性质为营利性法人,可以在相关章节作出具有开放性和包容性的一般规定。而作为农村集体土地所有人的所谓“农村集体经济组织”,其目前在实际生活中本身就不存在,村民委员会是村民自治组织,其应否具有法人资格,或应否属于法人之外的“其他组织”,尚待确定。据此,前述相关意见和批评,应当作为民法总则草案修改时应予重视的参考。

对上述问题,《民法总则草案(第二次审议稿)》未作出改变,但在其第三次审议稿中,在“营利法人”与“非营利法人”相关章节之后增加规定了“特别法人”一节,对机关法人、农村集体经济组织法人、合作经济组织法人以及居民委员会、村民委员会等基层群众自治性组织法人进行了规定。

2017年3月颁布的《民法总则》,对其草案中有关法人分类的相关规定未作出任何重大修改。《民法总则》第三章“法人”中,包括“一般规定”(第一节)、“营利法人”(第二节)、“非营利法人”(第三节)以及“特别法人”(第四节)。其在相关条文中规定“营利法人包括有限责任公司、股份有限公司和其他企业法人等”。在“非营利法人”一节中,分别对“事业单位法人”(第89条)、“社会团体法人”(第90~91条)、“捐助法人”(第92~94条)的相关事项作出了具体规定。而在“特别法人”一节中,对“机关法人”“农村集体经济组织法人”“城镇农村的合作社经济组织法人”“基础群众性自治组织法人”等作出了规定。

第十一章　法人"人格权"之否定

第一节　团体人格的法律属性

一、概述

"法人无人格权",是笔者在我国民法典起草过程中提出的一个结论性观点,由此受到理论界关注,也遭到不少批评。

现实的情况是,有关法人如同自然人一样具有人格权,长期以来是我国民法理论所形成的共识且为立法所采用。

1986年《民法通则》首先在其"人身权"一章中明确规定了法人的人格权。该法第99条第2款规定:"法人、个体工商户、个人合伙享有名称权。企业法人、个体工商户、个人合伙有权使用、依法转让自己的名称。"第101条规定:"公民、法人享有名誉权,公民的人格尊严受法律保护,禁止用侮辱、诽谤等方式损害公民、法人的名誉。"第102条规定:"公民、法人享有荣誉权,禁止非法剥夺公民、法人的荣誉称号。"在上述规定中,法人享有名称权、名誉权以及荣誉权等人格权。

而在有关民法典草案的学者建议稿中,法人人格权无一例外地被予以明确规定。

全国人大法工委2002年公布的民法典草案不仅规定了法人享有的名称权、名誉权等具体人格权,而且还规定“自然人和法人的人格尊严和人身自由不受侵犯”(第2条),即规定法人享有一般人格权。

梁慧星先生的建议稿中,法人人格权未予单独规定,而是将之规定于法人制度之“一般规定”之中(规定了法人的名称权、名誉权)。其虽未在立法上出现“法人人格权”的用语,但在立法说明中,仍承认该两项权利为法人之人格权。①

王利明先生的建议稿规定了法人的名称权、名誉权、信用权、荣誉权等,但未承认法人享有“一般人格权”。②

徐国栋先生在其《绿色民法典草案》第二分编“法人法”中单节规定了“法人的人格权”(包括名称权、名誉权、荣誉权)。

“法人既有人格,当然具有人格权。”此项结论,曾为包括笔者在内的中国民法学者所认同。但在深入研究人格权的本质的过程中,笔者发现,此种认识完全是建立在对于团体人格的本质及其法律属性一知半解、人云亦云的前提之上。

笔者认为,既然有关于团体人格的各种理论多建立于法人人格与自然人人格所表现的法律地位毫无差别的“同一性”基础之上,那么此“人格”等同于彼“人格”。以此为出发点,法人人格权与自然人人格权也被视为完全同质的权利,得被置于同一权利体系,适用相同的法律规则。这种从观念上把法人等同于真正的“人”的理论,错误地扩张了团体人格应有的法律功能,夸大了其法律价值和社会意义,严重偏离了法人制度的本来目的。

诚如笔者在前文中所指出,众多史料证明,民法上的人格理论是一种“死而复生”的理论。

人格理论产生于古代罗马法,其基本价值在于区分自然人不同的社会地位,是组织社会身份制度的工具。这一理论和制度,伴随古罗马帝国的覆灭而死亡。从古罗马的故纸堆里发掘其“人格”理论,并将之作为法技术手段有条件地重新加以利用的工作,是由德国人来完成的。德国人让古老的人格理论死灰复燃的目的,当然不是为了给相互平等

① 参见梁慧星:《中国民法典草案建议稿附理由:总则编》,法律出版社2004年版,第98页。该条文及立法说明为笔者所撰写。

② 该建议稿第292条[一般人格权]规定:“自然人的人格尊严、人格平等和人格自由受法律保护。”参见王利明主编:《中国民法典学者建议稿及立法理由》(人格权编·婚姻家庭编·继承编),法律出版社2005年版,第18页。

的自然人重新戴上身份区分面具,而是为了将这一经过改造的面具戴到某些“适于成为交易主体”的团体的脸上,使之与其他团体相区别,而这些拥有人格面具的团体,就是被称为“法人”的那些社会组织。在此,“人格”或者“法律人格”被赋予一种新的特定含义,即其仅具有“形式上的‘人’的内涵”,①人格的身份区分功能由此在另一种意义上得以复活。然而十分重要的是,德国民法对于团体人格的塑造,纯粹是为了满足经济生活的需求,其欲达到的目的是使构成财产集合体的资本与投资人的其他财产相分离,通过一种抽象的拟制方法,赋予具备特定条件(包括拥有界限分明的独立财产、能够产生其成员的共同意志亦即独立意志)的团体以一种与投资人相区分的法律地位,使之成为财产权利、义务和责任的独立承担者,借以限制投资人风险,鼓励投资积极性。故在其本质上,法人不过是人格化的资本,而法人之所谓“人格”,不过是被用作区分或者辨认团体有无民法上独立财产主体地位的纯法律技术工具而已。

由此,笔者具体分析了团体人格与自然人人格在其本质属性方面的重大区别,并进而得出了“法人无人格权”的结论。

二、团体人格与自然人人格的本质区别

(一)团体人格的纯私法属性

团体之“人格”是一种人为拟制的、无社会政治属性的法律人格,故其仅为团体在私法上的主体资格。

当代人权理论指出:“人权强调‘人之作为人所应有’,强调维护人的尊严和价值。在这种意义上,我们可以说,人权是一个以人道作为社会进步目标的目的性概念。”②而自然人人格是使自然人“人之成其为人”的法律表达,故其本质上与“人权”具有相同含义。“人之成其为人”不仅必须享有私生活领域中的财产权利和身份权利(婚姻、家庭、亲属关系中的权利),而且必须享有政治生活领域中的各种基本权利。为此,自然人人格不仅包括自然人在私法上的地位即享有民事权利的资格,而且包括其在公法上的地位即享有政治权利和其他公法权利的资

---

① 参见[德]卡尔·拉伦茨:《德国民法通论》(上册),王晓晔等译,法律出版社2003年版,第57页。

② 夏勇:《人权与人类和谐》,中国政法大学出版社1992年版,第170页。

格。对一切自然人人格的当然承认,全面、直接地反映了近代政治社会对人的基本态度和人权观念,奠定了社会民主政治制度最重要的思想基础,故自然人人格是一个极具社会政治性质的概念。而团体人格即"法人"的概念,是将政治学、哲学和伦理学上的"人"的概念移植或者借用到私法领域的技术抽象成果,目的仅在于使某些社会组织(人或者财产的结合体)能够成为私法上权利义务的载体。故团体人格作为团体的民事主体资格仅在私法领域具有意义,在此领域之外,其人格不复存在。在社会政治生活各种关系中,不存在任何被称为"法人"的主体。各种团体在公法领域依公法的规定所进行的各种活动,其法律适用并不因团体是否具备法人人格而有所区分。例如,在确定团体是否为纳税主体,是否为工商、金融、城管、文化教育、治安、交通或其他行政管理活动的对象时,完全不考虑该团体是否具备所谓"法律人格"。因此,与民法创制团体人格的目的相符,团体人格纯粹是团体的一种私法地位,一种享有私权利的资格,并不包含享有任何政治权利或其他公法权利的资格。团体人格在本质上不同于自然人人格,其不具有社会政治属性。

(二)团体人格的纯财产属性

尤为重要的是,团体之"人格"是一种无伦理性的法律人格,故其仅为团体的财产权主体资格。

近代法对自然人人格的普遍承认,其哲学基础是人道主义和自然法思想。自然人人格表现了人类尊严、人类对个人自由和安全的向往,同时也表现了对人的生命、身体和人类情感的尊重。一切被称为"人性"的要素,构成了自然人人格的伦理基础。而作为一种法技术拟制的产物,团体人格与人道主义、人性无关,其表现的价值元素与人的尊严、自由、安全以及伦理道德无关。因此,与自然人人格不同,团体人格不具有伦理性。

就团体人格不具有伦理性问题,存在许多经典论述。"人格"的词来源之一为拉丁语 *persona*,在斯多葛哲学中,是为了显示具备理性的独立实体即人而被使用的,故其本身同时具有哲学和神学上的意义。[①]

---

① 在基督教神学上,它是被作为显示三位一体的圣父、圣子、圣灵中的每一位(称此为"位格")的共通词语而使用。对此,布尔其乌斯认为,所谓"*persona* 是具有理性治本性的个别实体"。这样,"*persona*"一词既被用于天使也被用于人。这种观点通用于中世纪。转引自[日]星野英一:《私法中的人——以民法财产法为中心》,王闯译,载梁慧星主编:《民商法论丛》(第8卷),法律出版社1997年版,第162页。

至康德及其以后的哲学,才在继承传统的同时,赋予其因作为伦理上自由的主体而具有人之尊严的意义。因此,人们认为:"*persona* 的思想是人文主义的表现。"[①]而以受到康德影响的蔡勒为起草人之一的《奥地利民法典》将这一思想进行了清楚的表达。该法典第18条规定:"任何人生来就因理性而获有明确的天赋的权利,故得作为(法的)人格(*persona*)而被看待。"此处的所谓"与生俱来的天赋权利",是指自然法上的权利,故此处承认的法律人格是建立在个人依自然法与生俱来的权利基础之上的。对此,萨维尼指出:"所有的权利,皆因伦理性的内在与个人的自由而存在。因此,人格、法主体这种根源性概念必须与人的概念相契合。"[②]而就法人本质问题,萨维尼提出了著名的"法人拟制说",即法人的法律人格并非源于人的本质,而是为法律所拟制。与此同时,萨维尼在其《法人论》中对法国人至今仍在使用的"法人"(personne morale)一词的安排进行了尖锐的批评,认为"moral"(精神的、伦理的)与作为同伦理无关之存在的法人的本质无缘,故以之表达反伦理或者无伦理的法人人格,荒谬至极。[③]

事实就是,德国民法在创制团体人格的同时,小心翼翼地避开了"人格"这一古老而又常新的概念中所包含的伦理属性,以"权利能力"这一仅具"私法上的主体资格"之含义的概念替换了"人格"的表达,使"法律人格即权利能力明确地'从伦理的人格中解放出来'",[④]可以同时适用于自然人和法人。虽然此举受到一些学者的尖锐批评,认为"使用一个简化成这样的、纯粹法律技术上的人的概念是解决不了什么问题的",因为"法律上的人是依据根本的、即法律本体论和法律伦理学方面的基

---

① Rene Savatier, *Metamorphoses économiques et socials du droit privéd "aujourd' hui"*, serie III. 1995, n° 336. 转引自[日]星野英一:《私法中的人——以民法财产法为中心》,王闯译,载梁慧星主编:《民商法论丛》(第8卷),法律出版社1997年版,第163页。

② Friedrich Carl von Savigny, *System des heutigen romischen Rechys*, Bd. II, §85. 转引自[日]星野英一:《私法中的人——以民法财产法为中心》,王闯译,载梁慧星主编:《民商法论丛》(第8卷),法律出版社1997年版,第162页。

③ 同上书,第162页。

④ [日]星野英一:《私法中的人——以民法财产法为中心》,王闯译,载梁慧星主编:《民商法论丛》(第8卷),法律出版社1997年版,第164页之注释。

础产生的，无论是立法者还是法律科学都不能任意处分这些基础”，[①]但其毕竟从技术上解决了自然人和法人在同一民事主体制度（所谓“人法”）的框架下的共存，满足了《德国民法典》形式结构的需要。

由此可见，从其产生的第一天起，团体人格就是一种无伦理性的法律人格。它既不包含自然人在伦理生活（婚姻、家庭、亲属）中的法律资格，更不包含自然人基于人的自由、安全和人类尊严而具有的法律地位。与法人制度创制目的相符，团体人格只是一种单纯的财产权主体资格。

需要指出的是，虽然如德国学者所言：“《德国民法典》中使用的‘人’，是一个形式上的人的概念”，其内涵“没有它的基础——伦理学上的‘人’那样丰富。在伦理学上的‘人’所具有的所有特性中，它只具有唯一的一个：权利能力”。[②] 但该法典对“法人”（团体人格）概念的使用，使根本属性相异的自然人“人格”与法人“人格”在用语上无法区分。同时，该法典为使自然人和法人能够被置于“人法”的同一体系，以“权利能力”替换了“人格”的概念，使“法律上的人被缩成了权利主体”。[③] 而日本民法在混杂移植法、德民法的复杂过程中，由于对罗马法、德国法以及法国法之法律概念翻译、理解及表达上的局限和误差，“权利能力”和“人格”二词被交替使用，由此对我国清末及民国时期的民法理论和立法产生深刻影响，以至于在同时期的某些理论中，“权利能力”被错误地解释为“人格”的同义语。[④] 此种谬误延续至今并被我国现时的某些理论予以扩大，使自然人人格与法人人格被进一步混同。

（三）结论

自然人人格与团体人格在本质上混同的结果，必然产生两个作用刚好相反的理论误区。

---

① ［德］里特纳：《法律上的人和法人》，载《法律中的自由与责任：迈耶尔——哈约兹诞辰庆贺文集》，1982 年，第 335 页。转引自［德］卡尔·拉伦茨：《德国民法通论》（上册），王晓晔等译，法律出版社 2003 年版，第 57 页之注释。

② ［德］卡尔·拉伦茨：《德国民法通论》（上册），王晓晔等译，法律出版社 2003 年版，第 57 页。

③ ［德］里特纳：《法律上的人和法人》，载《法律中的自由与责任：迈耶尔——哈约兹诞辰庆贺文集》，1982 年，第 335 页。转引自［德］卡尔·拉伦茨：《德国民法通论》（上册），王晓晔等译，法律出版社 2003 年版，第 57 页之注释。

④ 有关历史资料参考俞江：《近代中国民法学中的私权理论》，北京大学出版社 2003 年版，第 133～159 页。

一是以法人人格的属性去解读自然人人格,使自然人人格所赖以建立的社会政治基础、伦理基础及其表达自然人一般法律地位的重要属性被忽略乃至被抹杀,即“由于对所有的人的法律人格即权利能力的承认成为民法典的规定从而成为实定法上的原理,得到从法律实证主义的立场上的承认,故而其自然法的基础却逐渐被忘却”。①

二是反过来以自然人人格的属性去解读法人人格,于仅表达团体在私法上之财产主体资格的法人人格中强行注入伦理因素,从而断定团体和自然人一样,也可在伦理生活(所谓“人身关系”)中充当权利主体。

就前述第一个误区的澄清,可以借助于20世纪以来法哲学中的“重新恢复法律人格的观念与人的人格之结合的努力”;②而就第二个误区的澄清,则可以通过对“法人人格权”理论的分析来完成。

第二节 法人“人格权”之有无

一、概述

如前文所述,人格权的概念产生于19世纪德国民法理论,人格权理论的提出是近代民法发展到现代民法的主要变化之一。时至今日,伴随人权保护的浪潮,有关人格权的理论研究、立法及司法实践蓬勃发展,方兴未艾,各国民法大量增设保护人格权的条文。而德国司法实务根据其《基本法》创制的所谓“一般人格权”,则无疑将人格保护推向了高峰。但仔细观察这一发展中的法律现象,可以发现,现代各国有关强化人格权保护的立法和司法活动,均仅针对自然人的人格权。“同样”具有法律人格的团体,在人格权保护运动中备受冷落。其根本原因在于,基于本质的不同,团体人格注定不可能产生只能与自然人人格相生相伴的人格权。

---

① 俞江:《近代中国民法学中的私权理论》,北京大学出版社2003年版,第133~159页。

② Helmut Coing, *Der Rechtsbegriff der menschlichen Person und die Theorien der Menschenrechte*,1950.转引自[日]星野英一:《私法中的人——以民法财产法为中心》,王闯译,载梁慧星主编:《民商法论丛》(第8卷),法律出版社1998年版,第164页。

自产生之初至现在,人格权都被确切地理解为“人之成其为人的自由实现”的法律保障。[①] 人格权之人格,由“被认识的人之为人的那些属性或性质,如生命、健康、身体、名誉等”构成。[②] 而从人格权发展的历史轨迹来看,其首先出现的是“个别人格权”(einzelne Personlichkeitsrecht),然后再出现“一般人格权”(allgemeine Personlichkeitserecht)。因此,人格权的产生,明显地与对构成自然人人格各要素的价值判断和技术分解之间存有因果关系。而在这里,人格权所保护或者表现的并非自然人人格的全部要素。其中,自然人对财产权利的享有,即被明确地排除在外。(需知依照一种严格的深层分析,财产权利的享有是人格最基本、最重要的构成因素,“广义上的财产为人格的表现,体现了人格与外部事物的联系”。故“无财产即无自由”“无财产即无人格”。)[③]无论如何,依据一种历史性的选择,人格权所保护或者表现的,仅仅是那些与财产无直接关系的体现人类尊严和自由并决定人成其为人的人格要素,这些人格要素因其伦理性仅能为个人(自然人)人格所具有。而经法律拟制方成的无伦理性的团体人格,完全不包含人的自由、安全及人类尊严等属性,故其不可能被专为保障自然人人格中具有伦理性的人格要素而设的人格权所保护或者表现。

然而,所谓“法人人格权”的概念和相应理论的提出,却由来已久。虽然迄今为止,并无任何一个有代表性国家的民法典对法人的名称等保护设有明文规定,但欧洲一些民商分立的国家以及日本商法对所谓“商号”的保护性规定,已足以成为“法人亦享有人格权”的理论依据。诚然,德、日学者在其论著的法人部分提及法人人格权时,一般仅为寥寥数语,且特别谨慎地指出法人非为伦理意义上的主体,自身没有人的

---

① 转引自徐国栋:《“人身关系”流变考》,载《中外法学》编辑部、北京大学第22届研究生会编:《中国民法百年回顾与前瞻学术研讨会文集》,法律出版社2003年版。

② Savatier, *Metamorphoses économique et socials du droit privé d' aujourdui*, III, n° 335, 转引自[日]星野英一:《私法中的人——以民法财产法为中心》,王闯译,载梁慧星主编:《民商法论丛》第8卷,法律出版社1997年版,第176页。

③ François Terré et Philippe Simiier, *Droit civil*, *Les biens*, 4e éd, DALLOZ, 1992, Paris, p. 5.

尊严,也没有应受保护的私生活,故其不享有一般人格权。① 但“法人人格权”被普遍认同,却是不争的事实。我国台湾地区的一些学者首先将法人人格权范围予以扩张,而随之将法人人格权公然提升至与自然人人格权相等地位的,则是内地的一些学者。我国台湾地区学者认为,团体既然具有法律人格,则对其人格利益的保护当然产生人格权。因此,凡不以自然人之身体存在为前提者,如名称权、名誉权、秘密权、肖像权乃至于精神的自由权等,法人均得享有。亦即就法人而言,除其性质所限范围之外,可以享有以权利主体的尊严及价值为保护内容的人格权。② 而内地一些学者则进一步推论:既然法人有其具体的人格权,当然也应有一般人格权,即“法人作为民事权利主体所享有的人格不受侵犯的权利,是以与法人财产利益相对应的法人人格利益为基础,与法人人格密不可分的权利”,其标的为“法人人格独立”以及“法人人格平等”。法人人格独立,表现为法人之财产独立、意志自由(经营自由、对外交往自由等),干涉法人的意志自由,即侵害了法人的一般人格权。③ 而我国《民法通则》则规定了对法人的名称权、名誉权的保护(第99条、第101条)。在我国第四次民法典起草过程中,法人人格权全面而详尽的规定,成为官方草案和民间提出的某些草案中最为突出的“创新”之一。

二、法人无人格权的理由

法人真的有人格权吗?对这一问题的论证,除采用历史的分析方

---

① 卡尔·拉伦茨认为:“法人的权利能力充其量不过是部分权利能力,即具有财产法上的能力。”但又承认法人有某些人格权,例如姓名权以及名誉权,只不过法人不是伦理意义上的主体,没有一般人格权。参见[德]卡尔·拉伦茨:《德国民法通论》(上册),王晓晔等译,法律出版社2003年版,第182页。迪特尔·梅迪库斯认为:“法人具有一个受法律保护的名称。在其他方面,虽然法人不享有与自然人同样广泛的一般人格权,但是法人的人格也受到法律保护。”转引自[德]迪特尔·梅迪库斯:《德国民法总论》,邵建东译,法律出版社2000年版,第822页。四宫和夫认为:“既然法人具有独立的社会性实体,就不得不承认其具有名称权、名誉权等人格权。”转引自[日]四宫和夫:《日本民法总则》,唐晖、钱孟姗译,五南图书出版有限公司1995年版,第100页。

② 参见胡长清:《中国民法总论》(上册),商务印书馆1993年版,第117页;施启扬:《民法总则》,三民书局2000年版,第130页;史尚宽:《民法总论》,中国政法大学出版社2000年版,第153页。

③ 参见王利明等编著:《人格权法》,法律出版社1997年版,第40~41页。

法之外,更重要的是必须采用实证的方法。而其论证须严格遵守的游戏规则是:如果法人有人格权,则此种权利不应当表现或者主要表现为财产利益,且此种权利必须与法人人格相生相随,亦即有法人人格者,必有法人人格权;无法人人格者,必无法人人格权。据此,前述法人人格权理论及立法存在诸多根本性谬误。

(一)自然人"人格权"的概念不适用于法人

"人格权"是一个历史性概念,具有特定内涵和价值,不能以同等含义适用于团体人格。

如前所述,在人格权发展史上,自然人法律人格与人格权理论"是通过人格尊严思想的介入而联系起来的"。[①] 而人的"尊严"亦即人类绝对价值,是以人类的理性(包括道德要求)作为基础的。[②] 因而人格权的产生过程,与团体人格的创制毫无关系。由此,建立在自然人人格与法人人格"同一性"基础上的逻辑推论("法人有人格即有人格权")中的"人格",与产生自然人人格权的"人格"非属同类,故其推论的前提是错误的。人格权表现的是专属自然人人格所具有的那些伦理性要素,故除非改变人格权的固有含义,否则,即使法人人格以及构成其人格要素的名称、名誉等受法律保护,其产生的权利亦非自然人人格权意义上的"人格权"。

(二)法人"人格权"之财产权属性

法人的"人格权"无精神利益,实质上是一种财产权。

自然人的人格为自然人存在于社会生活之一切领域的基本生存条件,其基本作用在于使"人成其为人"。故其受人格权保护的人格利益表现为人的生存价值、伦理价值或精神利益(生命、身体、自由、尊严、隐私等),此种人格利益有时可能与财产利益相牵连,但其绝对不会直接表现为财产利益,亦不得转让。而法人的人格为团体存在于经济生活领域的主体资格,故其所谓"人格利益"必然只能表现为一种财产利益,是某种财产价值的载体,多具有使用价值和交换价值,具有可转让性(如名称、商业秘密等)。对自然人姓名、名誉、隐私的侵犯,其直接损害

---

① 参见[日]星野英一:《私法中的人——以民法财产法为中心》,王闯译,载梁慧星主编:《民商法论丛》(第8卷),法律出版社1997年版,第177页。

② 参见[德]康德:《道德形而上学》第2章。转引自[德]卡尔·拉伦茨:《德国民法通论》(上册),王晓晔等译,法律出版社2003年版,第46页。

的是人的尊严(精神损害),而对法人名称、名誉、信用、商业秘密的侵害,其损害的只能是商业上的利益,[①]故法人不得主张任何精神损害赔偿。由此,法人的所谓"人格权"实为一种财产性质的权利。对此,无论有关工业产权保护之国际公约将法人名称权规定为无形财产权的事实,[②]或学界有关法人名称(商号)、名誉(商业信誉)、商业信用及商业秘密为财产权或者无形财产权的各种理论分析等,[③]均揭示了问题的实质。至于将法人之人格利益奋力扩张至"肖像"、"精神(人身)自由"以及"人格尊严"者,则令人不知其所云而无从批评。

应当特别指出的是,如果将法人的人格利益果真扩张至"自由、安全、人格尊严"的领域并予以法律保护,则无异于赋予法人人格以社会政治属性。而具备强大经济实力的企业将有可能借此跨越经济活动的边界,堂而皇之进入社会政治生活领域,其超出经营活动范围的"自由权、人格平等权以及人格尊严权"主张,则有可能使企业从单纯的经济实体演变成为社会政治实体。其后果之严重,足令人不寒而栗!

(三)法人"人格权"与团体人格并无必然联系

法人的"人格权"绝非一切法人均得享有,故其非为任何团体人格存在之必需。

人格权与人格,为同一事物的两面。有人格者,必有其人格权;有同等之人格者,则必有其同等之人格权。而"法人有其人格,即有其人格权"的想当然论断忽略了一个重要的事实,即法人的信用权、商业秘密权等,仅企业法人享有,其名称权、名誉权等仅得为企业法人和其他私法人享有。但国家机关及公共团体法人,虽有团体人格,却不得享有前述权利。公法人设立目的在于实现政府职能或者提供公共服务,故其既无所谓商业信用,亦无所谓商业秘密,而其名称或者名誉成为私的生活领域或者经济生活领域中的侵权对象并导致财产损害,殊无可能。再者,倘若允许国家机关以其名称权或者名誉权受侵害为由,对立法机

---

①　对企业法人名称、名誉、信用、商业秘密等的侵害,只能产生财产损失,毋庸置疑。而社会团体法人无商业信用、商业秘密,其名称、名誉可否在私生活领域受侵害及产生民事损害赔偿责任,殊值存疑。

②　参见《保护工业产权巴黎公约》第8条。

③　参见龙显铭:《私法上人格权之保护》,中华书局1948年版,第89页;吴汉东:《论信用权》,载《法学》2001年第1期。

关、政府机关以及司法机关的批评者提起民事赔偿诉讼，则民众的言论自由必将岌岌可危！

以上分析表明，有法人人格者，不一定有所谓“法人人格权”，有法人人格权者，亦非同等享有全部“法人人格权”，亦即法人人格与所谓“法人人格权”之间，并不存在必然联系。这一分析，从一个重要侧面印证了前述法人人格拟制的主要目的以及关于法人人格权之财产权性质的结论。

（四）法人“人格权”不具专属性

法人的“人格权”亦得为营利性非法人组织乃至个人所享有，故其非为团体人格之专属权利。

撇开人格权的历史渊源和伦理属性不谈，仅就权利的语词表达形式而言，人格权之所以被谓之“人格权”，全在于其人格属性，故其具有专属性，不得为无人格者所享有。在此，“法人人格权”论者忽略了另一个更为重要的事实，即被称为“法人人格权”的那些权利，并非为法人所独享。根据我国《民法通则》第 99 条第 2 款之明文规定，对于名称权，不仅法人得享有，个体工商户、个人合伙亦同样得享有。而依《中外合作经营企业法》等法规规定，名称权亦得为不具备法人资格的中外合作经营企业、合伙企业以及私营企业等组织享有。至于名誉权、信用权及商业秘密权等，虽法无明文，但前述非法人组织得享有及主张，应无争议。这就表明，被称作“法人人格权”的那些权利，并非基于法人人格产生，其实质为财产权利，其与法人人格之间并无“密不可分”的依存关系。而当构成所谓“法人人格权”的那些权利均得脱离法人人格而由其他无法人资格的组织甚至个人所享有时，法人的此种“人格权”还能叫做人格权吗？一言以蔽之：凡可为不具有法人资格的其他组织享有的权利，即非由法人人格所生，即不可谓之法人人格权。由此，“法人人格权”理论，可以休矣！

（五）法人无人格尊严

所谓“一般人格权”（如前所述，“一般人格权”即为基础和抽象意义上的“人格权”）的基础为人类尊严之保护，法人无人类尊严，故法人无“一般人格权”。

应当指出，德国司法实务创制一般人格权的意义，在于弥补《德国民法典》保护自然人自由与人格尊严规定之不足，依据的是其《基本法》

第1条(“人类尊严不得侵犯。尊重及保护人类尊严,系所有国家权力〈机关〉的义务”)及第2条(“在不侵害他人权利及违反宪法秩序或公共秩序范围内,任何人均有自由发展其人格的权利”)之规定,与法人人格保护风马牛不相及。

人类尊严源于人类理性,如康德所说:“一样有价格的东西,可以用另外一种等价物来替代它;而超越所有价格,亦即不可能有等价物的东西,才有它的尊严。”因此,“没有理性的东西只具有一种相对的价值,只能作为手段,因此叫做物;而有理性的生灵叫做‘人’,因为人依其本质即为目的本身,而不能仅仅作为手段来使用”。[①] 团体的法律人格化,不能改变团体的本质,法人人格权亦不能表现和保护法人不具有的存在价值。而企业不过是投资人获取利润的一种工具,其自身是一种手段而非目的。因此,企业本质上不过是一种财产(一种“物”),有其价格,可以被人转让、消灭,其自身毫无“尊严”可言。为此,法人既不存在具体人格权,更不存在所谓“一般人格权”。而就“法人人格独立”(财产独立、经营自由等)以及“法人人格平等”这些所谓“一般人格利益”所生之侵害行为,如非法干涉企业自主经营、无偿划拨其财产、非法限制其经营范围等,其侵害客体实为企业或其投资人的财产利益,且客观上只能由国家权力实施,并不能发生民法上侵权损害赔偿责任的后果。其侵害对象亦非仅限于具备法人资格的企业(合伙、个体工商户、私营企业亦享有经营自由),故亦不能作为存在“法人一般人格权”的理由。

综上所述,笔者认为,对于团体人格及其人格利益的理解,只能严格局限于财产支配与财产交换领域。对于法人人格的保护,即对其财产利益的保护。故在理论上,应当取消“法人人格权”的用语,将法人的名称、名誉等明定为无形财产;在立法模式上,应将对法人名称、名誉等利益的保护规定于侵权法之中。

结论就是,背离历史的真实和现实的需要,将团体人格混同于自然人人格,进而推导出“法人人格权”,并试图将法人人格权与自然人人格权并合于我国民法典中独立成编予以规定,于法理无凭,于实践则有百害而无一利。

---

① [德]康德:《道德形而上学》第2章。转引自[德]卡尔·拉伦茨:《德国民法通论》(上册),王晓晔等译,法律出版社2003年版,第46页。

三、《民法总则》的立法选择

如前所述，在我国民法典总则的起草过程中，人格权在民法典分则中独立成编的意见被否定，就人格权的立法安排，大致确定采取两种方法：一是在总则之“民事权利”一章中对人格权进行概括性的规定；二是在侵权责任编中就具体人格权的法律救济作出规定。据此，《民法总则》在其第109条规定了自然人人格权保护的一般条款（“自然人的人身自由、人格尊严受法律保护”），然后在其第110条第1款列举规定了自然人享有的生命权、健康权9类具体的人格权，并在同条第2款规定：“法人、非法人组织享有名称权、名誉权、荣誉权等权利。”

《民法总则》上述规定值得注意的有以下两点：

其一，立法者不仅明确否认了法人享有所谓的“一般人格权”，而且明确否认了法人具有“人身自由、人格尊严”，这就使法人的名称权、名誉权等权利丧失了与自然人人格权相同性质（伦理性）的价值基础；

其二，《民法总则》第110条仅例举规定自然人和法人享有的与其主体资格相关联的各项权利，但并未出现“人格权”的用语，可以预见，在未来中国的民法典上，也不会出现“人格权”的用语，由此，《民法总则》第110条将法人的名称权等与自然人的姓名权等并列规定，并不等于在立法上认定了法人所享有的名称权等权利是与自然人的人格权具有相同性质的权利，亦即并不等于立法上肯认了“法人人格权”。

第十二章　法人的权利能力与行为能力

第一节　法人的权利能力

一、法人的权利能力概念辨析

就主体资格的角度而言,法人的权利能力与自然人一样,是法人享有民事权利、承担民事义务的资格。法人的权利能力是团体被赋予民事主体资格的表现。但如前所述,法人的人格赋予纯粹是经济生活发展之需求的产物,并不包含自然人的人格所表现的人类尊严、人生而自由平等之价值观念。所以,法人的权利能力,实质上是一种享受财产权利、承担财产义务即成为民法上财产权主体的资格。

我国过去的民法理论常将法人的权利能力与自然人的权利能力相比较,并由此得出结论:自然人的权利能力一律平等,法人的权利能力则具有差异性,不同法人的权利能力范围不同;自然人的权利能力具有广泛性,而法人不能享有自然人能够享有的某些民事权利(生命健康权、肖像权等),故法人的权利能力要受各种限制。[①] 在此

---

① 参见魏振瀛主编:《民法》,北京大学出版社、高等教育出版社2000年版,第80~81页;史尚宽:《民法总论》,中国政法大学出版社2000年版,第152页;胡长清:《中国民法总论》,商务印书馆1933年版,第116页。

基础上,有人甚至断言,“法人的权利能力范围因其自身地位和社会职能的不同而各自相异。市民社会中自然人的人格是平等的,因而权利能力范围也是平等的。团体人格的出现就是以其人格不平等为前提,所以其权利能力范围也是不平等的”。“公民的权利能力平等,而法人的权利能力不平等。”①“自然人所拥有的,是一种普遍性的权利能力,而法人所拥有的,是一种专有的权利能力。”②但此种理论有误。

首先,权利能力为主体资格,即主体的民事法律地位。民法上的平等原则(私权平等、主体地位平等)不仅适用于自然人,也适用于法人,此为无需论证之理。如将法人的权利能力等同于法人的主体资格即法人的法律人格,则不同法人的团体人格自应一律平等(如在交易中,法人不因其所有制性质、隶属关系、经济实力之不同而在法律地位上有任何差异)。如同自然人中未成年人不能享有成年人能够享有的某些权利并不意味着其权利能力不平等一样,不同法人能够享有的具体权利的不同,也不等于其权利能力具有“差异性”,更不等于其权利能力不平等。

其次,以自然人能够享有的某些民事权利法人不能享有为由,认定法人的权利能力要受各种限制,即自然人享有“完整权利能力”,而法人仅享有“限制权利能力”,此说也不能成立。因为自然人也不能享有法人能够享有的某些民事权利(如一般自然人不得从事经营活动;又如任何自然人均不得成为保险合同中的保险人),但并无任何人认为自然人的权利能力也受到各种限制。③

上述错误源于对“权利能力”概念运用上的混淆:当谈及自然人的权利能力时,其指的是作为自然人民事主体地位的“抽象意义上”的权利能力;而当谈及法人的权利能力时,却指的是其享受具体权利的“具体意义上”的权利能力。而将自然人的主体资格与法人享有具体权利的资格相比较,当然会得出种种“不同”的结论。

---

① 江平主编:《法人制度论》,中国政法大学1994年版,第22~23页。

② [葡]平托:《民法总论》,林炳辉等译,澳门法律翻译办公室、澳门大学法学院1999年版,第77页。

③ 有德国学者已经注意到这一问题,指出:有些法律规范是以自然人为条件的,如亲属法以及继承法中的规定,这些领域将法人排除在适用范围之外,但“如果因此就提出法人仅仅具有‘限制(相对)权利能力’的观点,则实在有点得不偿失。因为一个自然人同样也不能作为保险人出现。尽管如此,没有人说自然人享有限制权利能力”。参见[德]迪特尔·梅迪库斯:《德国民法总论》,邵建东译,法律出版社2000年版,第820页。

最后,正确的表述是:法人的权利能力与自然人的权利能力一样,一律平等。

法人的权利能力始于法人成立,终于法人消灭(《民法总则》第59条)。法人的权利能力作为法人的主体资格,在法人存续期间,非依法律规定及经过法定程序,不得被限制或者剥夺。

二、法人得享有的具体权利的范围

(一)立法模式

关于法人能够享有的具体权利的范围,各国民法均作了原则性的规定,但规定方式有所不同。一种为“授权式”。如《日本民法典》第43条规定:“法人依法令规定,于章程或捐助章程所定目的范围内,享有权利,负担义务。”《苏俄民法典》第26条规定:“法人依照其规定的活动目的享有权利能力。”另一种为“限制式”,包括“列举限制”和“除外限制”两种。前者如《意大利民法典》第17条第1款规定:“未经政府主管机关许可,法人不得购置不动产,不得接受赠与、遗产或取得遗赠。”第2款规定:“未经认可的购置和接受行为无效。”《葡萄牙民法典》原第161条规定:“未经政府许可,法人不得购置不动产,或以任何方式转让不动产或对不动产设定附负担之权利。”①后者如《瑞士民法典》第53条规

① 意大利和葡萄牙等国限制法人取得不动产的资格,源于一项保持了几个世纪之久的传统。据葡萄牙学者介绍,这种传统是以欧洲自由主义模式的政治社会观点为基础的。法人,尤其是教会组织,多个世纪以来接受了大量的捐赠,并由此积累了大量的财富,这就意味着有很大部分的土地产权脱离了交易和个人的支配。法人的存在又是无限期的,并且总是不断取得财富而从不转让财富,于是在法人内部就出现了不动产(当时最重要的一种财富)的过量集中,这些不动产停滞在法人的手中难以流动。而在自由主义的制度取代原有的旧制度后,政治当局就注意到了这个问题,并采取了某些用于改善这种状况的措施。这些措施在某个时期是基于政治性的理由(认为法人强大的经济能力所导致的巨大社会能力和政治能力是过度的,也是危险的)、经济的理由(土地产权无限期的停滞不动,也就是所谓“死手”——将财产控制在交易市场之外,并由此降低了这些财产的生产能力)和税务方面的理由(如果财产由法人取得,由于法人的存在是无限的,极有可能在几个世纪里不移转这些财产,自然国家就不可能征税,国库也就减少了收入)。在1867年《葡萄牙民法典》颁布之前,葡萄牙即制定了《解除永久占有权法》,责令无限期的法人必须将其现有的但非实现其宗旨所必需的不动产出让,以便转为公债券,而将来以无偿方式取得的不动产,也受同样的义务约束。同时,法律禁止法人以有偿方式取得新的不动产,其后来制定的民法典采用了此项制度。但其为1903年修改民法典时所修订,并为1977年496号法令所废止。参见[葡]平托:《民法总论》,林炳辉等译,澳门法律翻译办公室、澳门大学法学院1999年版,第177页。

定:“法人享有除以自然人的本质为要件的,如性别、年龄或亲属关系以外的一切权利义务。”我国台湾地区“民法典”第 26 条规定:“法人于法令限制内,有享受权利、负担义务之能力。但专属于自然人之权利义务,不在此限。”

我国 1986 年《民法通则》除在其第 42 条规定“企业法人应当在核准登记的经营范围内从事经营”之外,在其第 49 条列举规定了包括企业法人超出经营范围从事非法经营活动在内的各种应对企业法人的法定代表人给予法律制裁的具体情况,采用的是前述“授权式”规定方法。

既有民法理论对于法人得享有的权利的具体范围从限制的角度作了归纳,并以之作为论证法人的权利能力不同于自然人的权利能力的论据,对此有必要予以正确的评价。

（二）有关法人权利范围限制的理论及其评价

1. 法人性质的限制学说

通说认为,法人得享有的权利范围受其团体性质的限制,法人不得享有自然人某些“固有”的权利。

从表面观之,似乎自然人得享有民法所规定的一切权利(财产权、人身权),而法人则不能享有自然人某些“固有”的权利,包括以生理存在为前提的人格权(生命权、身体权、肖像权、自由权、隐私权等)以及因血缘亲属关系所生之权利(亲权、配偶权、继承权等),由此给人以“法人得享有的权利受到限制”的强烈印象。据此,有些人便进而得出“自然人的权利能力范围广泛(不受限制),而法人的权利能力范围受法人性质的限制”的结论。但事实上,一切私权(民事权利)原本是为民事主体所设,当然得由民事主体享有。然而,不能忽略的历史事实是,私权最初完全是针对绝对意义上的“个人”而建立,团体人格的出现是后来的事情。团体人格的出现没有改变民事权利之私有的性质(团体人格为自然人之外的另一种“个人”),但原有的私权体系并不是为法人准备的,而团体人格与自然人人格所建立的基础(可称为“载体”)并不相同,自然人人格的载体是作为生命现象存在的个人,团体人格的载体是人或财产的抽象集合之实体。因此,无论立法上是否加以明文规定,团体人格之性质决定法人不可能享有自然人固有的权利,由此对法人得享有的权利范围发生所谓“限制”。但不可忽略的问题是:团体人格的出现也不可能不对原本专为自然人而设立的私权体系产生某些冲击,即导致某些专属于团体人格的、法人“固有”的权利的发生,而且这些权利的范围还将伴随法人在社会生活中作用的日益增强而不断扩大,这就必然要使自然人得享有的权利范围也会受其本身的性质(生命存在之个体而非团体)的限制。

质言之,无论自然人或者法人,其得享有的民事权利的范围均受其自身性质的限制。法人不能享有自然人基于生理、血缘亲属关系而享有的身份权利,自然人也不能享有法律规定专属团体人格享有的某些财产权利。

2. 法规限制的学说

通说认为,法人除了不能享有自然人的“固有”权利之外,其得享有的权利范围还要受各种单行法和特别法的限制。如一些国家的公司法对公司成为无限责任股东的限制、对公司可为之担保的限制、对公司借贷行为的限制等。

从表面观之,自然人得享有的民事权利范围一旦由民事基本法规定之后,一般不再由单行法规对之予以何种限制,而限制法人得享有的权利范围的法规则比比皆是。其原因在于,法律赋予团体人格之目的,在于确认其于经济生活中的权利主体即交易主体资格,故在权利享有资格即私法之法律地位上,法人与自然人并无差别。但与自然人不同,在民事生活中,自然人“存在形式”单一(自然人就是自然人,不因性别、年龄、种族等而有所差别),法人的存在形式则多种多样(各种社团、各种财团,相互间差别巨大);自然人从事的民事活动范围大体相同(主要是生活行为即消费行为),法人从事的经济活动则种类繁多,其范围各不相同,而法人在社会经济生活中的影响和作用远远大于自然人。与此同时,应当承认,从一定意义上讲,“团体人格虽然并不等于社会利益,但也已经不是原来的纯个人利益”,[①]亦即较之自然人,法人的活动及其利益,与社会经济的整体发展具有更为直接的联系。基于对社会整体利益的保护,法律从未完全放弃过对私人生活领域的干预,这种干预,就自然人而言,更多地表现为对意思自治原则的一般性限制(公序良俗原则以及诚实信用原则等),但就法人而言,除一般性限制外,更多的是表现为对其权利享有之具体范围的限制。(这里不妨提及一个重

① 江平主编:《法人制度论》,中国政法大学出版社1994年版,第23页。

要的历史事实:近代民法从“个人本位”到“社会本位”之转变,大体上始于 19 世纪末至 20 世纪初,而此时也正是法人制度确立之时期。在团体人格的确定与国家对于私法领域干预的加强之间是否存在某种因果关系? 殊值探讨!)因此,针对各种不同的法人而制定不同的单行法(如针对公司而制定公司法、针对保险公司而制定保险企业法),针对法人的不同活动而制定不同的单行法(如针对法人登记而制定企业登记法、针对法人破产而制定企业破产法),并通过单行法对不同法人之不同权利享有之范围予以确定或者限制,实属必然。

但是,以单行法限制民事主体权利享有的范围并非仅仅适用于法人,自然人的权利享有范围亦得受单行法的限制,如继承法限制法定继承人以外的人享有继承权;婚姻法限制未达法定婚龄之人享有结婚权;商标法限制非商人之自然人享有商标权等。故法人权利之享有受法规限制之现象固然存在,但其并非法人权利能力与自然人权利能力区别之要点。①

3. 法人目的限制的学说

法人的目的是法人设立的宗旨,由法人章程加以规定。由于《日本民法典》第 43 条明文规定“法人于章程所定目的范围内”享有权利及承担义务,即引起关于法人目的如何限制法人权利享有范围问题的讨论。但对此命题,有学者有所异议,认为在法人本质问题上,日本民法系采“法人拟制说”,不承认法人为实体存在,故有此规定。而在采“法人实在说”的立法,由于视法人为实体存在之人格,故除因其性质决定或者法律之特别规定者外,其原则上与自然人一样得享有同等之权利,承担同等之义务,实无“因目的而受限制”可言。②

笔者认为,法人权利享有范围受其设立目的的限制,与法人权利享有范围受其团体性质限制不一样,后者为一种自然发生的客观事实,并非基于法律的规定而发生(法人之无生命权,原因在其本无生命;法人之无肖像权,原因在其本无肖像)。法律有时加以明文规定,不过是对此种客观事实的确认而已。但前者非为客观事实,而是法律规定的结

---

① 我国早有学者已经提出类似观点。参见张俊浩主编:《民法学原理》,中国政法大学出版社 1991 年版,第 189 页;郭明瑞等:《民商法原理》(一),中国人民大学出版社 1999 年版,第 176 页。

② 参见胡长清:《中国民法总论》,商务印书馆 1993 年版,第 117 页之注释。

果:无论法人章程如何确定其宗旨,法人总是可以越出其目的范围实施法律行为。而此种超越目的范围所实施的行为是否受保护,则完全取决于法律的价值判断。即目的本身并不能当然限制法人得享有的权利范围,如果法人目的竟然可以限制其权利享有范围,则其纯粹是法律选择的结果。故从根本上讲,法人享有权利的范围受其目的限制的问题,与法人权利享有范围受法律限制的问题,应属同类。而这一问题既然属于法律的价值判断问题,则与法人为"拟制之人"抑或"实在之人"便无必然联系。

更为重要的是,我国法律虽然并无有关法人目的限制的明文规定,但《民法通则》第42条规定:"企业法人应当在核准登记的经营范围内从事经营。"而其他有关法律法规均有关于法人经营范围的规定。由于法人的经营范围由其设立目的而定,所以,有学者断定,在我国,对于法人经营范围的限制,即为法人目的的限制。[①] 由此可见,我国立法虽采"法人实在说",但并不影响其以法人目的限制法人权利享有的范围。而介入有关讨论,对于我国立法和实务均有重要意义。

根据学者介绍,在肯认法人享有权利的范围应受其目的限制的基础之上,有关法人目的的限制性质的主要学说计有四种:

(1)权利能力限制说。此说认为,法人目的所生之限制,是对法人权利能力的限制。而对此又形成两种派别:其一,采"法人实在说"者认为,法人是一种社会存在,既有权利能力,也有行为能力,故法人的目的不仅限制其权利能力,也同时限制其行为能力(依通说,行为能力范围不得超出权利能力范围,故权利能力之所限,亦即行为能力之所限)。其二,采"法人拟制说"者认为,法人本非实体存在,只是因为法律的拟制而成为权利主体,故法人为抽象存在的一种人格,无行为之可能,亦无行为能力之可言。所以,法人目的仅限制法人的权利能力,而不发生对法人行为能力的限制。

(2)行为能力限制说。此说认为,法人的权利能力仅受其团体性质和法规的限制。法人作为权利义务的主体,其目的的限制仅为对其行为能力的限制。

(3)代表权限制说。此说认为,法人的目的仅为法人机关对外之代

---

① 参见梁慧星:《民法总论》,法律出版社1996年版,第127页。

表权的限定范围。因此,法人于目的之外实施的行为,应属法人机关超越代表权限范围的行为。

(4)内部责任说。此说认为,法人的目的之作用,不过在于决定法人机关在法人内部的责任而已。[①]

上述四种学说基于不同的着眼点而得出的不同结论,对于法人目的外行为的效力将产生不同影响。

权利能力限制说把法人目的之限制视为对法人人格本身的限制,即于目的范围内之行为,法人有其人格;于目的范围之外的行为,法人无人格。由此,法人目的外实施的行为因缺乏主体资格之基础而当然无效,而且是绝对无效,事后亦无任何补正的可能(即使其在事后通过变更法人章程的方式而变更其目的,也无济于补)。

内部责任说则走向另一个极端。依此观点,法人章程所确定的法人目的,仅为一种内部约束,于法人外部并不发生任何效力。因此,法人机关超越法人目的范围所实施的行为,应承担由此而发生的责任,但并不影响行为于外部的效力,其行为绝对有效。

行为能力限制说与代表权限制说的效果均为前述两种极端观点的折中。依行为能力限制说,法人目的外行为,类似于欠缺行为能力的自然人超出其行为能力范围所实施的行为(效力未定行为),故事后得因某种原因得以补正而为有效。欠缺行为能力的自然人实施的行为事后得因法定代理人的追认而为有效,法人于目的范围外实施的行为则得因事后法人章程的变更而为有效;依代表权限制说,法人行为由其机关代表实施,法人机关于法人目的外实施的行为构成对其代表权之超越,如准用越权代理行为的处理原则,则其越权代表行为得因事后经法人追认而为有效,或者因表见代理的适用而为有效。

我国有学者认为,长期以来,我国司法实务坚持凡超出法人目的范围(经营范围)所实施的行为一律无效,相当于采纳理论上的"权利能力限制说",但此种做法显然不利于相对方当事人利益和交易安全的保护。因此,有必要从法理上谋求妥当的解决方法。而权衡有关法人目的限制性质之各种学说,似应采"行为能力限制说"为妥。[②]

---

① 参见梁慧星:《民法总论》,法律出版社1996年版,第128页。

② 同上书,第129页。

笔者认为,法人设立目的之合法,为法人成立的法定条件。而法人设立时对其设立目的的确认或审核(在营利法人,为其经营范围的核准),即表明法律对法人活动范围的限制。因此,法人于目的外实施的行为,应属违法(否则,对法人经营范围的审核便无必要)。由此,"内部责任说"认为法人目的仅为法人之内部约束,无异于认定法人于外部得实施任何行为,此说明显不妥。

但法人目的外行为应否认定为无效,却是一个比较复杂的问题。

法律规定法人不得实施目的外行为,意在规范社会生活秩序,如任随法人组织实施一切民事行为,则经济秩序难保其稳定,利用法人人格损害国家和他人利益的不法行为将难以防范(例如,注册为社会团体法人者却专事经营活动,借以逃避国家税收并损害债权人利益)。但对于不同性质的法人,限制其目的外行为的意义有所不同。在我国,机关法人、事业单位法人和社会团体法人依法不得从事经营活动,是维护社会公共秩序和公共利益之必需。而营利法人(企业法人)所实施的超越经营范围的行为,却分为两种不同情形:如其超越经营范围实施的行为属法律禁止经营、限制经营或者特许经营的行为,则为了维护社会利益,对之必须加以限制。但如其超越经营范围实施的行为本身并不为法律所禁止或者限制(一般经营行为),只是不为其核准的经营范围所包括,则涉及相对人(债权人)利益的保护:就法人设立目的而言,非营利法人的设立目的极易从外部加以判断,不存在使相对人产生错误认识的问题(例如,机关法人或者社会团体法人如非法从经营活动,相对人绝无不能判断之理),而营利法人非法实施法律禁止从事或者限制从事的经营行为,相对人也应当能够判断(例如,法律禁止非金融机构从事金融行为,如有企业实施借贷行为,相对人应当知晓其行为违法)。但是,营利法人(包括公益法人中的捐助法人)实施目的外的一般经营活动,则相对人对其是否超越目的范围通常难以作出正确判断。因此,虽然包括英美法国家在内的大多数国家的公司法都曾经规定公司的经营活动受其经营目的或者经营范围的限制,其目的外行为应视为无效(此在英美法上称为"越权原则"——ultra vires),但自20世纪中叶以来,各国在公司立法中都有放松或废止目的范围限制的趋势,认为"越权原则对股东来说是虚幻的保护,对不注意的第三人是一个陷阱",并由此而对越权原则进行限制和修改,以保护交易安全。[1] 在美国及加拿大之数州,甚至有废止此原则的立法。[2] 对此,日本也有学者指出,对于违反法人章程、捐助章程的行为不应认定为绝对无效,而应考虑四个方面的具体情况:(1)是否为营利法人(如果为营利法人,即可无视法人目的之限制,因为其活动都是经济性活动);(2)如果是非营利法人,应看该行为对于社员的利益和维持该法人基金是否有所助益(如有助益则无必要视为无效);(3)将该行为视为无效是否损害交易安全(为了交易安全,可以适用表见代理的规定);(4)是否违背当事人间的公平、信义(当事人双方都已履行交易行为时,若还主张该交易行为无效就违背了公平、信义)。[3]

由上可见,对于法人目的外行为之限制问题,目前世界各国虽有放松或者从宽解释之倾向,但是远远未达完全不限制之程度。但一律认定此种行为无效,则肯定不甚妥当。为此,我国《合同法》第 50 条规定:法人的法定代表人超越权限订立的合同,“除相对人知道或者应当知道其超越权限的以外,该代表行为有效”。这一规定完全符合现代法人制度之立法潮流,有利于保护交易安全。但如前所作分析,在确定相对人之善意时,应有以下标准:

第一,在我国,机关法人、事业单位法人以及社会团体法人非法从事经营活动而与他人订立合同的,相对人应当知道其超越目的范围,其不能构成善意。

第二,营利法人非法从事法律禁止或者限制经营的经营活动而与他人订立合同的,相对人应当知道其超越目的范围,其不能构成善意。

第三,营利法人或者捐助法人超越目的范围从事一般经营活动而与他人订立合同的,如不能证明相对人为恶意,则应认定其构成善意。

然而,从法理上如何解释法人目的外行为之效力认定的根据,却比较困难。

很显然,前述“权利能力限制说”不可取,其不仅会导致法人目的外行为一律无效的结果,而且认定法人于目的范围内有人格而于目的外

---

① 参见朱慈蕴:《公司法人格否认法理研究》,法律出版社 1998 年版,第 43 页。

② 参见史尚宽:《民法总论》,中国政法大学出版社 2000 年版,第 154 页。

③ 参见[日]四宫和夫:《日本民法总则》,唐晖、钱孟姗译,五南图书出版有限公司 1995 年版,第 108 页。

行为无人格,也有违团体人格之法理(团体人格为团体之主体资格,即使法人实施违法行为乃至犯罪行为,非经法定程序,其主体资格也不得被剥夺)。而“行为能力限制说”虽可达法人目的外行为可为有效之效果,但其在以下四个方面有严重缺陷:

其一,行为能力本质上为主体的“意思能力”。意思能力之有无,决定于主体的判断能力。法人非为生命实体,其意思能力表现为其成员的共同意志,故其不存在意思能力之有无问题。故依通说,法人权利能力的范围(指法人得享有权利的范围)与其行为能力范围一致,即法人能够享有的权利得以其行为取得和行使。如果认定目的限制仅为对法人行为能力的限制,则等于说存在某些法人“能够享有”但“不能以其行为去取得和行使”的权利,其间之矛盾昭然若揭。

其二,即使将法人的权利能力解释为一种抽象的主体资格而非其享有具体权利的资格,“行为能力限制说”也难成立:欠缺行为能力的自然人中,仅限制行为能力人实施的行为方可经法定代理人承认而为有效。其原因在于限制行为能力人于法定范围之外并非全无行为能力,而是有部分行为能力(意思能力不完全),故其单独实施的行为得经法定代理人予以补正。但法人不可能存在意思能力不全的问题,而如果认定法人于目的外行为无行为能力,则根本无法套用前属“补正”之法理。

其三,即使肯认法人于目的外行为有限制行为能力,但其“追认”需以变更章程为条件,此在实务上完全不具备可操作性(为求得某一合同为有效,不惜变更法人章程,实难想象)。

其四,即使法人得通过变更章程而得追认其目的外行为,该行为之有无效力也全然决定于越权经营的法人:追认即有效,不追认即无效。如此一来,善意第三人的利益毫无保障,完全不能实现保护交易安全之初衷。

以上分析表明,“限制行为能力说”也不可取。

至于“代表权限制说”,其缺陷更为明显:除其以法人的事后“追认”为使目的外行为有效所具有的与“限制行为能力说”完全相同的弊端之外,其认为法人之目的仅为对法定代表人代表权的限制,而非对法人本身的限制,则无异于认定法人有权实施目的外之一切行为!此外,运用表见代理的原则使法人目的外行为有效也不足取。原因在于,表见代理制度将无权代理行为视为有效,并将其行为所生之权利义务归属于本人,系以该种行为本来即可因本人授予代理权而实施为前提(从一定意义上讲,表见代理发生与有权代理之同样效果,等同于法律强行认定无权代理为有权代理)。而目的外行为如法人本来即可授权代表人为之,则无表见代理之适用余地;如目的外行为法人不得授权代表人为之,则该种行为对法人发生效力便无根据。

显而易见,无论"行为能力限制说"或者"代表权限之说",均试图为法人于目的之外实施的行为之"合法性"寻找依据。但在"法人不得实施目的之外的行为"为法定基本原则的条件下,此种寻找有可能是徒劳无益的。而前述四种学说的共同特点均在于单纯立足于实施越权行为的法人的角度对有关命题进行论证,从而其结论要么与立法之应有政策相悖("内部责任说"和"权利能力限制说"),要么无法在法理上自圆其说("代表权限之说"和"行为能力限制说")。笔者认为,对于法人目的外行为不应一律认定为无效的法理说明,应当转换角度,立足于民法之利益判断原则予以阐述。

民法的基本任务之一为利益平衡。当两种以上利益相互发生冲突时,民法即采一定原则作出法律上的取舍。就法人目的外行为之效力问题,在相对人为善意的情形下,实际存在两种相互冲突之法律价值:如果认定此种行为有效,则产生使越权之法人获得其不法利益的结果;反之,如果认定此种行为无效,则损害了交易安全。究竟是使越权之法人获得不法利益而损害交易安全?还是在保护交易安全的同时而使越权之法人获得不法利益?民法对之必须作出取舍。在诸多价值取向中,如更为注重对法人目的外行为的限制即对不法利益的剥夺,则应确认此种行为无效;如更为注重交易安全保护,其结果则相反。而如果说确认此种行为有效而使越权之法人获得某种不法利益的话,那么,确认此种行为无效,虽然不使不法利益获得保护,但却牺牲了善意相对人的正当利益,而此种利益并非仅为相对人之个人利益,其为交易安全之载体,故牺牲的是交易安全。而交易安全为整体利益,具有比因保护个别违法行为人之不法利益而牺牲的法律利益更大的价值。因此,民法在"保护越权之个别法人的不法利益"与"牺牲交易安全"之间,应当选择前者。这就是说,在相对人为善意时,民法确定法人目的外行为有效并非基于对法人目的外行为之合法性(其权利能力或者行为能力)的认可,而是基于对交易安全的保护(如同占有他人财产的人因取得时效而受保护,并非基于对其非法占有行为之合法性的认可,而是基于对整体财产秩序的维护)。为此,需要论证的仅仅是保护善意相对人的必要性和合理性,而非法人实施目的外行为的正当性。①

上述观点不妨称为"交易安全保护说"。

对此,我国民法总则草案几次审议稿(《如民法总则草案第三次审议稿》第77条)均规定:"营利性法人超越登记的经营范围从事经营活动的,依法承担相应的责任,但是除违反法律、行政法规的效力性强制性规定外,民事法律行为有效。"这一规定的特点是:(1)正确地切割了营利性法人超越其经营范围从事经营活动而产生的行政责任与民事效果,即法人因其超越经营范围而应承担行政处罚后果,但并不一定导致其实施的民事行为无效;(2)该种民事行为是否无效取决于其是否违反法律、行政法规的效力性强制性规定,即该条文并不具体指明该种民事行为在民法上的效果,而是将其导向民法典其他的具体规定或者其他单行法规以及行政法规的具体规定(比如,将之导向《合同法》第50条的规定);(3)民法总则不对非营利性法人超出其目的范围实施的法律行为的效力作出规定,隐含着否定其法律效力的立法意图。

但是,正式颁布的《民法总则》删除了上述审议稿中的条文。

第二节　法人的行为能力和责任能力

一、法人的行为能力

行为能力为民事主体以自己的行为实施法律行为的资格。自然人被赋予行为能力,是基于对其具有意思能力之法律判断。而法人为无生命之抽象存在,本无可供思维之大脑或可供行动之躯体,法人之有无行为能力,即因对法人本质的不同认识而有所不同。

---

① 关于民法就相互冲突的不同利益之法律选择问题,参见尹田:《论"不公正胜于无秩序"》,载梁慧星主编:《民商法论丛》(第19卷),金桥文化出版(香港)有限公司2001年版,第323～329页。

采“法人拟制说”者认为法人本因自然人之集合而抽象存在,并无意思能力,纯粹因法律上的技术处理而获得人格,故其并无行为能力。但法人如何“行动”呢?依此说,法人相当于无行为能力人,其所需实施的行为当由他人代理。而法人之董事,即为法人的代理人。根据代理制度的原理,代理人与本人为两相独立的主体。故法人的董事以法人名义执行法人的对外事务时,其行为非为法人自身的行为,而是董事本人之个人行为(代理行为),只是其行为效力归属于法人而已。依照这种学说,法律上即使规定董事为法人的代表人,其实际地位仍为代理人,与法人、相对人相互构成代理之三方关系,适用代理的有关规定。采此学说的日本民法即如此,日本人虽在《日本民法典》第53条规定“理事(董事)就法人的事务均代表法人”,但又在其《民事诉讼法》第58条规定,关于法人的代表人,准用关于法定代理人的规定。[①]

采“法人实在说”者中,采“有机体说”者认为,法人与自然人一样,也有其独立的意思,有其固有的生命。依此说,法人当然有意思能力以及行为能力。而采“组织体说”者认为,法人为实际存在的具有法律人格的组织体,意思能力之有无并非法人具备权利能力之根据。但依一般解释,此种学说又并不否认法人具有行为能力。[②] 为此,法人即可以“自己的行为”实施法律行为,只不过法人的行为必须由其代表人的行为所表现。法人之董事为法人的机关而非法人的代理人,董事为职务上之行为,非为其个人行为,而是法人自身的行为,其效果当然归属于法人。在代表人与法人之间,不存在代理权之授予关系,代表人与法人为同一人格。

很显然,法人之有无行为能力,不仅涉及对法人本质的理解,而且更重要的是会成为决定法人制度中某些重要问题的根据。然而由于法人是否存在“意志”(“团体意思”)的问题过于抽象,并无一种客观论证的方法(谁能用物质的方法证明一个“抽象的人”在进行“实在的思维”?),故尽管持肯定观点的学者以各种方式对法人的意思之存在进行了充分的论述,或者认为团体意志是从其成员的意志发展而来,是不同于团体成员个人意志或者成员意志之总和的一种独立意志;或者认为

---

① 参见梁慧星:《民法总论》,法律出版社1996年版,第131页。

② 同上书,第130页。

法人是否有团体意思并非法律决定之问题,而是依当时之社会思想,承认法人在社会生活中担任一个独立之社会机能所致;等等,但这一问题仍然久争不息。因此,较之抽象的争论,我们更应当关注的是在这一问题上的立法选择。而无论从理论还是实务上看,法人实在说将法人作为一个实际存在的民事主体看待,更为符合现代经济社会之一般观念,承认法人与自然人一样具有行为能力,有利于法律规范体系的安排和法律规范的适用,实务操作上也更为便捷。因此,我国民法在采法人组织体说的同时,对于法人之行为能力,原则上也应予以肯认。我国1986年《民法通则》第36条以及2017年3月颁布的《民法总则》第57条关于法人定义的规定,即认定法人具有行为能力。①

由于法人为无生命之组织,其行为能力以及意思能力之取得及其表现方式当然不同于自然人的行为能力,有关自然人意思能力与行为能力之相互关系的论证、自然人行为能力之限制制度以及由此而产生的监护制度等,当然不能照搬适用于法人。

但应特别指出的是,法人本无意思能力,亦不存在行为能力之有无或者限制的问题。承认法人有意思能力及有行为能力,不过纯为法律的一种拟制,非以法人实际上如自然人一样存在“思想、意识和精神”为事实前提,其目的不过是便于法律上的规则安排和法律适用(比如,认定公司章程以及公司股东大会的决议所表现的股东的“共同意志”为公司法人的“意志”,有利于解释公司与其法定代表人之间的关系,有利于确认公司的行为与其成员的个人行为之间的界限)。所以,法人的意思能力及其具体表现,应由法律以拟制的方法予以确认。即在一般情况下,法人的意思表现为法人成员的共同意志,但在法人成员为一人(一人公司)的特殊情况下,法人的意思能力可以单纯地表现为法人的章程。

二、法人的责任能力

(一)概说

责任能力为民事主体承担民事责任的法律资格,又称“侵权行为能

---

① 立法上明文规定法人具有行为能力的国家有瑞士、土耳其、苏联等。我国台湾地区“民法典”虽无明文规定,但有学者认为,其既采法人实在说,则法人之有行为能力,自不待言。参见胡长清:《中国民法总论》,商务印书馆1933年版,第118页。

力”。在此,能够实施侵权行为与应否就其行为承担民事责任不是一回事。在自然人中,无行为能力人以及限制行为能力人也能以其行为造成他人人身或者财产损害,但其无责任能力,故其行为后果应由监护人承担而非由行为人自己承担。而决定行为人是否承担侵权责任的关键在于,其是否对其致害行为所生后果之预见能力。法人有无责任能力,首先在于其能否实施侵权行为,基于对法人性质的不同理解,对之当然也就导致不同的结论。

采“法人拟制说”者既然否定法人有为合法行为的可能,自然不会承认法人有为违法行为的可能。但其所持理由却有所差别:有人认为,既然法人为法律所“拟制”,其当然仅在其目的范围之内才能存在,凡超出法人目的范围之外的行为,就不是法人的行为,所以法人不存在侵权行为能力;也有人认为,法人的行为只能由其董事代理实施,作为代理人,董事仅有实施合法行为的资格,而侵权行为无代理之可能,故法人无侵权行为能力(此说为德国萨维尼所倡)。

采“法人实在说”者则认为法人有侵权行为能力。但所持理由却不相同:主张“有机体说”者认为,侵权行为责任须基于行为人之过错而发生,无过错即无责任,而过错则以有意思存在为必要。法人与自然人一样有其意思能力,故法人当然具有侵权行为能力(此说为德国基尔克等所倡)。而主张“组织体说”者则认为,法人之有无侵权行为能力,应就董事之性质求之。董事既为法人之机关,则董事因执行职务所为之侵权行为即为法人之侵权行为,自应由法人负其责任。①

由上可见,如果说“法人拟制论”在阐述法人团体人格的来源和特征方面尚存在某种合理性的话,那么,这种理论所导致的法人无侵权行为能力从而法人无侵权责任的结论无论如何也是令人不能接受的:从实践来看,法人不当实施目的内行为或者非法实施目的外行为而致人损害,为广泛存在的社会现实,现代侵权法之规范重点,早已从个人移向团体,无过错归责原则的兴起及其在侵权法上地位的不断上升,与团体致害行为的扩展蔓延存有必然因果关系。在此种背景之下,需要讨论的问题根本不是什么法人有无责任能力的问题,而是如何更有效地遏制法人的侵权行为,保护受害人利益和社会公益的问题。

---

① 参见胡长清:《中国民法总论》,商务印书馆1933年版,第119~120页。

事实上,各国民法无论对法人本质问题有何不同认识,均无一例外地承认法人之损害赔偿责任。《德国民法典》第31条规定:“对于董事会、一名董事会成员或者一名合法任命的代理人由于执行属于权限以内的事务,发生应负损害赔偿责任的行为,致使第三人受到损害时,社团应负赔偿责任。”《日本民法典》第44条(法人的侵权行为能力)第1项规定:“法人对于其理事或其他代理人在执行职务时加于他人的损害,负赔偿责任。”《瑞士民法典》第55条第2项规定:“法人对其机关的法律行为及其他行为承担责任。”《葡萄牙民法典》第165条规定:“法人应对其机关(代表人)、人员或受托人的行为负非合同责任。”我国台湾地区“民法典”第28条规定:“法人对于其董事或其他有代表权之人因职务所加于他人之损害,与该行为人连带负赔偿之责任。”

我国民法理论认为法人具有责任能力,应当对其侵权行为承担民事责任。对此,我国《民法通则》第43条规定:“企业法人对它的法定代表人和其他工作人员的经营活动,承担民事责任。”我国《民法总则》第62条第1款也规定:“法定代表人因执行职务造成他人损害的,由法人承担民事责任。”

(二)法人侵权行为的构成要件

侵权责任的要件,由侵权法予以规定。在一般情形下,适用过错责任之归责原则;在法律有特别规定的情形下,适用无过错责任之归责原则。就侵权行为与侵权责任承担人的关系而言,其在自然人被分为两种不同情形:一为就自己行为承担侵权责任;二为就他人行为承担侵权责任(如监护人就被监护人之侵权行为承担责任)或者连带责任(如有过错的被代理人就代理人的侵权行为承担连带责任)。[①] 法人亦如此。法人承担侵权责任也分为两种情形:一为法人就自己的侵权行为承担责任;二为法人就他人的侵权行为承担责任,其最典型的是法人就其雇员因执行职务的加害行为承担民事赔偿责任(雇主责任)。在此种责任中,实施侵权行为的不是法人而是其雇员,但因雇员与法人之间的特殊关系(损害结果系因雇员执行职务的行为或与执行职务有关的行为所致,雇员系在雇主领导指挥之下从事职务行为,雇主负有防止损害发生

---

① 如我国《民法通则》第67条规定,被代理人知道代理行为违法而不表示反对的,由被代理人和代理人承担连带责任。

之义务,雇员执行职务行为的受益人为雇主,等等)。[①] 法人应就其雇员的致害行为对受害人直接承担赔偿责任。

由此可见,法人侵权行为的要件与法人侵权责任的要件是不同的。法人侵权责任的要件是法人承担侵权责任应具备的条件,但法人承担侵权责任可能因自己的行为,也可能因他人的行为。法人就他人侵权行为的赔偿责任由侵权法作为一种特殊侵权行为加以规定,但法人在何种情况下构成其"自己"的侵权行为并对此承担责任,则应由法人制度加以规定。

法人侵权行为的成立,须具备以下要件:

1. 须为法人的代表机关(代表人)或其他有代表权的人之行为

根据"法人实在说"的理论,法人为社会中现实存在的组织体,与自然人一样有权利能力和行为能力,只是法人的行为表现为其代表人以法人名义实施的行为。所以,法人的代表人在代表权范围内实施的行为即法人行为。当这种行为构成侵权行为时,即应当认定为法人的侵权行为,由法人承担民事责任。

对此,理论上的难点是,除法人的代表人之外,法人其他工作人员的哪些侵权行为构成法人的侵权行为(由法人承担自己行为的责任),哪些侵权行为构成所谓"雇员"执行职务的致害行为(由法人承担对他人行为的责任)?

在采"法人拟制说"的立法,不存在上述问题。因为此种立法并不承认法人可为侵权行为,其认为法人无行为能力,故法人的行为只能由其代理人代理。而法人对于代理人的侵权行为承担责任,性质上属于对他人行为的责任(如《德国民法典》第 31 条规定,法人对其董事会、董事或依章程所选之其他代理人由于执行权限以内的事务致人损害,由法人承担责任;《日本民法典》第 44 条第 1 项规定,法人对其理事或其他代理人在执行职务时加于他人的损害,负赔偿责任),亦即除了法人之有代理权的工作人员执行职务之致害责任依法由法人直接承担之外,法人就其他无代理权的工作人员(雇员)因执行职务而为的致害行为所承担的责任,即属于雇主责任。由此可见,在采"法人拟制说"的立

---

① 关于法人对其工作人员执行职务之人损害的民事责任问题,参见尹田:《论法人对其工作人员执行职务时致人损害的民事责任》,载《政治与法律》1987 年第 6 期。

法上,侵权行为人是否享有法人之代理权,是区别法人承担的此种责任与雇主责任的标准。

而在采"法人实在说"的立法,这一界限便比较模糊。

在我国,有学者认为,区分法人的侵权责任与雇主责任的界限在于侵权行为人是否享有代表权或者代理权。认为除法人的法定代表人之外,其他工作人员中有代表权或者代理权的人员(如董事长之外的公司董事、监事、经理、清算人、重整人以及其他有代理权的职员)执行职务之侵权行为,应认定为法人的侵权行为,而其他不具有代表权或者代理权的普通职员和雇员,因执行职务损害他人,应认定为雇员责任。[①] 依照上述观点,有无代表权或者代理权,是划分法人侵权责任和雇主责任的界限。

另有学者认为,雇主责任是私有制国家雇佣劳动制度的产物。由于私有制国家的一切用工制度都是雇佣制,所以,在设立雇佣人赔偿制度的情况下,不必再设立法人侵权责任制度。而我国现阶段仍实行公有制体制下的社会主义劳动制度,工人、职员仍以企业、机关的主人的身份参加劳动、工作,不是雇佣制,雇佣制只适用于私人企业、个体工商户等。因此,私人企业等的雇员因执行职务致人损害,适用雇主责任;公有制企业法人的工作人员因执行职务致人损害,适用法人侵权责任。[②] 依照此种观点,法人的所有制性质是划分法人侵权责任和雇主责任的界限。

还有学者认为,法人的法定代表人和其他工作人员在执行职务时所为的行为,不管是合法行为,还是违法行为,都应视为法人的行为,其法律后果均应由法人承担。[③] 此种观点把一切执行职务的行为均认定为法人行为,即因执行职务的致害行为全部都是法人的侵权行为,不存在雇主责任。

上述观点中,第三种观点显然混淆了法人的代表人与法人的其他工作人员的不同地位,不足为取。而第二种观点除了依所有制性质区分法人侵权责任与雇主责任毫无根据之外(法人就是法人,不因所有制

---

① 参见梁慧星:《民法总论》,法律出版社1996年版,第134页。

② 参见王利明、杨立新编著:《侵权行为法》,法律出版社1996年版,第254页。

③ 参见魏振瀛主编:《民法》,北京大学出版社、高等教育出版社2000年版,第83页。

性质而有民法地位上的任何区别),其同样将法人工作人员因执行职务的致害行为一律认定为法人侵权责任,亦不足取。第一种观点将有无代表权或者代理权作为划分法人侵权责任与雇主责任的界限,值得讨论。

侵权责任是由侵害他人绝对权的行为所引起的。法人的侵权责任,专指法人就其自身所实施的侵权行为而承担的责任。因此,只有其行为能够被视为法人自身的行为的人,其行为才有可能构成法人的侵权行为。

就法人的代理人而言,代理人与被代理人为两个不同法律人格,代理人的行为在任何情况下都不能被视为本人的行为,否则,代理人便因丧失其独立地位而不成其为代理人。因此,不能把法人的代理人实施的侵权行为一律视为法人的行为。不过,在被代理人委托的事项本身具有违法性的情形下,虽该违法行为系由代理人实施,但因其系经被代理人授权(指使)而为,故在法律上应视为代理人和被代理人共同实施的违法行为,由被代理人和代理人对损害后果承担连带责任。而在代理人无过失(不知道代理事项违法)的情形下,则应由被代理人独自承担责任。但是,如果代理事项并不违法,只是代理人在代理活动过程中实施了不当行为而致人损害,如该代理人为法人的雇员,则法人应对之承担雇主责任。

由此可见,将代理权的享有与否作为划分法人的侵权责任与雇主责任的界限,存在一些失误。正确的判断标准应是:如果损害后果系由代理事项本身所引起(如受法人委托销售假冒商品),代理人实施的行为应当视为被代理人与代理人的共同行为,原则上法人应对其恶意代理人的行为承担连带责任;如果损害后果系由代理事项之外的行为所引起,则代理人的行为非为法人的行为,但因其系执行职务而为,故可对法人构成雇主责任。所以,将法人的代理人实施的侵权行为一律视为法人的行为是不妥当的,而认为应将法人除法定代表人之外的任何工作人员的侵权行为一律适用雇主责任的观点,[①]也是不妥当的。

就法人的代表人而言,在某些特殊情况下,法人的代表权也有可能

---

① 我国台湾地区"民法典"第28条规定:"法人对于其董事或其他有代表权之人因职务所加于他人之损害,与该行为人连带负赔偿之责任。"我国台湾地区学者认为,除董事或其他有代表权的人的侵权行为,法人的其他任何工作人员的侵权行为应统统适用我国台湾地区"民法典"第188条有关雇主责任的规定。参见史尚宽:《民法总论》,中国政法大学2000年版,第160～161页。

为法定代表人之外的人享有。例如在法人被宣告破产的情形下,清算人(清算小组)具有代表权;又如在公司被司法裁判重整的情形下,重整人具有代表权。此外,某些国家或地区的公司法允许法人章程就特定事项赋予公司监事(监察人)以代表权,则监事在特定事项范围内,得具有代表权。[①] 故在特殊情况下,法人的侵权行为也可通过其他有代表权的人的行为而表现。法人的意思机关和监督机关虽也为法人机关,但其均非执行机关,故与法人侵权行为无关。对此,采"法人实在说"的国家的立法规定较为明确,如《瑞士民法典》第55条第2项就明确规定:"法人对其机关的法律行为及其他行为承担责任。"这里的"其他行为",即包括侵权行为。我国台湾地区"民法典"第28条原规定"法人对于董事或职员因执行职务所加于他人之损害,与行为人连带负赔偿之责任"。其中"董事或职员"后经修正为"董事或其他有代表权之人"。其修正理由是:(1)原条文与董事并列之"职员"一词,含义有欠明确,容易使人误读为法人的任何职员,但解释上只能指与董事地位相当而有代表权之职员,否则,难以确认为法人之侵权行为。为贯彻"法人机关说"的理论,应严格区分"法人自己责任"与"雇佣人责任"。(2)法人就其有代表权之人所加于他人之损害,无免责规定,所负责任较重,故其适用范围宜小,否则我国台湾地区"民法典"第188条规定的雇主责任便鲜有适用余地。有关判例也支持了这一修订:如自来水公司职员涂改收据,浮收水费(1960年台上1018判例确认,法人应负自己责任)等。[②]

我国《民法通则》第43条规定:"企业法人对它的法定代表人和其他工作人员的经营活动,承担民事责任。"就此条规定所涉及的法人侵权行为而言,可作两种解释:其一,法定代表人和其他工作人员在经营活动中的侵权行为,均应视为法人的行为,由法人承担自己责任;其二,法定代表人和其他工作人员在经营活动中的侵权行为,均应由法人承担责任。但法人对其代表人的行为承担自己责任,对其他工作人员的行为应依不同情况,或者承担自己责任,或者承担雇主责任。笔者认为,应以后一解释为准。据此,笔者在提出的建议稿中设计的条文是:

---

① 参见施启扬:《民法总则》,三民书局2000年版,第131页。

② 参见史尚宽:《民法总论》,中国政法大学出版社2000年版,第160页;施启扬:《民法总则》,三民书局2000年版,第131～132页。

"法人的法定代表人以及其他具有代表权的人因执行职务致人损害的，应由法人承担民事责任。"这一规定，明确将法人的自己责任仅限于其代表人的侵权行为。而法人因其工作人员执行事务而致人损害的责任承担，应规定于侵权法的特殊侵权行为之中。

2017 年 3 月颁布的《民法总则》第 62 条第 1 款规定："法定代表人因执行职务造成他人损害的，由法人承担民事责任。"这一规定与笔者的方案一致。

2. 须为因执行职务而致人损害

法人的代表人或其他有代表权的人所为之侵权行为，必须是因执行职务而发生，否则不构成法人的侵权行为，法人对之不承担责任。

如何判断法人代表人的侵权行为是因执行职务而生或非因执行职务而生，是理论上争议较大的问题（同样的问题也发生于雇主责任的判定）。依通说，法人代表人执行职务必须是执行法人目的事业的职务内行为，主要包括两种情形：（1）狭义的职务上行为。职务上行为即执行职务本身的行为或职务活动本身。职务上行为致人损害多因法定代表人不当为职务上行为所引起（如银行董事签发账单时，误将甲账户作为乙账户；又如为促使债务人履行债务，公司董事长率人强行扣押债务人及其财产，造成债务人财产及人身损害等）。（2）与职务行为有牵连的行为。致害行为虽非为职务行为本身，但其发生与职务行为有时间、地点以及内容上的关联（如证券公司董事长乘发行新股之机，指使下属伪造股票而为公司谋取非法利益；又如公司董事长以公司名义引诱他人加入股金后，将该笔款项登载于公司账簿，为其公司内周转资金之用，对入股之事置之不理）。但与执行职务毫无关系的行为，如法人代表人开车游玩撞伤他人、法定代表人利用与他人签订合同之机偷窃他人财物据为己有、董事长与他人洽谈业务时因冲突而殴伤客户等，虽其系执行职务而得具有发生条件或者机会，甚至与执行职务存在某种因果关系，但或者其非发生于执行职务之时间、地点；或者其非为以法人名义；或者其非为执行职务之伴随行为；或者其非为为法人谋取利益，故其均不属因执行职务之侵权行为，应由法定代表人自己承担责任。[①] 亦即实

---

① 参见王泽鉴：《民法总则》，中国政法大学出版社 2001 年版，第 189 页；施启扬：《民法总则》，三民书局 2000 年版，第 133 页。

务中,判断法人代表人的侵权行为是否为因执行职务而为,应考虑行为之内容、行为之时间、地点、场合、为行为之名义(以法人名义或以个人名义)以及行为之受益人(为法人受益抑或个人受益)等。[①] 因此,对于我国《民法通则》第43条有关法人对其代表人在经营活动中的行为承担责任之规定中的"经营活动",应当解释为"经营活动本身及与经营活动相牵连的行为"。

3. 须执行职务之加害行为构成侵权责任的条件

民法之侵权法就一般侵权责任与特殊侵权责任作了规定。法人就其侵权行为承担民事责任,自应具备侵权责任的构成条件,包括损害后果的存在、致害行为的违法性、致害行为与损害后果之间的因果关系以及行为人的过错等(如应适用无过错责任原则,则无须具备过错之要件)。就法人之侵权责任的要件而言,应注意判别两个问题:(1)法人侵权责任与自然人之侵权责任一样,属民事责任,其行为的损害后果仅包括对于私权的损害,不包括对公权的侵害(如法人偷税、漏税造成国家利益的损失)。法人对公权的侵害,不适用民法有关法人侵权责任的规定。(2)法人非为自然人,法人侵权的过错表现为其因执行职务而实施侵权行为的代表人的故意或者过失。

(三)法人承担其侵权责任的方式

法人对其侵权行为应当承担民事责任,自不待言。但具体实施侵权行为的法人代表人是否应当承担责任?如何承担责任?对此,各国立法之规定有所不同。

1. 法人对受害人承担单独责任

此为德国所采。德国虽采"法人拟制说",但对法人之董事或其他代理人致人损害的行为,明文规定由法人单独承担赔偿责任(《德国民法典》第31条)。

2. 法人对受害人承担单独责任,然后法人得追究有过错的行为人的个人责任

此为瑞士民法所规定。《瑞士民法典》第55条第2项规定:"法人对其机关的法律行为及其他行为承担责任。"第3项规定:"行为人有过

---

① 参见尹田:《论法人工作人员因执行职务而致人损害的民事责任》,载《政治与法律》1987年第6期。

错时，行为人另负个人责任。”对前述规定有两种理解：一种是我国台湾地区学者的理解，认为依其规定，就损害后果，法人应与有过错的行为人对受害人共同承担连带责任；①另一种理解是大陆学者的理解，认为依其规定，法人对受害人单独承担责任，有过错的法定代表人应对法人承担责任，并将之称为“两罚制”。②（前述理解之差异源于海峡两岸所翻译之《瑞士民法典》中文版本对同一条文之不同表述：依台湾地区译本，前述条文第3项为“行为人就其过错，个人亦负责任”。）③

3. 法人原则上应对受害人承担单独责任，但董事等人有过错的，应与法人一起对受害人承担连带赔偿责任

此为日本所采。《日本民法典》第44条首先在其第1项规定法人对其理事或其他代理人因执行职务致人损害承担赔偿责任，然后在其第2项规定“因法人目的范围外的行为，有损害于他人时，与表决该事项时表示赞成的社员、理事及实施该行为的理事或其他代理人，负连带赔偿责任”。此外，于1974年修订《日本公司法》时补充的两个条文，也作了类似规定。其第266(3)条规定：“董事执行职务有恶意或重大过失时，该董事对第三人也负连带损害赔偿责任。”第266(1)条则就公司董事违法分配盈余、向其他董事贷款、违反竞业禁止义务、违反董事与公司进行交易之限制以及其他违反法令或章程的行为，规定了董事对公司承担连带偿还或连带赔偿责任。这些规定，显示出加重董事责任的立法走向。④ 除日本外，其他一些国家，如韩国等，也大致采用此种模式。⑤

4. 法人应与代表人对加害人承担连带赔偿责任

此为我国台湾地区“民法典”所采。我国台湾地区“民法典”第28条明文规定了此种连带责任，甚至不考虑代表人有无过错（此处的过错当然不是指加害行为之过错，而是指决定实施加害行为的过错）。此

① 参见胡长清：《中国民法总论》，商务印书馆1933年版，第121页。

② 参见李开国：《民法基本问题研究》，法律出版社1997年版，第107页。

③ 参见转引自史尚宽：《民法总论》，中国政法大学出版社2000年版，第162页。

④ 参见李开国：《民法基本问题研究》，法律出版社1997年版，第111页。

⑤ 《韩国民法典》第35条规定：“法人就董事或其他代表人，关于其职务所加与他人之损害，有赔偿之责任。董事或其他代表人，不因此而免其自己之赔偿责任。”第36条规定：“依法人目的范围外之行为，所加于他人之损害，对于其事项之决议赞成或执行其决议之社员、董事及其代表人，应负连带赔偿责任。”

外,我国台湾地区“公司法”第23条也规定:“公司负责人对于公司业务之执行,如有违反法令致他人受有损害时,对他人应与公司负连带赔偿之责。”对于何为公司负责人,该法第8条规定“在无限公司、两合公司为执行业务或代表公司之股东;在有限公司、股份有限公司为董事。公司之经理人或清理人,股份有限公司之发起人、监察人、检查人、重整人或重整监督人,在执行业务范围内,亦为公司负责人”。就立法理由而言,我国台湾地区学者认为,如按法理,法人机关之行为为法人行为,故构成法人机关成员的个人不应对受害人承担责任。但就保护交易安全立论,则又以规定法人与行为人连带负赔偿之责为妥,其有利于促进法人机关之注意,借以保护交易安全。[①]

至于法人对受害人单独承担责任或与代表人等行为人连带承担责任之后,法人与行为人之间的内部关系,一般认为得适用民法有关委托合同的规定:因代表人处理法人事务时,对于法人负有善良管理人之注意义务,如因其过失而致法人以损失,法人对之享有追偿权。同时,在实行连带责任的情形下,如果代表人因其无过失之行为而使法人应负无过失责任,因而代表人也与法人共同承担连带责任时,代表人在对受害人承担责任后,反过来对法人享有追偿权。[②]

我国《民法通则》第43条规定采用的是法人对受害人单独承担民事责任的方式。但对于法人是否得对有过错的代表人享有追偿权,未作直接规定。

比较上述立法模式,其不同点主要在于是否规定法人代表人与法人共同承担连带责任。根据我国的实际情况,有下列因素可值考虑:第一,从理论上讲,如果承认法定代表人的行为即法人自身的行为,在执行职务的活动中,法定代表人不存在其自身的个人人格,则难以认定法定代表人执行职务的行为“一方面为法人之行为,他方面为自己之行为”。[③] 故责令法定代表人对受害人负直接责任无法理上的说服力。第二,法人侵权行为通常发生在交易之外(否则应为合同责任),故规定连带责任并不能有利于交易安全的保护。第三,代表人之赔偿能力与法

---

① 参见胡长清:《中国民法总论》,商务印书馆1933年版,第121页。

② 参见史尚宽:《民法总论》,中国政法大学2000年版,第163页。

③ 同上。

人之赔偿能力通常不可同日而语，规定连带责任，固然可为受害人增加选择机会，但实际意义不大。第四，即使发生因法人机关之恶意或重大过失从事目的外违法行为造成他人严重损害，而法人之全部财产不足以赔偿损失的情形，也可以适用“法人人格否认”制度，责令有过错的股东（尤其是担任代表人的股东）承担个人赔偿责任。[①] 基于上述考虑，笔者认为，我国民法应规定法人对其代表人执行职务的致害行为，对受害人单独承担全部责任。至于法人承担责任后对有过错的代表人的追偿或者处罚，得根据法人章程或者公司法有关规定进行。据此，笔者提出的建议稿中设计的条文是：“法人承担民事责任之后，有权根据法律或者法人章程的规定，追究有过错的法定代表人以及其他具有代表权的人的民事责任。”

我国《民法总则》在其第 62 条第 1 款规定“法定代表人因执行职务造成他人损害的，由法人承担民事责任”。之后，在其第 2 款规定：“法人承担民事责任后，依照法律或者法人章程的规定，可以向有过错的法定代表人追偿。”这一规定，在立法上确定了“两罚制”。

---

① 参见朱慈蕴：《公司法人格否认法理研究》，法律出版社 1998 年版，第 327～336 页。

第十三章　法人的设立与消灭

第一节　法人设立之立法模式

一、历史演变

法人设立即团体人格之创设。与自然人不同，自然人因出生而取得其私法上的人格（权利能力），即自然人人格依法律规定而经出生之法律事实而当然取得。而团体之人格的取得，首先必须经历团体（社团或者财团）创立之过程，但有团体存在之事实，未必即有团体人格之产生，团体人格的取得，通常还要履行法定程序。所以，较之自然人权利能力的取得，法人人格之创设更为复杂。

与团体在社会不同历史发展阶段所处之社会地位以及各种团体不同性质相适应，法人设立的立法模式经历过重大的历史演变。

就最为典型的团体人格即营利性社团法人（主要是公司）的设立准则而言，其经历了从所谓“自由设立主义”到“特许主义”，再到“核准主义”及至“准则主义”的发展过程。

在古罗马时代，各种团体性组织即已存在，罗马法之人与人格相分离的人格理论，也是一些法学家提出团体人格存在之依据。但罗马法并不真正承认团体人格，所以，“对于罗马法来说，甚至不需要国家对团体的明示承认”,团体只要合法,即可成立。[①] 至欧洲中世纪,团体本位思想占主导地位,地中海沿岸自由贸易的迅速发展,造就了一大批商人组织(公司)。这一时期,虽然法人的观念在立法上尚未确定,但各种商业公司之勃兴并具有独立人格的事实,却成为近代法人制度产生之萌芽或者雏形。正是由于这一时期对公司的设立,法律上采取了完全放任的态度,故其后来被称为“自由设立主义”,视为法人设立模式之一种。

“自由设立主义”迎合了中世纪前期商业公司勃兴的需求,但由于缺乏公司的统一标准,故其内部结构必然十分混乱,公司与合伙的界限不明,影响交易安全,故其在中世纪后期逐步被淘汰,并被“特许设立主义”所替代。

“特许设立主义”为团体之设立,须经特别立法或国王之许可。中世纪后期,在欧洲封建制的背景之下,商业组织形成各种行会,并试图借助国家权力划分势力范围,而封建国家则需要利用这些行会承担某些公共职能或推行某种政策,于是国王或国会便以特许状或特别法令承认某一商业行会之团体人格并赋予其对市场某一领域之垄断经营权。正如英国法学家霍尔维茨所言:“最初法人社团之所以被国王和商人双方重视,并不是因为借此可以产生一个与成员相分离的拟制人,而是因为借此可以产生一个得以受领某些政府权力与贸易特权的实体,估量法人公司的价值,其出发点与其说是团体成员的利益,不如说是行会特权与国家对外政策的利益;与其说是商法,不如说是公共利益。”[②] 由此可见,“特许设立主义”的实质是使国家权力通过团体设立而获得延伸的一种方式。“特许设立主义”起源于 13 ~ 15 世纪,盛行于 17 ~ 18 世纪的英国。[③] 由于此种法人设立方式完全不适应获得进一步发展的资本主义自由经济的需要,故从 17 世纪后期起,由法国路易十四通过其《商事条例》确定了所谓“核准设立主义”,并为 18 世纪的德国所采用。“核准设立主义”又称“行政许可主义”,即公司之成立须经国家行政机关核准。此种做法显然较“特许设立主义”进步,但仍然存在阻碍

① 参见[意]彼德罗·彭梵得:《罗马法教科书》,黄风译,中国政法大学出版社 1992 年版,第 52 页。

② 方流芳:《中西公司法律地位考察》,载《中国社会科学》1992 年第 4 期。转引自江平主编:《法人制度论》,中国政法大学出版社 1994 年版,第 114 页。

③ 参见江平主编:《法人制度论》,中国政法大学出版社 1994 年版,第 115 页。

商事公司发展的弊端。因此,至19世纪末,西方国家普遍采用了公司法人设立之“准则主义”。

所谓“准则主义”,是指以法律规定法人之设立条件,如具备条件者,无须特许或者行政许可,即可当然成立法人组织。[①] 采用“准则主义”设立营利性社团法人,只要具备法定条件并履行法定程序,则法人之设立不存在任何障碍,故其为现代各国所普遍采用(但银行等性质特殊的营利性法人的设立除外,其设立一般须经国家特许或行政核准)。

至于公益性社团法人与财团法人,因其主要并不担负社会经济活动职能,故对其设立方式各国规定有所不同。

二、现代各国家和地区立法模式

现代各国家和地区对于法人设立之方式,仍存有种种差异。

(一)德国模式

德国人认为,对法人的承认含有产生影响交易安全的危险,“特别是在债权人只能以仅仅配备了不充分资产的法人为其债务人时,债权人的利益就要受到损害”。[②] 因此,德国民法规定对营利性社团、外国社团和依州法设立的财团采用行政许可主义。《德国民法典》第22条规定:“以经营为目的的社团,在帝国法律无特别规定时,因邦的许可而取得权利能力。许可权属于社团住所所在地的邦。”第23条规定:“在帝国法律无特别规定时,在任何一个邦内都没有住所的社团,因联邦参议院决议许可而取得权利能力。”第80条规定:“设立有权利能力的基金会,除捐赠行为外,须得到基金会住所所在地的邦的许可。如果基金会不在任何一个邦内有住所,则需得到联邦参议院的许可。除另有其他规定外,基金会行政管理部门所在地视为住所。”依此规定,法人资格应由国家裁量是否授予。只有在国家拒绝授予可能构成滥用裁量权时,

---

① 有将“准则主义”分为“单纯准则主义”与“严格准则主义”者:凡具备法定条件即可成立法人的,为“单纯准则主义”;凡加重设立要件和设立责任的,为“严格准则主义”。(参见江平主编:《法人制度论》,中国政法大学出版社1994年版,第115页)现代各国对于营利性法人之设立大都规定了设立条件和程序,并非完全放任不管,故其所谓“准则主义”指“严格准则主义”。

② [德]迪特尔·梅迪库斯:《德国民法总论》,邵建东译,法律出版社2000年版,第815页。

申请人才享有要求授予法人资格的请求权。①

而对于非营利性社团，德国则采用准则主义。《德国民法典》第 21 条规定："不以经营为目的的社团，通过在主管初级法院的社团登记簿上登记而取得权利能力。"

（二）瑞士模式

《瑞士民法典》就营利性法人的设立采用准则主义，其第 52 条第 1 项规定："团体组织以及有特殊目的的独立机构，在商事登记簿上登记后，即取得法人资格。"但对公益法人的设立却采取自由设立主义，其第 52 条第 2 项规定，"公法上的团体组织及机构，非经济目的的社团、宗教财团、家庭财团"的设立，不需要经过第 52 条第 1 项所规定的登记。同时，其第 60 条明文规定："以政治、宗教、学术、艺术、慈善、社交为目的的以及其他不以经济为目的的社团，自表示成立意思的章程作成时，即取得法人资格。"由此可见，瑞士的法人设立方式较之德国的做法，要自由、宽松得多。实质上，只要是实体性的团体，即理所当然地认可其具有法人资格。

（三）日本模式

日本对法人设立不采自由设立主义，认为其会使法人的法律关系不明确，有损交易安全的弊端。因此，《日本民法典》第 33 条明文规定："法人非依本法及其他法律规定，不得成立。"同时，对各类法人的设立，采取了不同的方式。

1. 行政许可设立：《日本民法典》第 34 条规定："有关祭祀、宗教、慈善、学术、技艺及其他公益的社团或财团且不以营利为目的者，经主管官署许可，可以成为法人。"即公益法人可否设立，全凭主管官署自由定夺。

但依单行法规，行政许可设立中还包括一种被称为"认可设立"的方式。此种设立方式与许可设立相类似，但不同的是：如果某团体具备法律所规定的要件而向官署提出申请，则主管官署必须加以认可。各种合作社（《消费合作社法》第 57 ~ 59 条、《农业合作社法》第 59 ~ 61 条）、健康保险工会（《健康保险法》第 29 ~ 31 条）、学校法人（《私立学

---

① ［德］迪特尔·梅迪库斯：《德国民法总论》，邵建东译，法律出版社 2000 年版，第 816 页。

校法》第30~31条)、宗教法人(《宗教法人法》第12条、第14条)以及医疗法人(《医疗法》第44~45条)等,即采此种方式设立。

2. 准则设立:《日本民法典》第35条规定:“以营利为目的的社团,可以依商事公司设立的条件,成为法人。”“前款的社团法人,均准用有关商事公司的规定。”即营利性法人得依特别法规定的程序而设立,如营利法人式的公司的设立,即应以《商法》第57条、《有限公司法》第4条而设立。此外,工会(《工会法》第11条)、律师工会(《律师法》第31条第2款、第34条、第50条)以及根据中小企业合作社法形成的组织(《中小企业合作社法》第30条、第31条)的设立,也属准则设立。

3. 特许设立:为设立法人而需要特别制定法律方可进行。此种方式系为满足国家欲使其一部分资本予以独立而设置。依此种方式设立的法人有日本银行、住宅都市整理公团、国民金融公库等。

4. 当然设立:地区性团体及设有继承人时就应继承财产成立的法人(前者依《日本民法典》第36条第1项、后者依该法典第951条),在法律上当然视为法人。

5. 强制设立:由国家强制设立,包括三种不同情形:(1)在必要时根据命令设立的法人,如健康保险工会(《健康保险法》第31条);(2)依法律定有设立之义务的法人,如律师公会(《律师法》第32条、第45条);(3)土地改良区(《土地改良法》第11条)、农业互助会(《农业互助法》第16条)、健康保险公会(《健康保险法》第35条)等允许强制人们加入的法人。①

(四)我国台湾地区模式

我国台湾地区也不采自由设立主义,其“民法典”第25条规定:“法人非依本法或其他法律之规定,不得成立。”第30条规定:“法人非经向主管机关登记,不得成立。”在具体做法上,对公益社团亦及财团,皆采行政许可主义(其“民法典”第46条规定:“以公益为目的之社团,于登记前,应得主管机关之许可。”第59条规定:“财团于登记前,应得主管机关之许可。”)。对于非公益非营利之中间社团以及营利性法人(公司)采取准则主义(其“民法典”第45条规定:“以营利为目的之社团,其取得法人资格,依特别法之规定。”其所谓“特别法”包括“公司法”

---

① 参见[日]四宫和夫:《日本民法总则》,唐晖、钱孟姗译,五南图书出版有限公司1995年版,第97页。

"商会法""工会法""渔会法""农会法""合作社法"等）。

（五）我国现行法上法人的设立方式

我国在法人设立方式上不采自由设立主义，任何法人的设立，都必须根据法律的规定进行。从具体方式来看，主要有以下几种：

1. 特许设立：此种方式适用于机关法人（包括国家权力机关、行政机关以及司法机关等）以及依法不需要办理登记的事业单位法人和社会团体法人。我国1986年《民法通则》第50条第1款规定："有独立经费的机关从成立之日起，具有法人资格。"第2款规定："具备法人条件的事业单位、社会团体，依法不需要办理法人登记的，从成立之日起，具有法人资格；……"《民法总则》承继了前述规定，其第97条规定："有独立经费的机关和承担行政职能的法定机构从成立之日起，具有机关法人资格，可以从事为履行职能所需要的民事活动。"其第88条、第90条规定，具备法人条件的事业单位、社会团体，依法不需要办理法人登记的，从成立之日起，具有法人资格。

前述法人中，各种机关的设立，其直接根据的是宪法和国家机关组织法（如《国务院组织法》《地方各级人民代表大会和地方各级人民政府组织法》《人民法院组织法》《人民检察院组织法》等）的有关规定，当属特许设立主义；依法不需要登记的事业单位和社会团体（如中国科学院、中国社会科学院、中华全国总工会等），其设立依据的是主管机关的行政命令，具有自上而下的特点，与行政许可设立方式不尽相同，故性质上也应属于特许设立。

2. 行政许可设立：此种方式适用于依法需要办理法人登记的事业单位和社会团体。我国《民法通则》第50条第2款后段规定："具备法人条件的事业单位、社会团体……依法需要办理法人登记的，经核准登记，取得法人资格。"前述规定，为《民法总则》第88条、第90条所采纳。依照1989年颁布的《社会团体登记管理条例》第9条的规定，各种协会、学会、研究会、行业团体、基金会等，应当经过业务主管部门审查同意，向登记机关申请登记，才能取得法人资格，故其属于行政许可设立。此外，我国《公司法》第6条第2款规定："法律、行政法规规定设立公司必须报经批准的，应当在公司登记前依法办理批准手续。"此种情形，亦属行政许可设立。与此同时，非公司企业法人的设立，根据《企业法人登记管理条例》第15条之规定，首先须经主管部门或有关审批机关批准,然后才能向登记机关申请登记,也同样属于行政许可设立。

3. 准则设立:根据《公司法》第6条之规定,除法律、法规规定须经有关部门审批者外,一般有限责任公司或者股份有限公司的设立,仅须向公司注册登记机关申请,凡符合设立条件的,即可经登记而设立。此系采用准则主义。

由上可见,在我国,就营利法人中的公司法人而言,我国《公司法》原则上采用准则设立主义,不再以过去企业法人成立必须经过行政审批为前置条件,符合世界发展潮流。而公司法人之外的营利法人(如不具备公司性质的国有独资企业),得采用行政许可方式设立。至于非营利法人中,除直接依法律、法规而设立的国家机关法人之外,无论事业单位、社会团体以及捐助法人(财团),一律采用行政许可主义设立,比较符合我国的实际情况。

第二节　法人成立的条件与程序

一、法人成立的条件

我国1986年《民法通则》第37条规定:“法人应当具备下列条件:(一)依法成立;(二)有必要的财产或经费;(三)有自己的名称、组织机构和场所;(四)能够独立承担民事责任。”以往的民法理论,便将上述规定所列举的四个条件作为法人成立的法定条件。但人们后来发现,上述法律条文所规定的与其说是法人成立的条件,不如说是法人的某些主要特征。比如,法人能够独立承担民事责任,是法人与无人格团体(如合伙)的主要区别,但其基于法人的人格而产生,而非产生法人人格的原因。因此,后来的理论或者将法人成立条件分为“实体要件”与“程序要件”(实体要件包括:须有法律规范为依据,须有法人财产,须有依法制定的活动规章,须有相应的组织机关和人员以及须依法从事设立行为;程序要件包括:须为许可申请或许可决定或设立申请登记,须为合法设立行为,须为申请设立,须为审查核准程序以及须为申请登记成立);[①]或者

① 参见罗玉珍主编:《民事主体论》,中国政法大学出版社1992年版,第223~225页。

将法人成立条件分为“行为要件”和“资格要件”（行为要件包括：设立人、设立的规范基础、设立行为本身合法；资格要件包括：有自己的名称、组织机构和场所，除机关法人外的其他法人均应有自己的章程或组织规章，有独立的财产或经费，有独立的团体利益以及完成法律规定的程序）。[①]

法人的成立条件，应当是指取得团体人格（法人资格）所必须具备的条件，当然应包括实体和程序两方面的条件。其中，实体条件是试图取得法人资格的团体必须是能够在商品交易领域成为权利义务之归属点的“实体”；程序条件则是具备法人条件的团体必须履行法定的法人设立程序方可取得法人资格。

法人成立的实体要件是取得法人人格的实质性基础条件，就人的集合体而言，其必须形成具有实体性的团体（社团）；就财产集合体而言，其必须形成建立于一定目的财产基础上的管理机构（财团）。因此，能够取得法人资格的团体必须具备以下条件：(1)确定成员或者财产之中心目的（活动宗旨）；(2)具有该团体与其他组织相互区别之标志（团体名称）；(3)确定法人的场所，具有其活动根据地的住所；(4)制定维持法人秩序的“根本原则”（团体章程，但国家机关法人除外）；(5)具有能使法人统一行动的“机关”（组织机构）；[②](6)具有符合法律规定的独立财产。

法人成立的程序要件是具备法人实体要件的团体取得法人资格所需履行的法定程序。不同的法人组织，依法采用不同的法定设立程序。

我国《民法总则》改变了《民法通则》第 37 条的规定，仅对法人成立的条件作出一般性要求，其第 58 条规定：“法人应当依法成立。”（第 1 款）“法人应当有自己的名称、组织机构、住所、财产或者经费。法人成立的具体条件和程序，依照法律、行政法规的规定。”（第 2 款）“设立法人，法律、行政法规规定须经有关机关批准的，依照其规定。”（第 3 款）

---

① 参见江平主编：《法人制度论》，中国政法大学出版社 1994 年版，第 126 ~ 132 页。

② 参见[日]四宫和夫：《日本民法总则》，唐晖、钱孟姗译，五南图书出版有限公司 1995 年版，第 90 页。

二、法人的登记

在我国,营利性法人的成立均须经过登记,事业单位法人和社会团体法人依法需要登记的,其成立也须经过登记。凡经登记而成立的法人,其变更、消灭也须经过登记。《民法总则》第65条规定:“法人的实际情况与其登记的事项不一致的,不得对抗信赖登记的善意第三人。”

(一)法人设立登记

须经登记而成立的法人组织,其法律人格于登记完成时取得。法人设立登记为法人成立的公示方法,故法人设立登记具有法人人格之生效效力。我国《民法总则》第77条、第88条、第90条以及第92条,《企业法人登记管理条例》及其实施细则,1998年公布的《社会团体登记管理条例》、《事业单位登记管理暂行条例》以及《民办非企业单位登记管理暂行条例》等法律、法规及条例,是法人设立登记的依据。

营利性法人设立登记的主管机关是国家工商行政管理局和地方各级工商行政管理局。经国务院或者国务院授权部门批准的全国性企业、企业集团、经营进出口业务的企业,由国家工商行政管理局核准登记注册。中外合资企业、中外合作企业和外商独资企业由国家工商行政管理局或者国家工商行政管理局授权的地方工商行政管理局核准登记注册,其他企业由所在市、(县)区工商行政管理局核准登记注册。营利性法人设立登记所应提交的文件因企业性质不同而有所区别。

事业单位法人依法应办理设立登记的,其登记管理机关是国家机构编制管理机关和县级以上地方各级人民政府机构编制管理机关。

社会团体法人依法应当办理设立登记的,依《社会团体登记管理条例》第6条之规定,其登记管理机关是国务院民政部门和县级以上地方人民政府各级民政部门。全国性的社会团体,由国务院民政部门负责登记;地方性的社会团体,由所在地人民政府的民政部门负责登记;跨行政区域的社会团体,由跨行政区域的共同的上一级人民政府的民政部门登记。

(二)法人变更登记

法人变更,为法人存续期间法人发生组织形式、目的范围、注册资本、住所、法定代表人、经营方式等方面的改变,法人的合并与分立也会导致法人变更。

我国《民法总则》第64条规定:“法人在其存续期间登记事项发生

变化的,应当依法向登记机关申请变更登记。”

法人之变更登记应向法人设立登记之机关申请为之。凡法人变更未予登记时,其变更对第三人不具有对抗效力。

(三)法人注销登记

经登记而成立的法人,其消灭时应进行法人注销登记,法人注销登记的机关仍为法人设立登记之机关。

三、法人的住所

与自然人一样,法人也有其住所。各国民法对此作出了不完全相同的规定。《德国民法典》规定:“除另有其他规定外,社团的行政管理部门所在地视为其住所。”(第24条)《瑞士民法典》规定:“法人的住所,如其章程无另行规定时,依其事务所所在地为住所。”(第56条)《意大利民法典》规定:“当法律规定依住所或场所为发生法律效力的依据时,法人的住所或场所指法人确定的主要活动场所所在地。”(第46条第1款)“在本法第16条中确定的住所或登记的住所与法人业务的实际执行地不一致的情况下,第三人可以将法人业务执行地视为法人的住所。”(第2款)“法人可以为特定的活动或事务选择特别住所。这一选择应当以书面形式明确作出。”(第47条)《日本民法典》规定:“法人以其主事务所所在地为住所。”(第51条)我国台湾地区“民法典”规定:“法人以其主事务所之所在地为住所。”(第29条)

前述规定中,法人主要事务所所在地为法人之住所,为多数国家的立法例。我国《公司法》第10条规定:“公司依其主要办事机构所在地为住所。”我国《民法总则》第63条规定:“法人以其主要办事机构所在地为住所。依法需要办理法人登记的,应当将主要办事机构所在地登记为住所。”前述规定,显然采用的是同一确认方法。

第三节　法人的机关及其民法地位

一、法人机关及其构成

法人为无生命之团体人格,其意思形成及实际活动均须通过自然人的活动得以体现。形成法人意思以及代表法人对外活动的机关即为法人机关,法人机关是法人得以存在的必要条件,也是法人表现其人格从而成为交易主体的必要条件。

法人机关由自然人担任或由自然人组成。这些自然人本身均具有自然人的人格,但与法人的其他成员一样,其自然人的人格与法人的人格被严格区分。同时,法人机关是法人的内部组织机构,是法人组织体的一部分。法人机关的行为被视为法人的行为,亦即法人机关非为独立于法人的另一组织或者另一人格。由此,法人机关表现出与法人代理人不同的法律地位。①

法人的机关因法人的种类不同而有所区别,但理论上一般认为,任何法人之机关均须由意思机关和执行机关两部分构成。法人除意思机关、执行机关之外,亦得设监督机关(监事或监事会)。但监督机关非法人必设之机关,一般为有限责任公司或股份有限公司所设。

(一)法人的意思机关(权力机关)

法人均有其宗旨(设立目的),此宗旨可由法人设立所根据的法律、法规或者行政命令确定,也可由法人的章程或者捐助章程所确定。但法人的宗旨所确定的仅仅是法人活动的“大纲”,如何实现法人的目的,必须根据具体情形作出决策以及形成法人的意思(法人意志)。法人的意思机关即法人的决策机关。由于法人的意思机关得决定法人有关之重大事项,故其又为法人的权力机关。

从立法上来看,多数国家或地区仅规定了社员大会为社团法人的意思机关,但对财团法人未予明文规定。《德国民法典》第32条规定:“凡不属于董事会或者社团其他机构处理范围内的社团事务,由社团全体成员大会作出的决议决定。”(第1项)《瑞士民法典》第64条规定:“社员大会为社团的最高机关。”(第1项)第66条规定:“社团的决议须经社员大会通过。”(第1项)《日本民法典》第63条规定:“社团法人的事务,除依章程所定委任于理事或其他职员者外,均以全会决议执行。”我国台湾地区“民法典”第50条规定:“社团以总会为最高机关。”

由此,关于法人的意思机关,理论上便存有各种见解。有我国台湾地区学者认为,社团法人之意思机关为总会(社会大会或者股东大会)

① 参见梁慧星:《民法总论》,法律出版社1996年版,第145页。

及董事(或董事会),财团法人的意思机关为董事(或董事会)。[1] 有日本学者认为,社团法人的意思机关为社员总会,而财团法人没有社员,亦无社员总会,故其最高意思应从捐助章程中寻求,亦即财团法人无意思机关。[2] 也有我国内地学者认为,意思机关仅在社团法人中存在,由法人的全体成员或全体股东充任,而在财团法人、机关法人、事业单位法人及独资法人中都不存在。[3]

笔者认为,任何法人均有其设立宗旨,此宗旨为成立法人的基本条件,决定了法人存在的目的或者基本意志。但法人成立之后,其必须对外参加各种民事活动,对内进行管理,由此决定其须有具体意志为指导(章程所定的宗旨并不能直接确定法人的具体行动)。意思机关在法人之宗旨(目的)范围内,有权对法人的重大事务作出决策,由此决定法人活动的具体方向。意思机关与执行意思的机关(代表机关)不同。执行机关虽然可在一定范围内对法人的具体事务作出决定,但其决定权来源于意思机关的授权,同时,重大事务的决策,必须由意思机关作出决定。因此,任何法人均有其意思机关:营利性社团法人的意思机关为社员大会或者股东大会,此无争议;[4]机关法人、事业单位以及社会团体法人同样有其意思机关。在我国,国家机关以及事业单位如实行首长负责制,首长即为意思机关;社会团体之成员大会,即为社会团体的意思机关;至于财团法人(捐助法人),其董事(或者理事)应视为意思机关。

对此,我国《民法总则》规定:“营利性法人应当设权力机构。”(第80条第1款)就非营利性法人而言,“事业单位法人设理事会的,除法律另有规定外,理事会为其决策机构”。(第89条)“社会团体法人应当设会员大会或者会员代表大会等权力机构。”(第91条第2款)“捐助法人应当设理事会、民主管理组织等决策机构,并设执行机构。”(第93条第2款)前述有关事业单位法人和捐助法人的权力机关的立法安排,与笔者的意见略有区别,但除机关法人之外,其他法人均具有意思机

---

① 参见史尚宽:《民法总论》,中国政法大学出版社2000年版,第172页。

② 参见[日]四宫和夫:《日本民法总则》,唐晖、钱孟姗译,五南图书出版有限公司1995年版,第103页。

③ 参见张俊浩:《民法学原理》,中国政法大学出版社1991年版,第194页。

④ 例外的是,根据我国《公司法》第66条之规定,国有独资公司不设股东会,由国有资产监督管理机构行使股东会职权。

关,却是确定无疑的。

(二)法人的执行机关与代表机关

传统理论认为,法人意思机关所形成的法人意思,须由自然人的活动予以实现,实现法人意思的机关即为执行机关。由于执行机关在法人之对外活动中代表法人,故其又为法人的代表机关(意思表示机关)。依通说,无论社团法人或财团法人,其执行机关均为董事(或者董事会)。

但在我国,由于实行法人的"单一法定代表人"制度,故前述法人执行机关即代表机关的一般理论,与我国的实际情况却不相吻合。在我国,法人的"执行机关"与法人的"代表机关(代表人)"被区分为两个性质不同的机关。例如,根据我国《公司法》第46条的规定,有限公司的董事会是公司的执行机关,但根据该法第13条的规定,董事长(或执行董事及经理)才是公司的法定代表人。对此,我国《民法总则》在其第81条规定:"营利性法人应当设执行机构。"(第1款)"执行机构为董事会或者执行董事的,董事会、执行董事或者经理按照法人章程的规定担任法定代表人;未设董事会或者执行董事的,法人章程规定的主要负责人为其执行机构和法定代表人。"(第2款)其第91条规定:"社会团体法人应当设会员大会或者会员代表大会等权力机构。"(第2款)"社会团体法人应当设理事会等执行机构。理事长或者会长等主要负责人按照法人章程的规定担任法定代表人。"(第3款)其第93条规定:"捐助法人应当设理事会、民主管理组织等决策机构,并设执行机构。理事长等负责人按照法人章程的规定担任法定代表人。"(第2款)前述规定,原则上将各类法人的执行机关与法定代表人予以严格区分。

二、法人的法定代表人之民法地位

(一)概说

无论采"法人拟制说"还是采"法人实在说"的立法,都不可能不面对一个问题。即法人对外之经营活动尤其是交易活动,必须由自然人代而为之("法人"为抽象之实体,其本身不可能向相对人为意思表示或者受相对人之意思表示),即任何法人均须由自然人为其"代表"。由此,多数国家的立法均对法人的代表人作了明确规定。

《德国民法典》第26条规定:"社团必设董事会。董事会可以由数

人组成。”(第1项)“董事会在法庭内和法庭外代表社团;董事会具有法定代表人的地位。”(第2项)

《瑞士民法典》第55条规定:“法人的意思,由其机关表示。”(第1项)第69条规定:“董事会依照章程授予其的权限有处理社团事务和代表社团的权利及义务。”

我国台湾地区“民法典”第27条规定:“董事就法人一切事务,对外代表法人。董事有数人者,除章程另有规定外,各董事均得代表法人。”(第2款)“对于董事代表权所加之限制,不得对抗善意第三人。”(第3款)

当然,出于对法人性质的不同理解,法人的代表人在法律上的地位有所不同,形成所谓“代理说”与“代表说”之分。凡采“法人拟制说”的立法,由于不承认法人为客观存在之实体,故法人不存在行为能力;法人的行为,如同无行为能力人之行为,只能由代理人代理为之。为此,法人的代表人即法人的代理人。凡采“法人实在说”的立法,则因肯认法人为实际存在的实体,有其行为能力,故法人代表人以法人名义所为之行为即法人自身的行为。上述两种观点置法人代表人于完全不同之法律地位:在“代理说”,法人代表人为独立于法人的另一人格,其行为效果因代理的作用而归属于法人;在“代表说”,法人代表人与法人为同一人格,其代表行为的效果当然地归属于法人。很显然,由于立论基点不同,由此当然会导致理论上的不同解释及实务上某些效果的相异。

我国采法人实在说,故在法人代表人的地位上亦采“代表说”。但与其他国家或地区的立法有所不同,我国立法所规定的法定代表人制度有其自身的特点。

(二)我国《民法总则》所规定的法定代表人的特点

我国《民法总则》第61条第1款承袭了《民法通则》第38条,规定:“依照法律或者法人章程规定,代表法人从事民事活动的负责人,为法人的法定代表人。”同时,分别对各类法人的法定代表人作出了明确规定:营利法人执行机构为董事会或者执行董事的,董事长、执行董事或者经理按照法人章程的规定担任法定代表人;未设董事会或者执行董事的,法人章程规定的主要负责人为其执行机构和法定代表人(第81条第3款)。非营利法人中,事业单位法人的法定代表人依照法律、行政法规或者法人章程的规定产生(第89条);社会团体法人的理事长或者会长等负责人按照法人章程的规定担任法定代表人(第91条第3款);捐助法人的理事长等负责人按照法人章程的规定担任法定代表人(第93条第2款)。

上述规定表明,我国立法所明定的法人代表人为一人,而不得为数人或数人之整体(如前所述,依我国《公司法》之规定,在有限责任公司设董事会的,仅董事长为法定代表人而其他董事以及董事会不得为法定代表人。但依《德国民法典》之规定,董事会具有法定代表人的地位;而依我国台湾地区“民法典”之规定,董事为数人时,数个董事均得为法人之代表人)。

从我国实际情况来看,我国立法将法人的法定代表人确定为一人(法人的主要负责人),是基于法人对外活动的需要,也是保护交易安全的需要。如果法人的代表人为数人之整体(如公司的董事会),则法人之对外活动实际上难以进行(在法人与他人签订合同时,不可能也无必要总是要求董事会全体成员到场,亦即即使认定董事会为代表人,“董事会”仍需有人“代表”);而如果法人的代表人得为个别之数人(在有数个董事的情形下),无论交易的进行抑或出庭应诉,均有所不便且显然有损交易之安全,也有损法人自身的利益(如发生董事之变动,第三人往往难以知晓并因而发生错误判断)。为此,我国采用的此种做法应予肯定。这样一来,在我国,董事会便只能是公司法人的执行机关,而非代表机关。

(三)法定代表人的代表权限

关于法人代表人的代表权限,一些国家未作明文规定,但根据对有关代表权之一般规定的解释及判例,可认为其法人代表人有管理上之无限制的代表权。如《瑞士民法典》第69条规定了董事会的代表权;第61条规定社团章程所确定的董事会应在商业登记簿上登记。而依判例,不仅为管理上之行为,包括社团认为与其目的伴随之法律行为,董事均有其代表权。①

但另一些国家和地区的立法明文规定,法人得以其章程或其他方式(股东会决议等)对代表人之权限予以限制,但对其限制是否于第三人发生对抗效力,则规定有所不同。

---

① 参见史尚宽:《民法总论》,中国政法大学出版社2000年版,第179页之注释。

《德国民法典》第 26 条第 2 项规定："……董事会具有法定代表人的地位。代表权的范围可通过章程加以限制，其作用可以对抗第三人。"《德国有限责任公司法》第 37 条规定："以公司合同，或在公司合同无其他规定时，以股东决议对董事代表公司的权限的范围进行限制的，董事对公司负有遵守此种限制的义务。"（第 1 项）"对董事代表公司的权限进行限制的，此种限制对于第三人不具有法律效力。特别是代表权只及于某些行为或某些种类的行为，或代表权只在某些情况下或在一定的时间或在个别的地点发生，或对于个别的行为，需要得到股东或公司机关的同意时，适用此种规定。"（第 2 项）①

《意大利民法典》第 19 条规定："不得以未依据本法第 33 条的规定（关于法人的登记事项的规定——引者注）进行登记的对代表权的限制性规定对抗第三人，能证明第三人知晓的情况除外。"

《日本民法典》第 54 条规定："对理事代表权所加的限制，不得以之对抗善意第三人。"

我国台湾地区"民法典"第 27 条第 3 款规定："对于董事代表权所加之限制，不得对抗善意第三人。"

依上述德国法的规定，通过章程而对法人代表人代表权的限制，得对抗第三人，而以其他方式所作限制，不得对抗第三人。依日本法及我国台湾地区"法"之规定，任何情况下对法人代表人代表权的限制，均不得对抗善意第三人。而依意大利法的规定，对代表权的限制如经过登记，可对抗第三人；未经登记的限制，仅得对抗恶意第三人。

我国 1986 年《民法通则》未明文规定法人可否以其章程或者其他方式对法定代表人的代表权进行限制。我国《合同法》第 50 条虽就法定代表人超越"权限"而订立的合同之效力作了规定，但依立法解释和司法解释，此"权限"仅指法人的经营范围（目的范围）而非对法人的法定代表人代表权之特别限制。因此，可以断定，我国立法上，法人的法定代表人的代表权限即法人权利能力和行为能力的范围。如果法人的法定代表人之行为未超越法人的目的范围，则不构成代表权限的超越。由此推论，如果法人以其章程或其他方式对其法定代表人的代表权限

---

① 《德国股份法·德国有限责任公司法·德国参与决定法》，杜景林等译，中国政法大学出版社 2000 年版，第 190 页。

进行限制,虽不能认定其无效,但其仅在法人内部发生效力(得作为法人追究其法定代表人责任的依据),但对于善意第三人不得发生对抗效力。而从实务的角度考虑,法人限制法定代表人的代表权限,固有其利益值得考虑,但此发生于法人内部的事项,第三人于外部很难了解,如果认定其对善意第三人有对抗力,则于交易安全的保护极为不利。

为此,笔者在提出的建议稿中设计了以下条文:“营利法人章程或者股东大会、社员大会对于法定代表人代表权限范围的限制,不得对抗善意第三人。”“非营利法人的章程、组织规章或者成员大会对于法定代表人的代表权范围的限制,不得对抗善意第三人。”《民法总则》将这一规定放置于法人的“一般规定”,在其第61条第3款规定:“法人章程或者权力机构对法定代表人代表权范围的限制,不得对抗善意相对人。”

第四节　法人的消灭

一、法人的消灭的法定事由

自然人的人格因死亡而消灭,法人的人格则因依法被撤销或其他原因而归于消灭(我国《民法总则》第68条)。理论上,法人无论基于何种原因归于消灭,均可视为法人的“解散”。与自然人不同,自然人一旦死亡,其权利能力即绝对终止,其权利义务即为继承人所继承;而在法人解散时,涉及法人原有法律关系的清理(清算)过程,在此过程中,法人的权利能力有必要在一定范围内继续存在,以避免损害第三人之合法利益。法人的解散即法人因法定原因的出现而归于消灭。关于法人解散的事由,各国立法均有具体规定。法人解散的主要事由是:

(一)强制解散

强制解散包括两种情形:

1. 因违法而被强制解散

在法人的目的或行为违反法律或公序良俗时,得因法院的宣告或有关机关撤销许可而予以解散。如《日本民法典》第71条规定:“法人经营目的以外的事业、违反得到设立许可的条件或主管官署的监督命令、实施其他危害公益的行为,而以其他方法又不能达到监督目的时,主管官署可以撤销其许可。"《瑞士民法典》第 78 条规定:"社团的宗旨违法或违背善良风俗时,法官须依照主管官厅或利害关系人的起诉,宣告其解散。"我国《企业法人登记管理条例》第 29 条规定:企业法人擅自改变经济性质、超出登记的经营范围和经营方式,伪造、涂改、出租、出借、转让法人执照、抽逃资金、隐匿财产逃避债务等,登记机关得依法吊销企业法人营业执照,强令其解散。我国《社会团体登记管理条例》第 30 条规定:社会团体法人如在登记中隐瞒真实情况、弄虚作假,涂改、转让、出借登记证书,从事以营利为目的的经营活动,其活动违反章程规定的宗旨以及从事危害国家利益的活动的,登记机关得依法撤销登记,强令其解散。我国《民法总则》第 69 条第 4 项规定:"法人依法被吊销营业执照、登记证书,被责令关闭或者被撤销",是法人消灭的法定事由。

2. 司法强制解散

我国《公司法》第 182 条规定:"公司经营管理发生严重困难,继续存续会使股东利益受到重大损失,通过其他途径不能解决的,持有公司全部股东表决权百分之十以上的股东,可以请求人民法院解散公司。"

(二)约定解散

约定解散包括以下情形:

1. 依法人章程规定而解散

法人章程可以规定解散事由,如规定法人存续期间等。如果规定事由出现,则法人应予解散。如《日本民法典》第 68 条规定法人得因"章程或捐助章程所定解散事由发生"而解散;我国《民法总则》第 69 条第 1 项规定:"法人章程规定的存续期间届满或者法人章程规定的其他解散事由出现的",法人解散。

2. 因社团法人之社员大会决议解散

社员大会(股东大会)为社团法人最高权力机构,有权决定解散法人组织。如《德国民法典》第 41 条规定:"社团可以通过全体成员大会决议予以解散。除章程另有规定外,解散决议须出席成员的四分之三多数同意。"《日本民法典》第 68 条规定:社团法人得因"全会决议"而解散。我国《民法总则》69 条第 2 项规定:"法人的权力机构决议解散的",法人解散。

此外,一些国家的法律规定,法人的目的事业完成或无法完成,也是法人解散的法定事由。如《日本民法典》第68条第1项规定,“法人的目的事业已成功或不能成功”为法人解散的法定事由;《意大利民法典》第27条规定,“法人因目的达到或目的的实现不能而终止”。而社团法人之社员低于法定人数,也是法人解散的法定事由。社团法人为人的集合,如其成员低于法定人数,应予解散。如《德国民法典》第73条规定:“成员人数减少至三人以下时,初级法院应根据董事会的申请剥夺社团的权利能力,如果在三个月内未提出申请,初级法院应在征求董事会的意见后,依职权剥夺社团的权利能力。”《日本民法典》第68条规定,社员无一人存在时,社团法人应予解散。我国《公司法》承认一人公司,故有限责任公司的股东仅剩一人时,并不当然导致公司的解散。

(三)宣告破产

法人财产不足以清偿到期债务时,得依法定破产程序被宣告破产。如《德国民法典》第42条第1项规定,“社团因开始破产程序而解散”。《瑞士民法典》第77条规定:“社团无支付能力……应依照法律解散社团。”《日本民法典》第68条规定:“破产”为法人解散的法定事由。我国《民法总则》第73条规定:“法人被宣告破产的,依法进行破产清算并完成法人注销登记时,法人终止。”

二、清算

(一)概说

清算是以清理、终结被解散的法人残存的权利义关系为目的的法定程序。清算期间,清算人只能在于清算有关的范围内实施法律行为(实现债权、履行债务等),非为清算活动之必需,不得创设新的权利义务关系。

法人解散时,其自身不得为清算行为,必须依法设立清算机关(一人或数人)进行。我国《民法总则》第70条规定:“法人解散的,除合并或者分立的情形外,清算义务人应当及时组成清算组进行清算。”(第1款)“法人的董事、理事等执行机构或者决策机构的成员为清算义务人。法律、行政法规另有规定的,依照其规定。”(第2款)“清算义务人未及时履行清算义务,造成损害的,应当承担民事责任;主管机关或者利害关系人可以申请人民法院指定有关人员组成清算组进行清算。”

(第3款)

在法人清算过程中,清算人具有十分重要的法律地位:清算人为清算法人的执行机关即代表机关,在清算活动范围内,与清算前之法人的法定代表人具有相同的法律地位。因此,有些国家和地区的民法规定,关于法人代表人之规定,适用于清算人。如我国台湾地区"公司法"第85条规定:"清算人有数人时,得推定一人或数人代表公司,如未推定时,各有对于第三人代表公司之权。关于清算事务之执行,取决于过半数之同意。"

关于清算人的权利和职责,各国立法均有具体规定。如《日本民法典》第78条明确规定,清算人的职务包括"了结现务"、"收取债权,清偿债务"以及"交付剩余财产"(第1项);其权限为"为执行前款职务,可以实施一切必要行为"(第2项)。

我国《公司法》第184条将公司法人清算组织的职责规定为7项:(1)清理公司财产,并编制资产负债表和财产清单;(2)通知或公告债权人;(3)处理公司未了结的业务;(4)清缴所欠税款;(5)清理债权、债务;(6)处理剩余财产;(7)代表公司参加民事诉讼。

我国《公司法》第188条规定:公司清算结束后,清算组织应当制作清算报告,报股东会或主管机关确认,并报送公司登记机关,申请注销公司登记,公告公司终止。

清算人清算终结,法人经申请注销而归于消灭。

(二)法人人格在清算中的样态

法人解散时,须经清算之程序。在法人清算过程中,对于法人的人格之继续存在,各国立法并无异议。如《日本民法典》第73条规定:"解散的法人,在清算目的范围内,至其清算完结,仍视为存续。"但如何认定清算法人的人格之性质,理论上历来有所争议,形成4种不同学说:

1."清算法人说"。此说认为,法人的人格因解散而消灭后,因其财产尚未清算,为避免出现无主财产,法律专为法人的清算目的而另行设立了所谓"清算法人"。此种清算法人的权利能力非为对原法人权利能力的承继,故不同于原法人的权利能力。

2."拟制存续说"。此说认为,法人因解散而丧失人格,不得再从事法人经营范围内的活动,但由法律的拟制而使法人在清算的目的范围内继续享有权利能力,即法人解散后,存在一个所谓权利能力的"假存续”阶段。

3.“同一人格说”。此说认为,清算法人与原法人本质上属同一人格,只不过较之原法人,清算法人的权利能力有所缩小,只能在清算之目的范围内具有权利能力。

4.“同一人格兼拟制说”。此说认为,法人在解散以后,其人格依然存在,但因法人解散后即因其缺乏内部成员而失去其存在的基础,故清算法人只是由法律拟制的人格而非实体性团体人格。[①]

上述各学说中,“同一人格说”为通说,且学者认为,我国《民法通则》第40条规定“法人终止,应当依法进行清算,停止清算范围外的活动”,系采此学说。[②] 2017年3月颁布的《民法总则》第72条第1款规定:“清算期间法人存续,但是不得从事与清算无关的活动。”这一规定指明法人在其清算期间“存续”而非“视为存续”,则进一步表明我国立法对“同一人格说”的采纳。

---

① 参见江平主编:《法人制度论》,中国政法大学出版社1994年版,第159~160页。

② 参见梁慧星:《民法总论》,法律出版社1996年版,第147页。

第四编
法律行为制度

第十四章 法律行为的意义

第一节 法律行为理论的价值

一、法律行为概念的来源与定义

(一)法律行为概念的来源

如同“权利能力”“法人”等民法概念,“法律行为”的概念也是由德国民法理论所创设的。

根据学者对于相关史料的考证,法律行为概念的来历大致如下:

“‘法律行为’与‘意思表示’一词,最早出现于18世纪……在德国启蒙时期,法学家丹尼尔·奈特尔布莱特(Daniel Nettblandt,1719—1791),在1748年的著作中借用过拉丁文 *actus iuridus*(可译为法律行为)和 delarato voluntatis(自愿表示),表示自愿追求法律效果的行为。他甚至将 *actus iuridus* 定义为‘设定权利和义务的行为’。但是,第一次使用这一术语的是历史法学派的创始人之一的古斯塔夫·胡果(Gustav Hugo)。在《日耳曼的普通法》(1805年)一书中,他使用了 Rechtgeschaeft 一词代替罗马法中的‘适法行为’(*negozio giuridico*)。但是法律行为一词的真正创始人实际上是海瑟(Heise),在1807年的《供学说汇纂教程所用的普通民法体系概论》(Grundriss eines Syestems des gemeinen Zivilrechts zum Berhuf von Pandekten-

Vorlesungen)一书中,他使用了 Rechtgeschaeft 一词……该书第六章详细地讨论了法律行为的一般意义、类型和构成条件,使其成为一般术语……海瑟第一次揭示了法律行为的意思表示属性。这里所谓的意思表示,不是生活中普通的意思表示,而是追求私法效果的意欲意思,即法效意思。之后,萨维尼在《现代罗马法体系》第三卷将法律行为理论进一步精致化,对海瑟所揭示的意思表示这一本质部分作出了重要的理论发展。1794 年制定的普鲁士普通邦法(Allgemeines Landrecht fuer die Preussischen Staaten)采用了这一概念,它规定了'行为',但不是'法律行为'。同时它还采取了'意思表示'这一概念。1863 年的《萨克森王国民法典》(Buergerliches Gesetzbuch fuer das Koenigreich Sachsen)采用了'法律行为'这一概念,该法第 88 条规定:'如某行为与法律要求相符,旨在设定、废止、变更法律关系的意思表示,即为法律行为。'这是法典对法律行为这一概念以及制度的首次承认。"

"'意思表示'是与'法律行为'密切相关的法律术语,它与'法律行为'几乎同时出现,也是德国民法的核心概念之一……在 18 世纪,沃尔夫(Christian Wolff)首次提出并阐述了意思表示这一概念……后来,萨维尼在《当代罗马法体系》中将意思表示与法律行为作为同义语使用。为了与奥地利民法典的用语有所区别,普鲁士普通邦法开始使用了'意思表示'这一概念(该法第 1 章第 4 节)。至此,'法律行为'和'意思表示'的概念终于在法律中形成。"①

于是,1900 年《德国民法典》在其总则专章规定了法律行为制度(第一编第三章,共计 59 个条文)。

但是,新近有学者对广泛使用的"法律行为"概念的来源及其本身的准确性提出了质疑。该学者认为,在德国民法中,同时存在"法律交易"(Rechtsgeschft)和"法律行为"(Rechtshandlung)一对概念。所谓法律交易,系指意欲获得一定法律后果的行为。而法律行为则是指根据法律规定必然产生一定法律后果,无论交易行为人是否有获此法律后果的意思指向。而《德国民法典》中自始至终没有采用法律行为的表述,而只是采用了法律交易的概念。但由于翻译上的误差,把一个学理

---

① 谢鸿飞:《论法律行为概念的起源与法学方法》,载《法学时评网》2003 年 11 月 13 日;另参见龙卫球:《民法总论》,中国法制出版社 2001 年版,第 473～474 页。

概念而非规范概念的“法律行为”当作“法律交易”的替代用语，并由此导致了我国法律行为理论上的诸多混乱。①

笔者认为，弄清包括法律行为在内的各种法律概念的来龙去脉，具有十分重要的理论价值。由于文化背景的差异以及不同文字转译过程中理解上的差异或者对应概念的缺乏而导致某些概念之文字表达上的词不达意甚至错误表达，应当是常有现象。对之进行澄清和纠正是必要的。但与将别人讲的“权利能力”意译为“人格”以及将“人的身份及人的关系”意译为“人身关系”不同，即使德国民法上的“法律交易”被其他国家的民法称为“法律行为”，只要其本意没有本质错误，在此一概念已经广泛流传和使用的情况下，继续沿用是没有问题的。只不过指出“法律行为”本为“法律交易”，对于正确理解法律行为并不包含对当事人行为之“合法与非法”的法律评价，仍是有意义的。

（二）法律行为的定义

法律行为的定义似乎是一个纠缠不清的老问题，而关键之所在似乎在于对法律行为与意思表示的关系上的不同看法。

依据学者考证，早期德国民法理论多将法律行为与意思表示予以等同。对于法律行为，萨维尼（Savigny）的定义是：“行为人创设其意欲的法律关系而从事的意思表示行为，称法律行为。”恩那彻鲁斯（Enneccerns）的定义是：“法律行为是指追求一定的法律后果的意图以及对这一意图的表示。”温德赛（Windscheid）的定义是：“法律行为是旨在法律效力的创立的私的意思宣告。”而后期德国民法理论则将法律行为与意思表示加以区分，认为意思表示只是构成法律行为的一种法律事实，亦即意思表示为法律行为的本质要素但非法律行为构成之全部。如拉伦茨在将法律行为定义为“一种目的旨在形成某种法律后果的意思表示行为”的同时，指出：“法律行为是一项或几项行为，他们中至少有一项是旨在引起一定法律后果的意愿表示。”科勒（Helmut Koehler）也认为：“任何法律行为可能有一个或几个意思表示组成，此外，依法还可含有一个或几个事实要素。”②

前述认为法律行为以意思表示为要素的说法，为日本、我国台湾地

① 参见米健：《论“民事法律行为”命名的谬误》，载《法学时评网》2003年12月10日。

② 参见龙卫球：《民法总论》，中国法制出版社2001年版，第475～476页。

区以及1949年前的中国大陆学者所普遍采纳。

日本学者四宫和夫认为,法律行为之效力的基础是意思表示,但并非仅凭意思表示就能产生想要的法律效果。在遗嘱的情形下,仅凭遗嘱人之意思表示即可以成立遗嘱人所想达到的效果时,该意思表示即为法律行为。但相反,在存在有与表意人利益相对立之相对人,如果不考虑相对人之意思,即被判断不能发生表意人所想之权利义务之变动时,两者之意思表示机能上之一致,亦即契约之法律行为应加以统合,始生所期待之法律效果时,仅有一方之意思表示,并不当然成为法律行为。[①] 史尚宽指出:"法律行为者,以意思表示为要素,法律因意思之表示,而使发生法律上之效力的私法上法律要件也。"[②]郑玉波认为:"法律行为者,仍欲发生私法上效果的意思表示为要素之一的法律事实也。"[③]

法律行为是对主要的一类表意行为的概括,自然要以意思表示为特征。但令人很难理解的是,意思表示本身就是一种行为,一般情况下,法律行为就是由意思表示构成的(无论是单方的意思表示抑或双方的意思表示)。所以,以法律行为有可能包含两个以上的意思表示来否认法律行为并非仅仅为"意思表示",不具有说服力。比较能够成立的说法是:在要物契约(实践性法律行为)中,除当事人合意之外,尚需有交付实物的行为,法律行为方可完成。但将交付实物视为法律行为的生效要件而非法律行为的成立要件,亦未尚不可。所以,依笔者所见,区分法律行为与意思表示,其意义并不在于确定意思表示究竟仅为法律行为的要素或为法律行为本身(此种讨论没有任何实际意义),而在于强调两个概念所表达的侧重点不同,故其运用场合有所不同:"法律行为"重在描述行为整体,"意思表示"重在描述当事人的表意过程和结果。因此,在某些情况下,将两者替换表达(如"法律行为无效"可以替换为"意思表示无效"),不会产生任何歧义。但在另外一些情况下,两者只能各司其职,不能替换(如"一方的意思表示不真实"不能替换为"一方的法律行为不真实")。所以,尽管在单独行为中,一方的意思表

---

① 参见[日]四宫和夫:《日本民法总则》,唐晖、钱孟姗译,五南图书出版有限公司1995年版,第149页。

② 史尚宽:《民法总论》,中国政法大学出版社2000年版,第266页、第275页。

③ 郑玉波:《民法总则》,中国政法大学出版社2003年版,第211页。

示即为法律行为；在双方行为中，双方意思表示的整体（合意）即为法律行为，但法律行为的概念不可以被意思表示的概念所替代。为此，区分法律行为与意思表示两个概念是有必要的。但是，硬性将意思表示认定为仅仅是法律行为的"要素"（主要的、基本的但非全部的构成因素），并由此而展开喋喋不休的讨论，实在没有意义。

二、法律行为理论的贡献

（一）两种对立的评价

就法律行为的意义，历来存在两种完全不同的评价。

在居于主流的肯定性评价的学者看来，法律行为理论不仅是"民法规则理论化之象征"，而且是"大陆法系民法学中辉煌的成就"。"法律行为概念一经产生，立即对整个民法带来了一场理论革命"。[①] 法律行为的问题"不是一个单纯的法律技术问题，人们对这个问题所作的解决，在整个社会和法学界都将产生影响"。[②] 英国法学家梅特兰（Maitland）所声称的"我以为从未有过如此丰富的一流智慧被投放到对某种行为的立法研究上"，则将法律行为的辉煌成就推崇到无以复加的地步。

有学者将法律行为的巨大成就归纳为三个方面：（1）法律行为概念确立了更广阔的民法自治空间。通过抽象的法律行为概念，德国法原则上承认了一切设权行为，包括必要的单方行为，从而弥补了罗马法对设权行为采取具体类型逻辑的做法的缺陷，也弥补了法国民法虽然形成了抽象的合同概念但忽略许多单方法律行为（如没有关于形成权及其行使的规定）的缺陷。（2）法律行为概念成为德国法概念体系化的重要标志，具有简化法律规定和协助体系化的价值。（3）法律行为理论对法律最重要的法律事实即设权行为，提出了细化的内部构造，不仅扩展了自治，而且提供了一套解释或识别不同自治行为具体结构的标准。[③]

但是，在另外一些学者看来，法律行为的价值是值得怀疑的。茨威格特（Zweigert）和克茨（Kotz）在其《比较法导论》一书中便指出，法律

---

① 龙卫球：《民法总论》，中国法制出版社2001年版，第474页。

② ［法］狄骥：《宪法论》（第1卷）（第2版），钱克新译，商务印书馆1959年版，第311页。

③ 参见龙卫球：《民法总论》，中国法制出版社2001年版，第485页。

行为原理的作用并不像我们想象的那么大。在法律行为这一概念中,所有的交易只有一项因素是共同的,即“表示”(declaration)。但是,用法律行为来囊括所有的意思表示,这些意思表示是与物权移转行为(real acts)(如德国法上的动产交易)、双务(synallagmatic)合同、财产让与行为、影响家庭身份的行为、有法律效力的单方意思表示联系在一起的,法律行为这一概念是概括不了的(overstrained)……学习德国法的外国学生可能首先就要问:这些不同层次的抽象化之间的差别是不是真的必要。如果不诉诸如此一个整全的特别概念,是不是就不能处理相关材料、叙述相关规则了呢?有必要把法律行为、意思表示、合同和要约(合同的组成部分)区分开吗?……用比较法上的功能方法看,法律行为不是一个有用的工具。因此,“法律行为”作为德国法上的一个人为概念虽然有阐释和体系化价值,但作为一个认知工具,它对于私法的社会秩序而言,并不是非常有用。① 而德国法学家乌拉沙克(Wlassak)也认为,法律行为是一个“真正的灰色理论的产物”,著名民法学家弗卢姆也赞同这种观点。②

(二)笔者的看法

法律行为作为德国民法的一项抽象成果,最为一般地抽象和概括了商品流转领域内的各种交易行为和其他表意行为。由于法律行为集中表现和反映了当事人的意思表示直接获得法律上的效力这一民法特有的现象,揭示和表彰了法律将当事人的意思表示作为创设民事权利义务的直接根据这一基本立场,从而的确具有一种使私法自治原则得以宣示和弘扬的作用。

但是,断言法律行为具有“扩展”私法自治的功能,以至于认为如无法律行为的存在,私法自治精神在民法中既难以完整体现的观点,或者认为法律行为具有扩展私法自治空间的功能的观点,则言过其实。

私法自治作为民法的基本价值观念,必须借助于具体规则而加以

---

① K. Zweigert & H. Koetz, *An Introduction to Comparative Law*, Vol. 2, tr. by Tony Weir, 2nd. Clarendon Press, Oxford 1987. pp. 5 – 6. 转引自谢鸿飞:《论法律行为概念的缘起与法学方法》,载《私法》2003年第1期。

② Siehe Werner Flume, *Allgemeiner Teil des Buergerlichen Rechts*, Bd. 2. Das Rechtgeschaft, 3 Auflage, Springer – Verlag, 1992, s. 32. 转引自谢鸿飞:《论法律行为概念的缘起与法学方法》,载《私法》2003年第1期。

表现方能得以实现,故其在民法典中是否予以明文宣示,其实是不重要的。假若一部民法典将私法自治的宣称置于显赫地位并予以反复强调,但在其具体规则中不予贯彻,则此种宣称不过是空气振动,不会发生任何效果。相反,如果一部民法典在各个具体制度中充分体现了自治精神,则即便法典通篇都未出现"私法自治"的字样,该法典却真实地阐明了私法自治原则。因此,法律行为将当事人在民事活动中的自觉行为予以归纳并设置一般确认之规则,自然有助于私法自治原则的集中体现,但没有此种安排,并不等于此一原则便销声匿迹。事实上,在许多并不设置法律行为制度的民法典中,私法自治精神主要通过契约自由原则在合同制度中得以充分展现,而这些法典,同样不失为贯彻自治精神的典范。

诚然,法律行为制度通过确认一般行为规范的方式而认可当事人意思表示的效果,似乎具有更为广泛的覆盖面,但此种一般规则的运用可以被具体规则所阻挡,故其并不当然具有无限广泛的覆盖面。事实上,作为一种对某类表意行为的归纳抽象,法律行为必然受到其共性提取的技术限制,因而不可能概括一切以意思表示为特征的行为(例如,同样是以意思表示为特征,但并不发生民事权利得失变动的所谓"准法律行为",便不在"法律行为"概念的覆盖范围之内)。相反,在不设法律行为制度的民法典中,其有关设权行为的具体规则仅具有有限的适用范围,这完全不妨碍立法上未予列举的个别设权行为得依意思自治原则获得法律的确认和保护。对此,即使无须提及根本不可能存在抽象的法律行为概念的英美法,除《法国民法典》以及受其影响的一些拉美国家的民法典、《魁北克民法典》、《荷兰民法典》之外,属于德国法系的《奥地利民法典》以及著名的《瑞士民法典》并未采用法律行为的概念和制度,即为明证。

依笔者所见,法律行为理论的价值主要不在其实质内容而在其形式意义,亦即法律行为理论对于德国民法理论体系和立法体系的形成,具有一种极为重要的、不可或缺的作用。

对于多数中国学者来说,就法律行为制度的必要性而言,其实从来都心存疑窦:法律行为的全部理论基本上不过是契约制度的一般理论的重复。在绝大多数情况下,法律行为的理论不过是将"契约"置换为"法律行为"予以表述而已。仅仅为了将为数不多、重要性不大的一些单方行为纳入契约行为有关规则的适用范围,便大兴土木去构建一个称为“法律行为”的独立制度,这有必要吗?

上述疑问,自然是在中国民法理论的框架之下,对于德国民法何以必须创设法律行为制度的根本原因的不理解所造成的。

应当了解的是,德国民法上的法律行为的抽象基础,并不是建立在我们所理解的“合同”和单方行为之上,而是建立在物权行为和债权行为的分离基础之上。

前已提及,德国民法理论是以法律关系的一般理论为基础而建立并展开的。而《德国民法典》的体系结构,则是通过对法律关系的解构而得以产生的。简言之,《德国民法典》的总则,应当是对法律关系的一般规定;其分则,则是对被类型化的具体法律关系(具体权利)的具体规定。而物权与债权的区分,则是完成具体法律关系之类型化的必要手段。

就德国民法理论的体系建构而言,物权与债权的区分的意义无论怎样估计也不过分。采用一种抽象的方法,德国民法理论把本来被认为是依附于物权、作为物权特别是所有权取得方式之一的债权与物权分离,赋予物权和债权以完全不同的法律品格,由此形成财产权的二元体系。接下来,依据一种当然的逻辑推论,既然物权与债权为相互独立存在的权利类型,则两种权利自然应各自有其得失变动的法律事实。如果某种表意行为能够引起债权的得失变动,那么,就肯定同样存在另一种能够引起物权之得失变更的表意行为。在此认识基础上,“物权契约”或者“物权行为”的发现实属必然。

迄今为止,尚无资料证实德国民法理论独特而著名的“物权行为”的发现究竟是“先有鸡后有蛋”抑或“先有蛋后有鸡”。亦即德国学者究竟是基于法律关系的理论而首先推断出物权的变动必然因物权契约所引起,从而再去寻找并“发现”物权行为(如同根据公式演算而推断出宇宙某个区域必然存在一个新的天体,然后再去寻找并发现这个天体)?还是先发现了物权行为的存在,然后再去构建法律关系的一般理论?但无论如何,在物权行为这一特殊的法律现象被创造出来的过程中,逻辑推理和人为的抽象技术所起的根本作用是不能被否认的。

而物权契约一旦与债权契约相分离,则抽象出更高位阶概念的“法律行为”的基本材料即已备齐。于是,德国民法理论对于类型化的三种权利(物权、债权与身份权)所依据产生的最主要的法律事实(物权行为、债权行为以及身份行为)进行了"公因式"的提取,抽象出"法律行为"的概念和一般规则。而由于法律行为因此具有适用于民法各项具体法律关系(权利)制度的一般规则的品格,便自然有资格进入民法典的一般规则(总则)。

前已述及的一个极为重要的事实是,德国民法关于法律关系的一般理论,已经取得了对各种具体权利义务关系进行总体抽象的成果。但这一成果却难以完全采用立法规范的方式来加以表达:法律关系的三要素中,除"人"(主体)之外,客体之多样性使其自身难以成为统一规范的对象(物权的客体为"物",债权的客体为"特定行为",身份权的客体为"身份利益",三者之间基本上不存在可以被抽象为一般规则的"共性")。而法律关系的内容(权利义务)一旦离开具体的、差异极大的权能,也将造成表达上的虚空,故难以形成达到一定"规模"的一般规则。所以,《德国民法典》总则面临内容设置的窘境。而法律事实中的法律行为,却因其普遍性和重要性,填补了民法典总则之一般规则在内容结构上存在的薄弱和虚空。由此,将"人法"加上"法律行为"和"代理",再把本无资格进入总则的"物""消灭时效"强行纳入,再拼凑进"期间和期日"、"权力的行使、自卫和自主"乃至"提供担保"等一堆杂乱的东西,《德国民法典》总则的编撰便宣布大功告成。

由此可见,倘无物权与债权的划分,便不存在物权行为的抽象;倘无物权行为的抽象,便不存在法律行为的抽象;倘无法律行为的抽象,便不存在德国民法总则。德国民法中的法律行为,其实质正是其理论体系和法典体系建构所必需的一个最为重要的法律工具。

第二节　中国民法中的法律行为

一、法律行为性质的改造

仍然是受苏联民法的影响,法律行为的概念和制度自然进入了中国民法的理论和立法体系。

但长期以来,我国学界就"法律行为"的性质存在重大的争议。一部分人认为法律行为是一种合法行为,理所当然不能包括违法行为;另一部分人则认为法律行为只是一种能产生法律后果的行为,至于它是否合法需要作进一步的判断,因而它可以分为合法行为与违法行为。上述争议,其实是苏联民法理论有关争议的翻版。苏联学者中,有人认为合法性是法律行为的决定性特征之一;也有人认为合法性只是在确定已经实施的法律行为的法律后果时才有意义,而不构成法律行为的要素。① 对于何以法律行为应具合法性的理由,苏联学者指出:"由立法的观点来看,对于指向法律效果,而不问该效果能否达到的行为,亦即对于指向一定效果,而且实际上设立、变更或废止法律关系的行为予以不同的名称是较为合理的。"他们认为,"法律行为"一词所应当包含的,只是造成其本身所指向的法律后果的行为的意义。在法律行为之外,亦应使用"意思表示"一词。即"设定、变更或废止民事法律关系的意思表示可以是有效的或者无效的。如果它是有效的话,它就是法律行为"。②

伴随一场从20世纪70年代就开始的没有史料、没有论据的"学术讨论",中国民法主流学说完全接受了有关"法律行为是合法行为"的结论,并着手提出改造"无效法律行为"这一"严重违反逻辑"的概念的具体方案。尽管佟柔先生试图在保留传统理论框架的前提下注入新的解释,认为:"无效法律行为虽然具有法律行为的形式,但并不具备法律行为的本质特征。所以,它并不是法律行为,也不是法律行为的一个种类,而是一个与法律行为有关的独立的概念。"③但另外的学者有关用"民事行为"的概念取代法律行为,以避免法律行为传统理论上的缺陷的主张,④却占了上风。

于是,1986年《民法通则》终于将法律行为制度进行了重构。

《民法通则》的立法者做了三件事:一是在"法律行为"前面加上"民事"二字,以表明民法上的法律行为与其他部门法上的法律行为的

---

① 参见刘心稳主编:《中国民法学研究述评》,中国政法大学出版社1996年版,第190页。

② [苏联]阿加尔科夫:《苏维埃民法中法律行为的概念》,载《苏维埃国家与法》1964年第3~4期。转引自[俄]E. A. 苏哈夫主编:《俄罗斯民法》(第1册),黄道秀译,中国政法大学出版社2001年版,第308页。

③ 佟柔主编:《民法原理》,法律出版社1983年版,第89~90页。

④ 参见王作堂等:《民法教程》,北京大学出版社1983年版,第80页。

区别。二是明确规定了法律行为的合法性质,在阐述法律行为定义时指出:“民事法律行为是公民或者法人设立、变更、终止民事权利和民事义务的合法行为。”(第54条)同时还进一步规定:“民事法律行为从成立时起具有法律约束力……”(第57条)三是采用了作为“法律行为”的上位概念的“民事行为”的用语。为了避免民事行为和民事法律行为在使用上的冲突和混乱,《民法通则》在其有关条文中,凡涉及当事人实施的无效或有可能无效的“法律行为”时,全部谨慎地使用了民事行为的概念(参见《民法通则》第58条至第61条、第66条)。

随后,便照例有一片欢呼之声。有的学者认定,《民法通则》的此种变革,初步解决了传统法律行为理论存在的自相矛盾的问题,“民事法律行为”和“民事行为”两个概念的出现,标志着对传统法律行为理论的升华和突破。[①] 有的甚至认为,用“民事法律行为”一词替代了“法律行为”一词,是世界民法立法史上的一个独创,它形成了具有中国特色的、理论上更加完善的概念体系。[②]

二、对改造的评价及《民法总则》的矫正

(一)对《民法通则》之“创新”的评价

当然,对于《民法通则》的创新,始终存在不同的评价。[③]

笔者当时也在欢呼人群之内,认为《民法通则》的改造工作是有益的。但同时也对“民事行为”概念的模糊性忧心忡忡,认为“这一概念的含义在法律上并不确切。就语言形式而言,它所包含的内容远比它应当包含的内容要广泛得多。由于《民法通则》未对民事行为下定义,致使不少学者按其字面意义,将之理解为当事人‘在民事活动中的一切行

---

① 参见刘岐山主编:《民法问题新探》,中国人民公安大学出版社1990年版,第90～93页。

② 参见佟柔主编:《中国民法学·民法总则》,中国人民公安大学出版社1990年版,第207～208页。

③ 有人指出:《民法通则》第54条的定义未能正确揭示民事法律行为的本质、内涵和外延,因为民法合法行为不仅民事法律行为一种,还包括表示行为和事实行为(王家福主编:《中国民法学·民法债权》,法律出版社1991年版,第259页)。有人认为,法律行为作为合法行为与违法行为的统称本来是没有多少异议的,争论实际上是由《民法通则》对民事法律行为下了立法定义以后才产生的(参见张文显:《法学基本范畴研究》,中国政法大学出版社1993年版,第130页)。

为'或'依民法产生法律后果的行为'(包括事实行为、违约行为、侵权行为等),从而使其范围和性质成为乱麻一团"。①

以后,随着中国民法理论水平的提升,《民法通则》之前述创新的弊端逐渐被认识。很显然,德国民法上的"法律行为"概念,为一类表意行为的抽象概括,其本身并不包含任何法律上的性质评价。而"民事行为"应当是相对于"行政行为"等的用语,其范围比原本意义的法律行为更为宽大,根本无法表达后者的本意。《民法通则》此种"创新"的原因,完全是由于当时的学者在根本不了解德国民法上的"法律行为"基本理论的情况下,望文生义,毫无根据地断定"法律行为"即"本质上符合法律规定的行为",然后拉出"民事行为"去填补"法律行为"被肢解后留下的缺位。而迄今为止,根本无人能够给"民事行为"下定义:如果将之定义为"民事活动中当事人实施的一切行为",则"民事行为"的概念只能相对于"行政行为"等才具有意义,因其完全无法揭示法律行为以意思表示为要素的特征,故其在法律行为制度中殊无价值;如果将之定义为"表意行为",则民事活动中的非表意行为便无所归依。问题还在于,传统的法律行为概念是对各种合同行为以及单方行为的概括抽象,并非对各种"有效"合同或单方行为的概括抽象,法律行为制度不仅要确定有效法律行为的规则,而且要确定无效法律行为的规则。如果将法律行为定义为当然有效的行为,则民法典中的"法律行为"制度便自然必须更名为"民事行为"制度;或者相反,如果坚持"法律行为"制度,则民法典中的"合同制度"便必须更名为"有效合同之制度",否则在逻辑上就会发生冲撞,无法相互衔接。

事实表明,望"法律"之文而生"合法"之义,是没有道理的。而在民法独有的"法律行为"前面加上"民事"二字,亦为画蛇添足,此与当时我国各部门法理论初建时期,一窝蜂地抄袭民法概念的背景有关。在当时,盛行一种"法律"文字崇拜,以为在任何用语前加上"法律"字样,该用语才算是真正的法律用语。于是,"行政法律行为""劳动法律行为""经济法律行为""诉讼法律行为"等,蜂拥而至。为避免歧义,"民事法律行为"的出现,实属必然。

据此,《民法通则》的创新,为失败的创新。

---

① 尹田:《民事法律行为与代理制度研究》,重庆大学出版社1992年版,第16~17页。

（二）《民法总则》的矫正

经过长期的学术研究，理论界对于我国早期民法理论对于法律行为本质的误解已经完成了正本清源的工作。因此，在第四次民法典起草工作中所提出的三部民法典草案学者建议稿中，“法律行为”的原本模样均无条件地得以恢复。但全国人大法工委 2002 年的民法典草案仍原封不动地保留了“民事行为”及“民事法律行为”的用语，保留了《民法通则》关于“法律行为为合法行为”的定义。

不过，法律行为性质的问题在第五次民法典起草工作中毫无争议地得到了解决。这不仅表现为《民法总则》第 133 条对法律行为所规定的“民事法律行为是民事主体通过意思表示设立、变更、终止民事法律关系的行为”的定义，而且表现为该法毫不犹豫地使用了“无效民事法律行为”“可撤销民事法律行为”（第 130 条等）的用语。

至于应否去掉“法律行为”前置的“民事”二字的问题，尽管大多数学者始终坚持肯定的意见，但在《民法总则》的起草过程中，此种坚持明显疲软。事实上，全国人大法工委在其最初提出的《民法总则草案》中使用了“法律行为”的用语，并得到学者的赞成，后来，某些法理学者基于“法律行为”的概念已被其他学科所广泛使用，建议为避免歧义而在民法上仍然保留“民事法律行为”的用语，于是，全国人大法工委在修改后的草案中又加上了“民事”前缀，对于此种本应引起争论的变化，参加论证的民法学者竟然都保持了沉默，明显无意纠缠于此等“小事”，故在正式颁布的《民法总则》中，“民事法律行为”的用语仍被予以保留。

就笔者看来，《民法总则》在立法上纠正《民法通则》有关“法律行为是合法行为”的实质性错误的规定是必需的，但自 1986 年《民法通则》颁布以来，“民事法律行为”的概念的使用已经形成习惯，继续用下去也没什么坏处。所以，无论从对《民法通则》表示应有的历史尊重的角度，还是从其他角度，维持《民法通则》的此一“创新”，完全是可以接受的。

第十五章　法律行为的特征和分类

第一节　法律行为与“准法律行为”

一、法律行为的特征

《德国民法典》没有对法律行为的定义作出阐述，只是在其立法理由书中指出：法律行为是指“私人的、旨在引起某种法律效果的意思表示。此种效果之所以得依法产生，皆因行为人希冀其发生。法律行为的本质，在于引起法律效果之意思的实现，在于法律制度以承认该意思方式而于法律世界中实现行为人欲然的法律判断”。[①] 为此，德国学者有一番没有解决的争议。

沿用《民法通则》和《合同法》以及《物权法》的立法惯例，我国民法典总则在规定法律行为制度时，肯定要明文阐述法律行为的定义。为此，有必要通过揭示并分析法律行为的特征，以准确地把握法律行为的内涵，科学地设置其定义。

理论上从无争议的是：以意思表示为要素为法律行为的基本特征。

在民法上，任何法律效果均由法律事实产生，所以，

---

① ［德］迪特尔·梅迪库斯：《德国民法总论》，邵建东译，法律出版社2000年版，第142～143页。

法律事实是发生法律效果的原因。依据法律事实的理论，只有能够依照民法的规定而与特定的民事权利义务的产生、变更、消灭或其他法律效果相联系的行为，才能成为法律事实。

我们在研究各种作为法律事实的行为的特点时，会发现一个重要的现象：当民法将某种行为与某种民事法律效果相联系时，有时完全不考虑当事人的主观意志，有时则恰恰相反，且这一区分，并非以该种行为是否合法为根据。例如，某人因侵犯他人的财产权利而应依法承担赔偿责任。但此人实施侵权行为时，他可能意识到也可能意识不到其行为将与“赔偿”这一法律后果相联系。在实施侵权行为之后，他或许愿意、或许不愿意承担赔偿责任。但是，当法律将侵权行为与损害赔偿结果相联系时，是绝对不会考虑侵权行为人的主观愿望的。同样的例子，在事实行为中也可以找到：当某人完成一部作品的创作时，不管该人是否意识到自己行为的法律后果，也不管该人是否乐意接受该种后果，只要他实施创作行为并获得作品（出现特定事实），法律便将其行为（事实行为）直接与法定的法律效果联系起来，并不考虑行为人的主观意愿。也就是说，对于著作权是否发生、怎样发生以及著作权的具体内容，作者是无法按其意愿驾驭的。然而，与上述情形相反，在一项买卖行为中，买卖双方可能意识到也可能意识不到该行为已经引起了买卖合同法律关系的发生。但是，无论买卖双方是否能够想象自己行为的后果，但是法律在将他们的买卖行为与买卖合同法律关系的发生相联系时，完全是根据他们自己的意愿。这就是说，是否乐意接受买卖合同成立这一法律后果（是否成交）、买卖合同以何种条件成立（买卖行为方式的确定、价金和标的物的确定、交付地点和期限的确定等），客观上完全由行为人自己选择。而这种直接以行为人的意愿为法律效果发生依据的行为，就是法律行为。

法律行为与其他能够产生民事后果的行为的根本区别，在于法律行为所产生的后果与行为人行为所体现的意志内容之间，有直接的联系，即法律后果的发生，是法律直接赋予行为人内在欲望的外部表现（意思表示）以法律效力的结果。而其他作为法律事实的行为，无论其合法与否，其后果的发生与当事人的意愿无关，即法律赋予这些行为以法律效果时，并不考虑该效果的发生是否符合当事人的愿望。由于法律行为充分体现了民事主体追求民事后果的主观意志，而当事人意欲发生民事后果的内在愿望必须采用明确的外部表现方式,才能为他人所知晓,才能在客观上为法律强制力所保护。所以,意思表示是构成法律行为的核心因素。意思表示的内容和形式就是法律行为的内容和形式。离开意思表示,即不存在法律行为。

此即法律行为与事实行为以及侵权行为、违约行为等违法行为的区别。后面这些行为的共同特点,便在于其行为虽然引起了民事后果,但当法律将行为人的行为与某种法律效果相联系时,完全不考虑当事人的主观意愿,其后果的产生是法律规定所导致的客观结果。正因为法律行为以意思表示为要素,所以法律在赋予当事人意思表示以效力时,必须对意思表示主体的行为能力、意思表示的内容及其真实性作出要求。与此同时,正因为对于事实行为及其他行为,法律仅凭该种行为客观上所形成的某种事实或结果而强制赋予一定的法律效果,故该种行为所生效果是否符合行为人的意愿,则完全不被法律所考虑,亦无须要求行为人具备行为能力。如因生产活动取得财产所有权,因创作行为取得著作权,因无因管理行为取得债权以及因债务履行行为而消灭债权等。

二、准法律行为

依传统理论,以意思表示为要素的行为,在民法上称为“表意行为”。法律行为为典型的表意行为。但除法律行为之外,尚存在其他各种表意行为。表意行为的特点,在于行为人的意思表示为法律赋予特定的法律效果的依据。但与其他表意行为不同,法律行为的意思表示,须具有特定的目的性,即必须直接指向民事权利义务的得失变动。法律行为的此种特点,可称为法律行为的“目的性与效果的可预期性”。

法律行为的内容即意思表示的内容。行为人试图取得某种民事后果的愿望,是通过意思表示的内容而加以表现的。诚然,多数当事人由于欠缺法律知识,不可能清楚地想象或理解这种后果,往往更以为自己不过是在追求某种经济效果(如获得对他人出卖之物的支配)。但实际上,行为人行为之经济效果或者其他效果的实现是其设立、变更、转让或者消灭权利义务的结果。因此,法律确认行为人意思表示的指向(某种法律效果),是以其行为在法律上所引起的客观结果为依据的。由于法律行为的根本特征在于行为人的意思表示获得法律上的效力,并据此而赋予其法律效果,故法律行为的后果必然直接体现意思表示的内容。反之,如果行为人表现于外部的内在意思,其内容并非直接指向民事权利义务的得失变动,而仅仅是对某个具有法律意义的事实的确认或者是一种情感表达,其虽因法律规定而产生了民事权利得失变动之外的其他法律后果,但这种“意思表示”并非构成法律行为的意思表示,其行为亦非法律行为。

此即法律行为与所谓“准法律行为”的区别。

依德国学者的阐述:“准法律行为中的表示行为并非旨在引起一种行为人希望产生的法律后果,在大多数情况下,行为人根本就没有意思可供表示。”①我国台湾地区学者将准法律行为归纳为三类:(1)意思通知(如催告);(2)观念通知(如会议召集);(3)感情表示(如宽恕)。上列情形中,当事人为催告之意思表示的目的并不在追求某种民事后果,事实上也有可能不会直接产生任何民事后果。如果催告因法律规定而产生了某种民事后果,则其亦非行为人意思表示本身的内容。例如,债权人对迟延履行的债务人的债务履行之催告,目的在促其履行债务,虽经催告而债务人在合理期间仍不履行债务,债权人得解除合同,但催告行为本身只是引起了“合理期间”的计算。尽管催告行为也可依法引起债权之诉讼时效的中断,但此种后果既非民事权利义务的得失变动,亦非行为人催告意思本身的内容。同样,股东会议召集的通知或者所接受交付的标的物瑕疵的告知,本身并非意思表示,只是对某种事实或者情况的确认。而宽恕如依继承法的规定得引起遗弃或者虐待被继承人的继承人之继承权失而复得的效果,但其亦非宽恕之意思表示本身的内容和目的。

但准法律行为通常得准用法律行为的规定,所以,此种细微的划分意义似乎不是很大。但因准法律行为原则上不能适用法律行为有关“公序良俗违反之禁止”等重要规则,同时,其并不存在效力之有无的问题,所以,在理论上将之与法律行为予以分别仍具有一定价值。

三、法律行为的基本分类

德国民法理论之类型化偏好,在法律行为学说中表现为有关法律

---

①　[德]迪特尔·梅迪库斯:《德国民法总论》,邵建东译,法律出版社 2000 年版,第 160 页。

行为分类的理论。此种理论,从各种不同的角度归纳整理出法律行为的各种类型,自然有助于揭示和了解各种法律行为的特征并对之安排相适应的规则。同时,对于各种合同或者单方行为有关规则的适用,也可以提供学理上的解释和引导。不过,过分细化的分类,有时也徒增烦琐,既无理论价值,亦无实践意义。

在有关法律行为的既有分类中,“单方法律行为”(单方意思表示即可成立)和“双方法律行为”(双方一致的意思表示方可成立)是最为基本和最为重要的。此种分类将契约行为和其他法律行为予以界分,奠定了其他分类的基础。而“物权行为”和“债权行为”、“有因行为”和“无因行为”以及“负担行为”和“处分行为”,则在德国民法的法律行为分类中具有特别重要的地位。至于“要式行为”(须采用法定或者约定的特定方式为之)与“不要式行为”(无须遵循特定方式)、“要物行为”(除意思表示一致之外,需交付实物方可成立)与“不要物行为”(达成协议即可成立)、“有偿行为”(一方获得利益必须支付对价)与“无偿行为”(一方获得利益无须支付对价)、“主行为”(在相互关联的行为中得独立存在)与“从行为”(须依附主行为的存在而存在)等,则从不同侧面揭示了各种法律行为的某些特性,具有一定的分类意义。

但诸如“财产法律行为”(引起财产法律关系的变动)与“身份法律行为”(引起身份法律关系的变动)、“物权法上的行为”与“债权法上的行为”以及“身份法上的行为”、“加利行为”(一方将一定的财产价值转移到一方)与“非加利行为”(未发生财产利益移转)、“生前行为”(不以行为人死亡为生效要件)与“死因行为”(以行为人死亡为生效要件,如遗嘱行为)、“生效的行为”与“不生效的行为”、“独立行为”(有独立的实质内容的行为)与“补助行为”(不具备独立的实质内容的行为,如法定代理人对限制行为能力人行为之同意),等等,则大体上属于为分类而分类之列,基本上不具有更多的法律意义。

中国民法理论在建设初期吸收德国民法上的法律行为理论的过程中,也几乎全盘吸收了其有关法律行为分类的理论。而在这一主要通过我国台湾地区民法学著作获取有关理论信息的过程中,由于缺乏对于德国民法理论的整体了解,亦缺乏对我国台湾地区民法理论特性的了解,出现了人云亦云、囫囵吞枣的现象,导致理论上和立法上的重要错误。其主要表现为对“物权行为”与“债权行为”、“负担行为”与“处分行为”以及“有因行为”与“无因行为”几种分类的误读。

第二节　物权行为与债权行为、负担行为与处分行为分类之检讨

一、物权行为与债权行为

如前所述,物权行为与债权行为的分类,是德国民法理论将物权与债权予以类型化区分所导致的必然逻辑结果。

作为一种物权变动制度的理论基础,物权行为系统理论为德国民法所创制。对这一理论,日本民法未予明确采用,但为我国台湾地区“民法”所全面继受。所以,在我国台湾地区学者有关法律行为分类的论述中,我们很早就知道了“物权行为”与“债权行为”的分类,但仅限于某些概要的论述。由于信息渠道的阻隔,更是由于研究这一问题之必要性的缺乏,物权行为理论长时期没有引起理论界的重视。至20世纪90年代后期我国《物权法》开始起草之际,对这一理论的研究遂逐渐掀起热潮。

依照德国民法理论,物权行为是引发物权变动效果的法律行为,包括单方物权行为(如所有权抛弃行为)和物权契约(以动产交付或不动产登记为外在表现形式的物权变动之合意)。而债权行为,则指引发债权债务关系效果的法律行为,亦包括单方行为(如悬赏广告)和债权契约(如买卖合同、租赁合同等)。

物权行为和债权行为的抽象和分离,亦即物权行为被描述为独立于债权行为的另一个法律行为,称为物权行为的“独立性”;而作为物权行为之原因行为的主债权行为的瑕疵,不影响物权行为的效力,称为物权行为的“无因性”。

物权行为理论被认为是德国民法上最抽象和最重要的理论成果。这一理论的主要特点,就是采用一种极端抽象的方法,将一个完整的交易行为(如买卖行为)予以割裂。依物权行为理论,一项买卖关系被分割为至少三个独立的法律行为:一是债权行为即买卖契约;二是移转标

的物所有权的物权行为(动产交付或者不动产登记所表现的物权契约);三是移转价金所有权的物权行为(价金交付所表现的物权契约)。其主要作用,不仅在于可以借此清晰各种法律关系,便于法律适用,[①]而且更为重要的是更加有利于保护交易安全。德国学者耶林指出,将所有权让与的原因行为(债权行为)与物权行为分离带来的利益之一是,所有物返还的证明变得单纯化。亦即基于物权行为的无因性,标的物的原权利人仅得对让与人行使权利,而不得向自让与人处取得标的物的第三人(受让人)行使。这样,第三人也就获得了保护。[②] 亦即物权行为理论最重要的特点,在于其独立性尤其是无因性切断了物权变动结果与债权契约的联系,无论债权关系因何种原因发生何种变故(无效或者撤销),已经发生的物权变动不受任何影响。这样,一方面,受让人可以确定地获得物权,无须担心由于债权关系的瑕疵而使其交易目的无法实现;另一方面,受让人在获得物权之后所实施的对物权的处分行为的效力,可以完全不受债权关系无效或者撤销的任何影响,从而使与受让人进行交易的第三人确定地获得物权即交易之期待利益,使交易变得便捷、安全。

但是,物权行为理论的科学性和必要性一开始就在德国学者之间发生争议。很多学者从不同的角度批评物权行为理论过分抽象,脱离实际生活,违背国民的法情感,[③]并认为此理论不能达到公平的实际效果,也不利于交易上利益的保护以及清晰法律关系,等等。[④]

我国理论界对于我国民法理论是否采用物权行为理论进行了长期、激烈的论战,而不赞成采用这一理论的观点占据上风。因此,在三个民法典草案学者建议稿以及全国人大法工委2002年民法典草案中,物权行为理论均未被采纳。在2015年开始的民法总则编纂过程中,一些赞同物权行为理论的学者仍作出了努力,建议在法律行为制度中增加有关"处分行为"与"负担行为"的分类,以便为物权行为理论的确立

---

① 参见王泽鉴:《民法学说与判例研究》(第1册),中国政法大学出版社1997年版,第284页。

② 参见[日]广濑稔:《无因性理论的考察》,载《法学论丛》第72卷第2号。转引自梁慧星主编:《中国物权法研究》,法律出版社1998年版,第158页。

③ 参见孙宪忠:《德国当代物权法》,法律出版社1997年版,第69页。

④ 以上赫刻的有关论述,参见陈华彬:《物权法原理》,国家行政学院出版社1998年版,第133~137页。

奠定立法基础,但前述建议未被采纳。

据此,我国民法主流理论不承认买卖合同等关系中,在所谓“债权行为”之外,独立存在另一个“物权行为”。在这种情况下,尽管仍然可以将买卖、租赁等契约行为称为设定债权债务关系的“债权行为”,而将直接引起物权变动的某些单方行为(如抛弃所有物等)称为“物权行为”,但此种对法律行为的命名和分类已经完全丧失其原有意义和价值,故在我国民法的法律行为理论中,“物权行为”与“债权行为”的分类意义不大。

二、负担行为与处分行为

(一)概说

在德国民法上,所谓“负担行为”,是指“使一个人相对于另一个人(或另若干人)承担为或不为一定行为义务的法律行为。负担行为的首要义务是确立某种给付义务,即产生某种‘债务关系’……如果当事人想通过法律行为确立一项债务关系或变更债务关系的内容,一般就需要订立合同,即债务合同。只有在例外情况下,单方法律行为就可产生债务关系,如悬赏广告”。[①] 亦即“负担行为”是产生一项或多项请求权的行为,主要包括债权合同(买卖、赠与、租赁等)。

所谓“处分行为”,是指“直接作用于某项现存权利的法律行为,如变更、转让某项权利、在某项权利上设定负担和取消某项权利等……所有权人处分其所有权的处分行为,如转移动产的所有权以及在所有权上设定有利于第三人的限制物权……债权人处分其债权的行为有债的免除、债权让与等”。[②]

就上述两种法律行为的相互关系而言,德国学者指出:负担行为“以产生请求权的方式为作用于某项既存的权利作准备”,处分行为则是“直接完成这种作用的行为”。[③]

很显然,德国民法上有关“负担行为”与“处分行为”的区分,主要

---

① [德]卡尔·拉伦茨:《德国民法通论》(下册),王晓晔等译,法律出版社2003年版,第436页。

② 同上书,第436~437页。

③ [德]迪特尔·梅迪库斯:《德国民法总论》,邵建东译,法律出版社2000年版,第167~168页。

是建立在物权行为与债权行为之区分的基础之上的,亦即人为地割裂一项交易过程,将“负担行为”与“处分行为”予以分离(所谓“分离原则”)的目的,其实就是为了塑造物权行为的“独立性”。[①] 因此,所谓“负担行为”,实际上指的就是“债权行为”,即债权行为之所以成其为债权行为,正是因为此种行为仅产生债权债务的负担,而不能直接产生物权变动的效果;所谓“处分行为”,则主要指的就是物权行为。虽然处分行为不仅包括物权行为,而且还包括对债权或其他权利的处分,但如无物权行为与债权行为的划分,与此相适应的处分行为与负担行为的分类本身在德国法上便不具有真正的实质意义。

而在不采物权行为理论的我国立法,区分负担行为与处分行为的价值大大下降。由于大部分契约行为不能适用“处分行为”的概念,故此种分类只能成为对少量双方行为和某些单方行为的一种描述,此种缺乏对应关系的、单纯的分别描述不具有较大的理论和应用价值。

但是,由于缺乏对德国民法之法律行为制度的了解,我国民法理论在拒绝接受物权行为理论的同时,却全盘接受了德国民法上有关“处分行为”的概念和理论,并在此基础上进一步接受了“无权处分(行为)”的概念和相关规则,由此导致了我国《合同法》第51条规定的产生,并进而引发了一场激烈但毫无意义的争论。

显然,解决这场争论中的是是非非,必须追根溯源,从德国民法之法律行为理论中的“处分行为”本来的含义说起。

(二)我国《合同法》上的“无权处分”

我国《合同法》第51条规定:“无处分权的人处分他人财产,经权利人追认或者无处分权的人订立合同后取得处分权的,该合同有效。”根据一般理解,依照这一规定,凡出卖他人之物而签订的合同,属于效力待定的法律行为。

为此,我国学界展开了激烈争论,并迅速形成各种观点。

主流观点认为,依前述《合同法》的规定,无权处分行为为效力未定行为,非必然有效,亦非必然无效。在使其有效或者无效之事由未出现之前,合同成立,但其效力悬而未决。但对于此一效力未定行为之所指,又存在两种不同意见:一种意见基于我国不采物权行为与债权行为

---

① [德]迪特尔·梅迪库斯:《德国民法总论》,邵建东译,法律出版社2000年版,第174页。

的区分理论，主张无权处分行为指的是当事人之间的合同（债权合同）。亦即"这里说的无效，不是处分行为无效，而是无权处分的合同无效，即买卖合同无效。不能解释为买卖合同有效，仅处分行为无效"。[①] 另一种意见则"乘机"抬出物权行为理论不可不采的主张，认为此效力未定行为只能是指物权行为而非债权合同，亦即出卖他人之物的买卖合同仍然有效，效力未定的仅为转移出卖物所有权的物权行为。[②]

上述主流观点后来遭受颇多批评，其中具代表性的观点认为：无论无权处分之受让人为善意或者恶意，无权处分行为均应为生效行为。其理由是：从形式上来看，在债权形式主义的物权变动模式之下，作为无权处分行为的债权合同，其效力判断独立于物权变动法律效果是否实现的判断。而将交易相对人为善意的无权处分行为认定为生效行为，是鼓励交易立法宗旨的体现，同时也有助于保护善意的交易相对人的利益。至于交易相对人为恶意的情形，由于大量通过中间商进行的交易活动中，中间商与零售商之间订立的合同均属此类（订立合同时，零售商明知或应知中间商此事并非所售货物的所有人），故如将合同认定为效力待定，将使大量的交易无以进行，背离交易习惯，损害交易信用。[③]

显然，上述有些混乱的争议中的各种观点，有可能均存在根本性的错误。

依据德国法，负担行为的效果仅在设定请求权，并无导致物权得失变动之功能。所以，行为对有关财产是否享有处分权，并不影响负担行为的效力。换言之，由于负担行为的全部作用仅在完成对债权或其他请求权的设定，并不涉及既存权利的实际处分，故其不发生"无权处分"的可能。在"出卖他人之物"的情形下，出卖人之不享有出卖物的处分权，不影响买卖合同（负担行为）的有效性，仅只影响物权行为（交付或者登记所表示的物权变动意思）的有效性。因此，所谓"无权处分"，仅只适用于物权行为而不适用于债权行为。与此同时，德国法上的"处分行为"并非仅仅是对行为"目的"的描述，而是对行为本身（行为内容）

---

① 梁慧星：《如何理解合同法第五十一条》，载《人民法院报》2000 年 1 月 8 日。

② 参见韩世远：《无权处分与合同效力》，载《人民法院报》1999 年 11 月 23 日；张谷：《略论合同行为的效力》，载《中外法学》2000 年第 2 期。

③ 参见王轶：《物权变动论》，中国人民大学出版社 2001 年版，第 213～215 页。

的描述,故行为人是否享有处分权,方可成为决定行为效力的重要因素(如动产交付行为不仅包含让与人处分财产的动机,而且直接构成转让财产所有权的活动)。在这里,所谓“无权处分”,是对处分行为的法律评价,之所以需要此种评价,原因在于该行为所生之效果中,包含直接引起权利变动之可能性。

而在不采物权行为理论的立法中,所谓“处分行为”是否存在,则依物权变动立法模式的不同而有所区别。

债权意思主义的立法,物权变动依当事人的合意而发生,故标的物(特定物)所有权依买卖合同成立而发生变动。为此,买卖合同不仅以处分权利为目的,而且直接引起物权变动效果的发生。故其合同本身,即构成所谓的“处分行为”。为此,法律必须对该处分行为本身进行评价,以确定其应否产生该种效果。换言之,如果出卖人并无对标的物的处分权,则法律不可能对该买卖合同作出肯定性评价(否则,在买卖合同生效即发生物权变动的前提之下,一方面,出卖人对标的物无处分权不影响买卖合同效力;另一方面,无处分权的出卖人不可能将标的物所有权有效地转让给买受人,两者必然发生逻辑冲突)。在此,“有权处分”与“无权处分”便成为判定处分行为有无效力的基本依据,而“无权处分”作为对处分行为性质的确定,其价值便与德国法上的“无权处分”对于物权行为性质的确定完全相同。

但债权形式主义的立法,买卖合同虽以“处分”标的物为最终目的,但该合同的效力并不能直接包含引起物权变动的效果,仅仅引起债权债务的发生。因此,出卖人是否具有对标的物的处分权,对于买卖合同的效力原则上不能发生任何影响,亦即出卖人对于约定交付的标的物为“有权处分”抑或“无权处分”,并不能直接成为判定买卖行为效力的根据。质言之,债权形式主义的立法,至少就买卖、赠与以及抵押权或质权设定等合同行为,根本不应构成德国民法意义上的所谓“处分行为”,当然亦不可能适用法律行为意义上的“无权处分(行为)”的概念。

总而言之,在我国民法不采物权行为理论的前提之下,即使仍然采用德国民法上“负担行为”与“处分行为”的概念,则买卖、赠与等合同行为,应属“负担行为”而非“处分行为”。既然这些合同本身不能产生处分权利的效果,则当然不存在相应的“无权处分”的问题。至于依法引起合同标的物之物权变动的动产交付或者不动产登记等行为,在我国的民法理论上，并非独立于买卖合同的法律行为而系事实行为（履行给付义务的行为）。此种事实行为，非以意思表示为特征，自然亦不存在有无法律效力的问题（当事人即使违背意愿而履行动产交付或者不动产登记等义务，因法律赋予其行为效果的根据系其行为所生之事实状态而非行为人的意思表示，故其行为所产生的物权变动效果不受任何影响）。如果出卖人交付给买受人的标的物为他人之物（无处分权的物），其交付行为依法不得发生所有权转移的效果。对之，亦不妨称为“无权处分”，但此种“无权处分行为”只是一种事实行为而非法律行为。据此，前述有关出卖他人之物的买卖合同为无权处分行为的观点是不正确的。

据此，在我国民法上，与物权变动有关的买卖、赠与以及借贷等合同行为均属“负担行为”而非“处分行为”。而德国民法意义上的所谓“处分行为”，仅适用于债权转让、债务转移等双方行为以及债务免除、所有权抛弃等直接引起权利变动的单方行为。尽管在有关法律行为分类的理论中不妨继续保持负担行为与处分行为的分类，但因其缺乏以之说明物权行为与债权行为之不同法律效果的目的，故此种分类意义不大。

第三节　有因行为与无因行为分类之逻辑错位

一、德国民法上的“有因”与“无因”

（一）德国学者对“有因行为”的解释

德国民法上法律行为之“有因”与“无因”中的“因”，指的是为法律行为本身所包含的一项“法律原因”或者法律行为所具备的一项“法律原因”。

所谓“有因（Kausal）行为”，是指法律行为的成立与生效，取决于其原因之有无或者瑕疵之有无，如原因不存在或者有瑕疵，则法律行为不能成立或者不能发生效力。

德国学者梅迪库斯指出：“绝大多数债务合同都是有因行为。如在买卖合同中，买卖合同订立后，买受人之所以将价金交给出卖人，是因为他想从出卖人那里获得对买卖标的物的对待债权。其他双务性债务合同的情形与买卖合同相似。”①

为防止“原因”与行为的“动机”的混淆,梅迪库斯指出:“行为双方当事人通常所追求的其他目的(weitere Ziele),则不能作为有意义的法律原因。例如,购买汽车的人,是想驾驶汽车,如果他在购买汽车以后,驾驶证就立即被吊销了,那么他驾驶汽车的目的虽然无法达到了,但这一事实对汽车买卖合同的成立不发生影响。”②对此,拉伦茨也强调,“不应将法律行为的经济目的看成是行为人承担义务的‘原因’或法律原因,而应把行为人在从事法律行为是根据该行为的内容所期待的、超出其本人承担的义务的、其他的法律效果视作承担义务的原因”,如双务合同中,一方之所以承担给付义务,是因为他要因此使另一方承担对待给付的义务。③

但是,在无偿合同中,一方承担义务并非以相对方承担义务为目的。那么,此种行为的“原因”又是什么呢?

对此,德国学者弗卢梅认为,在赠与行为中,赠与人的动机,即它的主观动机(如赠与人为了感谢他人,或为了使他人高兴,或为了表示礼貌),只要是一起表示出来的,那么该动机就是“原因”的一部分。但此种观点立刻遭到拉伦茨的批驳。拉伦茨认为,对于赠与行为,“我们很难将无偿性,亦即不想获得对待给付,看成是其他的‘法律效果’。毋宁说,当事人在这里正是达成了这样的约定:在赠与约定所产生的直接效果之外,不应再产生其他的法律效果。当事人之间的这一约定,代替了普通负担行为之以其他法律效果的形式出现的法律原因。在这里,这一约定本身就是法律原因,就是‘原因’”。④ 而梅迪库斯干脆直截了当地解释:“在无偿债务合同中,获得对待给付的愿望为提供无偿给付的意思所取代了。此类行为不需要其他的法律原因了。”⑤

---

① [德]迪特尔·梅迪库斯:《德国民法总论》,邵建东译,法律出版社2000年版,第169页。

② 同上书,第169~170页。

③ [德]卡尔·拉伦茨:《德国民法通论》(下册),王晓晔等译,法律出版社2003年版,第443页。

④ 同上书,第444页。

⑤ [德]迪特尔·梅迪库斯:《德国民法总论》,邵建东译,法律出版社2000年版,第169页。

然而,上述有关“原因是什么”的解释,在面对另一些行为时不免又碰上了障碍,比如“加入社团或者法人的表示”“行使形成权的表示”等,这些行为也不需要在直接的法律效果之外具备其他的法律效果。对之,德国学者认为应从行为本身出发来加以理解,“对这些行为,我们不问其有无‘原因’,也不问它们是‘要因的’还是‘不要因的’”。①

很显然,就“有因行为”中的“原因”的解释,德国学者已经陷入了支支吾吾的尴尬处境。

(二)德国学者对“无因行为”的解释

与“有因行为”相对应,所谓“无因行为”当然指的是其成立与生效不受原因之有无或者原因之瑕疵任何影响的法律行为。

梅迪库斯指出:“绝大多数处分行为都是无因行为。例如,从移转某项物件的所有权行为或某项债权的让与行为中,我们无法看出从事这些行为的目的。因此,从事无因行为时所追求的目的,只能产生于另外一项(有因的)行为。例如,移转所有权或让与债权是为了履行买卖合同所生的义务(清偿之因,solvendi caosa)。就此而言,负担行为通常是处分行为的法律原因。”②

很显然,所谓“无因行为”,实际上主要指的就是“处分行为”,或者更为确切地说,主要指的就是“物权行为”。而处分行为的原因正是与之相联系的“负担行为”,或者更为确切地说,物权行为的“原因”即“债权行为”。对于物权行为的无因性,拉伦茨进一步解释:“虽然物权上的履行行为正是为了执行债权上的基础行为,但物权上的履行行为的效力,原则上不受债权上的基础行为之有效与否的影响。这就是说,即使买卖合同因某种原因不生效力。根据物权法规定从事的移转所有权的行为通常仍然有效……我们把这种将物权行为同作为其基础的负担行为作严格的分离(如将移转所有权与买卖合同相分离)的做法,称之为物权行为的‘不要因性’。”③

---

①　[德]卡尔·拉伦茨:《德国民法通论》(下册),王晓晔等译,法律出版社2003年版,第446页。

②　[德]迪特尔·梅迪库斯:《德国民法总论》,邵建东译,法律出版社2000年版,第170页。

③　[德]卡尔·拉伦茨:《德国民法通论》(下册),王晓晔等译,法律出版社2003年版,第441~442页。

不过,并非一切处分行为都以负担行为为原因。如“现金交易行为”(Bargeschäfte),即非以某种负担行为为其原因。而抛弃所有权和遗嘱行为,则不需要具备任何法律原因。[①]

但是,除了物权行为之外,是否还存在其他的无因行为呢?

梅迪库斯和拉伦茨均指出,《德国民法典》第780条和第781条规定的“债务约定”和“债务承认”以及承担票据上义务的行为,这些行为本身还需要具备一项法律原因,依据法律规定,这些行为亦为无因行为。[②]

“无因原则”为德国民法上最为重要的一项原则,以至于“无因的”物权契约被称为“德意志法系的典型特征”(茨威格特、克茨语)。这一原则,通过《德国民法典》有关处分行为的效力不以负担行为的效力为条件的一系列规定得以确认(第398条、第873条、第929条及以下条款)。其立法理由书也明确指出:“当事人在订立物权合同时,可能以各类法律原因作为前提,而当事人以之为前提的法律原因不存在甚或无效,物权合同的生效皆不因这些因素而排除。”[③]

但物权行为的无因性(或抽象性)原则也招致众多批评,其论争延续至今。

二、简要评论

大陆法系上常见的“原因”一词,在各种不同场合具有完全不同的含义。但就法国民法而言,其对于法律行为的“原因”(或合同的“原因”),亦存在诸多不同理解和争论。但缔约当事人通过订立合同欲达到的根本目的(决定性动机),却是合同原因中最基本、最重要的一种。[④]

但在德国民法之法律行为理论中,前述有关“原因”的含义并不适

---

① [德]迪特尔·梅迪库斯:《德国民法总论》,邵建东译,法律出版社2000年版,第170~171页。

② 参见[德]迪特尔·梅迪库斯:《德国民法总论》,邵建东译,法律出版社2003年版,第170页;[德]卡尔·拉伦茨:《德国民法通论》(下册),王晓晔等译,法律出版社2003年版,第445页。

③ 《立法理由书》(第1卷),第12页。转引自[德]迪特尔·梅迪库斯:《德国民法总论》,邵建东译,法律出版社2003年版,第177页。

④ 参见尹田:《法国现代合同法》,重庆大学出版社1992年版,第161~163页。

用于“有因行为”与“无因行为”的理论。如前所述，德国民法理论在阐述法律行为的“原因”时，特别小心地将之与行为人实施法律行为的“最终目的”即“动机”相区别。

然而，德国民法理论在建立“有因行为”与“无因行为”的分类体系时，其采用的逻辑方法却明显存在错误：

其一，有因行为与无因行为中的“原因”，不具有同等性质的含义。

无论作何理解，“原因”必与“为什么实施该种行为”即行为“目的”相牵连。而依据行为目的之与行为效果之间关系的远近，不妨将行为目的分为“直接目的”、“间接目的”与“最终目的”三种。所谓“直接目的”（直接原因），即行为人行为所生之直接效果。如当事人签订买卖合同的直接原因，在于希望设定双方之间的债权债务；所谓“间接目的”（间接原因），即行为之直接效果产生的效果（直接原因是间接原因的“原因”），如买卖双方设定债权债务的原因，在于通过债务的履行而获得标的物的所有权；所谓“最终目的”（最终原因），即间接原因所产生的效果（间接原因是最终原因的“原因”），如当事人获得买卖标的物的原因，是希望借此满足某种经济利益或者其他利益的需求。

由此观之，处分行为的直接原因应为当事人对于权利变动效果的追求。而其间接原因，应为履行负担行为所设定的义务。简言之，所谓“无因行为”中的“原因”如果被解释为“负担行为”，亦即当事人实施处分行为的原因，系为履行负担行为所设定的义务，则处分行为的原因实指行为的“间接原因”。

但依据前述有关原因的分类，所谓负担行为的“原因”，本应指通过债务的履行而获得标的物的权利（间接原因），但其在德国法上却被解释为“对价”，即在买卖合同中，一方承担交付标的物的义务，其“原因”在于对方承担支付价金的义务。如此一来，在寻找和确定负担行为和处分行为各自的“原因”时，其依据和角度发生了错位。很显然，如以“对价”作为法律行为的“原因”，则处分行为的“对价”应为对方应当实施的另一处分行为，即买卖中，一方所实施的交付标的物的行为（物权行为），其“对价”为另一方应实施的支付价金的行为（物权行为）。换言之，如果负担行为的法律原因为对方相应义务的承担，则处分行为的原因亦应为对方相应义务的承担。但德国民法理论并没有遵循这一逻辑规则。

其二,有因行为中的“原因”,根本不具备整体意义上的“法律行为原因”的条件。

无论将法律行为的“原因”理解为当事人实施法律行为之前所已经存在的某种事实或依据,或者将之理解为行为人实施法律行为所追求的某种目的,法律行为的“原因”亦只能是指导致该种法律行为之所以发生的某种“基础”或者“前提”。据此,在单方法律行为的情形下,鉴于一方当事人的单独意思表示即可成立法律行为,故该行为人实施法律行为的前提,即为该法律行为的“原因”。但在双方法律行为的情形下,一方当事人的意思表示尚不足已成立法律行为,须有双方当事人一致的意思表示(“合意”),法律行为始得成立。所以,双方法律行为的“前提”,应为双方当事人实施该种法律行为的“共同前提”,一方当事人为意思表示的“前提”,非为该项法律行为的“前提”。

上述原理,显然是德国民法理论在阐述处分行为之原因时所采用的原理,即处分行为的原因,并非一方当事人为权利处分或者接受权利处分之单方面意思表示的原因,而是双方为处分行为之“合意”所依据的前提即“负担行为”(双方之“合意”)。质言之,在德国民法理论中,处分行为的“原因”只有一个,即双方在此之前实施的“负担行为”。

但是,当涉及负担行为的原因时,德国民法理论即转变了方向,将负担行为中一方当事人为意思表示的“前提”(获得对价)当成了整个负担行为的“前提”(原因)。由此,负担行为的原因被转换为一方当事人为意思表示的原因。

这也正是德国学者在将“对价”当作负担行为的原因之后,根本无法说明无对价的负担行为其“原因”之所在的原因。

诚然,传统合同法上的“合同原因”,实际上既包含了双方当事人签订合同的“共同原因”(如双方恶意串通,以损害第三人为目的而签订的合同),亦包含了一方当事人签订合同的“单独原因”(如一方基于违法目的而签订合同而不为他方所明知)。但问题在于,德国民法之法律行为理论中的“有因行为”与“无因行为”之“原因”,与传统的“合同原因”具有根本的不同。其“有因”与“无因”,非指行为人行为的动机,而是指法律行为所依据的基础和前提。

依笔者所见,德国民法之法律行为理论中的“有因行为”与“无因行为”的分类,其根本目的不过是满足因物权行为理论的存在而发生的体系化需求。

物权行为的无因性,是物权行为理论生命力之所在。如无物权行为的无因性,则物权行为的独立性将毫无意义。据此,德国民法理论遂以物权行为与债权行为的分离为基础,充分地阐述了物权行为无因性的法理,即物权行为的效力不受债权行为效力的影响。在此基础上,债权行为(负担行为)被设定为物权行为(处分行为)的“原因”,而物权行为的无因性,则专指物权行为的效力不以债权行为的效力为根据。

但是,借以建立和阐述物权行为无因性的基本材料(物权行为与债权行为的分离),在其他法律行为(负担行为)却是并不存在的:在所谓负担行为之外,根本不存在另一个作为其基础和前提的法律行为。亦即虽然物权行为拥有一个作为基础的“原因”,但同样性质的“原因”在债权行为却根本不存在。这就是说,物权行为(也包括其他处分行为)所具有的此种“无因性”,是处分行为所独具的一种特殊的品质(绝大多数处分行为均以某种负担行为的存在为前提),但其不仅不能适用于负担行为,而且不能在此种意义的“无因性”的基础上,必然地推导出凡不具有此种“无因性”特征的法律行为(负担行为)即具有“有因性”。

但德国人是如此相信逻辑之无所不能的力量,在比较成功地推导出“有主体必有其相对应的客体”、“有自然人必有其相对应的法人”、“有权利必有其相对应的义务”、“有义务必有其相对应的责任”、“有绝对效力必有其相对应的相对效力”以及“有物权请求权必有其相对应的债权请求权”等之后,必然要推导出“有无因行为则必有其相对应的有因行为”。

但是,在世间万物中,无对应事物的存在而独立存在的事物多得很。法律上亦如此。比如,就算与债权和债务相对应的所谓物权与“不作为的消极义务”的格局可以被强行安排出来,但撤销权、追认权等形成权就被发现并无相对应的义务。而所谓“债权请求权”究竟是否可以和“物权请求权”相“对应”,实在也是值得斟酌的问题。①

结论就是,法律行为中的“无因行为”是一个独立的范畴。在采用物权行为理论的框架之下,无因行为主要包括物权行为、“准物权行为”

① 参见尹田:《物权法理论评析与思考》,中国人民大学出版社 2004 年版,第 162 ~ 163 页。

(物权行为之外的处分行为,如债权让与等)以及票据行为等。在不采物权行为的中国民法理论中,“无因行为”只能专指物权行为之外的处分行为以及票据行为等。

但在“无因行为”的同等意义上,根本不存在一种具有普遍性并与之相对应的“有因行为”。据此,所谓法律行为的“有因”与“无因”的分类,最多只能适用于某些以负担行为为基础的法律行为。而鉴于此类行为通常具有无因性,故“有因”与“无因”,是一种没有意义的分类。

第十六章　法律行为的要件

第一节　法律行为的成立要件

一、法律行为成立、有效与生效之辨析

在传统理论上，尽管各国学者对于法律行为要件的分类阐述并不一致，有的将之分为“成立要件”与“有效要件”，[①]有的在此基础上还谈到“生效要件”以及“效果归属要件”等。[②] 但就法律行为的成立、有效以及生效应当具备不同的条件，理论上分歧不大。由此，从不同角度观之，法律行为主要存在“成立”、“有效”及“生效”三种相互关联但形态各异的法律状态。

法律行为的“成立”，是指法律行为在事实上的完成；法律行为的“有效”，则是对已经成立的法律行为“质量”的评价，亦即法律决定是否赋予该行为以法律强制力的判断标准。而法律行为的“生效”，则是指有效的法律行为之法律强制力的实际发生。

---

① 参见史尚宽：《民法总论》，中国政法大学出版社 2000 年版，第 324 ~ 325 页。

② 法律行为之效果要归属于人或者涉及于物所应具备的要件，如代理权的存在是代理行为归属于本人的要件；处分权的存在，是就自己或者他人之物所实施的处分行为的效力及于该物及他人的要件。参见［日］四宫和夫：《日本民法总则》，唐晖、钱孟姗译，五南图书出版有限公司 1995 年版，第 162 页。

在前述法律行为的三种不同状态中,由于"有效"与"生效"的区分常常可以在客观上得以表现(如附生效条件的法律行为,其已经具备的效力得从条件成就之时发生),所以容易被理解。但由于在我国民法理论和立法上,合法性被作为法律行为的基本性质,所以,法律行为的"成立"与"有效"便发生了同一。只有合法的行为才能成为法律行为,故法律行为一经成立便必然具有效力。由此,自然不会产生法律行为的"成立要件"与"有效要件"的区分问题。

但由于我国1986年《民法通则》上规定的所谓"法律行为"与合同法上规定的"合同行为"完全无法置换,所以,在1999年3月颁布的《合同法》起草过程中,立法参与者曾就是否区分"合同的成立"与"合同的有效"展开过讨论。其间,立法官员最为关心的并非合同的"成立"、"有效"以及"生效"的区分本身,而是合同的"成立"与"有效"的区分究竟具有何种实际意义?

对此,笔者认为:

首先,法律行为的成立与有效的区分,有助于保证理论阐述的清晰。法律行为是民法为民事主体提供的一种行为模式,或者说,是经民法归纳而成的一种最为常见的行为模式,民法据此为之设置了一整套行为准则及固定的法律效果。而在当事人实施法律行为的过程中,必然存在行为的完整性和完整行为的合法性两种不同的状态。对于法律行为合法性的判断,必须建立在法律行为完整性的基础之上,由此方可正确阐述和安排相应的规则。如果将二者混为一谈,即便规则上固然可得简便之利(合同之"不成立"与合同之"无效",在实际效果上似乎并无明显区分),但理论上却无法清晰明了。而此一事因其不重要即可不区分,彼一事亦可因其不太重要而不区分,由此便会养成法律科学上的懒惰之风,贻害无穷。

其次,区分法律行为的成立与有效,便于规则适用上的准确。有关法律行为的有效条件,理论上和立法上均设置有"主体合格"、"意思表示真实"和"内容不违背法律禁止规定"三项。如果行为主体不明或者缺乏可以成为权利义务依据的意思表示的基本内容,则根本无所谓主体是否合格、意思表示是否真实合法的问题。对于此种行为,司法上无法引用法律规定作出"无效"的确认,与此同时,无效的不同效果(绝对无效或者相对无效等)亦无从产生。

为此，区分法律行为的成立与有效，实属必要。

二、成立要件的立法选择

（一）何为“成立要件”？

法律行为的成立，即构成法律行为基本要素的齐备。就法律行为的成立要件或者基本要素，既有理论的阐述有所不同。有的学者认为其一般成立要件应为三个，即当事人、意思表示与“标的”或者“目的”。其中，“标的”或者“目的”又被解释为法律行为的内容。如史尚宽先生言：“法律行为系以意思表示为要素之法律要件，无意思表示，则不得成立法律行为也。然为意思表示之成立，必须有意思表示之主体，又须有欲发特定的事项之目的，即法律行为之内容。”①但也有学者认为，既然意思表示的存在即意味着表意人（主体）和标的（意思表示的内容）的存在，故意思表示即为法律行为的一般成立要件。②

此外，理论上通常还认为，在要式行为（如票据行为）和要物契约（实践性法律行为）中，法定形式的具备或者实物的交付亦为法律行为的特殊成立要件。而在采用物权行为的体制中，如果将物权合意与动产交付以及不动产登记视为两种不同的事实，则交付和登记亦为特殊成立要件。③

笔者认为，确定法律行为成立要件的目的在于为司法判断法律行为是否成立提供规则上的依据。而意思表示固然是法律行为不可或缺的要素，但意思表示这一概念所描述的仅仅是当事人内心意志的外部表现，一个完整的意思表示并不等同于一个完整的法律行为。例如，一纸双方当事人不明的合同，尽管条款齐备，意思表示明确合法，但仍然缺乏使其产生约束力的基本条件。由此，认为意思表示即为法律行为的成立要件的观点实难成立。与此同时，鉴于法律行为的意思表示必须具有表意人追求预期的法律效果的意图，而没有必要内容、内容不明确或者当事人没有受其表示约束的意思的“意思表示”，根本就不能构成一个合格的意思表

---

① 史尚宽：《民法总论》，中国政法大学出版社 2000 年版，第 324 页。

② 参见［日］四宫和夫：《日本民法总则》，唐晖、钱孟姗译，五南图书出版有限公司 1995 年版，第 153 页。

③ 此种情形被称为“双重成立条件”（Doppeltatbestand）。参见龙卫球：《民法总论》，中国法制出版社 2001 年版，第 499 页。

示。例如,一份没有指定继承人或者受遗赠人的"遗嘱",尽管有设立遗嘱的意愿和表示,但无具体内容,即不构成法律行为的意思表示;又如,一份订立合同的"意向书",双方并无受约束的意思,故亦不构成合同的意思表示。由此,将"意思表示"和"标的"(意思表示的内容)予以拆分,无异于认定有可能存在无内容的意思表示或者存在有意思表示的内容而无意思表示本身的情形,这是不可理喻而且没有必要的。

依笔者所见,法律行为的一般成立要件应当包括"当事人"和"意思表示"两项:当事人为法律行为的主体,法律行为实施的目的在于对行为人的约束,所以,仅有意思表示而无明确的当事人不能成立法律行为。而意思表示为法律行为的实质内容,也是法律行为效力的渊源和依据,故仅有当事人而无意思表示,也不能成立法律行为。而在实践性法律行为等要求其他特殊成立要件的情形下,交付实物等也构成该种法律行为的成立要件。

(二)法律行为的不成立与无效在效果上的区别

法律行为不成立,即尚未出现法律行为完成的事实状态,此时,不仅当事人的行为不能产生法律约束力,而且根本不发生对行为效力有无之评价的必要性。

在法律效果上,法律行为的不成立与法律行为的无效的主要区别在于:

第一,期待利益之有无不同。在法律行为无效的情形下,法律行为已经完成,当事人追求特定法律后果的意愿已经充分表达,且具有受其约束的明确意思,故当事人的期待利益即已形成。由此,就法律行为无效无过错的一方,得就其信赖利益所受损失请求有过错的一方予以赔偿。而在法律行为不成立的情形下,当事人对尚未完成的行为本身不应产生任何利益期待,故不发生基于法律行为不成立的损害赔偿责任。

在此,应当区分法律行为不成立的效果与缔约过失责任的适用问题。缔约过失责任为一方因其于缔约过程中的恶意行为而造成对方损失时的赔偿责任。一般认为,因一方的恶意造成合同未签订或者无效,均得适用缔约过失责任。但合同成立与否的判断目的在于确定合同是否具有生效的前提条件,除非当事人主张合同之成立,否则无判断的必要。而在缔约失败的情形下,一方只能以对方的恶意行为为依据追究其损害赔偿责任,因缔约失败为缔约过失行为的结果而非其行为本身,故其不能直接基于合同不成立而请求损害赔偿。

第二,返还责任之有无不同。法律行为的无效得以确认之前,常可发生当事人已经实际履行的情形,故法律行为被确认无效后,涉及行为发生时财产原状的恢复即财产返还责任问题。而不成立的法律行为因无实际履行之可能,故不会涉及财产返还责任。

(三)意思表示的内容之确定与可能是否为成立要件?

关于意思表示的内容(标的)之确定及可能是否为法律行为的成立要件的问题,有的学者认为其既为成立要件,亦为有效要件。[①] 但一般认其为有效要件,对此应加以分析。

1.意思表示的内容之确定

意思表示的具体内容为法律行为所生之权利义务的依据。所谓意思表示内容的不确定,应指法律行为据以产生权利义务的基本条款缺乏或者模糊,且不能依据法律的规定予以填补或者解释的情形。例如,缺乏给付标的或者数量的买卖合同,其内容为不确定。但缺乏价格条款的合同,可依当事人事后的补正或者法律的填补性规定予以确定,即不构成合同内容的不确定。由此,在行为发生时未予确定的内容,但存有确定的方式或者确定的可能,该行为即具有确定性。对此,各国民法均有相应的规定。《法国民法典》第1129条第1款规定:"债的标的物至少应为种类上可以确定的物。"同条第2款还规定:"物如可确定数量者,其数量可为不特定的。"亦即在标的物为种类物的情形下,如果标的物或者其数量在签订合同时未予确定,但其能够在事后或者履行时能够被确定的,或者合同履行本身便可使标的物得以确定的,则标的物具有确定性。[②]《德国民法典》第315~319条也有类似规定。

意思表示内容的不确定固然会使法律行为的效力无从产生,但其不确定影响到的究竟是法律行为的成立还是其有效呢?依照成立要件与有效要件性质和效果上的区别,笔者认为,意思表示内容的确定,应为法律行为的成立要件。理由是:意思表示内容的不确定,必定为当事人所明知或者应知,而其内容无法得以强制履行的后果为当事人所能够预见。因此,并不存在当事人对行为的预期利益应受保护的问题,故

---

① 参见史尚宽:《民法总论》,中国政法大学出版社2000年版,第324~325页。

② 参见尹田:《法国现代合同法》,法律出版社1995年版,第148~149页。

其效果应为法律行为的不成立。

2. 意思表示的内容之可能

所谓意思表示内容的可能性,是指在意思表示内容确定的情况下,其内容客观上自始无实现的可能性,其典型表现是所谓自始“给付不能”,如给付标的在法律行为成立前即已毁损灭失(如当事人就一幢已经被烧毁的房屋签订的买卖合同),等等。

关于给付不能,理论上分为“事实上不能”与“法律上不能”。前者是指债务人在客观上不可能履行义务;后者指债务人虽在客观上可以履行给付,但因法律上的原因给付不能(如应当给付的标的物因新颁布的法律而成为禁止流通物等)。此外,给付不能还分为“自始不能”与“嗣后不能”。前者为法律行为成立时即无给付之可能性,后者指法律行为成立后当事人基于某种原因丧失给付的可能性。依通说,无论“事实上不能”抑或“法律上不能”,唯“自始不能”方可影响法律行为的效力,而“嗣后不能”则因法律行为生效后发生的原因造成,故不影响行为效力。

就其他国家和地区的立法来看,对于意思表示内容的自始不能所生效果,一般多规定为法律行为无效。

法国民法遵循罗马法的原则,规定当事人订立合同时,如其标的为不可能,合同应归于无效。在法国民法上,给付不能还被分为“绝对不能”与“相对不能”。如对于任何人在同样情况下充当债务人时均无实现可能性者,为“绝对不能”;如仅对于个别债务人无实现可能者,为“相对不能”。仅“绝对不能”,方可影响法律行为的效力;如为“相对不能”,则法律行为有效,债务人应当承担不履行债务的民事责任。[①]

《德国民法典》第306条规定:“已不能的给付为标的的契约,无效。”但其第308条第1项规定:“给付不能的情形可以除去,且契约也为给付成为可能的情况而订立着,此给付不能并不妨碍契约的效力。”《瑞士债法典》第20条第1款规定:“含有不能履行、违反法律或者违反公序良俗之条款的合同无效。”我国台湾地区“民法典”第246条规定“已不能之给付为契约标的者,其契约为无效。但其不能情形可以除去,而当事人订约时并预期于不能之情形除去后为给付者,其契约仍为有效。”(第1项)

---

① 参见尹田:《法国现代合同法》,法律出版社1995年版,第150页。

笔者认为,在意思表示内容的自始不能的情形下,法律行为的各要素均已齐备,于一方当事人有可能产生期待利益,故认为其无效较为合理。同时,因其不能为客观不能,故此种无效当然应为绝对无效。

但应指出,既有理论在分析上述问题时,多偏重于对"给付不能"的事实阐述(事实不能与法律不能、自始不能与嗣后不能、全部不能与部分不能以及客观不能与主观不能等),尚未注重在给付不能的情况下,法律行为有可能同时构成其他无效原因,而当事人的主观心理状态也有可能对法律行为效力发生不同影响。

诚然,自始给付不能是一种持续的、当事人无法消除的客观事实,但当事人对这一客观事实的主观认识,却有可能导致不同的法律效果,亦即在某些情况下,自始给付不得有与法律行为的其他无效事由发生竞合的可能,对之应予适当的处理:

(1)法律上的不能与法律行为违法性的竞合及其处理

法律上的不能者,虽客观上可能但因法律规定而不能(如约定交付的标的物因新颁布的法律而变成禁止流通物、约定租期超过20年的租赁合同),[①]而此种给付不能一般均系违法强行法的规定,故其在构成自始给付不能的同时,也构成法律行为的违法性。所以,所谓"法律上的不能"实际上只是某些法律行为违法性的当然结果,完全可以为之所包容,而无独立成为法律行为无效原因的必要。

(2)事实上的不能与欺诈的竞合及其处理

如果一方当事人不知及不应知其客观上给付不能而与他方为意思表示,法律行为应属绝对无效,且该方当事人因无过错而不承担赔偿责任。但如果一方当事人明知其不能之事实而故意隐瞒,或者以虚假陈述使对方陷于错误认识而与之为法律行为,则该方当事人的行为应构成欺诈,该行为得同时构成因受欺诈而为的法律行为。在此,相对方的期待利益因欺诈方的恶意行为遭受不法损害,法律自应予以特别保护。因此,受欺诈一方当事人得请求撤销该行为而使之无效,亦可不请求撤销而使之有效,并依据合同中约定的违约责任条款为违约金或者损害赔偿的请求。此种情形,欺诈方无权以法律行为事实上不能为由而主张其无效。

---

① 我国《合同法》第214条中规定:"租赁期限不得超过二十年。超过二十年的,超过部分无效。"

我国《民法总则》第136条第1款规定:“民事法律行为自成立时生效,法律另有规定或者当事人另有约定的除外。”这一规定将法律行为的“成立”与“生效”加以区分,并未将“成立”与“有效”加以区分,但不应影响有关法律行为成立与有效的理论在实务中的运用。

第二节　法律行为的有效要件

一、概说

依照经典的意思自治观念,民事主体的权利义务,得由当事人的意志依其自身的法则而创设,当事人的意志不仅是这些权利义务的渊源,而且是其发生的直接根据。[①] 这里的“渊源”,指的是权利义务从整体上得以产生的原因;而这里的“直接根据”,则指的是具体的权利义务内容直接根据意思表示的内容而发生。因此,从此种意义上来讲,法律的任务不过是从“外部”赋予当事人的意志以法律上的强制力、约束力。而正因为法律行为系以当事人的意思表示直接获得法律的强制实现为特征,故其被认为是意思自治原则在民法上的直接表现。因此,如果说意思表示是法律行为效力得以发生的内在依据的话,那么,法律对于意思表示所赋予的强制力,则是行为人预期的权利义务效果之发生的外在依据。

法律赋予法律行为的强制力的条件,在理论上是通过法律行为的所谓“有效要件”来描述的。而法律行为有效条件的基本功能便在于对法律行为成立要件之一一对应的“质量评价”,具体包括“行为人合格”和“意思表示真实、合法”两个基本方面。

对于法律行为的有效条件的归纳,主要存在于民法理论之中,除个别国家外,大陆法系各国民法典对此并无一般归纳性的明文规定。[②] 但

---

① 关于意思自治的本质,参见尹田:《法国现代合同法》,法律出版社1995年版,第13页。

② 《乌克兰民法典》第194条(法律行为的一般生效要件):(1)法律行为的合意不能违反法律、行政法规中当事人必须遵守的强制性规定以及社会的道德原则;(2)当事人应具有相应的民事能力;(3)当事人的意思表示自由,并与其内心意思一致;(4)法律行为应以符合法律规定的形式订立;(5)法律行为的当事人应追求法律行为本身的法律后果;(6)未成年人的父母或养父母订立的合同不能违背未成年人的利益。转引自梁慧星主编:《中国民法典草案建议稿附理由》,法律出版社2004年版,第114页。

我国 1986 年《民法通则》第 55 条将“行为人具有相应的民事行为能力、意思表示真实及不违反法律或者社会公共利益”明文规定为法律行为的有效条件。与此同时,在我国理论上,法律行为形式的合法性,也在长时期内被认为是法律行为的有效条件之一。

根据我国《民法通则》第 55 条的规定,在法律行为有效条件中,行为人的合法性判断主要依据的是民法有关民事主体行为能力的规定,即“行为人具有相应的民事行为能力”。但此条规定首先显然只能适用于自然人。这是因为,法人的权利能力和行为能力不会发生分离,因而不存在法人有权利能力而无行为能力或者行为能力受限制的问题。而非法人组织既无权利能力也无行为能力,仅得依法律的特别规定而在形式上充当法律行为主体,故亦不存在缺乏“相应行为能力”的问题。除此之外,无权代表人、无权代理人、无处分权人虽有行为能力,亦得因主体不合法而致行为无效。

二、法律行为违法性的判断

(一)从“广义违法性判断”到“狭义违法性判断”

关于法律行为的违法性判断,我国理论和立法经历了从“广义违法性判断”到“狭义违法性判断”的发展过程。

所谓“广义违法性”,是指以法律行为是否一般性地“符合法律规定”为其是否具有导致其无效的违法性的判断标准。我国 1986 年《民法通则》第 55 条第 3 项规定:法律行为“不违反法律或者社会公共利益”。由于该法条对于法律行为不得违反的法律之性质或者范围并无任何限制,故早期民法学说和司法实践均从一般意义上理解法律行为的合法性要求,即凡是违反任何法律规定的法律行为,均应属无效,此即典型的“广义违法性判断”。而在一段特殊的时期,此种理解导致了司法实务操作上的重大困难和障碍。

上述困难和障碍主要不是来源于对法律行为内容之违法性的认定:就法律行为的内容而言,由于法律通常并不直接规定民事活动中当事人的“应为”行为,而仅规定当事人“不得为”之行为,故当事人违反法律有关民事活动的限制性规定或者禁止性规定(如交易标的为禁止流通物等)的法律行为,其违法性判断很少发生重大的分歧和困惑。

问题主要出在法律行为在程序上或者形式上违反行政法规以及地

方性法规、政府规章或者行政命令的情形。

20世纪80年代到90年代,是我国从计划经济到市场经济的转型时期。这一时期,政府行政权力对于企业的经济活动仍然具有强大的控制、干预能力,其主要表现为有关企业民事活动的各种行政限制性乃至禁止性规定以及有关对"经济合同"的审核、批准、备案等五花八门的行政管理制度。为此,企业追求经济效益的冲动与政府直接干预经济的固执之间必然要发生冲突和碰撞。而对于在程序上或者形式上违反行政管理规定的合同效力的认定,则使司法机关陷入两难境地:就一项已经实际履行的合同纠纷,违约方以该合同未按规定进行登记或备案为由,主张合同因违法而无效,试图以此逃避义务履行以及违约责任的承担。法官如判决合同有效,则明显违背有关规定;但法官如判决合同无效,则一方面,保护了明显具有恶意的违约方的不正当利益;另一方面,因合同已经实际履行,认定合同无效后依法应当实行的双方返还既无必要,亦无可能,且于国家、社会及个人毫无利益可言。为解决这一难题,学说界进行了长期的讨论,而"狭义违法性判断"理论的形成,则是这一研究所取得的重大成果。

所谓"狭义违法性判断",是指以法律行为是否违反法律的"禁止性规定"为其是否具有导致其无效的违法性的判断标准。

通过学说借鉴和实际经验,我国学者终于发现和承认:

依据法律规范的不同性质和功能,法律应区分为"强行法"和"任意法"。所谓"强行法","谓不问当事人之意思如可,必须适用之规定也",其在立法用语上多表达为"不得"、"应当"或者"必须"等;[①]而所谓"任意法",则为可由当事人选择适用的规定,其在立法用语上多表达为"可以""得"等。而强行规定又可分为"强制规定"和"禁止规定"。强制规定又称"命令性规定",即法律规定当事人必须为一定行为之规定(如法律有关重大基本建设项目的承包合同必须采用招投标方式订立的规定),而禁止规定则为法律规定当事人不得为之行为的规定。

法律行为仅在违反强制规定或者禁止规定的情形下才能归于无效。不过,在强行规定非以合同无效而不能达到目的的情形(称为"效力规定")下,其违反的效果当为合同无效(例如,买卖走私物品的合同,

① 参见史尚宽:《民法总论》,中国政法大学出版社2000年版,第329页。

如令其有效,则有关禁止规定不能达到目的)。但如果强行规定的目的仅在禁止一方当事人实施某种行为时,则为“取缔规定”,其违反得导致相应的行政处罚乃至刑事处罚,但有可能不影响合同的效力(如依我国现行《合同法》第 50 条规定,企业法人的法定代表人超越企业经营范围签订的合同,如相对方为善意,合同有效)。其中,强制规定(命令性规定)的违反,如果法律未明文规定其效果为合同无效者,则通常不应影响合同的效力。

前述“狭义违法性判断”理论在相当程度上得到立法和司法实务的认可,其不仅表现为 1999 年 3 月颁布的《合同法》第 52 条有关“违反法律、行政法规的强制性规定”的合同无效的规定,而且表现为我国最高人民法院有关合同法的司法解释中将“地方性法规”和“行政规章”的规定绝对排除出合同效力认定依据范围的极端性规定。[①] 而最高人民法院 2009 年 2 月 9 日通过的《关于适用〈中华人民共和国合同法〉若干问题的解释(二)》第 14 条有关《合同法》第 52 条第 5 项规定的“强制性规定”,是指效力性强制规定的规定,则使这一立场更为明确。

但是,在长时期中,固有观念的影响依然严重地存在。在认定合同效力时,有关行政管理性规定的违反仍然在很大程度上成为认定合同无效的依据,尽管此种认定完全不符合民法的基本原则和生活常理。例如,根据最高人民法院 2003 年 3 月 24 日《关于审理商品房买卖合同纠纷案件适用法律若干问题的解释》第 2 条的规定:“出卖人未取得商品房预售许可证明,与买受人订立的商品房预售合同,应当认定无效,但是在起诉前取得商品房预售许可证明的,可以认定有效。”依据这一解释,未办理预售许可证即签订的房屋买卖合同,为效力待定行为。但在出卖房屋已经实际交付但尚未办理产权过户登记的情形下,房屋出卖人为规避迟延履行的违约责任,或者在房价上涨的情况下试图反悔交易,以未办理预售许可证为由主张合同无效,却仍可使裁判者处于进退维谷的尴尬境地。

---

① 最高人民法院法释〔1999〕19 号《关于适用〈中华人民共和国合同法〉若干问题的解释(一)》第 4 条规定:“合同法实施以后,人民法院确认合同无效,应当以全国人大及其常委会制定的法律和国务院制定的行政法规为依据,不得以地方性法规、行政规章为依据。”此种做法具有矫枉过正的特点,但在防范地方性法规及部门规章随意否定合同效力的问题上,具有积极作用。

不过,前述最高人民法院《关于适用〈中华人民共和国合同法〉若干问题的解释(二)》第8条的规定,使这一问题的解决又向前推进了一步。该条文规定:“依照法律、行政法规的规定经批准或者登记才能生效的合同成立后,有义务办理申请批准或者申请登记等手续的一方当事人未按照法律规定或者合同约定办理申请批准或者未申请登记的,属于合同法第四十二条第(三)项规定的‘其他违背诚实信用原则的行为’,人民法院可以根据案件的具体情况和相对人的请求,判决相对人自己办理有关手续;对方当事人对由此产生的费用和给相对人造成的实际损失,应当承担损害赔偿责任。”依照这一规定,合同的成立与合同的行政审批或者登记被予以区分,而行政审批或者登记被视为合同生效的法定条件,未予审批或者登记,不被视为对有关行政管理性规定的“违反”。如此一来,合同成立后,如果应当办理行政审批或者登记的一方当事人拒绝办理相关手续,则法院可以直接判令相对方自己办理(此条规定有误:如果将办理审批、登记视为一方当事人之应为行为,则法院应判令该方当事人为之,如其拒绝为之,相对方可以用法院生效判决代替该方当事人办理有关手续的申请,直接请求有关机构予以办理),以使合同产生效力。此项司法解释虽然并未解决合同订立时一方欠缺行政许可时交易的保护(如前述开发商在未获得售房许可证时签订房屋买卖合同),但解决了尚且存在的合同之行政审批制度所带来的问题,从而为彻底排除行政管理制度对于合同效力的影响,进一步打开了通道。

(二)法律行为原因的违法性

基于种种复杂的原因,法律行为的“原因”一直是理论上模糊不清的问题。

“原因”的模糊性由来已久。早在《法国民法典》上,原因的不法便已成为合同无效的法定事由。该法典第1108条将“债的合法原因”列为合同的有效条件之一,并在其第1131条规定:“无原因的债,基于错误原因或不法原因的债,不发生任何效力。”而其第1133条进一步规定:“如原因为法律所禁止,或原因违反善良风俗或公共秩序时,此种原因为不法原因。”问题在于,该法典并未阐明上述条文中“原因”的具体含义,亦未阐明原因之缺乏、原因之错误或者原因之不法在何种情况下得以产生,故债权制度中的“原因”成为法国民法上“最不确定”的概念之一,导致理论上长期的、无休止的争论。

在法国传统理论上,“原因”首先被分为“近因”与“远因”两种。近因是指当事人订立合同的“理由”即“直接目的”(如通过出卖房屋而收取价金),远因则指当事人通过合同想要达到的“最终目的”即“行为动机”(如以出卖房屋所获得的价金炒股票)。而居主流的观点认为,只有近因才具有法律意义,故民法上的“原因”仅指近因,其在双务合同中表现为他方义务(双方的义务互为原因)。但在20世纪50年代,前述传统的原因理论受到批评。一些被称为“反原因论者”的学者指出,在双务合同中,双方当事人的义务是同时发生的,故“双方义务互为原因”的可能性是根本不存在的。但此种批评此后又受到另一些学者的反批评,引发各种议论。而在法国当代理论中,“远因”与“近因”在某种程度上被加以混同。出于保护社会利益的需要,“远因”即“动机”的不法(如一方当事人以开设妓院的目的订立房屋租赁合同),被认为仍然构成“不法原因”。由此,在法国现代理论上,多数人认为,原因具有双重定义:一方面,原因是指当事人承担义务所获得的交换物;另一方面,原因是指当事人行为的决定性动机(根本目的),在一方当事人追求不法目的且为他方所知时,合同即因原因不法而归于无效。[①]

但在德国民法有关法律行为的理论中,“原因”与“动机”被加以严格的区别。依照梅迪库斯的说法,行为人通常所追求的其他目的(动机)不能作为有意义的法律原因。[②] 拉伦茨则同样指出,“不应将法律行为的经济目的看成是行为人承担义务的‘原因’或法律原因”。[③] 但对于原因的含义和表现,如前所述,德国民法理论作出了模糊的和矛盾的解释:在所谓“有因行为”中,原因是“对待债权”(双务合同中的对价);[④]而在所谓“无因行为”(主要是所谓“处分行为”或者“物权行为”)中,原因则是与之相联系的“负担行为”或者“债权行为”。[⑤] 由于德国民法拒绝承认行为人的动机为原因,故其不存在法律行为因“原因

① 以上参见尹田:《法国现代合同法》,法律出版社1995年版,第152~163页。

② 同上书,第169~170页。

③ [德]卡尔·拉伦茨:《德国民法通论》(下册),王晓晔等译,法律出版社2003年版,第443页。

④ 同上。

⑤ 参见[德]迪特尔·梅迪库斯:《德国民法总论》,邵建东译,法律出版社2000年版,第170页。

不法”而无效的问题,只是在动机错误应否影响法律行为效力的问题上,存在一些讨论。①

很显然,法国民法上的“原因”所包含的所谓“近因”,实际上近似于英美合同法上的“约因”,而其所谓“远因”,则指行为人行为的动机。而德国民法上“有因行为”的“原因”,与法国民法上的“近因”没有任何区别。由于此种“原因”实质为“对价”,故不存在合法与不法问题。至于德国民法上“无因行为”中的“原因”(主要是指作为处分行为或物权行为基础的负担行为或者债权行为),因其根本不能影响法律行为的效力,故其有无效力或者其无效是否因行为不法而引起,殊无讨论的必要。

我国民法不采用德国的“物权行为”理论,故不存在债权行为是物权行为的“原因”的问题。而票据行为等无因行为之所谓“因”,与法律行为之一般意义上的“原因”应当加以区别:前者系指作为票据行为等无因行为基础的另一法律关系,而后者则应指行为人实施法律行为的“目的”。

与此同时,鉴于行为人行为目的的多样性(包含“直接目的”和“间接目的”),法国民法将行为人行为的直接目的(“近因”,如在买卖行为中,出卖人的直接目的是为获得价金)与间接目的(“远因”或者动机,如出卖人获得价金的目的是用该笔款项去炒股票)均视为法律行为的原因。但由于该两种所谓“原因”具有完全不同的含义和性质,其对于法律行为效力所起的作用也是完全不同的。此处,所谓“近因”为合同的对价,只存在“有无”问题而不存在“不法”问题;而所谓“远因”为行为的根本目的,则只存在“不法”的问题而不存在“有无”的问题,故将两者并合于“原因”的理论中进行讨论,自然也不可能得出任何清晰的结论。考虑到我国民法理论和立法并未接受英美法上的“约因”理论,且没有必要将合同“对价”与法律行为的原因(动机)混为一谈,故我国法律行为的原因应当仅指法律行为的动机。

然而,决定当事人实施法律行为的动机仍然具有多样性特点。例如,在当事人为了开设赌场而租赁房屋的情形下,该当事人有可能同时

---

① 参见[德]卡尔·拉伦茨:《德国民法通论》(下册),王晓晔等译,法律出版社2003年版,第514~515页。

是为了解决自己和家人的居住问题。因此，如何确定行为人的何种动机在何种情况下因其不法（原因不法）而影响法律行为的效力，在理论上必须予以清楚的说明。

在此，法国学者的讨论具有很重要的借鉴价值。

在法国早期判例中，法官认定作为原因的动机依据的是双重标准，即能够作为原因的动机必须是“决定性动机”，同时还必须是“共同动机”。其中，所谓“决定性动机”是指该动机对合同的成立必须起“推动作用”，亦即行为人行为欲达之根本目的。而所谓“共同动机”则指作为原因的动机须为双方当事人所共同追求的目的。但一些现代学者认为，决定行为人实施行为的原因是各种各样的动机的综合体，缺少其中任何一项，行为人都有可能不会作出实施行为的决定。因此，在诸多动机中确认“决定动机”实际上是不可能的。而有关案例表明，只要当事人的动机中存在不法动机，则法官即将之确定为决定性动机，并不会也不可能去衡量该项动机是否较之其他动机更为重要。与此同时，由于各个当事人所追求的目的均具有个人特点，故要求作为原因的动机必须是双方共同追求的目的（共同动机）是不实际的，也是不必要的。据此，原因应是决定一方当事人行为的、并为他方所知晓的动机。

根据上述观点，学者认为，在有偿行为中，如果当事人一方所追求的违法目的不为他方所知晓，则合同有效。但在无偿行为中，只要一方当事人的动机违法，即应确认合同无效。其理由在于：无偿合同被确定无效后，善意受益人（如受赠人）并不遭受任何损失。

但另一些学者却认为，如果将一方所追求的违法目的为他方所知晓作为行为无效的条件，亦即只要一方成功地掩盖其违法目的而使相对方未能知晓而签订的合同为确定有效，则事实上有可能不符合善意方当事人的意愿。而在无偿行为的情形下，由于赠与合同无效只会给赠与人带来利益，故赠与人完全可以随时以自己的“行为动机违法”为理由，通过主张合同无效而获得不正当利益。为此，这些学者主张，最好的解决方法是不区分合同性质，规定一方当事人不得以自己的动机违法主张合同无效，而善意方当事人则可以主张合同无效。

不过，也有一些学者认为，为确保社会利益不遭受损害，应确认一方动机违法的合同一律无效，但合同无效会给善意相对方当事人造成损害者除外。①

我国法律对于法律行为原因的违法性及其效果没有一般性规定，但《民法通则》第58条第4项和《合同法》第52条第2款所规定的“双方恶意串通，损害国家、集体或者第三人利益的合同无效”，以及2017年3月颁布的《民法总则》第155条所规定的“行为人与相对人恶意串通，损害他人合法权益的民事法律行为无效”，实质上是对合同原因(共同动机)不法而致行为无效的规定。但在一方当事人行为目的违法的情形下，有必要借鉴他国法律，规定其违法目的为他方所知晓的，法律行为绝对无效；而在善意相对方不知晓该违法目的的情形下，其得主张法律行为的撤销。

(三)法律行为法定形式的违反之效果

法律行为的形式是当事人意思表示采用的方式，包括口头形式、书面形式以及音像资料等其他形式。其中，数据电文(包括电报、电传、传真、电子数据交换和电子邮件)等“可以有形地表现所载内容”的任何一种形式，都被包含于书面形式范围之内。②

在一些大陆法系国家，就法律行为形式的法律要求而言，经历了从“形式主义”到“同意主义”，然后再到“形式主义的复兴”的发展过程。而此种发展过程，则与意思自治原则在民法上地位的兴衰具有密切联系。

所谓“形式主义”是指除当事人的合意之外，法律行为尚需要具备特定的形式方可发生效力。古代罗马契约法上，形式主义始终居于主导地位，其早期立法对于口头契约和书面契约均要求采用法定形式；后来，除买卖、租赁、合伙以及委托四种契约无须采用特定形式之外，其他缺乏特定形式的合同仍然不能具有法律效力。此种做法，为中世纪欧洲各国立法所继受。

而在一种将意思自治奉为圭臬的法律制度中，法律行为形式的自由选择，被认为是当事人的意志对于权利义务的得失变更处于支配地位的当然结果。因此，《法国民法典》在契约成立问题上，采取“同意主义”(consensualisme)原则。除例外情形，契约经双方当事人意思表示

---

① 参见尹田:《法国现代合同法》,法律出版社1995年版,第八章第二节。

② 参见我国《合同法》第11条。

一致即可成立,无须具备任何特定的形式。所谓“例外情形”,主要包括涉及身份权利或者家庭、亲属关系的各种行为(如结婚、亲子认领、收养、解除监护、遗嘱以及放弃继承等)。实际上,“同意主义”原则正是意思自治原则要求将当事人的意志视为法律行为获得法律上效力的唯一依据的必然结果。但在现代社会,由于国家加强对经济生活的干预,意思自治原则不再具有君临天下的统治地位。故在法国,有关某些合同必须采用书面形式或者进行公证以及进行财税性质或者行政性质的登记的规定越来越多。为此,“形式主义”具有一种复兴的倾向。①

总体来说,在包括德国以及瑞士等大陆法系各国,现代民法都将同意主义作为法律行为形式之法律要求的基本原则,但仍存在有关“要式行为”的例外规定。② 同时,理论上对于法律对某些法律行为的形式强制也存在各种肯定的评价。③

而在我国,就法律行为的形式而言,同样经历了由“形式主义”到“同意主义”的发展过程,只不过与大陆法系其他国家不同,其发生于我国经济体制改革初期到改革逐步深化的时期。

1981 年颁布的《经济合同法》是“形式主义”的典范。该部法律十分强调形式对于合同效力的作用。其第 3 条规定:“经济合同,除即时清结者外,应当采用书面形式。”据此,在同时期的司法诉讼中,未采用书面形式签订的重要的“经济合同”,即使已经实际履行,法院仍有可能应一方当事人的请求而确认合同无效。尽管 1986 年颁布的《民法通则》第 56 条有关法律行为形式的规定对于法定形式的强制程度有所缓和,没有对必须采用特定形式的法律行为作为范围上的具体要求。该条规定:“民事法律行为可以采取书面形式、口头形式或者其他形式。

---

① 如依照《法国劳动法》《法国海上劳动法》的规定,集体签订的劳动合同、海上劳动合同必须采用书面形式。根据《法国建筑及居住法》以及其他法令,私人住宅建筑合同、营业资产买卖合同、房屋推销合同以及发明专利的许可或转让合同等,亦必须采用书面形式。此外,根据法国 1962 年 8 月 8 日法令的规定,有关农村土地的买卖行为,必须经法国农村涉及土地规划的协会(S. A. F. E. R.)的准许方可实施;法国城市规划法也对涉及不动产的合同规定了优先购买权、城市规划许可证、分片出售土地的许可证、建筑许可证等应具备的形式。参见尹田:《法国现代合同法》,法律出版社 1995 年版,第 182 ~ 191 页。

② 如《德国民法典》第 125 条规定:“1. 缺少法定方式的法律行为无效;2. 缺少由法律行为约定的方式者,再发生疑义时,也为无效。”

③ 参见[德]迪特尔・梅迪库斯:《德国民法总论》,邵建东译,法律出版社 2000 年版,第 461 ~ 462 页。

法律规定采取特定形式的,应当依照法律规定。”但如前所述,在一段特定的历史时期,政府权力对于民事活动(尤其是企业的经营活动)的强力干预,仍然主要通过对合同的行政审批或者备案而发生作用,并持续地对合同的效力产生重要的影响。

与此同时,由于物权制度理论研究长时期的落后,物权与债权的区分、物权变动与债权设立的区分尚不清晰,长时期内,不动产交易所进行的不动产物权变动登记被视为不动产买卖合同以及抵押合同的“法定形式”而被强行要求遵守。为此,“房屋买卖合同未经登记应属无效”的规则在司法实践中被长期奉行,而1995年颁布的《担保法》第41条中“抵押合同未经登记不发生效力”的规定,也成为后来被反复批评的典型。

为了使合同行为最大限度地摆脱行政权力的干预,学者们在参与起草1999年3月颁布的新《合同法》的过程中,竭尽全力消除形式主义的影响并取得了积极的成果。这部法律中,“重实质、轻形式”成为最重要的立法指导思想。为此,该法律虽然在其第10条第2款规定“法律、行政法规规定采用书面形式的,应当采用书面形式。当事人约定采用书面形式的,应当采用书面形式”,但在其第36条就不具备法定或者约定形式的合同的效力作出了非常明确的规定:“法律、行政法规规定或者当事人约定采用书面形式订立合同,当事人未采用书面形式但一方已经履行主要义务,对方接受的,该合同成立。”这一规定尽管未能从根本上排除特定形式的欠缺对于合同效力的影响,但至少使大部分已经实际履行的合同的效力得以挽救。

必须指出的是,与大陆法系其他国家或者地区不同,中国合同法中的形式主义的主要作用并不是公权力基于私人生活关系秩序的建立和基于公共利益(如家庭关系的稳定)的维护而采取的一种必要措施,而是表现了政府对于经济生活“习惯性”的干预和管制。因此,强调法律行为的意思自治,强调合同形式的自由选择,或者强调行政管理法规的违反虽然可以导致行政制裁,但并不一定导致民事合同无效的效果,原因均在于中国社会有必要最大限度地排除政府行政权力对于市场交换活动的过度干预。为此,除非法律不仅对合同的形式具有特别的要求,而且明文规定缺乏特定形式的合同应产生无效的效果;否则,合同的形式所具有的基本意义,仅在于为该种法律行为的存在产生证明作用。

据此,笔者认为,我国民法典应当规定,当事人得采用任何形式为法律行为。法律明文规定或者当事人约定必须采用特定形式者,如该行为不具备特定形式,其有无效力应依特别规定予以处理。为此,笔者在提出的建议稿中所设计的条文是:"法律行为可以采用口头形式、书面形式或者其他形式。法律规定或者当事人约定法律行为采用特定形式的,应当采用特定形式。"(第1款)"未采用法定形式或者约定形式的法律行为的效力,依照法律的特别规定予以处理。"(第2款)

三、《民法总则》的立法选择

在《民法总则》起草期间,相继三次提交的审议稿均采纳了相关理论研究成果,均从正反两个方面对法律行为违法性的认定作出了规定。第三次审议稿除在第144条有关法律行为有效条件中规定法律行为应"不违反法律、行政法规的效力性强制规定,不违背公序良俗"之外,在第155条进一步规定:"违反法律、行政法规的效力性强制规定或者违背公序良俗的民事法律行为无效。"但在民法总则草案提交全国人大进行审议时,有学者分别提出了两个问题:一是前述条款中的"效力性强制规定"缺乏特定的含义;二是前述两个条款发生重复。为此,表决前最终提交审议的草案中,前述草案第144条有关"效力性强制规定"中的"效力性"字样被删除,而前述草案第155条则被全部删除。为此,一些民法学者表示了强烈的抗议。经过努力,正式颁布的《民法总则》上基本保留了第三次审议稿的两个条款,但"效力性"字样被予以删除。

最终结果是,《民法总则》其第143条规定了法律行为的有效条件,即包括"行为人具有相应的民事行为能力、意思表示真实及不违反法律、行政法规的强制性规定,不违背公序良俗"。与此同时,在其第153条中从相反的角度明确规定:"违反法律、行政法规的强制性规定的民事法律行为无效,但是该强制性规定不导致该民事法律行为无效的除外。"(第1款)"违背公序良俗的民事法律行为无效。"(第2款)

但《民法总则》保留了《民法通则》第56条的规定,在其第135条规定:"民事法律行为可以采用书面形式、口头形式或者其他形式;法律、行政法规规定或者当事人约定采用特定形式的,应当采用特定形式。"

第三节　法律行为的生效要件

一、法律行为的法定生效要件

法律行为的生效,为具有效力的法律行为效力之实际发生。依照意思自治原则,当事人有权自行创设其权利义务,当然也有权决定创设其权利义务的法律行为的生效时间。故在通常情况下,依法成立的法律行为,如当事人无特别约定,其效力随即发生,法律一般不对法律行为效力的发生设置限制性条件。据此,就双方法律行为(合同)而言,在我国,公权力的干预常常并不表现为对合同效力发生条件上的限制,而是表现为直接从程序的角度规定合同的有效条件。为此,我国《合同法》第44条第2款规定:"法律、行政法规规定应当办理批准、登记等手续生效的,依照其规定。"而根据〔1997〕外经贸部第267号《外商投资企业投资者股权变更的若干规定》第2条的规定,中外合资企业中外方对外转让股权的合同,须经有关机关审批,未经审批者,合同不具有法律效力;根据最高人民法院《关于适用〈中华人民共和国合同法〉若干问题的解释(一)》第4条的规定,签订商品房买卖合同的房地产开发商在起诉前必须取得商品房销售许可证,否则合同不能具有法律效力。上述情形,未经行政审批或者许可而签订的合同处于"效力待定"状态,亦即其是否有效尚不确定,与有效合同之效力尚待发生并不相同。如前所述,公权力尤其是行政权力对合同效力的过分制约,反映了我国行政权力对经济活动的不当干预。同时,将合同效力与当事人违反行政法规应承担的法律责任相混淆,也有可能损害交易安全和为恶意当事人所利用。据此,理论界的倾向性意见是:(1)尽可能限制行政权力对合同订立过程的不当干预,亦即最大限度地取消合同审核、批准制度;(2)一方当事人违反行政法规,其不得主张合同无效,但善意相对方得主张合同无效。

就单方法律行为而言,仅遗嘱行为效力的发生有可能受法定条件的制约，包括遗嘱生效须以立遗嘱人死亡为法定条件；[①]遗嘱生效须以遗嘱指定的继承人在立遗嘱人死亡时尚属生存为条件，等等。

二、法律行为所附“条件”或者“期限”性质之辨析

（一）“通说”的不当

依通说，法律行为得附条件及附期限，其中，条件为未来有可能发生之特定事实。作为法律行为所附条件，须具有“未来性”（尚未发生的事实）、“可能性”（有发生可能的事实）、“不可预知性”（发生与否尚不能确定的事实）、“合法性”（不违反公序良俗）以及“约定性”（不得与法定条件相重复）。而期限则为确定的期日或者必然发生事实之发生时间，期限也具有“约定性”，不得与法定期限相重复。

法律行为所附条件或者期限的功能在于限制法律行为效力的发生或者消灭。为此，法律行为的条件分为“延缓条件”（停止条件或生效条件）和“解除条件”（失效条件）两种，期限也相应分为“延缓期限”（停止期限或始期）和“解除期限”（终期）两种。“延缓条件”以及“延缓期限”的作用在于推迟法律行为效力的发生，而“解除条件”或者“解除期限”的作用在于使已经生效的法律行为之效力归于消灭。

但仔细分析上述理论，其不当之处其实是十分明显的。

很显然，“延缓条件”所约定的事实无疑正是法律行为的约定生效条件，条件不成就，法律行为具有的效力即其设定的权利义务不得发生。而既然“延缓期限”的作用也在于限制法律行为效力的发生，故其实质上也是法律行为的约定生效条件，只不过“延缓条件”约定的事实不一定发生、“延缓期限”约定的事实（期限的到来）必然发生而已。

但与通说相反，所谓“解除条件”以及“解除期限”的作用并不是使“已经生效的法律行为的效力归于消灭”。

作为法律事实之一种，法律行为的效力表现为民事权利义务关系的得失变更，亦即法律行为一旦生效，或者权利义务产生，或者已经存在的权利义务发生变更，或者已经发生的权利义务不复存在。因此，法

---

① 法律事实理论中，因遗嘱继承关系以遗嘱（法律行为）与立遗嘱人死亡（事件）相结合而发生，故将两者的结合称为“法律事实构成”，用以描述一项法律关系依两个以上法律事实结合而发生的现象。但就法律行为效力发生的角度来看，立遗嘱人的死亡并非遗嘱的有效条件而是其生效条件。

律行为一旦生效,则相应法律效果即行发生,而已经发生的法律效果是不可能“归于消灭”的,故已经生效的法律行为并不存在任何“失去效力”的可能(相对无效行为因被撤销而自始无效的情况除外)。事实上,当事人有关“解除条件”或者“解除期限”的约定,不过是法律行为的一项附加条款,是法律行为内容的组成部分。“解除条件”的成就以及“解除期限”的届至所导致的法律关系解除的效果,恰恰是法律行为(包括其附加条款)效力发生所导致的法律效果,而不可能是法律行为丧失效力的效果。换言之,“解除条件”成就以及“解除期限”的届至所“解除”的并不是法律行为的效力,而是已经存在的权利义务关系。例如,租赁法律关系由租赁合同生效而发生,租赁合同所约定的租期的届满,所导致的效果是租赁法律关系的终止,但并非租赁合同行为效力的解除。在此,作为法律事实的法律行为与作为法律行为生效而产生的法律关系(权利义务),应予区别。①

据此,笔者在提出的建议稿中规定:“附解除条件的法律行为,于条件成就时其产生的法律关系终止。”但2017年3月颁布的《民法总则》第158条仍规定:“……附解除条件的民事法律行为,自条件成就时失效。”

(二)法律行为所附条件与期限的种类

如上所述,法律行为所附“条件”或者“期限”,均为法律行为的附款。其中,法律行为所附“生效条件”和“生效期限”,其作用在于决定法律行为是否发生效力以及于何时发生效力。而法律行为所附“解除条件”和“解除期限”的作用,则在于决定法律行为所产生的法律关系是否终止以及于何时终止。与此同时,当事人还可在法律行为中附加约定法律关系的“变更条件”或者“变更期限”。例如,租赁合同双方当事人可在合同中约定,在租赁关系存续期间,租金每经过两年提高10%(附“变更期限”的租赁合同),也可以约定租金标准以一定的方式随市

---

① 在此,某些习惯用语的含义是应当加以辨别的。例如,“合同”有时是指“合同行为”(法律行为),有时是指合同行为所设定的“合同关系”(法律关系)。“合同的效力”是指合同行为的效力而非指合同法律关系的效力(权利义务不存在“有效”“无效”问题),故合同的“有效”、“生效”以及“无效”或者“撤销”所指“合同”,均系合同行为。但“合同终止”(包括“合同解除”)则指合同关系的消灭。至于“合同变更”,为当事人在合同关系产生以后实施另一法律行为(以变更合同为目的的合同行为)所产生的效果,故其变更的亦应当是已经发生的合同关系。

场价格的波动而变动(附“变更条件”的租赁合同)。

据此,法律行为所附条件以及期限可有以下分类:

1. 生效条件、变更条件与解除条件

当事人约定以未来的事实之发生与否作为法律行为是否生效或者法律关系是否变更、解除的条件者,为附条件的法律行为。如法律行为所附生效条件成就,则法律行为效力发生;如生效条件确定不成就,则法律行为效力确定不发生;如法律行为所附变更条件成就,则法律关系依照约定发生主体、内容或者客体的变更;如变更条件不成就,则法律关系不发生变更;如法律行为所附解除条件成就,则法律关系归于消灭;如解除条件确定不成就,则法律关系继续存在。

2. 生效期限、变更期限与解除期限

当事人约定以将来届至的期限为法律行为生效或者法律关系变更、解除的期限者,为附期限的法律行为。期限届至,附生效期限的法律行为之效力发生,附变更期限的法律行为所生之法律关系发生变更,附解除期限的法律行为所生之法律关系归于消灭。

三、附条件法律行为的法律规制

(一)条件的效力

法律行为所附条件,表现了行为人依其意愿驾驭自身所承受的权利义务的发生、变更和存续的要求,其基本意义在于能够使行为人实施法律行为的“动机”具有法律意义,以使行为人能够避免因难以预料的未来事件的发生或者不发生所导致的不利后果。

行为人的行为动机即行为的“起因”,是促使行为人实施法律行为的最初原因或者最终目的(如借款的目的是支付医疗费用)。但在通常情形下,“动机”对于法律行为的成立没有法律意义,因为行为的意思表示往往只能反映行为人通过法律行为所直接满足的某种需求(如通过签订借款合同而获得借款),但不能反映产生此种需求的原因即动机(交付医疗费用)。所以,法律通常不能赋予行为人的行为动机以法律效果,亦即行为动机所表现的最终需求能否实现,不受法律保护。但在某些情况下,行为人的动机对于行为人的利益具有特别重要的价值,如其不在法律行为中加以体现并受到法律保护,行为人的利益就会遭受未来不测事件的严重损害。为此,行为人即可将其行为动机以“条件”

的方式附加于法律行为之中,赋予动机以法律意义,使之成为决定法律行为效力发生与否或者法律关系变更以及消灭与否的根据,从而使其预期利益能够获得实现的保障或者避免有可能发生的损失。

应当注意的是,法律行为所附条件与法律行为本身的内容是有所区别的。从形式上来看,法律行为所附条件很像是行为人在法律行为的意思表示之外,另行作出了一个试图限制该意思表示效力的新的意思表示,因而作为法律行为内容的意思表示与作为法律行为附加条件的意思表示,其相互之间似乎具有独立性,亦即法律行为所附条件,很像是附属于法律行为的另一个“从法律行为”。但是,既有理论考虑到从法律行为无效一般不会影响主法律行为的效力,而法律行为所附条件与法律行为的内容往往具有密不可分的内在联系,条件的无效往往会导致法律行为本身的无效(例如,以违法事实作为法律行为条件者,条件无效,法律行为也应无效),故其否认条件为法律行为之外的从行为,认为条件为法律行为的组成部分或者为法律行为同一意思表示的内容之一。

但笔者认为,法律行为所附条件从性质和功能来讲,确实是独立于法律行为之外且以限制法律行为效力为目的的另一意思表示。从条件无效所应产生的效果来看,在生效条件或者变更、解除条件因缺乏“未来性”、“可能性”、“不可预知性”以及“约定性”的情形下,条件无效不能当然影响法律行为的效力或者产生法律关系变更、解除的效果(法律行为成为不附条件的行为),而在条件因不法而无效的情形下,如涉及附变更、解除条件的法律行为,则条件的无效仅应产生法律关系不发生变更、解除的效果,但并不当然影响法律行为的效力亦即不会当然导致法律关系自始不发生(例如,以一方当事人实施侵权行为为法律关系变更、解除的条件,条件应因违法而无效,但已经产生的法律关系的存续不受任何影响)。但涉及附生效条件的法律行为时,条件的无效应当导致法律行为本身的无效。在此,条件无效而导致法律行为无效的原因并非条件为法律行为的组成部分(部分无效导致整体无效),而是由于条件既为法律行为之意思表示的“动机”即“原因”,依据法律行为原因的规则,一方实施法律行为的原因为不法而为另一方所明知时,法律行为应因原因违法而属无效。

据此,将法律行为所附条件视为独立于法律行为之外的意思表示,理论上通顺,实践上亦易于操作。

(二)法律规制

1. 不得附条件的法律行为

法律行为所附条件表现了行为人在民事活动中的自主性,依据意思自治原则,法律行为的内容得由行为人自由设定,法律行为的附条件当然亦得由行为人自由设定。但是,由于法律行为所附条件的特殊效果,某些法律行为如附加条件,则其行为后果有悖于法律行为制度的立法宗旨,故立法上不能不对其加以必要限制。此种情形,理论上称为“条件之不许可”。

不得附条件的法律行为主要有以下几种:

(1)法律行为的性质不允许附加条件

生效条件的作用是限制法律行为效力的发生,法律行为一旦附加此种条件,已成立的法律行为的效力即处于不确定状态,其效力不但不能即时发生,而且能否发生尚不得而知。但如果某些法律行为的性质要求其行为的效力必须确定地、随即地发生,则此类法律行为不允许附加生效条件。例如票据行为,为保证票据流通的稳定和安全,法律要求此类行为的效力能够确定地发生,其设定的法律关系能够确定地存续,故此种行为既不得附生效条件,亦不得附变更条件或者解除条件。

(2)附条件即违反公序良俗的法律行为

某些法律行为如果附加条件,就有可能损害社会公共利益或者社会道德,因而法律禁止其附加条件。如身份行为(结婚、离婚、收养及收养的终止等)原则上不得附加任何种类的条件;又如在遗产继承制度中,由于继承权及受遗赠权的接受或放弃涉及继承关系的稳定,故继承权与受遗赠权的接受与放弃均不得附条件。

(3)附条件即损害相对人合法利益的法律行为

某些单方法律行为如果允许附加条件,则相对人便会由于权利义务陷入不确定状态而处于不利地位,故此类法律行为不得附条件。如债务的抵销、法律行为撤销权的行使、法定代理人对限制行为能力人行为的承认、选择之债中选择权的行使,等等。①

---

① 形成权行使的单方意思表示是否构成单方法律行为,尚有探讨余地,但形成权之行使不得附加条件是确定的规则。

2. 条件成就与否之拟制

附条件的法律行为已经成立,在条件成就之前,当事人有“静待”条件的成就或不成就的义务,不得为自己的利益而恶意促使条件成就或者阻碍条件成就。如果当事人恶意促使条件成就,应视为条件不成就;如当事人恶意阻止条件成就,应视为条件不成就。上述规则,理论上称为“条件成就或不成就之拟制”。法律作如此规定的目的在于保护善意当事人的利益不因相对人的恶意而遭损害,而行为人主观上的恶意及其行为的不正当性,是适用这一规则的条件。对此,我国《合同法》第45条第2款规定:“当事人为自己的利益不正当地阻止条件成就的,视为条件已成就;不正当地促成条件成就的,视为条件不成就。”此条规定,被《民法总则》第159条全文采纳。

3. 恶意当事人之赔偿责任

附条件的法律行为的当事人在条件成就以前,不得以自己的行为损害相对人在条件成就时应获得的权利和利益,否则,在条件成就时应承担损害赔偿责任。

在法律行为附条件时,条件的成就可使当事人获得某种利益,当事人获得此种利益虽仅具可能性,但其获得利益的“期待”是应当受到法律保护的。故当事人的上述权利被认为具有“期待权”的性质,其实现与否取决于条件是否成就,故又被称为“附条件的权利”。

附条件的权利应受保护,但各国民法对之实行保护的方法却各不相同。依《德国民法典》第160条的规定:“附有停止条件的权利人,在条件成否未定期间,如因相对人的过失致使附有条件的权利失效或受损害,在条件成就时,得向相对人要求赔偿损害。”“附有解除条件的法律行为,因回复原来权利状态而受利益者,可基于前项同样要件作相同的请求。”按这一规定,附条件的权利无论遭受侵权行为的侵害(如甲将约定条件成就时交付给乙的物品损坏),或者遭受其他行为(如法律行为)的侵害(如甲将该物品转让给丙),侵害人均应承担赔偿责任。与此同时,在以法律行为造成损害的情况下,行为人不仅应负赔偿责任,其处分标的物的行为也应归于无效(《德国民法典》第161条)。但《日本民法典》则仅仅规定“附条件法律行为的各当事人,与条件成否未定期间,不得侵害相对人因条件成就而可由该行为产生的利益”(第128条)。即侵害相对人附条件的权利时,行为人应负损害赔偿责任,但其损害行为如系法律行为时,其行为是否无效,则未作明文规定,理论上也存在不同见解。

我国立法未对前述情形作出规定。笔者认为,在法律行为附条件的情况下,一方当事人以实施法律行为而导致对方期待利益的损害,应当承担赔偿责任。但该项法律行为的效力如何,应适用相关规则予以判定。例如,在一方将于条件成就时应交付给相对方的标的物转让他人的情形,其行为并不构成无权处分,即使其处分权因附条件法律行为的特别约定而受到某种限制,但该种限制的效力及其能否对抗第三人,仍应按照有关规则予以处理。

四、遗嘱行为之附条件或附期限

与双方法律行为和其他单方法律行为不同,由于遗嘱生效须以立遗嘱人死亡为法定条件,故立遗嘱人似乎很难控制遗嘱的生效时间。但在某些情形下,仍然有可能存在附条件甚至于附期限的遗嘱。

(一)附条件或者附期限遗嘱的产生原因

遗嘱是仅凭立遗嘱人单方意思表示即可成立的法律行为。在一般情形下,立遗嘱人一旦死亡,遗嘱依法随即生效,遗嘱指定的继承人或者受遗赠人即成为遗产的权利人,由于"物不可一日无主",故在立遗嘱人死亡和继承开始之间,不能存在任何时间上的间隔。为此,遗嘱通常不可能因所附生效条件或者生效期间而延缓其效力的发生,遗嘱生效而产生的权利义务关系也不可能因所附变更、解除条件或者变更、解除期限而发生变更或者归于消灭。但是,当立遗嘱人生前对某些特定情况是否出现或者何时出现不能确定时,其亦有可能将这些特定情况以条件或者期限的形式附加于遗嘱之中,将之作为遗嘱效力的依据。否则,因立遗嘱人死亡而发生的遗产移转,就有可能违背其意愿。而在遗嘱所附条件或期限与遗嘱行为性质并不相悖且不损害他人利益的情形下,法律显然没有必要否定其合法性。

实践中,附条件或附期限的遗嘱的发生原因主要有:

1. 用遗嘱处分"未来"的财产

依照我国《继承法》第3条中规定:"遗产是公民死亡时遗留的个人合法财产。"对此应理解为,自然人的遗产不仅包括其生前已经实际获得的财产以及财产权利,而且应包括其死后才被确定或者获得的财产以及财产权利。例如,自然人的著作在其死后被出版而获得的稿酬、自然人生前申请的专利在其死后被批准、自然人在生前购买的彩票在其死后中奖等。上述财产虽自然人在其生前并未实际获得且能否获得尚不确定,但仍应被视为自然人遗产的一部分,当事人有权采用遗嘱等方式进行"预先"的处分,只是其处分行为是否生效得取决于将来的某种事实能否发生而已。由此,当事人对于这些在其生前仅有获得可能的财产或者虽有获得的必然性但实际获得的时间无法确定的财产,可以采用附条件或者附期限的方式在其设立的遗嘱中进行处分。其具体表现方式是:如果某项财产在其死后能够取得,即由某人继承;或某一财产在某一时间获得时,遗赠与某人等。

2. 基于正当理由而对继承人或受遗赠人的指定以及遗产分配加以限制

立遗嘱人对继承人或受遗赠人的指定通常是具体、确定、不附任何条件的,但在某些情况下,立遗嘱人为保证其死后的遗产移转符合其意愿,有可能将某种事实的发生或者不发生作为确定继承人或受遗赠人以及遗产分配的根据。只要此种附加条件不违反公序良俗,则此种附生效条件的指定继承人或受遗赠人的遗嘱条款应属有效。其主要表现为:

(1)以当事人实施特定行为(如参军、参加高考等)为继承遗产或者受遗赠的条件。

(2)以某种特定事实(如怀孕、单位分房等)的出现与否确定继承人或受遗赠人的范围及遗产分配方案。

(3)指定补充继承人或受遗赠人。补充继承人参加继承或补充受遗赠人接受遗赠,须以正式继承人或居于前顺序的补充继承人不参加继承为生效条件,补充受遗赠人亦同。

3. 将遗产赠与尚待成立的法人组织

立遗嘱人生前将遗产遗赠给尚待成立的法人组织(如慈善基金会),但该法人组织在遗赠人死亡时尚未成立,因其不具有民事主体资格,尚不可作为受遗赠人为接受遗赠的意思表示,故遗赠的效力处于停止状态。法人一旦成立,始期届至,该遗赠即可生效。

(二)附条件或者附期限的遗嘱的效力

1. 生效条件成就或始期届至的法律效果

(1)因生效条件成就或始期届至而生效的遗嘱,其效力应具有溯及力。依照我国《继承法》的规定，继承从被继承人死亡时开始。但在遗嘱附生效条件或始期的情况下，被继承人虽已死亡，继承并未开始，当事人不得主张遗产权利。此时，遗产应由遗嘱执行人保管或交由有关机构提存。但在此期间，遗产权利不可能无其归属，故应视为遗产权利已为遗嘱生效时的继承人或受遗赠人所取得。遗嘱一旦生效，其效力溯及至立遗嘱人死亡之时，即继承仍视为从被继承人死亡之时开始。

(2)生效条件的成就须于立遗嘱人死亡之后方能产生相应效果。如果立遗嘱人死亡之前条件便已成就，则条件对遗嘱的效力不能发生任何作用，遗嘱应视为未附条件。也就是说，由于遗嘱只能于立遗嘱人死亡时生效，其效力并不随其成立而发生，故作为遗嘱所附生效条件的事实之“未来性”，非为遗嘱成立时尚未发生，而只能是立遗嘱人死亡时尚未发生。

(3)如果遗嘱继承人在立遗嘱人死亡之后、遗嘱生效条件成就或始期届至之前死亡，对遗嘱的生效不发生任何影响。这是因为，生效条件成就或始期届至的效果溯及至立遗嘱人死亡之时，而继承人死亡于立遗嘱人之后，故应视继承人在其生前已经取得遗产权利，此种情形应当适用转继承的规定。但如果受遗赠人在遗赠人死亡之后、遗赠生效之前死亡，则遗赠自始不能发生效力。这是因为，遗赠的成立有赖于受遗赠人在遗赠人死亡之后为接受的意思表示，故如果受遗赠人与遗赠人死亡时虽未死亡，但于遗赠生效前死亡，因其无法为接受遗赠的意思表示，故遗赠不能成立。

(4)遗嘱有关继承人的指定或遗产分配等事项是否合法，应以遗嘱生效时的实际情况为判断标准。例如，原被遗嘱取消继承权的法定继承人在立遗嘱人死亡后、遗嘱生效条件成就前丧失劳动能力且无生活来源的，应适用我国《继承法》第19条有关特留份的规定。

2. 生效条件不成就及条件或期限不能成立的法律后果

(1)作为生效条件的事实被确定义务发生可能时，如果遗嘱内容无法执行，遗嘱自应无效。如果遗嘱已对生效条件不成就时遗产的分配作出了安排，则遗嘱变为不附条件的法律行为，即行发生效力并溯及至立遗嘱人死亡之时。

(2)遗嘱因生效条件不成就而无效，应视为自始无效。此种情形，如涉及法定继承有关规定的适用时,对法定继承人或者代位继承人的确定,应以被继承人死亡时的情形为准。

(3)作为条件或期限的事实未发生,或因条件及期限的附加而使遗嘱对遗产的处分违法,或遗嘱内容的性质不得附条件或期限的(如对胎儿或者法定继承人中无劳动能力又无生活来源的人的继承权附加条件或者期限等),遗嘱均应视为自始无效。

(三)附义务(负担)的遗嘱与附条件的遗嘱的区别

法律行为的附义务,主要表现为遗嘱附义务。当遗嘱人用遗嘱处分遗产时,如其在遗嘱中指明继承人或受遗赠人接受遗产之后,必须为特定行为,此种遗嘱即为附义务的遗嘱。我国《继承法》第21条确认了附义务的遗嘱的合法性。由于附义务的遗嘱在处分遗产的同时,进一步为继承人或受遗赠人设定了某种法律义务,而该种义务的不履行有可能对遗嘱效力发生影响,故此类遗嘱易与附条件的遗嘱相混淆。

附义务的遗嘱具有以下特征:

1. 遗嘱所附义务是遗嘱内容的组成部分

立遗嘱人基于自己或他人的某种利益在其死亡需要有人保护或加以实现,可以采用在遗嘱中附加义务的方式,对取得自己遗产的继承人或受遗赠人提出某些特别的要求,如必须将遗产用于特定用途、负责对他人进行抚养、继续完成立遗嘱人未完成的某项工作等。遗嘱所附义务的内容应明确具体,非特定行为不得作为义务。此外,义务内容必须合法,立遗嘱人要求继承人或受遗赠人所为行为,既不能损害行为人自身的合法利益,也不能损害他人利益或社会公共利益。再者,遗嘱所附义务还不能与法定义务相重复。

立遗嘱人之所以有权在遗嘱中为继承人或受遗赠人设置义务,是因其首先将某种利益(遗产)给予了对方。如果不是为了通过在遗嘱中设定义务的方式实现自己或他人的某种利益,则立遗嘱人就有可能对遗产另作处分。因此,遗嘱所附义务,是立遗嘱人处分遗产的同一意思表示的组成部分。据此,遗嘱所附义务对于遗嘱的生效不发生限制作用,附义务的遗嘱自立遗嘱人死亡即行生效。而与之不同,遗嘱所附生效条件限制了遗嘱效力的发生。

2. 遗嘱所附义务具有法律强制力

当立遗嘱人将要求继承人或受遗赠人为特定行为的愿望以义务方

式附加于遗嘱中之后,立遗嘱人这一愿望便随遗嘱的生效而为法律所保障实现。诚然,继承人或受遗赠人可以通过放弃继承或放弃受遗赠而不承担义务,但只要其接受了继承或者受遗赠,即必须严格履行义务。该项义务的履行为法律强制力所约束。如果当事人接受遗产后不按遗嘱的规定履行义务,经利害关系人(义务的受益人或其他继承人)请求,法院可以依法强制其履行义务,乃至取消其接受有关遗产的权利。因不履行义务而造成受益人损失的,当事人应负赔偿责任。只有当义务因客观原因履行不能时,义务人方可免除其义务并有权继续享受遗产权利。与之不同,作为遗嘱所附条件的事实如为当事人的特定行为,该特定行为的实施不具有任何强制性。

3. 遗嘱所附义务的不履行会导致义务人获得不正当利益

遗嘱所附义务可以具有财产内容(如抚养义务),也可以为立遗嘱人或第三人的其他利益而设。由于遗嘱生效后义务人已经获得遗产权利,故其不履行义务将会使其所获利益丧失正当性。与之不同,如以当事人的特定行为作为遗嘱所附条件,鉴于在该特定行为实施之前遗嘱尚未生效,行为人尚未获得任何遗产利益,故其不予实施该种行为仅会导致其无权获得有关遗产利益。

4. 义务人履行义务以其所受利益为限

如果遗嘱所附义务的履行需要义务人支付超出所获遗产实际价值的财产代价,当事人自可通过放弃继承或放弃受遗赠而不承担义务。但在某些情况下,遗嘱所附义务的履行所需开支事先无法估计或估计有误,此时,义务的全部履行将会使义务人遭受经济损失。此种情形下,如义务的全部履行仍为必需,则显然违背公平原则。故当事人只在其所受利益范围内履行义务,如果履行义务所需开支超过所得遗产实际价值,义务人对超过部分义务可以不负履行责任,但当事人自愿履行的不在此限。与之不同,作为遗嘱所附条件的特定行为,其实施所需开支即使超过因此有可能获得的遗产的实际价值,则当事人在未全部实施该种行为之前,无权请求从遗产价值中获得补偿。

第四节　法律行为的解释

一、法律行为解释的目的

(一)概说

依照意思自治原则,当事人的意志对于法律行为效力的发生以及如何发生具有支配力,而当事人的意志是通过意思表示而得以表现的。由于意思表示所借助的载体(语言或者文字等)有可能出现歧义,当事人的疏忽也可能造成意思表示的不具体或者不完全,故存在意思表示的解释问题。但在一种被称为"形式主义"的法律体系中,意思表示的解释问题则是不存在的。如在古代罗马法上,法定"仪式"的完成不仅是契约有效的条件,而且也是确定契约效果的一种方法。故一定的形式(完成一定动作,或口头上作一定的宣称)便自然而然地设定了一定的权利义务,亦即"形式决定了内容"。以1804年《法国民法典》为代表的近代民法所确立的契约自由原则,标志着当事人的意志在支配民事权利义务关系的建立上所具有的神圣地位。由此,以探寻当事人意志为唯一目的的法律行为解释制度应运而生。但自20世纪初以来,随着西方国家对社会经济干预的不断加强,意思自治原则逐步衰落。在司法实践中,合同解释的目的也逐步发生了变化,对当事人意志的探寻在一定条件下为维护社会公正的需要所代替。

对于意思表示的本质,大陆法系民法先后存在"意思主义"和"表示主义"两种观点。意思主义认为,当事人的内心意志是其权利义务得以创设的唯一依据,此种学说表现了对当事人个人意志的绝对尊重,为法国民法所遵从;表示主义则认为,当事人表现于外部的意思才是法律赋予其行为以效力的根据,此种学说表现对交易安全的侧重保护,为德国民法理论所创设并为《德国民法典》在一定程度上所采纳。前述不同认识对于法律行为的解释目的和原则当然也发生了重要影响。

(二)不同原则之下的法律行为解释目的

基于意思主义和表示主义的不同观点,法律行为解释的目的即相应发生如下区别:

首先，依照意思主义的观点，意思表示的内容及法律效果的确定，应以当事人存在于内心的真实意志为准，而不能以其表现于外部的意思为准。诚然，如果缺少当事人内心意志的外部表现，则无任何证据去证明其内心意思。但意思主义认为，当事人这种意志的外部表现仅仅具有参考作用，并无其本身的价值；但根据表示主义的主张，法律行为价值的实现必须依靠社会的承认。当事人存在于内心的意志如果不以某种外部方式加以表现，则不能为他人所知晓。因此，确定法律行为的效力只能以当事人表现于外部的意志为准，只有如此，交易安全才能得到保障。

其次，依照意思主义的观点，即使当事人的内心意志与法律行为规定的内容不相吻合，也应根据当事人的内心意志解释法律行为；但根据表示主义的主张，对法律行为的解释应根据其内容本身。当法律行为的内容模棱两可时，应当根据平等精神及社会利益的需要进行解释。

最后，如果按意思主义的要求，法律行为因意思表示的瑕疵而导致无效的范围很大；而如依表示主义，则这种情况只能算是例外。

但有关意思主义和表示主义两种思想对立的程度和本质作用，有学者认为不应加以夸大。他们指出，表示主义的作用仅在于对契约自由加以一定限制，但并未触及更深层次的问题。实质上，表示主义和意思主义的最终目标是相同的，即都是为了实现契约自由。这表现为，就意思主义而言，当事人的内心意志具有支配地位，即当事人的意志均可发生法律效果；就表示主义而言，当事人表现于外部的真实意志同样具有支配地位，当事人表现于外部的意志均可发生法律效果。① 由此，意思主义和表示主义的对立具有相对性。而在现代民法之立法政策的确定上，意思主义和表示主义其实都有可能具有一种极端的特征：绝对的意思主义有损交易安全的保护，而绝对的表示主义则背离了意思自治的基本原则。所以，大陆法系多数国家和地区的民事立法以及司法实践对于法律行为之解释最终采用的是一种“折中主义”。即在当事人意思与表示不一致时，或者以意思主义为原则，以表示主义为例外；或者以表示主义为原则，以意思主义为例外；或者两者并用，以此实现双方利益以及当事人利益与社会利益的平衡。而在法律行为的解释原则

---

① François Terré et Philippe Simiier, *Droit civil*, *Les obligations*, p. 84.

上,各国立法则多采用多种原则并存的模式。

二、法律行为解释原则的立法模式

(一)法国民法上的法律行为解释

《法国民法典》第1156条规定:"解释合同时,应探究当事人的意愿,而不应拘泥于合同文字的字面意思。"这一著名规定反映了意思自治的基本精神和意思表示理论的基本要求,它要求法官在对合同进行解释时,必须采用心理分析的方法,尽一切可能去寻找当事人的内心真实意愿。依照这一原则,每一个合同相对于其他合同而言,都是一个独立的系统,均可依当事人的意愿而独立存在。

除上述基本原则之外,为了对某些模棱两可的合同条款的解释确定共同的准则,以供法官在审理有关案件时参考,《法国民法典》第1156条以下的条文还对上述基本规定进行了具体阐述:

第一,目的解释。该法典第1158条规定:"文字可能有两种解释时,应采取适合于契约目的的解释。"例如,当规定"房屋连同其包括的动产出售"时,其"动产"一词可采用狭义解释("家具"),也可采用广义的解释(还包括"无形动产"——指在可移动的财产上设定的各种权利以及被视为动产的其他权利,如知识产权等)。显然,上述狭义的解释更为符合合同的目的。因为当出卖人出售其房屋时,没有理由认为他除了想将房屋连同房屋内的桌椅板凳一起出售之外,还想连同出售其家中拥有的其他可"移动"的利益。

该法典第1163条规定:"所订立契约的文字不问如何笼统,契约之标的仅为可推知当事人有意订定的事项。"第1164条规定:"如契约中记载一种情形以解释义务时,不得以此认为当事人意在限制该项义务的范围,该项义务应包括而未列举的各种情形仍应包括在内。"根据这两条规定,当合同的文字过于笼统时(第1163条),或相反,当合同的文字过于褊狭时(第1164条),也应参照合同的目的对之予以解释。

第二,整体解释。该法典第1161条规定:"契约的全部条款得互相解释,以确定每一条款从整个行为所获得的意义。"这一规定仍然强调应根据合同的目的对合同作出解释,而该项规定的基础实际上是建立在当事人在确定合同条款时"不可能自相矛盾"这一推断之上的。

第三,习惯解释。该法典规定:"有歧义的文字依契约订立地的习

惯予以解释。”(第1159条)“习惯上的条款,虽未载明于契约,解释时应加以补充。”(第1160条)

第四,有利于债务人的解释。该法典第1162条规定:“契约有疑义时,应作不利于债权人而有利于债务人的解释。”一些法国学者认为,这一规定不仅仅是为了缩小合同所可能导致的损害而作出对债务人有利的规定,而是同样表现了立法者寻求合同当事人真实意思的基本目的:假如债权人真的想要获得该项权利而债务人真是愿意受该项义务的约束,那么,他们就不可能不将他们的上述意愿在其行为中加以明确表示。[①] 但另一些法国学者则认为,上述“有利于债务人”的原则实际上包含了一种“辩护”因素(这类原则在《法国民法典》其他规定中也可见到。例如,该法典第1315条规定:“凡请求履行债务者,应证明该债务的存在”),即如果合同对某一问题未作出明确规定的话,那么,债权人便具有过失(因为就债权而言,是债权人而不是债务人提出条件并拟定条款)。但卡尔波尼埃进一步指出,在双务合同中,由于双方当事人互为债权人、债务人,故上述原则不能适用。在解释双务合同时,应根据不同合同的性质或特点确定是哪一方当事人提出条件并拟定有关条款,进而作出不利于该方当事人的解释。例如,在买卖合同中,是出卖人而不是买受人拟定有关条款(《法国民法典》第1602条规定:“出卖人负清楚地解释其所负义务的责任。凡买卖契约模棱两可、含糊不清者,均应作不利于出卖人的解释”)。照此推理,在租赁合同中,是出租人而非承租人拟定有关条款,故应作出有利于承租人的解释。[②]

第五,有利于合同效果发生的解释。该法典第1157条规定:“如一项条款可能有两种意思时,宁可以该条款可能产生某种效果的意思理解该条款,而不以该条款不能产生任何效果的意思理解该条款。”即合同解释应有利于合同效果的发生。但法国学者指出,应正确理解这一规定的精神。他认为,这一原则只能适用于其本身为有效的合同,而不能适用于无效合同(特别是违背公共秩序的合同)。因为,“合同应当是人类文明精神与社会效益的载体,这是法律保护合同的根本原因之

---

① François Terré et Philippe Simiier, *Droit civil*, *Les biens*, p. 324.

② Jean Carbonnier, *Droit civil*, *t. VI*, *Les obligations*, p. 275.

所在”。[①]

非常重要的是,为防止合同解释权力在司法实践中被法官滥用,法国规定了法官对合同解释权的权限。依既定原则,法国最高法院只负责审查法律的适用而不负责对“事实”的审查。既然如此,合同的解释究竟属于法律适用的范围抑或“案件事实”的范围?对此,自 1808 年 2 月 8 日的一项终审判决起,法国最高法院确定,对合同的解释权属于基层法院法官,亦即最高法院仅负责对一般法律规则的解释而不负责对合同确定的规则进行解释。这是因为,合同解释涉及探究当事人意愿的问题,而每一合同的订立均有其特定的客观条件。在各个不同的具体案件中,当事人的意愿总是各不相同,即使在两项不同的合同中,同一当事人使用了完全相同的表述,其含义也有可能完全不同,最高法院不可能对合同订立时的客观条件逐一进行审查。与此同时,合同是确定各种不同的法律关系的根据,故对具体合同的解释无须要求具有统一的标准。所以,作为案件事实,合同的解释权力依法归基层法官享有。[②]

不过,法国最高法院仍可从两个方面对合同解释进行干预:一是最高法院有权审查基层法院法官对合同的解释是否有其必要,即是否歪曲了原本清晰和确切的合同条款;二是有权要求基层法官对某类合同的解释具有统一性。与此同时,当合同条款客观上显得完全清晰和确切时,最高法院有权禁止基层法官在不加说明或不加以合理说明的情况下便将之予以否定,并作出另外的解释。而对于一些具有统一格式条款的合同,最高法院有权使基层法官对之所进行的解释具有一致性,尤其是对保险合同(保险单)条款的解释,其一致性的要求更为严格。这是因为,如果同样的保险条款被两个上诉法院作出不同的解释,这是公众肯定不能容许和理解的。[③]

(二)其他主要大陆法系国家民法上的法律行为解释

《德国民法典》第 133 条规定:“解释意思表示,应探求当事人的真意,不得拘泥于所用的词句。”第 157 条规定:“契约的解释,应遵守诚实

---

① Jean Carbonnier, *Droit civil*, *t. VI*, *Les obligations*, p. 275.

② Jean Carbonnier, *Droit civil*, *t. VI*, *Les obligations*, p. 276.

③ 参见尹田:《法国现代合同法》,法律出版社 1995 年版,第 260 ~ 262 页。

和信用的原则,并考虑交易上的习惯。"

上述第 133 条规定显然是《法国民法典》第 1135 条的翻版,从这一规定的字面意义来看,其毫无疑问是指明法律行为解释的目的是探究当事人的真实意思,为"意思主义"的典范表达。此条规定后来遭到德国民法学说的强烈批评。学者指出,对此条文应从历史的角度来理解,即罗马法上的解释学说主要是以遗赠(Legaten)为出发点而发展形成的。此种遗赠是一种无偿的死因赠与,不需要对受益人的信赖提供保护,该条文即说明了这一原则。但立法者没有意识到,这是一项一般条款,也适用于解释生者发出的意思表示;而对于后者,则应当强调保护相对人的信赖,第 157 条所规定的"交易习惯"以及"诚信原则"则表现了这种信赖保护。①

由此,德国现行学说以待解释的意思表示是否需要"受领",分别确定不同的解释标准:(1)无须受领的意思表示(如遗嘱),不需要考虑受益人的信赖利益,故适用《德国民法典》第 133 条的规定;(2)需受领的意思表示,其解释目的并非确定表意人的真实意思,而只在查知相对人可以被理解的表意人的意思(称为"规范性的意思"),亦即依法视为表意人所欲求之意思。对此,德国学者以大量的理论说明和案例分析论证了这一"表示主义"指导下的意思表示解释的原则。②

《瑞士民法典》无法律行为解释的一般规则,但《瑞士债法典》第 18 条规定了合同的解释原则,即"对合同内容和形式的解释,应当考虑合同当事人真实的意思表示和当事人由于差错或者有意掩盖合同的真实性质而使用的不正确的词语或者表达方式"。这一规定,显然也以"探究当事人的真意"为基本解释原则。但在以后的发展中,瑞士民法学说与判例逐渐形成了一些可综合运用的解释原则,包括"整体解释""目的解释""有利于债务人的解释"等。③

《日本民法典》未对法律行为解释作出规定。其学理上沿用德国民

---

① 参见[德]迪特尔·梅迪库斯:《德国民法总论》,邵建东译,法律出版社 2000 年版,第 236～237 页。

② 参见[德]迪特尔·梅迪库斯:《德国民法总论》,第 236～250 页;[德]卡尔·拉伦茨:《德国民法通论》(下册),王晓晔等译,法律出版社 2003 年版,第 456～479 页;[德]卡尔·拉伦茨:《法学方法论》,陈爱娥译,商务印书馆 2003 年版,第 202～203 页。

③ 参见沈达明、梁仁洁:《德意志法上的法律行为》,对外贸易教育出版社 1992 年版,第 165～171 页。转引自龙卫球:《民法总论》,中国法制出版社 2001 年版,第 626 页。

法的做法,区分遗嘱行为和契约行为,对之确定不同的解释标准:对于遗嘱的解释,以探究当事人的真实意思为要;而对于契约的解释,传统学说采用单一的表示主义,即解释目的在于阐明当事人合意的意思表示的客观内容,并非探究当事人的内心意志,但此种学说在现代招致猛烈批评。现代理论趋向于采用"二元说"解释原则,即在当事人意思表示一致的情况下,无论其表示的客观含义如何,均应依照其一致的意思解释契约;而在当事人意思表示不一致的情形下,则有人认为应当以表示行为的客观含义为解释的基准。另一些人则认为应当在契约当事人各自赋予的含义中,根据某个正当的含义来确定契约的含义。①

三、我国民法上的法律行为解释

(一)我国《合同法》规定的合同解释原则

我国1986年《民法通则》未对法律行为或者意思表示的解释作出规定,但《合同法》第125条规定:"当事人对合同条款的理解有争议的,应当按照合同所使用的词句、合同的有关条款、合同的目的、交易习惯以及诚实信用原则,确定该条款的真实意思。"(第1款)"合同文本采用两种以上文字订立并约定具有同等效力的,对各文本使用的词句推定具有相同含义。各文本使用的词句不一致的,应当根据合同的目的予以解释。"(第2款)

前述规定是立法对我国民法理论有关法律行为解释理论研究成果的具体运用,即"解释法律行为之目的,在探求当事人于意思表示中所表示的真意。惟须注意,此所谓当事人之真意,非指当事人内心之真意(效果意思),而是指表示之真正意思。盖因现代民法大抵采介于意思主义与表示主义之间的折衷主义。在解释方法上一方面规定应探求当事人之真意,另一方面又规定不可拘泥于所使用之词句"。②

我国《合同法》规定了5种合同解释方法:(1)文义解释,即通过对当事人在法律行为中使用的词句的含义进行解释。当事人的意思表示主要是通过文字而表达的,而文字则具有通常的含义,不可任意加以曲

---

① 参见[日]山本敬三:《民法总则Ⅰ:总则》,解亘译,北京大学出版社2004年版,第94～101页;[日]四宫和夫:《日本民法总则》,唐晖、钱孟姗译,五南图书出版有限公司1995年版,第154～161页。

② 梁慧星:《民法总论》,法律出版社1996年版,第185～189页。

解。与此同时,文字表达通常会遵守一定的语言逻辑和一般的语言表达习惯,故文字的具体含义常常应当将之置于一定的语言逻辑或者一般表达习惯中去理解。(2)整体解释,即将含义模糊的条款置于整个法律行为的条款体系中去加以解释。鉴于法律行为皆有其目的,故法律行为的全部条款相互间具有必然的逻辑联系,在某个条款不清晰或者可以作多种理解的情况下,运用其他清晰的条款去解释模糊条款,即可寻找出当事人的真正意思。(3)目的解释,即在法律行为的条款可作两种以上理解时,应采用最为符合法律行为目的的解释。如一种理解将导致合同不能成立,而另一种理解导致相反效果时,应采用能够导致合同产生法律效果的解释。(4)习惯解释,在法律行为的内容发生歧义时,应当按照交易习惯或者当事人的生活习惯予以解释。(5)诚信解释,法律行为的解释应当符合诚实信用原则的要求,不得成为恶意当事人谋求不当利益的工具。

(二)《民法总则》的规定及其评价

全国人大法工委2016年第一次提交《民法总则草案(第一次审议稿)》第120条规定:"有相对人的意思表示的解释,应当按照所使用的词句,结合相关条款、行为的性质和目的、习惯、相对人的合理信赖以及诚实信用原则,确定意思表示的含义。无相对人的意思表示的解释,不能拘泥于所使用的词句,而应当结合相关条款、行为的性质和目的、习惯以及诚实信用原则,确定行为人的真实意思。"这一规定显然偏重于借鉴前述德国现代民法学说的观点,按意思表示有无相对人的不同情况,对意思表示的解释原则作出了适用上的明确区分:对于有相对人的意思表示的解释应强调考虑"相对人的合理信赖",但无须探求当事人的真实意思,故必须严格"按照所使用的词句"进行解释;而对于无相对人的意思表示的解释则应强调考虑"探求表意人的真实意思",故"不能拘泥于所使用的词句"。在立法讨论中,笔者指出,前述规定有所不妥,理由如下:

1. 从立法技术上讲,在法律行为中,所谓"无相对人(无需受领)的意思表示"仅只遗嘱行为一种。因此,将意思表示的一般解释原则与仅适用于遗嘱行为的特别解释原则加以并列规定,亦即将之同时作为意思表示解释的两种一般规则,明显不当。与此同时,遗嘱的解释何以与诚信原则有关,令人费解。

2.从理论上讲,对意思表示的任何一种解释方法,其实都是在确定表意人的真实意思,而绝非背离其真实意思,只不过在某些情况下,表意人的所谓"真实意思"是法官依据立法者的价值取向(如保护交易安全)推定而成的。因此,无论对于合同或者遗嘱,"文义解释"都是最为基本的方法,即其他任何解释方法的适用都必须以"所使用的词句"无法进行通常的理解为前提条件,而在对合同的文字无法做通常理解时,其他解释方法的运用,当然不能"拘泥于所使用的词句"。由此可见,在对遗嘱进行解释时,首先也必须"按照遗嘱所使用的词句"进行通常理解,如其能够做通常理解时,则"不拘泥于所使用的词句"的解释便是荒唐的。

由此可见,将"按照所使用的词句并结合其他因素进行解释"(一般解释规则)与"不拘泥于所使用的词句并结合其他因素进行解释"(仅适用于遗嘱的特别解释规则)在立法上郑重其事地予以并列(予以对立)规定的结果,必然导致"合同必须按照(必须拘泥于)所使用的词句进行解释""遗嘱不能按照(不能拘泥于)所使用的词句进行解释"的错误结论。

反观之,我国《合同法》第125条对于合同的解释规定了综合并举的5种解释方法,赋予法官根据具体情况予以灵活运用的裁量权,亦即在合同条款发生歧义时,如果能够探究当事人的真实意思且不损害相对方的信赖利益,则应对合同作出符合当事人真实意思的解释;如果当事人的真实意思与其表示出来的意思不一致,则涉及交易安全的保护,故以其表示出来的意思视为其真实意思。而诚实信用原则作为一种兜底条款,可以从根本上制约合同的解释活动,即任何一种解释方法的运用均不得违背诚实信用原则。如果合同条款"经解释仍不能与诚实信用原则相协调者,应无效"。[①] 由于我国《合同法》所规定的合同解释方法以达到公平正义为目标,并不拘泥于某种既定的原则(意思主义或者表示主义),故其显然可以作为包括遗嘱等单方法律行为在内的全部法律行为的一般解释方法在民法典中予以规定。

据此,笔者提出,前述草案第120条有关意思表示解释原则的规定,应直接用《合同法》第125条的规定予以替换。但这一意见未被立

---

① 梁慧星:《民法总论》,法律出版社1996年版,第189页。.

法机关采纳,正式颁布的《民法总则》第 142 条仍保留了第一次审议稿的有关规定,但对之做出了适当的修改,包括删除了原第 1 款中"当事人的信赖利益"的字句,在原无相对人的意思表示的解释"不能拘泥于所使用的词句"中加上了不能"完全"拘泥于所使用的词句的限制,其全文是:"有相对人的意思表示的解释,应当按照所使用的词句,结合相关条款、行为的性质和目的、习惯以及诚信原则,确定意思表示的含义。"(第 1 款)"无相对人的意思表示的解释,不能完全拘泥于所使用的词句,而应当结合相关条款、行为的性质和目的、习惯以及诚信原则,确定行为人的真实意思。"(第 2 款)

第十七章　意思表示不真实的法律判断

第一节　意思表示不真实的类型化

一、意思表示的传统理论及其评价

(一)传统理论

自18世纪沃尔夫(Christian Wolff)在其《自然法论》一书中创设“意思表示”(Willenerklaerung)一词以来,意思表示逐渐成为德国法律行为理论中最为核心的基础概念,有关法律行为的一切理论分析均以之为中心展开。意思表示的抽象性和概括性为德国学者展示其超群的抽象思维能力提供了极为广阔的空间,并由此形成了博大精深且纷繁复杂的相关知识和理论。历史上,有关意思表示的学说多如牛毛,各种学术观点层出不穷,有关意思表示的理论艰深而且沉重,经典地展现着德国民法理论的理性特色。

经典理论根据表意人为意思表示的心理过程,精确地将意思表示分解成为“效果意思”、“表示意思”和“表示行为”三个构成要素。其中,“效果意思”即行为人意欲发生法律效果的内在意志,包括内心的效果意思(表意人内心实际存在的意思)与表示上的效果意思(表意人通过表示行为而表现的意思);“表示意思”即表意人将效果意思发表于外部的意思。由于效果意思仅仅表明了表意人发生法律效果的意志，而效果意思是否加以表现还要取决于表意人是否有表现效果意思的意志，故表示意思是效果意思与表示行为的联络；“表示行为”即把效果意思表现于外部的行为。人们推断、了解表意人的效果意思，是根据其表示行为进行的。

与民法发展过程中的“个人本位”与“社会本位”的思想冲突相联系，在法律赋予行为人的意思表示以法律效力时，究竟应当以行为人内心存在的意思（内心的效果意思）为根据，还是应当以其通过表示行为而表现的意思（表示上的效果意思）为根据，自然又引起一番讨论。

“意思主义”认为，行为人内心的意志是意思表示的本体，其表示不过是了解当事人意思的方法，并非发生法律效果的原因。因此，不基于内心效果意思的表示是无效的，此种观点为早期德国理论所采用。诚如萨维尼所称：“意思本身应视为唯一重要的、产生效力的事物，只是因为意思是内心的、看不到的，所以我们才需要借助一个信号使第三人能看到。显示意思所使用的信号就是表示。”①意思主义被认为是绝对注重个人意志的自由，将行为人的内心意志置于至高无上的、绝对的支配地位，偏重对个人利益的保护。

“表示主义”则认为，行为人的内在意志只有通过表示才可得知。为保护交易安全，无论其真意如何，只能纯粹客观地根据其所表示的意思为标准而赋予法律效果，故意思表示应以表示行为为中心。此种学说为后期德国理论所采，被认为是偏重对社会利益的保护。②

但无论意思主义还是表示主义，都是比较偏激的观点，于是照例出现“折中主义”。此种学说认为，在意思与表示不一致时，如依意思主义，则意思表示无效，表意人不受法律上的任何约束，其利益固然可得保护，但相对人及第三人信其表示为有效，则有可能受到损害；如依表示主义，则不真实的意思表示为有效，相对人及第三人固然不受损害，但表意人却因此而受法律上的拘束而受损害。因此，极端的意思主义和极端的表示主义均不可取，应折中于二者之间；或以意思主义为原则，而设有例外；或以表示主义为原则，而设有例外。根据分析，《德国民法典》最终采用了侧重于表示主义的折中主义。而《日本民法典》则

① 沈达明等：《德意志法上的法律行为》，对外贸易教育出版社1992年版，第91～92页。
② 参见黄立：《民法总则》，元照出版公司2005年版，第263页。

采用了侧重于意思主义的折中主义,其证据是:因错误而为意思表示,在日本民法为无效,而在德国民法则为可以撤销,且撤销时可以认定某种程度上的损害赔偿。①

(二)简要评价

毫无疑问,以德国民法为代表的意思表示传统理论对于深入分析行为人的内心意思与其外部表现的关系,具有重要参考价值。尤其是在尊重行为人的意志与保护交易安全之间如何寻求一个恰当的平衡点,既有理论提供了观念上和技术上的重要见解。但是,就立法而言,重要的问题并不在于如何分析意思表示的形成过程或者构成要素,立法所要解决的仅仅是如何正确标示意思表示不真实的基本类型和法律效果。而就司法而言,重要的问题并不在于如何精确地判断行为人内心的效果意思与其表示意思是否完全吻合,而是要正确地理解和适用认定意思表示不真实的法定条件,通过证据规则的运用支持或者驳回诉讼当事人的相关主张。为此,我国民法理论吸取了传统理论的合理因素,对意思表示所反映的行为人极为复杂的心理过程予以充分重视,但就意思表示理论中比较烦琐且对立法和司法实际作用不大的分析,并未展开讨论,也未形成理论上的争端。这表现为,在我国,"意思表示"的概念通常是指表意行为的结果亦即表现于外部的意思,而非指表意行为的过程。"意思表示"与行为人的"内心真实意志"被视作两个相对应的概念来使用,亦即传统理论有关意思表示构成要素(效果意思、表示意思以及表示行为等)的分析,没有成为立法和司法实务考察意思表示真实性的技术手段。人们在考察意思表示的真实性时,实际上认为只需要确认行为人表现内心意志于外部的行为(意思表示)是否与其真实的内心意志相吻合就足够了。在这里,所谓"内心意志"不仅仅包括"效果意思",而且包括形成效果意思、表示意思的全过程。据此,意思表示不真实没有被进一步区分为"意思与表示不一致"(表示上的效果意思与内心的效果意思不一致,如虚假表示等)与"有瑕疵的意思表示"(意思表示符合内心意志,但内心意志的形成受到不当干涉,如受欺诈而为的意思表示等)。此种讲求实际的做法易于理解和操作,应当是可取的。

---

① 参见《日本民法典》第95条、《德国民法典》第119条。

至于有关“意思主义”与“表示主义”的理论纷争，其主要意义在于通过对确定法律赋予意思表示以效力的不同基本依据的分析，以揭示民法观念的发展变化。此种讨论，对于法律行为的解释具有十分重要的指导作用。但就法律行为的效力而言，尊重当事人的自由意志为其制度构造的基本目的，因此，脱离当事人的真实意志去讨论法律行为效力的渊源是缺乏理由的。事实上，在意思表示的效力问题上，真正应当研究的问题并不是行为人的意思表示与其内心真实意志之间是否存在差异，以及此种差异产生的原因，而是此种差异究竟应当达到何种程度才足以影响法律行为的效力？与此同时，当行为人的意思表示不真实所本应发生的无效效果与善意相对人或者第三人的正当利益保护发生冲突的时候，采用何种适当的措施予以正确的利益较量，也是确定相关规则的重要方面。

为此，意思表示不真实的法律判断应当是意思表示理论最重要的核心。

二、意思表示不真实的类型化处理

基于以下两个原因，对于意思表示不真实的判断，立法上必须采用将“意思表示不真实”的事由予以类型化的处理方法。

(一)“推定”而成的“意思表示不真实”

意思表示是否真实涉及当事人为法律行为时的主观心理状态，而主观心理状态是无法通过某种物质表象直接加以证明的。例如，一方对另一方实施了欺诈行为，但另一方因为受欺诈而陷于错误认识这一事实，却无法通过证明欺诈行为的存在而直接获得验证；又如，一方对另一方实施了胁迫行为，虽然另一方表现出恐惧并且表现出为意思表示的极不情愿，但该方当事人的该种“表现”有可能是真实的，也有可能是虚假的。为此，在无法运用客观的技术方法判断表意人主观心理状态的情况下，法律只能根据可以证明的客观事实，对于意思表示的不真实性作出“推定”。亦即在不存在相反证据的情形下，某些依照一般生活常识可以确定为导致表意人意思表示不真实的事由的存在，即为推定表意人意思表示不真实的法定依据。由此，作为推定意思表示不真实的具体事由，只能由法律明文加以规定而不能采用一般的、抽象的判断方法。

(二)“真实”与“不真实”的模糊界限

将意思表示真实作为法律行为的有效条件,是对意思自治原则的直接贯彻。但在民事活动中,当事人作出意思表示常常要受各种条件的制约,所谓“自愿”与“不自愿”,其分界只能具有一种相对的标准。例如,商人在商业谈判中,通常要承受各种商业上的压力,为此而不得不“违心”地甚至“被迫”地接受某种交易条件。但在不超出人们所能“容忍”的范围的情况下,商人利用谈判桌上的优势地位和谈判技巧迫使对手就范,为商业道德以及社会观念所允许。所以,法律行为中表意人意思表示的不真实,只有在超出社会道德观念、生活习惯或者交易习惯所能容忍的限度且足以使相对方的获利具有明显的不正当性的条件下,才足以影响法律行为的效力。为此,法律必须明确界定这一限度,将构成影响法律行为效力的意思表示不真实的具体事由予以类型化处理。

质言之,在诉讼中,对于意思表示的不真实,当事人原则上不得以一般方式予以证明(当事人不得以自行选定的任何方法证明其意思表示不真实),而只能通过证明意思表示不真实的法定事由的存在而予以证明。但是,在立法对于意思表示不真实的类型化处理明显不完整的情形下,司法实务运用法律有关法律行为有效条件中“意思表示真实”的一般条款,在遵循某些严格的条件的前提下,就一些意思表示明显不真实的行为作出肯定判断,也是可以的。例如,在我国《民法总则》颁布之前,1986年《民法通则》和1999年《合同法》均未对“假装行为”(双方通谋为虚假表示)作出规定,但这并不妨碍法官直接以“意思表示不真实”为由判定法律行为无效。

就意思表示不真实的法定事由,大陆法系各国民法均有明文列举规定。《德国民法典》将之归纳为“心中保留”“游戏表示”“虚假表示”“表示错误”“欺诈”“胁迫”“重要性质错误”七种类别;《日本民法典》将之归纳为“心中保留”“虚伪表示”“错误”“欺诈”“胁迫”5种类别;我国1986年《民法通则》则将之主要归纳为“重大误解”、“欺诈”、“胁迫”、“乘人之危”以及“显失公平”五大类别。

第二节　虚假表示及其法律效果

一、虚假表示的概念

行为人在进行意思表示时，故意使意思表示与其内心意志不相符合，亦即表意人根本无受其意思表示约束的意图，称为虚假表示，具体包括单独虚假表示与通谋虚假表示。

单独虚假表示为表意人知其无真意而为意思表示，但相对人并未为虚假表示，包括所谓"心中保留"与"游戏表示"两种。所谓"心中保留"(又称"真意保留""心理保留"等)指表意人并无为意思表示的真意，却基于某种原因而作出意思表示。如本无出租房屋的意愿，却为了在朋友面前表示慷慨而与人签订房屋租赁合同。所谓"游戏表示"(又称"非真实表示""非诚意表示")指预期他人可以认识其表示纯系"开玩笑"而作出的意思表示。如在酒席间开玩笑所设立的书面遗嘱。

通谋虚假表示为双方当事人均为虚假表示并有合意的事实，亦即双方合谋共同使意思表示不真实，包括"虚构行为"与"假装行为"两种。所谓"虚构行为"为有名无实的行为，双方均无受约束的意愿；所谓"假装行为"(又称"伪装行为")为以徒有其名的一个行为去掩盖另一个真实的行为。虚构行为与假装行为的区别在于后者的目的在于掩盖一个真实的法律行为，而前者是基于其他目的而故意制造假象。

上述各类虚假表示无论属于何种类型，其成立均不受行为人行为动机的影响，即无论行为人为虚假表示的目的如何，均可构成虚假表示。

二、虚假表示的效果

很显然，虚假表示非为表意人的真实意志，不应赋予其法律效力。但如果虚假表示无效涉及善意第三人的利益保护，则令其发生效力，符合交易安全和民事交往秩序保障的要求。就现今的民法思想而言，上述原则的正确性是毋庸置疑的。

以此为标准，在"心中保留"的情形下，鉴于表意人的"不情愿"完全存在于内心,相对人根本不可能予以确切的考察和充分了解,故其意思表示应属有效。但比较奇怪的是,《德国民法典》有关“心中保留”的第116条规定:“1.表意人内心对于表示事项保留有不愿的意思者,其意思表示并不因之无效。2.但表意人对相对人为意思表示时,相对人知其有保留者,其意思表示无效。”依此规定,相对人不知表意人“心中保留”的,意思表示有效;相对人知道表意人“心中保留”的,意思表示无效。这一规定显然并未考虑到两个问题:其一,表意人的所谓“不情愿”具有程度上的差异,而如前所述,当事人在民事活动中的“自愿”具有相对性,绝对的“心甘情愿”反倒有可能是少见的。因此,从严格意义上讲,除了行为人因欺诈、胁迫等原因所导致的严重的“不情愿”之外,一般的“不情愿”根本不能超出“自愿”的范围。故所谓“心中保留”能否有资格成为意思表示不真实的法定事由,本身就值得怀疑。其二,即使表意人内心存在严重的不情愿,但其为意思表示的事实,则使其“不情愿”被控制在可接受的程度。此时,即使相对人知晓或者应当知晓其“不情愿”,相对人也没有站在表意人的立场保护其利益的义务。对于《德国民法典》的前述规定,拉伦茨从保护相对人的信赖利益的角度进行了批评,认为“表意人恶意欺骗相对人,竟为相对人识破,值得保护者仍是相对人而非表示人,法律的规定仍是19世纪通行的意思说的产物”。[①]

而“游戏表示”的情形则有所不同。由于“游戏表示”者有相对人知晓其表示不真实的预期,而“游戏表示”常常具有使相对人易于知晓其表示不真实的充分条件,因此,《德国民法典》第118条规定“游戏表示导致法律行为无效”是大体可以成立的。但是,在某些情况下,如果表意人“开玩笑”而相对人自己并未“开玩笑”且不知其“开玩笑”,则法律行为仍应属有效。对此,较之《德国民法典》第122条规定在法律行为无效并由此导致相对人信赖损失时,表意人承担赔偿责任,瑞士民法和判例认定法律行为有效的做法更为可取。[②]

我国《民法通则》和《合同法》均未对虚假表示作出一般性规定,但《民法通则》第58条第7项以及《合同法》第52条第3项均规定“以合

① 转引自黄立:《民法总则》,元照出版公司2005年版,第278页之注释。

② 参见龙卫球:《民法总论》,中国法制出版社2001年版,第547页。

法形式掩盖非法目的”的行为无效。有人认为这一规定适用于“虚假的意思表示”，另有人则认为其为对“脱法行为”（规避法律的行为）的规范，此种行为以隐藏非法目的为构成，而不是以隐藏另一法律行为为构成。[①] 事实上，鉴于我国民法理论历来对所谓“脱法行为”缺乏研究，故断定前述规定所针对的是脱法行为的观点似乎依据不足。与此相反，实践中大量出现的以虚假行为掩盖真实的违法行为（不一定是法律行为）的情形及其相关判例，可以说明前述规定主要针对的是以掩盖真实的违法行为的“通谋的虚假表示”。其中包括：(1)以虚假的法律行为掩盖真实且非法的法律行为（如以无息或者低息借贷掩盖“高利贷”等）；(2)以虚假的法律行为掩盖其他非法行为（如以虚假的买卖行为掩盖行贿受贿等）。由于“以合法形式掩盖非法目的”中的“非法目的”既可解释为“非法行为”，亦可解释为“不法动机”，故此项规定的适用范围较之单纯的“假装行为”更为广泛。

鉴于虚假表示的典型性和发生的常见性，笔者认为，我国民法应当对之予以更为完整的规范。

就单独虚假表示而言，可考虑规定“相对人不知或者不应知表意人为虚假表示的，法律行为为有效。但相对人知道或者应当知道表意人为虚假表示仍与之为法律行为的，法律行为无效，对造成的损失双方均应承担责任”。此种规定并不区分“心中保留”和“游戏表示”，给予法官以依据个案作出裁量更大的选择余地，当属妥当。

就通谋虚假表示而言，可考虑规定“双方当事人共同实施虚假法律行为的，法律行为无效，但法律另有规定的除外”。此种规定同样不予区分“虚构行为”和“假装行为”，其原因在于：虚构行为自应无效，假装行为（以虚假的法律行为掩盖另一真实的法律行为或者其他行为）亦应无效，其被掩盖的法律行为是否有效，当然根据其行为性质予以判断。如其掩盖的是其他行为，则无论合法与否，均无有无效力的问题，故无须指明。但对于在实践中常见的建筑工程招投标过程中签订的“阴阳合同”（以虚假的经招投标程序签订的合同掩盖私下签订的真实的合同），由于“阳合同”合法但不真实，而“阴合同”真实但不合法，故两项行为本应均认定为无效。然而在基本建设合同已经实际履行的情形

---

① 参见龙卫球：《民法总论》，中国法制出版社 2001 年版，第 549 页。

下,司法上的处理处于两难境地:如依“阳合同”或者国家定额标准结算工程款,则发包方违反承诺并利用双方的违法行为获利;如依“阴合同”结算工程款,则承包方利用双方的违法行为获利。为此,我国司法实务的做法是,在当事人签订“阴阳合同”的情形下,如合同尚未履行,应认定两项合同均属无效;如果合同已经履行,则一律以合法的“阳合同”作为结算工程款的根据。这种不得已的做法,在就发包人违法发包缺乏行政制裁规则的情况下,虽有可能令其获得不正当利益,但对于促使建设工程承包合同当事人依合法的招投标程序签订合同具有实际作用,故为可采之方案。为此,规定“通谋虚假表示”在法律有特别规定的情形下仍为有效,当属合理。

我国民法总则草案几次审议稿均增设了有关虚假表示的条文,如第三次审议稿第124条规定:“行为人与相对人串通,以虚假的意思表示实施的民事法律行为无效,但是双方均不得以此对抗善意第三人。”(第1款)“行为人以虚假的意思表示隐藏的民事法律行为,依照有关法律规定处理。”(第2款)这一规定,针对的是“通谋的虚假表示”,但不包括“单独的虚假表示”。鉴于因单独的虚假表示(“心中保留”及“游戏表示”)而产生的纠纷在实际生活中发生较少,且其通常不影响行为效力,故不予规定是可以的。与此同时,前述规定将“无对抗力”规则引入双方共谋的虚假表示,甚有必要。

在正式颁布的《民法总则》上,前述规定被予以保留(第146条),但其有关“虚假行为无效不得对抗善意第三人”的规定被删除。

第三节　重大误解的法律适用

一、误解的特征

(一)外国的理论和立法

误解又称“错误”,指认识与对象的不一致,即表意人对意思表示的内容或其他有关情况产生认识上的错误,包括视假为真或者视真为假,从而使其意思表示与其内心意志不一致。

误解只有在误解一方未受对方或者第三人的不法影响时才能成

立。各种原因都有可能导致误解,包括本人的原因(通常为疏忽大意或者对事物缺乏正确判断)、相对方或者第三人的原因(通常为相对方或者第三人非故意的错误陈述),但如果表意人系因相对方或者第三人故意进行的虚假陈述或者其他欺骗行为而陷于错误认识,则适用有关欺诈的法律规则。

从罗马法后期开始,有关错误的理论便逐渐形成。在后期罗马法上,错误被区分为"实质错误"(对整个行为或者行为的重要构成要素包括行为性质、当事人、标的物性质等产生了错误认识)和"非实质错误"(对行为的某些方面,如物或人的名称、不改变标的物的社会功能或者经济功能的品质、行为动机等所产生的轻度或不重要的错误认识)。实质错误能够导致适法行为不成立,而除非事关重大,否则非实质错误不为法律所考虑。①

法国民法上,罗马法的传统被承继,误解被视为产生同意的瑕疵的原因之一。尽管对于误解的成立,法国民法理论也重视对当事人心理的单纯分析,认为只要当事人的认识与实际不相符合,即可构成误解,至于当事人的认识自身是否完全确定,则无关紧要,亦即如果当事人的信念中掺杂有某种怀疑(如一件古董的买受人在相信该物品系真品的同时,对自己的判断存在某种怀疑),并不影响误解的成立。与此相反,如果当事人明知自己对事物的性质作出的判断完全有可能是错误的,则其不得以该事物的真实性质与其先前的判断不相符合为由,主张误解的成立。② 但是,由于法国民法理论上并不存在有关意思表示的一般理论及其相应的复杂分析,故其判断误解的方法比较简单,即"只要当事人知道真实情况就不会订立合同,那么,其同意便存在瑕疵"。而基于交易安全的保护和公正的考虑,《法国民法典》规定,只有重大误解才能导致合同无效。③ 理论上认为,重大误解包括导致合同成立障碍的所

---

① 参见[意]彼德罗·彭梵得:《罗马法教科书》,黄风译,中国政法大学出版社 1992 年版,第 70~72、82~84 页。

② 法国巴黎上诉法院 1976 年 1 月 21 日的判决确定了如下原则:"当事人如果是基于对事物性质的猜测性的认识而达成协议,不成立误解。"参见尹田:《法国现代合同法》,法律出版社 1995 年版,第 71 页。

③ 《法国民法典》第 1117 条规定:"错误,仅在涉及契约标的物的本质时,始构成无效的原因。"(第 1 款)"如错误仅涉及当事人一方愿与之订约的他方当事人个人时,不成为无效的原因;但他方当事人个人被认为契约的主要原因时,不在此限。"

谓“障碍性误解(或称‘不存在性误解’)”和使同意产生缺陷的所谓“无效性误解”,但不包括所谓“次要误解”。其中,“障碍性误解”具体包括对合同性质的误解(如将买卖误认为是租赁)、对标的的同一性的误解(如买受人认为自己所购买的是底楼的房屋,而出卖人认为自己出售的是顶层的房屋)、对合同原因是否存在的误解(如当事人误认为其儿子战死而将大部财产赠与慈善机构)。① 而“无效性误解”是指《法国民法典》第1110条所规定的两种情形:一种是对标的物本质的误解(包括标的物的物质属性、艺术价值等);②另一种是对当事人的误解(包括相对方当事人的身份、能力、技艺或者信誉等自身所具有的“性质”)。③ 至于“次要误解”(包括对标的物价值、订立合同的动机的误解等),则一般不能成为合同无效的原因。

在德国民法理论中,由于意思表示一般理论的构建以及与此相适应的对于表意人为意思表示整个心理过程的细微分析,其有关意思表示错误的理论自然会趋于复杂化。经过一些理论演变,德国民法理论

---

① 法国学者认为,“障碍性误解”在实践中很少发生,几乎可以说是一种“学说上的假定”,因此《法国民法典》对之作出规定。对于此种误解导致的效果,法国传统理论将之认定为合同不成立或者绝对无效,现代司法实践则倾向于将之视为相对无效。

② 对于何为“标的物性质”,法国理论上存在两种解释:一种称“客观性解释”,认为是指构成标的物的物质材料(如将镀金的雕像误认为是纯金雕像);另一种称“主观性解释”,认为应将之理解为具有主观的和精神的含义亦即标的物的基本性质(它是促使当事人订立合同的根本原因)而非标的物的物品本身。前述两种观点在某些情况下其运用的结果相同的(如买受人误将镀金雕像认为是纯金雕像,而此种认识又是促使其决定购买该物的根本原因),但在另一些情形下则会导致不同效果(如虽然买受人对于雕像是镀金的还是纯金的发生了错误认识,但促使其购买该物的原因是因为该雕像属于古董。此种情形,依照“客观性解释”,合同应属无效;依照“主观性解释”,合同应属有效)。法国多数学者主张采用“主观性解释”。而在法国司法实践中,“标的物性质”被赋予极为广泛的含义,包括标的物的物质属性(纯金雕像或是镀金雕像)、标的物所具有的艺术价值(古花瓶或是仿古花瓶)以及财产被规定用途之后所处的一定状态(如一片土地能否被用于建造房屋)等。而在诉讼中,法院要求误解方当事人主张合同无效时,不仅应证明其对标的的某种性质发生错误认识,而且还应证明其正是基于这一错误而决定订立合同。

③ 《法国民法典》第1110条第2款规定:“误解如仅涉及当事人一方愿与之订约的他方当事人个人时,不成为合同无效的原因。但他方当事人被认为是合同的基本原因时,不在此限。”法国理论将此种得导致合同无效的合同称为“基于人的关系而订立的合同”。此种合同一般具有无偿性(尤其是赠与合同),因为当事人被认为不可能不加选择地将某种利益或服务给予随便什么人,其产生总是基于当事人之间的感情。但在有偿合同中,如果合同义务履行的质量系于债务人的特定身份或条件时,对当事人的误解也可能成为合同无效的依据。如合伙合同、与艺术家订立的承揽合同、委托合同、租赁合同以及雇佣合同等。

最终按照当事人为意思表示的心理及行为过程,以阶段性划分为依据,将错误分为“动机错误”和“表示错误”两种类型。依照萨维尼的观点,动机错误为发生在意思形成阶段的错误,即促成意思形成的错误;而表示错误则是发生在表示阶段的错误,即表意人的内心意思引起非故意的在表示上的错误而未能得以正确传递。前者不涉及内心意思与表示之间的偏移,后者则相反。[①] 这一见解为《德国民法典》第119条及以下条款所采用。[②] 该条文第1款在确认“表示错误”之后,以其第2款对于“重要动机错误”作出了规定:“关于人的资格或物的性质的错误,交易上认为重要者,视为关于意思表示内容的错误。”根据这一规定,只有交易上认为重要的人的资格以及物的性质的动机错误,才能影响法律行为的效力。至于对重要动机错误的判断标准,德国理论和实务上的主流是采用所谓“具体客观标准”,即以一般人的交易观念和具体的法律行为为根据予以定夺。[③]

总结法、德两国民法有关理论和立法,可以发现,尽管法国民法采用的是更为简明的理论分析,但两者有关错误的基本理论和立法是相似的。如同德国民法,法国民法理论也承认误解实质上是一种动机的错误,[④]且只有重大误解才能导致合同无效,只不过法国民法未将所谓“表示错误”纳入误解的范围。

如同大陆法系各国,英美法上也同样存在有关“重大误解”的相关规则。如在美国合同法中,“错误必然涉及现在的或者过去的事实,并且是重要的事实”,即“在合同赖以成立的事实上犯了错误”。而且,

---

① 参见沈达明等:《德意志法上的法律行为》,对外贸易教育出版社1992年版,第116~117页。

② 现代德国学者认为,法律有关错误的规定还可以根据意思表示从形成至到达相对人的全过程分为五个不同阶段即相应类型而加以细分,包括“动机错误”(意思形成阶段的错误)、“内容错误”或“意义错误”(考虑如何将形成的意思加以表示阶段的错误)、“根本无意的错误”(将其决定使用的表示符号表达出来时的错误)、“传达错误”以及“受领人的错误”(受领人错误理解表意人的本意)。参见[德]迪特尔·梅迪库斯:《德国民法总论》,邵建东译,法律出版社2000年版,第565~571页。

③ 参见[德]迪特尔·梅迪库斯:《德国民法总论》,邵建东译,法律出版社2000年版,第579页。

④ 参见尹田:《法国现代合同法》,法律出版社1995年版,第80页。

“适当注意即可避免的错误,不能解除一个合同”。[①] 根据英国普通法,合同的有效性一般不因错误而受到影响,这一法则应用于买卖合同时被称为“购者自慎”(Cavaet emptor)。“法律认为有损合同有效性的只是那些致合同于死命的错误,以致很难说存在任何真正的同意。这些错误叫做‘有影响的’错误,可能具有使整个合同无效的结果”。[②]

(二)我国的相关立法之评价

我国 1986 年《民法通则》第 59 条规定,只由当“行为人对行为内容有重大误解”时,才允许当事人提出变更或撤销民事行为。就此条规则的适用,我国最高人民法院《民通意见》第 71 条规定:“行为人因对行为的性质、对方当事人、标的物的品种、质量、规格和数量等的错误认识,使行为的后果与自己的意思相悖,并造成较大损失的,可以认定为重大误解。”我国 1999 年颁布的《合同法》第 54 条也规定“因重大误解订立的合同”可以变更或者撤销。

很显然,《民法通则》前述规定将重大误解的范围局限于“行为内容”,十分不妥。而上述司法解释将误解的范围扩张至行为性质、当事人以及标的物性质等,则基本上概括了构成重大误解的主要范围。在理论阐述上,我国民法学说主要沿袭和借鉴传统理论,但没有明确将“表示错误”纳入误解的范围,除有关司法解释中提及“误传”的法律效果之外,立法上并无关于“表示错误”的任何规定。[③] 与此同时,对于“动机错误”的具体分析,我国理论主要采用一般性的、简明的分析方法,并不愿意像德国民法理论那样条分缕析、丝丝入扣,且烦琐细碎。

在此需要适当讨论的有以下两个问题:

1.“表示错误”的性质确定

德国民法有关表示错误的理论比较复杂。学说上,表示错误被划分为“根本无意的表示”和“内容错误”两种类型。所谓“根本无意的表

---

① [美]约翰·怀亚特:《美国合同法》,汪世贤等译,北京大学出版社 1980 年版,第 57 页。

② [新西兰]瓦莱里·安·彭林顿:《香港的法律》,毛华、叶美媛译,上海翻译出版公司 1985 年版,第 118 页。

③ 我国最高人民法院《民通意见》第 77 条规定:“意思表示由第三人转达,而第三人由于过失转达错误或者没有转达,使他人造成损失的,一般可由意思表示人负赔偿责任。但法律另有规定或双方另有约定的除外。”其中有关“误传”可导致赔偿责任的规定,显然是以相对方主张撤销法律行为为前提,故其可视为对“表示错误”中“误传”的规定。

示”是指当事人就其表示本身如仅作简单的考虑即绝对不会表示的情形，包括：“误言”(欲出卖甲房，却误说为出卖乙房)、“误传”(因传达人非故意的传达不实而发生的错误)等。所谓“表示内容的错误”，是指当事人就其表示的内容如加以一定程度的合理考虑即绝对不会表示的情形。如根据德国法院的一项判决，在当事人将每盒卫生纸(144 卷)误认为是 2 卷而作出购买 25 盒的表示的情况下，法院判决认为其发生了表示内容的错误。[①] 对于“表示内容的错误”，德国学说和实务采取限制的解释，即只有因表意人直接错误导致且与其欲求的法律效果不同的表示，才构成“表示内容的错误”。[②]

但就实际观察，德国法上所谓“表示内容的错误”实际上可以被纳入动机错误的范围。如前述判例，当事人将每盒(144 卷)卫生纸误认为是 2 卷，可视为其对标的物数量的错误。因此，将“表示错误”限制于表意人非因故意而未能正确地表达其意思的情形，比较清晰简明。“表示错误”主要包括“误记”(欲写 10,000 元，误写为 1000 元)、“误言”、“误传”以及“误应”(一方报价 8 万元，另一方误认为是 6 万元而作出承诺)等。

我国民法在规定重大误解的同时，有必要规定“表示错误”得参照适用有关重大误解的规则。理由是：虽然在“表示错误”的情形下，表意人内心意思并无瑕疵，因其无意之中的疏忽未能予以正确表达，此与在重大误解的情况下表意人的错误并不相同，但两者均为导致当事人意思表示不真实的事由，均由表意人自身的原因而非相对方的不法行为所引起，故均不涉及任何对于相对方的道德评价。因而在保护交易安全和公正的前提之下，得适用相同的规则予以处理。

2. 损害是否应为重大误解的构成要件？

前述我国最高人民法院相关司法解释最显著的特点是规定“造成较大损失”为认定重大误解的必要条件。也就是说，即使当事人对法律行为的重大事项发生错误认识，只要该行为实施的结果未对之造成明显损害，其仍不得以重大误解为由主张撤销该行为。

对此，法国现代审判实务也采用了相同的做法。

---

① 参见黄立：《民法总则》，元照出版公司 2005 年版，第 286 页之注释。

② [德]迪特尔·梅迪库斯：《德国民法总论》，邵建东译，法律出版社 2000 年版，第 572 页。

依照《法国民法典》第1110条的规定,对标的物性质及对当事人的误解所导致的动机误解,在法律上被视为重大误解并构成合同无效的原因。对此,该法典并未设置其他限制性条件。但是,法国现代审判实务认为,如果在任何情况下,只要当事人所主张的误解符合上述条件,合同即必然无效,则有可能产生不公正的结果。据此,在某些情形下,重大误解导致合同无效,有时还必须具备其他条件,这些条件涉及传统理论所完全忽略的道德规范。简言之,法国法院在处理有关误解的合同纠纷时,即使合同当事人存在重大误解,但如果合同无效的结果被认为有失公正,法院也总是倾向于维持合同的效力。而"损害的不存在"即为其典型。也就是说,只有当误解对误解方当事人造成损失时,合同才能被确认无效。虽然法国法院从未在审判中强制性地提出这一条件,但法官在确定案件的基本事实及其相互关系时,都要从这一角度出发考虑问题。当原告(误解方当事人)所订立的合同明显对其不利时,合同更容易被确认为无效;相反,如果该合同所确定的双方所为给付经济利益上大致相当,则合同通常被确认为有效。事实上,合同双方在利益上是否对等,常常被法庭视为重要的间接证据,亦即价格的低廉,或者说明买受人并未对标的物本质发生误解,或者说明买受人虽然发生误解,但误解的事项在其看来并非标的物的本质(例如,买受人虽将赝品误认为是真迹,却以低廉的价格成交)。①

平心而论,误解为误解方自身原因而产生,相对方并无不法行为,且在多数情形下,一方发生误解,另一方并未发生误解。此时,由无辜的相对方为误解方的失误"埋单"及由此丧失信赖利益,的确有失公允。即使在一方发生误解而为相对方所明知的情形下,如果相对方的"沉默不语"并未基于违背法律规定或者交易习惯所要求的告知义务而构成欺诈,且该行为并未对误解方造成经济损失,此时,相对方仍不构成任何"恶意",故令该行为有效,也不涉及任何道德规范的损害。为此,笔者认为,我国立法不妨明文规定误解方遭受较大损失为重大误解的构成要件。

二、误解方主观心理状态的效果

误解多因误解方的某种失误所造成。为此,法律行为因误解而致

① 参见尹田:《法国现代合同法》,法律出版社1995年版,第82页。

无效后，有过失的误解方应当赔偿无过错的相对方的信赖利益损失，故误解方乃至相对方的主观心理状态具有重要的法律意义。鉴于误解发生的不同原因和误解发生的不同情形，在所谓“单方面误解”（一方发生误解，但另一方却完全了解真实情况）的情形下，如果相对方对于误解方之错误认识的产生无过失，则误解方应向相对方承担损害赔偿责任。反之，如果误解方之错误系由相对方的过失行为（如非故意的不实陈述）所引起，或者相对方在并无法定告知义务的情况下明知误解方之错误而不予指出，则误解方对于相对方不承担损害赔偿责任；在所谓“相互性误解”（双方所想的根本不是一回事，如出卖人认为其出卖的是甲房，而买受人认为其购买的是乙房）以及所谓“共同性误解”（双方共同对某一事实发生错误，如出卖人与买受人均将本为复制品的标的物误认为是真品）的情形下，双方均为误解方且对误解的发生均有过失，则其相互间不发生信赖利益赔偿责任。

值得研究的问题是，在“单方面误解”的情形下，如果误解方对其错误的发生具有重大过失，是否影响重大误解的成立？

对此存在两种不同的立法例。

《德国民法典》第 119 条第 1 项规定：“表意人所为意思表示的内容有错误时，或表意人根本无意为此种内容的意思表示者，如可以认为，表意人若知其情事并合理地考虑其情况即不为此项意思表示时，表意人得撤销其意思表示。”依此规定及有关德国联邦法院判例（BGH 1956，254），“即或是表意人之重大过失也不排除（意思表示）之可撤销性”。[①]

但法国、日本等国及我国台湾地区“民法典”则采用了不同的做法。

在法国，尽管《法国民法典》第 1110 条并未对重大误解的成立设置其他条件，但在法国司法实务中，误解方“不可原谅的过失”得影响重大误解的成立。法国有关判例表明，当误解方的错误系由过分的轻率或者疏忽所引起时，当事人即有可能被认定其具有不可原谅的过错，其无权主张合同无效。例如，当事人就已经投保的财产再次订立保险合同（法国最高法院第一民事法庭 1959 年 6 月 29 日判决）；当事人有可能咨询有关土地能否用于建筑的情况但未咨询（法国最高法院第一民事法庭 1964 年 3 月 2 日判决）；实施过相同性质的商业行为的一室内装

---

① 参见黄立：《民法总则》，元照出版公司 2005 年版，第 303 页。

饰家对于一幅画的真伪发生误解(法国商事法院1970年10月20日判决);当事人基于严重的疏忽,未对其雇用的人的履历进行必要的审查(法国最高法院社会法庭1990年7月3日判决),等等。实务上,对前述“不可原谅的过失”的确定,采用的是个别评价标准,即根据误解方当事人的具体情况(尤其是专业能力)作出判断,同时也会考虑相对方是否适当地履行了告知对方必要的商业信息的义务。①

《日本民法典》第95条则规定:“意思表示,于法律行为的要素有错误时,为无效。但是,表意人有重大过失时,不得自己主张其无效。”与之相似,我国台湾地区“民法典”第88条第1项规定:“意思表示之内容有错误,或表意人若知其事情即不为意思表示者,表意人得将其意思表示撤销之。但以其错误或不知事情,非由表意人自己之过失者为限。”由于这一规定对于“过失”未作任何限制,有关学者就其是否包括“抽象轻过失”以及“具体轻过失”存有争议,但将之限制解释为“重大过失”的观点似为主流。

有关资料表明,英国的法律也采用了与上述规则相同的做法。根据英国普通法,当事人单方的不应有的误解,通常不影响合同的效力,当事人的许诺应视为有效。在一个著名的案件中,被告是一客栈拍卖中的最高投标者。法院认为,尽管他抗辩说,他曾误认为某些田地也包括在要拍卖的地产之中,但这个合同仍是有效的。这是因为,作为正常的人,他应当对此进行调查,如果被告调查过拍卖物的详情,则其应当明白这块田地是不包括在该不动产之内的。用一个名叫布莱克伯恩的英国法官的话来说就是:“无论某一当事人的真实意图如何,只要在正常人看来他已经理解并赞同对方当事人提出的合同条件,并且对方当事人也基于此认识与之订约,则该当事人即使存有误解也不影响合同效力。这一情况应视为该当事人不存有误解而接受了合同条件。”②

我国一些学者早期对此问题有所讨论,有的认为,重大误解是一种法律规定的事实状态,误解方过错的程度与误解的构成并无关系;③有的则认为,重大误解一般只能是由行为人不注意、不谨慎造成(一般过

① 参见尹田:《法国现代合同法》,法律出版社1995年版,第82页。

② [英]P. S. 阿蒂亚:《合同法概论》,法律出版社1982年版,第62页。

③ 参见王贺军:《谈谈民法中的误解》,载《法学评论》1987年第2期。

失），如系其重大过失造成，行为人不得主张撤销。[①] 笔者过去也认为，在误解方具有重大过失的情形下，重大误解仍得成立；但为保护善意相对方利益，应对误解方的请求权行使设置法律限制，即如果误解方要求撤销该行为而相对方要求变更行为内容而使行为效力得以维护，应支持相对方的主张。[②] 现在看来，如果注意区分重大误解与欺诈对于相对人一方所具有的不同道德含义，则对于重大误解成立条件的设置不可以完全立足于尊重误解方意志自由的基点，而应当充分地考虑交易安全的维护。如前所述，与因受欺诈而导致的错误认识不同，误解方之错误常由其自身原因发生，相对方常为无辜之当事人。而法律之所以令重大误解行为不发生效力，其原因在于尊重当事人的意志自由，故在对善意相对方给予信赖保护的条件之下，允许误解方撤销其意思表示。但是，在单方面误解且表意人有重大过失的情况下，表意人的行为便明显超出了法律和道德所能容忍的限度，如仍允许其撤销法律行为，则对其保护似有过度之嫌。为此，我国立法应当将误解方对其错误的发生无重大过失作为重大误解的成立条件。

2017 年 3 月颁布的《民法总则》第 147 条仅规定“基于重大误解实施的民事法律行为，行为人有权请求人民法院或者仲裁机构予以撤销”，未对重大误解的构成条件作出明确规定。但笔者的上述分析，可以为裁判因重大误解而为的法律行为的相关纠纷提供参考依据。

第四节　欺诈的法律判断

一、欺诈的法律效果

（一）表意人之相对方为欺诈行为的效果

欺诈是以使人发生错误认识为目的的故意行为。行为的不法性和欺诈的故意，是构成欺诈行为的基本条件。在民法上，欺诈有可能

---

① 参见王利明等：《民法新论》，中国政法大学出版社 1988 年版，第 397 页。

② 参见尹田：《民事法律行为与代理制度研究》，重庆大学出版社 1992 年版，第 67 ~ 68 页。

引起两种法律效果:(1)侵权的赔偿责任。欺诈行为本质上属于不法行为,无论此种行为的目的如何(或以诱骗他人实施法律行为为目的,或纯以损害他人利益为目的,甚而至于其主观上是为表意人的利益的目的等),[①]此种行为一旦造成他人之损害后果,欺诈人即应承担损害赔偿责任。(2)因受欺诈而为的法律行为无效。在欺诈的目的为诱使相对方为意思表示的情形下,如果相对方因受欺诈而发生认识上的错误,并基于错误而为意思表示,则构成因受欺诈而为的法律行为。为了保护受欺诈的当事人的合法利益,使其免受违背其真实意志的意思表示的约束,法律确认此类行为无效或者可变更、可撤销。

在因受欺诈而为意思表示的情形下,欺诈行为人的行为的不法性及其通常情况下的恶意无可争议地导致了法律的否定性评价。为此,各国法律均规定欺诈得引起法律行为的无效。与此同时,与重大误解不同,因受欺诈而为的法律行为的无效,既不考虑受欺诈人是否存在某种判断上的过失,也不考虑因受欺诈而为的行为是否造成了表意人的损失。此外,与重大误解的法律要求不同,重大误解不包括表意人意思表示重要动机错误之外的动机错误。但在受欺诈的情况下,表意人的意思表示之一般动机的错误如系受欺诈而发生,则同样构成因受欺诈而为的法律行为。例如,甲公司歪曲事实真相,使乙公司误认为甲公司出售的某种配件能使用于其机器设备,乙公司遂与甲公司签订合同。此例中,如乙公司因自己判断失误而为意思表示,属一般动机错误,不构成重大误解,但如系受欺诈而为意思表示,则构成因受欺诈而为的行为。

不过,与纯为损害他人利益的欺诈不同,导致法律行为无效的欺诈,必须是以诱骗他人为不真实意思表示为目的且实际发生了相应结果。为此,成立因受欺诈而为的法律行为,不仅要求行为人须有欺诈的故意和欺诈行为,而且要求相对人须因受欺诈而陷入错误认识且因错

---

① 关于欺诈恶意的成立是否需要行为为具有损害的故意,德国学说上存有争论。德国联邦最高法院认为,如果欺诈人的愿望是为了被欺诈人得到"最好"的结果,则可排除恶意。但梅迪库斯认为:"每一个具有完全行为能力的人,都应能自行决定'他的最好';在被欺诈人的这一自决权遭到欺诈行为损害时,至少应允许其事后根据(《德国民法典》)第123条进行撤销,以恢复其自决权。"转引自[德]迪特尔·梅迪库斯:《德国民法总论》,邵建东译,法律出版社2000年版,第595页。

误认识而为意思表示,亦即欺诈行为与受欺诈人所为意思表示之间须具有因果关系。

据此,“未遂”的欺诈不能发生法律行为制度上的效果。具体包括:(1)表意人虽因他人的欺诈而陷于错误认识,但并未为意思表示;(2)他人虽有欺诈行为但表意人为意思表示并未受其虚假陈述的影响,即表意人在为意思表示时知道事实真相或其最终相信的是自己的判断而非对方的虚假陈述,则表意人不能以受欺诈为由主张意思表示的无效。

(二)第三人为欺诈行为的效果

因受欺诈而为的法律行为中,欺诈人一般是双方法律行为的一方当事人或单方法律行为的受益人(与单方法律行为有直接利害关系的第三人)。但在某些情况下,基于间接的利害关系或纯粹出于恶意,也存在第三人为欺诈人的情形。一些国家的民法规定,在第三人为欺诈时,如果相对方明知部分或全部欺诈事实,则以其明知的欺诈事实为限,受欺诈方当事人可要求部分或全部撤销其意思表示(如《日本民法典》第96条)。如果相对方对于第三人为欺诈的事实应当知道而未能知道,即相对方不知其事实而有过失时,表意人有权请求撤销其意思表示(如《德国民法典》第123条)。我国过去的立法对此无一般规定,但在司法实务中,当保证人受债务人欺诈而为保证的意思表示时,保证合同有无效力取决于主债权人对该骗保事实是否知情。上述做法,以相对方对第三人的欺诈是否知情或应否知情(相对方的过失)为行为可撤销的条件,符合保护交易安全的基本思想。

据此,笔者在提出的建议稿中规定:“因受第三人欺诈而实施的法律行为,受欺诈方可以请求变更或者撤销,但相对人不知道或者不应当知道欺诈事实的除外。”

于2017年3月颁布的《民法总则》采纳了学者建议,在其第149条中增设了有关第三人为欺诈的相关规定:“第三人实施欺诈行为,使一方在违背其真实意思的情况下实施的民事法律行为,对方知道或者应当知道该欺诈行为的,受欺诈方有权请求人民法院或者仲裁机构予以撤销。”

二、欺诈行为及欺诈故意的表现方式

(一)欺诈行为的表现方式

欺诈行为是对法律行为有关重要事实故意所作的虚假陈述,通常表现为积极地捏造虚假事实或者掩盖真实事实。在一定条件下,故意将仅有发生可能的事实(或然性之事项)作为必然会发生的事实(必然性之事项)加以陈述,也应视为欺诈。因此,判断行为是否构成欺诈,关键并不在于其行为所采用的具体方式,而在于考察该行为是否给他人造成了虚假印象并使之陷入错误认识。

但是,并非一切虚假的陈述都构成欺诈。这是因为,欺诈的功能在于有可能使人产生错误认识。如果一项虚假陈述本身并不具有使具备正常判断能力的人陷入错误认识的功效,则即使其陈述在客观上并不真实,也不能构成法律上的欺诈,亦即欺诈只能是针对某个具体的、客观的事实的虚假陈述,而不能仅仅表现为"一般性见解"。所谓一般性见解,是指对某种事物所具有的希望、预见或者信念的表达,此种见解常常带有极浓的、明显的感情色彩。而根据生活常识,一般人对此种一般性见解的不真实性或者不完全真实性,均可予以辨别。故此种一般性见解即使是虚假的,也不构成欺诈。在商业社会中,作为一般性见解的特殊方式,是所谓的"商业吹嘘"。因此,出卖人对其出卖物单纯的夸耀或者吹嘘(正是所谓"王婆卖瓜,自卖自夸"),企业在其商品广告宣传中使用一些夸张、赞誉的词句或者手法时,只要其不离开宣传的范畴而变为对某一具体事实的陈述,亦即不违反广告法的禁止性规定从而构成虚假广告时,就不构成欺诈。例如,某甲出卖其使用过的电视机,他首先说:"我的电视机虽然陈旧,但仍然至少值5000元。"虽该电视机实际上仅值2000元,但这仅仅是表达了某甲的个人意见,属于一般性的见解。甲接着又称:"我的电视机的外观造型具有强烈的视觉冲击力。"尽管其外观造型极其平淡普通,但这纯粹是属于"商业吹嘘",表达了甲的个人信念。甲最后又说:"我的电视机只使用过1年。"而真实情况是其已经使用过3年。很显然,某甲的这一陈述已经涉及具体的事实。如果甲明知其电视机的使用年限而故意歪曲事实,那么,其行为即已构成欺诈。①

通常情况下,消极地隐瞒事实真相的行为(不作为或谓之"沉默")不构成欺诈。尤其是在商人之间的商业交易中,小心地保守自己获得的商业秘密并且拒绝向竞争对手透露,当然不构成欺诈。例如,甲公司

① 参见王军编译:《美国合同法》,中国政法大学出版社1996年版,第186~187页。

根据其获得的市场信息，利用乙公司对市场行情的不了解或者错误认识，及时把即将滞销的商品减价批发出售给对方，此种情形，属于正当的商业竞争。但是，根据法律、合同约定及以及交易习惯，一方有告知另一方事实真相的义务而未告知的，则构成欺诈。如古玩商店出售古玩，有义务告示顾客其物品的真伪；又如订立合伙合同时，合伙人有义务向其他合伙人说明有可能影响他们作出承诺的任何事实，而在订立保险合同时，投保人应当向保险人就保险标的的状况作出如实陈述；再如，根据消费者保护法，经营者有义务告知消费者一切有关消费的重要信息。

（二）欺诈故意的表现形式

欺诈的故意，指的是欺诈人为使表意人陷入错误认识并因此而为一定的意思表示，有意制造假象或者掩盖真相。欺诈的故意包括两层含义：一是欺诈人有使人发生错误的故意；二是欺诈人有使人因其错误认识而为意思表示的故意。如果行为人明知其表示的事项不真实，但目的仅为引起人们的注意或兴趣，并不期待他人因此陷入错误认识，则纵然他人因此而陷入错误并为意思表示，也不能认定为欺诈（例如，甲为炫耀其鉴赏能力，故意伪称乙处的仿古花瓶为真品，丙信而前往购之）。

一般而言，欺诈的故意多表现为直接故意，即明知其虚假陈述会导致相对方会陷入错误认识并为意思表示，却积极地促使其结果的发生。对于欺诈的故意可否表现为间接故意（明知或应知其行为会导致相对方的错误，却放任其结果的发生），学说上存有不同观点。间接故意的欺诈的典型表现，是行为人对某一重要事实轻率地作出陈述而不考虑其真假，对其行为所发生的影响采取一种放任自流的态度。例如，明知其欲出售的古字画有可能不是真品，却肯定地声称其确系祖传真迹。在大陆法系国家，间接故意的欺诈与误解的界限是极其模糊的。但在英美国家，欺诈的故意包括间接故意，即作出错误陈述的当事人只有在真诚地相信其陈述的真实性时，才能排除欺诈行为。对此，英国高等法官赫歇尔爵士对欺诈故意的构成条件作出了如下说明：受害方当事人只要能证明误述是在下述任一条件下作出的，即构成欺诈行为：（1）明知其陈述不真实（直接故意）；（2）并不相信其陈述的真实性（间接故意);(3)对其陈述是否真实漠不关心(间接故意)。[①] 笔者认为,欺诈的间接故意仍然属于行为人主观上的严重过错,所以,在性质上与直接故意并无区别,故应包含于欺诈的故意之中。

根据上述分析,笔者在提出的建议稿中规定:"一方当事人故意告知对方虚假情况,或者故意隐瞒真实情况,诱使对方当事人做出错误意思表示的,应当认定为欺诈行为。"但这一建议未被立法者采纳。我国《民法总则》第148条规定:"一方以欺诈手段,使对方在其违背真实意思的情况下实施的民事法律行为,受欺诈方有权请求人民法院或者仲裁机构予以撤销。"这一规定,未对欺诈的构成要件作出明确规定。

第五节　胁迫的构成要件

一、胁迫的特征

古代罗马法上,胁迫被分为两类:一类为"物质胁迫",即以暴力对人身施加的强制;另一类为"精神胁迫",即对人心理施加的恐吓。物质胁迫绝对排除了表意人意愿,因之而实施的行为无效,但因受精神胁迫而为的行为并非当然无效,但可引起特定的法律救济。[②] 法国民法继受了罗马法的传统,《法国民法典》第111条所规定的胁迫,仅指精神上的胁迫及"威胁",以及行为人对他人的意志施加压力,但并不完全"废除"其意愿。亦即导致表意人意思表示瑕疵的,是其因胁迫而产生的恐惧。而直接施加于表意人肉体的暴力强制,则由于从根本上缺乏当事人的同意。所谓"合同"根本不存在,也就无所谓有无效力的问题。[③] 与之相近,德国民法也将"暴力"概念与胁迫概念相区别,暴力导致意思表示根本不成立,而胁迫则相当于罗马法上的"精神胁迫",导致法律行为的撤销。[④]

---

① 参见董安生等编译:《英国商法》,法律出版社1991年版,第117页。

② 参见[意]彼德罗·彭梵得:《罗马法教科书》,黄风译,中国政法大学出版社1992年版,第74~76页。

③ 参见尹田:《法国现代合同法》,法律出版社1995年版,第92页。

④ 参见龙卫球:《民法总论》,中国法制出版社2001年版,第568页。

在我国早期的民法理论中,"胁迫"一词多被用来指直接施加于表意人肉体的暴力强制。与此同时,以将来施加危害相威胁而使他人陷入恐怖的行为被称作"恐吓"或者"威胁"。我国《民法通则》仅仅规定"因受胁迫"而为的法律行为无效,并未区分"暴力强制"(物质胁迫)与"精神胁迫"(威胁)。尽管最高人民法院《民通意见》将胁迫具体阐释为"以给公民及其亲友的生命健康、荣誉、名誉、财产等造成损害或者以给法人的荣誉、名誉、财产等造成损害为要挟,迫使做出违背真实的意思表示的,可以认定为胁迫行为",且该规定中的"要挟"更应被理解为"以未来实施之损害相威胁",但后来的理论一般都将该两种情形包括于胁迫的概念之中。很显然,暴力强制与威胁两种行为具有不同的性质,其对于表意人意志的压制程度也很不相同。在前者的情形下,实质上根本不存在表意人的任何意志;而在后者的情形下,表意人作出了意思表示,只不过其意思表示因受威胁而存在瑕疵。为此,从严格意义上讲,因受暴力强制而为的法律行为应因意思表示的不存在而"不成立",而因受威胁而为的法律行为因意思表示的瑕疵而无效或者得撤销。不过,鉴于法律行为的不成立与其无效在法律效果上并无重大区别,所以,将"暴力强制"与"威胁"包含于"胁迫"之中并无大碍。

二、胁迫的构成要件及其分析

(一)传统理论

大陆法传统理论中,胁迫(威胁)的构成要件大致相同,而法国民法理论的分析尤属典型。

1. 胁迫行为的存在

法国民法理论认为,胁迫行为包括三个构成要素:

(1)"物质要素",即根据《法国民法典》第1112条第1款的规定,行为人用来进行胁迫的事项必须是现实的、近期即可实现的,其可以是对当事人人身的威胁,也可以是对其财产的威胁。如果威胁的事项是荒谬可笑的,或系近期内不可能实现的,不构成合同无效的原因。

(2)"心理要素",即胁迫行为必须是故意的。如果用以威胁的事项,其发生的可能性由于意外情况而在客观上已经实现,或被胁迫人早已处于威胁所包含的危害之中,此时,除非行为人对上述情况一无所知,否则,其行为不构成胁迫。

(3)"不公正要素",即只有违法的胁迫行为才能导致意思表示的瑕疵并受到法律的制裁。这一做法是《法国民法典》和司法实践对罗马法传统的继承,其存在两条主要的原则:

第一,当事人以行使权利(特别是诉权)相威胁具有合法性。如以起诉相威胁,迫使债务人履行其债务(法国最高法院第一民事法庭1879年1月25日判决);以向轻罪法庭起诉相威胁,迫使违法行为人在承认债务的文件上签字(法国最高法院第一民事法庭1959年3月11日判决)。不过在实施上述行为时,当事人必须采用正当的行为方式并欲达到正当的目的,否则,其行为仍可构成胁迫。所谓"目的的正当",是指行为人通过威胁所签订的合同与行为人享有的权利之间有直接关系。如行为人试图通过威胁而谋求不正当利益(超过其权利范围的其他利益),则构成胁迫。例如,丈夫以起诉其妻与人通奸相威胁,迫使其妻在未得到任何款项的情况下签署一张收据(法国最高法院诉状审理庭1903年4月6日判决);以起诉对债务人相威胁,迫使其廉价出卖财产(法国最高法院第一民事法庭1913年4月9日判决),等等。而所谓"方式的正当",是指行为人必须在有合法根据的情况下,采用合法的方式相威胁。例如,债权人只能在其债权范围内要求债务人履行义务。与此同时,即使行为客观上有合法根据,但如果行为人为行为时采用的是不适当的或纯粹是恫吓的方式,则行为同样有可能被视为胁迫。

第二,"敬畏"的合法性。《法国民法典》第1114条规定:"在不存在胁迫的情况下,当事人基于对其父母或其他直系尊亲属的敬畏而订立合同,不构成合同无效的原因。"虽然从心理学的角度讲,当事人基于对长辈的敬畏所产生的压力而遵照其旨意订立合同,完全有可能不符合当事人的心愿;但长辈所施加的影响,可以被视为一种"道德权利"的行使行为无可指责,所以不能成立合同无效的原因。不过,当事人订立合同必须是纯粹基于这种敬畏或道德上的权利,如果其父母或其他直系尊亲属采用了真正的威胁手段,则其行为构成胁迫,合同无效。①

上述法国民法所确定的所谓只有"违法的胁迫"才能导致行为无效的规则,为《德国民法典》第123条所采纳。根据该规定,只有非法胁迫所引起的意思表示才构成具有瑕疵的意思表示。但对于非法手段和非

---

① 参见尹田:《法国现代合同法》,法律出版社1995年版,第94页。

法目的在非法胁迫构成上所产生的作用，司法实务与学界观点有时相异。总体来说，如果用以胁迫的手段为法律所禁止，则构成胁迫，至于威胁行为所追求的目的，则可在所不问（如债权人以拳打脚踢相威胁迫使债务人履行债务）；如果胁迫手段和所追求的目的均不具有违法性（如以揭露犯罪行为迫使债务人履行债务），则在威胁的目的是实现由其举报的犯罪行为所产生的请求权（如损害赔偿请求权）时，胁迫有可能不具有违法性。但在胁迫人要求对方履行一项与犯罪行为毫不相干的债务的情形下，目的与手段之间的适当性就并不存在，手段被做了不合目的的使用，故胁迫具有违法性。但对于一些案例（如房屋的定作人不在一份对其不利的验收报告上签名时，承揽人即以不得入住相威胁；雇员不主动提出正常终止劳动关系的表示的，雇主即以立即终止劳动关系相威胁等），德国联邦法院认为，如果胁迫人"在没有过错的情况下以某项事实作为出发点，而此项事实将会使他的行为显得是合法的"，那么就不构成违法的胁迫。"相反，如果事实胁迫行为的人正确地看清了事实，但是从中得出了错误的、法律上的结论，那么，应考虑到受胁迫人更为重要的利益，不对胁迫人提供这一保护。"但此种认识受到学界一致的批评，认为一项行为是否为法律所禁止，几乎不可能取决于行为人是否发生了错误，故错误能对违法性产生影响，无异于天方夜谭。①

2. 胁迫指向的对象可以是合同相对方当事人，也可以是指向其近亲属

《法国民法典》第1113条似乎列举规定了胁迫指向的对象范围，即"不仅对于缔约当事人一方进行胁迫，而且对于缔约人的配偶、直系卑亲属或直系尊亲属进行胁迫时，胁迫均成为契约无效的原因"。但理论上认为，前述规定只列举了一些当事人的近亲属，并非是对胁迫指向对象的范围的限制。当胁迫指向另外的人（如十分亲近的朋友、未婚夫或情人等），同样可以成为合同无效的原因。不过，按照传统的做法，上述两种情形在具体处理时存在一些差别。这表现为：如果胁迫指向的对象是《法国民法典》列举的人，则推定该胁迫行为使当事人的同意产生了瑕疵；如果胁迫指向的对象是其他人，则对于胁迫是否导致同意的瑕

---

① 参见[德]迪特尔·梅迪库斯：《德国民法总论》，邵建东译，法律出版社2000年版，第616~618页。

疵,当事人应负举证责任。不过,时至今日,关于在上述第一种情况下法律是否应采用推定的方法的问题,在法国学界仍颇有争论。[①] 在德国法上,胁迫不一定是针对表意人的人身或者财产,也可以是针对表意人亲近的人。[②]

3. 胁迫具有严重性和决定性

《法国民法典》第1112条第1款规定:"如行为的性质足使正常人产生影响并使其担心自己的身体或财产面临重大且现实的危害者,即为胁迫。"该条第2款规定:"在这一方面,应考虑到受胁迫人的年龄、性别及个人情况。"对于前述规定,法国学者认为其本身包含着某种立法上的含糊:显而易见,胁迫的事项亦即有可能产生的危害后果必须是重大的,此种后果的重大与否,只能根据当事人因受胁迫而产生的压力大小予以衡量,而其可以运用的标准显然存在一般标准(根据通常情况下当事人的表现予以判断)和个别标准(根据各个当事人的具体情况予以判断)。但前述条文第1款规定的是"一般标准"(只要行为的性质足以使"正常人"意志不自由,即构成胁迫),而其第2款规定的却是"个别标准"(认定胁迫时,应考虑受胁迫人的"年龄、性别"及其他个人条件)。法国学者认为,胁迫的法律观念所具有的二重性造成了有关立法的含糊:合同因胁迫而无效的原因,一方面,可以说是基于胁迫行为人的过错而予以制裁;另一方面,也可以说是基于受胁迫人的同意的不自由。因此,如果法律认定受胁迫的行为无效是为了制裁有过错的胁迫行为人,则应采用一般标准;反之,如果是为了确定受胁迫人同意的不自由,则应采用个别标准。而在法国司法实务中,法庭在确定胁迫的严重性是否足以使当事人违心地表示同意时,倾向于优先适用《法国民法典》第1112条第2款所规定的个别标准。[③]

(二)我国的立法选择

在导致表意人意思表示不真实的各种事由中,胁迫具有最为严重的违法性质。如果说欺诈属于"偷窃"行为的话,则胁迫相当于公然"抢劫"。因此,在认定胁迫构成条件时,应当更加倾向于保护表意人的利

① 参见尹田:《法国现代合同法》,法律出版社1995年版,第95页。
② 参见龙卫球:《民法总论》,中国法制出版社2001年版,第569页。
③ 参见尹田:《法国现代合同法》,法律出版社1995年版,第96页。

益。笔者认为,传统理论和立法比较清晰地揭示了胁迫的实质和基本的法律适用条件,但其具有某种保守性。

胁迫行为的根本特点在于采用某种方式造成表意人精神上的压力,只是与一般的压力不同,此种压力足以达到使表意人不能自由地为意思表示的程度。因此,胁迫这一概念应表达的是迫使表意人违心地为意思表示的外来的、人为的威胁和强迫行为及其他不适当影响。据此,只要是以正在实施或者将来实施的危害迫使他人为不真实的意思表示的行为,均可构成胁迫。在此,就胁迫人的危害行为或者危害预告指向的对象而言,针对相对人或其亲友的危害行为或者危害预告固然可以使相对人陷于恐怖,但以损害与相对人无关的他人的利益乃至于公共利益相威胁(如以杀害毫无利害关系的第三人相威胁、以在公共场所制造爆炸案相威胁等),或者以损害胁迫人自身的利益相威胁(如以自杀相威胁等),只要足以使特定相对人陷于恐怖,亦可构成胁迫。就胁迫行为的方式或者内容而言,无论胁迫人用以威胁的事项本身是否具有违法性,也就是说即使用以胁迫的事项为合法行为(如以揭发相对人的犯罪行为相威胁),只要其胁迫所欲达到的目的违法(使相对人为违心的意思表示),也构成胁迫。与此同时,无论胁迫人用以威胁的内容在客观上是否具有实现的可能性或者是否在近期内可能实现,只要该种威胁对于特定的相对人产生的压力足以达到迫使其为不真实意思表示的程度,仍可构成胁迫。例如,以鬼怪作祟相威胁,对于常人为荒诞不稽,但足以使迷信者陷于恐怖。

很显然,认定某一行为是否构成胁迫,主要应当根据该行为的目的及其实际产生的效果进行判断,而行为的方式、内容、对象等均非重要。与此同时,对于胁迫行为是否足以使相对人作出违心的意思表示的判断,应根据不同情形,分别采用一般标准与个别标准:如行为依一般社会观念构成胁迫,则采用一般标准,相对人只需证明威胁或者强迫行为的存在而无须承担其他举证责任;如行为依一般社会观念不构成胁迫,但相对人主张构成胁迫,则可采个别标准(依相对人的具体情形予以判断),但相对人须就该种威胁或者强迫行为对其足以构成胁迫承担举证责任。

我国《民法总则》第150条规定:“一方或者第三人以胁迫手段,使对方在违背其真实意思的情况下实施的民事法律行为,受胁迫方有权请求人民法院或者仲裁机构予以撤销。”这一规定将第三人实施的胁迫行为作为法律行为得撤销的事由,其考虑显然更为周全。

第六节　乘人之危与显失公平的性质及其立法安排

一、概述

我国1986年《民法通则》第58条第3项规定:如同欺诈、胁迫,“乘人之危”而使相对方在违背真实意思的情况下所为的民事行为无效。与此同时,其第59条第2项规定:“显失公平”的民事行为,当事人得请求变更或者撤销。这一将“乘人之危”与“显失公平”分别作为两种导致法律行为无效或者得撤销的法定事由的做法,为1999年颁布的《合同法》第54条所继续采用。① 此种立法模式,与罗马法以来的大陆法各国有关“暴利行为”所采取的做法并不相同。

罗马法奉行严格的形式主义,当事人只要履行规定的仪式,合同便具有法律效力,“买卖价金之额度,应听任自由竞争决定”。所以,在早期罗马法上,不存在“暴利行为”的概念。“只是到了罗马帝国后期,因金钱持续贬值而常发生问题,在道德、哲学及神学的影响下,认为任何物均有合理价格,优帝法典乃创制了‘短少逾半规则(*laesio enomis*)’,亦即于买卖价金少于标的物价值之半时,出卖人得解除契约,返还价金,而请求返还标的物。但其他方面,买受人亦得补足全部标的物之价值,而维持买卖契约。”②但另有资料表明,此处的所谓“*laesio enomis*”(又被译为“价格不公毁约”)只是一种其适用范围不大确定的学说,在后期罗马法中仅仅出现在两项针对个案的御令当中,而这两个案子都涉及土地买卖问题,而且出卖人都被允许以约定的价金少于土地实际

---

① 与《民法通则》所不同的是,《合同法》第54条将乘人之危和显失公平而签订的合同均规定为相对无效。

② 黄立:《民法总则》,元照出版公司2005年版,第339~340页。

价值的一半为理由解除契约。因此，后来的民法学者通常将该学说限定于该种特定范围，而不适用于动产交易。[①] 法国学者也指出，在后期罗马法上，仅未成年人订立的合同才可因显失公平而无效，且此种导致合同无效的原因仅适用于不动产的买卖以及不动产的分割。[②]

至《法国民法典》，罗马法上的“*laesio enomis*”得以承继，法国人将之称为“合同损害”（la lésion）并在法典中加以规定。而“乘人之危”在理论上和司法实务中则是被作为一种胁迫的特殊类型，可以导致合同的无效。而在《德国民法典》上，则存在与罗马法上的“*laesio enomis*”相似的“暴利行为”的有关规定，只不过“乘人之危”却被作为产生“暴利行为”的一种具体原因而被规定。德国法的这一做法，为以后的各国民事立法或者理论所借鉴。

鉴于我国《民法总则》颁布以前的立法有关“显失公平”行为的规定在理论上和适用上均存在很多疑义，故厘清有关外国立法例和分析我国立法模式的特点，有其必要。

二、法国民法有关“乘人之危”与“合同损害”的立法安排

（一）法国民法上的“乘人之危”

《法国民法典》没有对“乘人之危”及其效果作出规定。该法典第1109条所规定的“胁迫”，严格来讲仅仅指的是人的行为。但法国现代学者中有很多人都主张将因紧迫危难状态产生的压力视为胁迫，此种观点的主要依据是《法国民法典》第1111条的规定以及某些司法判例。

《法国民法典》第1111条规定：“对订立契约承担义务的人进行胁迫构成无效的原因，即使胁迫由为其利益订立契约人以外的第三人所为时，亦同。”此条文所规定的是所谓“第三人实施的胁迫行为”的法律效果，法国学者认为这一规定是来源于罗马法。而对于这一规定的合理性，法国学者存在争议。一些人认为，如果仅从受胁迫人一方的角度考虑，这一规定是合理的。因为无论胁迫人是谁，对受胁迫人产生的压力都是一样的，都会导致其同意的不自由。但是如果从合同相对方当

---

① 参见[意]巴里·尼古拉斯：《罗马法概论》（第2版），黄风译，法律出版社2004年版，第189页。

② 参见尹田：《法国现代合同法》，法律出版社1995年版，第105页。

事人的角度考虑,则这一规定所产生的结果是不公平的。因为在第三人实施胁迫行为的情况下,责令合同相对方当事人为第三人的过错承担后果,显然与"过错责任"的原则是不符合的。但也有学者指出,法国近代立法中关于第三人实施的胁迫行为可导致合同无效的规定,是基于一种"第三人与合同相对方当事人之间存在共同故意"的推定(不可否认的推定),以此避免合同相对方当事人利用第三人的胁迫行为而获得不正当利益。不过,法国学者多认为,《法国民法典》第1111条的规定显然偏重于当事人的心理的评价(同意的瑕疵)而非道德的评价(结果的公平),这一做法与该法典第1116条关于欺诈行为的规定恰恰相反(第三人实施的欺诈行为不能导致合同因欺诈而无效)。

但无论如何,依照《法国民法典》第1111条所确定的偏重对当事人心理评价的原则,一些法国学者认为,凡是导致当事人同意不自由的压力均可构成胁迫。因此,纯粹由于人的行为之外的客观事件所引起的压力,也可以成为合同无效的原因。据此,当事人基于"紧迫危难状态"(如海难救助)而不得不与他人订立合同,应当判定当事人的同意具有与胁迫完全相同的瑕疵即同意不自由。

而在法国的司法实务中,也确实出现过一些将胁迫的概念适用于"乘人之危"的判例。其中,包括早期有关海难救助的判例(法国最高法院诉状审理庭1887年4月27日判决),后期有关"精神胁迫"的判例(法国最高法院社会法庭1965年7月5日判决,在该案中,受雇佣一方基于其儿子生病、急需用钱所产生的经济压力而签订了一项对其不利的雇佣合同)。但是,此类判例数量较少,还不足以形成审判实践中普遍遵循的原则,基层法院对之也更是持保留态度。不过,在法国立法上仍出现了一些针对特定情形的具体规定。如根据法国1945年4月21日第45-770号命令第11条规定,在第二次世界大战期间,当事人被迫依照敌人所规定的掠夺性标准而实施的处分财产的行为,如该合同的价格不公平,一律推定为受胁迫而为;再如根据法国1967年7月7日第76-545号法律,如果海难救助合同的条件显失公平,法官有权对之予以变更或确认其无效,等等。对于上述法律规定,法国一些学者认为,将紧迫危难状态视为胁迫,应当被作为普遍适用的规则,只不过其适用必须以合同相对方当事人利用此种危难状态牟取暴利为条件。例如,根据法国1916年4月29日法律及对该法律再行确认的1967年7

月7日第67－54号法律，对于外科医生利用病人需立即做手术之机，要求增加酬金等情形，应当判令减少合同所规定的报酬。这是因为，当事人一般都是在相对方当事人已经履行合同之后（如外科手术已经完成、海难救助行为已经实施等）才提起诉讼。一般情况下，如果合同的条件是公平的，那要么就不存在胁迫，要么所存在的胁迫就是合法的。只有当合同的条件显失公平时，合同获利方当事人的行为才有可能被认为应受谴责。如此一来，对此类行为的处理，在心理分析的角度与道德的角度两方面均得到了协调：一方面，客观情况的压力使当事人丧失了同意的自由，导致其同意的瑕疵；另一方面，相对方当事人虽然未实施违法行为迫使对方订立合同，但利用对方的紧迫危难状态谋取利益，其主观上具有过错。①

（二）法国民法上的“合同损害”

法国民法上的所谓“合同损害”（la lésion）是指由于合同双方当事人在相互所获利益上的严重不等价，而使一方当事人所遭受的损失。对此，《法国民法典》第1118条规定：“契约当事人一方所受的损害，仅对于某些契约或某些当事人并根据第五章第七节规定，得构成取消契约的原因。”

很显然，在极端遵从意思自治原则的法国民法上，“自愿等于公平”，交易结果在双方获利程度上是否平衡本不应为法律所考虑。因此，《法国民法典》将“合同损害”规定为导致合同无效的原因，这是十分奇特的。为此，法国学者着重强调了这一规定在适用范围上的限制，即该条文所规定的“某些当事人”仅指该法定第1305条所规定的“未成年人”（该条文规定：“未解除亲权的未成年人因订立契约单方面受损害者，得为其利益而取消其所订立的一切种类的契约”），即未成年人实施的依法不能独立实施的行为，其行为如系监护或法定代理人可独立实施的行为，则合同损害构成合同无效的原因。至于成年人，则依照该法典第1313条的规定，“成年人因订立契约而受损害，仅在本法典特别规定的情况及条件下，始得请求取消契约”。而所谓“某些契约”，则指不动产的分割或者出卖。具体包括：根据该法典第887条第2款的规定：“如共同继承人中的一人证明其分配份较其应得数量少四分之一以上

---

① 参见尹田：《法国现代合同法》，法律出版社1995年版，第97～98页。

时,亦得请求取消。”根据该法典第1674条的规定:“如出卖人因低价所受损失超过不动产价金十二分之七时,有权请求取消买卖,即使出卖人在契约中有放弃取消买卖的请求权的明白表示且以声明赠与此项超过价金的价值者,亦同。”

不过,20世纪以后,由于民法观念的变化,法国民法上有关合同损害的规定越来越多。具体包括两大类:一类是涉及适用合同损害的当事人范围的规定,主要涉及受法律保护的成年人;[①]另一类则涉及因合同损害而变更或撤销的合同的范围,其中包括:(1)因合同损害当事人可以请求变更或者撤销合同的情形:肥料、种子买卖合同中买受人因高价所遭受的损失超出正常价格1/4以上的(1979年1月13日法律);海难救助合同中,法庭认为其规定的条件有失公平的(1967年7月7日第7-545号法律)。(2)当事人可请求变更合同的情形:如果有息借贷合同所规定的利息超过通常实行的利率1/4以上的,则当事人可请求减少利息(1989年12月13日第89-1010号法律);转让文学作品利用权的合同,其一次性付给作者的报酬过低,作者因此遭受损失超过所获报酬7/12的,得以合同损害或对作品的收益估计不足为由,请求变更合同(1957年3月11日法律第37条),等等。

由于合同损害问题直接关涉民法的基本理念,而《法国民法典》及其后来颁布的法律对之所作的规定十分零碎,故合同损害的适用范围的界定一直为法国学界所争议不休。显而易见的是,在当事人的自由意志与交易的公正之间,究竟哪一个更为优先,立法上必须作出选择。而如果法律认为当事人的意志优先于交易的公正,那么合同损害就不应当成为合同无效的原因;反之,如果交易的公正优先于合同当事人的意志,则法律就应当对一切合同中双方的对待给付是否平衡进行审查,亦即合同损害的规定就应当适用于一切合同而非“某些合同”。而《法国民法典》的规定显然是犹豫和模糊的。因此,法国学者就此规定的立

---

① 根据1968年1月3日第68-5号法律规定,置于司法保护下的成年人,“已订立的契约及其所承担的义务,即使未能根据(《法国民法典》)第489条废除,得因有失公平受到损害而取消或因过量而削减”(增添入《法国民法典》作为第491-2条)。“在法律部要求财产管理人参与的情况下,受管理的成年人单独所做的行为,如同该行为为受法律保护的人所做的一样,仍然得根据(《法国民法典》)第491-2条规定,对此行为提出撤销或改变的诉讼”(增添入《法国民法典》作为第510-3条)。

法理由进行了讨论,形成了两种完全不同的主张:一种被称为"主观解释"的传统观点认为,《法国民法典》有关合同损害的条文被安排在误解、欺诈以及胁迫的规定之后,故合同损害应为导致当事人意思表示瑕疵的原因之一种,亦即合同损害的罚则实际上是建立于当事人意思表示的瑕疵的推定之上;另一种被称为"客观解释"的观点则认为,合同损害之导致合同无效,是因为这种损害违反了决定双方意思表示一致的"交易的公正"。在法律加以特别规定的情况下,"给付的对等"作为一条法定原则,高于契约自由原则:公正优先于自愿,即使这种自愿是自觉的和自由的。只不过在立法上,这种"优先"只能适用于某些例外的情形。

法国现代学者多赞成合同损害的主观解释,但并不同意传统理论有关"只要存在对待给付的不平衡,即可推定当事人的同意具有瑕疵"的说法。他们认为,合同因合同损害而无效必须具备两个条件:一是一方当事人处于不利地位;二是另一方当事人利用对方的危难、轻率或者无经验而牟取暴利(这种已在德国和瑞士的立法中得以确认的理论,后来经法国民法典修改委员会建议介绍到法国)。[①] 但也有学者认为,无论德国或瑞士的立法,其对此所作的规定都不过是咬文嚼字的游戏而已,其在审判实践中都极少得到运用。原因在于:要想将证明当事人利用对方的危难、轻率或无经验与证明同意的瑕疵二者相区别,是极其困难的。如依此种证明方法,在合同损害得到证明的同时,一方当事人的误解、欺诈或胁迫往往也已得到确认。因此,合同损害对于确认合同的无效也就失去了任何意义。这些学者指出,立法上规定合同损害导致合同无效的目的,在于保证合同的公正,但在现代社会,确保合同公正应当更多地依赖于法律对于合同的内容直接进行干预,而不能依赖于某些一般规则。例如,对于租赁合同,法律在某一特定时期根据合理的测算而确定的租金收费率,较之空泛的一项法律条文更能保护承租人的合法利益;而在雇佣合同中,为防止雇主利用雇员的危难,法律有关最低工资标准的规定以及有关工作共同协议的规则,较之处罚合同损害的一般性法律规定当然更为有效。[②]

---

① 参见尹田:《法国现代合同法》,法律出版社1995年版,第113页。

② 同上书,第113~115页。

三、德国民法及其他国家或地区民法上的“暴利行为”

在《德国民法典》上,所谓“暴利行为”被视为违反公序良俗的一种具体情形而被规定于第138条第2款。在该条文第1款(“法律行为违反善良风俗者,无效”)之后,其第2款规定:“特别是,法律行为系乘他人穷困、无经验、缺乏判断能力或意志薄弱,使其为对自己或第三人的给付作财产上的利益的约定或担保,而此种财产上的利益比之于给付,显然为不相称者,该法律行为无效。”

有德国学者指出,暴利行为须有两项构成要件,即给付与对待给付之间存在明显的不相称关系以及另一项附加构成要件。对于所谓“不相称关系”在各种不同的法律关系中的具体表现,该学者将之分为“信用暴利”(高利贷)、“销售暴利”(主要表现为出卖人说服买受人购买了一件他用不着的或买不起的东西)以及“租赁暴利”(出租人收取特别高的、须定期支付的租金)等。而所谓“附加的构成要件”,是指要求行为人是“在剥削对方的窘境、无经验、欠缺判断能力或重大的意志耗弱的情况下”得到这一过分的约定的。①

《瑞士债法典》第21条第1款对“不公平之合同”作出了规定:“因一方占有扣押物、缺乏经验或者不顾对方的需要等,致使合同双方当事人之对待交付明显不公平的,受有损害的一方可以在一年内请求撤销合同,并可以要求返还已经支付的对价。”这一条文被安排在有关合同违反法律或者公序良俗而无效的条文之后,立法者显然是将此种情形视为违反公序良俗原则的一种具体类型。

《日本民法典》没有对暴利行为作出一般性规定,但在其理论上,暴利行为被认为应属违反公序良俗行为的类型之一种,亦即“乘他人急迫、轻率、无经验等,使他人承诺不相当财物之给付者,其行为无效”。日本学者指出,“其所以论为无效,是基于防止经济上的强者剥削弱者。高利率之利息,过高的赔偿额预定,就不相称的高价物品签订债权人取得抵押品所有权的契约等,都属此类行为”。②

---

① 参见[德]迪特尔·梅迪库斯:《德国民法总论》,邵建东译,法律出版社2000年版,第541~542页。

② [日]四宫和夫:《日本民法总则》,唐晖、钱孟姗译,五南图书出版有限公司1995年版,第213页。

我国台湾地区"民法典"第74条第1项规定:"法律行为,系乘他人之急迫、轻率或无经验,使其为财产上之给付或为给付之约定,依当时情形,显失公平者,法院得因利害关系人之声请,撤销其法律行为,或减轻其给付。"这一规定与《德国民法典》第138条第2款相仿。在对这一规定进行解释时,我国台湾地区学者虽未将之置于公序良俗违反之具体事项之中,但也并不将之视为意思表示瑕疵类型之一种,而是将之列入违反法律行为的"可容性"(合法性)中予以说明。①

很显然,对于"暴利行为",《德国民法典》之后的各大陆法系国家或者地区的立法多将之作为违反公序良俗行为的一种类型而加以规定。而所谓"乘人之危"(乘人"穷困"或者"急迫"等),则被明文列为导致暴利行为产生的主要法定原因之一。

四、我国的立法模式之变化

我国《民法通则》颁布之前,有关法律行为的理论中仅存在源自传统民法中的"暴利行为"的概念,未曾出现过将"乘人之危"与"显失公平"分别作为两种不同的法律行为瑕疵的做法。而《民法通则》将"乘人之危"从引起"暴利行为"的诸多原因中分离出来,单独规定为法律行为无效的法定事由,很可能是基于如下考量:就欠缺有效条件的法律行为的效果而言,基于对欺诈、胁迫等行为之违法性以及对于民法的"制裁功能"的强调,立法者不能容忍传统立法将意思表示不真实的行为一律规定为相对无效的安排。为此,《民法通则》最为重要的创新之一,便是将因欺诈、胁迫而为的法律行为规定为绝对无效。而在有可能导致法律行为显失公平的各原因中,乘人之危的"恶性"程度无疑最为显著。据此,立法者将之单独列为法律行为绝对无效原因之一种,而把单纯描述法律行为利益失衡结果的"显失公平"与"重大误解"一并规定为相对无效的类型,完全符合当时的立法指导思想。

但是,上述创新的合理性殊值存疑:

首先,缺乏前提或者限制性条件的"显失公平"规则,背离民法的公平理念,几无适用的余地。

综观罗马法以来的各国立法,均不存在有关"显失公平"的一般规

---

① 参见黄立:《民法总则》,元照出版公司2005年版,第339页。

则。后期罗马法上的“*laesio enomis*”(短少逾半规则)和法国民法上的“la lésion”(合同损害),虽然仅仅注重交易的结果,但其适用范围却受到严格限制,即均只适用于不动产的买卖或者分割。此种例外做法,显然与农业社会中土地交易的重要性不无相关。而后来的德国及其他国家和地区则规定了“暴利行为”,此种行为固然以交易结果在利益上明显失衡为特征,但立法上总是小心翼翼地标明了其构成须以“乘他人穷困、无经验、缺乏判断能力或意志薄弱”等为必要条件。在这里,法律并不对交易结果的公平性进行抽象的、一般性的评价,而是在存有法律所不允许的“恶意行为”(“乘”他人之危难、无经验、缺乏判断能力等)的情形下,对于恶意当事人所获得的不正当利益的剥夺。因此,暴利行为的构成须有两个方面的条件:一是一方行为人追求不正当利益的故意;二是交易结果在双方利益上的重大失衡。而《民法通则》第59条以及我国《合同法》第54条所规定的“显失公平”缺乏任何前提或者限制性条件,成为对法律行为双方获利程度的一种一般性的、客观的评价,显然不符合民法上的公平观念。尤其是在我国实行“民商合一”立法体制的情况下,缺乏前提条件的“显失公平”规则在商事活动中的适用是完全不可想象的。为此,最高人民法院在有关司法解释中,对“显失公平”规则的适用条件进行了必要的限制,规定“一方当事人利用优势或者利用对方没有经验,致使双方的权利义务明显违反公平、等价有偿原则的,可以认定为显失公平”。① 这一规定,无疑是将“显失公平”重新归位于“暴利行为”。

其次,在欺诈、胁迫被列入相对无效事由的体制中,“乘人之危”没有单独存在的必要。

如前所述,“乘人之危”独立列为法律行为绝对无效的事由,其价值在于彰显法律对恶意行为的制裁功能。诚然,就暴利行为的性质及其无效原因而言,多数国家的立法以及主流理论将之视为违反公序良俗的一种行为类型。但立法对此种行为所关注的侧重点或者予以控制和矫正的理由,其实可以置放于两种不同的部位:一是行为人的“恶意”;二是交易结果所产生的重大利益失衡,违背了受损方的真实意思。而立法关注点的不同,当可决定法律如何赋予该种行为以不同效果:如果

---

① 参见最高人民法院《民通意见》第72条。

法律令暴利行为无效的目的重在“惩罚”获利方的不法行为，则受损方对于行为之效果如何产生便丧失操控能力，此种行为只能规定为绝对无效（如同《德国民法典》）；如果法律的目的重在救济受损方所遭受的不当损失，则受损方即应享有选择权利，亦即可以主张行为无效（撤销），也可以放弃撤销请求权而使法律行为确定有效。为此，此种行为即应规定为相对无效（但在瑞士以及我国台湾地区“民法典”中，一方面，将暴利行为指认为违反公序良俗或者缺乏法律的“可容性”；另一方面，又将之规定为相对无效，此种做法显然是有矛盾的）。考虑到暴利行为之行为人的恶性程度并未超越欺诈、胁迫等更为恶劣的行为，且该种行为所损害的并非公共利益而为相对方的私人利益，故立法之气势汹汹的强制干预实属不必，而将之视为意思表示不真实的法律行为之一种，容许受损方对行为效果享有选择决定权利，似乎更为妥当。我国《合同法》第54条第2款将“乘人之危”列为可变更、撤销事由，也体现了这样的思想。

鉴于“乘人之危”行为的构成须以行为结果显失公平为要件，而“乘人之危”如被列入相对无效行为的范围，则其与显失公平同为导致法律行为相对无效的事由，故将之重新回归暴利行为的发生原因范围，应当是必然的合理选择。据此，笔者提出的建议稿中规定：“一方利用另一方轻率、无经验、缺乏判断能力或者陷于危难紧迫状态而有所急需，违背其意愿而实施的并造成较大损失的法律行为，另一方可以请求人民法院或者仲裁机构予以变更或者撤销。”

2017年3月颁布的《民法总则》采纳了学者的意见，将《民法通则》所规定的“乘人之危”与“显失公平”两种行为合归为一，统称为“显失公平”，在其第151条规定：“一方利用对方处于危困状态、缺乏判断能力等情形，致使民事法律行为成立时显失公平的，受损害方有权请求人民法院或者仲裁机构予以撤销。”由此否定了《民法通则》此前所作出的此项“创新”。

第十八章　法律行为的无效及其效果

第一节　概　　述

法律行为的有效要件,其实质是法律在尊重行为人意思自治的基础之上,对于行为自由的边界所作的限制,或者是为避免民事生活秩序的混乱而设置的预防性措施。因此,不具备有效要件的法律行为,应当不能引起行为人预期的法律效果。但是,由于法律行为各法定有效条件的安排目的或者防范意图有所差异,所以,各国立法对于欠缺有效要件的法律行为所导致的效果,不能不根据具体情况而予以妥当处理。为此,近代各国民法理论对于法律行为的无效进行了各种类型区分,包括:绝对无效与相对无效、全部无效与部分无效、当然无效与裁判上的无效、一般无效与特别无效以及当初无效与事后无效等。其中,法律行为的绝对无效、相对无效与效力待定之区分是所有其他各种分类的基础。

法律行为的绝对无效为当然的自始无效,表现了立法者主动干预民事生活的强硬立场,有关规则具有强行法性格。而法律行为的相对无效,则将行为无效的决定权完全交给其利益受保护的当事人,为民法之私法自治原则的充分体现,有关规则具有典型的任意性特征。

至于法律行为的效力待定,仍具有保护一方当事人个人利益的宗旨,有关规则将法律行为的效力置于悬而未决状态,交由第三人酌定。行为成立后,第三人得对之予以承认,也可予以拒绝承认,前者使行为有效,后者则使行为归于无效。在我国,效力待定行为主要包括:限制行为能力人未经监护人同意实施的不得独立实施的行为(《合同法》第47条)、无权代理行为(《合同法》第48条)、无权处分行为(《合同法》第51条)[①]以及抵押人未经抵押权人同意而出卖抵押物的行为(《物权法》第191条第2款),等等。效力待定行为涉及第三人的承认权、拒绝权及善意相对人的撤销权、催告权等。

第二节　法律行为的绝对无效与相对无效

一、分类的意义

(一)既有理论之概说

就法律行为之绝对无效与相对无效的区分点而言,我国既有理论已经作了相当充分的阐述。质言之,两类无效最为本质的区分在于绝对无效为客观之结果,相对无效则为当事人主观选择之结果。

既有理论认为,法律行为之绝对无效为法律规定直接导致的客观结果。只要法律行为存在法定绝对无效的事由,该行为便自始当然无法律约束力。由此,此种无效无须当事人主张,或者说,任何人均得主张此种行为无效。诉讼中,即使当事人并未就涉案法律行为的效力发生任何争议,法院一经发现法律行为存在绝对无效的事由,得直接依据职权径行确认行为无效。在这种情况下,即使当事人提出撤诉请求,法院也应予以驳回。与此同时,法律行为的绝对无效具有“终局性”,即使嗣后因立法修改而先前的无效事由不复存在,其无效结果仍不可动摇。

法律行为之相对无效,为当事人自由选择的结果,故其具有主观特点。在法律行为存在相对无效事由的情形下,享有撤销权的当事人在法定撤销权存续期间,可以选择请求行为的变更而使行为确定有效,也可选择请求撤销行为而使行为自始无效。在此,该种行为被视为成立

---

① 该条文有关无处分权人签订的合同效力待定的规定,混淆了设定债权关系的合同行为与交付、登记等引起物权变动的行为的区别。参见本书第十五章第二节。

时即具有法律效力,只是此种效力尚不确定,而此种行为一旦被撤销,其无效效果即溯及至行为成立之时,故此种无效行为也称为“可变更或者撤销的行为”。

上述理论的基本内容来源于大陆法系的传统理论。但在具体分类标准和相关概念的界定上,法国、日本、德国以及我国台湾地区的民法理论之间存在一些重大差异。

我国有关法律行为绝对无效和相对无效分类的理论阐述,与法国民法大体相同。[①] 在日本民法上,也存在绝对无效行为和可撤销行为之分类,只是未见“相对无效”的概念。[②]

但在德国民法上,“相对无效”(relative Unwirksamkeit)是指仅相对于特定人无效的法律行为。即法律行为本身具有效力,但相对于某个或者某些特定的人为无效。如《德国民法典》第135条所规定的违背法律转让禁止规定的处分行为、第136条所规定的违背由法院或某个行政机关在其管辖权限内作出的转让禁止的处分行为等。而行为得由当事人请求撤销而无效,则称为“可撤销”(Anfechtbarkeit)。[③] 我国台湾地区的“民法典”亦同,即“相对无效”是指“惟得对于特定人主张或惟得于由特定人之关系为无效”,[④]亦即“相对无效”为仅在当事人之间无效但于善意第三人无对抗力。如根据我国台湾地区“民法典”第87条第1项但书规定,通谋虚伪表示,不得以其无效对抗善意第三人。而法律行为经撤销而无效的,视为自始无效,“原则上亦系绝对无效”。[⑤] 不过,其中也有属于“相对无效”的情形。例如,因受胁迫而为的行为,其撤销得对抗任何人,但依该“民法典”第92条第2项的规定,因受欺诈而为的行为,当事人不得以其撤销对抗善意第三人。

很显然,依照德国民法和我国台湾地区“民法典”,法律行为的相对无效和可撤销是完全不同的两种情形,但此种分类所依角度似乎存在

---

① 参见尹田:《法国现代合同法》,法律出版社1995年版,第223~238页。

② 参见[日]四宫和夫:《日本民法总则》,唐晖、钱孟姗译,五南图书出版有限公司1995年版,第218页。

③ 参见[德]卡尔·拉伦茨:《德国民法通论》(下册),王晓晔等译,法律出版社2003年版,第627页、第659页;[德]迪特尔·梅迪库斯:《德国民法总论》,邵建东译,法律出版社2000年版,第373页、第375页。

④ 史尚宽:《民法总论》,中国政法大学出版社2000年版,第574~575页。

⑤ 王泽鉴:《民法总则》,中国政法大学出版社2001年版,第519页。

某种逻辑错位或者双重标准。依照其说法,“任何人得主张”或“得对任何人主张”无效者为绝对无效,“不得以其无效对抗善意第三人”者为相对无效。但与“任何人得主张无效”相对应的,应当是“仅特定人得主张无效”,而与“得对任何人主张无效”相对应的,应当是“仅得对特定人主张无效(不得以其无效对抗第三人)”。据此,如果将绝对无效定义为“任何人得主张无效”,则只能将相对无效定义为“仅特定人得主张无效(可撤销)”;反之,只有将绝对无效定义为“得对任何人主张无效”,方可将相对无效定义为“仅得对特定人主张无效”。归纳起来就是,如按有权主张无效者的范围来分类,则无效应分为“任何人得主张无效”与“仅特定人得主张无效”;如按无效之对抗力范围来区分,则无效应分为“得对抗任何人的无效”与“仅得对抗特定人的无效”。只有如此,方可避免分类上的矛盾和漏洞。例如,依前述我国台湾地区学者的观点,可撤销行为有可能是绝对无效(如受胁迫而为的行为,其无效得对抗一切人),也可能是相对无效(如受欺诈而为的行为,其无效不得对抗善意第三人)。但可撤销行为仅得由特定人主张撤销,并不符合绝对无效(任何人得主张)的特征。

因此,我国民法理论就绝对无效(任何人得主张无效)与相对无效(仅特定人得主张无效)所作分类及其阐述,应当是清晰和科学的。但理论上对于法律行为绝对无效与相对无效的基本区别所作某些结论是否完全准确,仍有必要予以研讨。例如,关于“绝对无效的法律行为,其无效得为任何人所主张”的观点,理论上似无问题,但根本不符合司法实践的真实情况(倘有毫无利害关系的人就他人签订的合同诉请确认其无效,在我国法院,这种起诉根本不会被受理),而“相对无效的法律行为仅当事人享有撤销请求权”的观点,则有可能过分极端。

(二)关于绝对无效与相对无效之分类标准的讨论

比较奇怪的是,在讲求逻辑性和体系化的大陆法系民法上,每一种制度的立法根据或者理论根据都被反复地讨论。然而,在德国、日本以及我国台湾地区的民法理论著作中,就法律行为的绝对无效与相对无效(或者可撤销)的区分常常采取就事论事的方法,即直截了当地指出这种区分,但并不探究立法上作此区分的原因或者标准。唯独法国民法理论对此采取了极其认真的态度,对之进行了深入的研究,并形成了各种相异的观点。

早期法国民法理论将合同比喻为某种“机体”,认为合同无效相当于该种“机体”出现了不正常的特殊状态,当这一“特殊状态”极为严重以至于一开始就注定了合同不能生存时(如死产儿),遂为绝对无效;反之,当其“特殊状态”不甚严重,其缺陷可以“治愈”时,则构成相对无效。对这一理论,法国现代学者有不同看法,居于主流地位的观点认为:此种分类是必要的,只是分类标准应予改变。他们指出,绝对无效与相对无效的区分原因在于两种无效所意欲保护的利益之性质不同:在法律有关合同无效的规定中,某些规定是基于保护社会利益的需要,当法律行为因违反法律的这些禁止性规定而无效时,为绝对无效;而另一些规定则是基于保护个人利益的需要,当法律行为违反这些规定而无效时,为相对无效。总之,不同罚则的不同性质决定了制裁方式的不同特征。[①]

法国民法的上述主流观点为我国很多民法学者所采纳。[②]

从理论上来讲,将法律行为之绝对无效与相对无效的划分基础确定为其保护的利益为公共利益抑或个人利益之不同,能够最为清晰和方便地从立法价值论的角度阐明法律之于两种无效类型采取完全不同态度的根本原因:当法律行为的目的或者效果损及公序良俗时,令其绝对无效,表达了公权力对此种行为必要而且正当的强力干预;而当法律行为的瑕疵仅仅有可能损及一方当事人的个人利益时,基于私法自治精神,立法对之予以强行干预是不必要的。该种行为是否发生其设定的权利义务,应当交给当事人自行选择判断。但是,此种断然而且单一的划分方法的准确性却不得不面临来自两方面的挑战。

1. 利益分类标准本身的模糊性

很多情况下,在公共利益与个人利益之间,其界分本身便存在一定困难。有法国学者认为,在社会利益和个人利益之间,其实并无确切界限。可以说,任何法律规定或多或少都具有保护社会利益的特点。与此同时,个人利益也存在各个不同的种类。当法律宣称保护一方当事人的利益时,并不意味着对另一方的利益就不予适当保护,而某些法律规定本身就倾向于同时保护双方当事人的利益,另一些法律规定则倾

---

① 参见尹田:《法国现代合同法》,法律出版社1995年版,第198~199页。

② 参见龙卫球:《民法总论》,中国法制出版社2001年版,第582页。

向于保护比个人范围更大的“群体”的利益。所以，在两大类无效行为中，各种行为都具有某些细微差别，不可完全以保护公共利益或者保护一方当事人利益而截然区分。① 对此，法国著名学者卡尔波尼埃也指出：“绝对无效与相对无效在区分上的困难，实际上产生于‘指示性’的公共秩序与‘保护性’的公共秩序在区分上的困难（前者表现为禁止性规范，后者表现为保护性规范）。例如，法律对受雇人（工薪阶层）进行保护的同时，也维护了社会安宁，而法律所设置的价格限制制度在抵制通货膨胀的同时，也保护了消费者的个人利益。”②由此，在法国，如何确认某一具体的法律行为究竟应属绝对无效抑或相对无效，不可能不在学者之间发生争论，而理论上的界定，也有可能不被司法实践所接受。③例如，学术观点认为，法律规定缺乏对待给付的某些行为（缺乏“原因”的合同）无效，仅仅是为了保护承担义务但不能获得补偿的一方当事人的利益，故其性质上应属相对无效。但审判实践却将之视为绝对无效，如法国最高法院第一民事法庭 1959 年 12 月 17 日判决及其他一些判决均将一些缺少“严肃”的价格的买卖合同（缺少“原因”的合同）判定为无效。④

2. 对既有法律规则解释上的困难

如果认定绝对无效和相对无效的区分标准决定于其所保护的利益的性质，则此种解释的正确性必须通过既有立法的安排而得以证明。但各国民法典的某些规则却背离了这一分类标准，从而有可能导致理论解释上的困难和争端。

例如，法律有关赠与合同形式的规定，其目的显然是保护赠与人的利益，故缺乏法定形式的赠与行为似应属相对无效。但《法国民法典》第 1339 条却规定：“赠与人所作的生前赠与因违背形式而无效时，不得以任何确认证书加以弥补。”对此，有的学者坚持认为此种行为仍应属相对无效。理由是：《法国民法典》第 1340 条又规定，在赠与人死亡后，赠与人的继承人可对违背形式的赠与予以确认或追认。也就是说，《法国民法典》第 1339 条规定的“不得确认”只是暂时的。但另一些学者则

---

① Gaudemat, *Théorie générale des obligations*, 1937, p. 166.

② Jean Carbonnier, *Droit civil*, *t. VI*, *Les obligations*, p. 155.

③ 参见尹田：《法国现代合同法》，法律出版社 1995 年版，第 203 页。

④ Jacques Flour et Jean-luc Aubert, *Driot civil*, *Les obligations*, p. 270.

坚持认为违背法定形式的行为应属绝对无效,这是因为法律对行为形式的要求涉及公共利益保护。如抵押权的设立,虽然可以将法律对其形式的要求看作是对双方当事人利益的保护,但从促使被担保债务的履行的角度来看,这种形式的要求同时也是对公共利益的保护。又如,夫妻财产合同,其形式主义不仅保护了配偶双方的自由意志,而且保证了夫妻财产制的稳定,从而直接保护了社会家庭制度的稳定。①

再如,"心中保留"、"虚伪表示"以及"游戏表示"等均属意思表示不真实的行为。这几类行为显然有可能损害的只是一方当事人的利益而并不涉及公共利益,但对于这几种意思表示,《德国民法典》第118条、第116条以及第117条却将之规定为无效而非可撤销。② 此外,对于欺诈、胁迫等意思表示不真实的行为,《日本民法典》第96条将之规定为可撤销行为,但对于"心中保留"、"虚伪表示"乃至于"错误"(重大误解)等行为,却明文规定为无效。③

正因如此,在德国、日本等国的民法理论中,有关法律行为绝对无效和相对无效的区分标准问题,学者要么予以回避、根本不予讨论,要么含糊其辞、不置可否。如日本学者四宫和夫在其《日本民法总则》一书中指出,法律行为绝对无效与相对无效的划分是"以维护公共利益、保护当事人利益的需要以及被民法视为个人自治之基础的意思之欠缺等为理由",但并不明确指出这些不同的理由是否应当成为划分绝对无效和相对无效的标准。与此同时,该学者还强调指出:"法律将特定的情况论为无效或论为得撤销,并不属于理论上之问题,而是法律政策问题。为保护当事人一方的利益而把法律行为视为无效时(无意思能力、

---

① Jacques Flour et Jean-luc Aubert, *Driot civil*, *Les obligations*, pp. 272 – 273.

② 《德国民法典》第116条规定:"1. 表意人对于表示事项内心保留有不愿的意思者,其意思表示并不因之无效。2. 但对于相对人为意思表示时,相对人知其有保留者,其意思表示无效。"第117条规定:"(1)表意人与相对人同谋而为虚伪的意思表示者,其意思表示无效……"第118条规定:"非出于真意的意思表示,预期其非出于真意不致为他人所误解而为之者,无效。"

③ 《日本民法典》第93条规定:"意思表示,不因表意人知非其真意而妨碍其效力。但相对人已知或可得知表意人真意时,该意思表示为无效。"第94条规定:"(一)与相对人通谋进行虚伪意思表示者,其意思表示为无效……"第95条规定:"意思表示,于法律行为的要素有错误时,为无效。但表意人有重大过失时,不得自己主张其无效。"

错误时),在解释上则有可能承认处于无效与撤销之间的效果。"①

为此,有少数法国学者甚至认为,鉴于每一种无效原因均有其自己的特殊性质,故应当抛弃绝对无效和相对无效的分类。②

(三)笔者的看法

法律行为之绝对无效与相对无效的区分,是法律行为制度最具特色的重要设计。笔者认为,除了法律行为无效制度所保护的不同利益之区分外,司法裁判中对法律行为无效事由的不同认定方法,也是导致这一区分的重要原因。

由此,以下两个要素有可能是决定绝对无效与相对无效划分标准的基本依据:

1. 实质性要素

法律行为的无效,无疑表现了法律所代表的公权力对民事活动的干预,这种干预的目的不外乎是使公共利益和当事人的个人利益免遭不法侵害。正是基于公共利益与个人利益在是否具有可选择性和可放弃性问题上的差异,对于损害公共利益的法律行为,立法者不可能不采取坚定的立场,规定其绝对无效。而个人利益的可选择性及可放弃性则决定了对此种利益的保护,法律应当尽可能采取放任的立场,由利益有可能遭受损害的当事人自由决定是否废止已经成立的法律行为,故规定其属于相对无效。尽管基于公共利益与个人利益之间的牵连性(保护公共利益的同时也有可能使个人利益得以保护,而保护个人利益的同时往往也间接地保护了公共利益),在某些情况下,很难严格设定公共利益和个人利益的界限。但在多数情形下,公共利益和个人利益的区分是确切的。正如公法与私法的划分标准具有相对性和局限性一样,公共利益和个人利益的划分也不能像"切苹果一样截然分开",但某些模糊区域的存在和某些例外的存在,并不能抹杀区分两种不同利益的重要价值。而只有用公共利益和个人利益保护方式的不同作为划分法律行为绝对无效与相对无效的基本原因和基本标准,才能从根本上解释这一制度的立法宗旨。

---

① [日]四宫和夫:《日本民法总则》,唐晖、钱孟姗译,五南图书出版有限公司1995年版,第218页。

② 参见尹田:《法国现代合同法》,法律出版社1995年版,第234页。

2. 技术性要素

很显然,在讨论绝对无效与相对无效区分的标准时,既有理论忽略了一个重要问题,那就是诉讼中对于法律行为无效事由的完全不同的认定方法。

事实就是,法律行为的无效事由可分为两种:一种是只需根据客观情况即可认定的无效事由(如行为内容或者形式违法、行为人无行为能力等);另一种是必须依赖于当事人的陈述(主张)方可认定的无效事由(如意思表示不真实)。就前一种情形,无效事由的司法确认不以当事人的陈述为条件,但在后一种情形,因意思表示不真实涉及表意人的主观意识,如果缺乏当事人的"自认",则认定无效事由的成立是极其困难的。例如,虽有充分证据证明一方当事人实施了欺诈行为,但如果相对方拒绝承认其因受欺诈而陷于错误认识,则几乎不可能认定相对方因受欺诈而为不真实意思表示之事实的存在。

笔者认为,如将上述两个要素予以结合,并承认法律政策在决定法律行为应属绝对无效或者相对无效时的重要作用,则可以在理论上大致确定两种无效区分之基本标准,以此作为立法和法律适用的依据与参考。

二、绝对无效与相对无效的具体范围

(一)绝对无效行为的范围

1. 违反法律禁止性规定或者公序良俗的行为

各国立法无一例外地规定,内容违反法律禁止性规定或者其导致的效果有损公序良俗的法律行为,应属绝对无效。

对此类行为的具体范围,各国立法一般同时采用两种方式予以确定:

一是概括性规定。如《德国民法典》第134条规定:"法律行为违反法律上的禁止者,无效;但法律另有规定者,不在此限。"第138条规定:"(1)违反善良风俗的法律行为,无效……"《日本民法典》第90条规定:"以违反公共秩序或善良风俗的事项为标的的法律行为,为无效。"而我国《民法通则》第58条第5项规定,"违反法律或者社会公共利益的"行为无效;我国《合同法》第52条第4项及第5项规定,"损害社会公共利益"以及"违反法律、行政法规的强制性规定"的行为无效;我国

《民法总则》第 153 条规定,“违反法律、行政法规的强制性规定的民事法律行为无效,但是该强制性规定不导致该民事法律行为无效的除外”“违背公序良俗的民事法律行为无效”,即属此类。

二是列举规定。如《德国民法典》第 138 条第 2 项对于“暴利行为”无效的规定,《日本民法典》第 93 条对于“心中保留”的行为无效的规定。我国 1986 年《民法通则》第 58 条第 4 项及第 6 ~ 7 项对于“恶意串通,损害国家、集体或者第三人利益”的行为、“经济合同违反国家指令性计划”的行为以及“以合法形式掩盖非法目的”的行为无效的规定;我国《合同法》第 52 条第 1 ~ 3 项对于“一方以欺诈、胁迫的手段订立合同,损害国家利益”、“恶意串通,损害国家、集体或者第三人利益”以及“以合法形式掩盖非法目的”的行为无效的规定,即属此类。

就因违法而绝对无效的法律行为种类的立法安排上,我国《合同法》剔除了《民法通则》有关“经济合同违反国家指令性计划”无效的规定,保留其有关“恶意串通,损害国家、集体或者第三人利益”的行为无效的规定,并增加了有关“以合法形式掩盖非法目的”的行为无效的条款。其中,“恶意串通”与“以合法形式掩盖非法目的”两类行为,均属目的违法且为双方当事人所明知,且对于是否构成“恶意串通”及“虚假表示”的确定,不可能亦无须依赖于表意人的承认,故将之认定为绝对无效,基本符合前述绝对无效与相对无效的划分标准。然而,如果说“以合法形式掩盖非法目的”以及“恶意串通损害国家、集体利益”两类行为构成对公共利益的侵害因而应当绝对无效的话,那么,双方“恶意串通损害第三人利益”的行为,则为对个人利益的侵害。如无受损之第三人的主张,则法院认定其无效在技术上是不可能的。因此,此类行为应属相对无效,因行为而受损的第三人享有撤销权。

然而,就《合同法》应否将“一方以欺诈、胁迫的手段订立合同,损害国家利益”的行为规定为绝对无效的问题,在立法过程中即存在争议。该争议发生的原因是:依照学者的观点,凡合同瑕疵仅涉及个人利益保护者,应规定为相对无效。故应当将《民法通则》原规定为绝对无效的因受欺诈、胁迫而为的行为,改而规定为相对无效。此种主张遭到一些人的强烈反对,他们指出,实践中,经常发生一方当事人对国有企业实施欺诈行为以获取不当利益的情形,而受欺诈的国有企业法定代表人或者代理人为推卸失职之责任,常常隐瞒不报,也不主张其权利,从而导致国有资产流失。为此,立法必须加以干预,将受欺诈、胁迫而为的行为规定为绝对无效。此种主张将国有企业的利益视为国家利益,符合当时(乃至如今)很多人的观念,从而在争执不下之际,立法者不得不作出妥协安排,即把因受欺诈而为的行为分为两类:一类为损害个人利益的,另一类为损害国家利益的。前一类规定为相对无效,后一类规定为绝对无效。此种做法显然是受到某种不正确的观念的影响所致。事实上,国有企业法人作为私法上的主体,其享有的民事权利为私权而非公权,其利益为私的利益而非公共利益或者国家利益,故《合同法》的此项规定是不正确的。

我国《民法总则》列举规定的此类无效行为包括:虚假表示(第146条);恶意串通,损害他人合法利益的行为(第154条)。该法剔除了《合同法》所规定的“以合法形式掩盖非法目的”以及“一方以欺诈、胁迫的手段订立合同,损害国家利益”两种行为。

2. 无行为能力人实施的行为

如前所述,在对自然人的行为能力采“三分法”的立法,无行为能力人实施的行为被规定为绝对无效(《德国民法典》第105条第1款、我国台湾地区“民法典”第76条)。我国《民法通则》第58条将无行为能力人实施的行为和限制行为能力人实施的超越行为能力范围的行为均规定为绝对无效,这一规定被1999年《合同法》第47条予以纠正,该条文明确将限制行为为能力人实施的行为规定为效力待定。

(二)相对无效行为的范围

因重大误解、欺诈、胁迫而实施的法律行为,以及显失公平的法律行为,损害表意人的个人利益,且须由表意人提出其意思表示不真实的主张,方可依据其他相关证据认定其无效事由的成立,故此类行为应属相对无效。对此,我国《民法总则》第147条、第148条、第150条及第151条作出了明确规定。

三、相对无效法律行为之“变更权”的立法纠正

尽管各国民法典对于相对无效行为的具体种类在规定上有所不同(如依《日本民法典》第95条的规定,重大误解而为的行为应属绝对无效;而依《德国民法典》第138条第2项的规定,“暴利行为”应属绝对无效),但均规定法律行为相对无效的效果是对表意人产生撤销请求权

(撤销权)。在《法国民法典》,有关“合同损害”的法律效果,其第1118条也规定为“得构成取消契约的原因”。如前所述,尽管法国司法实务根据某些特别的规定判令某些合同约定的价格予以变更(如根据1989年12月13日第89－1010号法律判令支持有息借贷合同所规定的利息超过通常实行的利率1/4以上的当事人请求减少利息、根据1957年3月11日法律第37条判令转让文学作品利用权合同中遭受损失的作者一方请求增加所获报酬),但其并未就合同的“变更请求权(变更权)”在法律上形成一般规则。

但我国的民法理论历来均在当事人就相对无效行为所享有的撤销权中,加入了“变更请求权(变更权)”的内容,亦即享有撤销权的当事人同时享有变更权,即请求法院判令变更法律行为内容的权利。与此同时,当事人在撤销权与变更权之间,可以任意选择行使。例外的是,最高人民法院《民通意见》第73条规定:“对于重大误解或者显失公平的民事行为,当事人请求变更的,人民法院应当予以变更;当事人请求撤销的,人民法院可以酌情予以变更或者撤销。”这一规定,显然是考虑到重大误解行为以及显失公平行为之受损方对该两类行为的发生存在某种过失,故对其撤销权进行了一定限制,使行为尽可能有效。

比较奇怪的是,我国民法在借鉴参考大陆法系各国(尤其是德国)民法时,对其既有规则凡欲有所改变或者创新的,总会进行认真的解释和论证,也多半总会引发学术争论,唯独在《民法通则》明文规定重大误解和显失公平两种行为为“可变更、撤销”时,不仅从未引发过学术争论,甚至从不将之视为一种立法创新。事实上,我国民法理论界对于“可撤销行为”同时也当然“可变更”这个结论,在认识上从来都是高度一致的。

但如从理论上稍加分析,则可以发现,我国民法理论和《民法通则》的前述创新,显而易见是不妥当的:

事实上,当事人就相对无效行为而享有的撤销权是一种通过司法裁判而必然实现的权利(只要当事人依法享有撤销权,则其撤销法律行为的诉讼请求就依法当然获得司法判决支持),与撤销权性质相同的“变更权”亦当如此,而变更权行使的效果毫无疑问是法院根据一方当事人的请求而对法律行为内容的强行变更。但是,根据合同司法变更的法理,除当事人基于“情势变更”事由而提出的有关合同司法变更的请求之外,其他任何情况下,一方所主张的法律行为内容的变更如不经过双方的一致同意,都将违背意思自治原则:毫无疑问,对于可撤销的法律行为,当事人享有的所谓"变更权"所指向的一定是合同价格或者与价格有关的事项。在当事人因相对方的欺诈、胁迫而以低价出售其财产的情况下,当事人固然有权以"受欺诈"或者"受胁迫"为由请求撤销合同使之归于无效,但如允许当事人享有"变更权",即有权请求法院强行增加或者减少合同价格以使合同继续有效,则即使该变更后的价格为合理价格,在实施欺诈或者胁迫行为的相对方拒绝接受时,此举也当然构成对契约自由原则的公然背离。此种分析结论,当然也适用于在交易价格上显失公平的行为。至于因重大误解而为的行为,因此种行为本身并不存在交易双方利益失衡的问题,当事人对价格的误解也不能构成重大误解,故误解方的"变更权"根本就无从指向。

诚然,在意思表示不真实的行为已经实际履行且无法以返还的方式回复原来状态的情况下(如加工承揽以及提供劳务、服务等一类行为),法律行为的撤销将导致利益补偿的效果,且其补偿应依照通常的合理价格,但此种补偿是法律行为因撤销而自始无效时的一种损失补偿或者赔偿的方式,而非对合同原约定的价格的变更。

据此,《民法总则》剔除了《民法通则》有关当事人就相对无效行为享有变更权的规定,是正确的。

四、法律行为无效的溯及力

绝对无效行为自始当然无效,故无所谓无效的溯及力问题。但相对无效行为在被撤销前被视为有效,一旦被撤销,方才自始无效,这就涉及无效的溯及力。行为因被撤销而无效,其无效溯及至行为开始之时,此种做法,古代罗马法上便已存在,[①]亦为后世各国民法所大体采用。但就法律行为之无效是否均为自始无效,或者法律行为因被撤销而无效之后,其无效是否在任何情况下均得溯及至行为开始之时,尚存疑问。

在法国民法理论中,合同等法律行为无效的溯及力与法律行为被确认为无效前已为给付的返还问题,是混在一起加以研究的。鉴于某

① 参见周枏:《罗马法原论》(下册),商务印书馆1994年版,第622页。

些合同行为在无效前已经部分履行(如租赁、雇用等)且无法相互返还(承租人无法向出租人返还对租赁物已进行的“使用”,雇主无法向受雇人返还已进行的“劳动”)等,故保留合同无效前已经履行部分的事实状态更为合理。此种情形,被称为“合同无效之溯及力的限制或者排除”。① 但法律行为无效的溯及力(自始无效)与法律行为无效后已为给付之返还问题的处理,应当是两回事:保留已为给付的事实状态即不予返还,并不等于认定行为仅向将来无效。

不过,《法国民法典》第1844－15条关于撤销合伙合同的规定(“撤销合伙一经判决,即终止执行合伙契约,但无追溯效力”),确实具有排除行为无效的溯及力的意思。

对此,日本学者指出:“原则上,法律行为无效是自始不发生法律效果,法律行为因撤销无效则而导致追溯性的无效,但这并不是绝对的。例如,关于设立团体行为(社团的设立、合伙契约)、加入团体行为,随着团体事实上的活动,有必要保护第三人的信赖。另外,关于雇佣契约、劳动契约,因为有必要保护就业者之利益,因而对于这些行为,无效或者撤销的效果被解释为自无效之主张或有撤销之时,向将来发生而已。”②

德国学者也曾对这一问题进行过讨论。例如,在当事人依据一个无效的协议组建了公司,而股东及公司已经进行了一定的活动的情形下,就已经发生的效果,有人认为,该合同行为有可能被视为有效;也有人认为,这种效果并不是因该合同有效而发生的,而是基于一种被作为事实上已经实施的行为所发生的效果。③

对此,笔者认为,结合我国立法的实际情况,应当确认法律行为的无效为自始无效。就绝对无效行为而言,内容违法的行为或者无行为能力人实施的行为之无效,当为自始无效,不会涉及行为人正当利益或者第三人信赖利益保护问题。但就相对无效行为而言,涉及社团设立(如共同投资协议)、合伙合同等共同行为,在有关行为被撤销之前,依

---

① 尹田:《法国现代合同法》,法律出版社1995年版,第226～232页。

② [日]四宫和夫:《日本民法总则》,唐晖、钱孟姗译,五南图书出版有限公司1995年版,第220页。

③ 参见[德]卡尔·拉伦茨:《德国民法通论》(下册),王晓晔等译,法律出版社2003年版,第630页。

据该共同行为所设立的社团或者合伙团体已经实施了各种行为,如果认定有关行为自始无效,则团体或者合伙的设立亦当自始无效,而自始无合法资格的团体或者合伙所已经实施的行为当然也应属无效,如此一来,交易安全无疑会受到损害。对于这一问题,笔者认为可有两种规则加以弥补:其一,将团体设立的效力与设立团体所依据的法律行为的效力相分离,即后者之自始无效,并不当然影响前者的法律效力;其二,法律行为自始无效,但在涉及善意第三人利益保护时,其无效不得对抗善意第三人。

五、法律行为无效的对抗力

(一)相关立法例及《民法总则》立法者的决策

法律行为无论被确认为无效(绝对无效)或者因当事人行使撤销权而无效(相对无效),该行为对一切人原则上均应属无效。但传统理论和立法已经注意到,在某些情形下,为保护交易安全,法律行为的无效不应具有对抗第三人的效力。

所谓"不得对抗善意第三人"的无效,是指法律行为仅在当事人之间为无效。但当事人不得以行为之无效否定善意第三人的权利或者利益主张,亦即对于善意第三人而言,该法律行为无效的法律事实视为没有发生。

在法国民法上,某些情况下,与合同的有效并非对一切人均为有效(均有对抗力)一样,[①]合同的无效亦并非对于任何第三人均具有对抗力。例如,在法国司法实践中,任何情况下,"保存行为"(指在不转移财产的前提下维护财产的权利的行为)的效力不因无权处分行为而受到影响。如买卖合同被确认无效以前,买受人已将标的物出租他人,该租赁合同的效力不因买卖合同无效而受影响(法国民法上,租赁期限不足9年的租赁合同通常被视为保存行为)。[②]

就这一问题,《日本民法典》进行了明文规定。依照该法典第94条之规定,与相对人通谋而进行虚伪意思表示者,其意思表示为无效(第1

---

① 在法国民法上,存在合同仅在缔约当事人之间有效的情形,被称为"无对抗力的合同"。此种合同在当事人之间是有约束力的,只是不能对抗第三人。如根据法国民法的规定,不动产买卖合同一旦生效,则不动产物权变动即行发生。但在未予公示(登记)之前,该不动产买卖行为仅在出卖人和买受人之间为有效,但第三人对之可不予承认。

② 参见尹田:《法国现代合同法》,法律出版社1995年版,第234页。

项），但此种无效，不得以之对抗善意第三人（第 2 项）。与此同时，该法典第 96 条规定，因诈欺或胁迫而进行的意思表示，可以撤销（第 1 项），但因诈欺而进行的意思表示的撤销，不得以之对抗善意第三人（第 3 项）。如前所述，我国台湾地区“民法典”对此也有相同规定。但我国 1986 年《民法通则》和 1999 年《合同法》对此均无规定。

很显然，限制或者否定法律行为无效之对于善意第三人的对抗力，目的在于维护法律秩序的稳定及保护交易安全。这一问题在采用物权行为理论的德国法上并不重要，这是因为，独立而且无因的物权行为本身即不受原因行为无效或者被撤销的影响，即作为原因行为的债权行为无效或者被撤销之后，已完成的动产交付或者不动产登记仍独立且不可逆转地发生物权变动效力。因此，在债权行为无效或者被撤销之前，已取得物权的买受人据之与第三人所实施的一切交易均为“有权处分”，该交易所已经产生的一切法律效果均不受债权行为无效或者被撤销的影响。例如，在买受人将受让的动产转卖并交付给第三人后，如出卖人与买受人之间的买卖合同被撤销，出卖人不得请求第三人返还该动产，只能依照不当得利的返还规则请求买受人予以无法返还原物时的利益补偿；又如，在买受人将受让并办理过户登记的不动产出租给第三人时，如出卖人与买受人之间的买卖合同被撤销，出卖人有权请求买受人返还原物（返还不动产所有权），此时，买受人已取得的不动产所有权须经过登记而由出卖人重新取得，虽其物权变动非因“买卖”而发生，但第三人仍可主张参照适用“买卖不破租赁”而获得保护。

而在不采用物权行为理论的立法，尽管善意取得制度已经解决了交易中善意受让人的保护问题，但此种保护尚不能及于物权及其他权利变动之外的各种情形。如在买受人将受让的不动产出租给第三人的情况下，如果买卖合同因被撤销而无效，则第三人无法主张其租赁权的善意取得，也不能请求参照适用“买卖不破租赁”规则保有其租赁权。其原因在于，一旦买卖合同被撤销，则买卖合同自始无效，依据该买卖合同而进行的不动产登记也自始不能发生物权变动效力，故出卖人有权请求撤销该项登记并使其发生自始无效的效果，此时，在买受人与出卖人之间并未发生物权变动，故无法参照适用“买卖不破租赁”规则对第三人进行保护。

很显然，法律行为无效或者被撤销不得对抗善意第三人的规则，是不采用物权行为理论的立法为弥补善意取得保护范围之不足而设计的一项极为重要的制度,鉴于我国民法未采用物权行为理论,故规定法律行为因重大误解、欺诈、显失公平等意思表示不真实而被请求撤销之后,其无效不得对抗善意第三人,既可保障交易安全,也无损所有人的根本利益,甚为合理。事实上,在因意思表示不真实而无效的行为中,虚假行为和因重大误解、受欺诈而实施的行为,以及因乘人之危或其他事由而实施的“暴利”行为等,意思表示不真实的当事人对行为的发生均具有某种应受责难之处。在这些行为因被撤销而自始无效时,如果其无效必然导致与之相关联的其他法律行为所产生的法律效果受到影响,则无疑将行为人的过错或者不谨慎所生之不利后果完全转由无辜的善意第三人承担,甚不合理。但在因受胁迫而为的行为中,受胁迫人对于法律行为的成立不具有控制能力,故有理由确定该种行为之无效可以对抗任何第三人。

据此,笔者在提出的建议稿中规定:“法律行为因虚假表示而无效,行为人不得以其无效对抗善意第三人。”“法律行为因当事人行使撤销权而自始无效。但除了因受胁迫而为的法律行为之外,当事人不得以法律行为的无效对抗善意第三人。”

我国《民法总则草案》几次审议稿均采纳了学者的意见,如《第三次审议稿》中除规定“虚假表示无效但双方不得以之对抗善意第三人”(第124条)之外,还明确规定:“民事法律行为因重大误解、欺诈、显失公平被撤销的,不得对抗善意第三人。”(第130条)但在正式颁布的《民法总则》中,前述有关规定全部被删除,其原因在于,某些专家误认为这一规则中“不得对抗”的第三人即为主张善意取得的第三人,认为在《物权法》第106条已经规定了善意取得制度的情况下,再行作出此项规定是没有必要的,据此提出反对意见并促使立法机关删除了上述条款。这一结果,令人遗憾。

(二)“无对抗力”规则的基本理论与适用

1. 概说

“无对抗力”是大陆法系民法上极为重要的一项民法制度,这一制度巧妙地将“对抗效力”从法律事实或者权利的效力结构中加以独立,从而达到保护交易安全的目的。

交易安全保护主要表现为对第三人信赖利益的保护,而第三人信赖利益的产生,主要是基于某种可值信赖的虚假的外观,包括虚假的权利外观(如错误登记的不动产物权),也包括虚假的法律事实的外观(如公司的实际情况与登记的不一致)。无对抗力制度对相信权利或者法律事实的虚假外观或者无从知晓某种法律事实的善意第三人的信赖利益的保护目的,采用的是令真正权利或者法律事实产生的效果于第三人处“视为不存在”的方法而得以实现。

权利或者法律事实的无对抗力,即对于善意第三人而言,无对抗力的权利或者法律事实所产生的法律效果视为不存在。权利的无对抗力主要适用于未经公示的物权、股权等绝对权,[①]而法律事实的无对抗力则包括法律行为效力状态的无对抗力与其他法律事实的无对抗力。

法律行为确定的效力状态不外有两种:一是有效,二是无效。法律行为的有效不得对抗第三人,是指法律行为有效,但该法律行为对于第三人视为不存在。如我国《民法总则》第 61 条第 3 款规定:“法人的章程或者权力机构对法定代表人的代表权范围的限制,不得对抗善意第三人。”依照这一规定,公司投资人的共同决议(法人章程)或者股东会决议为有效,能够产生限制公司法定代表人之代表权限的效果,但该行为对于善意第三人(如与该法定代表人签订合同的善意相对方)视为不存在,不影响法定代表人超越代表权限与善意第三人所签订的合同的效力。法律行为的无效不得对抗第三人,则是指法律行为虽被确认为无效或者因被撤销而无效,但该法律行为对于第三人被视为有效。

而法律行为之外的法律事实不得对抗善意第三人,则是指该种法律事实存在并发生相应效果,但对于善意第三人被视为不存在。如我国《民法总则》第 65 条规定:“法人的实际情况与登记的事项不一致的,不得对抗善意第三人。”

2. 权利无对抗力规则与善意取得规则的关系

我国物权理论从来沿袭德国民法,缺乏对物权的对抗力的研究。这是因为,德国民法采“物权形式主义”的物权变动模式,在基于法律行为的物权变动中,动产物权变动根据交付发生,不动产物权变动根据登记发生,不存在“未经公示”的物权变动或者物权,亦不发生物权未经公

① 例如,根据我国《物权法》第 24 条的规定,机动车、船舶、航空器的物权变动以交付为准,但未经登记,不得对抗善意第三人;又如,根据我国《公司法》第 32 条的规定,公司股东的股权变动以公司股东名册记载的变动为准,但未经登记,不得对抗善意第三人。

示而无对抗效力的问题。因此,很多学者将物权无对抗力规则混同于善意取得规则,认为在登记名义人将财产转让给第三人时,真正权利人不得以其权利对抗第三人之善意取得的主张,这就是物权无对抗力制度的全部内容。[①] 依照这种理解,无对抗力的物权之不得对抗的第三人,仅仅是主张善意取得的第三人,对于其他第三人,物权仍然具有对抗效力。换言之,依照这种理解,在存在善意取得制度的情况下,物权无对抗力的制度本身是没有任何意义的。但此种观点是错误的。

就立法宗旨而言,物权未经公示而无对抗效力与善意取得均为保护第三人对虚假的权利外观所生之信赖利益所设,具有相同的价值取向和基本法理,在对善意第三人利益保护的结果上,也基本相同。但二者规定的角度即产生的法律效果有所不同:善意取得立足于"无权处分"的法律状态,其效果为善意第三人之物权的依法取得;物权无对抗力则立足于物权未经公示的法律状态,其效果为善意第三人已经取得的权利或者利益不得被物权人所否定。因此,在很多情况下,二者不会发生竞合:例如,在不动产错误登记情况下的无权处分(转让所有权或者设定他物权),受让人可以主张物权的善意取得,但不可能主张真正权利人的权利因"未经公示"而无对抗效力。这是因为,从严格意义上来讲,"未经公示的物权无对抗力"指的是"未经公示的物权变动无对抗力",即物权变动虽根据当事人的意思而发生,但未经公示,该物权变动不得对抗善意第三人。故物权变动未予公示,导致了受让人取得的物权无对抗效力。但在不动产错误登记的情形中,在登记名义人与真正权利人之间,根本不存在物权变动,亦即真正权利人的权利未在登记上显现,不是基于"未予登记",而是基于错误登记,故不存在真正权利人的权利是否具有对抗力的问题。又如,在不动产买受人将该不动产予以出租时,如其买卖合同因构成受欺诈而为的行为被撤销,善意承租人仅得向出卖人主张其撤销无对抗力,但不得主张其租赁权的善意取得。但是,在某些情况下,无对抗力与善意取得两项规则有可能会发生竞合:在物权变动已经发生但未予公示的情形(如机动车买受人因接受交付而取得该机动车的所有权,但尚未登记),如发生"一物二卖"(出卖人又将同

---

① 前述主张,为最高人民法院执行局于2013年10月召开的有关强制执行案件的论证会上,梁慧星、王利明二位教授所持。

一机动车出卖给第三人并办理了过户登记)，此时，善意第三人即可根据《物权法》第 24 条的规定，主张买受人取得的所有权无对抗效力，也可根据《物权法》第 106 条的规定，主张对该机动车的善意取得。

在物权无对抗力与善意取得发生竞合时，根据请求权竞合的处理规则，物的受让人可以在物权变动无对抗力与善意取得两种主张之间，任意选择其中之一予以提出。

第三节　主张法律行为无效的权利之归属及其行使

一、权利人范围

(一) 主张法律行为绝对无效的权利人范围

与德国民法理论相同，[①]依我国现行民法理论，因绝对无效行为多涉及对公共利益的保护，故其无效得由任何人予以主张。如前所述，这一观点在理论上似乎能够成立，但在实践中却难以操作。与此同时，当公共利益遭受侵犯时，通常应由公权力机构行使公权力而予以救济。据此，与其由任意之个人以民事诉讼方式对公共利益主张保护，不如由检察院等代表国家行使起诉权利更为理顺。

在此，法国的做法殊值参考。

法国传统理论尽管认为绝对无效是对法律行为业已存在的状态进行确认，但主张其无效的权利原则上仅与法律行为有利害关系的人方可享有。所谓利害关系人，除了法律行为的行为人之外，还包括行为人的继承人、特定财产承受人以及普通债权人。[②] 此外，由于绝对无效行为违背了公共利益，而国家对社会普遍利益的保护负有责任，因此，法官可以运用其司法权力驳回当事人要求履行绝对无效合同的请求。这

---

① 参见[德]卡尔·拉伦茨：《德国民法通论》，王晓晔等译，法律出版社 2003 年版，第 628 页。

② 同上书，第 202 页。

一原则为新《法国民事诉讼法》第12条第3款所认可。不过,在司法实践中,法官运用其权力主动确认合同无效的判例是不多见的。因为法官的这种权力很难与民事诉讼法中“诉讼恒定”的基本原则相一致:根据这一原则,法官在审理案件过程中,既不得改变当事人所请求的诉讼标的,也不得改变当事人提起诉讼的目的。另外,在特殊情况下,合同也可经行政机关的请求而被确认无效。如根据《法国城市规划法》第315-1条第3款的规定,小块土地的出租或出售违反强制性规定时,如果受让人或承租人不提起诉讼,行政机关(省长)可起诉要求确认合同无效。而根据新《法国民事诉讼法》第423条的规定,检察院作为执法监督机关,有权以公诉人身份主张合同无效,以“避免公共秩序遭受不法行为的侵害”。当然,上述原则并非授权检察院对一切绝对无效的行为均可提起公诉,但它至少赋予了检察院对标的与原因违法或违背道德的行为以保护公共秩序为理由提起公诉的权力。不过,法国学者也承认,事实上,检察官使用这一权力是极少见的。原因在于,正如法尔雅所说:“如果双方当事人均愿意履行其各自的义务,那么,确认合同无效还有什么意义呢?”①所以,实践中,由检察官以提起公诉的方式主张绝对无效合同的无效,大都涉及有关公民国籍或个人身份的案件。②

很显然,与绝对无效的法律行为有利害关系的人享有主张无效的权利,其根据在于其得以据此免除该行为对之产生的约束力。但绝对无效行为主要表现为对社会利益的侵害,当事人往往不会主张,故公权力直接介入是有必要的。然而,利害关系人之外的第三人的介入,则只能使问题复杂化,故此种做法不宜采纳。

(二)主张法律行为相对无效的权利人范围

法律规定法律行为相对无效,主要是基于对一方当事人利益的保护。根据私法自治原则,个人利益应由当事人自行选择和决定。因此,对相对无效法律行为享有变更、撤销权的人原则上只能是法律着重保护的一方当事人,如受欺诈人、受胁迫人、发生重大误解的当事人以及暴利行为的受损方等;而另一方当事人则通常并不享有这一权利。

---

① Farjat, *L' ordre public économique*, n° 436. cité par Flour et Aubert.

② Jacques Flour et Jean-luc Aubert, *Driot civil*, *Les obligations*, pp. 274-276.

二、权利的行使方式

在法国民法上，绝对无效或者相对无效合同的无效主张，均应由当事人以诉讼的方式提出。除起诉之外，当事人在诉讼中亦可以抗辩的方式行使对绝对无效和相对无效的法律行为的主张权利。① 但在日本，依照有关司法判例，撤销得以非诉讼的方式进行，只要表意人能推测出相对人不受该行为的约束这一意思，撤销就可以成立。因此，撤销为单方行为，在可撤销行为之相对人确定的情形下，撤销的意思表示应向相对人作出；在相对人不确定的情形下，只要撤销权人客观上有撤销的意思表示，撤销即可成立。②

根据《德国民法典》第 143 条第 1 款的规定，法律行为的撤销得以意思表示的方式为之，其为有相对人的单方法律行为，即该种意思表示到达相对人方可发生撤销的效力。但违背第 143 条第 1 款的规定而使公共利益或第三人利益的明确法律状态受到损害的情形，则必须通过提起撤销之诉来进行。其中包括对可能是婚生子女的婚生性的撤销（第 1599 条），由于丧失继承权而对遗产取得权的撤销（第 2340 条和第 2342 条）以及对股份公司股东大会决议的撤销（《股份公司法》第 243 条）等。③

在我国台湾地区“民法典”中，可撤销行为之撤销权的行使，一般可采用意思表示的方法为之（第 116 条）。但暴利行为之撤销（第 74 条）、欺诈行为之撤销（第 244 条）、婚姻之撤销（第 989 ~ 997 条）、收养及终止收养之撤销（《民事诉讼法》第 583 条）等，则须以诉讼方式为之。

根据我国《民法通则》第 59 条及《合同法》第 54 条的规定，对于相对无效的法律行为的撤销权，只能通过诉讼（包括仲裁）方式行使。这一规定，为 2017 年 3 月颁布的《民法总则》所采纳。通常情况下，法律行为一方当事人或者享有撤销权的第三人可以将请求确认法律行为无效或者请求撤销法律行为作为一项独立的诉讼请求在本诉或者反诉中

---

① 但与起诉不同，根据法国民法的规定，抗辩不能使该种权利的诉讼时效发生中断。参见尹田：《法国现代合同法》，法律出版社 1995 年版，第 244 页。

② 参见［日］四宫和夫：《日本民法总则》，唐晖、钱孟姗译，五南图书出版有限公司 1995 年版，第 228 页。

③ 参见［德］卡尔·拉伦茨：《德国民法通论》（下册），王晓晔等译，法律出版社 2003 年版，第 559 ~ 560 页。

提出。但对于当事人在诉讼中可否以抗辩的方式行使主张法律行为无效的权利或者撤销权,我国法律并无明文规定。

三、权利的消灭原因

(一)法定期间的届满

1. 其他国家及地区的立法例

各国民法均规定,当事人主张法律行为无效的权利得因法定期间(时效或者除斥期间)的届满而消灭,但对于该种期间的性质认定及其长短设计有所不同。

(1)法国民法

根据法国民法的规定,主张法律行为无效的权利可因时效期间届满而归于消灭。《法国民法典》第2262条规定:“一切物权或债权的诉权,均经30年的时效而消灭……”这一规定所确定的时效期限为普通时效,适用于对绝对无效行为的主张权利。此外,该法典第1304条规定:“请求宣告契约无效或取消契约之诉,应在5年之内提出,但在一切情况下特别法律有较短期限的规定者,从其规定。”[①]这一规定适用于对相对无效行为的主张权利。

就上述两种时效期间之差异的原因,按照法国传统理论的解释,相对无效行为之所以适用5年期间,是基于法律对当事人放弃权利之意思的推定。但现代学者认为,不同的时效期间是由一切时效所赖以建立的社会利益的需要所决定的,更具体地说,是由法律安全的需要所决定的。对于绝对无效的行为,一切利害关系人均可在任何时候主张其无效,亦即利害关系人中任何一人均可使绝对无效行为的不稳定状态得以稳定。因此,绝对无效行为适用的时效期间较长,不会产生重大弊端。与此相反,相对无效行为的命运取决于某些享有撤销权的人(而且往往是一个人)。很显然,其他人(主要是合同相对方当事人)不应当长期处于不稳定状态,即长期面临他们自己所无法主张的合同无效这一结果的威胁。所以,享有主张行为无效的权利的当事人必须承担尽快

① 该条文原规定的时效期间为10年,后经1968年1月3日法律改为5年。同时,对于该两类无效行为的时效期限,某些情况下也存在许多特殊规定,其规定的时效期限通常更短。

作出决定的义务,否则,其权利便应归于消灭。[1]

对于《法国民法典》第1304条规定的5年期间的性质,一些学者认为,既然法律行为相对无效的目的在于“保护法律关系的稳定安全”,那么,《法国民法典》有关5年时效的规定就应当属于除斥期间而非真正的时效期间,这一期间既不适用中止也不适用中断。但多数学者不同意这种观点,他们认为,该5年期间仍属时效期间,应适用法律有关时效中止和中断的一般规定。[2]

(2)日本民法

依照《日本民法典》的规定,对可撤销行为的撤销权可因两种期间届满而归于消灭:一是“自得追认时起经过5年”(第124条);二是“以行为成立时起经过20年”(第126条)。但对于上述期限的性质,司法实践与理论在认识上并不相同。日本司法实务忠实于法律条文,认为无论5年期限或者20年期限,均为消灭时效。而理论上则认为,有必要依照有关规定的旨趣以及权利的性质,分别予以考察:根据《日本民法典》第126条规定所限制的对象及性质,可以认定,撤销权本身是一种形成权,当其促使返还请求权等权利发生时,其不过是产生请求权的一种手段而已。因此应当解释为:撤销权人应在该条文所规定的期限内撤销意思表示并请求返还。据此,鉴于20年的长期期限将其起算点固定为行为之时,具有绝对稳定法律关系的目的,故其应属除斥期间。即20年期满时,即使撤销的原因依然存在,也绝对不能撤销并请求返还。但与之不同,5年的短期期限并非以绝对稳定法律关系为目的,故因立足于该期限所针对的权利的性质(是请求权还是形成权)予以决定:①当撤销权不产生请求权时(如尚未交付标的物、货款的买卖行为的撤销),撤销权即为依单方意思表示而发生效果的形成权,其5年期限应解释为除斥期间;②与此相反,当撤销权发生请求权时(如因撤销买卖行为而发生了返还不当得利请求权),则5年期限应解释为具有因行使撤销权而产生的请求权的消灭时效的性质。不过,仅就撤销权而言,该期限仍为除斥期间。[3]

---

① Jacques Flour et Jean-luc Aubert, *Driot civil*, *Les obligations*, n°348.

② Ripert et Boulanger, *Traité de droit civil*, n°732, cité par Flour et Aubert.

③ 参见[日]四宫和夫:《日本民法总则》,唐晖、钱孟姗译,五南图书出版有限公司1995年版,第235页。

(3)《德国民法典》及我国台湾地区“民法典”

《德国民法典》根据不同的撤销事由,对于撤销的期间分别作出了特别的规定。因错误以及传达不实而为的行为,应在知道撤销事由后立即撤销,但在意思表示后经过30年,不得撤销(第121条)。因受欺诈、胁迫而为的行为,其撤销期限为1年,此期限适用消灭时效有关中止、时效不完成的规定(第203条第2项、第206条、第207条),但自意思表示后经过30年的,不得撤销。尽管存在上述规定,德国民法理论仍认为上述撤销期间均为除斥期间。[①]

在我国台湾地区“民法典”中,撤销权因除斥期间的经过而消灭,有关规定分别散见于第74条第2项、第90条、第93条、第245条、第416条第2项、第417条、第990~997条、第1137条等。

2. 我国的立法

我国1986年《民法通则》未规定相对无效行为的撤销权期间,最高人民法院《民通意见》第7条规定了相对无效行为的撤销权的法定期间为1年,1999年《合同法》重申了这一规定。

依照我国2017年3月颁布的《民法总则》第152条第1项的规定,相对无效行为的撤销权期间原则上为1年,但因重大误解而为的行为的撤销权期间为3个月,并增加规定了“当事人自民事法律行为发生之日起五年内没有行使撤销权”,其撤销权消灭。

对于当事人主张法律行为绝对无效的权利是否受到一定期间的限制的问题,立法上并无明文规定。对此,我国民法理论上存在两种对立的观点。

肯定者认为,由于确认合同无效涉及财产的返还和赔偿损失,如果认为确认合同无效不适用诉讼时效,长年累月后,仍允许当事人提出请求确认合同无效之诉,则必然出现使已履行多年的合同仍可恢复到行为之初的财产状况的现象。这显然不利于当事人生活的安宁和社会经济秩序的稳定,与法律追求的秩序、稳定的价值目标不相符。因此,确认合同无效的请求应受诉讼时效期间的限制。此外,也有人认为,主张合同绝对无效的权利为诉权之一种,任何诉权的行使均应受法定期间的限制,否则,相关法律秩序的稳定则将遭受破坏。

---

① 参见[德]迪特尔·梅迪库斯:《德国民法总论》,邵建东译,法律出版社2003年版,第89、585、607页。

否定者则认为，法律行为之绝对无效，其无效为不可变更的客观事实，当然不应因时间的经过而得以任何改变。因此，对此种行为无效的主张权利，不受任何期间的限制。否定者分别持有的主要理由是：

（1）确认合同无效所提起的诉讼是确认之诉，不属于诉讼时效的客体范围。诉讼时效的客体应仅为"请求权"，但无论是当事人请求法院确认其无效，还是法院依职权主动审查并确认无效，都不符合请求权的特征。因此，对合同无效的确认不属于诉讼时效的客体范围。①

（2）对民事行为无效的确认适用诉讼时效，违背了诉讼时效制度的立法宗旨。无效合同，由于其违反了法律或社会公共利益，并不需要当事人的积极主张，法院可以依照职权主动进行审查。确认合同无效是司法机关行使维护社会公共利益职能所需，也是司法评价、规范和指引民事主体的民事行为所需，因此不应受诉讼时效的限制。民事行为无效具有本质上的违法性，如果对这种违法行为适用诉讼时效制度，就意味着法律容忍了这种违法行为并接受了其相应的后果，与社会的整体秩序背道而驰。所以无效民事行为在任何时候被发现都应当被宣告为无效，否则在一定的时间经过以后，违法行为将变为合法行为，违法的利益也将变为合法的利益。②

（3）时间的经过不能改变无效合同的法律性质。合同无效的原因主要在于其违法性，只要据以认定合同无效的法律规范或公序良俗没有发生变化，合同的违法性将一直存在。时间经过并不能改变无效合同的法律性质，不能也不应因为"履行完毕多年"或经过多年就认可其违法或无效状态的延续。

最高人民法院民一庭在其二审的一宗案件中也有一段类似的评述："我国现行法律对合同无效提起诉讼并没有时间限制，合同未经法院判决确认为无效时，当事人往往遵守'合同'，继续履行'合同'义务，只有合同被确认无效后，才发生返还财产及赔偿损失问题。故即使事隔多年，当事人就确认无效问题起诉，法院也应当受理并对合同无效问题进行确认，这里不存在时效问题。"③

尽管上述讨论存在某种错位，即主张绝对无效行为之无效的权利

---

① 参见余冬爱：《无效合同诉讼时效问题探析》，载《政治与法律》2009年第1期。

② 参见王利明：《民商法研究》（第6辑），法律出版社2004年版，第140页。

③ 最高人民法院民一庭：《民事审判指导与参考》（2002年第1卷），法律出版社2002年版，第306页。

并非实体法上的请求权,当然不能适用诉讼时效期间。但否定说的观点本身却占有上风,其原因在于:我国民法理论赞同将某些法律行为规定为绝对无效的目的在于保护公共利益,因此,时间的经过居然可以使违法行为在事实上受到法律保护,这在逻辑上和情感上都是不能被接受的。

3. 法定期间的起算

法国民法中,主张合同无效的权利的时效期间原则上应从合同成立之日起开始计算。但《法国民法典》第1304条规定:“在有胁迫的情况下,5年的期限自胁迫终止之日起算;在有误解或欺诈的情况下,自发现误解或欺诈之日起算。”(第2款)“对于未成年人订立的契约,5年的期限仅自其达到成年年龄或解除亲权之日起算;对于受保护的未成年人订立的契约,此期限仅自其知悉所订契约起日、且当其能够有效地重新订立契约之日起算。对于无行为能力人的继承人,如其时效期间在无行为能力人死亡之前尚未开始计算者,一律应从无行为能力人死亡时起算。”(第3款)

如前所述,在日本民法上,5年短期期限自行为“得追认时起”开始计算,20年长期期限自行为成立时起开始计算。

根据《德国民法典》第121条的规定,就因错误而为的行为,撤销必须在发现错误后“立即为之”。而根据第124条第2项的规定,因受欺诈而为的行为,受欺诈一方应在发现受欺诈后1年之内主张撤销;而因受胁迫而为的行为,撤销权应予胁迫终止时开始计算。

我国最高人民法院《民通意见》第7条以及1999年《合同法》第55条规定了相对无效行为的撤销权的法定期间为1年。但上述两种规定之不同之处在于,前者将“行为成立时”作为撤销权存续期间的起算点,而后者则将当事人“知道或者应当知道撤销事由时”为起算点。我国于2017年3月颁布的《民法总则》第152条仍将相对无效行为的撤销权期间规定为一般为1年,但因重大误解而为的行为,其撤销权的除斥期间为3个月,并就各种撤销权的起算作出了以下明确规定:(1)当事人自知道或者应当知道撤销事由之日起1年内、重大误解的当事人自知道或者应当知道撤销事由之日起3个月内没有行使撤销权的,撤销权消灭;(2)当事人受胁迫,自胁迫行为终止之日起1年内没有行使撤销权的,撤销权消灭;(3)当事人自民事法律行为发生之日起5年内没有行使撤销权的,撤销权消灭。

4. 法定期间届满的效果

我国现行立法未对相对无效行为撤销权的除斥期间届满后的效果作出明文规定。理论上一般认为，既然相对无效行为的撤销权为形成权，则此项权利一旦因除斥期间消灭而消灭，法律行为即确定有效。既然有效，则行为当然具有强制履行效力，但此种观点应予仔细研究斟酌。

在法国，学者不仅主张法律行为无效的权利适用时效期间得发生中止和中断。而且，根据有关判例，在30年或5年时效期间届满后，虽然当事人主张行为无效的诉权即归于消灭，但当事人对无效行为的抗辩权却依然存在。换言之，合同无效虽不可能因当事人的起诉而引起，但却可以通过当事人的抗辩行为而引起。法庭的这种做法是恪守一条著名的古老格言，即"*quae temporalia sunt ad agendum, perpetua sunt ad excipiendum*（以起诉方式获得价值的权利是暂时的，而以抗辩方式获得价值的权利则是永恒的）"。① 依照这一格言，主张合同无效的权利的时效届满前合同是否已经履行，将导致两种不同的法律后果：(1)如果时效届满前合同已经履行，则时效届满后，债务人已按合同约定为一定给付，即债务人无法通过诉讼而请求确认合同无效并请求返还已为给付。此种情形，合同自始有效。(2)如果时效届满后合同尚未履行，则当事人无法再请求对方履行合同。这就是说，时效届满后，债务人虽不能通过起诉而主张合同无效，但对于债权人提出的履行义务的请求，有权行使抗辩权，以合同无效为由予以拒绝。在这种情况下，合同不能成为自始有效。②

法国审判实践的上述做法，在法国学术界引起了激烈争论。反对者认为，从立法上看，虽然《法国民法典》第1304条和第2262条规定时效届满仅消灭"诉权"或"一切诉权"，但由于"诉权"一词可作广义解释，故上述抗辩权的永久性单凭该两项条文是难以确立的。支持者认为，前述关于抗辩权的永久性的"格言"符合时效制度的基本性质，即"使一定的事实状态得以稳定"。这就是说，诉权的消灭可以使已经履行的义务不再恢复原状，从而保证一定事实状态的稳定。但抗辩权的

---

① Jean Carbonnier, *Droit civil*, *t. VI*, *Les obligations*, p. 204.

② Jacques Flour et Jean-luc Aubert, *Driot civil*, *Les obligations*, p. 292.

消灭则意味着未履行的义务还得履行,从而导致原有事实状态的破坏,新的事实状态的产生。如果法律上规定时效届满后诉权消灭而抗辩权得以保留,就可以使时效届满时的事实状态在任何情况下均得以稳定,这种做法显然更为符合时效制度的基本精神。[1]

德国民法和我国台湾地区“民法典”虽将相对无效行为的撤销权确认为形成权,其存续期间为除斥期间,不能发生中止与中断,此期间之届满,即导致撤销权的消灭。此时,相对无效行为即确定地继续有效。但根据《德国民法典》第823条第2款、第826条之规定,因受欺诈而为的行为中,实施恶意欺诈的行为人因其侵权行为而负有损害赔偿义务。此种情形得准用第853条的规定,受欺诈人有权对欺诈人提出的履行此项以欺诈而成立的行为之要求进行抗辩。与此相似,由于非法胁迫通常同时构成侵权行为,因此在撤销期间届满之后,亦可类推适用第853条之规定,赋予受胁迫人拒绝对方提出的履行因胁迫所产生的债权的要求。[2]《瑞士债法典》(第60条第3项)以及我国台湾地区“民法典”(准用第198条)也有相同规定。

从立法目的上讲,法律限制撤销权存续期间的目的,是促使权利人及时行使权利,以使相关法律关系不至于长期悬而不决,从而影响善意相对方或者善意第三人的利益。因此,在相对无效行为已经实际履行的情形下,该行为因撤销权消灭而成为确定有效,并使既已形成的事实状态不被破坏,自是符合此种规则的立法目的。但在相对无效行为尚未履行的情形下,鉴于法律责令因受欺诈、胁迫或者暴利行为的受损害方之撤销权因除斥期间的届满而消灭,其目的并不在于保护实施欺诈等恶意行为的一方当事人的不正当利益;故在因受欺诈等而受损的一方尚未实际履行给付时,尽管其不能通过诉讼而请求撤销相对无效行为,但在认定该行为继续有效的条件下,赋予受损方以履行抗辩权,既无损于恶意方当事人的原有利益,亦无损害善意第三人利益之虞,同时,也更为吻合公众的正义情感。事实上,撤销权自成立时起至除斥期间届满而消灭之时,相对无效行为通常均已实际履行。此项规则,只能

---

① Jacques Flour et Jean-luc Aubert, *Driot civil*, *Les obligations*, n°354.

② 参见[德]迪特尔·梅迪库斯:《德国民法总论》,邵建东译,法律出版社2003年版,第607页、第619页。

适用于某些长期持续履行的行为(如租赁合同)或者履行期确定为行为成立时起1年以后的远期履行的行为。此两类行为,如赋予受损方以履行抗辩权,应无任何明显不利效果。例如,一方当事人因受胁迫而签订了为期20年的租赁合同,如出租人为受胁迫方,则通常因其已经交付租赁物而就其主要义务不存在履行抗辩权问题。但如承租人为受胁迫方,则其已经交付的租金虽不得请求返还,但得通过拒绝继续交付未交付部分租金而解除合同且不承担违约责任,此种效果并无明显弊端。

因此,在因受欺诈、胁迫以及乘人之危而为的行为之撤销权消灭之后,赋予尚未实际履行的撤销权人以履行抗辩权,应当是一种合理的选择。

不过,在具体安排相关规则时,有下列问题需要限定:

(1)所谓"尚未履行",应限制于主要给付尚未履行(如租赁合同中出租人的主要给付为交付租赁物,承租人的主要义务为交付租金),不包括次要义务或者从属义务(如出租人保证租赁物的正常使用状态、出卖人的瑕疵担保义务等)。如果主要给付已经履行,则当事人不得主张对其他义务的履行抗辩权。

(2)在部分履行的情形下,如果相对方已为相应给付,则当事人不得就已经接受之给付部分主张相应义务的履行抗辩权。例如,承租人所享有的继续履行交付租金的抗辩权,不应包括已经使用租赁物且尚欠之相应租金部分在内。

(3)因重大误解而为之行为,不存在恶意相对方,故撤销权因除斥期间届满而消灭,法律行为确定有效并具有强制履行力,即使尚未履行或者尚未全部履行,误解方不得享有履行抗辩权。

但是,对于上述问题,我国《民法通则》、《合同法》以及《民法总则》均未作出规定。

(二)当事人的承认

1. 承认的适用范围

承认是当事人放弃其主张法律行为无效的权利的单方法律行为。当事人对无效法律行为的承认具有溯及力,行为一经承认,即被视为自始有效,产生自成立之日起应当产生的一切法律效果。而这正是承认与无效法律行为(合同)的"更新"之间的主要区别:所谓"更新",是指当事人依原合同的内容重新订立合同,更新后的合同所生效力不具有溯及力。

法国民法认可承认的法律效力。就承认的适用范围,法国学者认为,由于承认的意义在于通过弥补法律行为的“瑕疵”而使无效法律行为成其为有效,而绝对无效行为涉及对公共利益的保护,且公共利益具有不可放弃性,因此,承认只适用于相对无效行为而不适用于绝对无效行为。① 不过,也有一些法国学者认为,某些绝对无效行为在特定条件下也可因当事人的承认而成为有效。此处所谓“特定条件”,主要指导致行为无效的客观情况发生变化或者法律规定发生变化。例如,在继承尚未开始时继承人之间所签订的继承协议,于被继承人死亡之后为继承人所承认。此种情形,导致合同无效的客观情况在合同订立后不复存在,承认可使该合同发生效力。又如,某类买卖合同约定的价格高于法律强制规定的价格,尔后该规定价格被取消或被提高时,当事人对该合同表示承认。此种情形,原为法律所禁止的合同由于立法上的变化而被允许订立,可因当事人承认而为有效。但这一观点并未被法国司法实践所采纳。尽管法国最高法院允许当事人在被继承人死亡后,以重新达成协议的形式,或更简单地以达成“维持原协议”的协议形式,使原实施的行为在事实上成为有效(某些判例甚至确认,在被继承人死亡以后,当事人单纯履行合同的行为,也可产生与重新达成协议或达成“维持原协议”的协议相同的法律效果),但此种情形并未被视为无效合同的承认。②

不过,法国民法允许当事人对相对无效行为的承认并不是无条件的,如果承认的结果会导致保护当事人利益的立法目的名存实亡,则该种承认在法律上即应归于无效。其包括两种情形:(1)违反法律强制性规范的承认。如果当事人对合同的承认会使法律有关社会公共秩序或当事人特定利益的保护性规定丧失作用,则该种承认为法律所禁止。例如,对于违反法律有关雇员享有带薪休假权利的雇佣合同,受雇一方不得予以承认。(2)“预先承认”。如果当事人订立合同时即在合同中设定了关于放弃主张该合同无效的权利的条款,则这类承认为法律所禁止。如《法国民法典》第1674条规定,不动产买卖中,如出卖人因低

---

① Jean Carbonnier, *Droit civil*, *t. VI*, *Les obligations*, p. 202.

② 参见 Couturier, *L' ordre public de protection*, *heurs et malheurs d' une vieille notion neuve*, cité par Flour et Aubert。

价所受损失超过不动产价金 7/12 时，即使出卖人在合同中明确表示放弃其撤销合同的请求权，该出卖人仍有权请求撤销该买卖合同。《法国民法典》的这一规定应适用于一切合同行为。

德国民法认可对可撤销行为的承认，但对于无效行为的承认，依照《德国民法典》第 141 条第 1 款的规定，被“视为重新实施行为”。德国学者认为，此处规定的“承认”并不能直接使行为有效，因为待承认的行为必须符合有效条件。[①] 这就意味着，德国法上的所谓“承认”相似于“更新”。但与更新不同的是：合同更新是完全依原合同内容重新签订合同，但此种“承认”虽然并不要求当事人重新签订合同，但要求当事人对行为进行某些形式上或者内容上的必要修正，以使其具有合法性。与此同时，此种承认当然不具有使行为自始有效的溯及力。不过，德国学者指出，应当推测当事人的相应意思，可使其处于合同自始有效的状态。例如，无效买卖行为经承认而产生效力，但买受人自交付之时起即可保留标的物的收益；而出卖人对承认前业已接受的价金，也不必支付利息。

《日本民法典》第 119 条规定：“无效之行为不因追认而生效。但当事人知其行为系属无效而为追认者，视为为新行为。”此一规定，与前述《德国民法典》的规定具有同一旨趣。日本学者在确定无效行为的追认不具有溯及效力的同时，具体指出了各种具体情形的差别。(1)违反强行规定的行为，只要其违反状态继续存在，即使双方当事人加以追认，亦属无效。但违反经济强制法规而无效之行为，如在该法规废除后追认，即为有效。(2)因双方当事人的个人事由而无效之行为(如虚伪表示)，双方当事人追认，即为有效。(3)错误、无意思能力等行为，令其无效的目的在于保护表意人，故得因表意人的追认而为有效。(4)因欺诈、胁迫而致行为被撤销而无效时，如仅有撤销一方当事人的承认，不得使行为成为有效。与此同时，日本学者也认为，承认固然无溯及力，但如仅涉及当事人之间的关系时，也不禁止其使行为发生溯及作用。如虚伪表示得以承认后，当事人不妨得从行为开始时收取孳息及负担

---

① 参见[德]迪特尔・梅迪库斯：《德国民法总论》，邵建东译，法律出版社 2000 年版，第 405 页。

税费等。[①] 而依照《日本民法典》第122条的规定,可撤销行为的经撤销权人的意思表示确定地变为有效。鉴于可撤销行为未经撤销时视为有效,则不存在承认的溯及力问题。

在《民法总则》颁布以前,我国立法对于相对无效行为的承认及其效果未予明文规定,但理论上一般予以赞同。考虑到法律规定法律行为相对无效的目的在于保护当事人的个人利益,而个人利益应由当事人自行判断和处分,因此,认可承认得导致法律行为撤销权的消灭并使行为确定有效,符合私法自治原则。至于绝对无效行为中,凡涉及公共利益保护的情形,自然不得因当事人承认而为有效。但如果行为之绝对无效并不涉及公共利益的保护问题,则确定承认的适用便不存在任何障碍。比如,我国法律规定无行为能力人实施的行为无效,目的在于保护无行为能力人的利益。因此,无行为能力人实施的行为在行为人取得完全行为能力之后予以承认,法律自无强行干预之必要,其应当发生行为有效的法律效果,同时亦可具有溯及既往的效力。

不过,根据我国最高人民法院《关于适用〈中华人民共和国合同法〉若干问题的解释(一)》第3条的规定:"人民法院确认合同效力时,对合同法实施以前成立的合同,适用当时的法律合同无效而适用合同法合同有效的,则适用合同法。"依此规定,行为的无效事由如以后因法律的变化而得以消除,则当然成为有效,自是无须依赖于当事人的承认。

据此,笔者其提出的建议稿中规定:"享有变更、撤销请求权的当事人在知道或者应当知道撤销事由之后,明确表示放弃权利的,其变更、撤销请求权归于消灭。"

2017年3月颁布的《民法总则》采纳了学者的意见,在第152条第3项规定,"当事人知道撤销事由后明确表示或者以自己的行为表明放弃撤销权的,"其撤销权消灭。

2. 承认的形式

在法国民法上,承认采用明示或默示方式均可。默示的承认可通过行为人意在放弃其主张合同无效的各种行为加以表示,其中最为典

---

① 参见[日]四宫和夫:《日本民法总则》,唐晖、钱孟姗译,五南图书出版有限公司2008年版,第224~226页。

型的是《法国民法典》第1338条第2款所指出的“自愿履行合同的行为”。[①] 法国学者认为，此处的“自愿”一词，显然是指行为人履行合同时，已明知该合同可以被认定为无效，亦即照传统的说法，行为人已“对合同的瑕疵有充分的认识”。否则，行为人履行合同的行为将不具备承认所必须具备的心理条件（行为人放弃其权利的意愿）。因此，对于履行合同的行为人是否对合同无效的事实确已有所认识，主张存在“承认行为”的一方当事人应负举证责任。而一旦当事人“知道合同存在瑕疵”这一事实成立，则当事人弥补瑕疵的意愿（亦即承认的意愿）即应被推定为当然成立。[②] 与此同时，除当事人自愿履行合同的行为之外，还存在其他默示的方法。例如，当事人将根据一无效合同而购买的财产转而出卖给他人。这里，当事人在知道合同无效的情况下，以所有人身份处分根据该合同取得的财产，应认定为以默示的方法表示了其对该合同予以承认的意愿。[③]

《德国民法典》第144条第2款规定，承认无须具备任何特定形式。承认的意思表示除可采用明示的方法之外，也可采用“推定行为”方式，如继续支付分期付款或者向第三人出让已经取得的标的物等。不过，与通说的意见相反，拉伦茨等学者认为承认的意思表示应到达相对人方可发生效力。[④]

《日本民法典》第123条规定，承认的方式与撤销的方式相同。

我国《民法总则》第152条第3项的规定，确认了承认的方式包括“明示”以及“推定行为”（“以自己的行为表明放弃撤销权”）。

---

① 该条文规定：“虽无承认证书，但自该债务得被有效承认时起，对债务的自愿履行，亦与承认其债务相同。”

② Couturier, *L' ordre public de protection, heurs et malheurs d' une vieille notion neuve*, n° 25–28, cité par Flour et Aubert.

③ Jacques Flour et Jean-luc Aubert, *Driot civil, Les obligations*, p. 281.

④ 参见［德］迪特尔·梅迪库斯：《德国民法总论》，邵建东译，法律出版社2000年版，第407页。

第四节 法律行为无效的效果

一、概说

因法律规定法律行为无效的目的是通过阻止当事人超越法定界限进行财产交易或者实施其他不正当行为,以避免公共利益或者个人利益遭受不法侵害。所以,行为无效的必然结果是强令当事人不得履行或者继续履行该种行为,如果已经履行,则必须回复到行为开始时原有的财产状态或者其他事实状态。

我国1986年《民法通则》第61条明文规定了法律行为无效的效果:“民事行为被确认为无效或者被撤销后,当事人因该行为取得的财产,应当返还给受损失的一方。有过错的一方应当赔偿对方因此所受的损失,双方都有过错的,应当各自承担相应的责任。”(第1款)“双方恶意串通,实施民事行为损害国家的、集体的或者第三人的利益的,应当追缴双方取得的财产,收归国家、集体所有或者返还第三人。”我国《合同法》第58~59条确认了基本相同的规则,只是增加规定了“不能返还或者没有必要返还的,应当折价补偿”等内容。

由此可见,法律行为无效后,已经部分或者全部履行的,根据不同情况,可以产生四种效果:(1)所有物(或其他物权标的物)返还请求权;(2)不当得利返还请求权;(3)侵权损害或者缔约过失责任赔偿请求权;(4)财产追缴。

对于上述有关行为无效后的财产返还以及损害赔偿等效果的规定,我国学界并无争议。但就法院在确认行为无效或者撤销时,应否适用“追缴”相关财产并“收归”国家、集体所有这一问题,存在不同看法。支持者指出:“民事制裁是一项独特的立法例,它突破了传统民法、诉讼法理论,其实质就是立法者赋予人民法院在民事诉讼中管辖一部分行政事务的职权。”①反对者则认为:“民事制裁是特殊时期的立法产物,

① 汪有生:《民事制裁适用问题之研究》,载百度文库:http://wenku.baidu.com/view/be983324cobff121dd368334.html,最后访问日期:2009年3月1日。

也是法学理论不成熟的体现。这一制度表面上维护了法律的权威,但实际上却与司法权的被动性、中立性相违背,以司法权威的丧失为代价。"[①]多数学者认为,作为私法,民法的功能仅在于平衡民事主体之间的利益关系,故不宜适用"没收"的强制处罚方法。如果当事人的行为损害公共利益,必要时应由公法以没收等方法予以制裁。司法实践中,尽管现行法上有明文规定,但基于私法观念的阻碍,法院在民事诉讼中一般也并不采用此种制裁措施。

我国于2017年3月颁布的《民法总则》第157条的相关规定中,采纳了学者的意见,未将"财产追缴"纳入法律行为无效的效果中加以规定。

二、法律行为无效后的财产返还

依照传统理论,法律行为被确认为无效或者被撤销之后,如果行为尚未履行或者尚未全部履行,则未履行部分不得再履行;如果行为已经履行或者部分履行,则双方当事人均有权根据请求相对方返还已为之给付。法律有关所有物的返还以及不当得利的返还规则(包括善意占有人与恶意占有人就孳息返还所适用的不同规则等),提供了处理这一问题的基本依据。

然而,所有物返还规则建立于所有人单方面恢复支配权的权利主张,不当得利返还规则则建立于一方要求对方返还无根据取得的利益的权利主张,而与此不同,法律行为无效后的财产返还,常常具有相互性特点(双方返还)。基于双方应为或者所为给付有可能存在的不同内容和性质,一方的返还请求有可能与另一方的返还请求在现实中发生冲突,而在法律行为因不法或者违背公序良俗而无效的情形下,当事人的返还请求权的行使则有可能面临更为复杂的情况。

(一)一方无法返还时有关规则的适用

在双方互为给付的情形下,行为无效后,如果双方已为给付均有返还可能(如买卖、互易等行为),则相互返还。但在一方所为给付为提供标的物的使用价值(如租赁)或者提供劳务或者服务(如雇佣等),则依此类给付的性质,客观上不存在返还的可能性。此时,另一方可否请求其返还已受领的给付或者应否向相对方为尚未履行的给付?例如,租

① 魏盛礼:《民事制裁制度性缺陷评析》,载《河北法学》2005年第5期。

赁合同无效后,承租人不可能向出租人返还已经实现的“使用”,此时,出租人可否保留已经收取的相应租金或者请求承租人按合同约定的价格支付租金?

就这一问题的处理,法国民法理论存在两种对立的观点:

一种观点认为,此类合同被确认为无效后,合同所已经产生的效果应作为一种事实状态予以保留,亦即当合同无效的溯及力会导致承租人无代价地获得对租赁财产的使用时,或导致雇主无偿地因雇员一方的服务而受益时,合同无效的溯及力应予排除,亦即合同无效后,出租人或雇员仍应保留其已获得的租金或工资,只不过其数额并不一定与合同规定的租金或工资的金额完全相等。依照一些法国学者的观点,这种情形实质上是法官为寻求公平而裁定当事人应得的一种补偿。[①] 这种结论为某些判例所确认(如法国最高法院社会法庭1980年10月3日判决等)。与此同时,《法国民法典》第1844－15条关于撤销合伙合同的规定也确定了这一原则(该条文规定:“撤销合伙一经判决,即终止执行合伙契约,但无追溯效力”)。

但另一种观点则认为,上述通行理论会导致司法上严重的不确定,这不仅表现为法官裁决有关款项数额(工资或租金)时所依据的标准的不确定,而且还表现为合同制度中某些规定在适用上的不确定,如对于被确认无效的雇佣合同,是否还应适用有关雇员带薪休假或其他社会福利的规定?这些学者认为,解决上述难题的唯一方法是从根本上彻底排除合同无效的溯及力,而合同被确认无效前所产生的事实状态应完全予以保留。[②] 总之,根据这些学者的意见,在合同订立至被确认无效这一期间,如果合同所规定的条款合法(如规定的工资未低于法定最低限额;规定的租金未超出法定最高限额等),双方当事人的关系就应适用合同所规定的条款,否则,应适用法律的有关强制性规定。事实上,实践中某些合同的确是被视为“推定合法的合同”加以对待的(其中最典型的是“婚姻契约”),其无效只及于将来。在这种情况下,合同的无效与合同的解除并无本质的区别。

---

① Mazeaud et Chabas, *op. cit.*, n°332; Weill et Terré, *op. cit.*, n° 331, cité par Flour et Aubert.

② Jacques Flour et Jean-luc Aubert, Driot civil, Les obligations, p. 303.

同样的争议在德国也有发生。如就一项双方当事人都违法的、已经履行的打黑工的合同,德国联邦最高法院的判决认为,该合同中有关价格担保(Preisgarantie)的约定是有效的。其理由是:因提出价格担保而受到约束的承揽人"不得主张无效性",否则,其便单方面将其承担的价格风险转嫁给了定作人。但学者认为,法律行为无效的预防性作用,应体现在当事人不得主张被禁止的约定这一事实之上,故不赞成这一做法。一些学者认为,赋予一方当事人以缔约过失为由主张赔偿的权利更为妥当。对于该法院的另一项根据《德国民法典》第812条第1~2款作出的判决,即在一定条件下赋予先行给付的黑工以要求赔偿价值的请求权的做法,学者基于该法典第817条第2款也存有疑虑。①

上述争议的焦点在于:在行为无效且一方无法返还的情形下,已为给付的另一方究竟应当完全保留其已经受领的相应给付(如出租人保留其已收取的相应租金)或有权请求对方履行约定的给付(如出租人请求承租人支付欠付的租金),还是仅有权获得价值补偿(如出租人仅有权依照租赁物通常的使用价格而非约定的价格计取"租金")?按照我国《合同法》第58条有关"合同无效或者被撤销后,因该合同取得的财产,应当予以返还;不能返还或者没有必要返还的,应当折价补偿"的规定,就"不能返还"时所采用的"折价补偿"方式而言,采用的似为"价值补偿"的做法。但在我国司法实务中,就一些违反法律强制性规定而无效但又无法实施返还或者双方返还的行为,法院常常采用"无效合同当有效处理"的原则。如因违反有关招投标强制规定的建设工程承包合同被确认无效后,在承包方已经实际履行修建行为的情况下,就发包方应当支付的工程款的结算,法院仍按合同的约定作为依据。此种做法,采用的就是执行合同约定的价格的方式。

事实上,就法律行为无效后一方无法返还时有关问题的处理,很难采用一种既符合逻辑推理、又符合公平观念的一般准则,只能根据行为无效的不同情况予以区别对待。

就相对无效行为而言,行为被撤销权人主张撤销后,鉴于撤销权

① 参见[德]迪特尔·梅迪库斯:《德国民法总论》,邵建东译,法律出版社2000年版,第486~487页。

人为善意当事人,故已为给付的返还,应当充分考虑其利益保护。因此,当撤销权人为无法返还已受领之给付的一方当事人时,另一方当事人原则上仅有权请求其"折价补偿"。如租赁行为因出租人的欺诈而被撤销,出租人不得保留其已经收取的租金或者请求承租人按约定支付租金,而只能按通常的标准计取使用费。但如撤销权人为履行无法返还之给付的当事人,则其有权请求相对方按约定的价格为相应之给付。如租赁行为因承租人的欺诈而被撤销,出租人有权保留已收取的租金或者请求承租人按约定支付相应租金。但在因重大误解而被撤销的行为中,双方均为善意当事人,故无论撤销权人是否为无法返还已受领之给付的一方,均应采用在价格上"无效当有效处理"的处理方式。

就因内容或者形式违法而绝对无效的行为而言,行为被确认无效后,鉴于双方当事人通常均为恶意,在此,法律便不能不陷入一种两难境地:如果遵照令行为绝对无效的立法目的(不使行为发生行为人预期的效果),则行为被确认无效,当然应强令其回复至行为开始时的事实状态,不能回复时,应依照不当得利的规则而非合同约定分配双方的利益。这就是说,如果租赁行为无效,在承租人已经进行的"使用"无法返还时,其应当向出租人支付的应是就其"使用"而支付的补偿费用而非无效租赁合同所约定的租金;如果承揽合同无效,在定作人无法返还或者无必要返还承揽人已经完成并交付的"工作成果"时,其应当向承揽人支付的是其工作成果的价值补偿而非无效承揽合同所约定的价格(如工程款)。但是,在我国司法实务中,一方当事人在诉讼中主张行为绝对无效的目的,恰巧是逃避行为的约束而导致的不利后果(或者逃避违约责任,或者逃避约定的价格,或者两者兼而有之),其构成明显的恶意。于是,在已经实际履行且无法返还的行为被确认无效后,如果不采用"补偿"的方法而保留合同被确认无效前所形成的事实状态(双方不予返还,或者不能返还的一方向另一方按合同约定的价格支付租金或者工程款),则令无效行为实际上产生有效行为之相同的效果,违背了立法的宗旨。但是,如果撇开合同的约定按通常标准予以"补偿"(在建设工程承包合同中则是按照所谓"法定标准"即国家颁布的工程造价"定额"标准计算工程款),则诉讼中以自己的违法行为主张合同无效的恶意方当事人即会获得明显不正当的利益。对此,笔者认为,我国司法实务对某些已经实际履行的绝对无效行为在价格确定上采用“无效行为当有效处理”的原则，自有其合理性。理由是：(1)因违法而无效的合同行为，通常是基于对有关行政管理法规的违反(如建设工程承包合同的订立未采用法定的招投标程序、公立学校擅自将教育设施出租给他人从事营业活动而收取租金，等等)，但双方当事人所约定的工程款及租金价格的计算方式或者计算标准本身，并不违反法律的强制性规定。(2)较之在一定条件下和一定范围内(主要涉及合同价格等基本交易事项)适用“无效当有效处理”原则，采取支持恶意诉讼的一方当事人的主张并使其利用其违法行为而获利的做法，具有更大的危害性。(3)当事人违反行政管理法规，应依相关法规承担相应的法律制裁后果，“无效行为当有效处理”，并不会使当事人有恃无恐，从而发生鼓励违法的不良作用。由此，在确认合同无效的前提下，准用合同约定的价格作为一方或者双方无法返还时的补偿标准，利大于弊。

据此，笔者在提出的建议稿中规定：法律行为被确认无效或者被撤销时，没有履行的，不得再履行；已经履行的，双方当事人应当返还从对方取得的财产。“但一方不能返还时，不得请求另一方返还。”这一建议，未被《民法总则》采纳。

(二)法律行为因违反公序良俗而无效的财产返还

在法国，对于合同因标的或原因违反强制性规范或违反道德而无效时，当事人是否有权要求相对方返还财产的问题，《法国民法典》未作明文规定。司法实务中，由于各种违法合同的情况各不相同，合同被确认无效后，对当事人是否有权要求相对方返还财产的问题，法庭只能根据具体情形作出裁决。一般情况下，(1)违法合同一般适用合同无效的溯及力原则，当事人可要求相对方返还财产。① 但例外情况下，某些因违反公共秩序而无效的合同，法庭也有可能对当事人要求返还财产的主张不予支持。② 相反，违反道德的合同的当事人无权要求相对方返还

---

① 如故意隐瞒真实价格的买卖合同(法国最高法院诉状审理庭1941年4月29日关于一商业资产买卖合同的判决)；高于规定价格或违反有关贸易或黄金交易规定的买卖合同(法国最高法院商事法庭1949年10月25日判决)；未履行法定核准程序的合同(埃克斯法院1945年3月28日判决)，等等。

② 其中，有些判例涉及对公务人员行贿及受贿的问题(法国最高法院诉状审理庭1925年1月23日判决)；有的判例则涉及战争期间与敌人进行的商业活动(巴黎法院1949年5月12日判决)，等等。

财产。[①] 但当违反道德的合同的当事人需承担刑事责任时,法庭有可能责令当事人返还财产以对其加重处罚。[②] (2)基于保护公共秩序的需要,根据不同情况作不同处理,即在当事人一方或双方已履行合同的情况下,依合同的不同性质,确定当事人应否有权请求返还财产:对于借贷合同,如果允许当事人请求返还财产(收回出借物),则该种合同的有效与无效将在结果上毫无区别。因此,借贷合同无效后,不适用返还财产的原则。[③] 与此相反,对于赠与合同,不允许当事人请求返还财产只能使该行为在事实上完全发生效力。就一般而言,当事人可要求返还财产,[④]如对于姘居者之间的赠与行为,如果在确认合同无效的同时又允许受赠一方保留其收取的赠与物,则这种确认将毫无意义。(3)根据当事人行为"可耻"的不同程度做不同处理。如果原告(主张返还财产的人)的行为的"可耻"程度低于被告,则对其主张可予支持;反之,如果原告的行为的可耻程度与被告相等或超过被告,则对其主张不予支持。[⑤]

对于司法实践处理违法或违反道德的合同无效后财产返还问题所确立的上述标准,法国学者存在各种不同看法。很多学者认为,不允许当事人在合同无效后请求返还财产,其结果会导致合同无效的正常后果不能发生。"实质上是禁止当事人主张合同无效",而这一处理方式所引起的争论会"对法官的神圣地位产生影响"。[⑥] 而在仅有一方当事人履行合同的情况下,这一做法的结果是使该方当事人既不能请求对方返还财产,也无法要求对方交付其约定交付的财产;这显然既不公

---

① 如购买作为妓院的房屋并已支付价款的买受人(法国最高法院诉状审理庭 1905 年 7 月 17 日判决);借款给买受人购买作为妓院的房屋并已交付款项的出借人(同一法庭 1895 年 4 月 1 日判决);租赁房屋用于开设妓院并已提前交付租金的承租人(法国最高法院民事法庭 1938 年 11 月 15 日判决);向一已婚妇女提供房屋使其可离开家庭与情人相聚的出借人(法国最高法院诉状审理庭 1923 年 4 月 17 日判决),等等,均不享有要求返还财产的权利。

② 法国最高法院刑事法庭 1945 年 6 月 7 日判决。根据该判决,法庭允许一妓女要求一以"淫媒"为业者即拉皮条的人返还已向其支付的报酬。但这一返还并非基于合同无效的结果,而是基于损害赔偿,即对拉皮条的人就其违法行为而为该妓女造成的损害所进行的赔偿。

③ 巴黎法院 1949 年 5 月 12 日判决。

④ 法国最高法院第一民事法庭 1972 年 1 月 25 日判决。

⑤ Jacques Flour et Jean-luc Aubert, *Driot civil*, *Les obligations*, pp. 305 – 307.

⑥ Larombière, *La justice des violes dans un mouvement d' indignation ou de dégout*, cité par Flour et Aubert.

正,也不符合道德。实质上,在此种情形下,合同对一方当事人而言是有效的,而对另一方却是无效的。[①] 但也有学者认为,从立法上考虑,这一做法具有预防功能,它不仅有助于阻止当事人订立违反道德的合同,而且也有助于阻止当事人履行其已订立的违反道德的合同。很明显,如果在任何情况下都允许当事人请求返还财产,对当事人来说,合同无效的最坏结果不过就是“白干一场”。如此一来,合同无效为当事人所带来的不利因素就会降至可以容忍的程度。而不允许当事人请求返还财产的原则会对当事人引起严重的不安全:先行履行合同的一方当事人将被置于相对方当事人的任意摆布之下,相对方将有可能既不交付约定的财产,同时又保有其已经取得的财产。这种危险显然是双方当事人都不愿意承担的,故通过这种“让那些家伙去自作自受”的方法,可以促使当事人不实施或不履行该种行为。[②] 对此,另有学者认为,“当不允许实施‘可耻行为’的当事人请求返还财产的原则被适用时,其结果是违反道德和社会利益的。但这一原则之所以明确地被人们所接受,就一般的意义而言,正是为了使实际生活中不存在适用这一原则的场合”。[③]

但除法国之外,大陆法系其他国家的立法并未对法律行为无效后的财产返还作出具体规定。其原因在于:在德国法模式中,由于物权行为理论的采用,作为原因行为的法律行为的无效并不当然影响物权行为的效力,故原因行为无效之后,财产返还通常应适用不当得利返还的相关规则;在物权行为之行为人无处分权且不适用善意取得的情形下,无权处分行为无效应适用所有物返还的规则。而在瑞士法模式中,法律行为无效后,财产返还自应适用所有物返还的相关规则予以处理。在法律行为因违法或者违反公序良俗而无效的情形,在不考虑对行为人实施公法制裁的前提下,民法不必就法律行为无效后的财产返还设置专门规定。不过,我国台湾地区“民法典”第 113 条对此设置了一条特别的规定:“无效法律行为之当事人,于行为当时,知其无效或可得而知者,应负回复原状或损害赔偿之责任。”这一规定的立法理由是“在于

---

① Jacques Flour et Jean-luc Aubert, *Driot civil*, *Les obligations*, p. 308.

② Ripert, *La règle moral*, n° 110.

③ Jacques Flour et Jean-luc Aubert, *Driot civil*, *Les obligations*, p. 309.

保护相对人之利益”。依照这一规定,行为无效后,一方当事人是否承担返还财产或者赔偿损失的义务,须取决于其是否知道或者应当知道该行为存在无效原因。对之,我国台湾地区学者多有诟病,认为这一规定不仅纯属多余(在无效行为得分别适用侵权损害赔偿、缔约过失责任、不当得利或者所有权返还请求权的规定的情况下,无须另设此一条文),而且十分不合理(例如,买卖合同因违反强制性规定而无效时,如出卖人不知其为无效,或非因过失而不知时,其不必返还所受领的价金,此种结果显非公平)。①

很显然,在行为因违法或者违反公序良俗无效的情形下,除标的物违法而有可能适用收缴等其他处理方式外,一般情况下,如果能够回复原状(返还原物或者所获利益),适用所有物返还或者不当得利返还原则予以处理,应当是可行的。前述法国司法实务中的复杂处理方法太过任意,理论上也无法予以清晰的说明,不宜采用。在我国,一般而言,因违反行政法规强制规定而无效的行为(包括程序上违法的行为,如违反招投标规定的基本建设承包合同以及国有土地使用权转让合同,未获得售房许可证而签订并经购房人主张无效的商品房买卖合同等,也包括内容上违法的行为,如高利贷行为、企业间的资金借贷行为、国有土地使用权炒卖行为等),应将民事上的财产返还与行政上的处罚分开,即行政上的处罚或者未予处罚,并不影响民事上的所有物或者不当得利之返还。对于违反善良风俗而无效的行为,是否适用财产返还,则可根据具体情形予以确定,其中应予重点讨论的是赠与行为因违反公序良俗而无效时的财产返还问题。

(三)赠与行为因违反公序良俗而无效的财产返还

赠与合同为单务、无偿行为。对于赠与合同因违反公序良俗而无效后,赠与人可否请求受赠人返还财产的问题,我国司法实务常被困扰。例如,男方因“包二奶”而向女方所为之“赠与”,其事后主张赠与无效并请求女方返还所赠与的财产。对此类案件的处理,有基层法院存在三种不同观点:(1)该赠与因违反公序良俗而应属无效,行为无效后,女方应向男方返还赠与物;(2)该赠与无效,但男方无权请求女方返还赠与物,女方所得赠与物应作为违法所得予以没收;(3)该赠与双方

---

① 参见王泽鉴:《民法总则》,中国政法大学出版社2001年版,第516页。

行为人合格、意思表示真实、内容不违反法律强制性规定，应属有效。鉴于除内容违法之外，法律行为得因其原因违法或者违反公序良俗且为双方所明知而归于无效，故第三种观点不能成立。但第一种观点令男方有权从女方处收回其赠与的财产，法律逻辑上能够成立，但情理上实难使人接受，而第二种观点虽无情理上的大碍，但其"没收财产"的处罚缺乏法律依据。故三种观点均难成立。

事实上，如果说基于一般婚外情关系双方所为之赠与是否应当确认为构成公序良俗之违反尚值讨论的话，那么，典型意义上的"包二奶"关系中当事人所为之赠与显然应当认定为无效。但因"包二奶"所为之赠与，并非一方单纯地向另一方让渡财产利益，双方之间实质上存在某种违反道德的交易，但女方已向男方所为之"给付"，男方既无法"返还"，更无法"折价补偿"，故支持男方要求返还财产的请求，无异于令男方获得不正当利益。因此，赠与行为因违反公序良俗而无效时，应当参照双务合同无效后的处理原则。未履行者不得再请求履行，但已经履行者，赠与人不得请求返还。对于此种情况，民法理论上存在"基于违法目的而为之给付，不得请求返还"的规则，这一规则的立足点便在于当事人因为一定给付而实现了违法目的，而此一已经实现的"目的"（某种不法利益）客观上无法恢复原状。如允许其请求返还所为之给付，无异于对其不法行为的奖励，故于情于理均不可取。

据此，笔者在提出的建议稿中规定：法律行为被确认无效或者被撤销时，"基于不法目的而给付的财产，不得请求返还"。这一建议，未被《民法总则》采纳。

第五编
代理制度

第十九章　代理的性质

第一节　代理制度独立存在的价值

一、授权行为的独立性

将代理塑造成为一种独立的法律制度并为之设计一整套规则系统，典型地体现了德国民法所采用的独特的抽象思维方式。而代理权授予行为（授权行为）的独立性，则是代理制度得以独立存在的基础。

在德国民法所采用的各种高度技术化手段中，将一个生活事实用抽象的方法“剥离”（或者称为“区分”）为两个以上相对独立存在的法律现象，是最富技术特征的方法之一。对此，物权行为与债权行为的区分，当属典范：实际生活中，一个完整的交易（如买卖）系由当事人所实施的一系列具体活动（包括交易双方达成合意、互为一定给付等）所构成。《德国民法典》之前的法律（古代罗马法和法国法）在表现或者描述这一交易行为时，采用了一种直观的方式：一个交易即在法律上表现为一个契约，而一个契约行为则包括了契约的成立以及契约的履行之全部过程。但德国民法在区分物权与债权的基础之上，不仅符合逻辑地将物权变动现象与债权设立现象相分离，而且将这一区分直接运用于具体的交易关系。于是，一项买卖行为在时空上被人为地切割成为两个以上既相互关联，又相互独立的法律现象：买卖契约的签订为设立债权、债务的负担行为(债权契约,即债权行为),而出卖人向买受人交付标的物以及买受人向出卖人支付价金,分别产生物权变动的处分行为(物权契约,即物权行为)。物权行为独立于债权行为,使物权变动与债权变动各自具有性质相同的法律事实("合意"),从而为法律行为的抽象提供了基本材料。

而代理作为一项独立的制度在德国民法上的创设,就其所采用的法技术而言,不过是物权行为理论的忠实翻版。

就生活事实而言,委托合同关系的设立与履行是一个完整的交易行为。由此,法国民法将受托人的行为(代理行为)包括于委托合同(委任契约)关系之中:受托人基于委托合同而成为代理人,其以委托人名义与第三人为法律行为,不过是在履行委托合同为其设立的义务,而受托人与第三人所为法律行为的效果直接归属于委托人,不过是委托合同所产生的一种"外部效力"。按照这种做法,委托代理是基于委托契约而发生并附属于委托契约而存在的,代理权的授予或者获得是委任契约的内容和效果之一。很显然,此种做法将委托合同及其导致的各种法律效果视为一个整体,在所设定的法律现象与其反映的生活事实之间具有高度的一致性。

然而,循着一种既定的思路和采取一种惯用的抽象技术处理技巧,德国学者将实际生活中的一个"茶杯"(委托关系)切割成为两个"茶杯",即两个不同的法律现象(委托合同与授权行为)。

就德国民法的这一创造过程,汉斯·多勒(Hans Doelle)在其《法学上的发现》中作了完整的叙述:首先是德国学者耶林(Jhering)在19世纪中叶指出委托合同与代理权授予之并存纯属偶然(有时有委托合同但并无代理权的授予,有时有代理权的授予但并无委托合同)。其次,德国法理学家拉邦德(Labande)于1866年发表了《代理权授予及其基础关系》一文,提出了代理权授予是一个独立于其基础关系(委托合同)的合同行为。[①] 最后,德国学者进一步将代理权授予认定为单方行为,并确定其具有无因性。《德国民法典》采纳了授权行为独立性的观点,在其第167条规定:"(1)代理权的授予,应向代理人或向为代理行为的

① 参见[德]汉斯·多勒:《法学上的发现》,载王泽鉴:《民法学说与判例研究》(第4册),中国政法大学出版社1997年版,第5页。

第三人以意思表示为之。(2)前项意思表示不需要依照有关代理权的法律行为所规定的方式。”

很显然,德国民法将授权行为从委托合同关系中予以切割,如同将物权行为从买卖合同关系中予以切割一样,并不是一种真正的法学上的“发现”,而只是一种抽象技术运用的结果。

就受托事项为实施法律行为的委托合同而言,代理权的授予通常为委托合同的基本条款和基本法律效果。实质上,由于受托人义务的履行须以代理权的享有为前提,故如无代理权的授予,此种委托合同所设定的权利义务根本无法实现。由此,代理权授予实为委托合同的“题中应有之义”,离开代理权授予,委托合同通常将成为空中楼阁,毫无意义。所以,法国民法将代理权授予与委托合同视为同一,看不见代理权授予的存在。进而认为委托代理不过是委托合同关系的外部关系,其实实在在完全符合委托合同这一法律现象的本质和特征。

但如同物权行为的“发现”,代理权授予行为独立性的“发现”纯属人为设计的结果,且二者所运用的是完全相同的抽象技术:在买卖关系中,出卖人通过动产交付或者不动产登记而让与标的物所有权,为买卖合同必须为出卖人设定的基本义务,标的物所有权的变动,为买卖合同的基本目的和当事人追求的基本效果,当然包含于买卖合同所记载的双方的意思表示之中。但是,德国民法理论运用一种抽象的切割技术,强行将买卖合同双方之整体意思表示区分为两段,即通过成立买卖合同而设定债权、债务的合意(债权行为)与通过动产交付或不动产登记而发生物权变动的合意(物权行为)。此种强行安排完全无视现实生活的实际情况,非以抽象的方法即不可能理解。采用同样的“切割”方法,当事人成立委托关系的一个合意自然也可区分为“委托合同”的合意和“代理权授予”的另一个意思表示。至于“代理权授予”的意思表示从委托合同中被切掉之后,委托合同是否残缺不全以及能否真实存在,在一种抽象的层面上可以全然不被考虑。

因此,对于授权行为的独立存在,只能采用抽象的方法予以理解和说明,而绝对不能将其与生活事实相对照。也就是说,无论授权行为在实际生活中迟于基础法律关系的发生且具有独立的表现形式(单独的授权),抑或被“融入”委托合同之中而表现为委托合同中的基本条款即与基础法律关系同时发生,在法律上,其均应被视为独立存在于既定的

"空间",而且其发生时间一定"晚于"基础法律关系的成立,即先有基础法律关系,然后有授权行为,并进而有代理权的产生。据此,凡试图以实际生活中存在独立的授权行为的事例,来论证代理权的授予绝非委任等基础法律关系的外部效力的观点;[①]或者以实际生活中授权行为必须依附于某种基础关系而生的事实,来论证其不具有真正的独立性的观点,[②]都是不正确的。与此同时,代理权授予行为的独立存在不过是一种抽象的而非直观的思维结果。而对同一事物,完全可以采用不同的观察角度而得出不同结论,并据之设立不同的法律制度。故将德国民法上有关代理权授予行为的独立性及无因性理论视为唯一科学和正确的理论,亦非科学的和正确的态度。

二、授权行为的无因性

德国民法理论将"一个茶杯看成两个茶杯",并非仅为满足其"抽象化之偏好"或者炫耀其法技术运用能力,而是具有明确的应用价值和法律目的,即满足交易安全保护之需求。

如果说,物权行为的独立性仅仅具有形式上的意义的话,那么,物权行为的无因性则使其独立性具有实质上的意义(实质上的独立性)。因此,从实质上看,将一个完整的交易行为(买卖关系)切割成为债权行为与物权行为两个法律行为的根本目的,便在于使物权变动的效力不受买卖合同瑕疵的影响。物权行为的此种抽象性或者无因性使标的物因动产交付或者不动产登记所发生的物权变动获得绝对的稳定与安

---

① 有学者试图以三种具体实例论证授权行为在事实上系独立存在:(1)有授权行为而并无基础法律关系(如甲嘱乙代订酒席,甲、乙间为社交行为而无法律关系),以之证明授权行为非以基础法律关系的存在为其存在前提;(2)有基础法律关系而并无授权行为(如甲雇用新进店员未经授权而以甲名义与顾客订立契约),以之证明授权行为并非必然伴随基础法律关系而发生;(3)伴有基础法律关系的授权行为(如乙与甲订立出卖土地委任契约,并授予代理权。在此情形下,甲所承担的出卖土地之义务来自委任契约,与代理权之授予无关,故代理权之授予并非债之发生原因),以之说明产生受托人债务的委托合同于产生代理权的授权行为是两个不同的法律行为。参见王泽鉴:《民法实例研习·民法总则》,三民书局1997年版,第359~360页。

② 针对前述实例论证,有学者指出,甲嘱乙代订酒席,其相互间仍存在口头委托合同。而在授权行为与委托合同相生相伴的情况下,授权意思已经具体化为委托合同中的权利义务内容,故授权行为并无独立性而言。参见江帆:《代理法律制度研究》,中国法制出版社2000年版,第81页。

全,不仅从形式上而且从实质上摆脱了债权行为(买卖合同)的羁绊和牵连,使之不因买卖合同的无效或者被撤销而受到任何影响,从而达到保护交易安全的目的。

与此相同,将代理权的授予独立于委托合同的根本目的,也应当是切断代理权与委托合同或者其他基础关系的直接牵连,使授权行为的效力不受委托合同或者其他基础关系瑕疵的影响,即赋予授权行为以无因性特征,否则,这种切割的价值便会大打折扣。由此,委托合同无效或者被撤销,不会影响代理权授予行为的效力,也就不会对代理人行使代理权所已经产生的法律效果受到任何妨害,这应当是授权行为独立存在的实质意义。

虽然《德国民法典》就授权行为之无因性问题规定得比较模糊,且其第 168 条第 1 款规定:"代理权的消灭,以其授予代理权的法律关系决定之。"但德国民法理论和判例多坚持授权行为具有无因性的主张,并采用推定的方法将该条规定解释为其仅适用于代理权授予之基础关系的消灭,但在基础关系无效时,并不影响授权行为的效力。①

三、代理关系的抽象性与独立性

当授权行为一旦脱离委托合同而获得其独立性之后,直接因授权行为而产生的代理权便随之成为一种独立的法律现象。此时,委托合同的地位便降格为只是授权行为所依据的所谓"基础法律关系"即授权行为的"原因"。而合伙人相互之间、雇主与雇员之间原本应被视为"委托合同"的委托关系,则被解释为一种单方行为即授权行为。至于原本作为委托合同"原因"的合伙关系、雇用关系等,则自然被视为授权行为的"基础法律关系"。而基于代理权及其产生根据的独立性,便使代理所涉及的三方当事人各自所处的法律地位得以凸显,此种"三足鼎立"而形成的三方关系称为"代理关系"。

在不承认授权行为独立性的体制中,不可能存在独立的"代理关系"。这是因为,如果受托人实施代理行为被视为履行委托合同为其设定的义务,则委托人与受托人之间就只能存在委托合同关系,而由于第

---

① 参见王泽鉴:《民法学说与判例研究》(第 4 册),中国政法大学出版社 1997 年版,第 361 页。

三人不可能成为委托合同关系的主体,故受托人与第三人之间以及第三人与委托人之间基于代理行为而发生的相互联系,便只能被视为委托合同派生出来的一种外部关系并引发代理行为效果归属之外部效果,这种外部联系以及外部效果依附于委托合同而存在。据此,围绕委托合同义务履行而派生的各种法律现象,既无必要亦无可能脱离委托合同而独立存在。

但在授权行为具有独立性的条件下,代理权的存在及其行使便不再依附于委托合同或者其他基础法律关系,由此而产生的委托人与受托人、受托人于第三人以及第三人与委托人三方之间的相互关系,便可以成为一种独立的法律现象(代理关系)而得以展示。而在这种抽象的三方关系中,委托人、受托人以及第三人亦相应取得了被称为"被代理人(本人)"、"代理人"以及"相对人"的特定身份或者法律地位。由此,所谓"代理关系"系由以下三方关系构成:本人与代理人之间为代理的内部关系,因代理权的存在而发生;代理人与相对人之间为代理的外部关系,因代理权的行使而发生;本人与相对人之间为代理的外部关系,因代理权行使的效果归属而发生。

非常重要的是,"代理关系"是对本人、代理人以及相对人因代理权的行使而产生的相互地位和相互联系的一种抽象描述。① 因此,本人与代理人之间的代理内部关系并不等同于授权行为,也不等同于其相互之间的基础法律关系,而本人与第三人之间的代理外部关系亦不等同于本人与第三人之间通过代理人的代理行为而设定的权利义务关系。只有如此,代理关系才能与本人与代理人之间的基础法律关系以及本人与相对人之间因代理而产生的法律关系发生界分,从而获得其独立存在的特定形态,从而为代理制度的独立性提供最为重要的基本条件。

在技术处理上非常重要的是,授权行为的独立性不仅使代理权脱离基础法律关系而存在,而且也为意定代理(代理权因授权行为而生)与法定代理(代理权因法律直接规定而生)共同规则的提取创造了条件。

---

① 应当注意的是,"代理关系"的概念在理论和立法上常具有两种不同含义。一种为狭义,专指本人与代理人之间的代理内部关系(如《合同法》第402条、第403条中所称之"代理关系");另一种为广义,指包括本人与代理人、代理人与第三人以及本人与第三人之间的三组关系之总和。代理理论中的代理关系一般是指后者。

意定代理和法定代理本身存在巨大差异。意定代理基于当事人的合意而发生,适用于财产行为而不能适用于身份行为。而法定代理(包括监护人的法定代理权和配偶相互间的夫妻家事代理权等)主要是监护关系以及婚姻关系的派生物,基于法律的直接规定而发生。在意定代理中,意思自治原则被充分地贯彻,尤其是委托人的意志对于代理人的活动具有直接和强大的控制能力,因而意定代理可以采用各种复杂的形式且具有极其广泛的适用范围。但在法定代理中,或者被代理人(被监护人)缺乏意思能力,或者法定代理人本身即依法对相关事项享有决定权(夫妻家事代理),①故代理权的产生、权限、行使方式等只能由法律直接加以控制,故此种代理形式和内容单一,适用范围极其狭窄。由此,在法国民法上,意定代理适用委任契约的规则加以调整,而法定代理则在婚姻、亲属法中加以规定,自是合理。然而,代理权及代理关系的抽象独立却使意定代理和法定代理的共性得以显露:二者之间除了代理权来源(产生依据)不同之外,在代理三方关系的形成和结构等方面毫无差别。

如此一来,以代理权(包括脱离了基础法律关系的意定代理权和法定代理权)②为中心而形成的代理三方关系,便可以成为一些专门规则所规范的对象。而这些特别用于规定代理关系之三方当事人之间的法律地位及其权利义务的法律规则,即形成了代理制度之区别于其他民法制度的独立规范体系。

四、我国的立法选择

与物权行为理论不同,德国民法上"授权行为与基础法律关系相区

① 夫妻家事代理是指夫妻中任何一方对涉及日常生活的共有财产的处分,均享有决定权及代理权。

② 关于法定代理权的来源及其与监护权的关系,理论上尚少论证。尽管法定代理权事实上是包含于监护权等亲属权利之中的一项权利(充当被监护人的代理人是监护人的一项基本职责),但如遵循一种与意定代理相同的思路,则应当认为,法定代理权产生于法律的直接赋予,而监护关系(监护权)等不过是一种产生法定代理权的"基础法律关系"。但是,所谓"授权行为的独立性和无因性",主要是为了解决在委托合同或者其他基础法律关系自始无效的情况下,此前以及此后所发生的代理活动所生效果的确定性问题,以保护交易安全。而监护权仅存在"有无"问题而不存在"无效"问题,故割裂监护权与法定代理权毫无必要,也无益于交易安全的保护(监护人在监护关系不存在或者终止后实施的法定代理行为,应适用无权代理的规则)。

分”的理论,为包括瑞士、日本、意大利以及我国台湾地区等绝对多数的大陆法系国家或地区所接受。不过,在立法模式上,除1896年《日本民法典》及1942年《意大利民法典》完全承袭《德国民法典》的体例,在总则中专门规定代理制度,将委任契约规定于分则之外,其他立法均有其不同选择。如《瑞士债法典》将“委任”规定于各个契约关系,而将“代理”规定于债的发生之中;又如我国台湾地区“民法典”在总则“法律行为”一章中规定代理的一般准则,将委任契约规定于分则债编的“各种之债”,但又将代理权之授予(包括共同代理、表见代理以及无权代理等)列入债编的“债之发生”。对于前述不同的立法样式,存在各种批评和讨论。但代理权的独立性理论似乎已经完全深入人心,不仅据称法国民法等采用委任契约包含授权行为理论(称为“等同论”)的少数国家后来的判例和学说也采用了代理权独立性和无因性的观点,甚至英美国家也开始区分授权行为与基础法律关系。①

我国民法理论历来采纳德国民法上的代理理论,我国1986年《民法通则》将代理制度在“民事法律行为”一章中单独规定。该法第65条规定:“民事法律行为的委托代理,可以用书面形式,也可以用口头形式。法律规定用书面形式的,应当用书面形式。”(第1款)“书面委托代理的授权委托书应当载明代理人的姓名或者名称、代理事项、权限和期间,并由委托人签名或者盖章。”(第2款)尽管上述规定并未直接指明授权行为的性质,但基于该法第69条将“被代理人取消委托或者代理人辞去委托”作为委托代理权终止的法定事由,故理论上一致认为,这一规定系将授权行为规定为单方法律行为,从而表明我国立法对于授权行为与基础关系相区分的理论的赞同。

如果说德国民法通过“法律行为”“物权行为”等制度的创设而表现的所谓“科学性”在很多时候会受到质疑的话,其有关代理制度的理论创设可以算作一个例外。诚然,这一制度在提取代理一般规则并将意定代理和法定代理合并规定的做法,有可能更多地具有形式上的价值(实质上,法定代理与意定代理的差异极大,有关授权行为的独立性和无因性、无权代理以及表见代理、代理权滥用禁止等很多规则,都难

---

① 参见[德]汉斯·多勒:《法学上的发现》,载王泽鉴:《民法学说与判例研究》(第4卷),中国政法大学出版社1997年版,第7~8页。

以或者根本不适用于法定代理)。但赋予授权行为以独立性乃至无因性,有助于保护交易安全。而代理规则的统一安排,有助于克服委托合同的规则在处理代理关系纠纷中的局限性。因此,我国民法借鉴德国民法的代理理论是正确的。

但就授权行为是否具有无因性的问题,我国1986年《民法通则》未作明确规定,学界对此存在不同看法。

"无因说"支持者认为,肯定授权行为的无因性有利于保护第三人的利益,有利于保护交易安全。因为在肯定授权行为的独立性和无因性的前提下,代理权授予行为与基础法律关系被严格加以区分,使第三人与代理人从事交易时不必顾虑代理人与本人之间的内部关系,从而有利于保护交易安全,促进交易进行。"有因说"即反对赋予授权行为以无因性的观点则认为,在无因说的立法例下,如果基础关系无效或被撤销,第三人明知这一情形仍与代理人实施代理行为,本人仍应当承担该行为的法律后果,显然有损本人的正当利益。同时,采用有因说有利于简化民事法律关系。① 另有学者主张,从平衡保护被代理人和第三人的利益出发,我国代理立法可采有因说,但涉及善意第三人利益的保护时,善意第三人可依表见代理规则主张权利。② 还有一些持折中态度的学者认为,授权行为有因与否应以授权行为的意思为断,不能一概而论。若本人在授权的意思表示中明确其授权应受基础法律关系影响的,则其意思表示当为有效。如果本人在授权的意思表示中无此明确表示的,则授权行为不应受基础法律关系的影响。对此,另有学者认为,授权行为原则上从属于其基本法律关系,但当事人约定为无因或法律另有规定时,自得为无因。③

很显然,如采有因性,有利于被代理人;如采无因性,有利于第三人。所谓依当事人的意思确定授权行为的有因或者无因,实际上是不可行的。原因是,法律行为之无因,目的不在保护行为人利益而在保护第三人利益,故其为强制性规范,不得由当事人之约定而创设或者改变。从利益冲突的衡量原则来看,交易安全保护的价值原则上应当高

---

① 参见梁慧星:《民法总论》,法律出版社1996年版,第219页。

② 参见马俊驹、余延满:《民法原论》(第3版),法律出版社2007年版,第234页。

③ 参见郭明瑞、房绍坤、唐广良:《民商法原理(一)》,中国人民大学出版社1999年版,第294页。

于本人利益保护的价值,而授权行为本为本人之意思表示,在任何情况下,本人均可撤销授权从而消灭代理权。故赋予授权行为以无因性,并不等于本人对于代理权的存废完全丧失控制能力,也不会损害本人的任何利益。事实上,当基础法律关系被确认为无效或者被撤销之时,本人自然可以单方面撤销授权行为,并不存在授权行为在基础法律关系无效后继续存在的必然性。如果本人在基础法律关系无效后未及时撤销其授权,法律令其承担代理权继续存在对其产生的不利后果自是合理。故所谓授权行为之无因性的主要效果,仅在于使基础法律关系因被确认为无效或者被撤销而自始无效之后,代理人此前已经实施的代理行为的效力不受影响而已。如采有因说,当基础法律关系无效或被撤销时,授权行为及其所生之代理权应同时自始无效,代理人已为之全部代理行为均构成无权代理。尽管在此种情形下,表见代理的适用可以使善意第三人的利益仍然得到保护,但其无疑会增加第三人的举证责任,不利于维护交易的稳定和安全。

至于授权行为无因性是否会产生保护恶意第三人的问题,应作具体分析:

首先,第三人在明知基础法律关系无效或者被撤销后仍与代理人为代理行为,因授权行为未被本人撤销,应认定本人仍有让代理权继续存在的意思,故第三人并不构成任何恶意。

其次,设定基础法律关系的原因行为如系相对无效,该行为在被撤销之前,对其是否在将来被本人或者代理人撤销,第三人根本无从确定,故其无从构成恶意。

最后,原因行为如系绝对无效,对其绝对无效事由的存在,第三人通常无法知晓,即使知晓,鉴于授权行为独立于原因行为,对授权行为的效力应作单独判断。如授权行为因违法(授权内容即代理事项具有不法性)而无效,无论第三人为恶意或者善意,由于代理权自始不发生,故不会产生保护恶意第三人的问题;如授权行为为有效,则表明本人有使受托人代其实施合法行为的意思,故第三人据此与代理人实施代理行为亦不构成任何恶意。

由此,无论从价值判断、利益衡量或者实证角度出发,法律明确赋予授权行为以无因性,有利无弊。据此,笔者在提出的建议稿中规定:"代理权授予行为是单方法律行为。授权的意思表示到达相对人时生效。”“作为授权行为基础法律关系的委托合同、合伙合同等无效或者被撤销，如授权行为未经撤销，不影响授权行为的效力。”

2017 年 3 月颁布的《民法总则》仍承袭了《民法通则》的做法，在其 163 条第 2 款规定：“委托代理人按照被代理人的委托行使代理权。”在其第 165 条规定：“委托代理授权采用书面形式的，授权委托书应当载明代理人的姓名或者名称、代理事项、权限和期间，并由被代理人签名或者盖章。”并在其第 173 条第 2 项将“被代理人取消委托或者代理人辞去委托”，作为委托代理终止的事由。前述规定，可以作为认定授权行为的独立性和无因性的依据，即代理权基于授权行为而非委托合同产生及消灭、委托合同无效或者被撤销并不当然导致授权行为无效（在代理终止的法定事由中，并不包括“委托合同无效”），但其清晰度当然是不够的。

第二节　显名主义及其发展

一、代理的立法安排

大陆法系民法上的代理制度所反映的，是实际生活中借助于他人行为而直接实现自己利益追求目的的现象。而代理人之代理行为的效果直接归属于被代理人这一法律安排，却是在近代民法上才出现的。

理论上，将代理行为的效果直接归属于被代理人的代理被称为“直接代理”。而“直接代理作为一种思维形态，直到 19 世纪才清晰地显现出来。它的对立物，是历史要悠久得多的间接代理”。[①] 有关资料表明，基于“任何人之所为，均是为其自己作为”的原则，早期罗马法完全不承认代理，[②]直到罗马法后期，通过各种例外规定才出现某些代理观念的萌芽。[③] 至欧洲中世纪，间接代理在商事活动中逐渐被广泛运用。间接

① ［德］迪特尔·梅迪库斯：《德国民法总论》，邵建东译，法律出版社 2000 年版，第 671～672 页。

② 参见［意］彼德罗·彭梵得：《罗马法教科书》，黄风译，中国政法大学出版社 1992 年版，第 315～317 页。

③ 参见周枏：《罗马法原论》，商务印书馆 1994 年版，第 616～618 页。

代理的特点是法律效果首先直接归属于行为人,其次通过物权或者债权让与以及债务承担或者免除而转移给本人。1804年《法国民法典》关于“委任契约”的规定,奠定了近代民法上代理(直接代理)的基础。该法典第1988条规定:“委任人对于受任人依授予的权限所缔结的契约,负履行的义务。委任人对于受任人权限外的行为,仅在其为明示或默示追认时,始负责任。”尽管这部法典并没有确定独立的代理概念,但该法典对于委任契约独立性的承认实际上也承认了包含在委任中的代理的观念。也就是说,如无代理观念的存在,委任契约便缺乏独立存在的基础。而法律允许某个法律行为可以在实际参加者的范围之外发生效力,当然意味着法学上的一个重大进步,表明了契约从原始的极端形式主义中获得了解放。

被德国民法设计为一种独立制度的代理,仅为直接代理。而代理人以被代理人名义实施代理行为,则是代理行为效果之所以能够直接归属于本人的逻辑根据:依据意思自治原则,仅在本人有直接承受代理行为效果的意思且为相对人明知的情况下,本人与相对人之间才存在真正的“合意”,代理行为的效果方可在本人和第三人之间直接发生法律效力。因此,代理人的身份必须为相对人所知晓和认可,而此种知晓和认可,则表现为代理人“以被代理人的名义”与第三人为法律行为。对此,《德国民法典》第164条第1款第1句明确规定:“代理人于代理权限内,以被代理人名义所为之意思表示,直接对被代理人发生效力。”后来继受德国法上的代理制度的国家或者地区,莫不把“以被代理人名义”(理论上称为“显名主义”)作为区分代理行为与其他相似行为的主要标志。如《日本民法典》第99条第1款规定:“代理人于其权限内表示为本人而为的意思表示,直接对本人发生效力。”《意大利民法典》第1388条规定:“由代理人以被代理人的名义并为其利益,在授权的范围内缔结的契约,直接对被代理人产生效力。”我国台湾地区“民法典”第103条第1款规定:“代理人于代理权限内,以本人名义所为之意思表示,直接对本人发生效力。”

依合同约定,受托人为委托人利益但以自己名义所实施的行为,构成所谓“间接代理”。间接代理中,受托人行为的效力直接在受托人与第三人之间发生,然后再由受托人将取得的权利义务转让给委托人,因而间接代理不会在委托人与第三人之间直接设定任何权利义务关系。

虽然在间接代理中,委托人与受托人之间存在“委托”关系,委托人亦向受托人进行“授权”,但在德国法上,间接代理非为真正的代理,不会产生代理的三方关系。由于受托人以自己名义与第三人所为行为的效果由受托人自己承受,故该行为的效力并不受制于受托人的身份(代理权的享有及其权限)。由此,代理制度中有关授权行为独立性、无因性的设计,对之毫无意义。《德国民法典》未规定间接代理,但《德国商法典》对之进行了规定,“以自己的名义为他人买卖货物或有价证券并以此为职业的人”称为“行纪人”(《德国商法典》第 383 条)。尽管作为间接代理主要发生依据的契约具有委任契约的性质,但被称为“行纪合同”,行纪人以自己名义实施的行为称为“行纪行为”。

上述代理(直接代理)与行纪(间接代理)的立法模式,为多数大陆法系国家和地区所继受。

二、我国《合同法》对显名主义的突破

我国民法理论整体上继受了德国民法理论,将“以被代理人名义实施代理行为”作为代理的基本特征。1986 年《民法通则》第 63 条第 2 款规定:“代理人在代理权限内,以被代理人的名义实施民事法律行为。被代理人对代理人的代理行为,承担民事责任。”间接代理被称为“行纪”,适用行纪合同的相关规则。

但上述原则,似乎被 1999 年《合同法》第 402 条和第 403 条的规定所突破。该法第 402 条规定:“受托人以自己名义,在委托人的授权范围内与第三人订立合同,第三人在订立合同时知道受托人与委托人之间的代理关系的,该合同直接约束委托人和第三人,但有确切证据证明该合同只约束受托人和第三人的除外。”第 403 条规定:“受托人以自己的名义与第三人订立合同时,第三人不知道受托人与委托人的代理关系的,受托人因第三人的原因对委托人不履行义务,受托人应当向委托人披露第三人,委托人因此可以行使受托人对第三人的权利,但第三人与受托人订立合同时如果知道该委托人就不会订立合同的除外。”(第 1 款)“受托人因委托人的原因对第三人不履行义务,受托人应当向第三人披露委托人,第三人因此可以选择受托人或者委托人作为相对人主张其权利,但第三人不得变更选定的相对人。”(第 2 款)前述规定的出现,就笔者参加《合同法》立法过程来看,直接起因是为了解决我国外

贸代理的需要,其内容与《国际货物销售代理公约》和《欧洲合同法原则》的规定基本一致。由于其规定并未限定适用范围,故后来引起诸多讨论及批评。

《合同法》的上述规则,大体上来源于英美法及有关国际条约中的代理规则。

关于英美法上的代理制度,我国存在一些理论介绍,也有人将之与德国法上的代理进行比较研究。但在一些重要问题上,其研究尚不算深入。比如,已有学者正确地指出,人们人云亦云地将所谓“区分论”(授权行为与基础关系的区分)与“等同论”(代理人的行为视为本人的行为)作为两大法系在代理制度上的基本区别,[①]但并未注意到此种来源于原联合国法律顾问、联合国国际贸易法委员会主席施米托夫有关文章[②]中提出的理论及其介绍上的模糊性和逻辑错位。[③] 又如,英美法上所谓“隐名代理”究竟是仅指代理人公开本人的存在但并不以本人名义实施行为,还是包括不公开本人的存在并以代理人自己的名义实施行为?有关研究也未达成共识。

事实上,在注重效果而不注重形式的英美法上,“代理”是一个包容广泛的法律用语,一切受他人之托而为行为的人(包括经纪人、居间人等)均可称为“代理人”。采用一种直观而非抽象的思维方法,英美法原则上将代理视为一种契约的产物。[④] 根据各种具体的“代理”行为设定不同的具体规则,除了形式多样而且灵活的代理形式之外,英美法最重要的特色在于,无论代理人是否公开被代理人的存在或其姓名,其行为均有可能在委托人与第三人之间发生效力。在所谓“agent for an unnamed principal”(代理人公开本人之存在,但未公开本人之姓名,并

---

① 参见郑自文:《国际代理法研究》,法律出版社1998年版,第2、4页;张艳:《商事代理法》,人民法院出版社2000年版,第2、8页;江帆:《代理法律制度研究》,中国法制出版社2000年版,第44、50页。

② 参见[英]施米托夫:《国际贸易法文选》,赵秀文译,中国大百科全书出版社1993年版,第371、381页。

③ 李锡鹤:《两大法系代理之法理根据比较》,载《华东政法学院学报》2004年第5期。

④ 关于代理的理论基础,英美法学者存在“合意说”、“权限说”和“权力说”等不同观点。有学者认为,在英美法系,尽管“合意”在大多数情况下是判断代理关系存在与否的关键性因素,尽管被代理人和代理人之间的权利义务关系大多引起相互之间的协议而产生,但现实生活中,既存在因合意而产生的代理,也存在不容否认的代理,还有法律自动构成的代理。参见徐海燕:《英美代理法研究》,法律出版社2000年版,第18页。

在合同上写明“代理表本人”之类字样）的情形下，英国代理法认为，其合同责任应由本人承担，而美国《代理法重述》则认为，除非代理人与第三人另有约定，否则代理人应承担合同责任。[①] 而在所谓“agent for an undisclosed principul”（代理人既未公开本人之存在，也未公开本人之姓名，而以自己的名义签订合同）的情形下，本人在一定条件下享有所谓“介入权”（对第三人的请求权），第三人也享有所谓“选择权”（选择代理人或者本人行使请求权）。英美法的上述规则为《国际货物销售代理公约》等国际条约所采纳并对具体适用条件作出了一些更改。[②]

笔者认为，我国《合同法》第 402 条的规定并非是对“显名主义”的突破。

我国 1986 年《民法通则》仅规定“代理人以被代理人名义实施民事法律行为”，但并未就“以被代理人名义”的具体形式作出规定，理论上对此亦甚少讨论。通常认为，“以被代理人名义”不仅要求代理人对相对人公开其代理人身份，而且必须明确将被代理人作为法律行为的一方主体（如本人为代理人与相对人签订的合同的一方当事人）。这一做法，似乎是严格遵循了德国民法所确定的“显名主义”原则。但实际上，《德国民法典》第 164 条第 1 款在规定代理人“以被代理人名义”为意思表示的同时，明确指出“其意思表示不以明示被代理人为之者为限，依情况可断定系以被代理人名义而为之者，亦适用之”。也就是说，“以被代理人名义”可以采用明示方法，也可用推定方法予以确定。在德国司法实践中，根据客观情况判断“应以他人的名义发生效力的意思表示”的判例，比比皆是。甚至于在公开代理事实之时，代理人可以暂不公开被代理人亦即保留事后指明行为当事人的权利，只不过如果代理人事后无法指明被代理人，则必须根据《德国民法典》第 179 条有关无权代理人的责任的规定，自行承担责任。[③]

从“显名主义”的价值目标来讲，这一原则意在保护与代理人为法律行为的第三人：在代理人未公开其代理人身份时，如其行为效果归属于本人，则不免使第三人在“意料之外”而与本人之间建立法律关系，明

---

① 参见周林彬等：《比较商法导论》，北京大学出版社 2000 年版，第 411 页。

② 参见吴清旺：《代理范式比较研究》，载《甘肃社会科学》2004 年第 2 期。

③ 参见［德］迪特尔·梅迪库斯：《德国民法总论》，邵建东译，法律出版社 2000 年版，第 699 页。

显违背意思自治原则且有损第三人利益。但在代理人明示其代理人身份,或者存在足以使第三人知道或者应当知道代理人身份的情况下,虽代理人未指明被代理人是谁,或者代理人以自己的名义签订合同,则无相反意思表示的第三人显然知道自己“身居何处”,故代理行为仍应有效成立。据此,“以被代理人名义”应采宽泛解释,不仅包括代理人既公开其代理人身份亦公开被代理人姓名,而且包括代理人仅公开其代理人身份但未公开被代理人姓名。在法律行为的实施方式上,无论代理人以被代理人名义实施行为,或者代理人以自己的名义签订合同但标明其代理人身份,或者代理人以自己名义签订合同且未标明其代理人身份,只要有证据证明第三人明知或者应知代理行为的存在,且第三人在合同中未作相反约定,则代理行为均可成立。但在代理人未以被代理人名义实施行为的情形下,如果依法律规定或者交易习惯不得在本人与第三人之间发生权利义务关系者(如作为营业的行纪行为——参见后文),则应除外。

对于代理人仅公开其代理人身份但未以被代理人名义实施行为的情形,我国理论界历来存在认定其发生代理效果的观点,在司法实践中也出现过相应判例。《合同法》第402条规定不过是肯认了这一规则,其法律条文的表达从形式上看似乎是对英美法系以及相关国际条约的移植或者借鉴。但就其内容实质,不过是表现了对于大陆法系民法上之“显名主义”的扩张解释,故不能视为对其进行的一种全新的突破。①

但《合同法》第403条的规定,则有可能被认为是对“显名主义”的根本性突破。

如前所述,显名主义的立法根据在于意思自治原则的贯彻,由此,在代理行为为第三人所不知晓的情况下,法律不应当将受托人行为的代理效果强加于第三人,亦即不应当背离第三人的意志在本人与第三人之间强行建立权利义务关系。但依《合同法》第403条的规定,即使第三人在签订合同时对于代理人的身份一无所知,在第三人违约而导致受托人对委托人违约的情形下,委托人享有“介入权”,得直接对第三

---

① 据此,笔者认为,可将代理人明示被代理人名义而实施的代理称为“显名代理”,将代理人未明示被代理人名义但其代理人身份为相对人所明知或应知的代理称为“隐名代理”,隐名代理产生与显名代理相同的法律效果。同时,将第三人不知也不应知代理人身份的情形称为“间接代理”。

人行使合同请求权。而在委托人违约而导致受托人对第三人违约的情形下，第三人享有“选择权”，即可选择直接对委托人行使合同请求权。如此一来，在“未露面”乃至对第三人一无所知的本人与同样对本人一无所知的第三人之间，便发生了代理效果的直接归属关系，所谓“显名主义”似乎就此不复存在。

但仔细分析，可以发现，所谓“间接代理”在我国立法上之被承认“可发生与直接代理相同的效果”的说法，其实是不准确的。与此同时，这一立法选择并非是对“显名主义”所欲达之宗旨的背离，而恰恰是对该原则的必要补充；同时顺应了经济生活发展的潮流，有助于减少讼争，维护社会经济秩序。

其一，直接代理最重要的特点在于代理行为可在本人与第三人之间直接发生效果归属关系，但《合同法》第 403 条的规定并未承认间接代理在任何情况下均得发生直接代理的效果。依照该规定，仅在本人违约且导致受托人违约以及第三人违约而导致受托人违约的情形下，方可赋予本人以“介入权”以及赋予第三人以“选择权”。如不具备法定条件即未出现法定的违约事实（不仅受托人对第三人违约，而且系因委托人违约而违约；或者，不仅受托人对委托人违约，而且系因第三人违约而违约），在本人和第三人之间根本不可能发生任何权利义务关系。由此，在特定情况下，法律赋予本人以“介入权”及赋予第三人以“选择权”，其功能和目的仅仅是在发生违约的情况下对本人或者第三人的合法救济，而并不在于让间接代理人的代理行为在本人与第三人之间发生直接的效果归属关系。故如认为该规定使显名主义陷于崩溃，并不属实。由此，该规定非为代理制度的一般规则而纯属例外规定。由于其规则仅适用于间接代理中本人或者第三人违约的特定情形，故不构成对代理行为“须以被代理人名义进行”之基本特征的背离。

其二，鉴于在间接代理的情形中，本人与受托人之间存在代理关系，受托人系为本人利益而活动，受托人行为的效果最终将归属于本人。故本人对于因其自身的原因（对受托人违约）而对第三人直接造成的损害，自应当承担责任。而在受托人向第三人披露本人的情形下，如果第三人依法继续选择受托人行使请求权，显然尊重了第三人不予承认代理关系的意志。而如果第三人选择本人行使请求权，则无异于第三人对实际存在的代理关系的事后认可。由此，法律赋予第三人以“选择权”,完全符合意思自治的要求。相反,在因第三人违约而导致受托人对本人违约的情形下,经受托人向本人披露第三人,如本人行使介入权,由“幕后”转至“前台”,有利于其正当利益保护而无损于违约的第三人。反之,如以僵化的方式坚持所谓“显名主义”,无视本人与受托人之间实际存在的代理关系,则在本人违约而导致受托人对第三人违约的情形下,第三人仅能追究受托人(表面上的当事人)的责任,于第三人不公平。而在第三人违约并导致受托人对本人违约的情形下,本人只能依赖于受托人对第三人的请求权的实现而间接获得救济,于本人亦不公平。

由上可见,我国《合同法》第402条和第403条的规定,均有其合理性。在这里必须强调的是,承认间接代理在某些特定情况下可以产生本人与第三人之间相互的违约责任请求权,完全不等于承认间接代理在任何情况下都可以在本人与第三人之间发生直接的效果归属关系。由此,该第403条的规定是对既有代理制度的有益补充和完善,不仅没有破坏既有代理制度的规则体系和基本法理,而且有助于交易秩序的维护。

三、《合同法》第403条与有关行纪合同的规定的冲突与化解

《合同法》第414条对行纪合同所下定义是:“行纪合同是行纪人以自己的名义为委托人从事贸易活动,委托人支付报酬的合同。”这一定义及以下各条文就行纪合同所作规定,大体上相同于大陆法系民法有关行纪合同的基本规则。但在该法第403条有关间接代理规定的条件之下,行纪行为与该条文所规定的“受托人以自己名义实施的行为”发生了明显的雷同。于是,有关“间接代理与行纪”的关系便成为理论上讨论的问题。

《合同法》第403条的规定是否与行纪合同的规定之间存在冲突?问题在于:(1)既然受托人以自己名义为代理行为应属“行纪”,那么,此种行为何以被规定于“委托合同”而不规定于“行纪合同”?(2)行纪行为是否适用第403条之规定?

很显然,有关“间接代理”与“行纪”的关系,必须重新加以清理。

有关资料表明,行纪制度因国际贸易的发达而产生于15~16世纪,其基本特征在于受托人为委托人利益,以自己的名义为商业上之交易。从立法上看,大陆法系各国家或地区均在其商法典或者民法典中对之进行了规定,只是在行纪活动适用范围以及行纪人资格方面似乎有所不同。就行纪的适用范围而言,有的限定为“物品”的买卖(《日本

商法典》第 551 条）,或"商品或有价证券"的买卖（《德国商法典》第 383 条及以下）,或"动产或有价证券"的买卖（《瑞士债法典》第 425 条及以下）,或"动产买卖及其他商业上之交易"（我国台湾地区"民法典"第 576 条）,或未作明确限定（《意大利民法典》第 1731 条、《俄罗斯联邦民法典》第 990 条）;就行纪人的资格,不少立法将之明确限定为"以行纪为常业者"（日本、德国及我国台湾地区等）。与此同时,行纪合同准用委托合同的规定,为多数立法所肯定。

从理论上讲,行纪合同实质上是委托合同的一种类别,亦即如单纯看行纪合同之双方的关系（委托人与行纪人）,其无疑具备委托合同的基本特征。但因行纪合同的受托人只能以自己的名义与第三人为交易行为,故真正使行纪合同在多数国家的立法中被列为独立于委托合同的一种合同类型的根本原因在于行纪行为而非行纪合同本身。① 至于行纪制度在商业活动中的价值,有学者将之归纳为六个方面:（1）委托人得享受与他人进行交易的利益而不暴露其身份,从而保护其商业秘密;（2）第三人只需信赖行纪人而无须虑及幕后的委托人的信用及支付能力,有利于交易的安全和便捷;（3）委托人得利用行纪人的信用、资产及知识经验;（4）行纪人以自己的责任从事行纪活动,能够灵活行使其权利;（5）由于行纪人对第三人直接承担责任,故委托人不会因代理人之过失或者滥用代理权而遭受损害;（6）委托人和行纪人之间的关系准用委托合同的规定,故能发生与代理权的授予相同的功效。②

综观其他国家和地区有关行纪制度的立法以及相关理论阐述,行纪其实存在三个极为重要的基本特征:

1. 行纪行为主要是受他人之委托而为他人利益从事动产（包括有价证券等）之交易

如前所述,多数国家的立法将行纪行为限定为动产交易。鉴于行纪人须以自己名义直接与第三人为交易行为并取得标的物或者货币,而后将权利转移给委托人,而不动产因其物权变动多需采用登记方法,如通过行纪活动从事交易将成本巨大且手续烦琐（当事人将不得不完全不必要地进行两次不动产物权变动登记）,难以采用行纪的方法进行

---

① 也有国家将行纪合同明文列为委托合同之一类,如《意大利民法典》第 1705 条。

② 参见史尚宽:《债法各论》,中国政法大学出版社 2000 年版,第 482 页。

交易。为此,即使未将行纪行为明文限定于动产的立法,也未必具有允许将之适用于不动产交易的意图。

2. 行纪人须为“常业者”

行纪起源于国际贸易的需要,为一种重要的商业中介业务营业,需有营业资本、商业资源、商业信用及专门经验,并形成诸多商事习惯。故但凡采“民商分立”的国家(德国、日本等),均将行纪制度规定于商法典,为商行为中之一种,并明定行纪人仅以行纪为营业的商事主体(商人)方可充当。唯采“民商合一”的国家(意大利等)多未作此限定,但我国台湾地区除外。

3. 行纪人与第三人为交易行为的效果在任何情况下只能直接归属于行纪人

行纪是一种专业经营业务,具有固定的经营模式和交易规则,故行纪人仅能以自己名义与第三人为交易行为并直接承受交易效果,行纪人亦可行使其所谓“介入权”即自己直接成为买受人或者出卖人,但在委托人与第三人之间,任何情况下均不可能发生直接的请求权关系。

基于上述分析,可以发现,传统大陆民法理论将“行纪”等同于“间接代理”,其实是不确切的:如果将“间接代理”的概念用以描述受托人以自己名义实施代理行为且行为效果间接归属于本人的现象,而将“行纪”限定于“常业者”所从事的商业行为的话,那么,“行纪”仅为间接代理中的一种,凡不以行纪为“常业者”所实施的间接代理行为,非为行纪。由此,行纪行为应适用商法典或者民法典有关行纪合同的规定,而非行纪的间接代理行为应适用民法典有关委托合同的规定。

据此,我国《合同法》第403条与其有关行纪合同的规定之间的冲突便可化解:前述我国《合同法》第414条将行纪合同定义为“行纪人以自己的名义为委托人从事贸易活动,委托人支付报酬的合同”。其中,依行纪的特点,将“贸易活动”按照惯例解释为“动产买卖或其他交易”而不包括不动产交易,自可成立。而该条文虽未对“行纪人”的含义作出阐明,但根据其“为委托人从事贸易活动并收取报酬”的行为性质,并基于“贸易”一词在我国通常指商业经营行为而非一般民间交易,也可将“行纪人”解释为“以行纪为营业的企业或者个体商人”。由此得出的结论便是:我国《合同法》第403条的规定仅适用于非行纪的间接代理;反之,行纪行为不适用该法第403条的规定。

与此同时,我国《合同法》第 402 条有关“受托人以自己名义实施代理行为而为第三人所明知,得成立代理关系”的规定也不适用于行纪行为,自不待言。

四、《民法总则》的立法安排

依照笔者的前述分析,在第三人知晓代理人身份的情况下,代理人以自己名义实施的代理行为应属显名代理,其代理效果原则上归属于被代理人。而在第三人不知晓代理人身份的情况下,受托人以自己名义实施的行为根本不产生代理效果的直接归属关系,仅在其“间接代理”效果受阻且影响委托人利益(因第三人违约而导致受托人对委托人违约)或者第三人利益(因委托人违约而导致受托人对第三人违约)的情况下,法律才赋予委托人以“介入权”或者赋予第三人以“选择权”以作救济。据此,笔者在提出的建议稿中设计了以下条文:“代理人应当以被代理人名义实施法律行为。”(第 1 款)“代理人以自己名义实施的法律行为,如第三人在行为时知道其代理人身份的,法律行为的效果由被代理人承受。但有确切证据证明该法律行为只约束代理人和第三人的除外。”除此而外,另设条文对代理人以自己名义实施行为而第三人不知晓其代理人身份的情形,作出了规定。

在《民法总则》起草过程中,学者的上述意见一直被予以部分采纳,在几次草案审议稿中,均在代理的一般规定之后,另设专款规定:“代理人在代理权限内以自己的名义与第三人实施民事法律行为,第三人知道代理人与被代理人之间的代理关系的,该民事法律行为直接约束被代理人和第三人,但是有确切证据证明该民事法律行为只约束代理人和第三人的除外。”这一规定,确认了“隐名代理”的一般规则。但在正式颁布的《民法总则》中,这一条款被删除。

第三节　代理的适用范围

一、代理人的独立地位

代理(三方)关系的独立性,实际上是以代理人的活动为中心而表现的(如果仅有代理权的存在而无代理活动的发生,则无从发生代理的外部关系)。由此,代理人之身份的确定(代理权的享有)、代理人之代理活动的实施(代理权的行使)以及代理人之代理行为效果归属于本人(代理权行为的效果),构成了代理三方关系的基础。而代理人独立的法律地位,即在此种三方关系中得以确立,并由此展示了代理的法律特征。

就代理行为的特征,既有理论将之归纳为四个方面:(1)代理人代为意思表示或者代受意思表示;(2)代理人以本人名义为代理行为;(3)代理人在代理权限内为独立的意思表示;(4)代理行为之效果直接归属于本人。上述理论充分揭示了代理的特性以及代理人区别于其他"中间人"的独特地位。

首先,代理活动必须能够产生代理的三方关系。

在代理关系中,代理效果直接归属于本人(效果归属关系),是代理最为重要的基本特征。由此,产生了大陆法系民法上代理与行纪的严格分界:相对于委托人和第三人,行纪人具有独立的主体地位,但其行纪活动不会产生委托人与第三人之间的效果归属关系。而此处所谓"效果归属"中之"效果",应为民事法律效果(民事权利义务的得失变更或者其他法律效果)。

其次,代理人在代理活动中意志独立。

代理人究竟仅仅是本人手足的延伸同时还是本人之意志的延伸?这是认识代理人地位的重要问题。在传统理论中,这一问题是通过分析代理人行为的性质而加以表现的。

在解释代理行为的效果何以直接归属于本人时,传统理论形成了四种不同观点:(1)本人行为说。这种观点认为,代理行为实际上仍然是本人的行为,亦即法律将代理人的行为拟制为本人的行为,从而其行为效果直接归属于本人。此种学说被认为是源于罗马法的思想,反映了"行为人与其行为的效果归属等,必须为同一人"的个人主义法制原则,实际上是将代理人视为本人手足的单纯延伸,否定了代理人在代理关系中的独立地位。(2)共同行为说。这种观点认为,代理行为实质上是本人和代理人的共同行为。此种学说与本人行为所反映的是同一种法律思想,即行为应当是行为设定的权利义务的承受者。理论上认为,共同行为说无法解释为什么在法定代理的情况下,欠缺行为能力的本人也要承受代理行为的效果。(3)代理人行为说。此种观点认为,代理行为即代理人的行为,代理行为的效果归属于本人是基于代理制度的作用。行为人与行为效果的归属者不是一人,正是反映了代理制度的根本目的,即扩张与补充私法自治,因而法律上无须采用"拟制"的手段,理论上也无须作拐弯抹角的说明。(4)效果意思说。此种观点认为,本人的效果意思与代理人的表示行为构成一体而完成本人的法律行为。既然效果意思出自本人,其效力也应直接对于本人发生。

上述学说争议表面看来是讨论代理效果归属于本人的原因,但实际上表达了对于代理人是否具有独立意志的不同看法。如依"本人行为说",则代理人不过是本人的"传声筒",毫无独立意志而言;如依"共同行为说"和"效果意思说",则代理人的意志或者依附于本人的意志,或者仅为本人效果意思的表达工具,均不得独立存在。以上三种学说均将代理人视为本人手足的延伸者或者意志的表达者。唯独"代理人行为说"承认代理人行为(意志)独立于本人的行为,亦即承认了代理人不仅为本人意志的表达,而且是其意志的延伸。

对于这一问题,我国理论界的认识从来都不一致。有人赞成"本人行为说",认为"代理人在代理权限内所为行为在法律上被视为被代理人自己的行为"。[①] 有人赞成"代理人行为说",认为"代理人虽然是以被代理人的名义进行活动,但却是从自己的意思所实施的行为,也就是说,代理人的代理行为是他自己的行为"。[②] 但也有人提出:"代理行为是代理人以被代理人名义为之,而又受被代理人利益制约的行为,与代理人自身的行为有明显区别",因而不同意"代理行为即代理人的行为"的结论。[③]

从表面来看,代理人须在代理权限范围内实施代理行为,而代理权限即为本人意志的表现,故代理人似乎并无独立意志或者并无完全意义上的独立意志。但基于以下三个原因,法律上应当认定代理人在代理活动中具有独立意志,其代理行为为代理人自身的行为而非本人的行为:

其一,尽管代理人的决定权要受制于代理权限,但在其与第三人为

① 佟柔主编:《民法原理》(修订本),法律出版社 1983 年版,第 113 页。

② 江平等编:《民法教程》,中国政法大学出版社 1986 年版,第 90 页。

③ 参见王利明等:《民法新论》,中国政法大学出版社 1998 年版,第 419 页。

法律行为时,为意思表示的是代理人而非本人,故是否为意思表示、向谁为意思表示以及为何种内容的意思表示,系由代理人最终决定。正因如此,在代理活动中,代理人所为意思表示的品质(意思能力之有无、意思表示是否真实等)只能依据代理人的状况予以判断。如果否认代理人意志的独立性,则代理人与传达人的区别不复存在;如果否认代理人行为的独立性,则代理人的所谓"法律人格"(主体地位)便与本人的"法律人格"发生同一,代理人与代表人的区分便不复存在。

其二,代理人在代理关系中之所以具有独立地位,表现为代理人须就其代理活动中的过错而对本人承担赔偿责任。如果代理人的意思表示为本人意志的直接表达,而代理人的行为即为本人自身的行为,则代理人即丧失就其过错而对本人承担赔偿责任的根据。

其三,现代市场经济中,代理活动日益专业化、复杂化和多元化,代理人常常集居间、代理、担保、协助等多种业务为一身,在资本运作和市场交易中担当独立而且重要的角色。如果否认代理人意志和行为的独立性,完全不符合现代代理的基本观念。

为此,代理人行为说被大陆法系各国的代理立法所采用,成为通说。鉴于代理人系在代理权限范围内根据自己的意思为代理行为,故代理人应当具有与其代理行为相适应的意思能力。

由此,在确定代理人所为法律行为的效力时,就行为人意思能力的有无,以及意思表示的真实性等,应根据代理人的情形作出判断。即本人的意思能力是否有缺陷,与代理人所为的法律行为是否有效无关。但是,如果代理人的意思能力有缺陷,则有可能影响其所为法律行为的效力。

二、代理适用范围的确定

依照我国1986年《民法通则》第63条及2017年3月颁布的《民法总则》第161条的规定,代理适用范围应仅限于实施法律行为。[①]

代理作为一种独立制度,必然有其特定的适用范围,这一范围,正是由代理的特性所决定的。由于只有在能够发生代理三方关系的情况下才存在真正的代理,故大陆法系上的代理主要是法律行为的代理。

---

① 《民法通则》第63条第1款规定:"公民、法人可以通过代理人实施民事法律行为。"《民法总则》第161条第1款规定:"民事主体可以通过代理人实施民事法律行为。"

鉴于代理行为具有延伸本人意志的功能,而身份利益的取舍涉及行为人的个人情感和伦理道德观念,不宜由他人代为定夺。故身份行为(包括结婚、离婚、收养、亲子认领以及设立遗嘱等)须由当事人亲自为之,不得适用代理。此外,当事人约定不得代理的财产法律行为,自然不适用代理。

准法律行为虽不产生民事权利义务的得失变动,但其仍以意思表示为要素,且发生其他民事效果。故准法律行为的代理,应准用代理的有关规则。对此,大陆法系国家的民法一般将代理定义为"代理本人为意思表示或接受意思表示",其用意正在于将代理的适用范围限制于包括法律行为和准法律行为的所有表意行为。

但以下情形则不构成民法上的代理:

(一)民事诉讼代理

民事诉讼中,当事人可委托律师或者其他人作为其诉讼代理人,但基于为公权力(司法权力)所控制和驾驭的民事诉讼活动非为平等主体之间的民事活动,故诉讼代理与民事代理具有完全不同的法律特征:(1)民事代理中,代理人须以本人名义实施代理活动,而在诉讼代理中,代理人只能以自己的名义参与诉讼活动(律师在民事诉讼案件的代理中,只能以自己的名义进行阅卷、调查以及参加庭审等)。(2)民事代理中,代理人为具有独立地位的民事主体;而在诉讼代理中,作为诉讼代理人的律师的地位,并非民事主体地位。(3)民事代理中,代理人直接向第三人为意思表示或者接受第三人的意思表示,而在诉讼代理中,诉讼代理人只能直接与法庭打交道而不直接与诉讼相对方打交道。总而言之,民事诉讼代理中并不存在第三人,也不可能产生代理的三方关系。在诉讼代理人实施全权代理的情况下,尽管诉讼代理人行为的法律效果归属于委托人,但此种法律效果常常并非民事权利义务的得失变更。由此,民事诉讼代理虽然有时在形式上与民事代理相似,但具有与民事代理迥然不同的内容、性质和特点。因此,民法有关代理的规定不能直接适用于民事诉讼代理。

理论上,常将民事诉讼代理认定为民事代理之一类,主要原因是将委托合同与委托代理相混淆。事实上,民事诉讼当事人与其诉讼代理人之间为委托合同关系,其相互间的权利义务应适用委托合同的规则予以处理,但民事代理的规则对之并不适用。

(二)行政及其他法律活动中的代理

行政法律活动中的代理,通常是指代理他人依法定程序办理行政审核、注册登记(如法人登记、商标注册和专利申请)或者履行某些行政、财政义务(如交纳税费等)。过去有学者认为,行政或其他合法行为只要具有民法意义(在民法上产生一定效果),即可适用民事代理。如企业法人登记及申领营业执照的行为,可使企业获得法人资格。[①] 此种观点的错误仍在于混淆了委托合同与委托代理的区别。在行政或者财政活动中的代理,代理人与本人之间的关系是由委托合同加以规定的,但此种代理活动的目的并非在委托人与第三人(民事主体)之间设定民事权利义务关系,自然不能形成民事代理的三方关系(此种活动中,行政机关并非民事主体)。某些履行行政或者财政义务的行为(如纳税)根本不是民事活动,也不会产生任何民事效果,故其不能适用民事代理的有关规则。

(三)无相对人的事实行为的代理

事实行为是法律依据一定实事状态的形成而直接赋予某种民法效果的行为。事实行为无须行为人为意思表示,故其通常无相对人(如创作作品、修建房屋等)。事实行为即使委托他人实施(如委托他人代其创作作品并依约定取得著作权),受托人也无须与第三人打交道,故其无所谓"代理"。但在某些情况下,事实行为也有可能存在相对人,此时如委托他人以本人名义进行且产生民事效果于本人之归属,是否构成民事代理?此一问题殊值讨论。

此类行为中最为典型者,为委托他人代理履行某些以财产交付或者物权变动为内容的债务。如代运输合同的承运人运送并向收货人交付货物,代动产买卖合同的出卖人向买受人交付标的物,代不动产买卖合同的出卖人与买受人共同办理产权过户登记,等等。在承认物权行为理论的立法体系中,能够引起物权变动的债务履行行为(动产交付或者不动产登记)被视为法律行为(物权行为),当然得适用代理规则。但在不采用物权行为理论的立法体系中,此类行为却被视为事实行为,其是否亦得适用代理规则?

---

① 参见佟柔主编:《中国民法学·民法总则》,中国人民公安大学出版社1990年版,第269页。

很显然,事实行为与表意行为的分界有时清晰,如修建房屋,行为人本无意思表示可言,但有时却很模糊,如财产交付行为,可以认定其是一种表意行为(物权行为),也可以作相反认定(事实行为),全凭立法者的选择。不过,无论将有相对人的事实行为认定为表意行为或者相反,在委托他人实施的情形下,委托人与受托人之间存在委托授权,而受托人与相对人之间存在相互行为(如交付与接受交付),且此种代为履行或者代为接受履行的行为将在委托人与相对人之间直接发生债权债务消灭的效果,故代理的三方关系完全可以形成且符合代理的基本特征。此类事实行为的代理与法律行为的代理之主要区别,仅在于事实行为的行为人所为行为是否为其真实意思,不为法律所考虑。故在有相对人的事实行为的代理中,代理行为既不得因代理人所为意思表示不真实而无效,也不得因代理人缺乏行为能力而无效。然而,在其他方面,有相对人的事实行为的代理与法律行为的代理并无本质区别。由此,认可此类事实行为得准用民事代理的有关规则,实属合理。

(四)其他与代理近似的行为

1. 代理占有

代理占有即经授权而以他人名义占有财产,因占有而发生的法律效果(如时效取得)直接归属于"被代理人"。《日本民法典》将代理占有视为代理之一种,其第 183 条规定:"代理人表示今后为本人占有自己占有物的意思时,本人因而取得占有权。"第 184 条规定:"以代理人实行占有,本人指示代理人以后为第三人占有其物,且须第三人承诺时,则第三人取得占有权。"但事实上,代理占有是一种为他人利益为对占有物进行控制的事实行为,无须对第三人为意思表示,也不能发生直接占有人(代理占有人)与第三人之间的任何关系,故其非为民法上的代理行为。

2. 以自己的名义实施影响他人财产的行为

此类行为包括抵押权人处分抵押物、债权人行使代位请求权以及保证人代替债务人清偿债务等行为。此类行为均存在相对人且发生效果归属于本人的关系,但抵押权人行使抵押权而变卖抵押物行为的效果虽然直接归属于抵押人,但其变卖抵押物是以自己的名义,且其行为的目的是为实现自己的利益。而债权人行使代位请求权虽可导致债务人与第三人(次债务人)之间的权利义务关系的消灭,但债权人系以自己的名义行使代位请求权,其行为目的同样是为保全债权及保护自己的利益。至于保证人依其保证责任向债权人为一定给付,虽可引起债权人与债务人之间债的关系消灭的效果,但保证人履行保证义务的根据是保证合同,亦即保证人履行的是自己的义务而非债务人的义务。据此,前述行为均非代理行为。

3. 传达和居间

传达是将一方的意思表示机械地转达另一方的行为。传达人不为独立的意思表示,故未成年人也可充当。居间是双方约定,一方向他方提供成交机会,他方给付一定报酬的行为。居间人不直接参加合同的订立,也无须向第三人为独立的意思表示,故前述行为非为代理行为。

4. 特许经营

特许经营是指两个独立的商事主体(特许人与受许人)根据协议,由特许人授予受许人以特许权,即许可使用其名称、商标、服务标识以及商业秘密等,受许人为此向特许人支付使用费的一种营销体系。受许人为独立于特许人的利益主体,且就其经营活动自行承担民事责任,其行为效果并不归属于特许人,故其非为特许人的代理人。

第四节　代理权与代理行为

一、代理权的性质

如同德国民法创设的很多总是引起争议的法律概念一样,"代理权"作为代理人以本人名义实施代理行为的一项权利,其本身虽无歧义,但对代理权性质的认识,在理论上却存在争端。有人认为,代理权是可实施能够对他人发生效力的法律行为的一种特别形成权;也有人认为,代理权是一种资格或法律地位。[①] 德国学者认为,代理权是"就特定的法律行为代理他人作出一些或一切法律行为的法律权限(Rechtsmacht)"。[②] 我国学

① 参见史尚宽:《民法总论》,中国政法大学出版社2000年版,第529页。

② [德]卡尔·拉伦茨:《德国民法总论》,王晓晔等译,法律出版社2003年版,第817页。

者中,也有人认其为一般的民事权利,[①]也有人认其为一种法律上之力(权力),得直接改变本人与相对人之间的法律关系。[②]

依笔者所见,上述就代理权性质所产生的争论,其实源于对“权利”概念的不同理解。

在我国,作为法律术语的“权利”一词,公认来源于日本。在外国法上,表述权利的词语,在拉丁语里为 *jus*,在法语里为 droit,在英语里为 right,在德语里为 recht,均有正义、直道之意。日本学者初译为“权理”,后改译为“权利”。[③] 原本意义上的“权利”,是以人所支配或者取得利益的自由意志获得法律强制保障为特征。此种权利,以“利益”(财产利益或者非财产利益)为核心。但在民法理论的历史发展过程中,“权利”的概念被广泛使用于民法理论乃至立法的各个领域。于是,在不同的场合,“权利”的用语便具有不同的性质和含义。

笔者认为,依照其表达的不同法律现象,民法上的“权利”应区分为三类:

第一类为“实体性权利”。

实体性权利是以权利人自身利益实现为目的“权利”。作为法律关系内容的权利,均属此类,例如,物权、债权、知识产权、身份权等。物权、债权等财产权利的实现,可为权利人带来某种财产利益;身份权的实现,可为权利人带来身份利益。而实体性权利总是存在与之相对应的义务,并由此构成法律关系的内容要素。

第二类为“程序性权利”。

形成权和抗辩权属于程序性权利。此类权利产生于法律活动的过程之中,其发生根据可以是当事人的约定(如约定的合同解除权),也可以是法律的直接规定(如相对无效行为的撤销权)。此种权利的实现,其本身通常并不能直接导致权利人自身某种利益的获得。如监护人对限制行为能力人超出行为能力范围实施的行为的追认,并非为了实现监护人自身的利益;受欺诈一方当事人行使法律行为的撤销权,或者债务人行使履行债务的各种抗辩权,都是为了避免利益损失而非获得某

---

① 参见江帆:《代理法律制度研究》,中国法制出版社 2000 年版,第 73 页。

② 参见梁慧星:《民法总论》,法律出版社 1996 年版,第 215 页。

③ 同上书,第 76 页。

种利益。据此,程序性权利与实体性权利具有本质区别。程序性权利不存在相对应的"义务",也不能成为法律关系的内容。

第三类为"资格性权利"。

此类权利包括代理权、代表权(如法人的法定代表人的代表权)、财产代管权(如失踪人的财产代管人的管理权)、监护权以及继承权等。[①]

资格性权利是民事主体在民事活动中依法具有的某种法律地位或者法律资格。此种"权利"不具有利益内容,其权利的实现本身也不会为权利人直接带来某种财产或者非财产利益。如监护权的行使,是为了被监护人的利益而非监护人的利益;失踪人财产代管权的行使,是为了失踪人的利益而非代管人的利益。资格性权利不仅不存在相对应的"义务",其所谓"权利"的行使常常正是某种法定或者约定义务的履行。例如,监护人行使监护权,为监护人之法定义务的履行;委托代理人行使代理权,有可能是在履行委托合同约定的义务。

由此可见,"代理权"不过是代理人以本人名义实施法律行为的一种地位或者资格。[②]

---

① 在我国过去的民法理论上,继承权被视为一种与物权、债权和知识产权并列的典型的财产权利类型。后来,鉴于继承权只能由具有特定亲属身份的人享有,理论上渐渐将之视为一种具有身份性质的权利。从表面来看,继承权是继承遗产的权利,具有财产利益内容;但从实质上看,继承权不是一种财产权利而是一种法律资格或者地位:首先,从利益实现方式上看,财产权利人要么通过对财产的直接支配而获得利益(物权、知识产权等),要么通过请求特定人为特定行为而获得财产利益(债权),但继承权既不是支配权,也不是请求权,继承人获得遗产利益,无须实施任何行为,只要被继承人死亡,遗产即依法当然转归继承人。其次,从权利的变动过程来看,任何财产权利均有产生、行使以及消灭的过程,但在被继承人死亡之前,继承人的所谓"继承权"只是一种依照特定亲属身份(配偶、父母子女等)所具有的法律资格,而不是一种实际享有的权利。而一旦被继承人死亡,继承人即依法成为遗产的所有人。此时,继承人所具有的继承权实际上只是其获得并保有遗产所有权的依据,不存在继承权的取得、行使和消灭的问题。与此同时,继承权与配偶权及其他亲属权利也不同,身份权虽然也是基于特定身份而取得,但各种身份权均有其实质内容和存续期间,并根据权利人的意思而得以行使和实现。而继承权在继承开始前是一种可能获得遗产权利的资格,在继承开始后是一种实际获得遗产权利的资格,一旦被继承人死亡,继承人即依据继承权"自动"成为遗产的权利人,继承权的实现无须借助于继承人的意思和行为。因此,继承权既不是财产权,也不是身份权,而是一种基于特定身份和其他法律条件继承遗产的地位或者资格。

② 上述有关权利的三种类型划分适用于各种单一存在的民事权利,但民法上尚存在一些复合型的权利,例如,"股权"即为实体性权利和资格性权利的综合体。

二、代理行为的要件

(一)代理行为概念之辨析

理论上,“代理行为”概念的运用经常是混乱的。有时,代理行为是指代理人以本人名义实施法律行为的行为(如称“代理人超越代理权限实施代理行为构成越权代理”),有时则是指代理人以本人名义与第三人所为之法律行为本身(如称“代理行为所产生的权利义务由本人承担”)。鉴于“代理行为”就其文义表达而言只能是指代理人实施的行为,而代理人与相对人所签订的合同是双方共同实施的法律行为。故对于代理人与相对人签订的合同,我们固然可以说该合同是代理人所实施的代理行为,但绝对不能说该合同同时也是相对人所实施的代理行为,当然也更不能说该合同是代理人和相对人共同实施的代理行为。

因此,“代理行为”的概念实际上是对代理人以本人名义所进行的一种活动的抽象表达,代理行为和代理人与相对人实施的法律行为应予分开。代理行为不是一种“法律行为”(既非单方法律行为,更非双方法律行为),而代理人与相对人签订的合同为代理行为产生的效果而非代理行为本身。这表现为,代理行为的成立并不能等同于代理人所签订的合同的成立(如以本人名义与他人签订的无标的物数量的买卖合同,代理行为可以成立,但买卖合同不能成立),而代理行为的有效则并不能等同于代理人所签订的合同的有效(如有代理权的代理人与对出让的债权无处分权的他人所签订的债权转让合同,代理行为无懈可击,当为有效,但该债权转让合同却因相对人无处分权而属效力未定)。与此同时,代理行为的无效并不能等同于代理人签订的合同必然无效(如根据德、日等国民法典的规定,无权代理未被本人承认亦即代理行为无效时,相对人得请求代理人履行契约义务)。

与此相适应,“无权代理”应指欠缺代理权的人所实施的代理行为,但非指无权代理人以本人名义所实施的法律行为。从严格的意义上讲,本人对无权代理的承认,是其对无权代理行为的追认而非对无权代理人签订的合同的承认。为此,可称“无权代理行为效力未定”,亦可称“无权代理人签订的合同为效力未定的法律行为”,但不可称“无权代理行为为效力未定的法律行为”。

(二)代理行为的成立要件与有效要件

1. 成立要件

代理行为的成立要件,是指一个完整的代理行为应当具备的必要条件。包括:

(1)代理人的存在。无代理人,则无所谓代理行为。

(2)代理人有向相对人为意思表示或受意思表示的行为。

(3)代理人明示其代理人身份,或虽代理人未以本人名义为法律行为,但其代理人身份为相对人所明知(隐名代理)。

如缺少上述条件,代理行为根本没有发生,不存在代理行为的效果归属于本人之任何可能。

2. 有效要件

代理行为的有效,是指代理行为符合法律规定,得产生其行为效果归属于本人的效力。代理行为的有效要件包括:

(1)代理人具备实施代理行为的行为能力

因代理人在代理活动应独立为意思表示或者受意思表示,故其应具备相应的行为能力。无行为能力人实施的代理行为无效,限制行为能力人超出其行为能力范围实施的代理行为,未经本人同意的,亦属无效。

(2)代理人有代理权

代理权的存在是代理行为的效果直接归属于本人的根据,故无权代理人实施的代理行为,如未经本人承认,则应属无效。

(3)代理事项属允许适用代理的范围

凡代理事项不属法律允许适用代理的范围,包括当事人约定不得代理之行为以及法律禁止适用代理的行为(如身份行为的代理、违法行为的代理等),代理人实施的代理行为无效。

(4)代理行为不违背法律的禁止性规定

代理人滥用代理权为法律所禁止,故未经相关之本人同意的自己代理及双方代理,以及代理人与相对人恶意串通损害本人利益的代理行为等,应属无效。

三、代理行为的效果归属

(一)有效代理的效果归属

符合有效要件的代理行为,其行为所产生的效果即直接归属于本人。在代理人以本人名义实施的法律行为有效的情况下,该法律行为所产生的权利义务直接由本人承受。但在该种法律行为存在瑕疵的情形下,其所生效果之归属关系如何?此一问题值得研究。

1. 法律行为效力未定时的效果归属

代理人与相对人所实施的法律行为如属效力未定,如代理人以本人之授权而为无权处分行为,或相对人实施无权处分行为,此时,法律行为应在本人与相对人之间成立,只是其效力悬而未决。该法律行为如事后经权利人同意,以及本人或者相对人取得处分权,则法律行为有效,所产生的权利义务自应由本人承受;如该法律行为归于无效,则由此产生的索赔权利或者赔偿责任仍应由本人承受。

2. 法律行为相对无效时的效果归属

代理人以本人名义与相对人实施法律行为时,该法律行为的意思表示是否具有瑕疵,应依代理人的情形和相对人的情形予以判断。但无论是代理人的意思表示不真实或者是相对人的意思表示不真实,该相对无效的法律行为仍在本人与相对人之间成立。如该法律行为系因相对人的原因(欺诈、胁迫等)而相对无效,仅本人有权行使请求撤销的权利,但代理人并无此项权利。至于法律行为因撤销而无效所产生的损害赔偿请求权,也应由本人享有;如该法律行为系因代理人实施欺诈、胁迫等而相对无效,相对人之撤销请求权应向本人行使,但不得向代理人行使(诉讼中,相对人应以本人为被告主张法律行为的撤销)。法律行为被撤销而无效时,就相对人因此而遭受的损害,应由本人承担赔偿责任。本人对相对人承担赔偿责任后,可向代理人追偿,但相对人不得直接向代理人主张赔偿。

(二)无效代理的效果归属

代理行为因不具备有效要件而无效时,其产生的损害赔偿责任应根据本人与代理人的过错情况予以处理。如代理行为因代理人欠缺行为能力而无效,则应由本人承担相关责任;代理行为因代理人欠缺代理权而无效,由此而导致代理人与相对人实施的法律行为无效所产生的赔偿责任,应由代理人承担;代理行为因本人授权之代理事项违法而无效,由本人承担由此产生的后果,如代理人明知代理事项违法而进行代理的,则应与本人承担连带责任(《民法通则》第 67 条,《民法总则》第 167 条);代理行为因代理人滥用代理权而无效时,应由代理人承担有关责任。

第二十章　法定代理权

第一节　法定代理权的享有及其权限

一、法定代理与"指定代理"

1986 年《民法通则》第 64 条规定:"代理包括委托代理、法定代理和指定代理。"(第 1 款)"委托代理人按照被代理人的委托行使代理权,法定代理人依照法律的规定行使代理权,指定代理人按照人民法院或者指定单位的指定行使代理权。"(第 2 款)据此,在代理的种类中,除委托代理之外,尚存在法定代理与指定代理之分。通说认为,法定代理依法律的直接规定而产生,指定代理则因法院或者其他指定机关的指定而产生。但是,此种认识显然有误。

委托代理与法定代理之分,是基于代理人之代理权取得的不同依据(或为本人之授权行为,或为法律的直接规定)。所谓"指定代理",主要是发生于指定监护与指定失踪人的财产代管人的情形。而在数个监护人就由谁担任监护人发生争议或在其他需要指定监护人的情形下,有关机关或者法院所作出之"指定",实为法定监护人的确认而非代理人的指定,至于失踪人财产代管人的指定,亦非代理人的指定。因此,当事人系因指定而成为法定监护人或者失踪人的财产代管人,并由此依法律直接规定而取得法定监护人或者财产代管人的法定代理权,但当事人并非因指定而成为代理人并由此而取得监护权或者财产代管权。由此可见,法院或者有关机关的指定并非当事人取得代理权的直接依据。所谓"指定代理"与法定代理毫无区别,其并非代理的一个种类,亦即因指定而成为监护人或者财产代管人所享有的代理权即为法定代理权。

法定代理权依法律的直接规定而产生,凡不经本人授权而依法当然取得对本人之事务的代理权者,均属法定代理。依照我国 1986 年《民法通则》的规定,产生法定代理权的主要有监护关系和失踪人之财产代管关系。此外,我国应否承认夫妻家事代理权,尚需讨论。

2017 年 3 月颁布的《民法总则》采纳了学者的意见,在其第 163 条规定:"代理包括委托代理和法定代理。"(第 1 款)"委托代理人按照被代理人的委托行使代理权。法定代理人依照法律的规定行使代理权。"(第 2 款)前述规定,剔除了《民法通则》有关指定代理的分类。

二、监护人的法定代理权

法定代理主要是为欠缺行为能力的自然人所设定的代理,其目的在于弥补自然人行为能力的不足,以满足其实施法律行为的实际需要。故典型的法定代理权为监护权中所当然包含的一项权利,亦即监护关系一经发生,法定代理权即行产生,无须借助其他任何行为或者程序。由于监护人依法只能由具备完全行为能力的自然人或者有关组织担任,故作为自然人的法定代理人必须具备完全行为能力,限制行为能力人不得充当法定代理人。

不过,在不同种类和不同产生依据的监护权中,监护权人是否享有法定代理权及其权限,殊值讨论。

(一)法定监护人及指定监护人的法定代理权

法定监护直接根据法律规定而产生之时,监护人即享有法定代理权。在指定监护的情形下,人民法院或其他有权指定监护人的单位、组织的指定一旦生效,则监护权及其包括的法定代理权即行产生。上述两种监护权为我国《民法总则》第 27 ~ 28 条、第 30 ~ 31 条所明文规定。鉴于指定监护主要适用于有资格担任法定监护人的多人之间就监护设立所生纠纷的解决,故指定代理在性质上仍属法定代理。此两种监护权通常具有长期、稳定的特点,其监护权限直接根据法律规定而确定,不受法定限制之外的任何限制。因此,法定监护人和指定监护人所享有的法定代理权之存续条件和具体权限,应适用法律的规定,不得因当事人的约定而加以不当限制或者改变。

应当指出,我国《民法总则》增设了有关成年的被监护人可事先指定其监护人的规定,其第33条规定:"具有完全民事行为能力的成年人,可以与其近亲属、其他愿意担任监护人的个人或者组织事先协商,以书面形式确定自己的监护人。协商确定的监护人在该成年人丧失或者部分丧失民事行为能力时,履行监护职责。"尽管这一规定在实际生活中的适用机会较少,但其体现的人文关怀却极其重要。

(二)委托监护人的代理权性质之分析

传统理论上,委托监护是在法定监护人或指定监护人因故暂时无法行使监护权的情况下,监护人将监护职责部分或全部委托他人承担而设立的一种监护形式,对之我国1986年《民法通则》未作规定。我国最高人民法院《民通意见》第22条规定:"监护人可以将监护职责部分或者全部委托给他人。因被监护人的侵权行为需要承担民事责任的,应当由监护人承担,但另有约定的除外;被委托人确有过错的,负连带责任。"

我国民法理论一直承认委托监护,但对于委托监护的性质并未展开深入讨论。事实上,此种监护与法定监护显然具有诸多重要区别:

(1)委托监护权基于法定监护人与受托人之间的约定而产生;

(2)委托监护人的监护权限范围受制于委托合同的约定;

(3)委托监护人的选定不受法定监护人设立顺序的限制;

(4)委托监护关系通常具有短期及临时性特点。

上述委托监护的特点表明,委托监护的成立与其说是一种独立存在的监护权的设立,不如说是法定监护人将其监护权中的部分权限转而委托他人行使。正因如此,前述最高人民法院有关司法解释规定被监护人致人损害的民事责任原则上仍由法定监护人承担而不由无过错的委托监护人承担。其实质便在于并不承认委托监护人具有与法定监护人同等的法律地位,亦即在发生委托监护的情形下,法定监护人并不因此而丧失其监护人地位,所谓"委托监护人",其实不过是法定监护人的"监护代理人"而已。

由于委托人可以在委托合同中对委托监护人的监护权限进行限

制，故委托监护人是否享有代理权及其代理权的权限范围，应当由委托合同予以明确规定。如果委托合同对于委托监护人的代理权未作约定的，应推定委托监护人不享有代理权。如果委托监护人根据委托合同的约定享有代理权，则其性质应为一种特殊的“委托代理权”，只是此种代理权基于监护人的授权而产生，而非基于本人（被监护人）的授权而产生。对此，笔者提出，应当正确理解《民法通则》第 14 条的规定，该条文规定：“无民事行为能力、限制民事行为能力人的监护人是他的法定代理人。”对此条文如果从字面上解释，似乎是只要具备监护人资格，即当然享有法定代理权，而不考虑其监护权得以设立的依据。但《民法通则》的此条规定是在未承认委托监护的情况下设置的，故应将之解释为仅指法定监护和指定监护，并不包括委托监护。

我国《民法总则》没有吸收采纳相关司法解释对于委托监护的前述规定，表明了立法者对委托监护的排斥立场。事实上，委托监护在理论上的分析是简单的，但在实务上的运用却极为复杂，尤其是涉及幼儿园、学校等教育机构对在校未成年人应否承担监护人责任的问题，立足于不同角度会有完全不同的看法。就前述司法解释的规定而言，与其将因受托而对欠缺行为能力的人担任监管职责的人定性为“委托监护人”，不如直接适用《合同法》或者《侵权责任法》的规定确认受托人的违约责任或者侵权责任，此种结论，应当也是完全可以成立的。

（三）遗嘱监护人的代理权性质之分析

监护人由被监护人的父母用遗嘱指定而设立的，称为遗嘱监护。我国《民法总则》颁布之前的法律没有规定遗嘱监护。理论上认为，遗嘱监护如具备下列三个条件应可成立：（1）被指定的人同意作监护人；（2）其他有监护资格的人无异议；（3）该指定不违反法律规定，并对被监护人并无不利。与委托监护不同，遗嘱监护具有长期、稳定和全面的特点，基于此种监护权设立的目的和保护被监护人利益的需要，遗嘱设立人不得在指定监护人的同时限制监护人的监护权限，故遗嘱监护人应享有与法定监护人相同的法定代理权。

我国《民法总则》承认了遗嘱监护，其第 29 条规定：“被监护人的父母担任监护人的，可以通过遗嘱指定监护人。”

三、失踪人之财产代管人的法定代理权

自然人下落不明达一定期间时,如经其利害关系人申请而被宣告失踪,则依《民法通则》第21条规定和有关司法解释,法院应为其指定财产代管人。我国2017年3月颁布的《民法总则》第42条规定:"失踪人的财产由其配偶、成年子女、父母或者其他愿意担任财产代管人的人代管。"(第1款)"代管有争议,没有前款规定的人,或者前款规定的人无代管能力的,由人民法院指定的人代管。"(第2款)

尽管从《民法通则》到《民法总则》,我国立法上均未明确承认财产代管人为失踪人的法定代理人,但既然财产代管人有权以失踪人名义"妥善管理失踪人的财产,维护其财产权益",对于"失踪人所欠税款、债务和应付的其他费用",有权"从失踪人的财产中支付"(《民法总则》第43条),则其当然享有法定代理权。但基于宣告失踪的特定目的,失踪人的财产代管人的法定代理权之权限范围仅以保全失踪人的财产利益为限。与此同时,根据我国有关司法解释,在涉及失踪人的财产纠纷诉讼中,财产代管人应以自己的名义而非失踪人的名义作为原告或者被告参加诉讼。[①] 这一安排虽然并不符合法定代理的特性(法定代理人代理本人参加民事诉讼时,应以诉讼代理人的身份而非诉讼主体的身份),但因其讼争的利益或者责任应当归属于失踪人而非财产代管人,故此种安排并不影响财产代管人之法定代理人地位的确定。

四、夫妻家事代理权

家事代理权又称日常事务代理权、日常家事代理权,理论上皆将其作为配偶权的一项重要内容。日常生活中,夫妻作为家庭生活的共同体,不仅在家庭内部形成经济共同体,第三人从外部也常常将其双方视为经济共同体,故夫妻双方相互代理或代双方与第三人为法律行为,乃生活中常见现象。此外,由于夫妻之间的特殊关系,即使由于夫妻实行"分别财产制"(双方各自财产归各自所有),在外部关系上,亦容易形

---

① 最高人民法院《民通意见》第32条规定:"失踪人的财产代管人拒绝支付失踪人所欠的税款、债务和其他费用,债权人提起诉讼的,人民法院应当将代管人列为被告。"(第1款)"失踪人的财产代管人向失踪人的债务人要求偿还债务的,可以作为原告提起诉讼。"(第2款)

成一方为另一方的代理人的外观,从而令第三人相信其有代理权并与之为法律行为。

大陆法系一些国家或者地区的立法例存在关于家事代理权的特别规定。例如,我国台湾地区“民法典”第 1003 条规定:“夫妻于日常家务,互为代理人。如果夫妻之一方滥用前项代理权时,他方得限制之,但不得对抗善意第三人。”又如,《日本民法典》第 761 条规定:“夫妻一方因日常家务事与第三人所为法律行为时,另一方对由此产生的债务负连带责任。但是,事先告知第三人对此债务不负责任的,则不在此限。”家事代理权是否为一种法定代理权,日本学者有“否定说”与“肯定说”两种观点。“否定说”认为,《日本民法典》第 761 条规定夫妻因日常家事与第三人产生的债务问题,并非依据代理理论。该条仅仅规定一方与第三人签订的合同,只要是在日常家事的范围以内,则对方必须承担连带责任,并没有规定双方相互具有代理权。“肯定说”则认为,夫妻在日常生活中具有相互代理对方与他人为法律行为的权限,因而相互负有连带责任。由于夫妻之间在日常家事中相互具有代理权,因此在超出日常家事的范围而为法律行为时,可以认为夫妻日常代理权系基本代理权,从而适用越权型表见代理。日本最高裁判所在 1969 年以判例形式支持了“肯定说”的观点,规定夫妻在日常事务中相互具有代理权。①

我国 2001 年《婚姻法》在第 17 条第 2 款规定:“夫妻对共同所有的财产,有平等的处理权。”对此,有学者认为,《婚姻法》第 17 条第 2 款的立法本意,乃是针对我国广泛存在的女方无权处理夫妻共有财产这种男女不平等现象而作出的强制性规定,强调的是男女平等关系,女方也有权对外处理夫妻共同财产。共同共有财产的平等处分权是共同财产权的具体内容,而不包含家事代理权。此种观点从《婚姻法》第 17 条的整体结构上看颇有道理。但随着我国最高人民法院《婚姻法司法解释(一)》的颁布,可以肯定,认为夫妻日常事务代理权在我国已经得到大体确立的观点占了上风。该司法解释规定:“婚姻法第十七条关于‘夫妻对夫妻共同所有的财产,有平等的处理权’的规定,应当理解为:(一)夫或妻在处理夫妻共同财产上的权利是平等的。因日常生活

---

① 参见赵莉:《论确立夫妻日常家事代理权之必要》,载《江海学刊》2009 年第 2 期。

需要而处理夫妻共同财产的,任何一方均有权决定。(二)夫或妻非因日常生活需要对夫妻共同财产做重要处理决定,夫妻双方应当平等协商,取得一致意见。他人有理由相信其为夫妻双方共同意思表示的,另一方不得以不同意或不知道为由对抗善意第三人。”可以看出,前述司法解释对于夫妻财产的处分权以是否为日常生活需要而作出了区分,并着重于善意第三人利益的维护。故有学者认为,该司法解释确立了我国的夫妻家事代理权制度,并指出,“所谓夫妻家事代理权,是指夫妻一方因日常家庭事务而与第三人交往时所为法律行为,视为夫妻共同的意思表示,另一方承担连带责任”。① 但是,在提倡夫妻平等、独立的现代婚姻家庭关系中,夫妻一方与第三人所为的法律行为应当由其个人承担法律责任。而从代理的原理来看,代理人与第三人所为的法律行为应该由被代理人承担责任,而非代理人和被代理人共同承担连带责任。因此,家事代理权的法律性质如何?在理论上有讨论的必要。

有人认为,家事代理权虽名为代理权,但与民事代理权有本质的区别。从形式上看,家事代理权与一般民事代理在代理范围、代理人与被代理人身份的固定性、授权的方式等方面存在不同,但这些不同并不能导致两者本质上的分野,两者最为重要的区别源于两种制度设置目的并不相同,亦即在一般的代理中,代理人在实施法律行为时须以被代理人的名义为之,该行为的后果归属于被代理人,在通常情况下代理人不必与被代理人共同承担连带责任。这种制度的设置主要源于代理人是被代理人进行民事交易活动的“手臂之延长”,代理人以被代理人的名义所为、为被代理人利益所为的法律行为,其效果自然可归属于被代理人,外部法律关系的主体和民事责任的后果皆由被代理人承担,这有效地维护了交易的简便与快捷,同时也更有效地保障了被代理人的利益。而家事代理权与普通民事代理权存在很大不同,其功用并非是将夫妻双方都作为被代理人,以看作法律行为的主体,而仅仅在于夫妻双方要承受夫妻一方依家事代理权实施法律行为的后果。②

对于这一问题,笔者认为,鉴于夫妻关系的特点,作为生活共同体,

① 杨大文主编:《婚姻家庭法学》,复旦大学出版社2002年版,第168页。

② 参见曹险峰:《论家事代理权的内涵》,载《甘肃政法学院学报》2008年第3期。

夫妻就家庭财产事务的相互代理是一种极为普遍的现象。此种相互代理，在夫妻之间无论实行共同财产制或者分别财产制的情况下，均具有合理性和必要性。事实上，即使不承认夫妻家事代理为一种法定代理而只能适用委托代理，在夫妻一方未经他方同意而以夫妻共同名义处理家庭事务或者财产时（无论是否属于日常生活需要），也常可适用表见代理的规则而使其无权代理行为有效。故从实质上看，是否承认夫妻家事代理对于实务问题的处理并无大碍。不过，由于夫妻为利益共同体，其相互之间是否存在委托授权常常从外部难以判明，且实务中常常发生夫妻为否认已为交易之效力而通谋否认委托授权的情形。为此，较之表见代理的适用，在一定范围之内承认为夫妻家事代理制度并直接就夫妻相互为法定代理人的有关事项作出明确规定，实有简化程序、便于保护善意第三人之功效。鉴于在夫妻实行分别财产制的情况下，双方对对方的个人财产不享有任何处分权，故将之排除出夫妻家事代理的范围，较有利于保护夫妻各自的合法利益，且法理上更为通顺。而夫妻对其共同财产的处分，在涉及日常生活的范围内，强令双方必须协商一致，有悖生活习惯和常理，故赋予夫妻各方均享有法定代理权甚为妥当。但如对夫妻共同财产的处分涉及日常生活所需之外的重大事项（如出售夫妻共有的房屋或者处分其他重要资产），则不适用夫妻家事代理而适用委托代理，符合生活习惯。同时，令第三人在与夫妻中一方就夫妻共同财产为处分行为时应负担更高的注意义务，也无损于第三人的正当权利。

至于夫妻家事代理与一般典型代理的某些区别，并不影响对此种法定代理的性质的肯认。诚然，在夫妻家事代理中，夫妻中之一方同时作为本人及他方的代理人而与第三人为法律行为，其行为产生的权利共同归属于夫妻双方，所产生的义务亦共同归属于夫妻双方（连带债务）。但此种效果，与共有人就共有财产的相关事务之相互间的代理乃至于合伙人中之一人就合伙事务的代理，①其实并无差异。

为此，我国有关司法解释可以被理解为有限地承认了家事代理制度。其表现为，就涉及日常生活的共同财产的处分，夫妻中任何一方均

---

①　在合伙人代理的情形下，由于合伙具有团体性，故合伙代理人行为的效果在形式上可直接归属于合伙团体，但其实质上仍归属于包括合伙代理人在内的全体合伙人。

当然享有法定代理权,无须征得对方同意。但就日常生活之外的共同财产的处理,夫妻中一方并不当然享有法定代理权,需事前征得对方的同意。即此种法定代理仅适用于涉及日常生活的共同财产的处分,但对其他事项的代理(包括对属于夫妻中一方的个人财产的处分),则仍应适用委托代理的规则。如前所述,这一规定充分考虑到了我国家庭生活的实际情况,因而具有合理性。

据此,笔者在提出的建议稿中规定:"就涉及家庭日常生活的共同财产的处分,夫妻中任何一方享有法定代理权。"但这一建议未被《民法总则》所采纳。

第二节　法定代理权的行使与消灭

一、法定代理权的行使

法律设置法定代理的目的在于保护特定当事人(如欠缺行为能力的被监护人、失踪人)或者第三人(如夫妻家事代理中的第三人)的利益,故法定代理权的行使具有以下特点:

(一)法定代理权的范围具有概括性

与委托代理权不同,法定代理权不是产生于本人的授权行为,而是依照法律的规定,伴随特定的法律关系(监护关系、失踪人财产代管关系、夫妻关系等)所发生,故法定代理权限的范围由法律直接规定。对此,我国1986年《民法通则》第64条第2款作出了概括性规定:"……法定代理人依照法律的规定行使代理权。……"2017年3月颁布的《民法总则》第163条也作出了相同规定。由于各种不同的法定代理权具有不同的目的,故其代理权限范围也有所不同,但均关涉本人人身或者财产保障的各个方面或者某些方面。因此,法定代理权无论因何种根据而产生,其均非一时一事的代理。

(二)法定代理权的行使受法律的直接约束

因监护关系及失踪人财产代管所生之两类法定代理,其本人或者为欠缺行为能力的人,或者为失踪之人,均不可能对法定代理人的代理活动进行监督或者控制,也不可能在法定代理人不当行使代理权时,将其代理权予以撤销,故只能以法律的规定去直接约束法定代理人的代理活动。而在夫妻家事代理的情形下，因法律赋予夫妻中任何一方对涉及日常生活的共同财产的处分行为以决定权及代理权，故代理权的行使同样应受法律的直接限制。

法定代理人的代理权应受两方面的限制：

1. 一般规则的限制

法律有关代理权限制的一般规则，原则上均得适用于法定代理权。如《民法总则》第 164 条有关“代理人不履行或者不完全履行职责，造成被代理人损害的，应当承担民事责任。代理人和相对人恶意串通，损害被代理人合法权益的，由代理人和相对人承担连带责任”的规定，就适用于法定代理。又如，《民法总则》第 168 条有关自己代理、双方代理等相关规则，也适用于法定代理。

2. 特别规则的限制

鉴于监护人的法定代理权的行使缺乏本人之监督，故 1986 年《民法通则》第 18 条专为监护人设置了其法定代理权的限制条款，即“除为被监护人的利益外，不得处理被监护人的财产”（第 1 款）。此规定为《民法总则》第 35 条第 1 款所采纳。这一规定是对监护人之法定代理权的特别限制，其意义在于，如果监护人对被监护人的财产实施处分行为，则就其行为是否属于维护监护人利益之必需，监护人应承担举证责任；否则，应推定其滥用法定代理权。

此外，对于失踪人的财产代管人的法定代理权范围，虽然《民法总则》未作明文规定，但根据其第 43 条第 2 款有关“失踪人所欠税款、债务和应付的其他费用，由财产代管人从失踪人的财产中支付”的规定，可以推定，法律将失踪人的财产代管人的处分权代理行为限制于清偿失踪人所欠税款、债务和应付的其他费用的范围之内。超出这一范围的处分行为，财产代管人无代理权。

至于夫妻家事代理，依照最高人民法院的司法解释，其法定代理权仅限于涉及日常生活的夫妻共同财产之处分行为的代理范围。

（三）法定代理不得适用表见代理

关于表见代理能否适用于法定代理，《德国民法典》未作明文否认，[①]学说上则存有争议。持“肯定说”的学者认为，表见代理是为了确

---

① 参见《德国民法典》第 109 ~ 112 条。

保交易安全的制度。因此,尽管法定代理权不是本人赋予的,但只要有对法定代理人之代理权外观之合理信赖,即应认定表见代理的成立;持"否定说"的学者则认为,在法定代理的情形下,代理人非本人选择,本人对无权代理的发生不具有可归责性,故不能认定表见代理的成立。

笔者认为,鉴于以下两项理由,法定代理不应或客观上不能适用表见代理:

其一,就因监护关系以及失踪人财产代管制度而设立的法定代理而言,其与委托代理的制度功能存在根本性区别。此两类法定代理制度的设立,或者是为了保护行为能力欠缺的人,使其在缺乏意思能力的情况下仍可参与社会生活;或者是为了保护被宣告失踪的人的财产不受非法侵害。如果表见代理适用于此两类法定代理,无权代理的后果即直接归属于本人,对欠缺行为能力的人和失踪人极不公允。

其二,就夫妻家事代理而言,既然其适用范围仅限于涉及日常生活时对夫妻共同财产的处分,而法律直接赋予夫妻中任何一方对之享有单独决定权,故客观上不可能存在发生无权代理的可能,自然无表见代理适用之余地。

(四)法定代理人的"复任权"

通常情况下,法定代理人应亲自实施代理行为,不得随意将代理事项转托他人再代理。法定代理人是否有复任权,德国、瑞士等国民法未予规定。但《日本民法典》第106条规定:"法定代理人得以其责任选任复代理人,但有不得已之事由时,惟负前条第一项所定之责任,仅就其选任及监督对于本人负责。"对此,我国法律未予规定。

笔者认为,法定代理与委托代理不同,法定代理并非产生于被代理人基于信任而为的授权行为,其代理权范围较为广泛。同时,法定代理人不可以任意辞去代理权。因此,当被代理人需要实施法律行为而其法定代理人无法亲自代理实施时,如果不允许法定代理人选任复代理人,则显然不利于保护被代理人的利益。尤其是在紧急情况下,法定代理人自己无法实施代理行为,而如不将代理事项转托他人代理,则被代理人的利益有可能遭受损害,故法律应允许法定代理人在特定条件下享有复任权。实际上,在法定监护人设立委托监护时,如其授权委托监护人得行使代理权,其性质便已构成"转委托"。但是,由于欠缺行为能力的被代理人或者失踪人无法对复代理人的行为实行监督，故当复代理人的行为损害被代理人的利益时，即使法定代理人对复代理人的选任、监督无过失，法定代理人也应首先对被代理人承担损害赔偿责任，然后，再由法定代理人依法追究有过错的复代理人的民事责任。这样，法律一方面允许法定代理人有较广泛的复任权，同时也加重其责任，可以有效地防止法定代理人对复任权的滥用。而在法定代理人与复代理人的相互关系上，法定代理中的转委托与委托代理中的转委托并无实质上的区别，故可适用法律中有关转委托的一般规定。

二、法定代理权的消灭

法定代理权依法随特定法律关系而产生，其产生和存续不以本人和法定代理人的意志为转移，故产生法定代理的特定法律关系一旦终止，法定代理权随即消灭。

监护人法定代理权随监护关系的终止而消灭，具体包括：(1)本人取得或者恢复行为能力。未成年人一旦成年，即取得行为能力；被宣告为无行为能力或者限制行为能力的精神病人一旦恢复健康，则其行为能力应予恢复。出现上述情形，法定代理的设定即丧失了事实依据，即应归于消灭。(2)本人或代理人死亡以及代理人丧失行为能力。由于法定代理权仅为一种法律上的资格，故法定代理人对之既不能转让，其死后也不能由他人继承，法定代理人一旦死亡或者丧失行为能力，其代理权即行终止。在本人死亡时，法定代理权也应随之而终止。但在某些情况下，法定代理人为维护本人及其继承人的利益，在本人死亡后继续将尚未完成的代理事项予以完成的，其代理行为也属有效。(3)监护关系因其他原因而消灭。当本人与法定代理人之间的监护关系因夫妻离婚、收养子女或收养关系的解除而不复存在时，或者监护人因不履行、不能履行监护职责而被撤销其监护权时，法定代理权即丧失其存在基础，应归于消灭。

失踪人之财产代管人法定代理权随财产代管关系的终止而消灭，具体包括：(1)失踪宣告被撤销。被宣告失踪的人重新出现或者确知其下落，失踪宣告经本人或者利害关系人依照《民法总则》第45条的规定申请而被撤销，财产代管人的法定代理权随财产代管权的终止而当然消灭。(2)财产代管人死亡或者丧失行为能力。(3)其他原因(如财产代管人被撤换等)而引起的财产代管关系的终止。

夫妻关系因夫妻离婚或者夫妻中一方死亡而终止时,夫妻家事代理权归于消灭。

第二十一章　委托代理权

第一节　授 权 行 为

一、授权行为的性质

(一)既有理论和立法例

授权行为是一种单方法律行为还是双方法律行为?此即授权行为的性质问题。在不承认授权行为独立性的立法模式中,委托代理权系由委任契约而直接产生,无所谓授权行为,自然也无其"性质为何"之探究。但在承认授权行为独立性的立法模式中,授权行为是独立于作为基础法律关系的委任契约或者其他法律关系的一项法律行为,且为委托代理权产生的直接根据。故仅在认可授权行为为独立的法律行为的前提下,才存在对其性质的讨论余地。①

对于授权行为的性质,存在两种不同的认识和立法模式:一种是将授权行为认定为契约(双方法律行为);

---

① 某些学说置此前提于不顾,认为大陆法上有关授权行为的性质问题出现过三种学说,即"委任契约说"、"无名契约说"以及"单方法律行为说"。实际上,在不承认授权行为独立性的立法上,根本无所谓代理权授予行为,也并不将委任契约与授权行为等同,故并不存在"授权行为为委任契约"之说。参见史尚宽:《民法总论》,中国政法大学出版社2000年版,第530~531页;江帆:《代理法律制度研究》,中国法制出版社2000年版,第73~74页;王利明:《民法总则研究》,中国人民大学出版社2003年版,第639页。

另一种是将之认定为单方法律行为。

有人认为,代理权虽非产生于委任契约本身,但它是附随债权契约的一种无名契约。此观点为某些日本学者所持。[①] 我国台湾地区“民法典”第167条规定:“代理权系以法律行为授予者,其授予得向代理人或向代理人对之为代理行为之第三人以意思表示为之。”对这一条文的理解,很多人认为其将授权行为规定为单方行为而并非契约,不必经代理人承诺即可成立。[②] 但也有一些学者认为,该条款仅规定授权之意思表示应向何人为之而已,并未指明其意思表示有绝对拘束代理人之效果。故代理人有反对之意思表示时,自无强其承受代理权之理由。因而授权行为之有效,不可不以本人之意思表示与代理人无反对之意思表示为要件。[③] 这就表明,在我国台湾地区“民法典”中,授权行为究竟是单方行为还是契约行为,并非完全确定,而在其他少数国家的立法上也确存在否认授权行为的单方行为性质的规定。如《捷克斯洛伐克共和国民法典》第23条规定,授权行为是一种双方法律行为,可以用合同的形式为之。

不过,《德国民法典》第167条第1项以及《瑞士债法典》第33条第3项均明确将授权行为规定为单方法律行为。究其理由,有学者指出:“代理权单依代理权授予之意思表示而成立,良以代理权非权利,亦非义务,不过为得代本人为有效意思表示之资格,其代理权授予行为,亦不过决定代理人之意思表示应否对于自己发生法律效果,故仅须以自己之意思表示授予之,无须代理人同意之必要。”[④]也有学者认为,如将授权行为视为双方法律行为,会使基础行为与授权行为相混淆。因为基础关系多为合同关系,当事人不可能在基础关系成立后再订立一个有关授权行为的合同。[⑤]

究其实质,授权行为应基于授权人单方意思而生效抑或须经双方合意方可生效,其实完全取决于立法者的选择而非基于生活事实。就实际生活而言,很难想象在代理人拒绝接受代理权授予的情况下,代理

---

① 参见史尚宽:《民法总论》,中国政法大学出版社2000年版,第530页。

② 参见王泽鉴:《民法实例研习·民法总则》,三民书局1997年版,第359页。

③ 参见江帆:《代理法律制度研究》,中国法制出版社2000年版,第74页。

④ 胡长清:《中国民法总论》,中国政法大学出版社1997年版,第305页。

⑤ 参见王利明:《民法总则研究》,中国人民大学出版社2003年版,第639页。

权有产生的必要和可能，而无论可以使某人摇身一变而具有代理人资格的代理权的享有，对之究竟意味着利益、不利益抑或什么都不意味，将某种非法定的权利或者资格强行施加于当事人，似也违背意思自治原则。此外，既然在作为原因（基础关系）的债权契约之外尚可存在独立的物权契约，则将授权行为视为契约，自然也不会发生基础关系与授权行为的任何混淆。由此，立法者将授权行为视为一种单方法律行为，一定不是基于生活事实，也不是基于上述学者所列的理由。

（二）认定授权行为为单方法律行为的理由

笔者认为，将授权行为视为一种单方法律行为的必要性和理由，应作以下解释：

1. 本人信赖之保护

基于代理的特点，本人将代理权授予代理人是基于对代理人的信赖，故授权行为建于本人信赖基础之上。由此，对于代理权的存在与否，本人应当具有绝对的控制权。如果将授权行为视为双方法律行为，则须经双方合意方可成立，而其一旦成立，原则上则须经双方合意方可解除。这就意味着，当代理权经授权行为之合意而产生后，本人不得无条件单方面撤回代理授权，否则即构成违约；反之，代理人也不得无条件单方面辞去委托（放弃代理权），否则也构成违约。虽然法律不妨另行规定授权行为之契约得由双方任意解除，并规定相应的免责条件。但较之直接将授权行为规定为单方法律行为，其程序更为复杂，易滋生争端，不利于对本人信赖之保护。

2. 授权行为所生关系之抽象性

在采委托授权与委任契约相分离的体制中，本人与代理人之间必然存在双重法律关系。一是双方之间的委托合同关系，二是双方之间因授权行为（代理权之存在）所生之代理（内部）关系。鉴于授权行为之独立于委托合同纯系人为之抽象安排的结果，故本人与代理人之间的权利义务完全是由委托合同加以具体设置的。而由授权行为所生之所谓“代理内部关系”，只能是对本人与代理人之间相互法律地位（被代理人与代理人之特定资格）的一种描述，此种关系具有抽象性，并不包含任何由双方约定的权利义务。简言之，基于委托合同行为而产生的委托合同关系（包括基于其他原因而产生的基础法律关系）具有实质内容，是确定本人与代理人之约定的权利义务的直接依据，而基于授权行为而产生的本人与代理人之间的代理内部关系，除表现双方的相互地位之外，并无任何实质内容，亦无约定双方之权利义务的功能。如果将授权行为视为一种双方法律行为，则其当然产生双方之间的契约关系，但此一契约关系的内容显然不能与委托合同的内容相重叠，而除去委托合同约定的权利义务，本人与代理人之间并不存在其他约定的权利义务，故将授权行为视为一种契约并无实质意义。

3.委托合同之事先约定

通常情况下，授权行为包含于委托合同的条款之中，二者在形式上合为一体，亦即委托合同的成立即同时意味着授权行为的成立。即便真的先有委托合同而后方有授权行为，则如果说委托合同的签订即包含了本人有于“将来”授权之意思而代理人有于“将来”接受代理权之意思的话，那么，法律规定授权行为仅凭本人单方意思即可成立，对于代理人也就无所谓意思自治原则的违反。相反，在委托合同成立之后，如无正当理由，本人不得拒绝授权，代理人也不得拒绝接受代理权，否则便有可能构成对委托合同的违反。据此，“代理人拒绝接受委托授权”的情形是极难发生的，即使有所发生，将之视为代理人以单方意思表示辞去代理权，于代理人亦无任何利益损害。

如上所述，将授权行为规定为单方法律行为，纯系立法者的主观选择，其可使法律关系清晰，理论上也无障碍，故有其合理性。对此，我国《民法通则》及《民法总则》均未作明确规定，但其均将“被代理人取消委托或者代理人辞去委托”作为委托代理权终止的法定事由，①这表明我国立法不仅将授权行为视为产生代理权的直接根据，而且将之视为单方法律行为。

(三)授权行为的相对人

单方法律行为包括有相对人的单方行为与无相对人的单方行为两类。授权行为的效果是令代理人具有代理权，故其应为代理人所知晓。因此，授权行为是有相对人的单方行为，本人授权之意思表示须到达相对人方可产生代理权授予的效果。

除代理人之外，某些国家或者地区的民法还规定，本人授权的意思表示如对代理行为的第三人作出，亦可产生代理权授予的效果。(《德

① 参见《民法通则》第69条;《民法总则》第173条。

国民法典》第 167 条;我国台湾地区“民法典”第 167 条)但本人的授权意思不向代理人为之而向相对人为之的目的何在?不无疑问。而如果代理人未直接接受本人授权,仅凭第三人的告知,代理人又岂敢不予证实而轻易实施代理行为?如果代理人就授权事宜向本人予以证实,则又无异于本人对其直接授权。据此,有关第三人得为授权行为的相对人的立法设计,完全脱离生活实际,意义不大。

二、本人及代理人的行为能力

授权行为系有相对人的单方法律行为,自应符合法律行为的有效要件。就授权行为人的行为能力而言,法人无所谓行为能力之有无,自可实施授权行为,具有完全行为能力的自然人亦得充当授权行为人。但限制行为能力人能否成为委托代理的本人,各国立法并无明文规定。但依法律行为的一般原理,限制行为人实施的法律行为只要与其行为能力相适应,即为行为人合格。故限制行为能力人授权他人代理的事项,只要不超出其行为能力范围,或虽超出其行为能力范围,但事先征得其法定代理人同意或者事后得其追认,则应为有效。至于无行为能力人,因其完全无意思能力,故不得充当委托代理之本人。

但在代理权授予行为的相对方为自然人的情形下,委托代理人是否必须具备完全行为能力?对此,大陆法系各国家或者地区的立法一般持否定态度。如《法国民法典》第 1990 条规定:“未解除亲权的未成年人得被选任为受托人;但委托人对于未成年的受托人,仅根据有关未成年人义务的一般规定时,始有诉权。”《德国民法典》第 165 条规定:“由代理人所为的意思表示或向代理人所为的意思表示,不因代理人为限制行为能力人而影响其效力。”《日本民法典》第 102 条规定:“代理人无须为能力人。”我国台湾地区“民法典”第 104 条也有同样规定。对此,理论上的解释是:因代理人并不受其代理行为效力的约束,其代理行为对其是否有利,与代理人毫无关系。与此同时,当本人授权欠缺行为能力的人为代理人时,表明其已将自身利益心甘情愿地置于“可以放弃”的境地(因为本人明知欠缺行为能力的代理人实施的代理行为极有可能损及其利益),既然如此,法律又何需对之强行干预?故代理人不需有行为能力。不过,代理人虽不必有行为能力,但应具有意思能力,故无行为能力人不得为代理人。至于本人与代理人的内部关系,应分别而论:如授权行为单独存在者(无基础法律关系),此行为仅对代理人授予权限,代理人并不受任何约束,故应有效。但如授权行为与委托合同或者其他契约相结合使受托人负担义务者,则应征得其法定代理人的同意,否则不生效力。[①] 除大陆法系外,相同的规则在英美法系中也可以见到。“在英美代理法学者看来,代理行为仅仅是一种工具,被代理人在选择代理人的时候,当然知道代理人的行为能力状况,他有权选择限制行为能力、甚至无行为能力作为他的代理人,只不过要承担相应的、因代理人行为能力缺陷而带来的风险。”[②]这一学说为《美国代理法重述》第21条所采纳。

上述立法及其所持理由似乎具有某种极端性特点,应当加以分析。

事实上,如果承认代理人在代理活动中表现的是其独立意志的话,那么,除其行为以本人名义及其行为效果归属不同之外,代理行为与为自己利益实施的法律行为并无本质上的不同。根据法律行为的原则,无论是为自己实施法律行为或者为他人利益而实施法律行为,行为人均需具有相应的行为能力。因此,代理人显然应当具备与其代理实施的法律行为相适应的行为能力。即无行为能力人不得充当代理人,限制行为能力人在其意思能力范围之内可以充当代理人,但对超出其意思能力范围之外的行为,无权进行代理。同时,鉴于代理行为的效果由被代理人直接承受,故限制行为能力人超出其意思能力范围实施的代理行为,不得因其法定代理人事前同意或者事后追认而为有效,但不妨碍得事前经本人同意或者事后经本人追认而为有效。而本人将代理权授予限制行为能力人,则表示了其事前同意的意思。故立法上规定委托代理人得为限制行为能力人,其依据的是行为能力的基本规则,并非基于对当事人选择自身利益的绝对任意性的一种放纵。[③]

至于在授权限制行为能力人为代理人时,本人与代理人之间的内部关系究竟如何,亦应适用相关规则予以处理:如果授权行为的基础关系为委托合同等契约关系,则限制行为能力在其意思能力范围内独立签订的合同为有效,其超出意思能力范围签订的合同,须经其法定代理

---

① 参见史尚宽:《民法总论》,中国政法大学出版社2000年版,第521页。

② 徐海燕:《英美代理法研究》,法律出版社2007年版,第21页。

③ 对此,笔者过去曾持相反观点。参见尹田:《民事法律行为与代理制度研究》,重庆大学出版社1992年版,第192~193页。

人事前同意或者事后追认方可有效。但基于授权行为的独立性和无因性,即使授权行为的基础关系无效,也不当然影响授权行为的效力。

三、授权形式及授权范围

(一)授权形式

关于授权行为的形式,我国《民法通则》第65条第1款规定:"民事法律行为的委托代理,可以用书面形式,也可以用口头形式。法律规定用书面形式的,应当用书面形式。"此规定正确但非完善,因授权行为为法律行为之一种,故行为人自可在法律无特别规定的情形下,得任意选择采用任何一种形式,但并不限于书面形式和口头形式两种。

除书面形式、口头形式或者其他有形方式(电子信息、录音录像等)明示方式之外,授权行为也可采用默示的方式。其中包括推定行为,即根据本人的一定行为,并基于交易习惯或者社会公认的准则而推定其为授权的意思表示。

默式授权的典型形式为"职务授权":如本人委任某人以某种职务,即同时表明授权其一定范围的代理权。但并非任何职务都同时包含授权行为,只有当某种职务表明当事人有权以本人名义与第三人实施法律行为时,职务授权才能成立。而在职务授权的情况下,第三人对代理人资格及其代理权限的认定,其主要的根据应是代理人从事特定活动的环境及其特定身份。如商业机构中的售货员、收款员、出纳员以及公司的财务主管、业务主管部门负责人等,在基本建设承揽合同关系中,建设方派驻工地的施工现场代表就工程施工之相关事务(工程验收、洽商等)也享有代理权。理论上研究较多的所谓"经理权"中所包含的代理权,即为一种因职务(公司经理人)授权所产生的代理权。[①]

我国《民法总则》未对委托授权的形式作出任何限制性规定。

(二)授权范围

授权范围即授权意思所指明的代理权限范围。根据授权范围的不同,委托授权可分为"一次性委托"(一事有效的授权,即只授予代理人实施某一特定行为的代理权限)、"特别委托"(专门授权,即授予代理

---

① 关于经理人之代理权的专门论述,参见陈自强:《代理权与经理权之间》,北京大学出版社2008年版。

人在某一时间内实施某一类行为的代理权限)以及“总委托”(全权委托,即授予代理人实施与某一特定事务有关的各种法律行为的代理权限)。

代理人的代理行为超出授权范围者,构成“越权代理”。

四、授权行为无效的效果

如前所述,德国民法将授权行为与委托合同相分离,赋予授权行为以独立性和无因性,其采用的抽象技术方法与将物权行为与债权行为相分离的方法相差无几,但德国民法赋予物权行为理论以一种极端抽象和神秘的特征,甚至将之视为一种“无声无色”即无须进行伦理评价的行为,原则上不存在无效的可能性。但与之不同,同样“独立”而且“无因”的授权行为却未得到如此宽厚之待遇。德国民法理论承认授权行为得因“意思表示瑕疵”而被本人撤销,授权行为一旦被撤销,代理行为则对本人不发生法律效力。此时,相对人不应依据《德国民法典》第179条的规定向代理人请求损害赔偿,而应当根据该法典第122条的规定向撤销授权行为的本人请求赔偿信赖利益损害。①

与被过度抽象化且以动产交付或者不动产登记为形式外观的物权行为不同,代理权授予行为是一种比较单纯的意思表示。作为法律行为之一种,授权行为自应具备法律行为的有效要件方可发生代理权授予的效力,由此,无行为能力人实施的授权行为绝对无效;限制行为能力人超出其行为能力范围实施的授权行为,除非事前或者事后经其法定代理人同意,亦为无效;授权行为之内容违背法律禁止性规定或者公序良俗者,应属绝对无效;意思表示不真实的授权行为,本人得予以撤销。

在授权之意思表示不真实的情形下,如果在本人撤销授权之前,代理人已经实施了代理行为,其行为效力如何?依据法律行为的规则,授权行为一经撤销,其效力自始不发生,故代理人在授权行为被撤销前实施的代理行为应构成无权代理。对之,善意相对人得主张成立表见代理而使代理行为有效,也可撤回其意思表示而使代理行为无效。如果

① 参见[德]卡尔·拉伦茨:《德国民法通论》(下册),王晓晔等译,法律出版社2003年版,第864~865页。

代理行为无效，善意相对人有权请求无权代理人承担损害赔偿责任，但不得请求本人承担赔偿责任。前述结论，似无瑕疵。但若仔细分析，不难发现，授权行为因意思表示不真实而被撤销，其相关条件及所涉及的利益损害与一般法律行为的撤销有所不同。与此相适应，有关法律效果也应有所不同。

其一，在因受欺诈、胁迫而被撤销的一般的法律行为中，实施欺诈、胁迫行为的通常正是行为相对方当事人，故法律行为被撤销后，仅发生撤销权人请求实施欺诈、胁迫行为的恶意方当事人损害赔偿的请求权。而在因受欺诈、胁迫而为的授权行为中，实施欺诈、胁迫行为的只能是代理人而非代理行为的相对方，此时，本人得基于代理人的过错追究其损害赔偿责任。但在代理行为无效的情况下，善意第三人对因之造成的损害，亦应享有损害赔偿请求权。此一请求权固然得向代理人行使，但如代理人无赔偿能力，则因第三人所受之损害系信赖代理人有代理权所生，而本人之授权行为是导致该种信赖产生的直接原因，据此，令第三人有权请求授权行为人承担连带赔偿责任，或者规定第三人得直接请求本人承担损害赔偿责任，实属合理。

其二，在因重大误解而被撤销的一般的法律行为中，损害赔偿请求也只能发生在双方当事人之间（由误解方向相对方承担赔偿责任）。但在因重大误解而为的授权行为中，发生误解的只能是授权行为人本人而非代理行为的相对人。授权行为被撤销后，善意第三人所遭受的信赖利益的损害，应当向本人而非无过错的代理人请求赔偿。

如上分析，德国民法理论有关授权行为因意思表示瑕疵而被撤销后，善意第三人应就其信赖利益损害请求本人而非代理人予以赔偿的观点是正确的。但在本人对相对无效的授权行为予以承认或其撤销请求权超过除斥期间未予行使的情形下，代理行为应当自始有效。此外，既然授权行为被撤销即导致代理人自始无代理权（无权代理）的效果，则该种行为因善意第三人主张成立表见代理而为有效的可能性，当然不应排除。

五、授权不明的法律效果

（一）既有理论和立法例

如果授权行为完全未确定代理权范围，且依授权行为的解释，其范围仍不明确,此种情形被称为“本人授权不明”。实践中,全权委托与授权不明容易发生混淆,一般认为其区分界限在于:全权委托须有明确的意思表示,且通常限于某一特定事务的相关方面,如授权代理人“全权代理本投资项目的有关事宜”。根据此项授权,代理人得就该特定项目之投资协议的签订及其他相关法律事宜进行代理活动。但如本人之授权既未明确表示其全权委托的意思,亦未指明代理所涉及之特定事务,则应构成授权不明,如授权代理人“为本公司从事业务活动”。

对于本人授权不明时代理人的代理权限,《法国民法典》第1988条第1款规定:“以概括的词句所作的委托,仅包括管理行为。”对之,《日本民法典》第103条规定:“未定权限的代理人,只有实施下列行为的权限:1.保存行为;2.于不改变代理标的物或权利性质的范围内,以其利用或改良为目的的行为。”依照这一规定,当代理权限不明时,代理人的代理权限范围仅限于三种行为:(1)保存行为,即维护财产现状的行为。如代理人将待出售的财产予以必要的维修、保养;清偿到期债务;处理易腐败的物品;以请求债务人履行债务等方式引起时效的中断,以及其他从财产的整体上看是维持财产现状的行为。(2)利用行为,即利用财产增加收益的行为。如出租房屋、将金钱附利息贷与他人等。(3)改良行为,即增加物的使用价值或交换价值的行为。如给房屋内外适当增加一些必要设施等。此外,对财产的利用或改良的行为只能在不改变物或权利性质的范围内才能进行。与此同时,在授权不明的情况下,代理人无权实施处分行为。

授权不明的代理人超出上述三种法定许可实施的行为而实施的其他行为,构成无权代理。但在授权不明的情况下,因授权行为及代理权的真实存在且无明确的代理权限的限制,极容易对第三人产生代理人具有代理权限的外观,故此种无权代理通常得构成表见代理。

(二)对《民法通则》有关规定的评价

我国1986年《民法通则》第65条第3款对于授权不明的效果作出了明确规定:“委托书授权不明的,被代理人应当向第三人承担民事责任,代理人负连带责任。”这一规定显非妥当。

首先,该条文就“本人应向第三人承担民事责任”及“代理人负连带责任”的表述具有模糊性。在我国立法上,“民事责任”和“民事义务”两个概念常常被混同使用。故“责任”在不同场合也具有不同含义,有时指约定的或者法定的义务（如连带之债中债务人承担的连带债务），有时则指违反义务的制裁性后果（如违约责任或者侵权责任）。而该条文中本人在授权不明的情况下应向第三人承担的“责任”以及代理人应承担的“连带责任”，可以解释为代理行为所生债务之履行责任，也可解释为本人因不履行代理行为所生债务之违约责任，还可解释为因代理行为无效所生之损害赔偿责任，其含义并不清晰。

其次，无论将该“责任”作何解释，其均难以成立。如将该“责任”解释为代理行为有效所生之债务或者本人因不能履行该种债务所生之违约责任，则令代理人直接对第三人承担连带责任毫无根据。但如将该“责任”解释为代理行为无效所生之损害赔偿责任，则其强令授权不明时代理行为一律无效，有损交易安全，对代理人和第三人显失公平。

根据我国《民法通则》对“民事责任”概念的使用习惯，①可以断定，该条文中的“责任”以及“连带责任”，其本意应当是指代理行为无效时对第三人的损害赔偿责任。这是因为，如果在授权不明的情况下，本人应当向第三人承担的“民事责任”以及代理人应承担的“连带责任”，是指代理行为有效所生之债务或者本人因不能履行该债务而承担的违约责任，则因代理行为有效时，其所产生的权利义务应当直接、全部归属于本人，即使本人因“猝不及防”而违约并因对第三人承担违约责任而遭受损失，本人据此可以对有过错的代理人进行追偿，但也没有理由令代理人对第三人直接承担履行债务的连带责任或者违约损害赔偿的连带债务从而使第三人获得额外利益。因此，该条文的本意，是规定代理人在授权不明时所实施的代理行为应属无效，就行为无效而对第三人所生之损害赔偿责任，应由本人与代理人共同承担。但问题在于：

其一，在授权不明的情况下，如果规定代理人所实施的代理行为一律无效，则当代理人所实施的代理行为有益于本人而本人愿意承认之时，强行否认其追认权实属不妥。

其二，既然本人有授予代理人以代理权的意思，虽其未明确代理权范围，但代理人因此便不能实施任何代理行为，则显然与授权行为本身的目的相悖。

其三，如果法律并未规定授权不明时代理人得实施的代理行为的

① 《民法通则》第六章标题即为“民事责任”，其专指违约责任和侵权责任。

具体范围,则代理人即有可能将之理解为概括性授权(全权委托),其因此而有可能承受代理行为无效的后果,并非妥当。

其四,授权行为仅产生本人与代理人的内部关系(代理权之发生),第三人通常难以了解,且授权不明与全权委托之界限相当模糊。故当授权不明时,如果排除善意第三人主张成立表见代理的权利,将会严重损害交易安全。

(三)学者的批评意见

《民法通则》的前述规定曾招致很多学者的非议,主要有以下几种不同观点:

1. 授权不明的责任应首先由本人承担

此种意见认为:(1)授权不明,其实质不过是委托人关于授权的意思表示存在某种缺陷。这种缺陷的出现,是由于委托人单方面的过错所致,故只能由委托人承担责任,而不能由代理人承担连带责任。(2)在英美法代理制度中,如遇代理权授权不明,即援引"优势责任原则"。即由于本人较之代理人在经济上往往处于较优势的地位,其承担民事责任的能力更为可靠,为保障无过错的第三人的合法利益,当出现代理权授权不明、不可否认的代理或代理人以被代理人名义对第三人为侵权行为时,应由本人首先承担民事责任,嗣后本人可以根据不同情形决定向代理人追偿。这一原则是公平原则在代理立法中的运用,应予借鉴。①

2. 授权不明时代理行为有效,由本人和代理人分担责任

此种意见认为,为保护善意第三人及交易安全,在授权不明时,代理行为有效。但代理人确有过错的,可依其过错程度适当分担相应责任,其分担方式可以是由第三人直接请求代理人承担部分责任,也可以是由本人对第三人承担责任后再向代理人追偿。②

3. 授权不明时代理人在法定范围内的行为有效,在此范围之外的行为构成无权代理

此种意见认为,我国立法应当借鉴日本民法,对于授权不明时代理

---

① 参见佟柔主编:《中国民法学·民法总则》,中国人民公安大学出版社1990年版,第283页。

② 参见王利明:《民法总则研究》,中国人民大学出版社2003年版,第638页。

人的实施的代理行为范围作出明确规定①,代理人在此法定权限范围内所实施的代理行为有效,其超出此范围所实施的代理行为构成无权代理,得经本人追认而为有效,亦得因善意第三人主张表见代理而为有效。如代理行为经本人追认而为有效,当然不存在本人得追究有过错的代理人的赔偿责任的问题;如代理行为因善意第三人主张表见代理而为有效,本人因此遭受损失,自可向代理人依其过错大小进行追偿;如代理行为因未征得本人承认或因第三人主张表见代理而有效,其无效所生之对第三人的赔偿责任,自应依照无权代理的规则由代理人自行承担。但在任何情形下,均不可能在本人与代理人之间发生连带债务或者连带赔偿责任。

(四)立法模式选择

如果对以上三种批评意见进行分析,可发现其均有不当之处。

就第一种观点而言,其认为在本人授权不明时,无论代理行为有效与否,一律应由本人对第三人承担责任或者首先承担责任。其理由主要在于代理人对授权不明无过错以及本人较之代理人具有更为可靠的经济优势,但其并未指明在授权不明时,究竟代理行为的效力如何?而如果说授权不明即本人授权意思存在瑕疵因而有过错的话,则代理人在稀里糊涂的情况下便实施代理行为,也不能说完全无过错。至于本人之经济优势,其于通常情况下确实存在,但如果代理人较之本人更具有经济优势,则是否第三人得直接追究代理人的责任呢?由此可见,此种观点似乎不够清晰且缺乏说服力。

就第二种观点而言,其认为在授权不明时,代理行为一律有效,由此产生的债务或者违约责任应由本人与代理人适当"分担"。此种意见无异于将授权不明一概视为全权委托,这对于保护第三人利益及交易安全显然十分有利。但既然代理行为有效,则当然只能由本人对第三人直接承担全部义务,而不可能由代理人"分担"。即使本人因无法履行义务而承担违约责任,第三人在任何情况下也只能对本人而不能对代理人提出任何请求,亦即在代理行为有效的情况下,只能产生本人与第三人之间的权利义务关系,第三人不可能对代理人直接享有任何请求权,而代理人的过错则只能产生代理人对本人的赔偿责任。故此种

---

① 参见江帆:《民事代理制度研究》,中国法制出版社 2000 年版,第 86 页。

“分担责任”的观点亦难成立。

就第三种观点而言,其认为应当借鉴日本民法,由法律明确规定授权不明时代理人得实施的代理行为的具体范围。此种做法简洁明了,似乎合理,但其有可能存在以下弊端:

1. 本人事实上根本无法主张“授权不明”,且令代理人承担无权代理人之责任明显不公

就代理的内部关系而言,授权不明仅能表现为本人有授权之意思但未限定授权之范围。如前所述,尽管授权不明与全权委托之间在理论上似乎可以划定某种界限(如“全权代理本项目有关事宜”为全权委托,而“代理本公司从事业务活动”为授权不明),但在实际生活中,完全无代理权限的授权实属罕见(便授权他人“代理本公司从事业务活动”,其“本公司的业务活动”也构成一种权限范围)。而特定的本人在特定的条件下对特定的相对人所作授权,无论其措辞如何,均有可能被解释为全权委托,由此,授权不明与全权委托在实务中实难界分。而在具体的诉讼中,仅本人得主张“授权不明”并据此而否定代理行为的效力,同时追究代理人的责任。但在授权行为无明确权限限制的情况下,代理人以及相对人完全有理由将之理解为全权委托。对此,即便本人内心确实存有限制授权范围的意思,因其未予表达,故其在司法诉讼中很难就代理人有关未定权限范围的授权行为为“全权委托”的主张提供相反证据。而立足于法官的立场,在未限定权限范围的授权行为既可解释为全权委托,亦可解释为授权不明的情况下,鉴于本人存在授权而不限定权限的行为,同时,本人在交易成立后以授权不明为由主张代理行为无效常常具有规避商业风险的动机或者嫌疑,故法官宁可判定交易成立而不是相反。由此,基于“授权不明”而令代理人承担责任,既不现实,也不公平。

2. 第三人均得主张表见代理,故该种规定毫无意义

就代理的外部关系而言,对于第三人来说,确定代理人的真实身份比弄清代理人的代理权限更为重要。至少在中国经济社会的实践中,鉴于代理活动所需要的灵活性,一纸真实的印鉴齐全的业务介绍信(便上面仅仅载明“授权某人代理本公司联系有关业务”)便足以使第三人相信代理人具有代理权。与此同时,即使法律规定本人授权不明时代理人仅得实施代理行为的范围,但此种用以限制代理人行为的规定却

无理由同时构成对第三人设置的法定“注意义务”。由此，授权不明在与全权委托无法确切界分的情况下，对于第三人完全有充分的条件形成全权委托的印象，使之有理由相信代理人有代理权。也就是说，即使法律规定代理人超出法定范围实施的代理行为构成无权代理，第三人也完全可以通过主张表见代理而使行为有效。如此一来，区分授权不明与全权委托便失去了任何实际价值。

据此，所谓“授权不明”其实有可能只是一种理论上的设想，其相关规则并无实际意义，故应将未定代理权限的授权行为一律视为全权委托，代理行为有效。至于本人因代理人的过错而造成的损害，本人自可依据相关规定予以追究，与授权范围之确定与否并无直接关系。

我国《民法总则》未采纳《民法通则》第65条第3款有关授权不明的规定。

第二节　委托代理权行使的限制

一、代理权滥用之禁止

（一）代理权滥用之效果

由于代理人在代理活动中享有独立决定权，且代理行为的效果直接归属于本人，而本人难以对代理人的行为进行直接的监督，故法律要求代理人须尽“善良管理人之注意义务”，以避免本人利益遭受损害。凡代理人违反本人之明显利益而行使代理权者，均构成代理权的滥用。

关于代理权滥用的成立条件，传统理论比较重视对本人意思的尊重，认为代理人的行为即使不违反本人之利益，但如违反本人之意思，亦为代理权之滥用。相反，代理行为即使反于本人的利益，但为本人所欲，则不构成代理权之滥用。[①]

而对于构成代理权滥用时代理行为的效力，理论上有不同认识，立法上也存在不同对待。计有三种主要观点：

---

① 参见史尚宽：《民法总论》，中国政法大学出版社2000年版，第537页。

1. 抗辩权发生说

有人主张,在代理权滥用的情形下,代理行为仍为有效成立。但如相对人知其滥用之事实或因过失而不知之者,本人得以恶意之抗辩对抗相对人。

2. 绝对无效说

有人主张,代理人滥用代理权时,其代理行为原则上为有效,但相对人知道代理人之不正当的意思或可得而知者,应为无效(此主张为《日本民法典》第93条、我国台湾地区"民法典"第86条所采)。

3. 效力待定说

有人主张,既然存在代理权之滥用,则不应认定代理人具有代理权或者代理权限,故此时应将代理行为认定为无权代理(此主张为《德国民法典》第177条及以下各条所采)。但我国台湾地区学者认为,在此种情形下,如第三人无过失,且有可相信代理人有代理权限之正当理由时,本人仍应负授权人之责任(准用我国台湾地区"民法典"第107条及第169条,参照《日本民法典》第110条)。

综合上述观点,可以看出,就代理人滥用代理权而实施的代理行为的效力而言,如第三人为善意,且代理行为除有损本人利益或者有悖本人意思之外,代理人与第三人实施的法律行为并不具备无效或者可撤销的要件,则基于交易安全的保护,应认定其为有效,有过错的代理人对由此而对本人造成的损失应负赔偿责任。但如第三人为恶意,则代理行为应属无效。对上述基本结论,前述相关理论或者立法例均持赞同态度。问题仅在于,就滥用代理权而实施的代理行为的效力,在第三人为恶意的情形下,究竟应将之设定为"抗辩权发生"(代理行为有效,但本人享有恶意之抗辩权),还是"绝对无效"或者"效力待定"(认其为无权代理,得由本人追认而为有效)?

依笔者所见,上述"抗辩权发生"之说认定该种代理行为有效,但经本人之抗辩而不使其真正发生效力,其无法说明认定该种行为有效之理由,且操作上过于诡异,不宜采取。而"绝对无效"之说则未考虑代理人滥用代理权时,其实施的法律行为对于本人未必总是不利,其有利与不利应由本人判断,故本人应对代理行为的存废享有选择权利为妥。至于"效力待定"之说,其将代理人滥用代理权实施的行为视为无权代理,本人因此可通过追认权或者拒绝权的行使而对代理行为的效力有所选择,且善意第三人得通过主张或者不主张成立表见代理而选择行为效力之有无,理论上较为圆润,实务操作中也较为简捷,应予采纳。

(二)代理权滥用之类型

代理权滥用是一个比较宽泛的概念,凡不当行使代理权而损害本人利益及谋取代理人自己之不当利益者,均可构成代理权滥用。其中,代理人与第三人恶意串通实施代理行为损害本人利益,为代理权滥用的典型。而自己代理与双方代理两种情形中,有人认为应属对代理权之权限的限制,①多数人则认为也应属代理权滥用。

1. 自己代理和双方代理

自己代理即代理人以本人名义与自己为法律行为,双方代理即在同一法律行为中代理人同时为法律关系双方当事人的代理人。此两种代理常发生在合同行为中,一般认为,因其与合同行为的性质不符(合同的成立须基于双方当事人的合意,而在自己代理和双方代理的情形下,合同内容系由代理人一人决定),且利益分配全由代理人一人掌控,极有可能损害本人的利益,故被多数国家及地区的民法视为代理权的滥用,原则上明文加以禁止。如《德国民法典》第181条规定:"代理人,非经被代理人许可,不得以被代理人之名义(以自己之名义)为法律行为;但其法律行为系专属履行债务者,不在此限。"《日本民法典》第108条、我国台湾地区"民法典"第106条也有相似规定。

法律限制自己代理和双方代理的宗旨在于防止代理人借之损害本人利益,但在本人同意的情况下,自己代理和双方代理的效果即为本人所接受,故不存在本人利益之任何损害。而在某些特定情形下,自己代理乃至双方代理有可能为商业习惯所认可(如公司章程允许公司经理人为自己代理),故法律也无否定之必要。一般而言,在以下两种情形中,自己代理和双方代理应属有效:

(1)自己代理之本人或双方代理之两方被代理人事前同意或者事后追认

自己代理或双方代理于事后经有关本人认可,即不存在本人利益受损之虞,故应有效。但本人事前同意代理人实施自己代理或者双方代理,是否无条件的一律有效?此问题殊值讨论。

---

① 参见史尚宽:《民法总论》,中国政法大学出版社2000年版,第534页。

一般认为,既然本人事前同意代理人实施自己代理或者双方代理,则表现了本人对代理人的信赖,故本人应当承担该种代理行为的效果。但应看到,在实际生活中,在本人事前同意代理人实施自己代理时,常常对交易条件进行了明确限制(如甲授权代理人乙以不超过每吨3000元的价格购买某种钢材,并允许乙自己成为卖方)。在这种情况下,本人对于自己代理的效果已有充分预见,故代理行为应属有效。与之不同,如果本人未严格限制交易条件而同意代理人实施自己代理(如甲授权乙以“适当价格”购买钢材,并允许乙自己成为卖方),则无异于本人将其利益交由代理人任意宰割。此种“自杀”行为殊难发生,如有发生且代理行为的结果对于本人出现重大不利,则法律因轻信他人而置受损害的本人于不顾,实有不公,故应对之予以必要的法律救济。其救济途径不外有三:其一,允许受损之本人主张自己代理所成立的法律行为“显失公平”而请求变更或者撤销;其二,允许受损之本人以代理人未履行其职责而追究其赔偿责任;其三,允许受损之本人以自己代理行为明显损害其利益为由主张代理行为无效。上述三种救济途径中,本人以“显失公平”为由主张行为得撤销,在理论上存有障碍。其原因在于,法律行为的显失公平须以行为结果违背行为人意思为成立条件,而在自己代理的情形下,法律行为的行为人(表意人)是代理人而非本人,故即使法律行为内容对本人存有重大不利,本人难以证明该种不利系违背其真实意思。而允许本人追究代理人的赔偿责任与允许本人主张自己代理行为无效,其实质是完全相同的。鉴于代理人有维护本人利益的法定义务,虽本人同意代理人实施自己代理,但此项同意并不意味着本人因此而当然免除代理人的这一义务。因此,在代理人实施自己代理而有损本人利益时,代理人一方面违反了维护本人利益之义务,另一方面自己又充当了行为相对方当事人并获得不正当利益。此种情形与代理人与第三人恶意串通而损害本人利益,实无本质区别。故在本人事前同意代理人为自己代理时,如其代理行为明显与本人利益相悖,法律应赋予本人以主张自己代理行为无效的权利。

上述自己代理的处理原则,同样适用于双方代理。

(2)无损于本人利益的行为

某些行为的性质决定了自己代理或者双方代理只会产生合乎本人意思及本人利益的效果,此类行为的自己代理或者双方代理应为有效。

例如,以本人为受赠人及以代理人自己为捐赠人的自己代理,应属有效。又如,甲授权乙将捐款赠与任意之慈善机构,乙即同时代理某慈善机构接受此项均款。此种双方代理于双方无害,亦为有效。再如,代理人自己购买本人委托其出售的定价物品,等等。

在无损于本人利益的行为中,专为履行债务而为的代理行为最为典型,故为德、日等国民法予以明文规定。

在采用物权行为理论的立法上,以物权变动为目的的动产交付以及不动产登记为法律行为(物权行为),其他债务履行行为为事实行为;在不采用物权行为理论的立法上,债务履行均为有相对人的事实行为。如前所述,无论债务履行为法律行为或者为有相对人的事实行为,原则上均得适用代理。债务履行依其内容主要包括交付财产以及提供劳务或者服务等,但以债务人实施某种活动为内容的债务,通常具有所谓"人身性质",故并不适用代理。

法律允许专为履行债务而为之自己代理或者双方代理,其主要理由是"债务之履行为既存法律上义务之履行,不发生新利益之交换",[①]亦即债务履行之代理并不需要进行利益选择或者利益判断,债务履行仅导致法律关系的消灭而非法律关系的产生,故即使代理人实施自己代理或者双方代理,也不会造成对本人的损害。

仅从理论上讲,专为债务之履行而为之自己代理或者双方代理似乎均应有效。但实际上,债务履行之自己代理通常情况下是很难发生的。这是因为,任何债权人或者债务人均为特定的当事人,故如果代理人以自己代理的方式代理本人为债务履行行为,代理人自己必须是本人的债权人;反之,如果代理人以自己代理的方式代理本人接受债务履行,则代理人自己必须是本人的债务人。而在代理人为本人的债权人或者债务人的情况下,本人授权代理人代为履行债务或者代为接受债务履行(例如,甲应向乙交付财产,于是甲将财产交付给乙并授权乙代其向乙自己交付该种财产;又如,乙应向甲交付财产,于是甲授权乙代其接受乙自己所交付的财产,然后再将财产向甲交付),实属荒谬之举。很显然,代理人代本人履行的债务的债权人或者代本人接受履行的债务的债务人如为第三人,则不可能发生自己代理(代理人向自己履行或

---

① 史尚宽:《民法总论》,中国政法大学出版社2000年版,第536页。

者接受自己的履行)。而该债权人或者债务人如为代理人自己,则要么就是本人向债务人直接履行了债务(履行债务的自己代理),要么就是根本未能发生债务履行的任何效果(接受履行的自己代理)。但在代理人受托管理被代理人财产的特定情形下,债务履行的自己代理仍然有可能发生,如代理人将自己的资金汇入本人委托其管理的账户,从而履行自己所欠本人的债务;又如受托管理本人财产的代理人在授权范围内以本人的财产清偿本人所欠代理人的债务。[①]

专为债务履行而为之代理,更多地发生于双方代理。其不仅适用于同时代理双方为一定给付以及接受一定给付,也适用于同时代理的双方之对待债务的法定抵消,但均不应涉及新的利益的交换或者对既有利益的处分。否则,须经两方被代理人的同意方可有效。据此,债务的意定抵消因涉及履行期限之利益,不得双方代理;选择之债的履行因涉及选择权的行使即利益的处分,其双方代理亦非当然有效。

我国1986年《民法通则》未对自己代理和双方代理作出规定。2017年3月颁布的《民法总则》弥补了这一空白,在其168条规定:"代理人不得以被代理人的名义与自己实施民事法律行为,但是被代理人同意或者追认的除外。"(第1款)"代理人不得以被代理人的名义与自己同时代理的其他人实施民事法律行为,但是被代理的双方同意或者追认的除外。"(第2款)

2. 代理人与相对人恶意串通

我国《民法通则》第66条第3款规定:"代理人和第三人串通,损害被代理人的利益的,由代理人和第三人负连带责任。"虽然这一规定并未指明在代理人与相对人恶意串通的情形下,其实施的代理行为效力如何,其"连带责任"究竟是指代理行为无效后的"连带赔偿责任"还是代理行为有效时的"连带债务"也不清楚。但究其立法本意,此条规定应解释为代理行为无效,代理人与第三人应就本人所受损失承担连带赔偿责任。

但如前所述,法律禁止代理权滥用的目的仅在于保护本人的利益不受损害,与公共利益的保护无关。而本人利益是否因代理人滥用代

---

① 参见[德]卡尔·拉伦茨:《德国民法通论》,王晓晔译,法律出版社2003年版,第829页。

理权而遭受损失即本人是否愿意接受代理行为的效果,应当交由本人予以裁夺,法律不宜强行限制。实践中,代理权滥用而为本人造成损害之事实,系依代理行为成立之时的情势予以判断的。但随时间经过及情况变化,本不利于本人的行为有可能变为有利(如代理人与相对人恶意串通,以高于当时之市场价格的价金购入房屋,其后房价猛涨),此时,如法律不允许本人进行选择而强令代理行为无效,则有可能反而保护了恶意当事人。由此,代理人与相对人恶意串通而实施的代理行为,应属效力待定,本人如果予以承认,则为有效;否则应自始无效,代理人与相对人应为本人因此而遭受的损害承担连带赔偿责任。

对此问题,《民法总则》承继了《民法通则》,在其第164条第2款规定:"代理人和相对人恶意串通,损害被代理人合法权益的,代理人和相对人应当承担连带责任。"

二、违法代理之禁止

在代理人实施的代理行为具有违法性时(如代理销售假冒伪劣商品或实施其他违法行为等),如该代理事项为本人所授权,善意代理人对之不承担民事责任;反之,恶意代理人则与本人构成共同侵权行为人,应与本人共同对损害后果承担连带责任;如该代理事项不在授权范围之内,本人对之不承担民事责任,但本人明知或者应知代理人的违法行为而不表示反对的,应与代理人对损失后果承担连带责任。上述规则,为《民法通则》第67条所规定并为《民法总则》第167条所承继。

实质上,如果本人授权他人实施的代理事项具有违法性,则授权行为应属无效,代理权根本不能发生。而在代理人超越代理权限实施违法行为时,既不能构成无权代理(因在无权代理的情形下,代理人以本人名义实施的行为能够适用代理,只是代理人缺乏代理权),也不构成代理权的不当行使(因代理权的不当行使须以代理人享有代理权为前提)。因此,从严格意义上讲,法律对违法代理的禁止,其性质并非单纯对代理权行使的限制,而是对整个代理活动的一种限制。

三、擅自转委托之禁止

(一)转委托的成立条件

转委托又称"复代理"或者"再代理",即代理人将其代理事项转而委托他人进行代理。

鉴于委托代理关系所具有的人身信赖性质,本人对代理人的授权是基于对代理人的能力和信用的信任,故代理人应当亲自完成代理事项。实际生活中,委托代理多为一次性委托(一时一事之代理),代理人的代理权范围不很广泛,即使代理人由于某种原因不能自己实施代理行为时,代理人可以辞去委托。而在本人为全权委托时,其对代理人的信赖程度更高。由此,大陆法系各国民法一般不赋予委托代理人以复任权。对之,有些国家的民法典在总则编未设明文规定,但在委托契约有关规定中设有禁止性条文(《德国民法典》第664条、《瑞士债法典》第398条);有些国家则允许委托代理人在特殊情况下选任再代理人(《日本民法典》第104条)。依照《日本民法典》的规定,委托代理人仅在两种情况下享有复任权:(1)取得本人的同意;(2)因不得已的事由。所谓"不得已的事由",不仅是代理人的代理行为所发生的不得已的障碍,而且还有因不得已的障碍以致无法取得本人的同意或者向本人辞去委托的情形。对此,英美代理法也规定,代理人原则上不得转授其代理权。代理人除可依正常商业方式雇用职员和助手之外,不得雇用他人替代其代理。对此,巴克利(Buckley)法官在"阿莱姆"案中指出,被代理人和代理人之间的关系通常具有高度信任性,除非被代理人不强调其对代理人个人的高度信任,明示或者默示地授权代理人委托在代理人或者把自己的代理权限转托他人,否则即应适用著名的法律格言"代理人无权委托他人代为代理"(delegatus non potest delegare)。①

我国《民法通则》第68条规定,委托代理人为本人利益需要转托他人代理的,在下列三种情形下,其转委托为有效:(1)事前取得本人同意;(2)事后经本人追认;(3)在紧急情况下,为了保护本人的利益而进行转委托。对于该条文中所指"紧急情况",我国最高人民法院《民通意见》第80条将之解释为:"由于急病、通讯联络中断等特殊原因,委托代理人自己不能办理代理事项,又不能与被代理人及时取得联系,如不及时转托他人代理,会给被代理人的利益造成损失或者扩大损失的,属于《民法通则》第68条中的'紧急情况'。"依照这一司法解释,只有在代理人必须实施代理行为但基于客观原因而无法实施,且无法及时征求

① 参见徐海燕:《英美代理法研究》,法律出版社2007年版,第197页。

本人同意的情况下，才能进行转委托。

在前述三种允许代理人进行转委托的法定事由中，代理人经本人事前同意的转委托，自是有效；代理人事前未经本人同意的转委托，构成擅自转委托，其效力待定，如事后经本人追认，其转委托自始有效，否则自始无效。如代理人基于紧急情况及为避免损失或者损失扩大而进行转委托，则本人事后是否予以同意，并不影响转委托的成立。

《民法总则》第 169 条承继了《民法通则》的前述规定，将被代理人的"同意或者追认"以及"紧急情况下为了维护被代理人的利益需要转委托"作为转委托的成立事由。

(二)再代理人的法律地位

在转委托的情形下，不仅代理内部关系发生变化，即由本人与代理人之间的关系变为本人、代理人、再代理人三者之间的关系，而且代理外部关系中代理人与相对人之间的关系也变为代理人、再代理人与第三人之间的关系。由此，确定再代理人的法律地位十分重要。

1. 双重代理权以及再代理人之代理权的独立性

代理权为一种资格性权利，不具有可让与性，故转委托不能等同于代理权的转让。转委托使再代理人享有代理权，但并不当然消灭代理人享有的代理权，在转委托之后，代理人仍可继续以本人名义为代理行为。由此，转委托的效果实际上形成了代理人和再代理人的双重代理权，只不过再代理人的代理权基于转委托而发生，而代理人不可将其不享有的代理权限有效地转托他人，故再代理人的代理权限不得超出代理人的代理权限。

与此同时，虽然代理人的转委托行为是基于代理人自己所享有的代理权，但在发生转委托时，转委托行为是产生再代理人之代理权的直接根据。故转委托行为应当具有独立性和无因性，再代理人因转委托而取得的代理权，并不依赖于代理人的代理权而存在，所以，当代理人的代理权归于消灭时，并不能当然影响再代理人之代理权的效力。这一认识对于再代理活动中的善意相对人利益的保护，至关重要。

应当注意的是，转委托时，代理人应以自己的名义选任再代理人，如果代理人以本人名义选任再代理人，则非转委托，而应构成代理人选任之代理行为(亦即本人授权行为之代理)，直接产生第三人取得代理权的效果。如本人有在代理人与其选任的新代理人之间设立共同代理的意思,则发生共同代理。否则,在代理人与其代理授权的第三人之间不发生任何权利义务关系。此时,代理人与新任代理人各自就同一代理事项单独享有代理权,但不构成共同代理。在本人授权代理人另行选任代理人时,如代理人对本人有不再担任代理人职责的意思,应认为其辞去委托。而如本人有不再让代理人实施代理行为的意思,则应构成代理权的撤销,代理人原享有的代理权归于消灭。

2. 代理人及本人的监督权、解任权以及代理人对本人的责任

再代理人是代理人以自己的名义选任的人,故再代理人享有的代理权直接来源于代理人的转托行为而非本人的授权。因此,代理人对于再代理人的代理行为享有监督的权利和义务,并在必要时得撤销对再代理人的转委托(解任权)。再代理人在实施代理行为时因过错而造成本人的损失,再代理人应对本人承担赔偿责任,但再代理人系由代理人选任,故代理人应当对之承担连带责任。

与此同时,再代理人虽然非由本人选任及直接授权,但再代理人活动的目的在于实现本人的利益,故本人对于再代理人的代理活动当然享有直接的监督权,也可以径行撤销其代理权。

对此,《民法总则》第169条明确规定:在转委托代理经被代理人同意或者追认的情况下,"被代理人可以就代理事务直接指示转委托的第三人,代理人仅就第三人的选任及其对第三人的指示承担责任"。

3. 再代理人代理行为的效果归属

在再代理人与本人的关系上,既有理论十分强调再代理人是本人的代理人而非代理人的代理人,再代理人必须以本人的名义而非代理人的名义实施代理行为。很显然,转委托仅仅是在代理的内部关系上增设了两方面的关系,即在存在本人与代理人之间的代理关系的同时,同时并存代理人与再代理人之间的转委托关系以及本人与再代理人之间的代理关系。但就代理的外部关系而言,相对人所面对的仍然是本人的代理人,再代理人仍需以本人名义为代理行为,行为的效果也直接归属于本人。因此,就代理的外部关系而言,再代理与一般的代理并无区别。在与相对人的关系上,再代理人与代理人具有完全相同的法律地位,其活动仍应适用代理的一般规则,包括法律有关代理权禁止的规定、有关无权代理以及表见代理的规定,等等。

（三）擅自转委托的效果

对于擅自转委托的法律后果，依照我国1986年《民法通则》第68条的规定，应由擅自转委托的代理人“对自己所转托的人的行为负民事责任”。这一规定显然具有模糊性：该规定并未指明在擅自转委托的情况下，再代理人实施的代理行为的效力如何？代理人究竟应当承担再代理人签订的合同的义务履行责任还是该合同无效后的损害赔偿责任？按其立法本意，应将之解释为发生擅自转委托时，再代理人与第三人签订的合同应属无效，由此产生的损害赔偿责任应由代理人承担。但《民法通则》的上述规定有所不妥。

在代理人擅自转委托的情形下，其转委托行为不能成立，再代理人不享有代理权。故其实施的代理行为应构成未被本人追认的无权代理，其代理行为应属无效。但如果与再代理人为法律行为的第三人具有主张成立表见代理的法定事由，则该无权代理行为应发生与有权代理相同的法律效果，即代理行为有效。由于再代理人在法律上被视为本人的代理人而非代理人的代理人，其所为法律行为系以本人的名义而非代理人的名义，故其代理行为所生之法律效果应直接归属于本人而非代理人。至于因再代理人的过错而造成的损失，应当适用再代理的既定规则，由再代理人向本人承担赔偿责任，代理人承担连带责任。而在代理人擅自转委托事后未得本人同意或者未得善意第三人主张表见代理而为有效的情况下，因代理行为无效系由代理人擅自转委托引起，故其所产生的对第三人的损害赔偿责任，如再代理人为恶意（明知或者应知代理人无权转委托），应由代理人与再代理人对第三人承担连带责任；如再代理人为善意，该损害赔偿责任仅得由代理人承担。

对此，《民法总则》承继了《民法通则》的规定，在其第169条第3款规定：代理人擅自转委托的，“应当对转委托的第三人的行为承担责任”。

（四）“转托不明”的效果

最高人民法院《民通意见》第81条规定：“委托代理人转托他人代理的，比照民法通则第六十五条规定的条件办理转托手续。因委托人转托不明，给第三人造成损失的，第三人可以直接要求被代理人赔偿损失；被代理人承担民事责任后，可以要求委托代理人赔偿损失，转托代理人有过错的，应但负连带责任。”所谓“转托不明”，是指代理人为转委托时，未能指明其转托再代理人实施的代理行为的具体范围，即转托之代理权限不明。依照前述司法解释,发生转托不明时,再代理人实施的代理行为应属无效,由此而对第三人造成的损失,第三人仅得向本人请求赔偿,其后,再由本人追究代理人的赔偿责任及有过错的再代理人的连带责任。

很显然,上述司法解释与1986年《民法通则》第65条第3款有关“授权不明”的规定具有相同旨趣。事实上,转托不明与授权不明在形态上相同(均为未指明代理权限),但二者有以下区别:其一,授权不明系由本人行为所造成,而转托不明系由代理人的行为所造成,本人对此有可能一无所知。其二,本人授权不明时,依照生活习惯或者商业习惯,代理人有可能将之理解为全权委托,故授权不明与全权委托难以界分;而转托不明时,因非本人直接授权,故再代理人将之理解为全权委托之转委托殊无可能。

依照前述有关授权不明的分析,上述司法解释存在如下问题:(1)转托不明是在转委托有效成立的基础上发生的,即使发生转托不明,再代理人的行为也应当构成无权代理(越权代理)。对之,不能排除因本人事后同意或者因善意第三人主张表见代理而使代理行为有效的可能性。(2)转托不明如经本人同意而发生,则如同授权不明,应将之视为全权委托之转委托,再代理人实施的代理行为应为有效。

最为重要的是,如同本人授权不明,因转托不明产生于本人、代理人以及再代理人内容,第三人以转托不明为由主张代理行为无效的可能性是根本不能存在的,有权以转托不明为由主张代理行为无效的,仅本人。而一方面,本人有关代理行为无效的主张总是有可能遭受第三人表见代理的主张之有效抗辩。另一方面,如代理行为因本人主张而无效,但本人依法因此应向第三人直接承担损害赔偿责任,则本人根本不会提出如此害己之主张;如法律规定由此对第三人造成的损失应由代理人和再代理人承担连带赔偿责任,本人无须承担责任,则有损第三人的信赖利益(第三人的信赖系指向本人而非代理人或者再代理人)。

由此,即使因代理人转托不明而使本人遭受不当之损失,再代理人实施的代理行为应属有效,本人得依照代理的一般规则追究有过错的代理人乃至再代理人的赔偿责任。我国司法解释有关“转托不明”的规定既不合理,亦无意义。

《民法总则》对《民法通则》有关“转托不明”的规定未予采纳,当然也未采纳前述司法解释有关“转托不明”的规定。

四、共同代理人单独行使代理权之禁止

如果本人将一个代理权同时授予数个代理人，即构成所谓“共同代理”。共同代理为一个代理权为数个代理人共有，故除法律另有规定或者本人另有意思表示之外，数个代理人原则上只能共同行使代理权。对此，1986 年《民法通则》未作规定。但我国最高人民法院《民通意见》第 79 条第 1 款规定：“数个委托代理人共同行使代理权的，如果其中一人或者数人未与其他委托代理人协商，所实施的行为侵害被代理人权益的，由实施行为的委托代理人承担民事责任。”此项规定未指明共同代理中个别代理人单独实施的代理行为的效力。事实上，共同代理人中之个别代理人单独行使代理权，应构成无权代理；事后经本人或者其他共同代理人追认，其代理行为可以有效。即使该种代理行为事后未得本人或者其他共同代理人之追认，但亦得经善意相对人主张表见代理而为有效。如其代理行为因善意第三人主张表见代理而为有效，因此而为本人所造成的损失，本人得请求不当行使代理权的代理人赔偿；如其代理行为无效，则仅得发生第三人对不当行使代理权的代理人的损害赔偿请求权。

鉴于共同代理人单独行使代理权在不同情况下产生不同的法律效果，故笔者在提出的建议稿中仅规定“代理权为数个代理人共同行使时，代理人应当共同实施代理行为。但法律另有规定或者当事人另有约定的除外”，有关共同代理人违反此项规定的效果，应分别具体情形适用相关规定。学者的此项建议为《民法总则》所采纳，其在第 166 条规定：“数人为同一委托事项的代理人的，应当共同行使代理权，法律另有规定或者当事人另有约定的除外。”

第三节　委托代理权的消灭

一、委托代理权的消灭事由

（一）概说

委托代理权可因法定事由（如代理人死亡）或者意定事由（如代理

人辞去委托)而消灭。但作为授权行为基础关系的委托、雇用、承揽、合伙等合同的终止以及经理人等职务的终止是否直接使委托代理权归于消灭?对此有不同认识。《德国民法典》第168条第1款规定:“代理权的消灭,以其授予代理权的法律关系决定之。”即代理权得因基础关系的消灭而消灭。我国台湾地区“民法典”第108条第1项也有相同规定。如前所述,该种规定引发了有关授权行为究竟具有有因性还是无因性的争论。鉴于主要作为授权行为基础关系的委托合同的存续期间与授权行为所指明的代理权的存续期间通常相同,而委托合同得由本人随时予以解除(我国《合同法》第410条),即使代理权伴随委托合同的消灭而消灭,代理人此后继续实施的代理行为往往亦可构成表见代理。故将基础关系的消灭作为代理权消灭的原因,不仅实际意义不大,而且势必成为认可授权行为无因性的理论障碍,1986年《民法通则》未将之作为委托代理权消灭的原因,甚为妥当,且为《民法总则》所承继。

(二)各种消灭事由

根据我国《民法总则》第173条的规定及参照其他国家立法的规定,委托代理权得因下列事由而消灭:

1. 代理期间届满或者代理事务完成

代理期间为授权行为所确定的代理权的存续期间,此期间届满,代理权即行消灭。此外,代理人完成授权行为所规定的全部代理事项之后,授权目的即已达到,即使代理权期限尚未届满,代理权亦告终止。

2. 被代理人取消委托或者代理人辞去委托

授权行为为单方法律行为,本人得以单方意思表示而撤销其授权(取消委托),代理人亦可以单方意思表示辞去委托。无论本人撤销授权抑或代理人辞去委托,委托代理权即归于消灭。对此,《德国民法典》第168条以及《日本民法典》第111条第2项也有类似规定。英美法上,代理关系虽被认为是一种合同关系,但在代理合同关系终止以前,除不可撤销的代理(irrevocable agency)之外,委托人也可通过单方行为随时撤销代理人的代理权。如果委托撤销代理权的行为违反了代理合同,则代理人有权请求其支付佣金和赔偿其他损失,但委托人撤销代理权的行为之效力原则上仍可成立。不过,委托人这种单方面的撤销权要受下列情形的限制:(1)在代理人具有表见代理权时,委托人撤销其代理权的行为只有在通知送达订约第三人后才对该第三人发生效力;

否则,委托人即使作出撤销代理权的决定,其撤销行为的效力不能对抗善意第三人。(2)在委托人已经授予代理人某种与其利益相联系的代理权的情况下,该代理权不能基于委托人单方行为而撤销。例如,在A将其商业信誉出卖给B的同时,又要求B代理其催收营业债款的情况下,由于该代理职责履行本身构成买卖合同的一部分对价,故A不能撤销其授予B的代理权。[①] (3)代理人根据授权而承担了个人债务,且被代理人有义务偿还代理人为履行该债务而支付的费用,则被代理人不得为了回避这一义务而撤销代理权。(4)如果代理人已经代理被代理人签订了合同,并能够对通过诉讼取得的被代理人的金钱或货物享有留置权,则被代理人不得撤销其代理权,等等。[②]

在代理人辞去委托的情形下,如果代理关系的性质或者代理活动的情势不允许代理人中途终止代理活动时,除不可归责于代理人的事由之外,代理人应对其辞去委托所导致的损失,对本人承担损害赔偿责任。

较之代理人辞去委托,本人单方面撤销授权更具有复杂性,其涉及以下主要问题:

(1)不可撤销之授权不得单方撤销

授权行为虽具有独立性,但其并非与委托合同及其他基础法律关系毫无牵连。如果委托合同指明本人之授权具有不可撤销性,或者基础法律关系的性质不允许本人任意撤销授权,则本人无权随意撤销代理权。不可撤销之授权常常存在于商事代理中。独立商人之间的委托代理往往伴随着商业上的其他利益,而代理权的行使常常构成双方交易对价之一部分,故对其授权,本人不得随意撤销或仅得在一定条件下方可撤销。如经授权以本人名义(商号)代理销售等业务的代办商所享有的代理权(代办权)为双方签订的代办商合同的构成部分,在该合同存续期间,本人不得撤销代办权。[③] 又如,甲公司向乙公司出售楼房一幢,约定乙公司的对价是支付1000万元并负责代理销售甲公司的一批货物。甲公司仅得在不向乙公司提出支付1000万元款项请求之外的

---

① 参见董安生等编译:《英国商法》,法律出版社1991年版,第197页。

② 参见徐海燕:《英美代理法研究》,法律出版社2007年版,第298页。

③ 参见史尚宽:《民法总论》,中国政法大学出版社2000年版,第541页。

任何请求的条件下,方可单方撤销其授权行为。

(2)授权之全部撤销与部分撤销

本人撤销之授权得为代理权之全部或者一部分。如本人为授权之全部撤销,代理权归于消灭;如其仅撤销部分授权,则为授权行为的变更(代理权限的限制),此时,并不发生代理权的消灭。

(3)本人的责任

授权行为虽为单方行为,本人原则上可以随时撤销,但因此而为代理人造成损失的,除非存在不可归责于本人的事由,否则,本人应对代理人承担损害赔偿责任。事实上,本人撤销授权与其解除委托合同常常同步进行,尤其是在授权行为为委托合同中的部分条款时,委托合同的解除即当然包含授权的撤销。此时,代理人可以基于本人无正当理由撤销授权而主张损害赔偿,也可以援引《合同法》第410条的规定,基于委托合同的解除而主张损害赔偿。

(三)代理人死亡、丧失行为能力或者法人以及非法人组织终止

代理权是一种法律资格,不得继承,故代理人一旦死亡,代理权即行消灭,代理人的继承人不得成为代理人。代理人丧失行为能力,即失去其为代理行为的意思能力,其代理权即告终止。如果代理人为法人,则法人因解散、宣告破产等原因而消灭,则其代理人亦应终止。

但依《德国民法典》第673条第2项的规定,委托代理人死亡时,其继承人应立即通知委托人。在维护委托人利益免遭损失的前提下,代理人的继承人应继续处理代理事务,代理关系视为继续存在。而根据我国《合同法》第411条的规定,委托人死亡、丧失行为能力或者破产的,委托合同终止,但当事人另有约定或者根据委托事务的性质不宜终止的除外。与此同时,该法第413条规定:"因受托人死亡、丧失民事行为能力或者破产,致使委托合同终止的,受托人的继承人、法定代理人或者清算组织应当及时通知委托人。因委托合同终止将损害委托人利益的,在委托人作出善后处理之前,受托人的继承人、法定代理人或者清算组织应当采取必要措施。"前述两条款项规定应当准用于代理人死亡、丧失行为能力或者被宣告破产的情形。

(四)本人死亡、丧失行为能力或者法人以及非法人组织终止

本人死亡时,代理人不能当然成为死亡之本人的继承人的代理人,因为委托代理建立于本人与代理人之间的信任基础之上,而为本人所

信任的人并不一定为其继承人所信任。而当本人丧失行为能力时,法定代理随即产生,故原则上代理权应因本人死亡或者丧失行为能力而归于消灭。但代理活动的进行为一持续过程,如本人突然死亡或者丧失行为能力时即令代理人停止其代理活动,不仅客观上有时难以做到,而且有可能损害本人之继承人的利益。故很多国家明文规定,在特殊情况下,代理人可于本人死亡或者丧失行为能力后,在一定范围内继续进行代理活动。如《德国民法典》第 672 条第 2 款规定:“如委任关系消灭,在因拖延会引起危险时,在委任人的继承人或法定代理人能有其他处理方法之前,受任人继续处理已移交的事务,委任关系视为有效。”《日本民法典》第 654 条第 2 款规定:“委任终止时,如有紧急情事,受任人、其继承人或法定代理人,于委任人、其继承人或法定代理人得以处理委任事务前,应实行必要的处分。”

对此,我国最高人民法院《民通意见》第 82 条也作出了明确规定:“被代理人死亡后有下列情况之一的,委托代理人实施的代理行为有效:(1)代理人不知道被代理人死亡的;(2)被代理人的继承人均予承认的;(3)被代理人与代理人约定到代理事项完成时代理权终止的;(4)在被代理人死亡前已经进行、而在被代理人死亡后为了被代理人的继承人的利益继续完成的。”而根据我国《合同法》第 411 条的规定,在委托人死亡或者丧失行为能力时,如果当事人在委托合同中另有约定或者根据委托事务的性质,委托合同不宜终止的,委托合同继续有效。与此同时,根据该法第 412 条的规定,如果委托合同终止将损害委托人利益的,在委托人的继承人、法定代理人或者清算组织承受委托事务之前,受托人应当继续处理委托事务。

上述规定,也适用本人被宣告破产的情形。总的来说,在本人死亡、丧失行为能力或者破产的情况下,只要当事人对之有特别约定,或代理关系的性质以及代理活动的情势需要代理人继续进行代理活动的,其代理权应当视为继续有效。

前述司法解释的规定,为《民法总则》第 174 条第 1 款所全部采纳,且其第 2 款进一步明确规定:“作为被代理人的法人、非法人组织终止的,参照适用前款规定。”

二、委托代理权消灭的效力

(一)立法模式

对于委托代理权消灭的效力,立法上可作两种不同的选择:

一种是代理权的消灭不仅对于代理人发生效力,而且同时也对任何第三人发生效力。此为代理权在代理内部关系和外部关系上的同时消灭,可称之为“代理权的绝对消灭”。

另一种是代理权的消灭原则上为绝对消灭,但在某些情况下,代理权消灭之效力仅对代理人发生,但不得对抗善意第三人,亦即对善意第三人而言,代理权视为继续存在,此可称为“代理权的相对消灭”。

上述第二种立法模式为德、日等一些国家和地区的民法典所采用。如《日本民法典》第112条规定:“代理权之消灭不得对抗善意第三人,但第三人因过失而不知其事实者,不在此限。”又如《德国民法典》第170~173条规定:“代理之授权向第三人表示者,在授权就其消灭通知第三人前,以通知代理人或以公告之方式表示者,在未以同一方法撤回其代理权前,交付或提示授权书于代理人者,在收回授权书或经宣告其为无效前,其代理权仍继续存在。但第三人为法律行为时,明知或应知其代理消灭者,不在此限。”我国台湾地区“民法典”第107条也有类似规定,1986年《民法通则》和2017年《民法总则》对此均未作直接规定。

(二)评价

代理权的授予通常发生于本人与代理人之间的内部关系,对于第三人而言,其了解代理权的存在及其权限一般只能通过两种方式:一是代理人向第三人出示的代理证书;二是代理权授予的公告或者本人对第三人发出的通知。在代理权因本人撤销授权或者其他原因而消灭时,如本人未收回代理人持有的代理证书或者以公告、通知等同样方式告知第三人,则第三人有可能无从知晓代理权消灭的事实,从而形成代理权继续存在的虚像。此时,就代理人继续实施的无权代理行为,如本人以代理权消灭为由主张其无效,则有损于善意第三人的信赖利益。故规定代理权之消灭不得对抗善意第三人,有利于保护交易安全。

问题在于,代理权消灭后,代理人实施的代理行为即构成无权代理,而为保护善意第三人利益,民法上已经设置了表见代理制度。根据表见代理规则,本人撤销授权而未收回代理证书或者以适当方式通知第三人,或存在其他使第三人足以相信无权代理人有代理权的事由,则善意第三人得主张代理行为有效。由此,有关代理权消灭不得对抗善意第三人的规则与表见代理规则即发生了重叠。由此,立法上便应当作如下选择:如果表见代理规则的适用与代理权消灭对善意第三人无对抗力的规则的适用在条件上和效果上完全相同,则在规定表见代理制度的同时,无须再行规定代理权消灭对善意第三人无对抗力。与之相反,如果二者虽在适用效果上相同,但在适用条件上并不相同,则应考虑是否尽可能提供多种救济途径以便第三人作出对其更为有利的选择。

应当注意到,在发生无权代理的情形下,该代理行为对于第三人原本是有约束力的,只是对本人有可能不具有约束力。因此,在诉讼中,仅只本人有可能以无权代理为由主张代理行为无效。在本人证明代理人无代理权之事实后,如第三人欲主张成立表见代理,则第三人须以充分证据证明其相信无权代理人有代理权的具体事实,否则其主张难以成立,而本人却无须就第三人知道或者应当知道代理人无代理权承担任何举证责任;但如主张代理权之消灭无对抗力,则第三人只需证明代理权存在的事实,而本人必须就第三人知道或者应当知道代理权消灭的事实承担举证责任。所以,就举证责任的角度来看,较之成立表见代理的主张,第三人有关不知也不应知代理权消灭事实的主张,其举证责任有可能较轻。据此,立法上在规定表见代理制度的同时,规定代理权之消灭对于善意第三人无对抗力,赋予第三人以选择请求权(或选择请求认定表见代理之成立,或选择请求认定代理权之消灭无对抗力),更加有利于对善意第三人的保护。

第二十二章　无权代理

第一节　无权代理的法律特性

一、无权代理的概念及其发生原因

（一）无权代理概念之辨析

理论上一般认为，无权代理即欠缺代理权的人所进行的代理，即凡无代理权为根据而以他人名义为代理行为，均属无权代理。但对这种认识应予辨析。

很显然，“无权代理”是大陆法系民法上的一个特有概念，但其在运用于不同场合时，具有完全不同的含义。

1. 法定代理中的无权代理：绝对无效的无权代理

法定代理关系中，由于法定代理关系的本人缺乏意思能力，故此种无权代理不得经本人的承认而为有效。同时，即使相对人为善意，因其不适用表见代理，故也不得经善意第三人主张成立表见代理而为有效，亦即法定代理中的无权代理为绝对无效行为。而不是法定代理人却以法定代理人身份实施代理行为，以及虽为法定代理人，但其代理行为违反法律的规定，此等代理行为之无效与其说是代理人欠缺代理权，不如说是其代理活动本身违反法律禁止性规定。故对于法定代理而言，所谓“无权代理”的性质及其效果与绝对无效的代理完全相同，也可以说，此种无权代理为绝对无效代理中之一种。

正因如此,《德国民法典》和《日本民法典》所规定的无权代理之相关规则,均仅适用于委托代理而不适用于法定代理。①

据此,法定代理中,“无权代理”是指因代理人欠缺代理权而绝对无效的代理行为。凡不具有法定代理权者所为之代理行为,或者法定代理人超越法定代理权权限所为之代理行为,均属法定代理中的无权代理。

2. 委托代理中的无权代理:效力待定的无权代理

与法定代理中的无权代理不同,委托代理中的“无权代理”描述的并不仅仅是代理人欠缺代理权的一般现象。委托代理中的无权代理之最为重要的特点,在于此种无权代理一经本人承认,即可发生法律效力。除此而外,法律关于表见代理的特别规定,也有可能使无权代理在一定条件下产生与有效代理相同的效果。因此,委托代理中的无权代理是一种完整的代理行为,其与有效代理的区别,仅仅在于无权代理人欠缺代理权,亦即此种无权代理不仅必须完全具备代理行为的一般成立要件,而且除代理人欠缺代理权之外,还必须具备合法的代理行为的其他有效要件。如果除代理权欠缺之外,代理行为尚缺乏其他有效要件,虽不妨亦可称之为“无权代理”,但因其不可能适用法律有关委托代理中的无权代理的特殊规则(本人之承认权、拒绝权;第三人之催告权及善意第三人之撤回权,乃至有关表见代理的规定等),故从严格意义上讲,其应构成“无效代理”而非真正的“无权代理”。例如,当无权代理人以本人名义所实施的法律行为之内容违反法律禁止性规定时,其代理行为绝对无效,既不可经本人承认而为有效,亦不可经善意第三人主张成立表见代理而为有效。

据此,委托代理中的“无权代理”,应特指除代理人欠缺代理权之外,具备代理行为其他有效条件,得因本人承认或者法律规定而为有效的代理行为。

(二)无权代理的发生原因

理论上将无权代理的发生原因归纳为“没有代理权的代理”、“越权代理”以及“代理权终止后的代理”三种,此种分类为我国《民法通则》第 66 条和《民法总则》第 151 条所采用。

---

① 参见《德国民法典》第 177 ~ 180 条、《日本民法典》第 113 ~ 118 条。

1. 没有代理权的代理。行为人以本人名义实施代理行为无任何根据,其行为构成无权代理。具体包括:第一,行为人未经授权而以本人名义为代理行为;第二,不是法定代理人却以法定代理人资格从事代理活动;第三,附延缓条件或者附始期的授权行为,其条件尚未成就或期限尚未届至时,行为人即擅自开始进行代理活动。

2. 越权代理。代理人超越代理权限范围进行代理活动,其越权代理部分构成无权代理。与没有代理权的代理不同,在越权代理的情形下,代理人具有代理权,其代理人身份是真实合法的,只是其代理行为超越了代理权范围。故较之没有代理权的代理,越权代理更容易形成代理人有代理权的表象而为第三人所信赖。

3. 代理权终止后的代理。代理人在其享有的代理权消灭以后,继续以本人名义进行代理活动,其行为构成无权代理。此种无权代理之代理人曾经拥有真实合法的代理人身份,故如同越权代理,容易使第三人形成代理人有代理权的表面印象。

二、广义无权代理与狭义无权代理区分之否定

代理权是确定本人与代理人相互地位的依据,同时也是代理人进行代理行为及其行为后果直接归属于本人的依据。在无权代理的情况下,原则上既不能在本人与无权代理人之间产生代理的内部关系,也不能在本人与第三人的外部关系上产生双方之间的法律关系得以成立的效果,而只能在无权代理人与第三人之间发生损害赔偿责任。

但是,代理权的欠缺仅是于本人与无权代理人之间所发生的一项事实。而在外部关系上,与无权代理人为法律行为的第三人往往无从了解本人与代理人之间的内部关系,第三人通常只能依照一般的客观情形(表面现象)判断代理人的身份及其代理权限的范围。对于本人与代理人之间关系的真实状况,基于交易上便捷的需要,第三人既无必要亦无可能进行深入的调查核实。而当无权代理具有有权代理之表象时,第三人即有可能在毫无觉察的情况下与无权代理人实施法律行为。如果第三人对于无权代理人有代理权存在合理之信赖,则对此种信赖的保护,即涉及交易安全的保护。由此,法律不得不规定,委托代理中,在具备一定条件时,相信无权代理人有代理权的第三人得主张代理行为有效,此种得被善意第三人主张有效的无权代理,即所谓"表见代

理”。据此,传统民法理论将无权代理分为两类:一是狭义的无权代理,即除表见代理之外的无权代理;二是广义的无权代理,即包括表见代理在内的一切无权代理。

理论上区分狭义无权代理与广义无权代理,似乎主要是为了理论阐述的方便,即表见代理虽属无权代理中之一种,但其构成要件和法律效果与其他无权代理(狭义无权代理)大不相同,当言及无权代理的一般效果(本人之承认权以及拒绝权、第三人的催告权以及撤回权等),其并不适用于表见代理。但若作仔细分析,则可发现,表见代理仅为法律为保护交易安全而提供给无权代理之善意第三人的一种自我救济途径,即在无权代理具备成立表见代理的条件时,第三人有权主张代理行为为有效。但法律有关此种法律救济途径的规则属任意性规范,即使无权代理具备成立表见代理的条件,第三人可以主张其有效,但也可以不主张其有效。如果第三人不主张成立表见代理,则具备表见代理成立条件的无权代理仍可发生无权代理的一般效果。与此同时,因委托代理中的无权代理得经本人承认而为有效,故即使无权代理具备成立表见代理的条件,但只要本人对该无权代理行为予以承认,则不存在第三人主张成立表见代理的余地。由此可见,所谓“表见代理”并非无权代理的一种单独类型,亦即并非在无权代理中,一部分确定地属于表见代理,另一部分则不属于表见代理。质言之,所谓“表见代理”,不过是无权代理行为经善意第三人主张有效时,对无权代理人具有代理权享有之外观的一种法律描述。所以,如同本人之承认为无权代理发生有权代理之效力的根据一样,表见代理不过就是通过善意第三人主张而使无权代理发生有权代理之效力的另一种根据而已。而从法律适用上看,法律所规定的有关无权代理之效果的一般规则(本人之承认权、拒绝权等),应适用于任何委托代理中的无权代理,包括具备表见代理成立条件的无权代理。至于当无权代理行为经善意第三人主张成立表见代理而为有效之后,无权代理的一般规则自然不复适用,但这并不等于无权代理的一般规则在任何情况下都不得适用于具备成立表见代理条件的无权代理。

如上所述,将无权代理区分为广义与狭义两类,不仅毫无意义,而且容易引起误读。

三、无因管理中的“无权代理”

无因管理是指没有法定的或者约定的义务,为避免他人利益受损失而进行管理的行为。(《民法总则》第121条)无因管理为债的发生根据之一,无因管理中,管理人也可能在未经本人授权的情况下,以本人的名义与第三人为法律行为,其代理行为的性质显然似乎应属无权代理。但由于管理人行为的目的与结果均维护了本人的利益,故无因管理行为的效果依法须由本人承受,其中包括管理人在必要时所实施的代理行为的效果。由此可见,无因管理之管理人所实施的未经授权的代理行为的成立,不以本人的承认为要件,故其并非无权代理,而是具有法定代理(法定授权)的性质,不适用法律有关无权代理的规定。

第二节　委托代理中之无权代理的一般效果

一、概述

依照意思自治原则,无权代理人以本人名义实施的法律行为非为本人所欲,故其不能对本人发生效力。与此同时,无权代理行为之相对人仅具有与本人发生权利义务关系的意思,并无与无权代理人发生权利义务关系的意思。故无权代理人实施的法律行为既不能对本人发生权利义务得失变更的效果,也不能对无权代理人发生同样之效果,无权代理行为应属无效。

但是,无权代理发生的原因极为复杂,无权代理人实施代理行为可能出于恶意(如试图以欺诈手段从相对人处获得不法利益),也可能出于善意(如误认为自己有代理权而实施代理行为,或以维护本人利益为目的而在未经授权的情况下主动实施代理行为)。同时,从委托代理中之无权代理所涉及的三方当事人的意思和利益的角度分析:无权代理人有为本人实施法律行为的意思,相对人也有与本人设立、变更或者消灭法律关系的意思。而无权代理人以本人名义所实施的法律行为,如符合本人的利益和愿望,且事后本人对代理行为予以承认,则本人也具有与相对人为法律行为的意思。如出现此种情形,代理行为的有效显然符合三方当事人的意愿,法律自无强制否认的必要。所以,委托代理中之无权代理发生之后,无权代理人所实施的代理行为并非确定的无效,而是暂时处于一种效力不确定的状态,一经本人承认,即可自始有效;否则,即不生效力且自始无效。与此同时,无权代理一旦有效,则无权代理人实施的法律行为也即有效,且对本人发生效力。对此,各国民法均有规定。《德国民法典》第 177 条第 1 项规定:"无权代理人以他人名义订立契约时,为被代理人或对被代理人订立的契约的效力,以被代理人追认与否而定。"《日本民法典》第 113 条第 1 项规定:"无权代理人作为他人代理人而缔结的契约,非经本人追认,不对本人发生效力。"我国《民法通则》第 66 条第 1 款也规定:"没有代理权、超越代理权或者代理权终止后的行为,只有经过被代理人的追认,被代理人才承担民事责任。未经追认的行为,由行为人承担民事责任……"

不过应注意的是,在德、日民法中,有关无权代理的一般规定原则上仅适用于契约行为的代理,对于单方法律行为的无权代理,法律上设置了特别的规定,即只有在相对人对代理行为表示同意或就其代理权之有无未表示异议(如未经授权而以本人名义对本人的债务人表示放弃本人的债务,而债务人表示接受或对代理人是否有代理权不提出异议),或相对人经无权代理人同意而对之为单方法律行为,则准用有关契约之无权代理的规定;否则,其无权代理为绝对无效。[①] 我国台湾地区"民法典"对此未作规定,但有学者认为,区分契约的无权代理与单方法律行为的无权代理仍有一定的意义。[②]

从实际生活来看,单方法律行为的无权代理较少发生,如无相对人的单方行为很难发生无权代理(遗嘱行为不得代理,未经授权而"以本人名义抛弃本人财产"的情形殊难设想,等等)。而在相对人的单方法律行为中,无论无权代理人是作为行为人或是他人行为的相对人(如未经授权而以本人名义免除他人债务,或以本人名义承受他人放弃债权的表示),就无权代理人与相对人之间的关系而言,实质上总是具有双方行为(契约)的特征。因此,完全可以适用有关契约的无权代理的规则。因此,区分契约行为的无权代理与单方法律行为的无权代理,在理

---

① 参见《德国民法典》第 180 条、《日本民法典》第 118 条。

② 参见史尚宽:《民法总论》,中国政法大学出版社 2000 年版,第 562 ~ 563 页。

论上也许存在细微价值,但并无多大实益。

鉴于委托代理中之无权代理行为并非确定地无效,故其一旦成立,便同时涉及本人、第三人以及无权代理人三方的利益。故无权代理发生时,对有关三方当事人将分别产生不同的法律效果。

二、本人的承认权和拒绝权

无权代理发生后,法律赋予本人以承认权和拒绝权。

(一)承认权

承认权,是指无权代理发生后,本人对之享有追认的权利。无权代理一经本人承认,则自始有效。

本人的承认权及其行使涉及下列问题:

1. 承认的对象

无权代理发生后,本人予以承认的究竟是无权代理行为还是无权代理人实施的法律行为?这是一个在理论上被忽略或者被混淆的问题。前述《德国民法典》第177条第1项以及《日本民法典》第113条第1项均规定被本人所承认的是无权代理人签订的契约。但实际上,承认的作用在于补救代理人之代理权的欠缺,因此,需要承认的仅仅是代理行为。而只要代理行为经本人承认而为有效,则代理人以本人名义签订的合同所生效果则当然归属于本人。至于无权代理人所签订的合同本身是否有效,与本人是否承认,其实并不一定存在必然联系。如《德国民法典》第179条第1项规定:"以代理人的身份订立契约者,如不能证明其有代理权,而被代理人有拒绝追认者,相对人有权依其选择,得责令代理人履行或赔偿损害。"依此规定,无权代理人签订的合同即使未被本人承认,也可以因相对人选择请求代理人履行而对代理人发生效力。

因此,被本人所承认的应当是无权代理行为,而非无权代理人以本人名义实施的法律行为。

2. 承认的补救功能

承认可以补救代理权的欠缺,但不能补救代理行为的有效要件。

因承认而有效的无权代理,必须是除代理人缺乏代理权之外,完全具备其他成立要件以及有效要件的代理行为。其中包括:本人具有权利能力;无权代理人与相对人均具有相应的行为能力;无权代理人"明示以本人名义”;无权代理人与相对人实施的法律行为内容合法,等等。如果缺乏代理行为的成立要件和有效要件,即使本人承认,其代理行为也不能成立或者生效。

在这一问题上,英国法律对本人之承认权采取了十分严格的限制。在英国,根据判例规则,无权代理人代订的合同需符合下列条件,方可被追认而为有效:

(1)无权代理人须明示其代理人身份。无权代理人在与相对人签订合同时,须明示其代理人身份;否则,即使其具有代本人订立合同的意图但未向相对人说明,也不能适用代理追认原则。例如,在 1901 年凯莱合伙公司诉德兰特案中,原告公司授权 R 以限定价格购买小麦,R 在订约时未说明其代理人身份,并以高于授权的价格订购了小麦,此后原告公司追认了该合同,但后来又拒绝接受交货。法庭判决:原告公司对供货方不承担责任,因为其事后认可行为不构成代理追认。

(2)无权代理人须明示“以本人名义”。至于无权代理人订约时注明委托人姓名及身份是基于自己的利益或委托人的利益,则并不影响委托人事后对代理行为的追认。

(3)本人必须存在。如果无权代理人虽意欲代理某公司订立合同,但该公司尚未成立,则无权代理人应对合同承担个人责任。

(4)本人须在合同订立时和代理追认时具有法律规定的合同能力。

(5)本人须在追认无权代理行为时充分知悉一切有关实质性事实或表示有条件追认的意思,否则其追认无效。①

上述英国代理法中的规则,与大陆法系民法的做法基本相仿。

3. 承认权的行使时点

为保护善意第三人的利益,法律赋予无权代理的善意相对人撤回其意思表示的权利。同时,相对人对本人享有催告权即催告其在合理期限内作出是否承认无权代理行为的决定,如本人超过此期限未予答复,则视为本人不予承认,代理行为确定无效。由此,从理论上讲,本人的承认权必须在善意相对人未撤回意思表示之前行使,或者在第三人催告期限尚未届满之前行使,亦即只有当无权代理行为处于效力未定

---

① 参见董安生等编译:《英国商法》,法律出版社 1991 年版,第 101 ~ 104 页;另参见徐海燕:《英美代理法研究》,法律出版社 2007 年版,第 98 ~ 104 页。

状态时,本人方可行使其承认权。

4. 承认表示的相对人

承认是以无权代理行为发生与有权代理行为之同样效果为目的的行为,而代理行为一旦有效,则发生本人与相对人之间的法律关系。故承认权属于形成权,承认行为则属于有相对人的单方法律行为,即本人之承认不仅应当采取意思表示的方法,而且必须向无权代理的相对人为之,否则不能发生承认的外部效力(代理行为确定有效),即无权代理仍属效力未定状态。

关于本人承认之意思表示可否对无权代理人作出的问题,认识上存有分歧。我国台湾地区学者认为,承认既可对相对人作出,亦可对代理人作出且同样发生承认的效力。[①] 但德国学者认为,承认的意思表示只能向相对人作出而不能向代理人作出。[②] 对此,《德国民法典》第177条第2项明文规定:"相对人催告被代理人为追认的意思表示时,追认的意思表示只能对相对人为之;在催告之前对代理人所表示的追认或拒绝追认,均为无效。"我国《民法通则》第66条以及《合同法》第48条仅规定无权代理经本人承认可为有效,但未对承认指向的对象作出明确规定。

笔者认为,在通常情况下,如果本人不对相对人主张无权代理,则善意相对人往往会蒙在鼓里,既不可能行使撤回权,也不可能行使催告权。而在相对人知晓无权代理之事实时,在本人并未否认代理行为的效力之前,相对人也有可能并不立即行使催告权或者撤销权。于上述情形下,无权代理之事实虽客观存在,但相关各方当事人相安无事,如果此一和平状态得以持续,本人与相对人均履行了代理人签订的合同的义务,则代理行为确定有效(本人的履行行为应推定为承认,善意第三人的撤销权亦当然消灭)。但知晓无权代理事实的相对人一旦对本人予以催告,则无论本人事前是否知晓无权代理之事实,代理行为悬而未决之状态即在代理的外部关系上得以公开,代理关系各方当事人所处境况即发生根本性变化。因此,本人对代理人所作承认的性质及其

---

① 参见王泽鉴:《民法总则》,三民书局2000年版,第503页。

② 参见[德]卡尔·拉伦茨:《德国民法通论》(下册),王晓晔等译,法律出版社2003年版,第875页。

应当发生的效果,应以相对人的催告为界分基点。

(1)在相对人未行使催告权之前,本人向代理人为承认表示的效果

此种情形下,如本人向代理人为承认表示,应当产生代理权欠缺得以补救的效果,代理行为确定自始有效。这是因为,无权代理事实虽已在客观上发生,但相对人尚不知晓,或者虽相对人知晓,但尚未行使催告权,故无权代理在外部关系上尚未"公开"。此时,尚不知晓代理人欠缺代理权的相对人虽继续"蒙在鼓里",但其既然相信无权代理人有代理权,当然有接受代理行为效果的意思,故代理行为有效,对其不会产生任何不当损害。而对于为代理行为时即知晓无权代理事实的恶意相对人,无权代理之最终效果如何并不由其主动选择,故代理行为有效对其也无所谓损害。至于为代理行为时不知晓无权代理之事实但事后知晓的善意相对人,如其在知晓该种事实之后既未催告本人,亦未行使撤回权,则表明其一方面,并无使代理行为无效的意思;另一方面,亦无因代理行为效力未定而损害其利益的担忧。因此,认定本人对代理人所为之承认可使代理行为确定有效,并不损害其利益。

总而言之,是否肯认本人在相对人催告前对代理人为承认的表示得发生承认的外部效力,主要涉及善意相对人在本人对代理人为承认之后是否可以行使撤回权的问题。鉴于相对人享有的撤回权仅存在其与代理人签订的合同尚未实际履行之前(因本人履行该合同义务或者接受相对人履行该合同义务,均应被推定为本人之承认),而善意第三人本来即有与本人为法律行为的意思,故认定本人对代理人所为承认得使代理行为确定有效,从而使其撤回权归于消灭,于善意第三人并无任何实际损害。

由此可见,《德国民法典》第 177 条第 2 项关于"本人在相对人催告之前对代理人所表示的追认为无效"的规定,并不妥当。

(2)在相对人行使催告权之后,本人向代理人为承认表示的效果

本人在知晓无权代理事实后,如直接向相对人为否认之表示,则即行发生本人之拒绝权行使的法律效果,代理行为确定无效。此后,即不存在相对人之催告权或者善意相对人之撤回权问题。但如本人未向相对人为否认表示,而知晓无权代理之事实的相对人向本人为催告行为,则表明无权代理行为在外部关系上得以公开,且相对人意欲以催告方式尽快结束代理行为效力之悬而未决状态,避免损害的发生。事实上,

相对人的催告即在本人与相对人之间产生了特定的交流平台。而由于法律规定本人在相对人催告所确定的合理期间内未予答复,即推定本人已为否认之表示并产生代理行为确定无效的效果,故只要本人在催告所确定的合理期限内未向相对人表态,则相对人当然会认为代理行为已确定无效,并据此而采取避免损失的自我保护行为。与此同时,在本人为承认行为之前,发出催告通知的善意相对人亦可选择其撤回权的行使,从而主动结束代理行为之效力悬而未决的状态。此时,如果本人脱离与相对人之间因催告而建立的交流平台而对代理人为承认表示,则其表示并未达到相对人,故不应对翘首以待但对本人承认之举一无所知的相对人发生承认的效力,善意相对人仍应有权在该合理期限届满前行使其撤回权,而该期限一旦届满,并不知晓本人承认表示的相对人即已认定代理行为归于无效,此后本人再行主张代理行为有效,如无相对人同意,则其主张当然不能成立。

由此可见,我国立法上应规定:相对人催告被代理人为承认的意思表示时,承认的意思表示只能对相对人为之。但本人在相对人催告之前对代理人所表示的承认,得发生承认的效力。但2017年3月颁布的《民法总则》第171条对此未作明确规定。

5. 承认的形式

一般认为,对于本人承认之意思表示的形式不应设置特别的限制,即使被承认的无权代理人所实施的法律行为属要式行为,法律也不应要求承认必须采用相同的形式。对此,《德国民法典》第182条第2项规定:“同意无须按照关于成立该法律行为所规定的方式为之。”鉴于本人之同意实为对代理权授予行为瑕疵的补救,而授权行为与代理人实施的法律行为是两个不同的法律行为,故对后一法律行为之形式的要求,自不应适用于前一法律行为。

我国《民法通则》第66条规定,在无权代理发生后,“本人知道他人以本人名义实施民事行为而不作否认表示的,视为同意”。此条规定与我国台湾地区“民法典”第169条类似。该条文规定:“由自己之行为表示以代理权授予他人,或知他人表示为其代理人,而不为反对之表示者,对于第三人应负授权人之责任。”但后者所规定的是成立表见代理的情形,即在本人知道无权代理事实而不表示反对时,善意第三人得主张代理行为有效,而非“视为本人同意”。由此,我国《民法通则》的前述规定只能被解释为本人对无权代理的承认可以采用默示的方式。

不过,《民法通则》的这一规定被 1999 年颁布的《合同法》间接否定。该法第 48 条第 2 款规定:对于无权代理行为,“相对人可以催告被代理人在一个月内予以追认。被代理人未作表示的,视为拒绝追认”。虽然此条规定仅适用于相对人为催告的情形,但既然在相对人为催告的情况下,本人之置之不理不被视为承认,那么,在相对人未为催告时,本人之无动于衷就更没有理由视为“承认”。

鉴于无权代理非因本人授权而发生,本人原则上不应对之承担任何责任,本人对于无权代理是否予以承认,为法律基于对本人意愿的尊重及其利益的保护而赋予本人的一项可选择行使的权利。此外,交易上也不存在“不予否认则为承认”的习惯,故无权代理发生后,只要本人对之不予理睬,则其不应对本人发生法律效力。但在经相对人催告本人承认的情况下,相对人有使无权代理发生效力的愿望,如无权代理行为持续处于效力待定状态,则有可能造成相对人的不当损失。为此,《合同法》规定经相对人催告后,本人于 1 个月或者相对人指定的 1 个月以上期限内不予承认,则视为其拒绝承认,可以及时结束无权代理行为之效力悬而不决的状态,有利于对相对人利益的保护。

《合同法》的上述规定为《民法总则》第 171 条第 2 款所采纳,该款规定:“相对人可以催告被代理人自收到通知之日起一个月内予以追认。被代理人未作表示的,视为拒绝追认。”

不过,如果本人已经实际履行或者接受相对人实际履行无权代理人签订的合同,则其履行及接受履行的行为应推定为承认。

6. 承认的溯及力

承认具有溯及力,即溯及至代理人实施代理行为时起发生效力,但承认的溯及力不得损害他人在本人承认之前已经取得的正当利益。例如,无权代理人将本人的某项动产出卖给甲,以本人名义与甲签订了买卖合同,而本人在尚不知情时又将该动产出租并交付给乙。以后本人如承认无权代理人实施的代理行为,则该买卖合同有效,但不应影响本人与乙所签订的租赁合同的效力。此时,本人应向甲承担履行不能的违约责任,但无权请求承租人乙返还租赁物。

(二)拒绝权

拒绝权,是指本人有权向第三人作出对无权代理行为不予承认的表示,拒绝权行使的效果为无权代理行为由此确定无效。

本人的拒绝权的行使主要涉及下列问题:

1. 拒绝权行使的时点

本人一旦行使其对无权代理的拒绝权,无权代理行为之效力未定状态即终止,代理行为即确定无效。因此,本人拒绝权之行使须以无权代理行为尚处于效力待定状态为条件,故此项权利应当在善意相对人未撤回其意思表示之前行使。

2. 拒绝的形式

如同承认权的之行使,本人为拒绝的意思表示所采用的形式不受法律的特别限制。依照我国《合同法》第48条第2款以及《民法总则》第171条第2款之规定,本人拒绝权的行使可以采用默示的方法,即在相对人催告期届满前以不作为的沉默方式表示拒绝。

3. 拒绝表示的相对人

如同承认权,拒绝权为形成权,拒绝行为属于有相对人的单方法律行为;本人拒绝承认无权代理的意思表示,应向无权代理的相对人做出。

对于本人之拒绝可否向代理人做出的问题,《德国民法典》第177条第2项仅规定,在相对人催告之前,本人对代理人所表示的拒绝追认为无效。而从利益平衡的角度分析,在相对人未为催告尤其是善意相对人未行使撤回权之前,无论相对人是否知晓无权代理之事实,其均对代理行为之有效存有期望,如果本人仅对代理人为拒绝表示,因该表示并未到达相对人,故其如对相对人仍发生代理行为确定无效的效果,显失公平。而本人在相对人催告之后对代理人为拒绝表示,则因本人与相对人之间已经建立交流平台,相对人在合理期限尚未届满之前,仍对代理行为经本人承认而为有效存有期望;如本人之拒绝已经使代理行为确定无效但不为相对人所知,则相信代理行为仍处于效力未定状态的相对人的利益,难免遭受不测之损害。

因此,本人的拒绝表示只有在对相对人为之时,方可发生拒绝的效力。

三、相对人的催告权和撤回权

无权代理经本人承认即可发生效力,否则便不产生效力。但是,如果无权代理行为有效与否全由本人的意志所任意支配，则相对人就有可能处于不利地位，尤其是在本人采取消极态度，即对于无权代理行为既不承认，也不否认时，代理行为的效力长时间处于悬而未决的状态，相对人无法预测未来，难免过分被动。由此，为稳定交易秩序和平衡各方利益，法律赋予相对人以催告权，与此同时，赋予善意相对人以撤回权。

（一）催告权

无权代理发生后，相对人有权向本人发出催告通知，限其在一定期间内答复是否承认代理行为。如超过这一期间本人未予答复，则视为拒绝承认，本人即丧失承认权，无权代理行为确定地不发生效力。

催告权的作用在于使其效力处于不确定状态的无权代理能够及时得以确定。因此，无论相对人为恶意还是善意，均享有催告权。

催告权的行使涉及下列主要问题：

1. 催告的时点、形式及相对人

催告权为形成权，只能在无权代理仍处于效力未定状态时方可存在，故相对人应在本人承认或者拒绝承认之前行使其催告权。依其性质，催告的意思表示应采用明示的方法，且必须向本人作出才能发生催告的效力。

2. 本人答复之期间

依照我国《合同法》第 48 条第 2 款规定：无权代理发生后，“相对人可以催告被代理人在一个月内予以追认。被代理人未作表示的，视为拒绝追认”。

对于上述条文中所规定的“相对人可以催告被代理人在一个月内予以追认”，可以作多种理解：

其一，该“一个月”为法定期间，相对人不得延长或者缩短。即相对人在其催告中无须确定答复期间，其催告到达本人之后，本人即依法应在 1 个月期间内予以追认。

其二，该“一个月”为意定期间，由相对人在催告时单方面予以确定。但就相对人可否延长或者缩短该期间，可存在三种不同理解：（1）相对人只能确定该期间为 1 个月。即既不得缩短，亦不得延长。（2）相对人对该期间可以缩短，但不得延长，即相对人可以确定 1 个月内的任何期间，但应具有合理性（如要求本人在 10 天之内予以答复）。

(3)相对人对该期间可以延长,但不得缩短。即相对人可以确定1个月或者1个月以上的答复期间,但不得短于1个月。

如对该条文作文义解释,上述任何一种解释均可成立,故该条文本身具有模糊性。但依法律的目的解释方法,则不难看出,该条文在赋予相对人以催告权的同时规定本人之“一个月”的答复期间,其目的在于保护本人的利益,即对经相对人催告后的本人保留合理的考虑时间。因此,该“一个月”期间肯定是用于防止催告所确定的答复期间过短而专门设置的。所以,如将该规定解释为“相对人得任意缩短”的期间,即有权在催告时单方面确定1个月之内的任何一个即便是“合理”的答复期间,则法律规定该“一个月”期间即丧失任何限制作用。同时,如果法律有意让相对人任意选择合理的答复期间,则无须将之限制于“一个月”之内,故此种解释不能成立。而如将该规定解释为不变之法定期间或者不变之意定期间,即相对人既不得缩短,亦不得延长,则相对人在催告时如自愿将该答复期间延长于1个月以上。因这一做法有利于增加本人的利益而非损害其利益,故法律没有理由和必要加以禁止。

据此,该条文有关“一个月”的期间,应当解释为相对人催告所确定的答复期间不得短于1个月。亦即该“一个月”期间为法定期间,但相对人可以延长。如相对人在催告时未另行确定1个月以上的答复期间,则适用法律规定的“一个月”期间。

对于这一问题,《德国民法典》采用了直接规定法定期间的做法。该法典第177条第2项规定:“追认仅得在收到催告之后两星期内表示之,如在此期间不为追认的表示者,视为拒绝追认。”但《日本民法典》采用的是规定本人之意定期间的做法,该法典第114条规定:“于前条情形,相对人可以定相当期间,催告本人与期间内,作出是否追认的确答。如本人于该期间内未作确答,则视为拒绝追认。”

比较德、日两国的不同做法,笔者认为,催告期间设置的目的在于保护相对人的利益,故将催告之答复期间设为由相对人任意确定的期间明显符合意思自治原则,法律的介入应当仅限于相对人在其催告中未指明答复期间的情形,亦即以法定期间作为意定期间之缺乏的必要补充。为此,有关规定可作如下设置:“对于无权代理行为,第三人可以催告被代理人在一定期间内予以追认。被代理人超过该期间未作表示的,视为拒绝追认。”(第1款)“第三人在催告时未指明答复期间的,该

答复期间为一个月。”（第 2 款）

《民法总则》第 171 条第 2 款承继了《合同法》的相关规定，未采纳上述建议。

（二）撤回权

我国《合同法》第 48 条第 2 款规定：“合同被追认之前，善意相对人有撤销的权利。撤销应当以通知的方式作出。”这一规定为《民法总则》第 145 条第 2 款所采纳。

根据前述规定，善意相对人有权在本人承认前撤回其与代理人所为意思表示。相对人一旦行使撤回权，无权代理即确定无效，本人不得再行承认。

无权代理发生后，其效力处于未定状态，如其效力之有无全凭本人的意志决定，则善意相对人有可能遭受损害，故法律赋予善意相对人以主动撤回其意思表示并使代理行为确定无效的权利。因恶意相对人明知或者应知代理人无代理权而与之为法律行为，故其无根据享有此项优惠。恶意相对人因无权代理的效力悬而未决所有可能遭受的不当损害，可以通过行使催告权而得以避免。

相对人的善意是指相对人在与无权代理人为法律行为时，不知也不应知其无代理权。善意相对人的撤回权为形成权，应以意思表示为之，其意思表示的形式不受限制。除此之外，对于撤回的意思表示可否向代理人为之的问题，《日本民法典》第 115 条未作规定，但《德国民法典》第 178 条第 2 项规定：“契约的撤回，也得向代理人为之。”考虑到相对人为法律行为的意思表示是向代理人作出，故其撤回的表示也应可以向代理人为之并发生撤回的效果。

四、无权代理人的责任

无权代理未经本人承认或善意相对人主张而为有效，则无权代理人以本人名义实施的法律行为无论有效或者无效，其效果均不得归属于本人。对由此发生的后果，应由无权代理人承担。

（一）无权代理行为无效的效果

无权代理行为确定无效时，无权代理人以本人名义实施的法律行为之效力如何？对此存在两种主要的立法模式：

1. 法律行为确定无效

无权代理未经本人承认,其以本人名义签订的合同确定无效,由无权代理人对相对人承担由此产生的赔偿责任。此为《法国民法典》第1120条以及《瑞士债法典》第39条第1项所采用。

2. 法律行为或者确定无效,或者效力未定

如无权代理人为恶意(知道自己无代理权)且相对人为善意,则无权代理人签订的合同效力未定,相对人有权选择请求代理人履行合同义务或者赔偿损失。如相对人选择请求代理人履行合同义务,则合同有效。但如代理人为善意(不知自己无代理权),则其签订的合同确定无效,由代理人向相对人承担赔偿责任。如相对人为恶意(明知或应知代理人欠缺代理权或代理人欠缺行为能力),则代理人签订的合同确定无效,代理人不承担任何责任。此为《德国民法典》第179条第1~3项以及《日本民法典》第117条第1、2项所采用。

对此,我国1986年《民法通则》第66条规定:无权代理行为"只有经过被代理人的追认,被代理人才承担民事责任。未经追认的行为,由行为人承担民事责任"。此条规定中所指本人承担的"民事责任"显然是指履行代理人签订的合同的义务,而其所指无权代理人承担的"民事责任",则并未指明是履行合同义务还是承担合同无效之后的赔偿责任。1999年颁布的《合同法》第48条对此也作出了规定:无权代理人以本人名义订立的合同,"未经被代理人追认,对被代理人不发生效力,由行为人承担责任"。此规定仍然没有明确这一问题。不过,我国民法理论和司法实务上一般认为,未经本人承认,无论相对人为善意或者恶意,无权代理人实施的法律行为均应属无效。

德、日民法之所以允许善意相对人在请求代理人履行合同义务与损害赔偿之间进行选择,其用意显然是为了保护善意相对人的信赖利益。诚如德国学者所言:"在这种情况下,由于代理人有意识地欺骗了对方当事人,所以它不仅应该赔偿该人的信赖损害,而且尚应赔偿他所产生的合同履行利益的损害。他之所以必须全部地满足合同对方当事人的要求,是由于他知道他这样做存在有这样的风险。"①

---

① [德]卡尔·拉伦茨:《德国民法总论》,王晓晔等译,法律出版社2003年版,第878页。

但如前所述，无权代理人既然以本人名义实施法律行为，则并无自行承担行为效果的意思，而相对人（即使是善意相对人）也并无与无权代理人发生法律关系的意思，故法律在无权代理人与相对人之间强制建立合同关系并不符合意思自治原则。与此同时，恶意第三人明知或应知无权代理人签订的合同有可能对本人不能发生效力，固然不存在保护其履行利益的依据，而善意第三人之合理信赖与履行利益的保护，可以通过其主张表见代理而得以实现。况且，在我国实践中，实施无权代理行为的多为自然人，其在通常情况下并不具备履行所签订的合同的能力，如允许相对人得选择请求无权代理人履行合同义务，既不现实，亦无必要。故笔者认为，我国民法应采法国、瑞士的立法模式，明确规定无权代理行为无效的效果为无权代理人以本人名义实施的法律行为无效，由此产生的损害赔偿责任应由无权代理人承担。

据此，笔者在提出的建议稿中规定："无权代理未经本人追认或者无权代理人实施的法律行为被善意第三人撤销的，无权代理人实施的法律行为无效。由此造成的损失，应当由无权代理人对善意第三人承担赔偿责任。第三人为恶意的，应当由无权代理人和第三人各自承担相应的民事责任。"（第1款）"第三人知道行为人没有代理权、超越代理权限范围或者代理权已终止还与行为人实施法律行为给被代理人造成损害的，由第三人和行为人承担连带赔偿责任。"

但《民法总则》第171条采纳了德国和日本民法的做法，规定："行为人实施的行为未被追认的，善意相对人有权请求行为人履行债务或者就其受到的损害请求行为人赔偿，但是赔偿的范围不得超过被代理人追认时相对人所能获得的利益。"（第2款）"相对人知道或者应当知道行为人无权代理的，相对人和行为人按照各自的过错承担责任。"（第3款）

（二）无权代理人承担责任的根据

对于无权代理人承担责任的根据，大陆法系民法理论存在各种不同学说：有的认为是因无权代理人在以本人名义订立合同的同时，以默示的方法与相对人订有一个保证该合同履行的从合同（担保说）；有的认为是因无权代理人在订立合同时，对其是否有代理权及能否得到本人的承认未尽必要的注意（缔约过失责任说）；有的则认为是因民法上的特别规定（法律上特别责任说）或因无权代理人的侵权行为（侵权行为说),等等。①

而在英美法上,无权代理人对相对人所承担的责任被认为是基于代理人在行使代理权时附有所谓的“默示保证义务”。根据《美国代理法重述》第329条和英国法院的判例,在第三人本来不会与无权代理人签订合同的情况下,由于无权代理人以语言或者行为表明其有代理权,致使第三人产生信赖而与之缔约,则无权代理人对第三人负有保证其所作意思表示具有真实性的义务。否则,即应对第三人负责,即使代理人出于善意而误认为自己具有代理权限也如此。②

很显然,大陆法系中的“担保说”(或称“默示担保契约说”)与英美代理法中的“默示保证义务”学说具有相同的性质和立法理由。我国早期有学者认为,此种学说在考虑无权代理人责任时,不以其有无过失为条件。较之“缔约过失责任说”,扩大了无权代理人的责任范围,更有利于保护代理活动的安全和善意第三人的利益,故较合理。③ 但近期有学者认为“缔约过失责任说”更为恰当。④

笔者认为,责令无权代理人承担责任的事实依据是其所实施的不当行为,而确定其应承担的责任根据实际上不过是为了确定其所承担的责任的性质,其意义在于,各种不同性质的责任具有不同的成立要件。例如,缔约过失责任须以行为人对缔约失败具有过失为要件,而默示担保责任则不以保证人之过失为要件。至于无权代理人的行为究竟应属“侵权”或是“违约”或是其他,鉴于无权代理行为的特殊性,其本无客观上的绝对判断标准,故对之所作判断实质上应属主观上之价值判断,应依价值取向而定。因此,有关理论分歧焦点仅在于“无权代理人承担责任是否应以过失为成立要件”?

在无权代理人订立的合同因其欠缺代理权而无效的情况下,无权代理人对于无权代理的发生通常具有过错。但在某些特殊情形下,无权代理人由于他人的不法行为(欺诈、胁迫等)或者某种客观原因,也有可能不存在主观上的故意或者过失。如果无过错的善意相对人因无权代理人有

---

① 参见胡长清:《中国民法总论》,商务印书馆1993年版,第363~364页。

② 参见徐海燕:《英美代理法研究》,法律出版社2007年版,第273~274页。

③ 参见佟柔主编:《中国民法学·民法总则》,中国人民公安大学出版社1990年版,第294页。

④ 参见王利明:《民法总则研究》,中国人民大学出版社2003年版,第694页。

证据证明其无过错而不能追究其赔偿责任,则善意第三人的利益不能得到充分保护。因此,无权代理人对相对人的赔偿责任,不应以其主观上有过失为要件。故对之可分为三种情况予以处理:(1)无权代理人与相对人双方均有过错,双方应根据其过错大小分担相应责任;(2)无权代理人有过错而相对人无过错,应由无权代理人承担全部赔偿责任;(3)无权代理人与相对人均无过错,亦应由无权代理人承担全部赔偿责任。

而在可供选择的几种不同性质的责任模式中,侵权责任与缔约过失责任均需以行为人有过错为要件,不宜采纳,而默示担保合同责任不以行为人的过错为要件,应可采取。有学者认为,既然默示担保契约为附属于无权代理人签订的合同的从契约,则主合同无效,从合同亦当无效,故其不可能成为无权代理人承担责任的依据。[①] 但应看到,所谓"默示担保契约"所担保的并非无权代理人签订的合同所约定的义务履行,而是该合同之有效成立(不因代理权存在瑕疵而为无效),故此种安排并不存在逻辑漏洞。

(三)赔偿范围

对于无权代理人所承担的赔偿责任的范围,依照《德国民法典》第179条规定,代理人为恶意时,应承担履行合同或者赔偿之责(第1项);如代理人为善意即"不知自己为无权代理"时,"仅对因信其有代理权而受损害的相对人负赔偿的责任,但其赔偿额不得超过相对人在契约有效时可得到的利益"(第2项)。依此规定,无权代理人应就相对人所遭受的信赖利益进行赔偿,但不得超过相对人在合同得以履行的情况下所能获得的利益(履行利益)。《瑞士债法典》第39条则根据代理人的过错程度分别规定其赔偿范围:无过错的代理人仅承担因合同无效而为相对人造成的损害(称为"消极的契约利益"),如代理人有过错,则在法官认为公平时,可责令其承担其他损害的赔偿责任。与上述立法模式有所不同,在我国台湾地区"民法典"上,无权代理人不仅应赔偿信赖利益,而且还应赔偿履行利益(称为"积极的契约利益")。[②]

我国《民法通则》和《合同法》对此未作规定,但理论上一般将无权代理人的赔偿范围限于合同无效而为相对人造成的损失,并不包括履

① 参见王利明:《民法总则研究》,中国人民大学出版社2003年版,第694页。

② 参见史尚宽:《民法总论》,中国政法大学出版社2000年版,第560～561页。

行利益。其原因在于,在发生无权代理时,如相对人对之全无过失,则通常自可主张表见代理,如相对人不能主张表见代理,则通常可以认为其具有某种过失。在相对人对于无权代理的发生具有过错的情况下,认为其享有请求赔偿履行利益的权利是毫无道理的。

对此,我国《民法总则》第171条第3款规定:"行为人实施的行为未被追认的,善意相对人有权请求行为人履行债务或者就其受到的损害请求行为人赔偿,但是赔偿的范围不得超过被代理人追认时相对人所能获得的利益。"这一规定,显然原样复制了前述《德国民法典》第179条第2款的规定,认可选择主张代理行为无效的善意第三人得请求无权代理人赔偿履行利益,其是否得当,值得商榷。

第三节　表见代理的立法选择

一、表见代理的制度价值

(一)表见代理的立法模式和立法理由

1. 表见代理的概念

在发生无权代理的情况时,如相对人有理由相信代理人有代理权,则无权代理得产生与有权代理相同之效果,此种情形即为表见代理。此处之所谓"表见",是指无权代理人具有享有代理权的外观并足以使相对人产生信赖。

一般情况下,无权代理未经本人承认,则代理行为无效,代理人以本人名义实施的法律行为或者亦无效;或者虽为有效,但其效果由无权代理人承担,亦即无权代理之本人可以选择"抽身而出",对代理人的行为不承担任何责任。但表见代理制度却全然不考虑无权代理之本人的意志,强行将无权代理行为的效果直接归属于本人。这就是表见代理最重要的特点和法律效果。

2. 立法模式

一般认为,表见代理制度肇始于1900年《德国民法典》。虽然该法典既未规定表见代理的一般准则,甚至并未出现"表见代理"的用语,但其第170~172条及其他某些有关"代理权之消灭不得对抗善意第三人”的规定，被认为确立了表见代理的规则。事实上，“代理权消灭之无对抗力”与“善意第三人得主张无权代理有效”（表见代理）应当是两种完全不同的制度：前者是指代理权虽客观上因本人撤销授权等原因而归于消灭，但因未以适当方式通知第三人，故就第三人而言，代理权被视为继续存在。此一规则的要点，在于本人不得以代理权消灭（无权代理）为由，对第三人主张代理行为无效，亦即代理行为自始确定有效。而表见代理的要点，在于善意第三人有权主张无权代理行为有效，在第三人提出其主张前，无权代理行为效力未定。不过，由于“代理权之消灭不得对抗善意第三人”的规则也可以解释为包含了“相信无权代理人有代理权的善意第三人，得主张代理行为有效”的意思，且两者效果大体相同；与此同时，后来的《日本民法典》第 112 条明确将“代理权之消灭不得对抗善意第三人”称为“代理权消灭后的表见代理”，故有关《德国民法典》规定了表见代理制度的说法，可以成立。但重要的德国学者的著作中并未提及“表见代理”制度，似应注意。而在研究表见代理的相关问题（如“表见代理是否须经善意第三人主张方可成立？”）时，对于“代理权之消灭不得对抗第三人”与“善意第三人得主张代理行为有效”之区别，更应予特别注意。

与德国民法不同，《日本民法典》明确采用了“表见代理”的术语并对各种具体的表见代理作出了规定。包括第 109 条规定的“因本人对第三人表示将向代理人授权但事后并未授权所生之表见代理”，第 110 条规定的“因越权代理所生之表见代理”，以及第 112 条规定的“代理权消灭后的表见代理”等。不过，该法典并未规定表见代理的一般准则。

除大陆法系之外，表见代理也是英美国家审判实践中的重要制度。例如，在英国法上便存在所谓“假象的或表见的代理”（apparent or ostensible authority），其通常为贸易惯例和商业习惯所公认：当代理人显示他有代理权时，如果在当时的情况下是正常现象，则被代理人应对代理人签订的合同负法律责任，除非被代理人不仅在实际上对其代理人的权力曾加以限制，而且第三人是知道这些限制的。同时，即使没有明示的授权，如果委托人的行为显然表明代理人是被授权可以代表他行事的，则委托人同样会由于代理人签订的合同而受到约束。诚然，在发生表见代理时，被代理人对代理人超越代理权所进行的活动可以对代理人提起诉讼，但是，这并不能免除被代理人履行由代理人签订的该项合同的义务。①

在我国1999年《合同法》颁布以前,民事立法中并无表见代理的明确规定。虽然民法学界不少人曾认为,《民法通则》第65条第3款及第66条第1款对表见代理制度作出了“初步规定”或“原则性规定”,②但这是不正确的。事实上,《民法通则》所规定的“委托书授权不明的,被代理人应当向第三人承担民事责任,代理人负连带责任”以及“本人知道他人以本人名义实施民事行为而不作否认表示的,视为同意”两个条文中,前者规定的是本人与代理人对第三人承担的连带赔偿责任而非代理行为有效,后者规定的则是本人对无权代理的默示承认,均与表见代理无关。

早在20世纪80年代中期,我国理论界便有一些人提出了在我国民法上设置表见代理制度的主张。③ 至《合同法》起草时期,这一问题渐成研究热点,表见代理被作为颇具代表性的新制度写入合同法草案第一稿(学者建议稿),并最终为《合同法》所规定。该法第49条规定:“行为人没有代理权、超越代理权或者代理权终止后以被代理人名义订立合同,相对人有理由相信行为人有代理权的,该代理行为有效。”这一条文对表见代理的规定采用的是设置一般准则的方法。

3. 立法理由

表见代理作为无权代理制度中的一项特别规则,备受青睐,其原因在于人们对交易安全保护之重视。

合同法上的交易安全是交易环境应当具有的一种确定状态,亦即交易者基于对交易行为合法性的信赖及对交易行为效果确定性的正当期待而进行的交易,应当获得法律的肯定性评价。否则,交易活动便会因其过分的危险和不确定而迫使交易者过分谨慎,从而抑制其从事交易的积极性。实质上,交易安全的保护对象为交易秩序即社会整体利益,而此种保护则通常以牺牲某种个人利益为代价。而表见代理制度,

---

① 参见[英]阿蒂亚:《合同法概论》,中国法律出版社1982年版,第270页。另参见徐海燕:《英美代理法研究》,法律出版社2007年版,第66~68页。

② 章戈:《表见代理及其适用》,载《法学研究》1987年第6期;佟柔主编:《中国民法学·民法总则》,中国人民公安大学出版社1990年版,第296页。

③ 参见章戈:《表见代理及其适用》,载《法学研究》1987年第6期;张新宝:《无权代理与表见代理》,载《浙江法学》1987年第4期;尹田:《论表见代理》,载《政治与法律》1988年第6期。

则是以牺牲本人利益为代价，通过侧重保护善意第三人的利益以达到保护交易安全的目的。

德国民法理论在抽象出代理之三方关系的同时，以极其严谨的逻辑演绎确定了代理制度的基本法则：首先，代理权之存在，得产生本人与代理人之间的关系；其次，代理权之行使，得产生代理人与第三人之间的关系；最后，代理权之实现，得使代理行为法律效果归属于本人。很显然，在代理关系的结构中，代理权的存在是本人承受代理行为后果的基本原因。亦即一般而言，代理权的存在是代理关系成立的绝对要件。然而，在交易过程中，第三人对于代理人之有无代理权及代理权限范围的判断，却不能不受客观情势的制约（因代理人是否被授予代理权及被授予何种性质、何种范围的代理权，毕竟纯属本人与代理人之内部关系）。如果将一切无权代理行为均作为单纯的违法行为对待，即无权代理行为均属无效，则当第三人确信无权代理人有代理权，并对这一确信无过失时，第三人的利益难免受到不当损害；同时，也使第三人同代理人所进行的民事活动处于极不安定的状态。因此，为维护代理制度的信用与稳定，法律有必要在一定条件下"牺牲"本人的某些利益，借以确保交易的安全。

（二）表见代理的特征和发生原因

依照传统理论，表见代理具有与一般无权代理所不同的三个基本特征：(1)第三人误认为无权代理人有代理权；(2)第三人产生误解的原因是由于客观上存在使其误信代理人具有代理权的情形；(3)第三人对误解的发生无过错。

而依照德国、日本以及我国台湾地区"民法典"的规定及学者归纳，表见代理的发生原因不外三种：

1. 因本人的明示或默示

本人的行为显然会让第三人误认为代理人享有代理权，虽然事实上本人并未与之授权。例如，本人向第三人表示将以他人为自己的代理人，但事后并未向代理人授权。

2. 因代理人的越权代理

本人对代理权的限制有时不为第三人所知悉，故在代理人超越授权范围实施代理活动时，如无相反通知，代理人所表现出来的代理权限则有可能被第三人认为是其拥有的权限，从而与之为法律行为。

3. 因代理权的终止

代理人之代理权已被本人撤回或因其他原因终止,但为第三人所不知,从而信其仍有代理权而与之为法律行为。①

二、我国学界有关表见代理构成要件的论争

在1999年《合同法》起草过程中,我国民法学界就如何规定表见代理的问题发生了激烈的争论,争论的焦点在于表见代理的构成要件。学者对之形成以下两种主要的观点:

(一)"单一要件说"

"单一要件说"(或称"相对人无过失说")认为,"表见代理的成立,不以被代理人主观上具有过失为必要条件。即使被代理人没有过失,只要客观上有使相对人对于代理权存在与否陷于错误认识的客观情形,即可成立表见代理"。② 亦即相对人对无权代理的发生无过错是构成表见代理的唯一特别要件,其具体表现有二:一是客观上具有使相对人相信无权代理人具有代理权的情况;二是相对人为善意且无过错。

上述由一些学者于20世纪80年代后期提出的观点自称承袭"传统理论",并以大陆法系各国民法中的表见代理有关规定为范例,故其在《合同法》起草过程中得到很多学者的支持,以致为合同法草案第一稿(学者建议稿)所完全采用。其在第39条规定:"在无权代理的情况下,如果善意相对人有理由相信以他人名义与之订立合同的人有代理权,其依合同取得的权利,受法律保护。"(第1款)"在代理人超越代理权和代理权终止的情况下,善意相对人的保护,适用前款规定。"(第2款)③

(二)"双重要件说"

在国内,"双重要件说"(或称"本人有过错而相对人无过错说")首先由笔者于1988年提出,④后来获得一些学者的支持。⑤ 其基本观点是,表见代理的成立必须同时具备两个条件:

---

① 李宜琛:《民法总则》,正中书局1977年版,第323~326页。
② 引自章戈:《表见代理及其适用》,载《法学研究》1987年第6期。
③ 参见梁慧星主编:《民商法论丛》(第4卷),法律出版社1996年版。
④ 参见尹田:《论表见代理》,载《政治与法律》1988年第6期。
⑤ 参见奚晓明:《论表见代理》,载《中外法学》1996年第4期。

1. 须本人以自己的过失行为使第三人确信代理人有代理权

本人的过失，是指本人应当预见自己的行为会使第三人误信代理人有代理权，但未能预见；或虽已预见，却未采取适当措施加以避免。本人的过失行为可以表现为“疏于通知”，如本人用通知或广告的方式告知特定或不特定的第三人将以某人为其代理人，虽事后并未向代理人授权，或授予代理人的代理权范围有所改变，但未将之以相应的方式通知第三人。又如本人撤回代理权后，未及时收回代理证书并通知第三人等。也可以表见为“沉默”，如本人明知他人以其名义进行无权代理，但并未或不及时向第三人作否认表示的。但如系无权代理人以自己的行为使第三人误信其有代理权且为本人所不知者，不构成表见代理。例如，行为人盗用他人署名的空白委托书及印章，或伪造、篡改介绍信（代理证书）等进行的无权代理，虽第三人为善意，但本人无过失，故不成立表见代理。

2. 第三人不知也不应知代理人无代理权

第三人须为善意，即有充分理由相信代理人有代理权。如果第三人与代理人为法律行为时，明知代理人的行为是无权代理，或在当时情况下，应对代理人的身份及其代理权限予以必要审查，但由于疏忽大意或过于自信而确信其有代理权，则不构成表见代理。

与“单一要件说”不同，上述表见代理的成立并非单纯以第三人与无权代理的发生无过失为条件，而是同时以本人的无过失与第三人的无过失为必要条件，二者缺一不可。也就是说，对于无权代理的发生，如果本人无过失，或虽然本人有过失，但第三人也有过失的，均不能成立表见代理。

笔者所持理由是：

（1）当对“单一要件说”进行具体分析时，不难发现，这一理论的缺陷在于单纯地、绝对地强调保护代理活动中第三人的利益，而对本人的利益全然不顾。按照这种理论，即使本人对无权代理的发生毫无过错，只要存在某种“客观原因”而使第三人误信无权代理人有代理权，则无权代理人的行为也要对其发生法律约束力。同时，本人所承担的责任（对无权代理人的故意或过失所承担的责任），并不仅仅是就无权代理人的活动而对第三人造成的损失的赔偿责任，且本人还须履行无权代理人所订立的合同（因为表见代理发生与有权代理同样的法律效果）。

这种做法,无论于民法对交易安全保护之本旨而言,还是就民事责任承担之根据而言,均有不符:近代民法对交易安全之侧重保护,其主要价值在于维护财产流转之动的安全,以避免善意相对方遭不测事件之损害。但交易安全的维护不得损及公平之根本原则。依“单一要件说”,即使本人与无权代理人之间毫无关系,也须为之承担责任,此举令纯然无辜之本人为他人不法行为负责,于情于理皆有不合。与此同时,如果无权代理人与本人毫无关系而相对人仅依表面现象信任其有代理权,则相对人轻率或轻信之过失当可成立,对其利益的偏重保护而概然“牺牲”本人之利益,显然不足为取。

(2)“单一要件说”自称承袭“传统理论”,并以德、日等国民法为其范例,其与事实并不完全相符。

就理论而言,我国学者所称之“传统理论”,主要来自1949年以前中国国内民法学者以及此后我国台湾地区学者的著作。但检查前述传统理论,有关学者在论及表见代理定义及要件时,莫不将“本人与无权代理人之间有一定关系”作为基本条件(如依李宜琛先生言,表见代理系因无权代理人与本人间“有一定关系之存在”而成立;[①]依戴修瓒先生言,表见代理之要件有二,即无代理权人及无权代理人与本人之间必须有一定关系;[②]又依杨与龄先生言,表见代理须“本人与代理人间有一定事实关系存在”)。[③] 此处之“一定关系”或“一定事实关系”,前述学者多依据我国台湾地区“民法典”的规定予以解释,即包括两种情形:一是由自己之行为表示以代理权授予他人者;二是知他人表示为其代理人而不为反对之表示者(第169条)。倘作仔细分析,所谓本人与无权代理人间之“一定关系”,实质上不过是对本人于无权代理发生所存之过错的推定而已,即倘无本人之故意或过失,相对人就不至相信无权代理人有代理权而与之为法律行为,无权代理即不会发生。对此,戴修瓒先生所言极是:“……但自本人方面言之,全无关系之他人,苟自称代理人,仅因表面上足信为有代理权,自己即应负责,亦未免过刻。故须与自己之间,有一定关系,始负责任也。”[④]

---

① 参见李宜琛:《民法总则》,正中书局1977年版,第321页。
② 参见戴修瓒:《民法债编总论》,三民书局1978年版,第90页。
③ 杨与龄:《民法概要》,五南图书出版有限公司1992年修订版,第76页。
④ 戴修瓒:《民法债编总论》,三民书局1978年版,第90页。

再就德、日等国立法例而言，其虽未明文将本人之过失规定为表见代理的成立条件，但其所列构成表见代理之各事项，莫不以本人之过失作为基础。如《德国民法典》关于表见代理的第 170 条至第 173 条之规定中，本人对无权代理人行为承担责任，均以本人已为的授权行为继续有效为条件；又如依《日本民法典》之规定，表见代理的成立，或因本人对第三人表示授予他人以代理权（第 109 条），或因代理人越权代理而相对人“有正当理由”相信其有此权限（第 110 条），或代理权消灭而相对人非因过失而不知（第 112 条）。上述事由中，本人对第三人表示授予代理权而后并未授予，但其未及时通报第三人致无权代理发生，其过失毋庸置疑；而代理人越权代理时，如本人于代理权限制上清晰明白，足使第三人知晓代理人之真实权限，则除非第三人为恶意，无权代理亦不致发生。反之，第三人相信越权代理人的行为并未越权之“正当理由”，通常应表现为本人对代理人授权不明或对代理权未加以足够明晰之限制，如此，本人之过失自不待言；至于代理权终止后发生的表见代理，则实质系以本人在代理权终止后未对第三人作必要告知为条件。

总之，无论大陆法系国家或英美法系国家，为强化代理制度之信用，保障商品交易之安全，对表见代理的运用十分重视。但无论这一制度的适用范围如何扩大，对于纯然无辜之本人，法律不可能违背其意思而对其施加以不利益乃至经济制裁。事实上，无权代理之本人亦为交易者，其“动”的安全亦应受法律保护。因此，强调本人之过失对表见代理成立的作用，有其重要价值。故在前述两种观点中，“双重要件说”似乎更为合理。

然而，我国《合同法》规定的表见代理最终似乎采用的是前述“单一要件说”。

三、表见代理成立要件缺陷之弥补

（一）立法之评价

依照我国《合同法》第 49 条的规定，在发生无权代理时，只要“相对人有理由相信行为人有代理权”，则代理行为为有效。应当说，这一规定侧重保护善意第三人利益之意图显而易见。

如依前述“双重要件说”，《合同法》之上述规定的缺陷十分明显：

其一，依其规定，无权代理之本人的利益似乎纯然不为法律所虑及。即便“祸从天降”,仍无法直接从法律上获得必要救济:诉讼中,本人完全不得基于其自身所处情势提出任何抗辩,只能被动地攻击主张表见代理的第三人所持“理由”之正当性。

其二,依其规定,表见代理只需具备一个条件即可成立,即“第三人有理由相信无权代理人有代理权”。而第三人之“有理由”,分明为一模糊用语,其可被理解为第三人主观上之“善意”,也可被理解为仅指第三人所处之某种客观情势,这样就使第三人在主张表见代理时拥有极其宽阔的选择余地,明显置本人于不利。

然而,倘作冷静反思,《合同法》所作此等立法选择又并非毫无道理:

首先,“双重要件说”自身存在理论上的不足及操作上的困难,立法上难以完全采用。

如前所述,“双重要件说”的正确之处在于指出了本人基于表见代理而承担不利后果的某种本质原因。在多数情形下,本人之于表见代理的发生也总是存在某种过失。但是,“本人之过失”实际上并不能完全适当地描绘本人于表见代理发生时所处的特定情势。例如,由于本人与无权代理人之间的合伙关系、夫妻关系而发生的表见代理,就很难认定本人之存在何种严格意义上的“过错”;与此同时,本人之过错为其主观心理状态,多表现为消极的不作为(如撤销代理人的代理权未及时告知被代理人等),司法操作上判断此种过错多有困难。诚如日本学者所言:“实际上本人责任归属要素、基本权限与越权代理行为之关联性等,往往成为(第三人)‘正当理由’判断所考虑之对象。至于证明责任,大概而言于‘正当理由方面,应由第三人举证。而于恶意(本人之过失——笔者注)方面,则存在于本人方面,但从(正当理由)之现实机能考虑,似不应深究严格意义上之举证责任。”[①]质言之,如采“双重要件说”,无疑将导致确认表见代理的双重标准。即既要确认第三人之无过错,又要确认本人之过错,从而引起司法操作上的不便。

其次,《合同法》规定的表见代理的认定标准,扩张了司法解释空间,迎合了法官裁量权扩大之立法潮流。

表面观之,《合同法》似乎完全采用了“单一要件说”。但仔细考

① [日]邓曾甲:《日本民法概论》,法律出版社1995年版,第68~69页。

虑,却大有斟酌之必要:对于表见代理的成立要件,该法并未确定为第三人之“无过错”,而为第三人相信无权代理人有代理权之“有理由”。而第三人“有理由”之概括性与模糊性,无疑为对此可作之立法解释及司法解释提供了广阔的空间。由此辨之,该项规定的立法本意并非纯然不考虑本人之利益,亦并非如前述“单一要件说”之理论阐述,完全以第三人有无过失(而完全不考虑本人之于无权代理发生所处之特定情势)为判断表见代理能否成立的唯一条件。倘结合该部法律诸多规则有意扩张司法裁量权的做法,则有关表见代理成立条件之简略、概括乃至模糊的规定之用意,不言自明。

总而言之,我国《合同法》未仿德、日等国民法典列举规定成立表见代理的诸种法定事由,而对之设定富有弹性的原则规定。此种立法选择利弊共存:其利在于便于法官依个案之具体情势灵活作出裁判;其弊则在于立法上此种弹性规定的适用效果,不得不取决于法官正确的公平观念及对立法意图的把握,适用上难免导致偏差。

(二)立法缺陷之弥补

针对《合同法》就表见代理所作规定有可能存在的缺陷,笔者认为,对该法所规定的表见代理成立条件作出某些法律适用上的限制性解释,当属必要。

1. 具体标准之参照

对第三人“有理由”的判断,司法上应借鉴其他各国立法所列举规定的成立表见代理之各种典型情形,从审判观念上形成判断表见代理能否成立之具体标准。而“本人于无权代理发生具有过失”及“本人与无权代理人之间存在某种特殊关系”,则应当成为认定第三人“有理由”相信无权代理人有代理权的基本事实依据。

2. 抽象标准之实行

对第三人“有理由”的判断,司法上应采客观抽象之一般标准。具体而言,如第三人“有理由”相信无权代理人有代理权,则该第三人当然为“无过错”。但从诉讼操作效果看,“有理由”非完全等同于“无过错”:第三人有无过错为特定当事人之主观心理状态;其有无理由则为具备一定条件之客观事实。诉讼中,法官认定之指向,不应为第三人是否“知道”或“应当知道”代理人无代理权,而应为其相信无权代理人有代理权有无“理由”及理由是否充分,亦即对第三人有无理由之判断,并不依据特定第三人本人所具有之特定条件,如其判断能力、判断手段等(此系个别标准),而应依具备通常判断能力及判断手段的当事人之一般标准。例如,与本人无任何关系之无权代理人,利用伪造的印章、合同书等与第三人订立合同,其伪造的文件达到天衣无缝的程度。如依个别标准,第三人完全有可能根本无法判断代理证书之真伪,其得构成"不知"或"不应知"代理人无代理权之善意;但如依一般标准,则第三人在与无权代理人之间原来并不存在任何信赖关系的情况下,未对虚假的代理证书作必要的审查(在通信工具十分发达的现代社会,此实属轻而易举),便与之订立合同,其既不符合交易习惯,亦未尽到谨慎交易之必要注意,故其仅凭"不可能辨别代理证书之真伪"之单纯事实,应不能构成相信无权代理人有代理权之充分理由。

总而言之,有关表见代理的法律适用,无论立法上如何安排,现代社会极为发达的通讯手段已为被代理人提供了解代理人身份和代理权限的充分条件。由此,表见代理的成立将越来越困难,表见代理规则的适用机会将越来越少。

四、《民法总则》的立法选择

1997年前后,就表见代理的成立条件问题,民法学者展开了极其热烈的争论,这一争议发生在新合同法起草的前期,尽管学界始终未能达成共识,尽管笔者当时作为年轻学者在学术大会上咄咄逼人地提出的"难道伪刻印章实施的代理行为也构成表见代理"的问题没有人能够正面回答,但立法者已心中有数,故这一问题没有被纳入提交李鹏委员长会议(1999年1月)进行最后讨论的"十大疑难问题"之中。而正式颁布的《合同法》第49条,则大体上宣布了"单一要件说"为赢家。不过,司法实务中所面临的一些疑难案件的处理,却使这一问题的讨论一直或冷或热地持续进行。

在《民法总则》制定过程中,先后提出的草案审议稿均规定:"行为人没有代理权、超越代理权或者代理权终止后,仍然实施代理行为,相对人有理由相信行为人有代理权的,代理行为有效,但是有下列情形之一的除外:(一)行为人伪造他人的公章、合同书或者授权委托书等,假冒他人的名义实施民事法律行为的;(二)被代理人的公章、合同书或者授权委托书等遗失、被盗,或者与行为人特定的职务关系已经终止,并且已经以合理方式公告或者通知，相对人应当知悉的；（三）法律规定的其他情形。”这一规定在《合同法》第49条的一般规定的基础之上，增设了表见代理之“有理由相信行为人有代理权”成立条件的若干除外情形，其不采用依据理论分析而设置一般的、抽象的条款的方式，而采用根据具体事实设置具有针对性的例举规定的方式，同时以“法律规定的其他情形”的条款为将来情况发展之需在立法上预留了出口和空间，既避免了“单一要件说”完全忽视无权代理之本人利益保护的弊端，也避免了“双重要件说”在认定本人之“过失”上存在的难以把握的弊端，殊值称道。但在民法总则草案最后提交全国人大审议时，有关上述表见代理的除外规定引起了批评意见，导致该部分规定在正式颁布的《民法总则》中被全部删除。

第六编
诉讼时效制度

第二十三章　时效的本质及诉讼时效立法模式之评价

第一节　时效制度正当性研究

一、既有理论之概述

（一）时效成立的事实基础

理论上认为，在民法上，不行使权利的状态持续一定期间，即产生权利取得或者权利消灭之法律效果，称为“时效”。其中，财产的无权占有人以自主、和平、公开的方式持续占有财产至一定期间，即取得占有物的所有权，此种时效为“取得时效”；请求权人不行使权利达一定期间，其权利即归于消灭或者不受诉讼保护，此种时效为“消灭时效”。

在此应当强调的是，民法上的时效制度并非一般意义上的对于某些权利的法定保护期间，作为时效成立之事实基础的“权利人有权利不行使”，亦非指一般意义上的不行使权利。这是因为，除知识产权和非实体性权利（如形成权、抗辩权等程序性权利以及监护权、代理权等资格性权利）之外，实体性民事权利（物权、债权、身份权等）根本不存在法定存续期间。而权利人“有权利不行使”则是一种常见现象（如享有财产使用权的人不为使用行为等),但不行使(实体性)权利如不构成权利的滥用,则不发生任何法律上的不利后果。据此,时效制度所称"权利人有权利不行使",是特指在权利受到不法侵害的条件下,权利人所持有的一种消极的不作为状态。例如,所有人的所有物被他人不法占有而不请求其返还;债权人在债务人不按期履行债务时不请求债务人为清偿行为,等等。总而言之,无论何种权利,只要其处于未受不法侵害的正常状态,则绝对不发生时效制度的介入。

(二)时效成立的法律基础

依通说,时效制度起源于罗马法,而取得时效的出现早于消灭时效。取得时效最先为罗马法之《十二铜表法》所规定,消灭时效则是由罗马裁判官法所创设。[①] 近代民法承继了这一制度,包括法国、德国、日本以及其他大陆法系国家均以不同方式规定了时效制度。

作为一项最为古老的民法制度,时效制度与民法上的其他制度极为不同之处,在于其他制度的目标均千方百计对正当利益进行保护或者在不同利益发生冲突时予以平衡和协调,而时效制度的目标,却是背离权利人的意志而强行消灭其享有的权利。由此,充分揭示时效制度的正当性,对于时效制度的具体设计具有重要的指导性作用。

1. 法国民法学说

就取得时效的本质,法国学者指出,其为保护公共秩序的一种制度,"它通过在一定期间后'并合'权利与事实的方法,禁止占有与所有权之间的无休止的分离"。[②] 法国学者指出,与很多人的想象相反,取得时效并非总是意味着对所有人享有的所有权的剥夺,因为在多数情况下,财产的占有人即财产的所有人,取得时效不过是加强了其权利,"使其可提供决定性的证据(权利证书本身并非总是可以脱离占有事实而单独成立),以使其避免不合时宜的返还要求"。[③] 诚然,当占有人是"掠夺者"时,取得时效将导致不公正。但取得时效的完成并非秘密进行,权利人本可以有充分的时间要求返还,权利人放弃对财产的占有只能说明其对自己的财产漠不关心。因此,法律牺牲个别权利人的利益

① 参见[意]彼德罗·彭梵得:《罗马法教科书》,黄风译,中国政法大学出版社1992年版,第107页。

② Philippe Malaurie et Laurent Aynès, *Les biens*, 15e éd, PUF. 1992, Paris, p. 249.

③ 同上书,第249页。

以维护社会经济秩序是有必要的。[①]

就消灭时效的本质,法国学者认为,不同的时效期间是由一切时效所赖以建立的社会利益的需要所决定的,更具体地说,是由法律安全的需要所决定的,即"使一定的事实状态得以稳定"。[②]

2. 德国民法学说

德国民法规定取得时效,最重要的目的是保护交易安全,即法律必须将当事人的实际权利和在不动产登记簿上登记的权利加以统一。[③]而对于消灭时效的正当性,《德国民法典》的《立法理由书》进行了明确的阐述:"请求权消灭时效之原因与宗旨,乃使人勿去纠缠于陈年旧账之请求权……消灭时效之要旨,并非在于侵夺权利人之权利,而是在于给予义务人以保护手段,使其毋需详察事物即得对抗不成立之请求权……于具体情形,如消灭时效于实体公正有损,即若权利人因消灭时效届满失却其本无瑕疵之请求权,此亦属关系人须向公共利益付出之代价。盖若权利人非于请求权之行使置若罔闻,消灭时效本无发生之由,故权利人于请求权内容之利益,实属微不足道,其因此付出之代价,亦难谓严酷也。"[④]上述"理由"的要点似乎在于:(1)避免义务人在对抗有瑕疵的请求权时因举证困难而处于不利地位;(2)权利人不行使权利,说明该权利对之不重要,法律令其牺牲,对其损害不大,且为保护公共利益所必需。

3. 日本民法学说

在日本,有关具有"反道德"性质的时效的正当性依据的讨论似乎更加深入,学者之间存在各种对立的观点。

(1)保护非权利人说(实体法说)

此种观点认为,时效制度的目的是保护非权利人。其根据是:其一,维护法律关系的稳定。即一定的事实状态长期存续后,需要原封不动地保护由此形成的新的生活关系以及保护相信其真实性的第三人。其二,躺在权利上睡觉的人不值得保护。依照此说,时效制度是调整权

---

① 参见尹田:《法国物权法》,法律出版社 1998 年版,第 233 页。

② Jacques Flour et Jean-luc Aubert, *Driot civil*, *Les obligations*, n°348.

③ 参见孙宪忠:《德国当代物权法》,法律出版社 1997 年版,第 202 页。

④ 转引自[德]迪特尔·梅迪库斯:《德国民法总论》,邵建东译,法律出版社 2000 年版,第 91～92 页。

利之得丧的制度,故为实体法规范。

而批评这一观点的学者则指出,时效成立并不要求所谓"新的生活关系"的积极建立以及出现第三人的信赖,而短期消灭时效的存在则说明"怠于行使权利"亦非时效成立的理由。

(2)保护权利人说(诉讼法说)

此种观点认为,时效的观念根据在于"一定事实的持续,增大了反映真实的盖然性"。亦即时效是为使因长时间经过而无法证明其拥有权利且不负担义务的人免遭不利益而给予保护的制度。如无法证明受赠事实的财产占有人(父亲将房屋赠与儿子甲,甲居住在屋内,但未办理过户登记,20多年后父亲死亡,另一儿子乙主张房屋为父亲遗产,甲仅为无偿借用,而甲无法证明赠与关系);又如无法证明已经还款的借款人(甲向乙借用500万日元并全额返还,但十多年后,乙请求甲还款,甲无法证明还款事实)。依照此说,时效系以真实的权利状态的存在为前提,作为证明该事实的手段发挥技能,故为诉讼法规范。

而批评这一观点的学者则指出,虽然一定事实的持续增大了该事实为真实事实的可能性,但毕竟该事实有可能不真实,故一定存在非权利人因为时效而得到保护的情形。与此同时,民法的规定采用的是因时效取得或者消灭权利的方式,显然是以保护非权利人为前提的。

(3)多元说

此种观点采折中立场,即时效制度为在一定的事实状态长时间持续后,以真正的权利人怠于行使权利为前提。时效制度保护虽然不是权利人但以该事实状态为前提生活之人的制度,同时也是保护不能证明真正权利关系的权利人的制度。①

4. 我国民法学说

对于时效制度的正当性,我国台湾地区学者持有两条重要理由:(1)尊重久已既存之事实状态,维持社会秩序;(2)证据久已湮没,举证甚为困难。而"眠于权利上者,即不予以法律保护,亦非过当"。②

我国内地学者则总结各种学说,多将时效制度的存在理由归纳为

---

① 以上参见[日]山本敬三:《民法讲义Ⅰ:总则》,解亘译,北京大学出版社2004年版,第346~349页。

② 史尚宽:《民法总论》,中国政法大学出版社2000年版,第623页。

以下几个方面：(1)维护既定秩序的稳定，即避免事实状态与法律状态的不一致；(2)督促权利人及时行使权利，即"法律保护勤勉者，不保护懒惰者"；(3)物尽其用，即加速财产流转，有效利用资源；(4)避免当事人举证和法院调查证据的困难。①

二、批判性分析

(一)简要批评

时效的成立取决于权利受侵害后，权利人不行使权利的事实状态及其所持续的时间。由此，时效存在理由和期间长短的确定便直接决定于时效制度的宗旨，如其宗旨不明或者有误，则时效的各种规则与期间的规定，便有可能盲目而且错误。为此，有必要对各种既有观点理论进行检讨。

1. 时效制度究竟保护权利人还是保护非权利人

时效制度是否具有"反道德"属性，这是讨论其是否具有正当性的基础。

很显然，就取得时效的正当性问题，法国和日本某些学者比较强调此种制度的本意和主要效果是"实际上保护了权利人"(保护权利人说)，其论据是多数情况下，财产占有人即为真正的权利人，故取得时效可免予其对权利享有的举证责任。但此种理由似难成立，这是因为，凡请求实际占有人返还财产的人，首先必须证明自己是权利人，如其能够证明，则占有人非为权利人；如其不能证明，则其返还主张不能成立，无须占有人主张成立取得时效而证明其权利，故认为取得时效多数情况下可以保护真正权利人的说法是有问题的。与此同时，即使占有财产的真正权利人无法证明其权利，也可通过主张占有的保护而不受侵害，无须借助于取得时效。至于日本学者所举"不动产受赠人无法证明赠与事实"的案例，虽在日本民法上，因不动产物权变动得因合意发生，故受赠人确实可取得一项无对抗力的所有权。但在实行物权变动之形式主义的立法模式中，占有人(不动产受赠人)仅得享有请求权而非所有权，且已登记的不动产并不适用取得时效，故此例实为特例，并不具有

---

① 参见王利明：《民法总则研究》，中国人民大学出版社2003年版，第703～704页；马俊驹、余延满：《民法原论》(第3版)，法律出版社2007年版，第242～243页。

代表性或者普遍性。

消灭时效同样如此,已实现债权的债权人在多年之后,试图利用债务人无法证明还款事实而再行主张债权,法律风险极大,故实属罕见。而实际生活中,常见债务人向债权人出具并索回欠款依据,但少见债权人向债务人出具收款依据,更何况现代社会中,企业必须通过银行支付款项,自然人也多采用相同方式。故以“借款人多年后无法证明还款事实”论证消灭时效的主要功能在于保护权利人,分明显得强词夺理且缺乏基本生活常识。

因此,至少就通常情况而言,无论取得时效或者消灭时效,其效果均在消灭了权利人的权利(取得时效使物权人丧失物权;消灭时效使请求权人丧失请求权或者胜诉权),同时使不履行义务的当事人的不法利益转而成为合法利益(取得时效使不履行返还义务的无权占有人获得物权;消灭时效使不履行债务的债务人不必减少其应当减少的财产)。而上述效果的发生似乎纯然基于权利人长期有权利不行使的事实,故其与一般的道德观念当然相悖。

2.“躺在权利上睡大觉”何罪之有?

“权利”为法律强制力所保障的自由,如果权利的行使成为对权利人行动的强制,权利即蜕变成义务,权利亦不复存在。据此,不行使权利是权利人最为基本的权利。在无损社会利益和他人利益的条件下,较之行使权利,权利人不行使权利乃至抛弃权利,更为深刻地表现了权利的自由属性。而在物权人不请求非法占有其财产的人返还财产,或者债权人不请求债务人履行债务的情况下,财产的非法占有人或者债务人的利益乃至社会公共利益并未直接因此遭受损害,故如仅因权利人“长眠于权利之上”而对其施以惩罚,毫无道理。相应地,无权占有他人财产者应主动返还财产,欠债不还者应当主动履行债务。对于不履行义务的人,即便不给予惩罚,也绝不应当给予奖励。故单纯以惩罚“长眠于权利之上”的权利人作为论证时效制度正当性的理由,难以成立。

此外,时效制度确有鼓励权利人及时行使权利的效用,但如果权利人拒绝接受鼓励,法律便以剥夺其权利相要挟,此种权利“保障措施”,不免令人啼笑皆非。而挑动乃至逼迫当事人进行讼争的法律,亦当难谓之“善法”也。

3.“证据湮没”究竟增加了法官的负担还是减轻了法官的负担？

就民事诉讼而言，在实行“当事人主义”的体制之下，对于诉讼请求的举证责任由原告承担，法官并不主动查明事实真相。因此，多数情况下，涉讼事件年代越久远，诉讼越简单，只要原告无法提供充足证据，驳回其诉讼请求即可。所谓时效制度有利于法官调查证据以正确判案的说法，不能成立。

而就法律的角度而非生活的角度观之，所谓“证据湮没、证人死亡”，其直接效果只能是当事人的权利主张或者已经履行义务的抗辩在法律上不能成立。既然权利是否存在或者义务是否履行不能判明，则日本学者又何以断定存在“不动产受赠人之所有权的取得”或者“借款人已经还款”之事实呢？而《德国民法典》的立法者又何以断定义务人欲对抗的是“不成立之请求权”呢？

4. 是“物尽其用”，还是“杀富济贫”？

在我国，如果说 40 多年前来自苏联的诉讼时效理论所持“物尽其用”论据在当时还能成立的话（系因当时各国有企业之间为一体化利益），那么，在当今中国商品经济社会，再言“与其让财产长期闲置，不如让别人物尽其用”，则无异于主张杀富济贫。

（二）时效制度的正当性依据之我见

事实上，时效制度的正当性理由，仅在于其维护了代表整体利益的法律秩序，并由此而不得不以牺牲权利人的权利为代价。

民法的基本作用在于利益衡量，而利益衡量的必要性及其原因，则是由不同利益之间发生冲突的必然性所决定的。至关重要的是，时效制度所要解决的利益冲突并非权利人与义务人之间的利益冲突，而是应受法律保护的权利与因权利人长期怠于行使权利而形成的生活秩序之间所发生的冲突。

在其财产被他人长期无权占有的情形下，权利人不行使返还财产请求权所导致的结果是使他人对财产之自主、公开、和平及持续的占有形成权利外观，而占有事实状态越持久，对外界所形成的占有人为真正权利人的表象就越牢固，由此产生第三人的信赖并在此基础上建立各种法律关系，从而形成不宜被破坏的生活秩序。与此相同，在债权人长期不行使请求权的情形下，债务人的财产应当减少而未能减少，由此也会形成债务人虚假的财产状况外观，对外界产生一种可值信赖的财产信用,并在此基础上建立各种法律关系和生活秩序。上述秩序一旦予以破坏,则会造成无辜的第三人的损害及财产秩序的不稳定。由此,权利保护与秩序保护之间发生了冲突:如保护权利,则秩序遭受破坏;如保护秩序,则必须牺牲权利人的利益。

依照笔者对民法之利益衡量所采用的基本方法的分析,可以将利益冲突及其处理原则区分为两类:

1. 单纯的个别利益与个别利益的冲突

如果两种相互冲突的利益均不关涉整体秩序,则民法解决冲突的方法和目的便只能是对公正的寻求。此种公正可能表现为在正当利益(权利或者应受保护的利益)与不正当利益发生冲突时,对正当利益予以保护;也可能表现为在冲突双方均为正当利益时,对不同性质的权利依既定"等级"予以保护(如当物权与债权发生冲突的时候,物权优先于债权);或者对相同性质的权利平等地予以保护(如债务人的财产不足以清偿债务时,两个以上的普通债权人依照他们各自享有的债权金额按比例受偿)。

2. 正当个别利益与关涉整体利益(秩序)的个别利益的冲突

如果相互冲突的两种利益中,一种利益关涉权利(正当个别利益)的保护,而另一种利益关涉秩序(整体利益)的保护,则民法会无一例外地牺牲个别正当利益而保护整体利益。此中又包括两种情形:

(1)正当利益与正当利益的冲突。例如,在动产的无权处分的情形下,真权利人与善意受让人均具有正当利益。虽然从利益的根据来看,真权利人的利益依托于权利,而善意受让人的利益仅仅依托于其"无辜"(善意受让人并不能依无权处分行为直接取得受让物的权利)。但是,对之予以整体的观察,则可以看到,真权利人利益的伤害被认为仅仅是对其个别利益的伤害,而善意受让人利益的伤害却因其被认定为是对交易安全即交易整体秩序的伤害而绝对不可容忍。因此,善意取得制度毫不留情地牺牲了真权利人的利益。基于同样的理由,在无权代理的情形下,虽本人与善意第三人对于无权代理的发生有可能均无过失,但表见代理制度会毫不留情地抛弃本人而保护善意第三人。而不动产物权登记的公信力则在真正的所有人与信赖错误的不动产登记的善意受让人之间,选择了对后者的保护。

(2)正当利益与不法利益之间的冲突。当不法利益的维护被认为是对整体秩序的维护时，民法总是公然地宣布不法利益胜于正当利益。其最为典型的代表正是时效制度：在财产的无权占有人与对财产享有所有权的人之间的利益发生冲突时，取得时效的规则牺牲了物权享有人（尤其是所有人）的利益，保护了不法占有人。其实质性的理由便在于：长期持续存在的占有财产的事实状态的巩固和继续，意味着对秩序的寻求。也就是说，不法占有行为所形成的事实状态一旦成为秩序的载体，便理直气壮地脚踏权利而成为权利！而同样基于将长期持续存在的不履行债务的事实状态的巩固和继续视为“秩序”的理由，消灭时效的规则也将完全有可能将仅仅出于对债务人的仁慈而羞于讨债的债权人逐出法律之剑的保护领地！

总而言之，两利相权取其重，两害相权取其轻。在民法的天平上，当以权利为代表的正当利益与以“交易安全”“财产关系及事实状态之稳定”等为代表的整体利益（秩序）发生冲突时，秩序总是占了上风。[①]这就是时效制度的正当性根据。

由此可见，时效制度在表面上是直接使义务人获得利益（而且是不正当利益），但其实质作用在于对有可能遭受破坏的生活秩序及第三人利益的保护，故其既不是对不履行义务行为的奖励，也不是对“有权利不行使”的惩罚，而是对既有秩序的维护。因此，时效成立的要件尤其是时效期间长短的安排，应当考虑的问题并非“权利人如何不行使权利及到达何种期限”即应丧失其权利，而是“占有人如何占有他人财产，以及占有他人财产或者不履行债务的事实状况不间断地持续到何种期限”方有可能形成不宜破坏的秩序。就取得时效而言，无权占有人不应仅因权利人的懈怠或者疏忽而取得权利，其权利的取得只能因占有事实的旷日持久，以至于对外界有可能形成其真正享有权利的牢固表象；就消灭时效而言，权利人不应仅因怠于、疏于乃至羞于行使权利而丧失其请求权，其权利的丧失只能因其长期不行使权利而于外界有可能形成了义务人可值信赖的财产状况的虚假外观。所以，取得时效和消灭时效的期限都不能规定得太短，否则，权利人的利益会遭受过分损害。正因如此，对于取得时效，依不同情形，法国民法规定为 10 年及 20 年，

① 参见尹田：《不公正胜于无秩序》，载梁慧星主编：《民商法论丛》（第 19 卷），金桥文化出版（香港）有限公司 2001 年版。

德国民法规定为10年及30年,日本民法规定为10年及20年;就一般请求权或诉权的消灭时效,法国民法规定为30年,德国民法规定为30年(后改为3年,但仍规定了许多适用30年消灭时效的情形);日本民法规定为10年及20年,我国台湾地区"民法典"规定为15年,而我国《民法通则》规定的诉讼时效期限仅2年!事实上,至少根据中国的国情,对于债务人而言,2年时间难以构成某种与"秩序"相关的事实状态。这种不当规定在立法指导思想上的根源,正是在于将时效制度的本旨误为"促使权利人及时行使权利""物尽其用""有利于法院调查证据"等,而未将这一制度完完全全地立足于秩序的维护。

第二节　时效规范的特性

一、时效规范的强制性

各国民法学说尽管对于时效制度的目的的阐述存在各种各样的观点,但对于这一制度最为基本的功能在于维护社会生活秩序稳定的结论上,并无相反意见。由此,在论及时效规范的性质时,通说认为,时效制度属对公共利益的保护,故民法有关时效的规定属于强制性规范,不得因当事人的约定而加以改变或者排除其适用。

(一)时效期间的强制性

时效期间由法律明文规定,为法定期间,当事人不得以约定排除时效期间的适用。但就时效期间能否为当事人约定或者法院所改变(加长或者缩短),存在不同立法例:

1. 允许当事人减短但不得加长

《德国民法典》第225条规定:"1. 消灭时效不得以法律行为抛弃或加重之。2. 消灭时效允许减轻,可以缩短时效期间。"依此规定,消灭时效不得依当事人约定加长,但允许其缩短。其理由是,虽时效期间加长有违公共利益,但时效期间减短正合于时效制度之目的。日本民法对此虽无明文规定,但学说和判例多认同此见解。①

---

① 参见史尚宽:《民法总论》,中国政法大学出版社2000年版,第624页。

2. 允许法院加长

《苏俄民法典》第49条规定:“在一切情形下,法院认为迟延起诉之理由为正当者,得延长。”我国《民法通则》第137条规定:“诉讼时效期间从知道或者应当知道权利被侵害时起计算。但是,从权利被侵害之日起超过二十年的,人民法院不予保护。有特殊情况的,人民法院可以延长诉讼时效期间。”

3. 不允许当事人改变时效期间

《瑞士债法典》第129条规定:“本章所规定诉讼期间不得由当事人协议变更。”我国台湾地区“民法典”第147条规定:“时效期间,不得以法律行为加长或减短。”此种规定的理由在于,时效期间之加减均有害于公益,故应不许当事人为之。[①] 我国最高人民法院于2008年9月1日起施行的《关于审理民事案件适用诉讼时效制度若干问题的规定》(以下简称《关于诉讼时效的规定》)第2条规定:“当事人违反法律规定,约定延长或者缩短诉讼时效期间……的,人民法院不予认可。”

笔者认为,时效期间是衡量一定的事实状态是否有可能形成不宜破坏的生活秩序的法定标准,故当然不得由当事人以约定加长。而当事人以约定减短时效期间,其实质同样是改变了上述法定标准,使值得法律加以保护的秩序尚不可能形成之前,即发生权利取得或者消灭的法定效果。据此,对时效期间的加长固然通过损害义务人的利益而损害了秩序,但对于时效期间的减短则会使义务人获得不当利益,虽为权利人所同意,但与时效制度的宗旨相悖,故不宜支持。

在此应当强调的是,与其他规范不同,时效制度对于社会生活秩序所代表的公共利益的保护,是通过确认义务人有权获得的利益(所谓“时效利益”)来体现的。而时效制度所保护的所谓“生活秩序”、“交易安全”或者“第三人利益”,实际上只是民法对于一种具有发生可能性的一般事实的假定。因此,即使个案当事人有充分证据证明客观上并不存在此种“生活秩序被破坏”或者“第三人利益遭受损害”的事实,也不能据此排除时效规范的适用。不过,鉴于时效制度保护社会生活秩序采用的是一种间接的方法,而意思自治原则又赋予了当事人处分其利益的权利,故如果当事人放弃时效利益,法律亦当允许。而在此种情况下,法律

---

① 参见史尚宽:《民法总论》,中国政法大学出版社2000年版,第624页。

自当假定生活秩序并未因时效规范实质上并未强制发生权利消灭的效果(当事人放弃时效利益即等同于权利人实现了权利)而遭受破坏。

所以,如果义务人愿意在权利保护之诉讼时效期间届满后履行义务,则自可主动履行,不必采用约定延长时效期间的方法。而如果权利人愿意在时效期间届满前放弃权利,则自可主动免除债务人的债务,而不必采用约定减短时效期间的方法。

我国台湾地区有学者认为:"基于契约自由之原因,当事人不妨以法律行为而生与减短时效相同之结果。例如,债权人甲对于债务人乙表示债权于1年间如不为行使,其债权即归消灭,则可认为附止条件债务免除之意思表示,然此效果之发生,系基于法律行为,而非基于时效。"①但此说不妥。因法律行为所附之条件既不得与法定条件相同(如约定"如发生不可抗力,则不承担违约责任"),也不得与法定条件相悖(如遗嘱中称"一旦受伤,则遗嘱生效"),所以,债务免除固然可附停止条件,但以"1年内不行使权利"为债务免除之停止条件,则实际上发生"1年内不行使权利则权利归于消灭"的同样效果。故其与时效制度所规定的权利消灭之法定条件相悖,应属无效。

对于上述问题,我国1986年《民法通则》第137条规定了法院得延长诉讼时效期间,但对诉讼时效期间可否因当事人约定而延长或者缩短未作规定。不过,于2008年9月1日施行的最高人民法院《关于诉讼时效的规定》第2条明确规定:"当事人违反法律规定,约定延长或者缩短诉讼时效期间……的,人民法院不予认可。"

我国于2017年3月颁布的《民法总则》承继了《民法通则》的做法,在其第188条中规定,对于诉讼时效期间,"有特殊情况的,人民法院可以根据权利人的申请决定延长"。但对于当事人可否约定改变诉讼时效期间明确作出了禁止性规定,其在第197条第1款规定:"诉讼时效的期间、计算方法以及中止、中断的事由由法律规定,当事人约定无效。"

(二)时效其他规范的强制性

除完成时效所须期间之外,民法有关时效的其他规范均属强制性规范。其中包括时效适用范围(如法律规定不得因时效而消灭的请求

---

① 参见史尚宽:《民法总论》,中国政法大学出版社2000年版,第624页。

权,不得因当事人的约定而因时效而消灭)、时效成立条件(如当事人不得约定秘密占有亦得成立取得时效)、时效期间的计算方法(如当事人不得约定改变时效期间的起算原则,也不得扩大或者缩减时效中止以及中断的事由)。

(三)当事人不得预先放弃时效利益

依照一般原则,当事人有权放弃权利或者利益,但就法定权利或者法定利益,不允许当事人预先放弃。其原因在于,法定权利或者法定利益依法律直接规定而产生,法律赋予当事人以某种权利或者利益,均有对当事人或者公共利益予以某种特殊保护的目的,故不允许其预先放弃(如侵权损害赔偿请求权为法律为保护受害人所赋予的权利,受害人不得在损害事实尚未发生之前,以意思表示而预先抛弃)。时效利益为时效期间届满时义务人所获的利益(或依取得时效而取得权利,或依消灭时效而不履行义务)。如前所述,法律赋予义务人以时效利益的根本原因在于保护社会生活秩序的稳定,如允许义务人预先放弃此项利益,则使时效制度形同虚设,不能发挥维护生活秩序的作用。此外,理论上还认为,如果允许当事人预先放弃时效利益,则由于债务人通常处于弱势地位,故债权人有可能迫使债务人在设立债的关系时放弃时效利益,此于债务人有失公允。据此,《日本民法典》第146条、我国台湾地区"民法典"第147条,均明文规定时效利益不得预先放弃。

但当事人在取得时效利益之后予以放弃,则不为法律所禁止。时效利益的放弃是有相对人的单方法律行为,亦即义务人放弃时效利益无需权利人同意,但应以意思表示的方法对权利人为之。在时效利益为数人享有的情形下,如果其中之一人放弃时效利益,则其放弃的效力不能及于其他人。如连带债务人中之一人对债权人表示放弃时效利益,则其他连带债务人仍有权援用时效对抗债权人的请求权。

我国1986年《民法通则》未对当事人可否预先放弃时效利益作出规定,但前述最高人民法院关于诉讼时效的司法解释第2条规定:"当事人违反法律规定……预先放弃诉讼时效利益的,人民法院不予认可。"这一规定为《民法总则》所采纳,其第197条第2款规定:"当事人对诉讼时效利益的预先放弃无效。"

二、时效规范的援用

(一)法院可否主动援用时效

时效期间届满后,时效效果即刻发生还是必须经由当事人主张(援用时效)才能发生?此即时效规范可否由法院主动援用问题。

多数国家或地区的民法明文规定,法院不得主动援用时效。如《法国民法典》第2223条规定:"法官不得依职权援用因时效所产生的方法。"《日本民法典》第145条规定:"除非当事人援用时效,法院不得根据时效进行裁判。"《意大利民法典》第2938条规定:"法官不得依职权提起没有主张的时效。"《德国民法典》对此无明文规定,但学者认为,消灭时效所产生的抗辩权应由当事人自己主张。[①] 至于法官是否得向债务人(被告)指出消灭时效而无须担心有失偏颇,德国理论界存有不同看法。[②]

但也有相反的立法例。如1964年《苏俄民法典》第82条规定:"法院、仲裁署或者公断法庭,不论双方当事人声情与否,均应适用诉讼时效。"我国《民法通则》对此并无明文规定。但最高人民法院《关于适用〈中华人民共和国民事诉讼法〉的解释》第219条规定:"当事人超过诉讼时效期间起诉的。受理后对方当事人提出诉讼时效抗辩,人民法院经审理认为抗辩事由成立的,判决驳回原告的诉讼请求。"由于这一规定并未指明法院"查明无中止、中断、延长事由"是否应以被告援用时效所作抗辩为条件,故被解释为法院有权主动援用时效。

对于法院可否主动援用时效的问题,我国理论界曾发生过争议。肯定者多以时效为强制性规范为主要理由,而否定者则多以意思自治原则的实行为主要理由。[③] 而如前所述,既然允许当事人放弃时效利益,则当然不可能禁止当事人根本不主张时效利益。法院主动援用时效的做法,不过是我国曾经实行的职权主义民事诉讼模式的一种表现而已,故不可取。这一结论,为我国最高人民法院《关于诉讼时效的规定》第3条所采纳。该条规定:"当事人未提出诉讼时效抗辩,人民法院不应对诉讼时效问题进行释明及主动适用诉讼时效的规定进行裁判。"

---

① [德]迪特尔·梅迪库斯:《德国民法总论》,邵建东译,法律出版社2000年版,第85页。

② 同上书,第102页。

③ 参见王利明:《民法总则研究》,中国人民大学出版社2003年版,第173~175页。

这一规定为2017年3月颁布的《民法总则》所采纳，其在第193条明确规定："人民法院不得主动适用诉讼时效的规定。"

（二）时效援用的方式和场所

1. 时效援用的方式

时效援用实际上就是义务人以时效期间届满为由对抗权利人返还占有物的主张（取得时效援用）或者请求履行义务的主张（消灭时效援用），因此，时效援用即为时效抗辩权的行使。

任何抗辩均为对义务履行的拒绝，但抗辩并非基于单纯拒绝给付的行为就能成立，而是必须阐明其理由。故不同的抗辩理由即形成不同类别的抗辩权（如同为拒绝债务清偿之请求，以债务未到清偿期为由的抗辩，为提前履行抗辩权之行使；以相对方丧失应后为给付之能力为由的抗辩，为不安抗辩权之行使，等等）。而时效抗辩权则必须以时效完成为抗辩理由，如果债务人仅拒绝给付，但未以消灭时效期间届满为理由，或冠以其他理由，则不构成时效援用，不能发生时效完成的效果。

因法官不得主动援用时效，为保护当事人援用时效的权利，司法诉讼中应当尽量对时效援用的方式不予苛求。对此，我国台湾地区的做法可资借鉴。在我国台湾地区司法实践中，当事人在诉讼中援用时效不必明确适用"消灭时效完成"等表述，也不必引用有关消灭时效的法条，只要其拒绝给付系以请求权因时间之经过不得再行使为理由者，即属已有时效抗辩权的行使。如果法官根据当事人的法律文书（诉状等）或者其他情事，认其有提出时效抗辩的意思时，应依照民事诉讼法的相关规定发问或者晓谕，要求当事人确定是否提出时效抗辩。反之，为保护权利人的利益，如果法官未发现存在此种情事，则不得为此向当事人发问或者晓谕。此外，如果当事人在法庭辩论过程中对债权人的请求予以认诺，则即使该债权的消灭时效已经完成，法院也应根据当事人的认诺，判决其败诉，当事人在法庭辩论终结前不得再援用时效作为拒绝履行给付的理由。①

2. 时效援用的场所

当事人是否必须在诉讼中援用时效？对此有不同做法。日本司法实务一般认为时效援用为诉讼上的攻击防御方法（确定效果说），故当

---

① 参见史尚宽：《民法总论》，中国政法大学出版社2000年版，第701～702页。

事人仅在诉讼中得援用时效,诉讼外的时效援用对法院审判无约束力。但也有判例根据“不确定效果说”,认为时效援用属于实体法问题,允许当事人在诉讼外援用。[①] 但依我国台湾地区民法理论,时效援用被认为是实体法上的形成权的行使,故诉讼外的时效援用也对法院审判有约束力。不过我国台湾地区的做法,仍然是将当事人在诉讼中的主张(主张诉讼外曾援用时效)作为认定当事人有时效援用意思的根据,其与要求当事人在诉讼中援用时效并无本质区别。而实际上,如当事人在诉讼外援用时效对抗权利人请求,但未在诉讼中声明这一事实,法院自然无从判断其有援用时效的意思,故认可当事人诉讼外得援用时效并无任何实际意义。

当事人援用时效应在事实审中进行,但如未进行,不得在法律审中进行。在我国诉讼体制中,时效的援用原则上应当仅限于在一审中进行。此种意见,为我国最高人民法院《关于诉讼时效的规定》第4条所采纳。该条规定:“当事人在一审期间未提出诉讼时效抗辩,在二审期间提出的,人民法院不予支持,但其基于新的证据能够证明对方当事人的请求权已过诉讼时效期间的情形除外。”(第1款)“当事人未按照前款规定提出诉讼时效抗辩,以诉讼时效期间届满为由申请再审或者提出再审抗辩的,人民法院不予支持。”(第2款)

3. 时效抗辩的撤回

当事人在诉讼中提出时效抗辩之后可否撤回?对此,日本判例认为,时效援用与否,应由当事人自由取舍,故其援用之后得随时任意撤回。但一些日本学者认为,时效援用为形成权之行使,故理论上应不得撤回。[②] 对此,我国台湾地区有学者认为,形成权的行使确有使权利得失变更的功能,但抗辩权原则上仅具有停止请求权行使的效力,故应准许当事人撤回。[③] 鉴于时效抗辩的目的仅在诉讼中对抗相对方的诉讼请求,故即使当事人援用时效,但在法庭辩论终结前予以撤回,自无禁止的必要。

---

① 参见[日]山本敬三:《民法讲义Ⅰ:总则》,解亘译,北京大学出版社2004年版,第387页。

② 同上。

③ 参见史尚宽:《民法总论》,中国政法大学出版社2000年版,第703页。

(三)时效援用权人范围

1.消灭时效援用权人范围

债务人得援用消灭时效,自不待言。但在特定债权的消灭时效已经完成的情况下,如果债务人不援用时效而有损第三人,则该第三人是否有权援用时效?对此,日本判例确定的原则是:凡属“因权利的消灭而直接受益者”,也应享有时效援用权,具体包括:保证人、连带债务人以及物上保证人(抵押人、出质人)等。① 我国最高人民法院《关于诉讼时效的规定》第21条规定:“主债务诉讼时效期间届满,保证人享有主债务人的诉讼时效抗辩权。保证人未主张前述诉讼时效抗辩权,承担保证责任后向主债务人行使追偿权的,人民法院不予支持,但主债务人同意给付的情形除外。”此规定仅承认了保证人对于主债权享有时效援用权。

对此笔者的看法是,根据主债与从债以及主权利与从权利之间相互关系的原理,主债或者主权利消灭,从债或者从权利即归于消灭;主债或者主权利因诉讼时效期间届满而丧失强制执行力,则从债或者从权利亦应因此而丧失强制执行力。据此,主债权诉讼时效期间届满时,作为从债的保证合同之债亦应丧失强制执行力,而作为主债权之从权利(担保物权)同样应当丧失强制执行力。② 但主债权的时效援用与保证责任以及担保物权丧失强制执行力并不是一回事,在保证人以主债权诉讼时效期间届满并导致保证责任丧失强制执行力时,其主张的并非主债权的时效抗辩,而是保证责任的时效抗辩。因此,在诉讼中,当主债务人援用时效而保证人不援用时效时,不应发生保证人免除其保证责任的效果。而当主债务人不援用时效而保证人援用时效时,时效效果应对保证人发生而不对主债务人发生。抵押人、出质人亦同。

就连带债务人而言,如果连带债务为一项债务之整体(如合伙人对合伙财产不足以清偿债务时承担的连带责任),则该债务的时效完成时,各个连带债务人当然均得援用时效。但在数个债务人各自承担特定债务,且其应就全部债务承担连带责任的情况下,如其中一个连带债

---

① 参见[日]山本敬三:《民法讲义Ⅰ:总则》,解亘译,北京大学出版社2004年版,第383页。

② 我国《物权法》第202条规定:“抵押权人应当在主债权诉讼时效期间行使权利;未行使的,人民法院不予保护。”

务人应承担的债务时效完成,则其他连带债务人得就该项债务援用时效抗辩权(如甲、乙共同侵权,法院判令甲、乙各自承担一定赔偿金额,但应就全部债务承担连带责任,在甲应承担的债务之时效届满时,乙得就该项债务的清偿行使时效抗辩权)。

但与债务消灭仅存间接利害关系的人不得享有时效援用权,其中包括债务人的一般债权人。例如,甲欠乙200万元,已超过诉讼时效期间,乙起诉甲并申请法院查封了甲已出卖给丙但尚未办理过户登记的一套房屋,丙以乙对甲的债权超过诉讼时效期间为由提出异议并申请法院将之列为该案诉讼的第三人。此例中,如果乙在与甲的诉讼中援用时效,则被查封的房屋即可得以解封并过户给丙;反之,则丙无法实现其对乙的债权。故乙是否援用时效与丙存在利害关系,但因丙并非乙援用时效的直接受益人(即使乙援用时效,丙也不一定能获得房屋的所有权),故此种利害关系具有间接性,丙不能享有时效援用权。

2. 取得时效援用权人范围

占有他人之物的无权占有人得援用取得时效,自不待言。但在占有人不援用时效的情况下,对标的物享有某种权利的第三人可否为时效援用呢?很显然,在占有人将占有物转让第三人或者为第三人设定他物权的情形下,如占有人援用时效,则其构成有权处分,物权变动不受影响。如占有人不援用时效,则善意受让人或者他物权人得主张善意取得,也不存在第三人援用时效的问题。而在占有人将占有物作为与第三人之间的债的标的物时(如租赁、借用等),如占有人援用时效,则承租人、借用人得继续使用标的物;反之,则其必须返还。故占有人是否援用时效与承租人、借用人存有利害关系,但此种关系仍具有间接性,该等当事人不得享有时效援用权。

第三节　我国诉讼时效之立法模式评价

一、诉讼时效与消灭时效的关系

如前所述,时效制度源于罗马法,在不同的时期依据不同的渊源而形成取得时效与消灭时效两个种类。其中,取得时效主要针对占有财产的事实状态而设,而消灭时效则针对请求权不行使而设。由于依权利(主要是财产权利)的内容,大体可将权利区分为支配权和请求权两种。而无论支配权或者请求权,如权利遭受不法侵害,最终均经由权利人行使某种请求权而得到法律救济。所以,罗马法将物的返还请求权的法定保护期间通过占有人在一定期间后取得对占有物的权利而加以表现(取得时效),将其他请求权的法定保护期间直接通过请求权消灭而加以表现(消灭时效)。这样的二元体制完全能够覆盖需要时效进行规范的法律关系,故为近代大陆法系各国民法所继受。

由于消灭时效所生效果在各国立法上规定有所不同,加上文字翻译的原因,此种时效的称谓有时会存在混乱(如《法国民法典》中的"perscripition"只能翻译为"时效",但其实际上指的是一种消灭时效;又如对德国民法上表达消灭时效制度的"Verjährung"一词,在中文译著中有人直译为"时效",①有人意译为"消灭时效")。② 但我国民法理论所采用的"诉讼时效"概念,却主要是来源于《苏俄民法典》。而且,由于苏联民法否认取得时效存在的合理性,并完全从诉讼的角度看待和处理权利长期不行使所导致的效果,故其所采用的"诉讼时效"制度被认为是建立在胜诉权消灭学说基础之上的。此种学说为我国《民法通则》所完全采用。

《民法通则》未规定取得时效,但规定了诉讼时效。该法第 135 条规定:"向人民法院请求保护民事权利的诉讼时效期间为二年,法律另有规定的除外。"据此,我国民法上的诉讼时效,是指权利受侵害后权利人得请求诉讼保护的法定期间。尽管对于《民法通则》所规定的诉讼时效的适用范围存在批评,但就诉讼时效这一立法模式本身,我国理论界主流历来持赞同态度。③ 不过近些年来,我国有一些学者开始提出批评意见,认为我国《民法通则》采胜诉权消灭说即意味着法院可以主动援用时效,与民法的私法自治精神相悖,而德国民法所采用的附条件的请

① 参见《德国民法典》,郑冲、贾红梅译,法律出版社 1999 年版。

② 参见[德]迪特尔・梅迪库斯:《德国民法总论》,邵建东译,法律出版社 2000 年版。

③ 参见梁慧星:《民法总论》,法律出版社 1996 年版,第 240 页;王利明:《民法总则研究》,中国人民大学出版社 2003 年版,第 711 页;王卫国主编:《民法》,中国政法大学出版社 2007 年版,第 173 页。

求权消灭说(抗辩权发生说)更为科学、合理。[1] 但对于“诉讼时效”概念本身的使用,并无学者表示过强烈反对。

实质上,由罗马法传承下来的取得时效和消灭时效二元体系本身,在大陆法系各国并无区别。除了立法体例之外,有所区别的主要是对消灭时效完成所引发的效果的立法安排。所谓“消灭时效”的称谓,大体上与消灭时效完成的效果为某种实体权利的消灭相适应,而所谓“诉讼时效”,则与消灭时效完成的效果为诉权(或者胜诉权)的消灭相适应。也就是说,凡其规定立足于实体法,以实体权利为消灭时效的客体者,可称之为“消灭时效”;凡其规定立足于程序法,以诉讼权利为消灭时效的客体者,可称之为“诉讼时效”。但各国立法和理论并未严格遵守这一有关时效的“命名”原则(如依《法国民法典》的规定,时效完成的效果为诉权消灭,但其理论并未将之称为“诉讼时效”)。

就时效完成的效果而言,从表面上看,以实体权利的消灭为效果的消灭时效和以诉权的消灭为效果的诉讼时效是很不相同的。但依笔者所见,二者本质上却并无区别。所谓“实体权利消灭”与“诉权消灭”,不过是法律技术运用上的不同。原因在于,无论“消灭时效”或者“诉讼时效”,其宗旨均在于赋予义务人以拒绝履行义务的有效抗辩,而此种抗辩,只能在诉讼的环境下进行并发生效果。义务人据以抗辩的理由,无论是基于实体权利的消灭或者是基于胜诉权的消灭,其效果均须通过权利人败诉而得以体现。因此,即使规定消灭时效的客体是实体权利,欲达成这一效果,也必须通过权利人败诉(胜诉权消灭)来体现。相反,即使规定消灭时效的客体是诉权(胜诉权),这一表面的效果最终引发的实际效果仍然是实体权利之强制力的消灭,而丧失强制力的“权利”(所谓“自然债权”)根本就不是真正意义上的权利,故其也同样发生实体权利消灭的同样效果。

质言之,所谓“诉讼时效”不过是消灭时效的另一种表达方式,诉讼时效的客体形式上虽为诉权,但其时效完成的最终效果仍然是实体权利的消灭。

---

① 参见王利明:《民法总则研究》,中国人民大学出版社2003年版,第744~745页;梁慧星主编:《中国民法典草案建议稿》,法律出版社2003年版,第38页;马俊驹、余延满:《民法原论》(第3版),法律出版社2007年版,第246页。

二、消灭时效客体之立法选择

大陆法系各国家和地区有关消灭时效的不同立法模式，主要是通过对此种时效的客体的不同规定而加以表现的。

消灭时效的客体为其所指向的对象，亦即被消灭时效所消灭的权利。消灭时效完成时究竟引发何种效果，为消灭时效的效力问题。对此，既有理论归纳出三种不同的立法模式，并将之作为完全对立的模式加以阐述。但此种阐述有可能是片面的和不正确的，需要重新加以分析。

（一）“实体权消灭主义”之正确理解

“实体权消灭主义”模式被认为由日本等国民法所采。既有理论认为，依照此种模式，时效完成，实体权利即归于消灭。但事实并非完全如此。

《日本民法典》第 167 条规定：“（一）债权，因 10 年间不行使而消灭。（二）债权或所有权以外的财产权，因 20 年不行使而消灭。”根据这一规定，消灭时效的效果当然是实体权利归于消灭。但问题在于，当时效期间届满时，该种时效效果究竟已经发生还是尚未发生？对此，日本民法理论认识并不统一，学界存在重大的争议。主要的观点是：

1. 确定效果说。此说认为，时效一旦完成，即发生权利取得或消灭的确定效果。如当事人没有援用，则只是在裁判中不承认此种效果。对于这一结论，有人从实体法角度加以说明，认为当事人援用时效是非权利人为了支持诉讼上的主张而提出攻击或者防御的方法（攻击防御方法说）；也有人基于时效是保护不能证明其权利的权利人的制度，从诉讼法的角度，认为时效的援用是权利人在诉讼中提出证明其权利持续存在的法定证据的行为（法定证据提出说）。但批评者认为，如果把时效援用理解为诉讼上的攻击防御方法，则在当事人的攻击防御方法中包括了时效完成的事实时，即使没有当事人的主张，法院也可给予时效进行裁判，此有不妥；而法定证据提出说则完全无视《日本民法典》第 162 条（有关取得时效适用于占有他人之物的规定）和第 167 条（有关消灭时效适用于债权人不行使权利的规定）的文义。

2. 不确定效果说。此说认为，时效完成并不能发生权利取得或消灭的效果，此效果之发生尚需时效的援用。对于这一结论，有人的解释是“时效援用是效果发生的停止条件”，即时效完成时，权利取得或消灭的效果即已成立，但未生效，一经援用，即效果自始发生（停止条件说）；

也有人将时效的完成与援用都作为时效效果发生的要件(要件说)。而法律把援用作为要件的理由,一是"良心规定",即因时效使非权利人取得权利、义务人免除义务,是违反道德的,故应将是否享受此种利益交给当事人的良心来决定;二是"禁止强加利益",即对当事人即使是利益,也应交由其自行决定是否获取,这是自由主义的基本要求。[①] 学者指出,时效期间届满并不当然导致权利的消灭,仅仅是产生当事人取得"援用权"的直接效果,时效之完成与援用权的行使,方可使时效之"本体效果"(权利消灭)得以产生。由此,"时效之援用系时效完成之要件与时效之本体性效果之间的媒介作用"。[②]

日本的判例通常采用"攻击防御方法说",但也存在明确采用"不确定效果说"中的"停止条件说"的特殊判例。[③] 此外,根据《日本民法典》第146条的规定:"时效利益不得预先放弃。"对此作相反解释,则时效利益得在时效完成后放弃。日本学者指出,时效利益的放弃"系指完成后之时效效力消灭之一种意思表示,其效果便是时效援用之随之丧失"。[④] 此种放弃可有两种方式:一是明示;二是默示,即在不知道时效已经完成情况下的"自认行为"。关于自认行为构成时效放弃的理由,日本过去的判例将之归结为对当事人之时效完成认识的推定,即因时效期间的经过及债权消灭是众所周知的事实,因此,在时效完成后实施自认行为时,推定为明知时效已经完成。但现行判例则采用了新的见解,认为认定自认行为导致援用权消灭不是基于放弃时效,而是基于诚实信用原则:首先,时效完成后,债务人一方面承认债务,另一方面又主张债务因时效而消灭,自相矛盾;其次,在此情形下,认为债务人不会援用时效的相对人的信赖需要保护。[⑤]

---

① 以上参见[日]山本敬三:《民法讲义Ⅰ:总则》,解亘译,北京大学出版社2007年版,第379~381页。

② [日]四宫和夫:《日本民法总则》,唐晖、钱孟姗译,五南图书出版有限公司1995年版,第332页。

③ 有关案件涉及农地买卖中买方要求卖方协助申请省长许可的权利之消灭时效。日本最高法院认为,如果采停止条件说,则即使此项请求权经过了10年时效期间,在卖方援用时效之前,也不发生时效效果。但如在此期间该农地变成了非农业用地,则根本不需要许可,农地的所有权就当然移转到买方,卖方就再也不能援用时效了,而这是不妥当的。参见[日]山本敬三:《民法讲义Ⅰ:总则》,解亘译,北京大学出版社2007年版,第381页之注释。

④ 同上书,第338页。

⑤ 同上书,第389页。

由此可见，日本民法在采实体权消灭主义的情况下，对于时效完成后债务人主动履行债务或者承认债务的问题，是通过“放弃时效利益”的方式予以解决的。而时效完成之后，如果当事人未行使时效抗辩权，则实体权利并未发生绝对消灭的效果。

（二）“请求权消灭主义”之正确理解

“请求权消灭主义”模式为德国以及我国台湾地区“民法典”所采。既有理论认为，依照此种模式，时效完成，请求权即归于消灭。但事实亦非完全如此。

《德国民法典》第 222 条第 1 项规定：“消灭时效完成后，义务人得拒绝给付。”我国台湾地区“民法典”第 144 条第 1 款的规定与德国民法相同：“时效完成后，债务人得拒绝给付。”其第 2 款则进一步明确规定：“请求权已经时效消灭，债务人仍为履行之给付者，不得以不知时效为理由，请求返还。其以契约承认该债务，或提出担保者，亦同。”

对于前述“时效完成后，债务人得拒绝给付”之规定的含义，台湾学者将之解释为“时效之效力，以义务人之行使抗辩权为法定停止条件而发生，盖以已罹消灭时效之债权之履行，当为有效之清偿也”。[①] 也就是说，依照这一规定，时效完成时，即成立请求权消灭的事实。但这一事实的生效，须以义务人行使时效抗辩权为条件。如义务人不行使此项权利亦即不援用时效对权利人的请求予以抗辩，则实体权利并不受到任何影响，如果义务人在此种情况下履行了债务，为有效清偿。

就德国学者的论述来看，我国台湾地区学者的上述阐述似应同样适用于对《德国民法典》第 222 条第 1 项的解释。德国学者指出：“债务人一旦提出消灭时效届满的抗辩，就永久性地排除了已罹于消灭时效的请求权的行使。”[②]德国学者还指出：“即使债务人是在不知道时效已过的情况下，对某项已罹于消灭时效的债务履行了给付，也不得请求返还。如果履行给付以后仍可以请求返还，则消灭时效之维护安全的宗旨势必难以达成。”[③]亦即请求权在债务人行使抗辩权之前虽已因时效完成而消灭，但债权人仍可行使请求权，债务人如果履行了债务，则不

---

① 史尚宽：《民法总论》，中国政法大学出版社 2000 年版，第 698 页。

② ［德］迪特尔・梅迪库斯：《德国民法总论》，邵建东译，法律出版社 2000 年版，第 102 页。

③ 同上。

得要求返还。然而,一旦债务人为时效抗辩,则请求权确定地消灭。就这一点来看,尽管日本民法采“实体权消灭说”,而德国及我国台湾地区“民法典”采“请求权消灭说”,其时效效果对实体权利产生的影响有所不同(前者的效果为债权本身的消灭,后者为债权之请求权能的消灭,但债权本身不消灭)。但德国及我国台湾地区“民法”以时效抗辩权的行使为请求权消灭之效力发生的停止条件,此与日本民法理论上的“不确定效果说”中的“停止条件说”,如出一辙。

我国台湾地区有学者更为清晰地解释了时效完成后请求权所具有的状态,“在德国普通法时代,关于消灭时效之效力,有主张强度效力与主张弱度效力之争。主张强度效力者,谓权利之本身因时效而消灭,例如,温达夏(Windscheid),主张弱度效力者,谓权利本身尚存在,不过剥夺权利人强制实行其权利之手段,于时效完成后,尚有自然债务之存在。德民法及瑞士债法典,采后者,我民法从之”。[①] 也就是说,请求权因时效完成而消灭时,债务人虽仍然负有债务,但享有“灭却的抗辩权”[亦称“继续的永久的抗辩权”(peremtorische Einrede)]。因此种抗辩权得由债务人自由决定是否行使,故又称为“良心上抗辩”(Gewissenseinrede)。由此,债务人的此种债务称为“自然债务”。一旦债务人为时效抗辩,则债权人的请求权消灭,不得再以诉讼或者抗辩的方式行使。[②] 按照前述理论,在时效完成、债务人未行使抗辩权时,债权人仍可行使其请求权,但债务人的债务却因其抗辩权的享有而成为“自然债务”。

有关在“请求权消灭说”模式之下,权利人于时效完成后接受义务人之给付的依据,理论上存在不同认识。我国台湾地区学者认为,时效完成时请求权并未确定地消灭,仍可通过诉讼行使,故权利人据此仍有权接受义务人所为之给付。[③] 但我国内地有学者认为,请求权为债权的基本权能,但债权尚包括“受领权”(受偿权),时效完成使请求权消灭,但权利人得基于受领权而接受清偿。[④] 前述我国台湾地区学者的观点似更符合德国及我国台湾地区时效立法的本意。但“请求权消灭”模式

---

① 史尚宽:《民法总论》,中国政法大学出版社2000年版,第699页。

② 同上。

③ 参见黄立:《民法总则》,元照出版公司2005年版,第507页。

④ 参见马俊驹、余延满:《民法原论》(第3版),法律出版社2007年版,第248~249页。

何以将时效完成的效果确定为请求权消灭而非债权本身消灭？笔者认为对此可有两种不同解释：一种解释是消灭时效所消灭的权利不仅有债权，而且有债权之外的请求权，而债权之请求权能的消灭与债权本身的消灭在实际效果上差异不大，故为覆盖消灭时效的适用范围。立法上将消灭时效的客体统一规定为请求权，此仅为取立法上之便而已。另一种解释是时效完成仅消灭请求权，可使债权人的受领权得以保存，既可解决时效完成后权利人接受给付的依据问题，也可解决请求权因时效抗辩而确定消灭之后权利人接受给付的依据问题。但就德国及我国台湾地区学者的有关论著来看，似更倾向于前述第一种解释。与此同时，既然权利人于时效完成后接受义务人所为给付得以其请求权尚未确定消灭为依据，而义务人为时效抗辩后再行主动"债务"的情形的处理完全为各国民法所忽略，故采前述第二种解释理论上固然可以成立，但实际意义不大。

（三）"诉权消灭主义"的两种不同模式

"诉权消灭主义"为法国、苏联等国民法所采。既有理论认为，依照此种模式，时效完成，当事人的诉权或者胜诉权即归于消灭。但事实亦非完全如此。

1. 法国民法的"诉权消灭"

《法国民法典》第2262条规定："一切物权或债权的诉权，均经30年的时效而消灭，援用此时效者无须提出权利证书，他人亦不得对其提出恶意的抗辩。"正是基于此项规定，法国民法上之消灭时效的效果，被既有理论认为是"诉权"的消灭。但笔者认为，除前项规定之外，《法国民法典》尚存在其他多项被人们所忽略的重要条文，其中包括：（1）该法典第2219条有关"时效，为在法律规定的条件下，经过一定的时间，取得财产所有权或免除义务的方法"的规定；（2）第2223条有关"法官不得自动援用时效的方法"的规定；（3）第2225条有关"债权人或一切对时效的取得有利害关系的人，均得主张时效"的规定以及第2224条、第2227条的相关规定。如果综合观察这些条文，有可能得出完全不同的结论，即既有理论将该法典第2262条所规定的"诉权消灭"理解为当事人的全部诉讼权利因时效完成而当然消灭，是极其片面的。

首先，依据该法典第2224条、第2225条以及第2227条的规定，时效效力须经当事人主张方可发生，且第2223条明文规定"禁止法官主动援用时效”,故时效之援用为时效效力发生的条件。对此,法国学者在论述取得时效时指出,在时效期间届满时,只有在当事人援用时效的情况下,才能发生效力,即当所有人起诉要求占有人返还财产时,占有人得以取得时效予以抗辩,但是否主张时效利益,应完全由占有人(诉讼当事人)决定,法官不得自行以时效届满为由判决占有人胜诉。这一原则是基于两点考虑:一是从维护社会秩序的角度出发,取得时效有可能走向公正的方面;二是因为取得时效的适用与占有人的“良心”相关,而在良心面前,时效利益获得者可以“退缩”。① 由此可见,法国民法上的“诉权消灭”不是指当事人不得提起诉讼。而时效的援用,即表现为当事人在诉讼中提出的时效抗辩。

其次,根据该法典第2219条的规定,时效为“取得所有权或者免除义务”的一种方法。亦即在取得时效中,时效的效果为占有人取得占有物的所有权,而在消灭时效中,其效果为债务(债权)的消灭。由此可见,法国民法上的“诉权消灭”,应指在当事人援用时效的条件下,权利取得或者债务消灭的时效效力得以发生,故权利人无法获得胜诉判决。

此外,根据《法国民法典》第2220条规定:“时效不得预先放弃,但可以放弃已获得的时效。”第2221条规定:“放弃时效可为明示的,亦可为默示的;由事实推定其放弃既得权者即为默示放弃。”

2.《苏俄民法典》的“起诉权消灭”及“胜诉权消灭”之理论

1922年《苏俄民法典》第44条规定:“起诉权,于法律规定之期间而消灭(起诉时效)。”而依1964年《苏俄民法典》第87条的规定,诉讼时效在起诉前过期是拒绝应诉的理由。前述条文明文规定消灭时效完成的效果为起诉权的消灭。

但依据我国理论通说,苏联民法理论主张的却是“胜诉权消灭说”。此种理论立足于所谓“二元诉权理论”,即诉权可区分为起诉权(程序意义上的诉权)与胜诉权(实体意义上的诉权)。而时效完成的效果即为“胜诉权”的消灭,但起诉权不消灭,实体权利也不消灭,只是导致其因丧失强制力而成为所谓“自然债权”。不过,有关资料表明,前苏联学者就有关问题所采取的态度似乎并不一致,如洛维茨基在《法律行为·诉讼时效》一书中便指出:“因诉讼时效而消灭的是要求权,即是指程序意

---

① Philippe Malaurie et Laurent Aynès, *Les biens*, p. 154.

义上的诉权，而不是要求权所由产生并借以为根据的实体（实质上的）民事权利本身。”①此处的所谓“要求权”应当是指“请求权”。显然，该学者已经采用了有关请求权的区分理论（有诉讼上的请求权与实体法上的请求权，后者为前者的基础），而诉讼时效消灭的应当是诉讼（程序意义）上的请求权而并非“胜诉权”，亦非实体权利。

但是，无论“起诉权”或“胜诉权”消灭，或“诉讼请求权”的消灭，实体权利不因此而消灭并转换为无强制力的所谓“自然债权”（以及“自然债务”），却似乎是确定的结论。

三、我国立法模式选择

（一）对域外各种立法模式的评价

如前所述，受苏联民法理论影响，我国《民法通则》选择了“诉讼时效”的模式，并且形成了“胜诉权消灭说”的基本理论。这一立法模式及其理论究竟如何？对此，应在分析比较各种模式之特点的基础之上予以定夺。

依笔者所见，如果穿透基于对各国立法条文的注释而形成的各种不同理论的面纱，可以发现，除苏联民法之外的任何一种立法模式，大体上均存在以下基本而且重要的共同点：

1. 当事人抗辩权的行使，为消灭时效的效力发生之“桥梁”

当事人在诉讼中援用时效，目的便在于对抗权利人的请求，故时效援用即为时效抗辩。在日本民法中，虽其规定消灭时效得消灭实体权利，但依“不确定效果说”，此种效果的发生却必须以当事人之“援用权”的行使为要件或者停止条件；在法国民法中，虽其规定时效得消灭“诉权”，但因法官不得主动援用时效，故仍得由当事人提出抗辩，其时效效力方可发生。在德国以及我国台湾地区“民法典”中，虽其规定时效得消灭请求权，但在当事人未为时效抗辩时，请求权并不归于消灭。

我国已有学者发现了这一问题，其指出：如果不是从个别规范措施论断，而是从全部规范分析，相关国家似乎既不是消灭实体权，也不是消灭诉权，而只是赋予了当事人以抗辩权。② 显然，此学者就抗辩权发

① 转引自王利明：《民法总则研究》，中国人民大学出版社2003年版，第744页。
② 参见龙卫球：《民法总论》，中国法制出版社2001年版，第708页。

生这一现象的观察是正确的。但其结论上的缺陷是,抗辩权发生仅为产生时效效果的程序性手段,并非时效的最终效果,所以,抗辩权的行使,有关实体权利是有可能因此而消灭的。

2. 消灭时效的效果最终须以改变实体权利的效力状态为表现

消灭时效的效果其实可分为“直接效果”与“最终效果”两种。在任何一种体制之下,因时效完成(时效期间届满之事实)均对当事人产生时效抗辩权,故抗辩权之发生为消灭时效的直接效果。如当事人不为时效抗辩,则“天下太平”;如当事人行使时效抗辩权,则消灭时效的效力即可得以发生或者确定发生。而此种效力无论被描述为“诉权消灭”、“债权消灭”或“请求权消灭”,实体权利即因此发生效力上的实质变化,此应为消灭时效的最终目的亦即最终效果。

3. 消灭时效效力的发生或者确定发生均须以权利人败诉为条件

鉴于时效之抗辩均须在诉讼中进行(或者至少须将诉讼外的抗辩作为证据引入诉讼程序之中),因此,时效抗辩之成立须经法院判决认定,而消灭时效的效力因此方可发生或者确定发生。也就是说,消灭时效最终效果的发生背景总是权利人败诉而义务人胜诉。换言之,如果将依照法国民法所规定的被时效所消灭的所谓“诉权”理解为权利人“胜诉的可能性”,那么,无论“实体权消灭”、“请求权消灭”或者“诉权消灭”,其实都是以权利人之败诉亦即其所谓“胜诉权消灭”为其程序上的共同表现。

4. 消灭时效完成之后,债务人均得放弃时效利益

无论对时效期间届满后当事人之间的法律关系的状态如何描述,各国立法无一例外地规定,时效完成后,债务人均得通过意思表示或者承认债务以及履行债务等行为放弃时效利益。而债务人一旦放弃时效利益,则不得再行主张时效抗辩,对于已经履行之给付也不得要求返还。

综合以上分析,不难看出,就消灭时效的几个基本效果,各种立法模式殊途同归:(1)时效期间届满,实体权利即丧失法律的确定保护;(2)基于法官不得主动援用时效的原则,实体权利丧失法律保护的结果,须以当事人为时效抗辩为发生条件;(3)一旦当事人为时效抗辩,则实体权利确定地不受法律保护;(4)时效完成后,以义务人放弃时效利益的规则保护权利人权利之实现。

由此可以得出的结论是,任何一种消灭时效的立法模式,其效果并无任何实质性区别,甚至并无任何优劣之分。故其相互之间的差别,仅仅在于立法表达和技术处理的不同而已。

(二)对我国“诉讼时效”立法模式及相关理论的评价

对于我国现行诉讼时效立法模式及相关理论的评价,应当抛弃某些理论上的偏见或者无益纠缠,直达问题的本质——此种模式能否达成消灭时效的制度目标?既有理论能否大体自圆其说?

我国诉讼时效的实际效果是:(1)时效期间届满,权利义务即丧失强制力;(2)如当事人在诉讼中为时效抗辩,则权利人败诉;(3)时效完成后义务人主动履行义务的,不得要求返还。

而在理论阐述上,我国诉讼时效理论主要有两个结论:(1)时效完成,即发生权利人丧失“胜诉权”的效果,权利因丧失强制力而成为“自然债权”,义务则成为“自然债务”。时效完成后义务人主动履行义务而权利人有权接受,正是基于“自然权利”的存在。(2)义务人为时效抗辩时,仅发生权利人败诉的效果,但双方的法律关系仍然继续处于“自然状态”,实体权利并不绝对消灭。

很显然,上述诉讼时效的实际效果已经全面满足了消灭时效所追求的目标所需要的全部条件。但有关理论的阐述,则有必要进行检讨。

1. 对于“胜诉权消灭说”的批评

就有关消灭时效之效果的理论描述而言,我国民法理论采“胜诉权消灭说”,即时效完成时,权利人丧失胜诉权(程序意义上的诉权),但起诉权(实体意义上的诉权)不受影响。如前所述,此种理论的依据是前苏联民法理论中的“诉权二元论”。实际上,所谓“胜诉权消灭”不过是用来表达时效完成后权利“不受诉讼保护”之结果的一种方法。故如前文所述,“胜诉权消灭说”其实可以适用于任何一种消灭时效的立法模式。而基于以下理由,笔者认为,我国有关消灭时效效果的理论不宜继续采用“胜诉权消灭说”:(1)诉权问题应由诉讼法理论予以解决。所谓“诉权二元论”看来尚不为我国诉讼法理论所普遍采纳,故民事实体法理论径行采用这一应属诉讼法上的理论并不合适。(2)所谓“胜诉权”之消灭并非导致时效效果发生的条件(在我国诉讼时效模式下,时效完成即直接引发权利义务丧失强制力的效果),更不是时效效果本身,而只是时效之效果所导致的一种诉讼程序上的结果或者表现(可以说,胜诉权消灭是导致权利义务丧失强制力的原因,但也完全可以说,权利义务丧失强制力是胜诉权消灭的原因)。(3)既然时效的效果可以表达为"权利不受诉讼保护",则无必要一定要将之表达为或者解释为"胜诉权消灭"。

2. 对于"自然债务"理论的批评

就时效完成之后当事人之间的法律关系状态而言,我国诉讼时效理论将之描述成为一种"自然"状态,即实体权利义务关系并未消灭,只是处于不受法律强制力保护的状态。而这里的所谓"自然债务"与德国民法有关时效完成后的所谓"自然债务"有所不同:后者所称之"自然债务",虽也指债务的强制力因义务人享有的"继续的永久的抗辩权"而不复存在,但与之相对应的,却并非"自然债权",亦即债务虽丧失强制力,但不仅债权本身存在,而且债权之请求权的强制力在债务人未为时效抗辩之前仍然存在,只不过因其强制力得因时效抗辩而确定消灭,故理论上称为"不完全请求权"(der unvollkommene Anspruch)。[①] 至于请求权因时效抗辩而消灭后,债务的效力状态如何?对此尚未见直接论述,但既然时效抗辩被认为具有完全切断双方之间法律关系的功能,故可认定请求权消灭之时,债务也归于消灭。而在我国诉讼时效理论上,与"自然债务"相对应的是"自然债权",亦即时效完成时,债权债务关系即从整体上丧失强制力,且此种"自然状态"不因时效抗辩而受影响,得永久存续。

从理论上讲,确定时效完成后法律关系的效力状态的目的,不过是为了说明权利人接受义务人所为给付的某种根据。而我国民法理论有关时效完成后双方法律关系处于"自然状态"的描述,实质上是将法律上的义务转化为一种永久性的道德上的义务。此种理论用作解释义务人为时效抗辩之后双方关系的状态,完全可以成立,但以之作为时效完成后义务人主动履行履行即不得请求返还的依据,则是难以成立的。

前已述及,德国民法理论上的"自然债务"仅是对存在时效抗辩权("继续的永久的抗辩权")的债务的一种描述,即该种抗辩权的存在虽使债务的强制力归于消灭,但债权请求权的强制力在债务人未为时效抗辩之前并未实际消灭,其强制力仅处于不确定状态。所以,当债务人

---

① 参见黄立:《民法总则》,元照出版公司2005年版,第507页。

未为时效抗辩，权利人仍得行使请求权，债务人如履行债务，也不得请求返还。据此，时效完成后，双方之间仍存在具有某种强制力的法律关系。而我国民法理论上的“自然债权”和“自然债务”，却是时效完成时即行形成的一种确定状态。从观念上讲，强制力是法律关系的基本属性，失去这一属性，法律关系（债权债务）即归于消灭。故“自然债”不是一种法律关系，而只能是一种道德关系，所谓“自然债务”，实为一种道德义务。

“道德债务”可以用来指称一切丧失法律强制力的债务，即尚未履行的债务因法律原因而归于消灭时，其作为一种与道德有关的客观事实而继续存留于有关当事人的观念之中，其中包括被免除的债务、经破产程序而未获清偿的债务等。债务人或其利害关系人基于“良心”（道德观念）而主动履行道德债务时，在法律上既不可视为“非债清偿”（因“非债清偿”本指当事人误认为自己承担债务而为之清偿，故可请求返还不当得利。但在履行道德债务的情形下，当事人之间本来存在债权债务关系，且清偿人系基于清偿债务的意思而为给付，故其不构成“非债清偿”），亦不可视为“赠与”（因“赠与”本为将利益无偿让与他人的合意，但当事人并无为赠与行为的意思）。鉴于道德义务虽不为法律所强制，但当事人自愿履行且不违反公序良俗，故法律对其履行结果应当予以保护，当事人不得以不存在法律上的债务为由要求返还。对此，《瑞士债法典》第 63 条作出了明文规定。①

依照我国现行理论，诉讼时效届满后的债务即属此种“道德债务”。但问题在于，“道德债务”的履行须以当事人知晓其“义务”不具有强制性为条件，即此种义务的履行必须建立在当事人的“良心”基础之上，但在消灭时效期间届满后，无论债务人是否知晓时效完成的事实，只要其履行了债务（无论是基于债权人的请求或是基于其主动），则其一律不得要求返还。因此，我国现行的“自然债务”理论，可以用来解释义务人在为时效抗辩之后主动履行债务即不得请求返还的情形，但无法用来解释义务人在时效完成之后一旦履行债务即不得请求返还的情形：在义务人知晓时效完成事实的情况下，其履行债务当可视为“自然债务”

---

① 《瑞士债法典》第 63 条第 2 款规定：“对已过诉讼时效的债务的清偿或者基于道德义务的债务履行，不得请求返还。”

的“主动”履行,但在义务人并不知晓时效完成事实的情况下,经权利人请求所为履行行为,则难以视为“自然债务”(道德债务)的履行。

为此,笔者认为,在我国诉讼时效模式之下,不宜采用德国民法之“请求权消灭说”。原因在于,此说虽将时效完成时请求权之消灭附加停止条件,但又将债务视为“自然债务”,即“债权有强制力而债务无强制力”,从而导致理论上的复杂和难以理解。而如借鉴日本民法之“停止条件说”,将诉讼时效期间届满时双方当事人之法律关系的状态描述为“债权债务关系归于消灭,但以债务人为时效抗辩为生效条件”,似更为简单明了,不留漏洞,且完全可以解决债务人在时效完成后履行债务即不得请求返还的依据问题:诉讼时效期间届满时,债权债务仍具有强制力,故无论债务人主动或者被动履行债务,均不得要求返还。

应当指出,近年来,我国很多学者赞同“抗辩权发生说”。只不过,其中有的学者认定时效完成后请求权本身并未消灭①或请求权消灭而受领权仍然存在。② 有的学者则一方面,称“在时效届满与自然债务发生之间必须以抗辩权的援引为中介”;另一方面,又称时效届满后,权利人的权利“已经转化为一种自然权利”,以及“义务人的债务变为自然债务”,③故其结论与笔者的主张有所不同。

如上分析,笔者认为,从诉讼保护的角度规定消灭时效的效果并无弊端,且我国《民法通则》已采用“诉讼时效”的立法表达,故保留“诉讼时效”的称谓比较合适。

我国于2017年3月颁布的《民法总则》第九章以“诉讼时效”为章名,保留了“诉讼时效”的称谓。

---

① 参见龙卫球:《民法总论》,中国法制出版社2001年版,第709页。

② 参见马俊驹、余延满:《民法原论》(第3版),法律出版社2007年版,第251页。

③ 王利明:《民法总则研究》,中国人民大学出版社2003年版,第746~748页。

第二十四章　诉讼时效的适用范围、效力和期间

第一节　诉讼时效的适用范围研究

一、既有理论之分析

（一）诉讼时效的“客体”与“适用范围”

即有理论认为，消灭时效的客体即消灭时效适用的权利的范围，[①]并将各国消灭时效的客体归纳为四类，即（1）诉权（《法国民法典》第2262条、《苏俄民法典》第44条）；（2）债权（《瑞士债法典》第127条）；（3）债权及其他非所有权之财产权（《日本民法典》第167条）；（4）请求权（《德国民法典》第194条）。[②] 而我国的诉讼时效的客体为胜诉权。

但如前所述，所谓“诉权”（胜诉权）的消灭仅仅是程序上的，因时效完成而在实质上受到影响的，是实体权利。实体权利有其范围，但诉权并无范围，故诉讼时效的客体不应是诉权而应是某种实体权利。因诉讼时效完成而受到影响的权利的具体范围，即诉讼时效的适用范围。

---

① 参见王利明：《民法总则研究》，中国人民大学出版社2003年版，第715页；马俊驹、余廷满：《民法原论》（第3版），法律出版社2001年版，第252页。

② 参见史尚宽：《民法总论》，中国政法大学出版社2000年版，第628页。

在我国,由于前述《民法通则》第135条并未限定"向人民法院请求诉讼保护"的"民事权利"的具体范围,故在较长时期内,诉讼时效被认为可以适用于一切民事权利。但此种认识在司法实践中很快遭到质疑。在处理请求返还被他人长期不法占有的房屋的诉讼纠纷中,法官在援用诉讼时效驳回原告的诉讼请求的同时,发现存在两个在观念上无法接受的事实:一是房屋所有人虽然仍享有房屋所有权,但却永远无法行使其权利;二是房屋占有人可以永远占有房屋,但却永远无法取得其所有权。于是,人们渐渐知道诉讼时效并不能适用于一切民事权利的保护,渐渐知道了取得时效和诉讼时效是两根缺一不可的拐杖,失却一端,时效便成为"跛脚"的制度。而有关诉讼时效的适用范围仅限于所谓"请求权"的观点,也就逐渐成为理论的主流。①

(二)既有理论及其弊端

如前所述,仿德国以及我国台湾地区"立法例",我国民法理论多认为诉讼时效的适用范围为请求权,但相关理论或者相关结论至少存在两方面的问题。

1. 论证前提的错位

既有理论在论证诉讼时效应仅适用于请求权时,首先运用排除的方法对请求权之外的其他权利不得适用诉讼时效的情形进行了分析。但因这些论证的前提并不存在,故其论证不仅错位,而且毫无意义,不能成为论证诉讼时效仅适用于请求权的论据。

相关理论总是不厌其烦地指出,请求权之外的其他类型的权利均不得适用诉讼时效。其中包括支配权、形成权与抗辩权,②甚至还包括抵押权、留置权,③等等。但如前所述,诉讼时效期间并非针对处于正常状态的实体权利(物权、债权、知识产权、人格权、身份权等)而设定的法定保护期间,亦非对程序性权利(形成权、抗辩权)或者资格性权利(监

---

① 参见魏振瀛主编:《民法》,北京大学出版社、高等教育出版社2000年版,第195页;王利明:《民法总则研究》,中国人民大学出版社2003年版,第715页;梁慧星:《民法总论》,法律出版社1996年版,第241~243页;马俊驹、余延满:《民法原论》,法律出版社2007年版,第253页。

② 参见王利明:《民法总则研究》,中国人民大学出版社2003年版,第716页;马俊驹、余延满:《民法原论》,法律出版社2007年版,第253页;龙卫球:《民法总论》,中国法制出版社2001年版,第697页。

③ 参见史尚宽:《民法总论》,中国政法大学出版社2000年版,第628、633页。

护权、代理权等)而设定的权利存续期间。诉讼时效成立的基础，是权利受不法侵害后，权利人之有权利不行使的事实状态。因此，无权利受侵害的事实，即无权利人寻求诉讼保护的余地，亦无诉讼时效适用的余地。而法律对于遭受侵害的权利予以救济的方法主要有两种：(1)本属请求权的权利(如债权)，如因义务人到期不为给付而受侵害者，赋予权利人以请求义务人实际履行债务以及承担违约责任的权利。(2)不属请求权的权利(如物权、身份权等)，如因他人之违法行为而遭受侵害者，赋予权利人以请求加害人承担损害赔偿及其他责任的权利。而诉讼时效的功能，仅在于规定权利人在其权利遭受侵害之后，行使法律所赋予的上述请求权的法定期间。因此，有关"除请求权之外，其他任何权利(支配权、形成权、抗辩权等)不适用诉讼时效"的论证是一种错位的论证。而诉讼时效只能适用于请求权，则是一个显而易见、根本无须特别加以论证的问题。

实际上，需要论证和确定的不是诉讼时效是否仅仅适用于请求权，而是诉讼时效究竟适用于哪些请求权。

2. 结论的模糊性和不确定性

在民法理论上，由于"请求权"这一概念本身游离于既定实体权利分类之逻辑体系("物权、债权、知识产权、身份权"等)之外，故各种请求权相互之间不可能不出现交叉与重叠，由此必然导致既有理论所确定的"诉讼时效仅适用于请求权"的结论的模糊性和不确定性。

民法上的"请求权"是泛指请求特定人为特定给付的权利，对此，理论上似无分歧。但有关"请求权"这一概念的理解和运用，却存在一定的混乱。

在大陆法系民法的历史上，请求权(Anspruch)的概念系由德国法学家温德赛(Winscheid)由罗马法上的 *Actio* 发展而来。其认为于诉权(公权)之外，尚存在实体法上的请求权(私权)。基于其不同发生基础，请求权被进一步区分为物权请求权、债权请求权、人格权上的请求权以及身份权上的请求权等。对于请求权的性质，学者指出：请求权系由基础权利而发生，为"权利的表现，而非与权利同属一物"。[①] 换言之，任何请求权均为权利产生或者包含的权利：债权请求权为债权的基

① 参见王泽鉴：《民法总则》，中国政法大学出版社 2001 年版，第 100 页。

本权能,由债权本身所包含;某些身份权上的请求权也为某些身份权的基本权能(如夫妻之间的同居请求权为配偶权的一部分内容),但物权请求权、人格权上的请求权以及另一些身份权上的请求权,则系因权利受第三人侵害而发生。

但笔者曾指出,上述有关请求权的理论尤其是关于请求权的分类,存在某些逻辑上的含混。比如,作为债权权能之一的所谓“债权请求权”与作为物权受侵害而产生的所谓“物权请求权”,其性质和特征就完全不同:前者是“原权”中包含的权能,而后者却是“原权”(物权)受到侵害以后产生的救济权。又如,鉴于人格权的“权能”中并不包含任何请求权能。故所谓“人格权上的请求权”,应指人格权受到侵害之后产生的救济权利,其中当然应包括请求损害赔偿的权利。[①] 但损害赔偿请求权本身即为债权之一种(损害赔偿之债),而债权的权能之一却又是所谓“债权请求权”。由此,在权利基本分类(物权、债权、身份权以及人格权)之外再依不同的角度或者逻辑起点而归纳出来的所谓“请求权”,其本身并不是一种与物权、债权等基本权利类型相并列的权利种类。总而言之,某些“请求权”不过是债权所包含的一项权能,如“债权请求权”;而某些请求权性质上本身应属债权,但基于特别的原因而被视为一种独立于债权的权利,如“物权请求权”。至于所谓“人格权上的请求权”“知识产权上的请求权”,如果对“债权”的概念稍作扩张,即认定债权不限于纯粹财产上的给付请求,则其因侵权所生的全部请求权(消除影响、恢复名誉乃至赔礼道歉等请求权),均可纳入债权亦即所谓“债权请求权”的范围。[②] 但身份权的情形较为复杂,除因身份权遭受侵害所生之损害赔偿请求权属于债权之外,某些直接表现为请求权的身份权(如抚养请求权、夫妻同居请求权等),其请求权究竟应视为该种身份权的基本权能,或应视为债权或债权之外的独立请求权,尚难定论。由此,各种“请求权”相互之间,难免存在复杂的交叉和重叠。[③]

---

① 为避免这一明显的矛盾,我国学者在阐述“人格权上的请求权”时,称其包括“停止侵害、消除影响、恢复名誉”等请求权,却偏偏剔除了“损害赔偿”请求权,且一律不说明理由。参见王利明:《民法总则研究》,中国人民大学出版社2003年版,第215页;马俊驹、余延满:《民法原论》(第3版),法律出版社2007年版,第59页。

② 适用于物权、知识产权以及人格权等保护的所谓“停止侵害请求权”,应否为实体法上的请求权,殊值存疑。

③ 参见尹田:《物权法理论评析与思考》,中国人民大学出版社2004年版,第五章。

既然如此，在确定诉讼时效适用范围之时，以“请求权”作为基准，肯定会出现模糊和重叠。

对此，笔者认为，如果理论上将诉讼时效适用范围确定为“请求权”尚有一定价值的话，那么，其价值应主要表现为除债权之外，诉讼时效尚可适用于其他独立于债权之外的请求权，故非以“请求权”作为诉讼时效适用范围的表达则不足以具有概括性。但真实情况如何，应作实证分析。换言之，如果诉讼时效实际上仅仅适用于债权请求权，则因其本为债权的基本权能，故诉讼时效的适用范围即仅为债权，无须累及其他；反之，则应另作考虑。

二、关于诉讼时效仅适用于债权的论证

纵观各种理论分析，可以发现一个有趣的现象：在阐述得适用诉讼时效的请求权范围时，既有理论的着力点并非在于确定该类请求权的具体范围，而是在于论证和阐述除“债权请求权”之外的其他众多“请求权”如何“不得”适用诉讼时效。其结果便是，在将种类繁多的各种请求权“赶尽杀绝”之后，能够适用诉讼时效的请求权大体上总是仅仅残存“债权请求权”一种！

除债权请求权之外，还有什么请求权能够适用诉讼时效呢？对此应当逐一分析。

（一）各种请求权得否适用诉讼时效的分析

1. 债权请求权

依既成理论，债权请求权非为债权受侵害后所生之请求权，而是债权本身所包含的基本权能。债权一旦到期，如债务人未为给付，则债权人得请求诉讼保护，其请求诉讼保护的法定期间即为诉讼时效。所以，诉讼时效主要是为限制债权人行使其请求权的法律保护期间所设。进一步讲，凡属债权者，原则上均得适用诉讼时效，包括契约所生之债权、损害赔偿所生之债权、无因管理以及不当得利所生之债权，等等。

2. 物权请求权

物权请求权是物权遭受不法侵害后，物权人为恢复物权完满状态而依法享有的请求权。具体包括三种：返还原物请求权、妨害除去（排除妨碍）请求权、妨害防止（消除危险）请求权。就物权请求权应否适用诉讼时效的问题，理论上存在很大争议。

“否定说”认为,物权请求权依附于物权而存在。既然物权不罹于诉讼时效,则物权请求权则一直伴随物权而发生,故亦不罹于诉讼时效。《瑞士债法典》明定仅债权适用消灭时效,故被认为采用此说。《日本民法典》对此未明确规定,但有关判例和学说采用此说。我国台湾地区一些学者和大陆多数学者支持这一观点,并进行了深入的阐述。[①] 其中,就返还原物请求权在适用诉讼时效的情况下有可能与取得时效的效果不相衔接的“尴尬”所作揭示(如果返还原物请求权的诉讼时效短于占有物的取得时效,则有所有权而无所有物,所有权将有名无实),系最为有力之论据。

“肯定说”则认为,物权请求权以特定人的作为或不作为为内容,故原则上应适用消灭时效。对于权利人返还原物请求权罹于时效后,其所有权有名无实的问题,此说以“所有权仍继续存在,所有人得因任何理由再取得占有,可对于非占有人的承继人之人(如盗取人)请求返还,以举所有权之实”为其说明。[②] 采此说的有《德国民法典》,我国台湾地区一些学者也赞同此观点。[③]

如前所述,笔者认为取得时效与诉讼时效不可并合,也反对诉讼时效适用于物权请求权。[④] 与此同时,笔者还认为,物权请求权之所以被视为债权之外的一种独立请求权类型而规定于物权法,其主要原因之一,便是由于民法设置了取得时效制度。故此种请求权应当随物权因占有人主张取得时效消灭而当然消灭,但不能因消灭时效而归于消灭。[⑤] 而前述“肯定说”对所有权“有名无实”的问题所做解释,即将丧失返还请求权的所有人的权利实现寄希望于从盗取占有人的占有物的第三人处夺回财产,显属强词夺理。

3. 身份权上之请求权

身份权是基于婚姻亲属关系产生的权利。《德国民法典》第194条规定:“根据亲属关系所生的请求权,如该请求权的设定以将来恢复亲

---

① 参见王利明:《民法总则研究》,中国人民大学出版社2003年版,第719~720页;马俊驹、余延满:《民法原论》(第3版),法律出版社2007年版,第253页;史尚宽:《民法总论》,中国政法大学出版社2000年版,第630~631页。

② 参见史尚宽:《民法总论》,中国政法大学出版社2000年版,第630页。

③ 参见黄立:《民法总则》,元照出版公司2005年版,第447页。

④ 参见本书第二章第五节。

⑤ 参见尹田:《物权法理论评析与思考》,中国人民大学出版社2004年版,第五章。

属关系的一定状态为目的者,不因时效而消灭。”我国台湾地区“民法典”第1067条也有相同规定。

身份权上之请求权主要包括:

(1)无财产给付内容的请求权。亲属关系回复之请求权无财产给付内容,包括亲属相互间之回复请求权(如夫妻同居之请求权、夫妻财产关系之回复请求权、父子关系之回复请求权等),因亲属关系对第三人所生之回复请求权(如父母对第三人请求交出应服其亲权之子女等)。因亲属关系不因时效而发生变化,亲属关系存续期间,如事实关系与权利关系发生不符,当事人随时有权请求回复,故此类请求权不适用诉讼时效。①

(2)有财产给付内容的请求权。如抚养费请求权、赡养费请求权等。此等请求权属于债权,当然应适用诉讼时效。但因之与公序良俗有关,故台湾地区学者认为,其基本债权不因时效而消灭,只是过去已经发生的部分,如各期给付请求权,不妨因时效而消灭。②

(3)身份权遭受侵害所生之损害赔偿请求权。此等请求权属于债权,应适用诉讼时效。

以上分析表明,所谓“身份权之请求权”,如果无财产给付内容,不适用诉讼时效;如果有财产给付内容,则为债权,原则上适用诉讼时效。

4. 人格权上之请求权

人格权本身无请求权内容,故人格权之请求权只能因人格权遭受不法侵害而产生。人格权所生请求权包括:停止侵害、消除影响、恢复名誉、赔礼道歉、损害赔偿等请求权。

上述请求权中,除损害赔偿请求权属于债权之外,消除影响、恢复名誉、赔礼道歉等请求权应当适用诉讼时效。但这些请求权是否可纳入债权范围,对此尚有争议。而停止侵害请求权无论属何性质,因其针对的是继续性侵权行为,故其本质上不可能适用诉讼时效。

5. 知识产权上之请求权

知识产权本身无请求权内容,其遭受不法侵害所产生的请求权包括停止侵害、损害赔偿等请求权。前者不适用诉讼时效,后者属于债

---

① 参见史尚宽:《民法总论》,中国政法大学出版社2000年版,第633页。

② 同上。

权,得适用诉讼时效。

综合以上分析,可以发现,所谓“人格权上请求权”、“身份权上请求权”以及“知识产权上请求权”中,凡是以财产给付为内容的,当然适用诉讼时效,但无一例外统统均应纳入“债权请求权”的范围。而只要不是以财产给付为内容的,亦即不属典型的“债权请求权”范围的,则原则上不适用诉讼时效。其中,唯一例外的是“消除影响、恢复名誉、赔礼道歉”三种请求权。这三种请求权不以财产给付为内容,但可以适用诉讼时效。

据此,鉴于两条理由,笔者认为应当将上述三种请求权视为“债权请求权”,并将诉讼时效的范围明确限定为债权。

(1)民法制度是为民法目的服务的,所以,为了法律调整的方便,总是可以在原则之外设置某些例外。因此,物权的标的虽原则上仅限于有体物,但电、光、声波、热能乃至出质的权利不妨可以视为“物”;而债权的标的原则上仅限于财产给付,但不妨亦可将“消除影响、恢复名誉、赔礼道歉”视为债权的客体。如此处理,理论上并不存在任何障碍。

(2)将“消除影响、恢复名誉、赔礼道歉”三种请求权视为债权的好处至少有两个:一是有可能从此停止有关“侵权的后果是不是一种债的关系”的无益争论;[①]二是将诉讼时效的适用范围明确限定为“债权”,使之清晰明白。

从司法的角度考虑,诉讼时效的适用范围的模糊性有必要尽可能降低。为此,我国最高人民法院《关于诉讼时效的规定》第 1 条规定:“当事人可以对债权请求权提出诉讼时效抗辩,但对下列债权请求权提出诉讼时效抗辩的,人民法院不予支持……”这一规定采用的“可以”之弹性表达显然表现了司法解释的制定者的某种不自信。但前述规定至少是将诉讼时效的主要适用范围限制于所谓“债权请求权”,较之《民法通则》的相关规定,不能不说是一种重大进步。

---

① 侵权产生的后果中,除排除妨害、返还财产两种请求权交给物权请求权制度单独安排之外,其他后果是否属于债的关系,这一问题在我国争论不休。实质上,如果将“停止侵害请求权”作为一种程序而非实体性质的权利的话,则在均承认“损害赔偿”为典型的债的关系的基础上,“消除影响、恢复名誉、赔礼道歉”三种请求权非为债的关系,是推崇将“侵权责任”脱离债的规则体系自成一体的观点之最有力的论据。

（二）不适用诉讼时效的债权

并非任何债权均可适用诉讼时效。不适用诉讼时效的债权主要有：

1. 储蓄合同中存款人的债权

基于储蓄关系的性质和交易习惯，储蓄合同关系中，存款人的债权无论有无行使期限（如随时可支取的活期存款以及到期才能支取的定期存单），均不适用诉讼时效。债券等关系中的请求权亦同。

2. 投资关系中请求缴付出资的债权

3. 法律明文规定不适用诉讼时效的债权

基于公共利益的保护或者社会政策，法律有可能对某些债权予以特别保护，明确规定其不适用诉讼时效。如我国最高人民法院《民通意见》第170条规定："未授权给公民、法人经营、管理的国家财产受到侵害的，不受诉讼时效期间的限制。"

4. 基础性债权（基本债权）

一般情况下，债权一旦基于某种法律事实而发生，其请求事项（请求权及其内容）即得以确定，非基于当事人约定或者法定原因，不得发生变更。此种债权，可称为"典型债权"（契约、损害赔偿、无因管理以及不当得利所生债权均属此类）。但在某些情形下，当事人基于某种法律地位而享有请求他人为财产给付的权利（如妻子基于配偶地位而对丈夫享有扶养费请求权、投资人基于股东地位而对公司享有红利分配请求权等）。只要此种法律地位不消灭及相关条件不改变，则当事人的该种请求权即一直存在。因此种请求权具有基础性和概括性的特点，实为持续产生于未来的一系列具体的给付请求权的基础（如投资人的利益分配请求权，为投资人在公司未来经营活动中获得的利润中，就其可分配利润享有的具体的给付请求权的根据和基础；又如，扶养费请求权为在未来的生活中，被扶养人请求扶养人为具体的扶养费给付的根据和基础），故其可称为"基础性债权"或者"基本债权"。此种"基础性债权"具有抽象性特点，伴随相关法律地位的存在而存在，故其不应因权利人不行使由其产生的具体的给付请求权而归于消灭。但由"基础性债权"产生的各具体的给付请求权为单纯的债权，应适用诉讼时效。

上述"基础性债权"与以分期付款方式支付货款、返还借款或者交付租金以及分期交货的债权不同，后者不过是将一整体债权分割为数个相对独立的给付请求权予以行使,故其并无“基础性债权”的存在,只不过各被分割而成的相对独立的给付请求权,其诉讼时效期间一般认为应予分别计算。

三、关于非属实体权利的请求权不适用诉讼时效的问题

(一)概说

应当指出,既有理论将一些性质上不属于实体权利的请求权列入不适用诉讼时效的请求权范围,其中包括确认法律行为无效之请求权、分割共有财产之请求权等,其结论是正确的,但此种理论容易混淆不同性质的请求权之间的区别。实际上,时效为针对当事人不行使实体权利(实体性请求权)而设定的法定保护期间。对于程序性权利(形成权等)的存续期间,在必要的情况下,民法另设除斥期间制度予以规定,故程序性权利当然不适用诉讼时效。

就法律行为无效之确认请求权而言,法律行为具备绝对无效事由时,当事人得请求法院确认其无效。有关此项请求权是否适用诉讼时效问题,我国司法实务上存在两种意见:肯定者认为,当事人经过长时间后请求确认已经实际履行的合同无效并请求返还财产等,具有恶意,故应适用诉讼时效的规定驳回其诉讼请求;否定者认为,法律行为绝对无效为客观事实,不因时间的经过而发生任何变化,故不应适用诉讼时效。但笔者认为,如同相对无效法律行为之撤销请求权,以诉讼方式请求确认法律行为无效的权利并非实体法上的权利。故法律即使限制当事人行使该种请求权的期间,该种期间也应属除斥期间,因而此种程序性质的请求权并无诉讼时效适用的余地。

就分割夫妻共有财产、合伙财产等共有财产的请求权而言,因其并非特定给付之请求,故具有形成权性质,且此种请求权应伴随共有关系的存续而一直存在,故当然不适用诉讼时效。

但继承权既非实体权利,亦非请求特定给付的权利,却根据我国《继承法》的规定应适用诉讼时效。对此,显然有必要进行重点讨论。

(二)继承权应否适用诉讼时效?

我国《继承法》第8条规定:“继承权纠纷提起诉讼的期限为2年,自继承人知道或者应当知道其权利被侵犯之日起计算。但是,自继承开始之日起超过20年的,不得再提起诉讼。”实践中,所谓“继承权纠

纷”应主要包括以下几种：(1)继承人地位的纠纷：在当事人之间因继承人资格之有无而发生争议时，当事人得请求确定其继承人身份；(2)遗嘱效力纠纷：因遗嘱效力之有无发生争议时，当事人得请求确认遗嘱有效或者无效；(3)遗产分割纠纷：继承人就遗产分割发生争议时，得请求依照遗嘱或者法律规定分割遗产；(4)遗产返还纠纷：当遗产被其他继承人侵占时，当事人得请求返还财产。前述各种“继承纠纷”是否得适用诉讼时效，应作具体分析。

笔者认为，继承权为承继死者遗产的法律地位。被继承人一旦死亡，遗产权利即转归继承人，亦即继承人在继承开始时即成为所应继承的遗产的所有人。[①] 在遗嘱继承中，各遗嘱继承人在继承开始时即取得遗嘱所确定的相关遗产的所有权；在法定继承中，如法定继承人为数人，则在继承开始至遗产分割之前，遗产处于共有状态，遗嘱仅指定数个继承人的继承份额但未确定其具体继承的遗产的情形，亦同。因此，上述各种“继承权纠纷”中，继承人资格的确认实为亲属身份关系的确认，其请求权不适用诉讼时效；遗嘱效力的确认为法律行为有无效力的确定，其请求权也不适用诉讼时效；遗产分割纠纷性质上属于共有财产分割纠纷，也不适用诉讼时效。[②] 至于继承开始后，因遗产权利已经转由继承人享有，如占有遗产的其他继承人或者第三人拒不交付遗产，构成不法占有，继承人请求其返还遗产的权利，应属物权请求权，当然不适用诉讼时效。

据此，我国《继承法》第 8 条规定“继承权纠纷”适用诉讼时效，显非妥当。

四、《民法总则》的立法选择

我国 1986 年《民法通则》未指明诉讼时效的适用范围，也未对不适用诉讼时效的民事权利作出规定。笔者在提出的建议稿中不仅明确规定诉讼时效仅适用于债权，而且规定：“下列权利不适用诉讼时效：(一)因公有物、公用物受到侵害所产生的债权；(二)因储蓄关系产生

---

① 我国《物权法》第 28 条规定，因继承、受遗赠发生物权变动的，其物权变动自继承开始时发生。

② 最高人民法院 1987 年 10 月 17 日《关于继承开始继承人未表示放弃继承遗产又未分割的可按析产案件处理的批复》明确了这一原则。

的支付存款本金和利息的债权;(三)因债权关系产生的支付本金和利息的债权;(四)因权利受侵害而产生的请求确认权利、停止侵害、排除妨害、返还原物的债权;(五)因财产共有关系而产生的分割共有财产的请求权;(六)因婚姻亲属关系产生的扶养费请求权和因投资关系产生的收益分配请求权,不适用诉讼时效,但每期扶养费和收益分配的请求权除外。"

我国于2017年3月颁布的《民法总则》承继了《民法通则》的做法,在其一般规定中未对诉讼时效的适用范围作出限定(其第188条规定:"向人民法院请求保护民事权利的诉讼时效期间为三年。法律另有规定的,依照其规定"),但该法在其第196条列举规定了"不适用诉讼时效"的"请求权",其中包括"停止侵害请求权"(属程序性权利)、"排除妨害请求权"以及"登记的物权人返还财产请求权"(属物权请求权)、"赡养费、抚养费或者扶养费请求权"(属家庭亲属关系中的债权请求权)等,同时还以"依法不适用诉讼时效的其他请求权"的规定开放了不适用诉讼时效的请求权的范围。更为重要的是,《民法总则》有关诉讼时效的各项具体规定中,都是采用了"请求权"的用语,这就表明,诉讼时效仅适用于债权请求权(法律指明的某些债权请求权除外)的立场,为我国立法所采。

第二节　诉讼时效的效力

一、诉讼时效效力之范围

依笔者前述主张,诉讼时效期间届满后,债务人即取得时效抗辩权,但债权债务关系仍具有强制力,债务人如履行其债务,不得请求返还。而债务人如为时效抗辩,则债权、债务归于消灭,债务成为道德义务,如为义务人所主动履行,不得请求返还。

债权关系因时效完成,其强制力处于待消灭状态,而债权关系因时效抗辩则归于消灭。上述情形发生时对相关法律关系产生何种影响,为诉讼时效效力所涉及的范围问题。

(一)对从权利的效力

从权利为主权利派生的权利(如利息请求权、违约金或损害赔偿请求权等）以及从属于主权利的独立权利（如担保物权等）。依从权利对于主权利的依附关系，主权利消灭，从权利也归于消灭。故各国家或地区的民法典一般均规定，即使从权利的时效期间尚未届满，但如主权利因时效而消灭，其效力及于从权利。《德国民法典》第 224 条规定："附属于主请求权的从属给付请求权，其规定的时效虽未消灭，亦应随主请求权的时效而同时消灭。"《瑞士债法典》第 133 条规定："主债权因时效届满而消灭的，利息和其他从权利亦同时消灭。"我国台湾地区"民法典"第 146 条规定："主权利因时效消灭者，其效力及于从权利。但法律有特别规定者，不在此限。"但各种从权利依其不同性质，也存在某些例外。

1. 主权利派生的孳息、违约金、损害赔偿等请求权

本金利息及迟延付款利息、违约损害赔偿等请求权，应随合同债权因时效消灭而归于消灭。但有德国学者认为，违约金请求权为有独立性之给付，不应包括在内。[①] 笔者认为，法律既然设置时效制度切断双方当事人的法律联系，则藕断丝连只会徒增纠葛，不如规定债权因时效抗辩而消灭，其派生的一切从权利均应同时消灭，这样处理，可使问题简单化，也更符合时效制度的宗旨。

2. 保证合同之债权（保证债务）

设有保证责任的主债务时效届满时，因其仍具有强制力，故对保证人的义务本身并不发生任何影响。但主债权罹于时效时，如保证责任期间尚未届满，债权人可否行使其保证合同之债权？对此，《瑞士债法典》第 140 条规定："诉讼时效也适用于设定有保证或者抵押担保的债权；但债权人在其债权因诉讼时效届满得不到清偿时，可以通过保证或者抵押实现其权利。"

对此笔者认为，保证债务既为从债务，则其存续应以主债务的存续为条件。而最为重要的是，如主债权因时效消灭而保证责任不消灭，则保证人代为清偿债务后，无法向主债务人追偿，但主债权消灭的原因却又是债权人不及时行使权利所致，故如将债权人不作为的不利后果转由保证人承担，实不公平。因此，保证人不仅在主债务时效完成后得就主债务援用时效予以抗辩，而且当主债务人为时效抗辩而使主债权消

---

① 参见史尚宽：《民法总论》，中国政法大学出版社 2000 年版，第 705 ~ 706 页。

灭时,即使保证责任尚未过期,保证合同之债权即同时归于消灭,保证人得免除其保证责任。

在此有可能存在的疑问是:既然主债务时效届满而使保证人取得时效抗辩权,那么,当事人有关保证责任期间的约定意义何在?应当看到,保证责任的设置,目的在于扩张保障债权实现的责任财产的范围(从债务人的责任财产扩张至第三人的责任财产),保证人的义务与被保证的债务是有本质区别的。而保证责任期间的作用便在于锁定保证人承担法律风险的期间,促使债权人在债权未得清偿时及时向保证人请求代为清偿,使保证人不致错过向债务人行使并实现追偿权的时机。当保证责任期间短于或者等于主债权的诉讼时效期间时,固然体现了保证人防止债权人怠于行使主债权而损及其利益的意图,但在保证责任期间长于诉讼时效期间时,因诉讼时效期间得发生中止尤其是发生中断,故保证责任期间的设置仍然具有相同的功能。而从根本上讲,保证人既然愿意充当"保证人"的角色而不直接通过债务承担而充当债务人或者共同债务人的角色,则表明保证人并无放弃其向主债务人的追偿权利的意思,故规定保证人在主债权诉讼时效完成时取得时效抗辩权及保证责任随主债权因时效消灭而同时消灭,实属合理。

3. 担保物权

关于担保物权的行使本身是否得受时间限制的问题,存在两种立法例:一是规定担保物权在一定条件下得因消灭时效而消灭。如《日本民法典》第396条规定:"(抵押权的消灭时效)抵押权,对于债务人及抵押权设定人,非与其担保的债权同时,不因时效而消灭。"依此规定,只有在抵押权所担保的主债权罹于时效的同时,抵押权才因时效而消灭,亦即抵押权消灭时效的完成,以主债权消灭时效的完成为准。二是对担保物权设置除斥期间,担保物权人超过法定期间不行使权利的,其担保物权归于消灭。如我国台湾地区"民法典"第880条规定:"以抵押权担保之债权,其请求权已因时效而消灭,如抵押权人于消灭时效完成后5年间不实行其抵押权者,其抵押权消灭。"

很显然,依日本民法,担保物权随主债权罹于时效而消灭,自然不发生主债权因时效消灭的效力是否及于担保物权的问题。而依我国台湾地区"民法典"第145条第1项的规定,主债权罹于时效后,担保物权在除斥期间内尚具有强制力,故债权人仍得就其抵押物、质物或留置物获得清偿。对其立法理由，台湾地区学者的解释是，担保物权为担保债权实现的权利，其性质虽为从权利，然而毕竟是物权，而且债权人往往因信任担保物而未及时行使权利，故法律上作出此等例外的规定，以强化担保物权之效力，从而保护债权人的利益。不过，依该"法典"同条之第 2 项规定，主债权的利息及其他定期给付之各期给付请求权，如已因时效而消灭，则债权人不得再就抵押物、质物或留置物获得清偿。对此我国台湾地区学者的解释是：每期已届清偿期之分期给付，债权人不妨按其独立行使，而且其消灭时效之完成，一般较基本权利为早也。[①] 对此，《德国民法典》第 223 条第 1 项规定："以抵押权、船舶抵押权或质权担保的请求权，虽经时效消灭，但不妨害债权人就其担保物取偿。"而依《瑞士债法典》第 140 条的规定，主债权罹于时效后，债权人可通过行使抵押权而实现其权利。由上可见，主债权因时效完成而消灭时，其效力不及于担保物权，此为多数立法例所采用的规则。

我国《担保法》对于担保物权的权利行使期间问题未作规定。但我国最高人民法院 2000 年《关于适用〈中华人民共和国担保法〉若干问题的解释》第 12 条第 2 款规定："担保物权所担保的债权的诉讼时效结束后，担保权人在诉讼时效结束后的二年内行使担保物权的，人民法院应当予以支持。"此规定为担保物权设定了 2 年的除斥期间，从主债权时效期间届满时起算。但这一规定被 2007 年《物权法》否定。该法第 202 条规定："抵押权人应当在主债权诉讼时效期间行使抵押权；未行使的，人民法院不予保护。"依照这一规定，抵押权应因主债权时效期间届满而不受诉讼保护。

对此问题的处理，笔者认为有三个要点需要着重考虑：

(1)担保物权设立的目的在于保证主债权的实现，如主权利消灭，则担保物权丧失其存在目的。故依主、从权利的一般原理，二者应同时归于消灭。

(2)如主债权罹于时效而担保物权尚存，则等同于主债权并未真正消灭，债权人仍可通过担保物权的行使而实现其债权，此结果明显背离时效宗旨。而前述台湾地区学者所称"债权人往往因信任担保物而未及时行使权利"的理由，显属毫无根据的主观臆想，而"强化物权担保之

① 参见史尚宽：《民法总论》，中国政法大学出版社 2000 年版，第 706 页。

效力”等理由,则未免有离题万里、不知所云之嫌。

(3)如担保物提供者为第三人,当主债权因债权人不及时行使权利而罹于时效后,如其仍可行使担保物权,则第三人无法转而向债务人追偿,亦即债权人得将怠于行使债权所导致的损失转嫁给第三人,此举显属不当。

如上分析,我国《物权法》第202条有关担保物权随主债权罹于时效而同时消灭之规定,应属合理。

至于担保物权所担保的分期履行的债务(如定期支付的租金或者分期支付的货款),应视为各个相对独立的请求权而分别计算诉讼时效期间,如其中部分因时效抗辩而消灭,因担保物权的不可分性(担保物权不应因部分债务基于履行、免除等原因缩减而发生相应的部分消灭),担保物权的效力不受影响,但债权人不得就已因时效抗辩而消灭的债务部分,就担保物而获得清偿。

(二)对连带债务人的效力

我国台湾地区“民法典”第276条第2项规定:连带债务时效期间届满后,“如连带债务人之一人为时效抗辩,就其负担部分,对于其他连带债务人亦及其效力”。这一规定甚为合理。如连带债务人中之一人仅就自己所承担的债务份额为时效抗辩时,当然仅发生该部分债务消灭的效果。就该部分债务,债权人不得请求其他连带债务人承担连带责任。而在连带债务人中之一人就全部债务之履行为时效抗辩时,其抗辩虽能成立,但因其抗辩的内容应分为两部分,即(1)拒绝履行自己所负担的债务部分;(2)拒绝对其他连带债务人应负担的部分承担连带责任。所以,其抗辩所能消灭的仍然应当是其负担部分的债务(本身)以及对于其他债务的连带债务,但不能导致其他债务的消灭。

据此,笔者在其提出的建议稿中规定:“连带债务人中之一人就自己所承担的债务份额或者全部债务的履行提出诉讼时效抗辩时,就该债务人应承担的债务份额,债权人不得请求其他连带债务人承担连带责任。”对此,我国《民法总则》未作明文规定。

(三)对侵权获利的效力

我国台湾地区“民法典”第197条第2项规定,因侵权行为负损害赔偿责任之义务人,因侵权行为受有利益,致被害人受损害者,于损害赔偿请求权完成后,仍应依不当得利之规定,返还其所受之利益于被害人。此项规定所涉及的所谓“侵权获利”,常见于知识产权之侵权行为(如擅自实施他人专利而获得利润)。对此,笔者认为,如将该种获利视为单纯的不当得利,则产生损害赔偿与不当得利返还两项独立的请求权;如将该种获利视为权利人因侵权行为所受损失之一部,则发生损害赔偿请求权与不当得利返还请求权的竞合。但无论法律上如何对待,均应将损害赔偿之债权与不当得利返还之债权的诉讼时效期间予以分别计算,在其中一项债权因时效抗辩而归于消灭时,其效力不应及于另一项债权。

(四)对债务抵销的效力

就时效期间届满后,债权人可否行使抵销权的问题,各国立法均作出了规定。《德国民法典》第 390 条第 2 项规定:“因时效而消灭的债权,在其尚未因时效而消灭时适合于抵销者,也得为抵销。”《日本民法典》第 508 条规定:“因时效消灭的债权,在其消灭以前适于抵销时,其债权人可以使用抵销。”《瑞士债法典》第 120 条第 3 款以及我国台湾地区“民法典”第 337 条也作出了同样规定。

各国或地区立法对此问题持同样态度的原因,显然是考虑到,在债权时效期间届满前,双方当事人之间不仅存在对待债务,而且已经具备法定抵销条件,只需债权人为抵销表示即可归于消灭。而在债权时效完成但债务人尚未为时效抗辩之前,不仅债权未消灭,而且其请求权也未完全丧失强制力,故允许债权人为抵销,似乎应属合理。但此种规则实际上不尽合理且理论上难以说明之处在于:在债务人未为时效抗辩之前,虽然债权时效期间届满,但双方利益关系并无实质变化,故用于抵销的债权之具备抵销条件,无论发生于时效完成之前或者时效完成之后,对于债权人为抵销行为的正当性、合理性并无实质影响,既然如此,为什么仅允许债权人抵销在时效完成前具备抵销条件的债权,而不允许其抵销在时效完成后具备抵销条件的债权呢?

而如我国民法就诉讼时效完成的效果采用“债权附停止条件消灭”的理论,则时效期间届满后,在债务人未为时效抗辩之前,债权债务仍然具有强制力,则不仅债权在其时效期间届满前适于抵销时,债权人得主张抵销,即使在债权于时效期间届满后具备法定抵销条件,债权人亦可主张抵销,这样处理更显合理。但债权因债务人为时效抗辩而归于消灭之后,债权人自当不可以再行主张抵销。

为此,笔者在其建议稿中规定:“当事人双方互负债务并且符合法定抵销条件的,当事人一方可以用诉讼时效时效期间届满的债权主张抵销,但债务人已经行使诉讼时效抗辩权的除外。”但这一建议未被《民法总则》所采纳。

二、时效利益的放弃

(一)概说

时效利益即债务人因时效期间届满而获得的利益,从程序角度观之,时效利益即债务人享有的时效抗辩权(不履行抗辩权),故放弃时效利益即放弃时效抗辩权。

各国立法禁止当事人预先放弃时效利益,但对于时效利益产生后的放弃行为,各国立法均持允许态度。《法国民法典》第2220条规定:“任何人均不得提前抛弃时效,但可以抛弃已取得的时效。”《德国民法典》第222条第2项规定:“为履行已经时效消灭的请求权而为的给付,虽不知时效消灭而为给付者,也不得请求返还。”瑞士、日本民法对此虽未直接规定,但其有关“时效利益不得预先放弃”的规定,可从反面解释为允许事后放弃时效利益。我国最高人民法院《关于诉讼时效的规定》第2条规定:“当事人违反法律规定,约定延长或者缩短诉讼时效期间、预先放弃诉讼时效利益的,人民法院不予认可。”如前所述,这一规定从反面解释,亦可认定为允许当事人事后放弃时效利益。

如前所述,我国最高人民法院《关于诉讼时效的规定》(第2条)以及《民法总则》(第197条第2款)均规定当事人对诉讼时效利益的预先放弃无效,依相反解释,同样应得出我国民法允许当事人事后放弃时效利益。

但问题在于,时效利益的放弃与时效期间届满后债务人履行给付有所不同,时效利益的放弃是债务人放弃抗辩权的意思表示,其效果为债权回复至时效完成前的状态,而时效完成后债务人履行债务,则债权因此而消灭。就债务人履行债务后不得请求返还的根据,理论上或者解释为实体权利在时效完成后尚属存在(所谓“自然债权”),或者解释为请求权消灭但受偿权存在,等等,但并不将之视为一种“放弃时效利益”的方式。唯有债务人在时效完成后对债务的“承认”是否属于放弃时效利益,理论上认识尚不统一。

德国及我国台湾地区“民法典”理论并不将债务承认视为一种时效利益放弃。债务人于时效完成后承认债务即使该债务重新具备强制力的理由，在德国民法上被解释为“已为之给付即不得请求返还”。《德国民法典》在有关“不当得利”的第 812 条中规定：“无法律上的原因而受领他人的给付……有返还的义务。”（第 1 项）“以契约对债务关系的存在或不存在的承认，也视为给付。”（第 2 项）也就是说，如果他人对当事人承认了一项并不存在的债务的存在，即等同于当事人接受了他人给付的一项并不存在的债权，故构成不当得利；如果他人对当事人承认了一项本来存在的债务之不存在，即等同于当事人无法律上的原因而接受了他人给予的一项利益，故也构成不当得利。由此，债务承认被视为一种“给付”。而债务人在时效完成后所为之债务承认，也视同给付之一种（债务人系将一项利益给予债权人），与债务人与时效完成后主动履行债务具有相同性质。因此，无论债务人是否知道时效之完成，其均不得请求返还。① 尽管如此，有关理论也承认，如债务人明知时效完成而承认债务，则通常具有放弃时效利益的意思，②故其定位似较难确定。

但日本旧时的判例将债务人的承认视为放弃时效利益，只不过其现行判例却又具有不同的解释。日本过去的判例认为，因时效期间的经过使债权消灭为众所周知，故债务人在时效完成后实施承认行为时，应推定为其明知时效已经完成，故其构成时效利益的放弃。但日本现行判例却认为，在通常情况下，如果债务人知道时效已经完成，则不会放弃时效利益，故当债务人实施承认行为时，应推定为其不知道时效的完成才比较自然。不过，当债务人于时效完成后承认债务，基于诚信原则，债务人应丧失其时效援用权。③

我国民法理论对此鲜有讨论，但也有学者认为“承认”是放弃时效利益的一种常见方式。④

（二）否认“承认”为时效利益放弃之理论的缺陷

在否认“承认”为时效利益放弃的理论中，时效利益的放弃为有相

---

① 参见史尚宽：《民法总论》，中国政法大学出版社 2000 年版，第 709 页。

② 同上书，第 708 ~ 709 页。

③ 参见［日］山本敬三：《民法讲义 Ⅰ：总则》，解亘译，北京大学出版社 2007 年版，第 389 页。

④ 参见王利明：《民法总则研究》，中国人民大学出版社 2003 年版，第 750 页。

对人的单方行为,但也不妨采取契约的形式。放弃时效利益的意思表示应向因时效完成蒙受不利益之人为之,且应适用有关法律行为的规则,其中包括行为人应具备行为能力以及处分能力等。此外,时效利益的放弃可采用明示的方法,也可采用默示的方法,如债务人明知时效完成而提供担保,或清偿部分债务,或者请求延期以及主张抵销等。除此之外,时效利益放弃最为重要的构成要件,是债务人必须明知其债务的时效期间已经届满,亦即时效利益的放弃,须以债务人明知时效完成为前提。①

显而易见,上述理论有关时效利益放弃行为的一般成立要件的阐述是正确的,但其一方面将承认排除于时效利益放弃之外,另一方面又将债务人"明知时效完成"作为放弃时效利益的必要条件,这就使时效利益放弃行为在实际生活中极难发生:(1)长时期欠债不还的债务人通常不讲信用或者缺乏清偿能力,如其明知因时效完成而可以不再履行债务,则其主动放弃时效利益的可能性极小;(2)即使明知时效完成的债务人突然良心发现或者突然具备了清偿能力,因而愿意清偿,则其最简单的方法是主动向债权人履行义务,根本无须为债务承认;(3)即使当事人愿意放弃时效利益,则因绝大多数债务人未经法律训练,故其根本不可能作出以"放弃时效利益"或者"放弃时效抗辩权"为内容的意思表示;(4)即使作出债务承认的债务人明知时效完成,但如其事后反悔,则债权人根本无法证明债务人"明知"时效完成的事实。

而前述理论所列举的一些放弃时效利益的所谓"默示"的方法,不过都是一些可推定为承认债务的行为。

事实就是,时效期间届满后,债务人主动履行债务或者承认债务,是其放弃时效利益最为普遍的表现方式。而鉴于债务人在时效完成后履行债务即不得请求返还的问题,已由债权的强制力或者受偿权的存在等不同根据予以解决,故应予解决的问题,仅为如何确定承认的性质及法律要件的问题。对此,笔者认为,德国及我国台湾地区民法理论将承认视为一种"给付",固可成立;日本现行判例将债务经承认后回复强制力依据诚信原则进行解释,也属合理。但在立法上存在"时效利益"概念的情况下,如果能够将承认纳入时效利益放弃规则中予以解决,应属最为合适和简便。

---

① 参见史尚宽:《民法总论》,中国政法大学出版社2000年版,第711页。

（三）承认的要件和性质

时效期间届满后，债务人对于债务的所谓“承认”，应分为两种情形：一是单纯承认债务的存在，但不具有同意履行债务的意思；二是不仅承认债务的存在，而且具有愿意履行债务的意思。前述德国、日本等国时效制度中的“承认”，指的是后一种情形。

我国司法实践认可债务人在时效期间届满后与债权人达成的还款协议的效力，[①]但对债务人承认债务的条件进行了限制，即导致时效抗辩权消灭的债务承认，除承认债权关系的存在之外，必须含有同意履行的意思。在我国司法实务中，曾就诉讼时效期间届满后，债务人在债权人发出的催款通知单上签字或者盖章的行为的效果出现过争议。对此，最高人民法院 1999 年的有关批复将之“视为对原债务的重新确认”，从而对该债权债务关系进行保护，[②]但其于 2004 年在对四川省高级人民法院有关案件请示的答复函中指出：“根据《中华人民共和国担保法》的规定，保证期间届满债权人未依法向保证人主张保证责任的，保证责任消灭。保证责任消灭后，债权人书面通知保证人要求承担保证责任或者清偿债务，保证人在催款通知书上签字的，人民法院不得认定保证人继续承担保证责任。但是，该催款通知书内容符合合同法和担保法有关担保合同成立的规定，并经保证人签字认可，能够认定成立新的保证合同的，人民法院应当认定保证人按照新保证合同承担责任。”[③]这一司法解释虽然针对的是保证义务，但其却否认了义务人在催款通知上签章行为本身即无条件构成债务承认的做法。这一思想，最终为最高人民法院《关于诉讼时效的规定》第 22 条所确定。该条文规定：“诉讼时效期间届满，当事人一方向对方当事人作出同意履行义务的意思表示或者自愿履行义务后，又以诉讼时效期间届满为由进行抗辩的，人民法院不予支持。”依照本条规定，诉讼时效期间届满后，仅在债务人明确表示“同意履行义务”的情况下，方可构成债务承认。

很显然，无论对于承认的性质作何定位，其效果均系债务人时效抗

① 参见我国最高人民法院法复〔1997〕4 号《关于超过诉讼时效期间当事人达成的还款协议是否应当受法律保护问题的批复》。

② 参见我国最高人民法院法释〔1997〕7 号《关于超过诉讼时效期间借款人在催款通知单上签字或者盖章的法律效力问题的批复》。

③ 转引自马俊驹、余延满：《民法原论》（第 3 版），法律出版社 2007 年版，第 251 页。

辩权的丧失。但承认可否被认定为时效利益放弃行为之一种,其关键在于能否将债务人在不知道时效完成的情况下所为承认也视为一种对时效利益的放弃行为,而这一问题的解决,应通过对承认的构成要件的设置和相应的解释来得以实现。

1. 承认的要件

导致时效抗辩权消灭的承认,为债务人同意履行债务的意思表示,本质上为有相对人的单方法律行为,但也可以以契约方式为之。

(1)承认的方式

承认可采用明示方法(如签订延期或者分期付款的合同、发出同意履行债务的函件、在债务核对清单上签章确认等),也可采用默示(推定行为)的方法(如支付本金的利息或者违约金、履行部分债务、为债务提供担保、主张债务抵销等)。对部分债务或者债权之从权利的承认,推定为对全部债务的承认。

(2)同意履行债务的推定

应当强调的是,如无相反意思,承认即推定为同意履行债务。债务人承认其债务不外有两种情形:一是债务人主动向债权人承认其债务,此种情形,即使其承认的表示中没有明示“同意履行债务”的意思,鉴于其主动承认债务之行为的目的,当然应推定其有此意思;二是债务人经债权人主张债权或者为债务履行催告而承认其债务,此种情形,只要其承认中不包含相反意思(明示其“虽承认债务的存在,但不同意履行债务”),则应推定其同意履行债务。原因在于,债权人包括债务履行催告在内的主张其权利的行为,已表明其行使权利的立场,对此,债务人如欲对抗,则要么不予理睬,要么明确表示不履行债务,如其经催告而为债务承认且无相反意思,则当然应断定其有愿意履行债务的意思。而在债务人履行部分债务、以自己的财产为债务提供担保或者委托第三人提供保证等情形下,其同意履行债务的意思更为明确。

对于时效期间届满后,债务人或者第三人对债务所提供的担保的效力问题,有学者指出:“如债务人知其债务已罹时效,而仍提供担保者,则可认为有时效抗辩权之抛弃。债务人如不知之,亦可认为纵该请求权时效已完成,仍有为无因的债务承认之意向。为已罹时效之债权设立保证人者,保证人仍得主张主债务之已罹时效。但保证人知其情事而仍为保证者,不得主张之。”[①]按照上述观点,提供担保的债务人无论是否知晓时效完成,均不影响其承认的成立,这是正确的。但其认为第三人为债务提供保证时,如保证人知晓主债务时效完成,不得援用主债务的时效抗辩,如其不知晓时效完成,则可以以主债务时效完成为由拒绝履行保证义务。这种看法有误:在债务人委托第三人提供保证的情形下,其委托保证行为即构成对债务的承认,从而使其时效抗辩权归于消灭,故无论保证人是否知晓时效完成,其均不得享有主债务的时效援用权。但在第三人非基于债务人的委托而主动提供担保的情形下,则当然不构成债务人的承认,债务人仍可行使时效抗辩权。但在此种情况下,保证人是否应继续承担保证责任呢?有学者认为,此种情形,保证人仍需承担保证责任,且丧失对主债务人的求偿权。[②] 对此,笔者认为,应分不同情况予以处理:(1)时效期间届满后,如第三人未经债务人委托而主动提供保证,并履行了保证义务,则债务人得通过行使时效抗辩权而对抗保证人的求偿权;(2)如保证人明知主债务时效期间届满,仍提供保证,不得援用主债务的时效抗辩,但保证人不知主债务时效期间届满而提供保证者,仍应享有主债务时效抗辩援用权;(3)主债务人行使时效抗辩权时,如保证人尚未履行保证义务,则保证债务因主债务的消灭而消灭,保证人得拒绝履行保证义务,但保证人主动履行其保证义务的,视为道德债务的履行,不得要求返还。

此外应当强调,依照社会生活习惯不应认定为债务承认的情形,应不构成承认。如公司门卫签收催款邮件的行为、债务人或其业务部门在催款通知以外的文件上签章以示签收的行为、债务人或其业务部门在催款通知文本上签章并注明“收到”字样的行为,等等。

2. 承认的性质:推定的时效利益放弃

时效期间届满后,如债务人承认债务,即导致其时效抗辩权的消灭。债务人如在知晓时效完成的情况下为债务承认,则当然构成对其时效利益的放弃。但在债务人不知时效完成的情况下,其对债务的承认能否推定为放弃时效利益?此为争议的焦点。

从严格意义上讲,既然时效利益放弃为单方法律行为,则其须以债

---

① 参见史尚宽:《民法总论》,中国政法大学出版社2000年版,第710页。

② 参见马俊驹、余延满:《民法原论》(第3版),法律出版社2007年版,第251页。

务人知晓时效期间届满为条件,而如前所述,如真实面对实际生活,则不能不承认,债务人于时效期间届满后履行其债务或者承认其债务,多数都是在并不知晓时效完成的情况下发生的(诚如前述日本现行判例所作推定:多数情况下,假如债务人知道时效完成,即不会为债务承认),将此种情况下的承认认定为时效利益的放弃,似无事实根据。但基于以下理由,笔者对此持有相反看法:

(1)民法上有关当事人接受或者放弃法律利益的推定,无论是基于对法律秩序的维护,或者是基于对当事人利益的保护,都不是以当事人真实存在的意思为根据,甚至并不都是以当事人"最有可能存在的真实意思"为依据。如我国《继承法》第25条规定,继承人在遗产分割前未表示放弃继承的,推定为接受继承,而规定受遗赠人在知道受遗赠后2个月内不表示接受的,推定为放弃受遗赠。前述不同对待,与其说是基于社会生活的习惯,不如说是基于立法者对继承人与受遗赠人的保护强度不同所致。因此,能否推定承认债务的债务人有放弃时效利益的意思,完全可以依立法目的而加以确定。

(2)实际生活中,在不知晓时效完成的情况下承认债务的债务人,其所"不知"的,通常并不是什么"时效期间届满"的事实,而是根本不知道或者不了解诉讼时效制度本身!因此,尽管承认债务的债务人在主观上并无放弃时效利益的意图,但在诉讼中,债务人对其"不知"亦即"不愿"很难证明:首先,对于时效期间届满的事实,债务人不得以不知晓民法有关诉讼时效的规定(包括时效期间、起算、中止及中断等)而证明其"不知";其次,债务人很难证明其不知晓债务的存在或者债务履行期等基本事实。因此,所谓"债务人在不知道时效完成的情况下承认债务",有可能是一种客观事实,但很难成为能够被法官所认定的法律上的事实。相反,根据承认其债务的债务人"应当知道"诉讼时效的规则以及"应当知道"诉讼时效期间届满的事实,推定其具有放弃时效利益的意思,在法律上完全能够成立。

(3)将债务承认视为时效利益放弃的一种方式,对于承认本身的效力不会产生任何影响或者改变,故此举无损当事人的利益,且理论上简洁圆通,操作上也更为便捷。

(四)我国的立法选择

从20世纪90年代起,我国司法实践即认可债务人在时效期间届满后与债权人达成的还款协议的效力。[①] 但对债务人承认债务的条件进行了限制,即导致时效抗辩权消灭的债务承认,除承认债权关系的存在之外,必须含有同意履行的意思。在我国司法实务中,曾就诉讼时效期间届满后,债务人在债权人发出的催款通知单上签字或者盖章的行为的效果,出现过争议。对此,最高人民法院 1999 年的有关批复将之“视为对原债务的重新确认”,从而对该债权债务关系进行保护,[②]但同一法院于 2004 年在对四川省高级人民法院有关案件请示的答复函中指出:“根据《中华人民共和国担保法》的规定,保证期间届满债权人未依法向保证人主张保证责任的,保证责任消灭。保证责任消灭后,债权人书面通知保证人要求承担保证责任或者清偿债务,保证人在催款通知书上签字的,人民法院不得认定保证人继续承担保证责任。但是,该催款通知书内容符合合同法和担保法有关担保合同成立的规定,并经保证人签字认可,能够认定成立新的保证合同的,人民法院应当认定保证人按照新保证合同承担责任。”[③]这一司法解释虽然针对的是保证义务,但其却否认了义务人在催款通知上签章行为本身即无条件构成债务承认的做法。其后,最高人民法院在其于 2008 年 8 月 21 日发布的《关于诉讼时效的规定》第 22 条规定:“诉讼时效期间届满,当事人一方向对方当事人作出同意履行义务的意思表示或者自愿履行义务后,又以诉讼时效期间届满为由进行抗辩的,人民法院不予支持。”根据这一规定,仅债务人“同意履行义务”的意思表示,方可产生放弃时效利益的效力。但何为“同意履行义务”,则仍然模糊不清。

基于前述分析,笔者在其提出的建议稿有关“诉讼时效期间届满后,债务人同意履行债务的,包括同意履行部分债务或从债务、对债务提供担保等,视为放弃诉讼时效利益”的规定之后,另款规定“债务人对债务予以承认的,如无相反意思表示,视为同意履行债务”。但这一建议未被采纳。我国于 2017 年 3 月颁布的《民法总则》采纳了最高人民法院前述司法解释的规定,在其第 192 条第 2 款规定:“诉讼时效期间

---

① 参见我国最高人民法院法复〔1997〕4 号《关于超过诉讼时效期间当事人达成的还款协议是否应当受法律保护问题的批复》。

② 参见我国最高人民法院法释〔1997〕7 号《关于超过诉讼时效期间借款人在催款通知单上签字或者盖章的法律效力问题的批复》。

③ 转引自马俊驹、余延满:《民法原论》(第 3 版),法律出版社 2007 年版,第 251 页。

届满后,义务人同意履行的,不得以诉讼时效期间届满为由抗辩;义务人已自愿履行的,不得请求返还。”由此,在实务中,对于在诉讼时效期间届满后债务人所为“债务承认”是否均构成其“同意履行”债务的问题,仍会引发争议,而债务人之“同意履行”是否可采用推定的方法予以确定,仍须加以斟酌。

第三节　诉讼时效期间

一、各个国家和地区立法例

消灭时效期间一般可分为普通时效期间与特别时效期间(短期时效)。普通时效期间为除有特别规定外得适用的期间,一般较特别期间为长。对此,各个国家和地区规定很不相同,有规定为30年的,如《德国民法典》原第195条、《法国民法典》第2262条等;有规定为10年的,如《瑞士债法典》第127条、《意大利民法典》第2946条;有规定债权为10年,其他财产权为20年的,如《日本民法典》第167条;也有规定为3年的,如《苏俄民法典》第44条;此外,我国台湾地区“民法典”规定为15年。德国于2002年1月1日起施行《债法现代化法》后,其普通时效期间改为3年(修改后的《德国民法典》第195条)。[①] 但该法典修改后的第197条、第199条仍规定了许多适用30年的消灭时效的情形。

至于特别期间,则种类繁多,分散规定于民法典和民事特别法之中,其中,各国民法多将利息、租金、赡养费、退职金以及其他1年或者不到1年之定期给付债权,[②]规定因5年不行使而消灭。[③] 对于旅店、饮食店以及娱乐场所的住宿费、饮食费;运送费、营业性动产租赁的租金;医院的医疗费;律师、会计师、公证人、技师等专业人员的报酬;商人应

---

① 参见《德国民法典》(第2版),陈卫佐译注,法律出版社2007年版,第64页之注释。

② 所谓“定期给付债权”,是指基于某种基本债权(定期金债权)而持续定期给付的债权,又称“分支债权”。如已届清偿期,则视为独立债权,得独立地因时效而消灭。参见史尚宽:《民法总论》,中国政法大学出版社2000年版,第642页。

③ 《法国民法典》第2227条、《日本民法典》第169条、《瑞士债法典》第128条、《德国民法典》第197条。

收取的货物价款等各种债权,各国民法多规定适用 2 年的时效期间,[①]其理由是上述各种事项系由日常营业活动发生,应以从速解决为宜。[②]此外,尚有 1 年或 6 个月的短期时效。

二、我国诉讼时效期间

我国 1986 年《民法通则》将诉讼时效期间分为三种,即普通时效期间、特别时效期间和最长时效期间,《合同法》《产品质量法》等特别法所规定的时效期间,属特别时效期间。

(一)普通时效期间

《民法通则》第 135 条规定普通时效期间为 2 年。这一规定历来受到理论界的批评。对此,民法总则草案审议稿将之增加规定为 3 年。梁慧星教授主持编写的民法典草案建议稿虽仍将普通时效期间规定为 3 年,但就人身伤害、所有权返还、借款本金和利息、工资报酬、房屋买卖、土地使用权转让等产生的请求权的诉讼时效期间,规定为 10 年。[③]

立足于诉讼时效维护财产秩序的宗旨,参考各国立法例及现代发展趋势,笔者认为,我国普通诉讼时效期间可规定为 3 年,但针对一些需要予以特殊保护的债权(如人身损害赔偿请求权、工资及报酬请求权等),可以设置 10 年的诉讼时效期间。

我国于 2017 年 3 月颁布的《民法总则》第 188 条将普通诉讼时效期间规定为 3 年。

(二)特别时效期间

依照《民法通则》第 136 条规定,身体伤害之赔偿请求权、因产品质量瑕疵的损害赔偿请求权以及租金请求权和寄存财物被丢失或者损毁的赔偿请求权,其诉讼时效期间为 1 年。前述四种特别时效期间中,一部分已被后公布的单行法所改变。如《环境保护法》第 42 条规定,环境污染损害赔偿提起诉讼的时效期间为 3 年;《产品质量法》第 45 条规定,产品缺陷损害赔偿提起诉讼的时效期间为 2 年。

此外,依照《合同法》第 129 条规定,因国际货物买卖合同和技术进

---

① 参见《法国民法典》第 2271 ~ 2273 条、《日本民法典》第 170 ~ 174 条、《瑞士债法典》第 128 条。

② 参见史尚宽:《民法总论》,中国政法大学出版社 2000 年版,第 645 页。

③ 参见梁慧星:《中国民法典草案建议稿》,法律出版社 2003 年版。

出口合同争议提起诉讼或者申请仲裁的期限为4年。依照《保险法》第26条的规定,人寿保险给付保险金赔偿请求权的诉讼时效期限为5年。而根据《海商法》第257条的规定,就海上货物运输向承运人要求赔偿的请求权,时效期间为1年;在时效期间内或者时效期间届满后,责任主体向第三人提起损害请求的,时效期间为90日。

我国《民法总则》在其第188条有关普通时效期间的规定之后,但书规定"法律另有规定的,依照其规定",未对特别时效期间作出具体规定。

(三)最长时效期间

《民法通则》第137条规定:"诉讼时效期间从知道或者应当知道权利被侵害时起计算。但是,从权利被侵害之日起超过20年的,人民法院不予保护。"此条款所规定的即为最长时效期间。与普通时效期间和特别时效期间的起算点不同,最长时效期间是从权利被侵害时起计算,即适用于当事人长期"不知道或不应当知道"其权利被侵害的情形。对于这一规定,我国学界多持赞同态度。此规定为《民法总则》第188条第2款所采纳。

第二十五章　诉讼时效期间的计算

第一节　诉讼时效的起算

一、起算原则

诉讼时效的设置基础是其权利受到侵害的权利人怠于行使权利的事实，故诉讼时效期间应从权利人知道或者应当知道其权利受侵害时起开始计算。或者说，应当从权利人客观上能够行使其请求权时开始计算。但在某些情况下，法律对一些特定的债权的诉讼时效期间规定了特别的起算时点。例如，我国《海商法》第 257 条规定：海上货物运输赔偿请求权的诉讼时效自承运人交付或者应当交付货物之日起计算；又如该法第 258 条规定：海上旅客运输人身损害赔偿请求权的诉讼时效，自旅客离船或应当离船之日起计算；再如《民用航空法》第 171 条规定：地面第三人损害赔偿请求权诉讼时效自损害发生之日起计算。

事实上，影响权利人行使权利的障碍有两种：一是事实上的障碍，即阻碍权利人行使权利的个人原因，如疾病、权利人误认为债权不存以及债务人下落不明，等等。二是法律上的障碍，即阻碍权利人行使权利的法律上的原因，如权利人不知且不可能知道其权利受侵害的事实，又如侵权损害中，虽权利人知道损害事实，但因加害人不明或者损害后果尚未显现等,权利人无法提起诉讼。法律上的障碍得阻碍诉讼时效期间的起算,但事实上的障碍不影响诉讼时效期间的起算。

据此,因合同所生的债权(包括违约金或者损害赔偿请求权),应从债务履行期限届满时开始计算;因侵权损害赔偿所生的债权,应从权利人知道或者应当知道损害事实以及加害人之时开始计算;因不当得利所生的债权,应从受损方知道或者应当知道不当得利事实之发生时开始计算;因无因管理所生的债权,应从管理人能够向本人行使请求权时开始计算。

此外,因合同解除所生的赔偿请求权,应从约定的解除事由成立或者法定解除权行使之时开始计算;因法律行为无效或者被撤销所生的赔偿请求权,应从法律行为被确认无效或者被撤销时起开始计算。

我国1986年《民法通则》第137条规定:"诉讼时效期间从知道或者应当知道权利被侵害时起计算……"这一规定的不完善在《民法总则》第188条第2款的规定中得以弥补,该条款规定:"诉讼时效期间自权利人知道或者应当知道权利受到损害以及义务人之日起开始计算,法律另有规定的,依照其规定。"

二、几种特殊情况的处理

(一)未定履行期限的合同债权

对于未定履行期限的合同债权的诉讼时效期间的起算,理论上历来存在两种不同观点:一是认为应从债权成立之时开始计算,此为我国台湾地区判例及日本某些判例所采用;①二是认为应从债务人经债权人催告后的合理期间(宽限期)届满时开始计算,此为《德国民法典》第199条的规定所采用。②

我国最高人民法院《关于诉讼时效的规定》第6条基本采用了上述第二种做法,规定"未约定履行期限的合同,依照合同法第六十一条、第六十二条的规定,可以确定履行期限的,诉讼时效期间从履行期限届满

---

① 参见史尚宽:《民法总论》,中国政法大学出版社2000年版,第637页;[日]山本敬三:《民法讲义Ⅰ:总则》,解亘译,北京大学出版社2007年版,第362~363页。

② 参见[日]山本敬三:《民法讲义Ⅰ:总则》,解亘译,北京大学出版社2007年版,第362~363页。

之日起计算；不能确定履行期限的，诉讼时效期间从债权人要求债务人履行义务的宽限期届满之日起计算，但债务人在债权人第一次向其主张权利之时明确表示不履行义务的，诉讼时效期间从明确表示不履行义务之日起计算。”

实际上，前述两种方法均有其缺陷。第二种方法虽然符合诉讼时效期间的起算原则，即在未定履行期限的债权成立时，债权人的权利并未受到侵害，只有当债权人依照我国《合同法》第62条之规定“随时”请求债务人履行债务，且所给予债务人履行债务的合理准备时间届满之时，方可发生债权受侵害的事实，但其致命缺陷在于，如果债权人长期不对债务人提出履行请求，则其权利的诉讼时效期间即一直不能开始计算，亦即债权诉讼时效期间的起算完全为债权人的意志所操控，难免有违诉讼时效制度的本旨；第一种方法虽然避免了此种缺陷，但债权成立即开始计算诉讼时效期间，不仅有违诉讼时效期间起算的基本原则，而且有违当事人设立债权关系的目的（如未约定还款期限的借贷关系，当事人通常并无“即借即还”的意思），故在时效期间较短的情况下，会使债权人“猝不及防”地丧失权利保护，对之显失公允。

对此，笔者在提出的建议稿中设置如下规定：“未约定履行期限的债权，其诉讼时效期间从债务人经债权人催告后的合理期间届满时开始计算。但债权人自债权成立时起1年之内未为催告的，诉讼时效期间从债权成立后1年期间届满时，开始计算。”

2017年3月颁布的《民法总则》对未约定履行期限的债权的时效期间的起算，未作出规定。

（二）人身伤害所生的债权

侵权损害赔偿中，因人身伤害所产生的赔偿请求权的特点是，伤害行为与伤害结果有可能不是同时出现，故我国最高人民法院《民通意见》第168条规定：“人身损害赔偿的诉讼时效期间，伤害明显的，从受伤害之日起算；伤害当时未曾发现，后经检查确诊并能证明是由侵害引起的，从伤势确诊之日起算。”但这一规定有所不当。这是因为，人身损害赔偿中，作为赔偿请求权据以产生的“损害事实”，并非身体伤害本身，而是当事人因身体伤害所遭受的财产损失，此种财产损失主要表现为其支付的医疗费用等。这表现为，人身伤害发生后，如果受害人应当支付的医疗费用等尚未确定，其无法行使损害赔偿请求权利。因此，此种损害赔偿请求权的诉讼时效期间,应当从财产损害发生之时(医疗费用等已经确定或者能够确定之时)起开始计算,而不应从人身遭受伤害时或者伤势确诊之时起开始计算。

(三)继续性侵权所生的债权

1. 概说

继续性侵权是指针对同一客体连续实施的侵害行为,如对专利权、商标权等知识产权的继续性侵权等。对此种侵权所生的损害赔偿请求权诉讼时效期间的起算,存在不同观点,有人认为应从第一次侵权行为发生时开始计算,有人则认为应从侵权行为终结时开始计算。[①] 而根据我国最高人民法院2002年10月15日施行的《关于审理著作权民事纠纷案件具体适用法律若干问题的解释》第28条的规定:"……权利人超过二年起诉的,如果侵权行为在起诉时仍在持续,在该著作权保护期内,人民法院应当判决被告停止侵权行为;侵权损害赔偿数额应当自权利人向人民法院起诉之日起向前推算二年计算。"

很显然,以一般方式确定继续性侵权所生债权的诉讼时效期间的起算点,客观上似乎存在难以克服的困难。因该种损害系连续不断地发生,故权利人的请求权也当不断产生。如将诉讼时效期间起算点确定为权利人第一次知道或者应当知道侵权事实之时,则权利人对于此后继续发生的侵权损害无法寻求法律保护,这样对权利人明显不公;但如将诉讼时效期间的起算点确定为侵权行为终结之时,则在侵权行为一直持续进行的情况下,无异于承认权利人即使有权利不行使也不受诉讼时效期间的约束,此举明显违背时效制度的宗旨。

2. 解决方法

对于继续性侵权所生债权的诉讼时效期间的起算问题,笔者认为:

(1)从理论上讲,不妨参照基础性债权(基本债权)与基于基础性债权而产生的各具体的给付请求权的法理,将作为继续性侵权之对象的权利受侵害所产生的整体意义上的损害赔偿请求权与因每一具体侵权行为所产生的损害赔偿请求权分开,前者伴随权利的存在而一直存在,故不适用诉讼时效,后者则为具体的损害赔偿请求权,得适用诉讼时效。具体而言,以专利权为例,专利权具有不可侵害性,故只要发生

---

① 参见王利明:《民法总则研究》,中国人民大学出版社2003年版,第731~732页。

侵权行为,即产生损害赔偿请求权,权利人此种取得索赔权利的“机制”,不因权利人所享有的某一具体的索赔请求权之诉讼时效期间届满而受任何影响。

(2)鉴于继续性侵权具有连续性特点(如持续制造他人的专利产品),客观上有可能无法对各次侵权损害从量上进行分割,故只能采用时间分割的方法,即从权利人第一次知道或者应当知道侵权事实时起,推定其知晓此后继续发生的侵权事实,故其对起诉前处于时效期间范围内产生的侵权损害,得主张其索赔权利,但对于此期间范围之外的侵权损害,则不得主张索赔权利。例如,甲从 2002 年 3 月起开始擅自制造并销售乙享有专利权的产品,乙应于此时即知晓侵权事实,故其索赔权利的诉讼时效期间应从此时开始计算。如果乙于 2006 年 3 月提起诉讼,则甲应赔偿自 2004 年 3 月至 2006 年 3 月期间因专利侵权而为乙造成的损失,但对于自 2002 年 3 月至 2004 年 3 月期间的损害,因计算至 2006 年 3 月已经超过时效期间,故甲可对之行使时效抗辩权。但是,如果从权利人知道或者应当知道侵权事实时起,至权利人提起诉讼之时,其所经过的时间未超过诉讼时效期间的,则权利人对全部侵权损害均有权主张赔偿。如前例,甲的侵权行为始于 2002 年 3 月,但乙于 2005 年 3 月才知道或者应当知道侵权事实。如果乙于 2006 年 3 月提起诉讼,则因时效期间应从 2005 年 3 月开始计算,至提起诉讼之时尚未届满,故其可请求甲赔偿自 2002 年 3 月以来的全部侵权损害。

由此可见,我国司法实践采用的做法是合理可行的。

(四)分期履行的债务

分期履行的债务是指同一债务被予以量上的分割,并在不同的时间先后分别履行。如分批交货、分批付款,租赁合同中,如租金按月、季度、年度等支付,亦属此类。对于分期履行的债务之诉讼时效期间的起算,我国最高人民法院《关于诉讼时效的规定》第 5 条规定:“当事人约定同一债务分期履行的,诉讼时效期间从最后一期履行期限届满之日起计算。”这一规定值得商榷。

笔者认为,基于以下理由,分期履行的债务,其诉讼时效期间应从各期债务的履行期届满时开始计算,亦即各期债务的诉讼时效应当分别计算:

1. 分期履行的债务在形式上为一项债务,但因其已被当事人予以量上的分割,各自具有相对的独立性,相应地,债权人的请求权也被分割为数个请求权而相对独立存在。据此,对于债务人迟延履行的违约责任、债务是否适当履行等问题的具体判断,应以各期债务履行的情形作为根据。所以,将各期的债务视为数个债务,并确定各期债务的诉讼时效期间从各自的履行期间届满时开始计算,并无技术上的障碍。

2. 权利人能够行使权利而不行使,是诉讼时效开始计算的事实基础。在债务分期履行的情形中,债权人能够行使而不行使其到期之请求权,已经构成前述事实基础,如果将分期履行的债务的诉讼时效期间的起算点确定为最后一期债务履行期限届满之时,有违诉讼时效期间起算的基本规则。

3. 在长期连续履行的债权关系中(如长期供应合同、长期租赁合同等),如将诉讼时效期间的起算点确定为最后一期债务的履行期届满之时,会使一些债权关系长久悬而不决,有违诉讼时效制度的宗旨。而在短期债权关系中,各期债务的履行期限之间的间隔常常较短,债权人此间的任何一次债权主张,均可导致此前的到期债务的时效发生中断,且最后一期债权到期时,此前到期的各期债务的时效期间往往尚未届满,债权人仍有充分的机会及时主张其全部债权,故将其诉讼时效期间依各期债务分别予以计算,并无明显损害债权人合法利益之嫌。

对此,《民法总则》采纳了前述司法解释的做法,在第189条规定:"当事人约定同一债务分期履行的,诉讼时效期间自最后一期履行期限届满之日起计算。"

第二节　诉讼时效的中止

一、"时效之停止"与"时效不完成"

诉讼时效建立于权利人有权利不行使的基础之上,即权利人能够行使权利而未行使。如诉讼时效进行期间,因某种情况的发生,使权利人客观上不可能采用任何一种方法行使其权利,诉讼时效即暂停计算,待妨碍诉讼时效进行的客观情况消除时,时效期间继续计算,此为诉讼时效的中止。

诉讼时效的中止制度为各国民法所规定，但其规定方式有所区别。在不同的立法模式中，时效的中止（停止）被分为两种：一种是“时效之停止”，即时效期间因中止事由而暂停计算，待阻碍时效进行的事由消除之后，时效期间继续计算，将中止前经过的期间与继续进行的期间相加，以确定时效期间是否完成；另一种是“时效不完成”，即阻碍权利人行使权利的事由发生后，时效期间仍然继续进行，但即使时效期间已经届满，也只有在阻碍事由消灭之后并经过一定期间（如 6 个月），时效期间方可完成。例如，《日本民法典》第 159－2 条规定：“夫妻一方对他方所有的权利，自婚姻解除之时起 6 个月内，时效不完成。”一些国家（如法国、瑞士）民法仅规定时效之停止，而《德国民法典》则同时规定了“时效之停止”（第 202～204 条）与“时效不完成”（第 206～207 条）。但日本和我国台湾地区“民法典”仅规定“时效不完成”。

比较有关时效中止的两种立法模式，其各有特点。“时效之停止”仅考虑在权利行使遇到客观障碍时，令时效期间暂停计算，但原则上法定时效期间的长短并不因此而发生变化，亦即并不因此而给予不行使权利的权利人以更多的优惠，这样处理，比较符合时效的宗旨；“时效不完成”则更加注重在阻碍时效正常进行的中止事由消除之后，给予权利人以充分的行使权利的时间，这样处理，对于因婚姻亲属关系上的原因（如继承人不确定、欠缺行为能力的人没有法定代理人等）而发生的时效中止，更加符合生活实际（如欠缺行为能力的权利人因法定代理人死亡而无法行使权利，时效发生中止，而在新的法定代理人确定之后，其常常不能立即进入角色并及时代为行使权利），有利于对权利人利益的正当维护。对此，笔者认为，在采用单一的“时效之停止”的立法模式中，如果能够结合生活实际，针对某些特定情形，规定诉讼时效中止后，剩余时间不足一定期间（如 6 个月）的，时效期间增至 6 个月，则无疑可以取“时效不完成”之长，弥补“时效之停止”之短。

我国民法理论和立法上，诉讼时效的中止历来仅指“时效之停止”。

二、中止的条件

诉讼时效的中止应同时具备以下条件。

（一）须存在法定中止事由

诉讼时效中止事由为阻碍权利人行使权利的客观情况，与权利人主观上是否有行使权利的意思毫无关系。对此,除不可抗力之外,我国最高人民法院《民通意见》第172条作出了具体规定:“在诉讼时效期间的最后六个月内,权利被侵害的无民事行为能力人、限制民事行为能力人没有法定代理人,或者法定代理人死亡、丧失代理权,或者法定代理人本人丧失行为能力的,可以认定为因其他障碍不能行使请求权,适用诉讼时效中止。”

就各国规定而言,构成诉讼时效中止事由的主要有两种情形:

一是不可抗力,即自然灾害、战争、瘟疫等无法预见以及无法避免的客观情况。凡属权利人主观原因而造成的阻碍其行使权利的情形,如不知其权利存在或误认为权利不存在、下落不明等,不构成中止事由。权利人患病虽为客观原因造成,但与其本人有关,也不构成中止事由。依照日本判例,债权被扣押,虽债权人无法对债务人行使权利,但因债权人仍可提起债权确认之诉,故也不构成中止事由。[①]

二是其他障碍,包括:(1)欠缺行为能力的债权人因故没有法定代理人。(2)继承开始后,债权人或者债务人的继承人或者遗产管理人尚未确定。此种情形,债权的继承人无法行使权利,而债权人也无法对债务的继承人行使权利。[②] (3)法定代理关系的存在。很多国家的民法规定,欠缺行为能力的债权人如与债务人之间存在法定代理关系的,于代理关系消灭后1年内,其时效不完成。[③] 其理由是,欠缺行为能力的人享有的债权需由其法定代理人代为行使,在债务人为法定代理人的情形,其权利难以行使。德国、意大利等国民法还规定,监护关系存续期间,监护人与被监护人相互之间存在债权债务关系的,均得发生中止。[④] (4)夫妻关系的存在。各国民法均规定,夫妻相互之间存在债权债务关系的,于婚姻关系消灭后1年内,其时效不完成。[⑤] 鉴于夫妻为生活共同体,应相互信赖,其婚前发生的债权债务虽不因缔结婚姻而消

---

① 参见史尚宽:《民法总论》,中国政法大学出版社2000年版,第689页。

② 参见《法国民法典》第2258~2259条、《德国民法典》第207条、《日本民法典》第160条。

③ 参见《德国民法典》第204条、《日本民法典》第159条、《瑞士债法典》第134条第1项。

④ 参见《德国民法典》第204条、《意大利民法典》第2941条第2~4款。

⑤ 参见《法国民法典》第2253条、《德国民法典》第204条、《日本民法典》第159条、《瑞士债法典》第134条第1项。

灭,但于婚姻存续期间相互行使债权乃至诉诸法庭,有违生活习惯和婚姻伦理,故其诉讼时效期间应当发生中止。

对此,1986 年《民法通则》第 139 条规定:“在诉讼时效期间的最后 6 个月内,因不可抗力或者其他障碍不能行使请求权的,诉讼时效中止。从中止时效的原因消除之日起,诉讼时效期间继续计算。”我国最高人民法院《民通意见》第 172 条对前述“其他障碍”作出了具体解释:“在诉讼时效期间的最后 6 个月内,权利被侵害的无民事行为能力人、限制民事行为能力人没有法定代理人,或者法定代理人死亡、丧失代理权,或者法定代理人本人丧失行为能力的,可以认定为因其他障碍不能行使请求权,适用诉讼时效中止。”在此基础上,最高人民法院关于诉讼时效的司法解释又增加规定了“继承开始后未确定继承人或者遗产管理人”“权利人被义务人或者其他人控制无法主张权利”等具体事由。(第 20 条)

借鉴各国立法,我国民法应当补充规定前述继承人或者遗产管理人未确定、法定代理关系以及夫妻关系的存在等事由,为诉讼时效的法定中止事由。为此,笔者在提出的建议稿中规定:“下列情况构成诉讼时效的中止原因:(一)不可抗力;(二)权利被侵害的无行为能力人、限制行为能力人没有法定代理人,或者法定代理人死亡、丧失代理权,或者法定代理人本人丧失行为能力的;(三)继承开始后,债权人或者债务人的继承人或者遗产管理人尚未确定的;(四)无行为能力或者限制行为能力的债权人与债务人之间存在法定代理关系的;(五)婚姻关系存续期间,夫妻相互之间存在债权债务关系的。”

我国于 2017 年 3 月颁布的《民法总则》部分采纳了学者的建议,在其第 194 条规定:“在诉讼时效期间的最后六个月内,因下列障碍,不能行使请求权的,诉讼时效中止:(一)不可抗力;(二)无民事行为能力人或者限制民事行为能力人没有法定代理人,或者法定代理人死亡、丧失民事行为能力、丧失代理权;(三)继承开始后未确定继承人或者遗产管理人;(四)权利人被义务人或者其他人控制;(五)其他导致权利人不能行使请求权的障碍。”

(二)须中止事由存在于时效期间届满之前 6 个月

中止事由须发生或者延续至诉讼时效期间起算之后、届满之前,方可引起中止的效果。在采“时效之停止”模式的立法,多规定中止事由须发生或者延续至时效期间届满前6个月,方可引起中止,如《德国民法典》第203条第2项以及我国《民法通则》第139条;而在采"时效不完成"模式的立法,多规定中止事由须至时效完成时继续存在,才能引起中止(时效不完成)的效果,如《日本民法典》第161条以及我国台湾地区"民法典"第139条。因我国民法上诉讼时效的中止均指时效期间暂停计算,考虑到这一制度的目的在于给予无法行使权利的权利人以充分的时间和机会行使其权利,而非放纵权利人怠于行使权利,故前述我国《民法总则》第194条将中止效果的发生限定于时效期间届满前6个月,是合理的。

三、中止的效力

中止事由如发生于时效期间届满前6个月之内,则从中止事由出现之日起时效期间停止计算,待事由消灭后,时效期间继续计算,直至届满。中止事由如发生于前述6个月之前并延续至该6个月之内,则时效期间从第6个月起停止计算。关于中止事由消除后,如剩余的时效期间不足6个月时,是否可将之延长为6个月的问题,我国1986年《民法通则》未作规定。对此,采"时效不完成"模式的立法多规定,如涉及欠缺行为能力人对其法定代理人的权利,自其具备完全行为能力或者后任的法定代理人确定之时起,时效于6个月内或者1年内不完成。① 此外,涉及继承人所继承遗产中的债权,或者对继承人享有的债权,自继承人确定或者遗产管理人选定时起,时效于6个月之内不完成。② 前述规定显然值得借鉴。为此,笔者在提出的建议稿中规定:"在诉讼时效期间的最后六个月内,债权人不能行使债权的,诉讼时效中止。从中止诉讼时的原因消除之日起,诉讼时效期间继续计算,其剩余期间不足六个月的,延长为六个月。"此建议为《民法总则》所采纳,其在第194条第2款规定:"自中止时效的原因消除之日起满六个月,诉讼时效期间届满。"

---

① 参见《日本民法典》第159条、《德国民法典》第206条、我国台湾地区"民法典"第141条。

② 参见《法国民法典》第2258~2259条、《德国民法典》第207条、《日本民法典》第160条。

第三节　诉讼时效的中断

一、中断事由

诉讼时效进行期间，如果权利人以某种方式行使了权利，则诉讼时效得以建立的基础（权利人有权利不行使）即发生崩溃，双方的法律关系得以清晰和稳定。因权利人不行使权利而产生的义务人虚假的财产状况之外观即不复存在，因此，已经经过的诉讼时效期间应当归于无效。此种情形，为诉讼时效的中断。

诉讼时效的中断制度为各国民法所规定。我国《民法通则》第 140 条规定："诉讼时效因提起诉讼、当事人一方提出要求或者同意履行义务而中断。从中断时起，诉讼时效期间重新计算。"根据这一规定，诉讼时效的中断事由应包括"起诉"、"债权人请求债务人履行债务"以及"债务人同意履行债务"三种。此三种中断事由，也为《民法总则》第 195 条所采纳。

（一）起诉

1. "起诉"的含义

起诉为权利人行使权利之最为极端的方式，故大陆法系各国民法均规定其能够引起诉讼时效的中断。对于"起诉"的含义，各国民法作出了宽泛的解释。如《法国民法典》第 2244 ~ 2246 条规定：送达法院传票、支付命令或扣押命令、为和解而传唤被告等，均可引起时效中断；《德国民法典》第 209 ~ 210 条规定：除提起给付之诉或者确认请求权之诉以及请求强制执行之外，送达支付命令、申请和解、在破产程序中申报破产债权、申请先决判决等，均与起诉有中断时效之同等效力。《日本民法典》第 149 ~ 152 条也有相似规定。我国理论上也认为，权利人所提起的诉讼的种类不受限制（包括民事诉讼、刑事附带民事诉讼、民事诉讼中的本诉或者反诉等），而权利人依仲裁条款申请仲裁、向法院申请强制执行等，均具有与起诉同等的中断时效的效力。对此，最高人民法院《关于诉讼时效的规定》作出了相当广泛的规定，其第 13 条将申请仲裁、申请支付令、申请破产、申报破产债权、为主张权利而申请宣告义务人失踪或死亡、申请诉前财产保全、诉前临时禁令等诉前措施、申请强制执行、申请追加当事人或者被通知参加诉讼、在诉讼中主张抵销以及其他与提起诉讼具有同等诉讼时效中断效力的事项,视为与提起诉讼具有同等诉讼时效中断效力的事由。而其第14、15条则将权利人向人民调解委员会以及其他依法有权解决相关民事纠纷的国家机关、事业单位、社会团体等社会组织提出保护相应民事权利的请求,以及向公安机关、人民检察院、人民法院报案或者控告,请求保护其民事权利的情形等,也包括在时效中断事由的范围之内。

就起诉是否为诉讼时效中断的事由,我国有学者赞同苏联学者的观点。认为根据民事诉讼"一事不再理"原则,当事人一旦起诉并经法院判决,即仅存在申请强制执行期间的问题而不存在诉讼时效期间重新起算的问题,故并无必要认定起诉为时效中断的事由。[①] 很显然,鉴于诉讼时效中断的意义在于时效期间的重新起算,故在我国民事诉讼体制之下,如债权人提起给付之诉或者直接申请强制执行,则当然不能发生时效的中断而只能发生其"终结"。但是,在权利人提起单纯的债权确认之诉或者就部分债权提起给付之诉等情形中,法院判决并不能导致债权或者全部债权得以强制执行的效果。此种情形,债权或者部分债权的诉讼时效期间仍有重新起算的必要和可能。此外,在权利人起诉后又撤诉的情形下,如果认定在一定条件下,其起诉能够引起诉讼时效的中断,则仍有必要重新计算时效期间。因此,立法上仍应将起诉列为诉讼时效中断的法定事由,只不过权利人的某些诉讼请求一经法院判决,即不存在相关权利的诉讼时效期间重新起算的问题。

较之《民法通则》的简单规定,我国《民法总则》第195条就中断事由中的"起诉"作出了更为具体的规定,即起诉或者申请仲裁以及"有与提起诉讼或者申请仲裁具有同等效力的其他情形",均可引起诉讼时效的中断。

2. 起诉被驳回或者撤回的效果

有关权利人起诉后因其起诉不符合法律要求而被裁定驳回得否引起时效中断的问题,各国立法均规定其不发生时效的中断。[②] 但日本和

---

① 参见马俊驹、余延满:《民法原论》(第3版),法律出版社2007年版,第261页。

② 《法国民法典》第2247条、《日本民法典》第149条以及《德国民法典》第212条第1项。

我国台湾地区有学者认为,即使起诉被驳回,只要诉状已送达债务人,则仍应发生因请求或者催告而中断时效的效力。[①]

就当事人起诉后又撤诉得否引起时效中断的问题,在我国理论界存在很大争议。对此种情形,我国学者中有人认为应当中断时效,有人认为不应当中断时效,也有人认为应区别不同情况予以不同对待:如当事人撤诉时其诉状副本已送达被告,则应引起中断,否则不能引起时效中断。[②] 而对这一问题,其他国家或地区则存在不同规定:《法国民法典》第2247条规定,"原告撤回其诉时","不认为时效中断";《德国民法典》第212条规定,当事人撤回诉讼,视为不中断,但"如权利人在6个月之内再行起诉,消灭时效由前次起诉时起视为中断";《日本民法典》第149条规定:"裁判上的请求,于诉被驳回或撤回时,不发生时效中断的效力。"但按照日本判例,在债权人撤回破产申请之前,可以认为其一直在催告债务人履行债务,故可比照催告。债权人如在破产申请撤回后6个月内起诉,则时效中断的效力将得到维持。[③] 我国台湾地区判例也承认,如诉状已送达债务人,则债权人的起诉纵经撤回,也应适用其民法有关时效因请求而中断的规定。[④]

我国最高人民法院《关于诉讼时效的规定》第12条规定:"当事人一方向人民法院提交起诉状或者口头起诉的,诉讼时效从提交起诉状或者口头起诉之日起中断。"这一规定看起来并未涉及起诉被驳回或者起诉后又撤诉是否仍可引起诉讼时效中断的问题,但该司法解释15条第1款在规定"权利人向公安机关、人民检察院、人民法院报案或者控告,请求保护其民事权利的,诉讼时效从其报案或者控告之日起中断"的同时,在其第2款规定:"上述机关决定不立案、撤销案件、不起诉的,诉讼时效期间从权利人知道或者应当知道不立案、撤销案件或者不起诉之日起重新计算;刑事案件进入审理阶段,诉讼时效期间从刑事裁判文书生效之日起重新计算。"这就表明,按司法解释制定者的意图,既然

---

① 参见[日]我妻荣:《新订民法总则》,于敏译,中国法制出版社2008年版,第428页;史尚宽:《民法总论》,法律出版社2007年版,第658~659页。

② 参见马俊驹、余延满:《民法原论》(第3版),法律出版社2007年版,第259页。

③ 参见[日]山本敬三:《民法讲义Ⅰ:总则》,解亘译,北京大学出版社2007年版,第372页。

④ 参见史尚宽:《民法总论》,中国政法大学出版社2000年版,第658~659页。

当事人“控告失败”仍能引起时效中断的效果,则其起诉被驳回或者撤诉,当然也应引起诉讼时效的中断。

对此笔者认为,权利人行使权利而中断时效,不仅权利人有行使权利的意思和行为,而且其行使权利的意思必须达到债务人,方可引起时效的中断。因在我国司法实践中,起诉被驳回通常不发生向被告送达诉状的问题,故其应视同为未起诉,不能引起诉讼时效的中断。而在权利人起诉被驳回或者起诉又撤诉的情形下,如其诉状未送达债务人,则应视同为未起诉。但如其诉状已经到达债务人,则双方之间的法律关系并非因此而未产生任何影响,故应将之视为债权人请求债务人履行义务的一种方式,应当引起时效的中断。由此推而论之,无论债权人行使权利的方式如何,尤其是在诉讼的环境中,无论债权人在诉讼中基于何种地位、基于何种原因或采用何种形式,只要债权人对债务人有行使债权的意思并达到债务人,则均应发生时效中断的效果。

据此,笔者在提出的建议稿中规定:“债权人起诉后被驳回或者撤诉的,如起诉书未送达债务人,诉讼时效不发生中断。”这一建议未被《民法总则》采纳。

(二)请求

1. 各国立法例

法国、德国、瑞士等国家的民法典规定,仅裁判上的请求(起诉)才能引起时效的中断。① 但日本和我国台湾地区“民法典”规定,债权人诉讼外的催告,也能引起时效的中断,但其条件是债权人为催告后须于其后6个月之内为裁判上的请求。② 其立法理由是,经债权人请求后,“若债务人否认其请求权或无诚意履行,如请求人经过相当时间并不起诉,则可认为无行使权利之觉醒,故应视为不中断,而自始不发生中断之效力”。③ 我国《民法通则》仅规定债权人请求债务人履行债务得引起诉讼时效的中断,但未作其他限制。我国民法理论历来认为诉讼外请求应当无条件引起诉讼时效的中断,且此种中断时效的方法,债权人得反复运用,只不过其诉讼时效的最长期间不得超过20年。但也有学

---

① 参见《法国民法典》第2244条、《德国民法典》第209条、《瑞士债法典》第135条第2款。

② 参见《日本民法典》第147条、我国台湾地区“民法典”第130条。

③ 参见史尚宽:《民法总论》,中国政法大学出版社2000年版,第653页。

者认为我国民法应仿效日本立法例，对诉讼外请求之中断时效设置限制性条件。①

笔者认为，债权人请求债务人履行债务，是债权人以诉讼外方式行使其权利的典型方法，故其应当构成时效中断的法定事由。无论采用否认诉讼外请求得中断时效的立法模式，或者采用强令债权人为催告后一定期间内必须提起诉讼方可中断时效的立法模式，其实质性效果均在逼迫债权人尽快采用诉讼方式行使其权利。此种促使当事人以争讼的极端方式解决利益纷争的做法，完全不符合我国传统道德观念和生活习惯，也完全不适应我国经济生活的现状，不仅会造成人际关系的紧张，且成本巨大。因此，保持现有做法，利大于弊。

我国《民法总则》承继了《民法通则》的做法，在其第 194 条第 1 项规定“权利人向义务人提出履行请求”引起诉讼时效的中断，且未设置任何限制。

2. 请求的成立条件

请求即债权人催告债务人履行债务的行为，债权人的催告须到达债务人方可发生中断时效的效力。关于请求的对象，我国最高人民法院《民通意见》第 173 条第 2 款规定：“权利人向债务保证人、债务人的代理人或者财产代管人主张权利的，可以认定诉讼时效中断。”

理论上认为，对于债权人的请求应采宽泛解释，只要债权人对债务人以某种方式表达了行使权利的意思，即可构成请求，包括债权人主张债务抵销、行使同时履行抗辩权、拒绝返还担保物等。依照最高人民法院《关于诉讼时效的规定》第 18 条的规定：“债权人提起代位权诉讼的，应当认定对债权人的债权和债务人的债权均发生诉讼时效中断的效力。”而依照其第 19 条的规定：“债权转让的，应当认定诉讼时效从债权转让通知到达债务人之日起中断。”（第 1 款）“债务承担情形下，构成原债务人对债务承认的，应当认定诉讼时效从债务承担意思表示到达债权人之日起中断。”（第 2 款）

至于债权人为部分债权之请求是否具有中断全部债权的时效的效果，学者有不同看法。② 对此，前述《关于诉讼时效的规定》第 11 条规

---

① 参见马俊驹、余延满：《民法原论》（第 3 版），法律出版社 2007 年版，第 260 页。

② 参见史尚宽：《民法总论》，中国政法大学出版社 2000 年版，第 652 页。

定:“权利人对同一债权中的部分债权主张权利,诉讼时效中断的效力及于剩余债权,但权利人明确表示放弃剩余债权的除外。”笔者认为,鉴于债权之整体与部分、从权利与主债权之间的密切关系,如果债权人为部分债权或者从权利(如违约金请求权)的请求时,并无放弃其余部分债权或者主债权的表示,则其当然包含有确认其全部债权或者主债权的意思,故应引起全部债权或者主债权的时效的中断。但债权人请求保证人履行保证义务时,因保证人与债务人为不同主体,其行使权利的意思并未到达债务人,故不应对主债权的时效发生中断。

此外,由于请求只是债权人行使权利的意思表示,故即使债务人对其请求享有某种抗辩权,或者其主张的债务抵销因不具备法定条件而不能成立等,也不影响该请求发生中断时效的效力。例如,合同约定出卖人甲应于3月1日交货,买受人乙应于3月2日付款,如果甲在到期并未交货的情况下请求乙支付货款,虽乙得行使先履行抗辩权,但甲的请求仍可引起其债权诉讼时效的中断。又如,甲就其与乙之间的对待债务主张法定抵销,虽因乙对其享有的债权尚未到履行期而不能成立,但甲对乙的债权之诉讼时效仍发生中断。

(三)债务人同意履行债务

1.“承认”的含义

各国民法均规定,债务人的“承认”即产生中断时效的效力。但对此种“承认”的立法表达有所不同,有的将之概括表达为义务人对权利的“承认”(《法国民法典》第2248条、《日本民法典》第147条);有的则将之作列举规定(《德国民法典》第208条规定:“债务人以分期付款、清偿利息、给付担保或其他方式承认债权人的请求权者,消灭时效中断。”《瑞士债法典》第135条第1项也有相似规定);我国《民法通则》第140条则将之明确限定为债务人“同意履行义务”。但最高人民法院《关于诉讼时效的规定》第16条规定:“义务人作出分期履行、部分履行、提供担保、请求延期履行、制定清偿债务计划等承诺或者行为的,应当认定为民法通则第一百四十条规定的当事人一方‘同意履行义务’。”

如前所述,债务人在时效期间届满后对债权的“承认”,如无相反意思,即推定为同意履行债务,应构成其对时效利益的放弃。不过,在债务人虽承认其债务但明示其拒绝履行的情形下,则不构成时效利益的放弃。而债务人在时效期间进行中所为的“承认”,其之所以能够产生中断时效的效果,原因便在于债务人的承认即使债权人无须再为债务履行之请求。故其被视为债权人行使权利的一种方式,能够发生与请求同等的中断时效的效力。反之,如果债务人在承认其债务的同时明确表示拒绝履行债务,则双方的法律关系并未因之而稳定,债权人仍有必要行使其请求权。故此种"承认"显然不能被视为权利人行使权利的一种方式,不能构成时效的中断事由。

由此可见,德国、瑞士民法将债务人的承认行为的类型(主要是主动履行债务的行为)作列举规定,而非一般地规定"承认"得中断时效,有其特别的考虑。而我国1986年《民法通则》未采"承认"的表达而将之明定为"同意履行义务",也有其合理之处。但无论对构成承认的事项作列举规定或者将之明定为"同意履行债务",均有过分限制"承认"成立条件之嫌,不利于保护债权人的正当利益。

据此,笔者在提出的建议稿中规定:"诉讼时效因债务人同意履行债务而中断的,诉讼时效期间从中断时重新开始计算。但当事人双方约定了新的履行期限的,诉讼时效期间从新的履行期间届满之次日起重新开始计算。"(第1款)"债务人同意履行部分债务或者从债务,或者对债务提供担保等,适用前款规定。"(第2款)"债务人委托第三人为债务提供担保或者债务人明知第三人提供担保而不表示反对的,视为同意履行债务。"(第3款)"债务人承认债务时,如无相反意思表示,视为同意履行债务。"(第4款)

但上述建议未被《民法总则》所采纳,其仍沿用《民法通则》的做法,在其第195条规定"义务人同意履行义务的",得引起诉讼时效的中断。

2. 承认的方式

债务人对债务的承认,应采用意思表示的方式并到达债权人,方可中断时效。债务承认可采用明示或者默示方法,对部分债务或者从债务的认可或者履行,或者对债务提供担保等,均发生中断全部债权的诉讼时效的效果。在第三人为债务提供担保的情形下,如系受债务人委托或者债务人明知而不表示反对,则应构成债务承认。

二、中断的效力

(一)中断效力之范围

理论上将时效中断的效力所及范围,分为"权利的范围"与"人的范围”两种。

就时效中断所及权利的范围,理论上认为,如权利为不可分者,“无论其中断事由就其全部或一部发生,均就全部发生中断之效力。反之,权利为可分者,就其一部发生中断事由时,惟就其部分发生中断之效力”。[①] 但究竟何种情形权利为可分或者不可分?对此应作具体分析。如权利本为一个整体,则当然应属不可分之权利;如权利人就部分债权起诉、请求,或债务人就部分债权为承认,其时效中断的效力应及于全部债权。但就主、从权利而言,如主债务与从债务的债务人为同一人(如主债务与违约金支付义务均由债务人承担),则因权利人行使权利的行为指向同一义务人,故应将之视为不可分权利;就主权利发生的时效中断,其效力应当及于从权利,反之亦然。但在从债务人(如主债务的保证人)为第三人的情形下,因权利人行使权利的行为指向不同的义务人,故主债权时效中断的效力不能及于从权利,反之亦然。

就时效中断所及人的范围,各国民法有不同规定。《日本民法典》第148条和我国台湾地区“民法典”第138条规定,时效中断的效力仅及于当事人及其承继人之间。此处的“当事人”指中断行为之行为人及其相对人。其理由是,“一个人在法律上有意义的行为,原则上既不有益于他人也不有害于他人”。[②] 但法国、德国、瑞士等民法则无此概括规定,其中,法国、瑞士民法存在相反规定。

1. 连带债权人或者连带债务人

依日本和我国台湾地区“立法”,同一债权有数个债权人时,其中一人为请求而其他人未为请求时,时效中断效力不及于其他债权人,而如债务人仅对数个债权人中之一人为承认,也发生同样效果。与此相同,连带债务人中之一人所为之承认,对于其他债务人不发生时效中断效力。只不过连带债务人中一人之债务的时效完成时,以该债务人应分担之部分为限,其他债务人的免除清偿责任。但作为例外,连带债权人中之一人请求给付的行为,可对其他债权人发生中断时效的效力。[③] 但依《法国民法典》第2249条及《瑞士债法典》第136条的规定:连带债务

---

① 参见史尚宽:《民法总论》,中国政法大学出版社2000年版,第676页。

② [日]山本敬三:《民法讲义Ⅰ:总则》,解亘译,北京大学出版社2007年版,第376页。

③ 参见史尚宽:《民法总论》,中国政法大学出版社2000年版,第677~678页;[日]山本敬三:《民法讲义Ⅰ:总则》,解亘译,北京大学出版社2007年版,第377页。

人中之一人所发生的时效中断，其效力及于其他债务人。我国最高人民法院《关于诉讼时效的规定》第 17 条规定：“对于连带债权人中的一人发生诉讼时效中断效力的事由，应当认定对其他连带债权人也发生诉讼时效中断的效力。”（第 1 款）“对于连带债务人中的一人发生诉讼时效中断效力的事由，应当认定对其他连带债务人也发生诉讼时效中断的效力。”（第 2 款）

笔者认为，连带债权和连带债务实质上为数个债权或者数个债务的连带，但对相对方而言，系构成权利或者义务的整体。故连带债权人中之一人对债务人主张权利，即有为其他债权人实现利益的意思，其他债权人无需再行主张权利。故其时效中断的效力应当及于其他债权人，而债务人对连带债权人中之一人承认债务，亦应发生相同效果。但是，债权人对连带债务人中之一人主张权利，或者连带债务人中之一人对债权人承认债务，债权人行使权利的意思并未到达其他债务人，也不当然包含其向其他连带债务人行使权利的意思，故其时效中断的效力应不能及于其他债务人。

在我国《民法总则》的制定过程中，前述意见曾被部分采纳，相关草案审议稿曾规定：“对连带权利人或者连带义务人中的一人发生诉讼时效中断的，中断的效力及于全部连带权利人或者连带义务人。”（第三次审议稿第 174 条）但这一规定在正式颁布的《民法总则》中被删除。

2. 财产共有人

对于共有人中之一人起诉引起的时效中断的效力是否及于其他共有人的问题，德国民法理论上有不同见解。有人认为其对起诉的共有人发生时效中断，但为共有物的提存者除外；也有人认为其系为全体共有人利益，故应对全体共有人发生时效中断的效力。①

对此笔者认为，就外部关系而言，共有人的利益为一整体，故共有人中之一人因起诉、请求或债务人承认债务而发生时效中断，其效力应当及于其他共有人。

3. 保证人

作为一种例外，我国台湾地区“民法典”第 747 条规定，债权人向主债务人请求履行及为其他中断时效之行为时，对于保证人亦生效力。

---

① 参见史尚宽：《民法总论》，中国政法大学出版社 2000 年版，第 677 页。

《日本民法典》第457～458条规定,主债务时效中断的效力及于保证人,而连带保证人义务之时效中断的效力也及于主债务人。而《法国民法典》第2250条规定:"传讯主债务人或获得其承认时,对于保证人亦中断其时效。"《瑞士债法典》第136条则分别不同情形作出以下规定:"诉讼时效对主债务人中断的,对担保人也有效。"(第2款)"对担保人的诉讼时效中断的,不适用于主债务人。"(第3款)

笔者认为,无论一般保证或者连带保证,其主债务与保证债务虽为主、从债务,但债务人非为同一人,故在保证的情形下,当债权人向主债务人为时效中断行为时,其行使权利的意思并未到达保证人,故其时效中断的效力不应及于保证人。而当债权人仅向保证人行使权利时,其中断时效的效力也同样不应及于主债务人。

就具体情况而言,我国最高人民法院2000年颁布的《关于适用〈中华人民共和国担保法〉若干问题的解释》第31条的规定:"保证期间不因任何事由发生中断、中止、延长的法律后果。"第34条规定:"一般保证的债权人在保证期间届满前对债务人提起诉讼或者申请仲裁的,从判决或者仲裁裁决生效之日起,开始计算保证合同的诉讼时效。"(第1款)"连带责任保证的债权人在保证期间届满前要求保证人承担保证责任的,从债权人要求保证人承担保证责任之日起,开始计算保证合同的诉讼时效。"根据前述规定,在保证责任期间未经债权人诉讼(一般保证)或者请求(连带保证)而"转化"为诉讼时效期间之前,主债权诉讼时效的中断对保证债务不能发生效力。而在一般保证的情形下,因保证债务的诉讼时效期间自法院对主债务的判决生效之日起开始计算,故主债权已无发生诉讼时效中断的可能。唯有在连带保证的情形下,才有可能存在主债权或者保证义务的诉讼时效中断效力是否及于保证人或者主债权人的问题。但如前所述,应否定时效中断效力向保证人或者主债务人的延伸。

(二)时效中断后的重新起算

各国民法规定,因起诉而中断之时效,自受确定判决或以其他方法诉讼终结时,重新起算;[①]因请求或承认而中断者,时效自催告或者承认

---

① 参见《德国民法典》第211条、《日本民法典》第157条第2项、《瑞士债法典》第137条第2项。

到达时重新起算。依我国 1986 年《民法通则》第 140 条规定，诉讼时效因起诉、请求及承认而中断，从中断时起，诉讼时效期间重新计算。

很显然，因起诉而中断时效的情形，其重新起算时间不应是起诉时而应是诉讼终结时（此为《民法总则》第 195 条所规定）。而时效因请求或承认而中断的，如请求或承认未附加新的履行期限的，时效应从中断时起重新计算。但如附加了新的履行期限，则在相对方认可或者不表示反对的情况下，应视为双方对履行期限的变更。虽此种变更不发生改变债务人迟延履行事实的效力，但在新的履行期限尚未届满之前，不能认为权利人的债权又遭受侵害，故时效期间中断后，应从新的履行期限届满时重新起算。

三、诉讼时效的延长

我国 1986 年《民法通则》第 137 条规定，"……有特殊情况的，人民法院可以延长诉讼时效期间"。由于这一规定并未指明其适用范围，故有人认为其适用于任何诉讼时效期间，也有人认为此项规定是针对立法时中国大陆与台湾地区人民长期中断联系的特殊状态，故其仅适用于 20 年最长诉讼时效期间。① 而最高人民法院《民通意见》第 175 条第 1 款规定："民法通则第一百三十五条、第一百三十六条规定的诉讼时效期间，可以适用民法通则有关中止、中断和延长的规定。"

笔者认为，从诉讼时效稳定法律秩序及其规范的强制性特征来看，法院不应对时效期间的延长享有任何自由裁量权，故此项规定仅应适用于 20 年最长时效期间，且应有特别严格的限制。事实上，自《民法通则》颁布以来，实践中尚未发生过法院延长诉讼时效期间的判例，故笔者建议此项规定应予取消。

2017 年 3 月颁布的《民法总则》承袭了《民法通则》的做法，但明确将其适用范围仅限于 20 年最长时效期间，其第 167 条第 2 款后半段规定："自权利受到损害之日起超过二十年的，人民法院不予保护；有特殊情况的，人民法院可以根据权利人的申请决定延长。"

---

① 参见梁慧星：《民法总论》，法律出版社 1996 年版，第 249 页。

附录一:《中华人民共和国民法典——总则编》草案建议稿

第一章 一般规定

第一条[立法目的]

为了保障民事主体的民事权益,根据宪法,制定本法。

第二条[调整范围]

本法调整民事主体之间的财产关系和基于婚姻、亲属产生的身份关系。

第三条[民事权利保护]

民事权利受法律保护,非基于公共利益的目的并根据合法程序,不得予以限制或者剥夺。

第四条[平等原则]

民事主体在民事活动中地位平等。

第五条[意思自治原则]

民事主体有权依法为自己设立、变更或者消灭民事权利义务,任何组织或个人不得非法干预。

第六条[诚实信用原则]

民事主体应当依照诚实信用原则进行民事活动。

第七条[公序良俗原则]

民事活动不得违背公共秩序和社会道德准则。

第八条[禁止权利滥用原则]

民事主体因滥用权利而为他人造成损害的,应当承担民事责任。

第九条[法律适用]

对于民事关系,本法和其他法律有规定的,优先适用其他法律的规定。本法和其他法律都没有规定的,可以适用社会生活习惯,但与公共秩序和社会道德准则相违背的除外。

第十条[人民法院不得拒绝受理民事案件]

人民法院不得以法律没有明文规定为由拒绝受理或者裁判民事纠纷案件。

第十一条[本法适用范围]

在中华人民共和国领域内的民事活动,适用本法,法律另有规定的除外。

在中华人民共和国领域内的外国人、无国籍人,适用本法,法律另有规定的除外。

第二章　自　然　人

第一节　自然人的权利能力

第十二条[权利能力的定义]

自然人的权利能力是自然人享受民事权利、承担民事义务的资格。

自然人的权利能力一律平等。

第十三条[权利能力的取得和终止]

自然人从出生时起到死亡时止,具有权利能力。

第十四条[出生或者死亡时间]

自然人出生或者死亡的时间应以户籍证明为准,户籍证明所记载的出生或者死亡时间与医院出具的出生或者死亡证明不一致时,以医院出具的证明为准,但有相反证据的除外。

没有户籍证明和医院出具的证明的,应参照其他证据确定自然人出生或者死亡的时间。

第十五条[胎儿利益保护]

凡涉及胎儿利益保护的事项,视胎儿已经出生。

涉及胎儿利益保护的事项,参照适用本法有关监护的规定。

如胎儿未能活着出生,其权利能力视为自始不存在。

第十六条[同时遇难的死亡推定]

二人以上同时遇难,其死亡先后无法证明时,相互有继承关系的,推定长辈先死亡;辈分相同的,推定为同时死亡,互不继承对方的遗产。相互无继承关系的,推定同时死亡。

前款之规定,适用于二人以上在同一事故中失踪后被宣告死亡的情形。

第二节　自然人的行为能力

第十七条[行为能力的定义]

自然人的行为能力是自然人独立参加民事活动、行使民事权利和履行民事义务的资格。

第十八条[完全行为能力]

年满十八周岁的自然人为成年人,具有完全行为能力,可以独立进行民事活动。

年满十六周岁不满十八周岁的自然人,以自己的劳动收入为其主要生活来源的,视为具有完全行为能力。

第十九条[限制行为能力和无行为能力]

年满十周岁的未成年人具有限制行为能力,可以独立进行与他的年龄、智力相适应的民事活动。其他民事活动由他的法定代理人代理,或者征得他的法定代理人的同意。

未满十周岁的未成年人为无行为能力人,由他的法定代理人代理进行民事活动。

第二十条[无行为能力人和限制行为能力人能够独立实施的行为]

除本法第十八条第一款规定的行为之外,限制行为能力的未成年人可以独立实施下列法律行为:

(一)使未成年人纯获法律上利益的行为,如接受不附条件或者债务的赠与、接受奖励及报酬等;

(二)在法定代理人确定的目的范围内,对自己财产的处分行为;

(三)在不违反法律规定的条件下,经许可从事的营业活动以及与营业活动有关的行为;

(四)依法订立劳动合同并请求支付劳动报酬;

(五)未成年人依法可以独立实施的日常生活中的定型化消费

行为。

前款所列第(一)项、第(二)项及第(五)项行为,无行为能力的未成年人也可以独立实施。

第二十一条[精神病人和痴呆症患者的行为能力]

不能辨认自己行为的精神病人或者痴呆症患者,是无行为能力人,由他的法定代理人代理进行民事活动。

不能完全辨认自己行为的精神病人或者痴呆症患者,是限制行为能力人,可以独立进行与他的精神健康状况相适应的民事活动。其他民事活动由他的法定代理人代理,或者征得他的法定代理人的同意。

第二十二条[无行为能力和限制行为能力的宣告和撤销]

宣告精神病人或痴呆症患者为无行为能力人或者限制行为能力人,应由人民法院经利害关系人申请并依司法程序进行。

被宣告为无行为能力或者限制行为能力的人恢复或者部分恢复其行为能力时,经本人或利害关系人申请,人民法院应当判决撤销对其无行为能力或者限制行为能力的宣告,以恢复其行为能力或另行宣告其为限制行为能力人。

如果无利害关系人或者利害关系人不提出宣告申请的,或者本人及利害关系人不提出撤销宣告的申请的,为保护本人或者他人的合法利益,本条第一款以及第一款所规定的申请可以由人民检察院提出。

第二十三条[无行为能力和限制行为能力人的法定代理人]

无行为能力人、限制行为能力人的监护人是他的法定代理人。

第三节　宣告失踪

第二十四条[宣告失踪的期间和条件]

自然人下落不明满二年的,利害关系人可以向人民法院申请宣告他为失踪人。但下落不明的自然人有法定代理人或者财产管理人的除外。

本人无利害关系人或其利害关系人不提出申请的,为保护本人或者他人的合法利益,前款规定的申请可以由人民检察院提出。

第二十五条[宣告失踪的期间的计算]

自然人下落不明的时间,从其最后离开住所或居所而下落不明的次日开始计算;战争期间下落不明的,其下落不明时间从战争结束之日起开始计算;在意外事故中下落不明的,其下落不明时间从意外事故发生之日开始计算。

第二十六条[失踪人的利害关系人]

失踪人的具有完全行为能力的配偶、父母、子女、兄弟姐妹、祖父母、外祖父母、孙子女、外孙子女以及其他与失踪人有民事权利义务关系的人,是失踪人的利害关系人。

申请宣告失踪不受前款所列人员的顺序的限制。

第二十七条[失踪人的财产代管]

人民法院在宣告自然人失踪的同时,应当确定失踪人的财产代管人。

失踪人的财产代管人由他的配偶、父母、成年子女或者关系密切的其他亲属担任。无以上规定的人或者以上规定的人无代管能力的,人民法院可以指定其他人担任代管人。

第二十八条[财产代管权限]

失踪人的财产代管人有权对财产进行保管、维护、收益,并有权对财产实施必要的经营行为和处分行为。

失踪人的财产代管人因自己的过错而导致失踪人财产的损害时,应当承担赔偿责任。

第二十九条[财产代管人的变更]

失踪人的财产代管人不履行代管职责或者侵犯失踪人财产利益的,失踪人的利害关系人或者人民检察院可以向人民法院申请变更财产代管人。

失踪人的财产代管人无力履行代管职责的,准用前款的规定。

第三十条[宣告失踪的撤销]

被宣告失踪的人重新出现或者确知他的下落,经本人或者利害关系人的申请,人民法院应当撤销对他的失踪宣告。

宣告失踪被撤销时,失踪人的财产代管人应停止一切管理活动,并向本人移交有关财产及财务账目。

第三十一条[恶意使他人被宣告失踪的法律效果]

利害关系人明知本人并未失踪,基于恶意而致本人被宣告失踪的,对于由此而导致的本人的损失,应当承担赔偿责任。

第四节 宣告死亡

第三十二条[宣告死亡的期间]

自然人有下列情形之一的,利害关系人可以向人民法院申请宣告他死亡:

(一)下落不明满四年的;

(二)因意外事故下落不明满二年的。

战争期间下落不明的,适用本条第(一)项的规定。

第三十三条[下落不明期间的计算]

自然人下落不明的时间,从他最后离开其住所或者居所而下落不明的次日开始计算;战争期间下落不明的,从战争结束之日起开始计算;因意外事故下落不明的,从事故发生之日起开始计算。

第三十四条[危险事故中下落不明的人宣告死亡的期间]

自然人在危险事故中下落不明,经有关机关根据现实情况确认其绝无生存可能的,利害关系人申请宣告其死亡不受本法第三十一条第二项规定的期间的限制。

第三十五条[死亡宣告申请]

宣告死亡应当由利害关系人向人民法院提出申请。

申请宣告死亡的利害关系人,包括被申请宣告死亡人的具有完全行为能力的配偶、父母、子女、兄弟姐妹、祖父母、外祖父母、孙子女、外孙子女以及其他与之存在民事权利义务关系的人。

申请宣告死亡不受前款所列人员的顺序的限制。

第三十六条[人民检察院申请宣告死亡的权利]

下落不明的自然人无利害关系人,或虽有利害关系人但利害关系人不提出死亡宣告申请,如果不申请宣告死亡会造成国家或者集体利益损害的,人民检察院可以提出死亡宣告申请。

第三十七条[宣告死亡与宣告失踪的关系]

宣告失踪不是宣告死亡的必经程序。

自然人下落不明符合申请宣告死亡的条件的,利害关系人可以不经申请宣告失踪而直接申请宣告死亡。利害关系人中有的人申请宣告失踪,有的人申请宣告死亡,人民法院应当宣告死亡。

第三十八条[死亡时间确认]

人民法院应当在宣告自然人死亡的判决中确定自然人死亡的

时间:

(一)根据本法第三十二条第一项规定被宣告死亡的,其死亡时间为法定期间届满之日;

(二)根据本法第三十二条第二项规定被宣告死亡的,其死亡时间为意外事故结束之日;

(三)战争期间下落不明被宣告死亡的,其死亡时间为战争结束之日。

第三十九条[宣告死亡的效果]

宣告死亡发生与自然死亡相同的法律效果。

第四十条[死亡宣告的撤销]

被宣告死亡的人重新出现或者确知其没有死亡的,经本人或者利害关系人申请,人民法院应当撤销对他的死亡宣告。

第四十一条[死亡宣告撤销的溯及力]

撤销死亡宣告的判决的效力,溯及至宣告死亡之时。

第四十二条[死亡宣告撤销的财产效果]

被撤销死亡宣告的人有权请求返还财产。依照继承法取得他的财产的自然人或者组织,应当返还财产的尚存利益。但合法取得财产的善意第三人可不予返还。

前款规定的请求返还财产的权利,被撤销死亡宣告的人应在知道死亡宣告后一年内行使。

前款规定的请求权行使期间为诉讼时效期间。

第四十三条[死亡宣告撤销前善意行为的保护]

被宣告死亡的人的利害关系人在死亡宣告被撤销之前基于善意而实施的行为,其效力不受死亡宣告撤销的影响。

第四十四条[恶意利害关系人的责任]

利害关系人隐瞒真实情况使他人被宣告死亡而取得财产的,除应当返还原物及孳息外,还应当赔偿因此而造成的损失。

第四十五条[死亡宣告撤销对于婚姻关系的效果]

被宣告死亡的人与配偶的婚姻关系,自死亡宣告之日起消灭。死亡宣告被人民法院撤销时,如果其配偶尚未再婚的,夫妻关系从撤销死亡宣告之日起自行恢复;如果其配偶再婚后又离婚或再婚后配偶又死亡的,不得认定夫妻关系自行恢复。

被撤销死亡宣告的人的配偶和与其结婚的他方恶意串通,恶意申请宣告死亡并缔结新婚姻的,本人可以请求撤销该项婚姻关系。

被撤销死亡宣告的人的配偶恶意申请宣告死亡而与他方结婚,或者与该配偶结婚的他方为恶意的,本人不得请求撤销该项婚姻关系,但可以请求恶意当事人赔偿损失。

第四十六条[死亡宣告撤销对于收养关系的效果]

被宣告死亡人在被宣告死亡期间,其子女被他人依法收养,被宣告死亡的人在死亡宣告被撤销后,不得仅以未经本人同意而主张解除收养关系,但收养人和被收养人同意的除外。

收养人为恶意的,其收养关系自始无效。

第四十七条[宣告死亡确定的死亡时间与自然死亡时间不一致的效果]

当本人被宣告死亡确定的死亡日期与其自然死亡日期不同时,利害关系人可以申请撤销死亡宣告。

因撤销死亡宣告而取得财产返还请求权的利害关系人,其请求权的诉讼时效期间为三年,从利害关系人知道本人确切下落或者本人自然死亡事实及时间时开始计算。

第五节　人格权的保护

第四十八条[一般条款]

自然人的自由、安全和人格尊严受法律保护。

自然人的人格权不得转让,非经法律规定,不得限制。

第四十九条[人格权的民法救济]

自然人的人格权遭受不法侵害时,受害人有权请求人民法院责令加害人停止侵害、消除影响、恢复名誉、赔礼道歉,并有权请求赔偿由此造成的财产损失和精神损害。

第五十条[生命权的保护]

任何侵害自然人生命或者有可能导致生命丧失的非法行为,均为法律所禁止。

第五十一条[身体权的保护]

人体、人体各部分,不得作为债权的标的。但法律另有规定的除外。

自然人身体的完整性受法律保护。但为自然人的健康而进行手术治疗并经本人同意或符合法律规定的条件的除外。

为治疗或者医学试验的目的,在符合法律规定的条件下,自然人可以捐赠其身体的部分器官,但非经捐赠人和受捐赠人的同意,不得扩散可以鉴别捐赠人身份和被捐赠人身份的任何信息。

在确定亲子关系的诉讼中,人民法院在必要时可以决定通过遗传特征对人进行鉴别,但应征得本人同意。

在为医疗或者科学研究目的进行前款规定的鉴别时,应征得本人同意。

第五十二条[健康权的保护]

禁止以不法手段损害他人健康。

第五十三条[姓名权的保护]

自然人有权决定、使用和依照规定改变自己的姓名。禁止干涉、盗用、假冒自然人姓名或对自然人姓名进行侮辱、贬损。

第五十四条[肖像权的保护]

未经本人同意,不得制作、使用自然人的肖像。但法律另有规定的除外。

禁止侮辱、丑化自然人的肖像。

第五十五条[名誉权的保护]

禁止以任何非法手段贬低、侮辱、毁损自然人的名誉。

第五十六条[隐私权的保护]

未经本人同意,不得窃取、披露或利用个人私生活秘密或实施其他损害个人隐私的行为。但法律另有规定的除外。

第五十七条[对遗体的保护]

自然人死亡后,其遗体由本人的亲属负责火化、埋葬,但不得进行使用、收益或者其他处分。

禁止对遗体、遗骨进行损害或者侮辱。

第五十八条[对死者人格的保护]

禁止以侮辱、诽谤、贬损、丑化等方式侵害死者的姓名、肖像和名誉。

禁止非法窃取、披露、利用死者隐私或者以其他方式侵害死者隐私。

第六节 住 所

第五十九条[住所的确定]

自然人以他的户籍所在地的居住地为住所。经常居住地与住所不一致的,或者户籍所在地不明以及不能确定其户籍所在地的,经常居住地视为住所。

自然人离开住所地最后连续居住一年以上的地方,为经常居住地。但住院治病的除外。

自然人由其户籍所在地迁出后至迁入另一地之前,无经常居住地的,仍以原户籍所在地为住所。

自然人户籍所在地不明,同时无法确定其经常居住地的,与产生纠纷的民事法律关系有最密切关系的居所视为住所。

第三章 法 人

第一节 一般规定

第六十条[法人的定义]

法人是具有权利能力和行为能力,依法独立享有民事权利和承担民事义务的组织。

非依法律规定,法人不得成立。

第六十一条[法人的权利能力和行为能力的取得和消灭]

法人的权利能力和行为能力,从法人成立时产生,至法人解散时消灭。

第六十二条[法人的成立条件]

法人的成立应当具备下列条件:

(一)有自己的名称、组织机构和场所;

(二)有自己的章程或者组织规章,但法律另有规定的除外;

(三)有符合法律规定的独立财产或者经费;

(四)履行法律规定的法人设立程序。

第六十三条[法人的法定代表人]

依照法律或者法人章程规定,代表法人行使职权的主要负责人,是法人的法定代表人。

法定代表人以及其他具有代表权的人以法人名义实施的民事活动,其后果应由法人承担。

第六十四条[法人的活动范围]

法人应当在章程或者组织规章规定的目的范围内从事民事活动。

法人超越章程或者组织规章规定的目的范围实施的法律行为无效,但法律另有规定的除外。

第六十五条[法人的独立责任]

法人以其全部财产独立承担民事责任。

根据宪法、法律和行政法规设立并担负公共职能的法人为公法人,法律、行政法规对其民事责任的承担方式另有规定的,依照其规定。

第六十六条[法定代表人和其他有代表权的人因执行职务致人损害的民事责任]

法人的法定代表人以及其他具有代表权的人因执行职务致人损害的,应由法人承担民事责任。

法人承担民事责任之后,有权根据法律或者法人章程的规定,追究有过错的法定代表人以及其他具有代表权的人的民事责任。

第六十七条[法人的住所]

法人以它的主要办事机构所在地为住所。

第六十八条[法人的名称权]

法人享有名称权,有权依法使用、转让自己的名称。

禁止非法假冒、盗用或者侮辱、贬损法人的名称。

第六十九条[法人的名誉权]

法人享有名誉权。

禁止以任何非法手段贬低、侮辱、毁损法人的名誉。

第二节　法人的设立

第七十条[营利法人的定义及成立]

以取得经济利益并分配给其成员为目的而设立的法人,是营利法人。

营利法人非经工商行政管理机关登记,不得成立。

第七十一条[公司法人的成立]

具备法定条件的公司法人,经工商行政管理机关登记而成立。

法律或者行政法规规定须经有关机关审核批准的,应当经过审核批准。

成立公司法人所应当具备的条件和应当履行的申请登记程序,依照法律或者行政法规的规定。

第七十二条[公司法人以外的营利法人的成立]

公司法人以外的营利法人,应当依照法律、行政法规的规定,经有关主管机关或者审批机关审核批准,并经工商行政管理机关登记成立。

成立公司法人以外的营利法人所应当具备的条件和应当履行的程序,依照法律或者行政法规的规定。

第七十三条[非营利法人的定义及成立]

以社会公益或其他非营利目的而成立的法人,为非营利法人。

非营利法人非经有关主管机关登记,不得成立。但法律、行政法规另有规定的除外。

第七十四条[机关法人、事业单位法人、社会团体法人的成立]

有独立经费的机关从成立之日起,具有法人资格。

具备法人条件的事业单位、社会团体,依法不需要办理法人登记的,从成立之日起,具有法人资格;依法需要办理法人登记的,经核准登记,取得法人资格。

第七十五条[捐助法人的成立]

以慈善、社会福利以及教育、文化、科学研究、医疗等社会公益事业为目的并以捐助财产设立的法人,是捐助法人。

捐助法人应经主管机关审核批准并经登记机关登记而成立。

捐助法人在章程规定的目的范围内,可以从事经营性活动。

第三节 法人的机关

第七十六条[营利法人的意思机关]

公司法人的股东大会,为公司法人的意思机关,有权决定公司法人章程的变更、董事会成员的任免,并有权监督董事会职务的执行以及决定其他重大事项。

公司法人以外的营利法人的意思机关为社员大会。

法律、行政法规对于国有独资公司法人或者其他国有独资营利法人的意思机关另有规定的,依照其规定。

第七十七条[营利法人的执行机关和代表机关]

公司法人的董事会为公司法人的执行机关,有权根据公司章程授予的权限处理公司事务。

公司法人的董事会设董事长一人。公司法定代表人依照公司章程的规定,由董事长、执行董事或者经理担任。

公司法人以外的营利法人设董事会的,适用前两款的规定;没有设董事会的,其章程所规定的主要负责人为该法人的执行机关和法定代表人。

第七十八条[法定代表人代表权的限制]

营利法人的章程或者股东大会、社员大会对于法定代表人的代表权限范围的限制,不得对抗善意第三人。

第七十九条[非营利法人的意思机关、执行机关和法定代表人]

社会团体法人的成员大会,是社会团体法人的意思机关。社会团体法人应设理事会并设理事长一人。理事会是社会团体法人的执行机关,理事长是社会团体法人的法定代表人。

捐助法人应设理事或者理事会,理事或者理事会应当根据依照捐助行为设定的章程所确定的目的管理捐助法人。捐助法人的理事或者理事长是捐助法人的法定代表人。

机关法人以及事业单位法人的主要负责人是机关法人以及事业单位法人的执行机关和法定代表人。

非营利法人的章程、组织规章或者成员大会对于法定代表人的代表权范围的限制,不得对抗善意第三人。

第四节　法人的变更

第八十条[法人的变更]

法人存续期间如发生分立与合并以及组织形式、目的范围、注册资本、住所、法定代表人、经营方式等方面的改变,应向法人设立机关申请变更登记。但法律另有规定的除外。

法人如发生分立、合并,其债权和债务由变更后的法人享有和承担。

凡法人变更未依法予以登记时,其变更对第三人不具有对抗效力。

第五节 法人的解散与清算

第八十一条[法人解散的效果]

法人解散,是法人权利能力消灭的唯一法定原因。

非经依法清算,法人不得解散。但法律另有规定的除外。

第八十二条[法人解散的事由]

法人因下列原因之一而解散:

(一)因违反法律或因司法判决而被强制解散;

(二)法人的目的事业已经完成或者无法完成;

(三)法人章程所规定的解散事由发生;

(四)法人依法被宣告破产;

(五)股东大会、社员大会或者成员大会决议解散;

(六)法人的成员低于法定人数;

(七)法律、行政法规规定的其他原因。

前列的第(六)项,不适用于捐助法人;前列的第(四)项,不适用于非营利法人。

法律、行政法规对于机关法人、事业单位法人的解散另有规定的,依照其规定。

第八十三条[清算组织的成立]

法人解散时,应当成立清算组织进行清算,但法律、行政法规另有规定的除外。

营利法人因被宣告破产而解散,其清算组织的设立应当依照破产法的有关规定。

第八十四条[清算组织的职责]

清算组织应当清理法人的财产,了结法人的业务,清缴所欠税款,收取债权以及清偿债务,依法处理剩余财产,并实施法律所规定的其他行为。

第八十五条[清算期间法人的活动范围]

在清算期间,法人应当停止清算目的范围以外的一切活动。

第八十六条[清算组织的法律地位]

在清算期间,清算组织是法人的执行机关和代表机关,有权以法人名义实施清算目的范围内的一切行为。

清算组织的行为,适用本法有关法人的法定代表人的规定。

第八十七条[清算程序的法律适用]

除本法另有规定外,法人的清算程序参照适用公司法有关公司法人清算程序的规定。

第八十八条[剩余财产的归属]

法人经清算后剩余的财产,根据法人章程的规定处理。法律、行政法规另有规定的,依照其规定。

第八十九条[清算终结的法律效果]

清算组织依法清算终结,并依法经申请法人注销登记时,法人归于消灭。

第六节　非法人团体

第九十条[非法人团体的定义]

非法人团体是不具有法人资格但依法能够以自己的名义参加民事活动的组织。

第九十一条[非法人团体的条件]

非法人团体应当具备下列条件:

(一)有自己的名称、组织机构和场所;

(二)有自己的组织章程或者组织规章;

(三)有自己享有处分权的财产或者经费;

(四)根据法定程序设立。

第九十二条[非法人团体的成立]

非法人团体非经登记,不得成立。

营利性非法人团体经工商行政管理机关登记而成立。

非营利性非法人团体经主管部门审核批准并经登记机关登记而成立。

第九十三条[非法人团体的负责人]

根据章程或者组织规章,代表非法人团体进行活动的人是非法人团体的负责人。

非法人团体的负责人的行为,参照适用本法有关法人的法定代表人的规定。

第九十四条[非法人团体的活动范围]

非法人团体的活动不得超越章程或者组织规章所规定的范围。

非法人团体超越章程或者组织规章规定的目的范围实施的民事行为无效,但法律另有规定的除外。

第九十五条[非法人团体的民事责任]

非法人团体实施的民事活动,首先以其享有处分权的财产承担民事责任,其享有处分权的财产不足以清偿债务的,由非法人团体的设立人或者开办人承担民事责任。

第四章 法律行为

第一节 一般规定

第九十六条[法律行为的定义]

法律行为是民事主体基于意思表示,以设立、变更或者消灭民事权利义务为目的的行为。

第九十七条[法律行为的有效条件]

法律行为具备下列条件的,具有法律效力:

(一)行为人具有相应的行为能力;

(二)意思表示真实;

(三)不违反法律、行政法规的禁止性规定及公共秩序和社会道德准则。

第九十八条[法律行为的形式]

法律行为可以采用口头形式、书面形式或者其他形式。法律规定或者当事人约定法律行为采用特定形式的,应当采用特定形式。

未采用法定形式或者约定形式的法律行为的效力,依照法律的特别规定予以处理。

第二节 法律行为的无效

第九十九条[法律行为的绝对无效]

违反法律、行政法规禁止性规定以及违背公共秩序和社会道德准则的法律行为无效。

前款规定的法律行为,利害关系人可以请求人民法院确认其无效,人民法院也可以依照职权主动确认其无效。

第一百条[虚假表示]

行为人一方为虚假表示的,法律行为有效,但相对方知道或者应当知道其表示为虚假的除外。

行为人双方共同实施虚假法律行为的,法律行为无效,但法律另有规定的除外。

法律行为因虚假表示而无效,行为人不得以其无效对抗善意第三人。

第一百零一条[重大误解]

行为人因对行为的性质、对方当事人、标的物的品种、质量、规格和数量等的错误认识,使行为的后果与自己的意思相悖,并造成较大损失的,构成重大误解。

前款规定的法律行为,发生重大误解的一方当事人可以请求变更或者撤销,但对误解的发生具有重大过失的除外。

对于因一方因重大误解而实施的法律行为,相对方当事人请求变更的,人民法院应当予以变更。

行为人表示错误的,参照适用本条规定。

第一百零二条[欺诈]

一方以欺诈的手段使对方在违背真实意思的情况下实施法律行为的,受欺诈方可以请求人民法院或者仲裁机构予以变更或者撤销。

一方当事人故意告知对方虚假情况,或者故意隐瞒真实情况,诱使对方当事人作出错误意思表示的,应当认定为欺诈行为。

因受第三人欺诈而实施的法律行为,受欺诈方可以请求变更或者撤销,但相对人不知道或者不应当知道欺诈事实的除外。

第一百零三条[胁迫]

一方以威胁或者强迫的方式迫使另一方实施的法律行为,受胁迫一方可以请求人民法院或者仲裁机构予以变更或者撤销。

第一百零四条[暴利行为]

一方利用另一方轻率、无经验、缺乏判断能力或者陷于危难紧迫状态而有所急需,违背其意愿而实施的并造成较大损失的法律行为,另一方可以请求人民法院或者仲裁机构予以变更或者撤销。

第一百零五条[撤销权的行使期间]

当事人根据本法第一百零一条至一百零四条所享有的变更、撤销权,应当在知道或者应当知道撤销事由之日起一年之内行使。超过一年不行使的,其权利归于消灭。

享有变更、撤销权的当事人在知道或者应当知道撤销事由之后,明确表示放弃权利的,其变更、撤销权归于消灭。

当事人享有的变更、撤销权因前两款规定的事由而消灭的,法律行为继续有效,但除了因重大误解而为的法律行为之外,该当事人享有履行抗辩权。

第一百零六条[不得对抗善意第三人]

法律行为因当事人行使撤销权而自始无效。但除了因受胁迫而为的法律行为之外,当事人不得以法律行为的无效对抗善意第三人。

第一百零七条[无行为能力人和限制行为能力人实施的行为]

无行为能力人实施的法律行为无效。

限制行为能力人超出其行为能力范围实施的法律行为,经法定代理人事前同意或者事后追认的有效。

前款规定的法律行为,法定代理人应在知道或者应当知道法律行为成立时起一个月内予以追认或者拒绝追认,超过一个月期间未予追认的,法律行为无效。

无行为能力人、限制行为能力人依照本法第二十条实施的法律行为,不适用前两款规定。

第一百零八条[部分无效]

法律行为部分无效时,除去无效部分不影响其余部分的效力的,其余部分仍然有效。

第一百零九条[法律行为无效的效果]

法律行为被确认无效或者被撤销时,没有履行的,不得再履行;已经履行的,双方当事人应当返还从对方取得的财产。但一方不能返还时,不得请求另一方返还。

基于不法目的而给付的财产,不得请求返还。

因法律行为无效或者被撤销而造成的损失,当事人应根据其各自的过错承担相应的民事责任。

第三节 附条件或者附期限的法律行为

第一百一十条[附条件或者附期限的法律行为]

法律行为可以附条件或者附期限,但依照法律规定或者法律行为性质不得附条件或者附期限的除外。

第一百一十一条[条件成就的效果]

附生效条件的法律行为,于条件成就时发生效力。如条件确定不成就,法律行为不发生效力。

附解除条件的法律行为,其产生的法律关系于条件成就时终止。如条件确定不成就,法律行为视为未附条件。

当事人恶意促使条件成就的,视为条件不成就;当事人恶意阻碍条件成就的,视为条件成就。

第一百一十二条[期限届至的效果]

附生效期限的法律行为,于期限到来时发生效力;附解除期限的法律行为,其产生的法律关系于期限到来时终止。

第四节　法律行为的解释

第一百一十三条[文义解释]

当事人对法律行为的文字发生歧义时,应当按照文字的通常含义予以解释。

对法律行为文义的解释,应当符合当事人的真实意思,不得拘泥于当事人所使用的文字。

第一百一十四条[整体解释]

对法律行为的解释,应当对全部条款作相互解释。

第一百一十五条[目的解释]

对法律行为如存在两种以上的解释,应当采用最为符合法律行为目的的解释。

第一百一十六条[习惯解释]

交易习惯或者社会生活习惯,可以作为解释法律行为的依据。

第一百一十七条[诚信解释]

对法律行为的解释,应当符合诚实信用原则。

第五章　代　　理

第一节　一般规定

第一百一十八条[代理的适用范围]

代理人可以根据法律规定或者委托人的授权,以被代理人名义实施法律行为。

法律规定或者当事人约定应当由本人实施的法律行为,不得代理。

以他人名义实施其他能够产生民事法律效果的行为的,参照适用本章规定。

第一百一十九条[代理的效果]

代理人在代理权限内为被代理人利益实施的法律行为,所产生的法律效果由被代理人承受。

代理人因过错造成被代理人损失的,应当对被代理人承担损害赔偿责任。

第一百二十条[自己代理和双方代理]

代理人不得以被代理人名义与自己实施法律行为,但经被代理人同意的,代理行为有效。

代理人不得作为同一法律行为的双方当事人的代理人,但经双方同意的,代理行为有效。

前两款规定的代理行为如无损于被代理人利益的,代理行为有效。

第一百二十一条[恶意串通]

代理人与第三人恶意串通,损害被代理人利益的,代理人与第三人应当对造成的损害承担连带赔偿责任。

第二节 法定代理

第一百二十二条[法定代理权]

法定代理人应当根据法律的规定行使代理权。

第一百二十三条[法定代理人]

监护人是被监护人的法定代理人;被宣告失踪人的财产管理人是被宣告失踪人的法定代理人。

前款规定的法定代理人不得代理处分被代理人的财产,但为维护被代理人利益的除外。

第一百二十四条[夫妻家事代理]

就涉及家庭日常生活的共同财产的处分,夫妻中任何一方享有法定代理权。

第一百二十五条[法定代理人的转委托]

法定代理人不得将代理事项转托他人代理,但为维护被代理人利益的除外。

第一百二十六条[法定代理的终止]

法定代理因下列原因终止:

(一)法定代理人或者被代理人死亡;

(二)法定代理人丧失行为能力;

(三)被代理人取得或者恢复行为能力;

(四)监护关系、财产管理关系或者夫妻关系终止。

第三节 委托代理

第一百二十七条[授权行为]

民事主体可以授权他人代理其实施法律行为。

授权人应当具有完全行为能力。

授权他人代理的事项不得超出代理人的行为能力范围。

第一百二十八条[授权行为的性质]

代理权授予行为是单方法律行为。授权的意思表示到达相对人时生效。

第一百二十九条[授权行为的形式]

代理权授予行为可以采用口头形式、书面形式和其他形式。法律规定采用书面形式的,应当采用书面形式。

授权委托书应当载明代理人的姓名或者名称、代理权限、代理事项和有效期间。

第一百三十条[授权行为与基础关系]

作为授权行为基础法律关系的委托合同、合伙合同等无效或者被撤销,如授权行为未经撤销,不影响授权行为的效力。

第一百三十一条[授权不明的效果]

授权行为未限定代理权限的,代理行为有效,但有过错的代理人应当对被代理人承担由此造成的损害赔偿责任。

第一百三十二条[代理权的限制及撤回的效力]

代理权的限制和撤回,不得对抗善意第三人。

第一百三十三条[显名代理与隐名代理]

代理人应当以被代理人名义实施法律行为。

代理人以自己名义实施的法律行为,如第三人在行为时知道其代理人身份的,法律行为的效果由被代理人承受。但有确切证据证明该法律行为只约束代理人和第三人的除外。

第一百三十四条[间接代理]

代理人以自己名义实施的法律行为,如第三人在行为时不知道其代理人身份的,法律行为的效果由代理人承受。

前款所规定的行为,如代理人因第三人的原因对被代理人不履行债务,代理人可以向被代理人披露第三人,被代理人因此可以行使代理人对第三人的权利,但第三人知道代理人的真实身份就不会实施法律行为的除外。

如代理人因被代理人的原因对第三人不履行债务,代理人可以向第三人披露被代理人,第三人因此可以选择代理人或者被代理人作为相对人主张其债权,但第三人不得变更选定的相对人。

被代理人行使代理人对第三人的权利的,第三人可以向被代理人主张其对代理人的抗辩。第三人选定被代理人作为其相对人的,被代理人可以向第三人主张其对代理人的抗辩以及代理人对第三人的抗辩。

第一百三十五条[委托代理的转委托]

代理人应当亲自实施代理行为,不得擅自将代理事项转托他人代理。但在下列情形,转委托行为有效:

(一)转委托行为事前经过被代理人同意或者事后经其追认;

(二)紧急情况下,为维护被代理人利益而进行的转委托。

第一百三十六条[共同代理]

代理权为数个代理人共同行使时,代理人应当共同实施代理行为。但法律另有规定或者当事人另有约定的除外。

第一百三十七条[违法代理]

代理人知道被委托代理的事项违法仍然进行代理活动的,或者被代理人知道代理人的代理行为违法不表示反对的,对于由此对第三人造成的损失,被代理人和代理人应当承担连带责任。

第一百三十八条[委托代理因代理期限届满或者代理事务完成终止]

委托代理因代理期间届满或者代理事务完成而终止。

第一百三十九条[委托代理因撤销授权或者辞去委托终止]

委托代理因被代理人撤销授权或者代理人辞去委托而终止。

被代理人撤销授权或者代理人辞去委托而为对方造成损失的,应当向对方承担损害赔偿责任,但存在不可归责于当事人的事由的除外。

第一百四十条[委托代理因代理人死亡、丧失行为能力或者破产终止]

代理人死亡、丧失行为能力或者破产时,委托代理终止,但当事人另有约定或者根据委托事务的性质不宜终止的除外。

委托代理人因前款所列情况而终止的,代理人的继承人、法定代理人或者清算组织应当及时通知被代理人。因委托代理终止将损害被代理人利益的,在被代理人作出善后处理之前,代理人的继承人、法定代理人或者清算组织应当采取必要措施。

第一百四十一条[委托代理因被代理人死亡、丧失行为能力或者破产终止]

被代理人死亡、丧失行为能力或者破产时,委托代理终止,但下列情况除外:

(一)代理人不知道被代理人死亡的;

(二)被代理人的继承人均予承认的;

(三)被代理人与代理人约定到代理事项完成时代理权终止的;

(四)在被代理人死亡前已经进行,而在被代理人死亡后为了被代理人的继承人的利益继续完成的;

(五)根据代理事项的性质,委托代理不宜终止的。

第一百四十二条[代理人的义务]

如果委托代理终止将损害被代理人利益的,在被代理人的继承人、法定代理人或者清算组织承受代理事项之前,代理人应当继续处理代理事项。

第四节　无权代理的效果

第一百四十三条[无权代理的一般后果]

行为人没有代理权、超越代理权限范围或者代理权终止后实施的代理行为,应属无效,但经被代理人追认或法律另有规定的除外。

被代理人拒绝追认无权代理的表示,应向第三人作出,否则不能发生拒绝的效力。

第一百四十四条[第三人的催告权]

对于无权代理行为,第三人可以催告被代理人在一定期间内予以追认。被代理人超过该期间未作表示的,视为拒绝追认。

第三人在催告时未指明答复期间的,该答复期间为一个月。

第一百四十五条[催告权与追认权]

第三人催告被代理人对无权代理行为予以追认时,被代理人追认的意思表示应当向第三人作出。但被代理人在第三人催告之前对代理人所表示的承认,应当发生追认的效力。

第一百四十六条[追认的溯及力]

本人的追认溯及至代理人实施代理行为时起发生效力,但不得损害他人在本人追认之前已经取得的正当利益。

第一百四十七条[善意第三人的撤销权]

对于无权代理人实施的法律行为,善意第三人在被代理人追认之前可以撤销。

善意第三人撤销的意思表示可以向被代理人或者代理人作出。

第一百四十八条[无权代理行为无效的效果]

无权代理未经本人追认或者无权代理人实施的法律行为被善意第三人撤销的,无权代理人实施的法律行为无效。由此造成的损失,应当由无权代理人对善意第三人承担赔偿责任。第三人为恶意的,应当由无权代理人和第三人各自承担相应的民事责任。

第三人知道行为人没有代理权、超越代理权限范围或者代理权已终止还与行为人实施法律行为给被代理人造成损害的,由第三人和行为人承担连带赔偿责任。

第一百四十九条[表见代理]

行为人没有代理权、超越代理权限范围或者代理权终止后以被代理人名义实施的代理行为,有理由相信行为人有代理权的第三人,可以主张该法律行为有效。

附录二:《中华人民共和国民法典——债权编——诉讼时效章》草案建议稿

第一条[普通诉讼时效期间]

债权人超过三年期间不行使债权的,人民法院对其债权不予保护。但法律另有规定的除外。

第二条[时效规范的强制性]

当事人不得约定变更诉讼时效期间的长短及其计算方法。

第三条[诉讼时效期间的起算]

诉讼时效期间从债权人能够行使债权时开始计算。但是,从债权被侵害之日起超过二十年的,人民法院不予保护。

法律对诉讼时效期间另有规定的,依照其规定。

第四条[未约定履行期间的债权]

未约定履行期限的债权,其诉讼时效期间从债务人经债权人催告后的合理期间届满时开始计算。但债权人自债权成立时起一年之内未为催告的,诉讼时效期间从债权成立后一年期间届满时,开始计算。

第五条[继续性侵权行为]

因继续性侵权行为而产生的债权,从债权人第一次知道或者应当知道侵权事实时起,开始计算。债权人有权请求赔偿起诉前三年期间内产生的损害。

第六条[不适用诉讼时效的权利]

下列权利不适用诉讼时效:

(一)因公有物、公用物受到侵害所产生的债权;

(二)因储蓄关系产生的支付存款本金和利息的债权;

(三)因债券关系产生的支付本金和利息的债权;

(四)因投资关系中请求缴付出资的债权。

(五)因权利受侵害而产生的请求确认权利、停止侵害、排除妨害、返还原物的债权;

(六)因财产共有关系而产生的分割共有财产的请求权;

(七)因婚姻亲属关系产生的扶养费请求权和因投资关系产生的收益分配请求权,不适用诉讼时效,但每期扶养费和收益分配的请求权除外。

第七条[特别诉讼时效期间]

下列债权的诉讼时效期间为十年:

(一)人身伤害所产生的财产赔偿请求权,从财产损失发生之日开始计算;

(二)基于劳动合同产生的工资、劳动报酬、劳保福利等请求权,从合同终止之日开始计算。

第八条[时效援用]

诉讼时效期间届满后,债务人可以在诉讼中援用诉讼时效对债权人的请求予以抗辩。债务人行使诉讼时效抗辩权时,债权债务关系归于消灭。

第九条[时效援用的禁止]

人民法院或者仲裁机构不得主动援用诉讼时效。

第十条[时效完成对从债权的效力]

债权人应当在主债权诉讼时效期间内行使从债权,未行使的,人民法院不予保护。

前款规定的从债权,包括利息、违约金、赔偿金请求权以及对保证人的权利和担保物权。

第十一条[时效对连带之债的效力]

连带债务人中之一人就全部债务的履行提出诉讼时时效抗辩时,全部债务归于消灭,债权人不得再向其他连带债务人请求清偿。

连带债务人中之一人仅就自己所承担的债务份额提出诉讼时效抗辩时,仅发生该部分债务消灭的效果,就该部分债务,债权人不得请求其他连带债务人承担连带责任。

第十二条[抵销]

当事人双方互负债务并且符合法定抵销条件的,当事人一方可以用诉讼时效期间届满的债权主张抵销,但债务人已经行使诉讼时效抗辩权的债权除外。

第十三条[时效利益的放弃]

当事人可以放弃诉讼时效利益,但预先放弃的无效。诉讼时效自当事人放弃诉讼时效利益时起,重新开始计算。

诉讼时效期间届满后,债务人同意履行债务的,包括同意履行部分债务、从债务等,视为放弃诉讼时效利益。

债务人对债务予以承认的,如无相反意思表示,视为同意履行债务。

第十四条[主动履行]

诉讼时效期间届满后,债务人主动履行债务的,不得请求返还。

第十五条[中止]

在诉讼时效期间的最后六个月内,债权人不能行使债权的,诉讼时效中止。从中止诉讼时的原因消除之日起,诉讼时效期间继续计算,其剩余期间不足六个月的,延长为六个月

第十六条[中止事由]

下列情况构成诉讼时效的中止原因:

(一)不可抗力;

(二)权利被侵害的无行为能力人、限制行为能力人没有法定代理人,或者法定代理人死亡、丧失代理权,或者法定代理人本人丧失行为能力的;

(三)继承开始后,债权人或者债务人的继承人或者遗产管理人尚未确定的;

(四)无行为能力或者限制行为能力的债权人与债务人之间存在法定代理关系的;

(五)婚姻关系存续期间,夫妻相互之间存在债权债务关系的。

第十七条[中断]

诉讼时效因债权人行使债权而中断。

诉讼时效中断时,已经进行的诉讼时效期间归于无效。

第十八条[起诉]

诉讼时效因债权人起诉而中断的,诉讼时效期间从人民法院的裁判文书生效之日起重新开始计算。

申请强制执行、仲裁、调解等,适用前款规定。

债权人起诉后被驳回或者撤诉的,如起诉书未送达债务人,诉讼时效不发生中断。

第十九条[请求]

诉讼时效因债权人请求债务人履行债务而中断的,诉讼时效期间从中断时重新开始计算。但债权人的请求附有新的履行期限或者双方约定了新的履行期限的,诉讼时效期间从新的履行期限届满之次日起重新开始计算。

债权人请求债务人履行部分债务或者从债务、主张债务抵销、行使同时履行抗辩权以及拒绝返还担保物等,适用前款规定。

第二十条[承认]

诉讼时效因债务人同意履行债务而中断的,诉讼时效期间从中断时重新开始计算。但当事人双方约定了新的履行期限的,诉讼时效期间从新的履行期间届满之次日起重新开始计算。

债务人同意履行部分债务或者从债务,或者对债务提供担保等,适用前款规定。

债务人委托第三人为债务提供担保或者债务人明知第三人提供担保而不表示反对的,视为同意履行债务。

债务人承认债务时,如无相反意思表示,视为同意履行债务。

主要参考文献

一、外文著作类

[1] Jean Carbonnier, *Droit civil*, *t. VI*, *Les obligations*, 17e éd. par Press Universitaires de France, Paris, 1993.

[2] Stim Stromholml, *Right of Privacy and Right of the Personality*, stochholm, 1962.

[3] Jacques Flour et Jean-luc Aubert, *Driot civil*, *Les obligations*, *t. I*, 5e édition par Armand Colin Editeur, Paris, 1991.

[4] Philippe Malaurie et Laurent Aynès, *Les biens*, 15e éd, PUF. Paris, 1992.

[5] François Terré et Philippe Simiier, *Droit civil*, *Les biens*, 4e éd, DALLOZ, 1992, Paris.

[6] R. M. 奥比:《行政体制》(法文版第 6 版), DALLOZ 出版社 1991 年版。

二、中文译著类

[1][法]雅克·盖斯旦、吉勒·古博:《法国民法总论》,陈鹏等译,法律出版社 2004 年版。

[2][法]狄骥:《宪法论》(第 2 卷),钱克新译,商务印书馆 1959 年第 2 版。

[3][德]卡尔·拉伦茨:《德国民法通论》(上册),王晓晔等译,法律出版社 2003 年版。

[4][德]卡尔·拉伦茨:《德国民法通论》(下册),

王晓晔等译,法律出版社 2003 年版。

[5][德]迪特尔·梅迪库斯:《德国民法总论》,邵建东译,法律出版社 2000 年版。

[6][德]K. 茨威格特、H. 克茨:《比较法总论》,潘汉典等译,贵州人民出版社 1992 年版。

[7][日]我妻荣:《新订民法总则》,于敏译,中国法制出版社 2008 年版。

[8][日]四宫和夫:《日本民法总则》,唐晖、钱孟姗译,五南图书出版有限公司 1995 年版。

[9][日]山本敬三:《民法讲义Ⅰ:总则》,解亘译,北京大学出版社 2004 年版。

[10][意]巴里·尼古拉斯:《罗马法概论》(第 2 版),黄风译,法律出版社 2004 年版。

[11][意]彼德罗·彭梵得:《罗马法教科书》,黄风译,中国政法大学出版社 1992 年版。

[12][葡]Carlos Alerrto da Mota Pinto:《民法总论》,林炳辉等译,澳门法律翻译办公室、澳门大学法学院 1999 年版。

[13][苏联]格里巴洛夫、科尔涅耶夫主编:《苏联民法》,中国社会科学院法学研究所民法经济法研究室译,法律出版社 1984 年版。

[14][苏联]阿加尔科夫:《苏维埃民法中法律行为的概念》(中译本)。

[15][美]约翰·亨利·梅利曼:《大陆法系》,顾培东等译,法律出版社 2004 年版。

[16][美]格伦顿等:《比较法律传统》,米健等译,中国政法大学出版社 1993 年版。

[17][美]E. 博登海默:《法理学:法律哲学与法律方法》,邓正来译,中国政法大学出版社 1999 年版。

[18][美]伯纳德·施瓦茨:《美国法律史》,王军等译,法律出版社 1989 年版。

[19][美]约翰·怀亚特等:《美国合同法》,汪世贤等译,北京大学出版社 1980 年版。

[20][英]施米托夫:《国际贸易法文选》,赵秀文译,中国大百科全

书出版社1993年版。

[21][英]P. S. 阿蒂亚:《合同法概论》,法律出版社1982年版。

[22][新西兰]瓦莱里·安·彭林顿:《香港的法律》,毛华、叶美媛译,上海翻译出版公司1985年版。

三、中文著作类

[1]陈朝璧:《罗马法原理》(下),商务印书馆1979年版。

[2]陈元雄:《民法总则新论》,三民书局1982年版。

[3]陈自强:《代理权与经理权之间》,北京大学出版社2008年版。

[4]陈华彬:《物权法原理》,国家行政学院出版社1998年版。

[5]董安生等编译:《英国商法》,法律出版社1991年版。

[6]邓曾甲:《日本民法概论》,法律出版社1995年版。

[7]戴修瓒:《民法债编总论》,三民书局1978年版。

[8]郭明瑞、房绍坤、唐广良:《民商法原理》(一),中国人民大学出版社1999年版。

[9]胡长清:《中国民法总论》(上册),商务印书馆1933年版。

[10]傅静坤:《二十世纪契约法》,法律出版社1997年版。

[11]黄立:《民法总则》,元照出版公司2005年版。

[12]何孝元:《诚实信用原则与衡平法》,三民书局1986年版。

[13]江平主编:《民法教程》,中国政法大学出版社1986年版。

[14]江平主编:《法人制度论》,中国政法大学出版社1994年版。

[15]江帆:《代理法律制度研究》,中国法制出版社2000年版。

[16]贾桂茹等:《市场交易的第三主体》,贵州人民出版社1995年版。

[17]梁慧星:《民法总论》,法律出版社1996年版。

[18]梁慧星主编:《中国物权法研究》,法律出版社1998年版。

[19]梁慧星:《中国民法典草案建议稿》,法律出版社2003年版。

[20]梁慧星:《中国民法典草案建议稿附理由:总则编》,法律出版社2004年版。

[21]梁慧星:《中国民法典草案建议稿附理由:物权编》,法律出版社2004年版。

[22]刘心稳:《中国民法学研究述评》,中国政法大学出版社1996

年版。

[23]刘春茂主编:《中国民法学·财产继承》,中国人民公安大学出版社1990年版。

[24]刘岐山主编:《民法问题新探》,中国人民公安大学出版社1990年版。

[25]李开国:《民法基本问题研究》,法律出版社1997年版。

[26]李宜琛:《民法总则》,正中书局1977年版。

[27]龙显铭:《私法上人格权的保护》,中华书局1948年版。

[28]龙卫球:《民法总论》,中国法制出版社2001年版。

[29]龙显铭:《私法上人格权的保护》,中华书局1948年版。

[30]罗玉珍主编:《民事主体论》,中国政法大学出版社1992年版。

[31]梅仲协:《民法要义》,中国政法大学出版社1998年版。

[32]马俊驹:《法人制度通论》,武汉大学出版社1988年版。

[33]马俊驹、余延满:《民法原论》(第3版),法律出版社2007年版。

[34]马原主编:《中国民法教程》,人民法院出版社1989年版。

[35]彭万林主编:《民法学》,中国政法大学出版社1994年版。

[36]秦醒民主编:《国有资产法律保护》,法律出版社1994年版。

[37]沈达明、梁仁洁:《德意志法上的法律行为》,对外贸易教育出版社1992年版。

[38]史尚宽:《民法总论》,中国政法大学出版社2000年版。

[39]史尚宽:《债法总论》,台北1978年自版。

[40]史尚宽:《债法各论》,中国政法大学出版社2000年版。

[41]施启杨:《民法总则》,三民书局2000年版。

[42]施启扬:《民法总则》,台湾大地印刷厂1993年版。

[43]孙宪忠:《德国当代物权法》,法律出版社1997年版。

[44]佟柔主编:《民法原理》(修订本),法律出版社1983年版。

[45]佟柔主编:《中国民法》,法律出版社1990年版。

[46]佟柔主编:《中国民法学·民法总则》,中国人民公安大学出版社1990年版。

[47]魏振瀛主编:《民法》,北京大学出版社、高等教育出版社2000年版。

[48]王泽鉴:《民法总则》,台湾 2000 年自版。

[49]王泽鉴:《民法学说与判例研究》(第 1 册),中国政法大学出版社 1997 年版。

[50]王泽鉴:《民法学说与判例研究》(第 4 册),中国政法大学出版社 1997 年版。

[51]王泽鉴:《民法实例研习 · 民法总则》,三民书局 1997 年版。

[52]王泽鉴:《民法总论》,北京大学出版社 2013 年版。

[53]王作堂等编:《民法教程》,北京大学出版社 1983 年版。

[54]王卫国主编:《民法》,中国政法大学出版社 2007 年版。

[55]王卫国:《过错责任原则:第三次勃兴》,中国法制出版社 2000 年版。

[56]王利明等:《民法新论》,中国政法大学出版社 1988 年版。

[57]王利明:《民法总则研究》,中国人民大学出版社 2003 年版。

[58]王利明主编:《中国民法典草案建议稿及说明》,中国法制出版社 2004 年版。

[59]王利明主编:《中国民法典草案建议稿及立法理由》(人格权编 · 婚姻家庭编 · 继承编),法律出版社 2005 年版。

[60]王利明主编:《人格权法新论》,吉林人民出版社 1994 年版。

[61]王利明等:《人格权法》,法律出版社 1997 年版。

[62]王利明、杨立新编著:《侵权行为法》,法律出版社 1996 年版。

[63]王利明等主编:《中国民法典基本理论问题研究》,人民法院出版社 2004 年版。

[64]王利明主编:《人格权法新论》,吉林人民出版社 1994 年版。

[65]王利明、杨立新编著:《侵权行为法》,法律出版社 1996 年版。

[66]王家福主编:《中国民法学 · 民法债权》,法律出版社 1991 年版。

[67]王轶:《物权变动论》,中国人民大学出版社 2001 年版。

[68]王天义:《国有企业制度模式比较》,中国经济出版社 1994 年版。

[69]夏勇:《人权与人类和谐》,中国政法学出版社 1992 年版。

[70]徐国栋:《民法基本原则解释》,中国政法大学出版社 1992 年版。

[71]徐国栋主编:《绿色民法典草案》,社会科学文献出版社2004年版。

[72]易继明:《私法精神与制度选择》,中国政法大学出版社2003年版。

[73]余能斌、马俊驹主编:《现代民法学》,武汉大学出版社1997年版。

[74]俞江:《近代中国民法学中的私权理论》,北京大学出版社2003年版。

[75]杨与龄:《民法概要》,台北1992年修订自版。

[76]杨与龄主编:《民法总则争议问题研究》,五南图书出版公司1998年版。

[77]杨大文主编:《婚姻家庭法学》,复旦大学出版社2002年版。

[78]尹田:《民事法律行为与代理制度研究》,重庆大学出版社1992年版。

[79]尹田:《法国现代合同法》,法律出版社1995年版。

[80]尹田:《法国物权法》,法律出版社1998年版。

[81]尹田:《物权法理论评析与思考》,中国人民大学出版社2004年版。

[82]尹田:《民事主体理论与立法研究》,法律出版社2003年版。

[83]张俊浩主编:《民法学原理》,中国政法大学出版社1991年版。

[84]周枏:《罗马法原论》(上、下册),商务印书馆1994年版。

[85]郑玉波:《民法总则》,三民书局1979年版。

[86]郑玉波:《民法总则》,中国政法大学出版社2003年版。

[87]曾世雄:《民法总则之现在与未来》,中国政法大学出版社2001年版。

[88]朱慈蕴:《公司法人格否认法理研究》,法律出版社1998年版。

[89]郑自文:《国际代理法研究》,法律出版社1998年版。

[90]张艳:《商事代理法》,人民法院出版社2000年版。

[91]周林彬等:《比较商法导论》,北京大学出版社2000年版。

[92]张文显:《法学基本范畴研究》,中国政法大学出版社1993年版。

四、法典类

[1]《拿破仑法典》,李浩培等译,商务印书馆 1978 年版。

[2]《法国民法典》,马育民译,北京大学出版社 1982 年版。

[3]《法国民法典》,罗结珍译,中国法制出版社 1999 年版。

[4]《德国民法典》,上海社会科学院法学研究所译,法律出版社 1984 年版。

[5]《德国民法典》,郑冲、贾红梅译,法律出版社 1999 年版。

[6]《德国民法典》(第 2 版),陈卫佐译注,法律出版社 2007 年版。

[7]《日本民法典》,王书江等译,法律出版社 1986 年版。

[8]《日本民法典》,渠涛编译,法律出版社 2006 年版。

[9]《瑞士民法典》,殷根生译,法律出版社 1987 年版。

[10]《瑞士债法典》,吴兆祥等译,法律出版社 2002 年版。

[11]《意大利民法典》,费安玲等译,中国政法大学出版社 1997 年版。

[12]《德国股份法・德国有限责任公司法・德国参与决定法》,杜景林等译,中国政法大学出版社 2001 年版。

[13]《苏俄民法典》,郑华译,法律出版社 1956 年版。

[14]《越南民法典》,米良译,云南大学出版社 1998 年版。

[15]《俄罗斯联邦民法典》,黄道秀等译,中国大百科全书出版社 1999 年版。

[16]《阿尔及利亚民法典》,尹田译,中国法制出版社、金桥文化出版(香港)有限公司 2002 年版。

[17]《蒙古国民法典》,海棠等译,中国法制出版社、金桥文化出版(香港)有限公司 2002 年版。

[18]《葡萄牙民法典》,唐晓晴等译,北京大学出版社 2009 年版。

天
Borderless
下

图书在版编目(CIP)数据

民法典总则之理论与立法研究 / 尹田著. -- 2版
. -- 北京 : 法律出版社，2018
ISBN 978-7-5197-2459-7

Ⅰ. ①民… Ⅱ. ①尹… Ⅲ. ①民法—总则—法的理论—研究—中国②民法—总则—立法—研究—中国 Ⅳ. ①D923.14

中国版本图书馆CIP数据核字(2018)第163340号

民法典总则之理论与立法研究（第2版）
MINFADIAN ZONGZE ZHI LILUN YU LIFA YANJIU
（DI-ER BAN）
尹 田 著

责任编辑 汤子君 王 珊
装帧设计 汪奇峰

开本 720毫米×960毫米 1/16
版本 2018年8月第2版
出版 法律出版社
总发行 中国法律图书有限公司
印刷 北京中科印刷有限公司

印张 51 **字数** 768千
印次 2018年8月第1次印刷
编辑统筹 学术·对外出版分社
经销 新华书店
责任印制 陶松

法律出版社/北京市丰台区莲花池西里7号(100073)
网址/www.lawpress.com.cn
投稿邮箱/info@lawpress.com.cn 销售热线/010-63939792
举报维权邮箱/jbwq@lawpress.com.cn 咨询电话/010-63939796

中国法律图书有限公司/北京市丰台区莲花池西里7号(100073)
全国各地中法图分、子公司销售电话：
统一销售客服/400-660-6393
第一法律书店/010-63939781/9782 西安分公司/029-85330678 重庆分公司/023-67453036
上海分公司/021-62071639/1636 深圳分公司/0755-83072995

书号： ISBN 978-7-5197-2459-7 **定价：** 169.00元
(如有缺页或倒装，中国法律图书有限公司负责退换)